2021

CHINA LABOUR STATISTICAL YEARBOOK

中国劳动统计年鉴

Compiled by
Department of Population and Employment Statistics
National Bureau of Statistics
Department of Planning and Finance,
Ministry of Human Resources and Social Security

国家统计局人口和就业统计司
人力资源和社会保障部规划财务司 编

图书在版编目（CIP）数据

中国劳动统计年鉴. 2021 = China Labour Statistical Yearbook 2021 : 汉英对照 / 国家统计局人口和就业统计司, 人力资源和社会保障部规划财务司编. -- 北京 : 中国统计出版社, 2021.12
ISBN 978-7-5037-9740-8

Ⅰ. ①中… Ⅱ. ①国… ②人… Ⅲ. ①劳动经济－统计资料－中国－2021－年鉴－汉、英 Ⅳ. ①F249.2-54

中国版本图书馆 CIP 数据核字(2021)第 251748 号

中国劳动统计年鉴—2021

作　者 / 国家统计局人口和就业统计司，人力资源和社会保障部规划财务司编
责任编辑 / 李　冲
执行编辑 / 张　怡
封面设计 / 李雪燕
出版发行 / 中国统计出版社有限公司
通信地址 / 北京市丰台区西三环南路甲 6 号　邮政编码/100073
发行电话 / 邮购（010）63376909　书店（010）68783171
网　址 / http://www.zgtjcbs.com/
印　刷 / 三河市双峰印刷装订有限公司
经　销 / 新华书店
开　本 / 880×1230 毫米　1/16
字　数 / 900 千字
印　张 / 28.75
版　别 / 2021 年 12 月第 1 版
版　次 / 2021 年 12 月第 1 次印刷
定　价 / 260.00 元

《中国劳动统计年鉴-2021》编委会和编辑部工作人员

CHINA LABOUR STATISTICAL YEARBOOK-2021

Editorial Board and Staff

编 辑 说 明

《中国劳动统计年鉴—2021》是一部全面反映中华人民共和国劳动经济情况的资料性年刊。本刊收集了2020年全国和各省、自治区、直辖市的有关劳动统计数据。主要指标还编有历年统计数据。

全书共分为13个部分：1.综合；2.就业与失业；3.城镇非私营单位就业人员和工资总额；4.国有单位就业人员和工资总额；5.城镇集体单位就业人员和工资总额；6.其他单位就业人员和工资总额；7.职业培训与技能鉴定；8.劳动关系；9.社会保障；10.工会工作；11.香港资料；12.澳门资料；13.台湾资料。书末还附有国外有关资料和主要统计指标解释。

参与本书编辑或提供资料的单位除国家统计局、人力资源和社会保障部外，还有全国总工会、国家医疗保障局。

本书资料的取得形式主要有国家和部门的报表统计、行政记录和抽样调查。有的资料分项相加不等于总计。望读者使用时予以注意。

恳请广大读者对本书提出宝贵意见。

《中国劳动统计年鉴》编辑部
二〇二一年十月

PREFACE

China Labour Statistical Yearbook 2021 is an annual statistics publication, which is comprehensively reported the labour economic situation for 2020 and some main indicators series for historically years at nation and provinces, autonomous regions and municipalities levels and parts of cities.

The book is organized into 13 parts, which are:1.General Survey; 2.Employment and Unemployment; 3.Employment and Total Wages in Urban Non-Private Units; 4.Employment and Total Wages in State-owned Units; 5.Employment and Total Wages in Urban Collective-owned Units; 6.Employment and Total Wages in Other Ownership Units; 7. Vocational Training and Skill Appraisal; 8.Labour Relation; 9.Social Security; 10.Trade Union Works; 11.Main Indicators of Hong Kong; 12.Main Indicators of Macao; 13.Main Indicators of Taiwan. In addition, Main Indicators of Other Countries and Explanatory Notes on Main Statistical Indicators are provided in the end of the book.

Besides National Bureau of Statistical and Ministry of Human Resources and Social Security, All-China Federation of Trade Unions, National Healthcare Security Administration also participate in the compiling work of this book.

Data resources of this book mainly come from state and departments reporting system, administration records and sampling surveys. Some data are not equal to the add-results of all sub-items.

China Labour Statistical Yearbook—Editorial Staff

October 2021

图1 就业人员产业构成
COMPOSITION OF EMPLOYMENT BY INDUSTRY

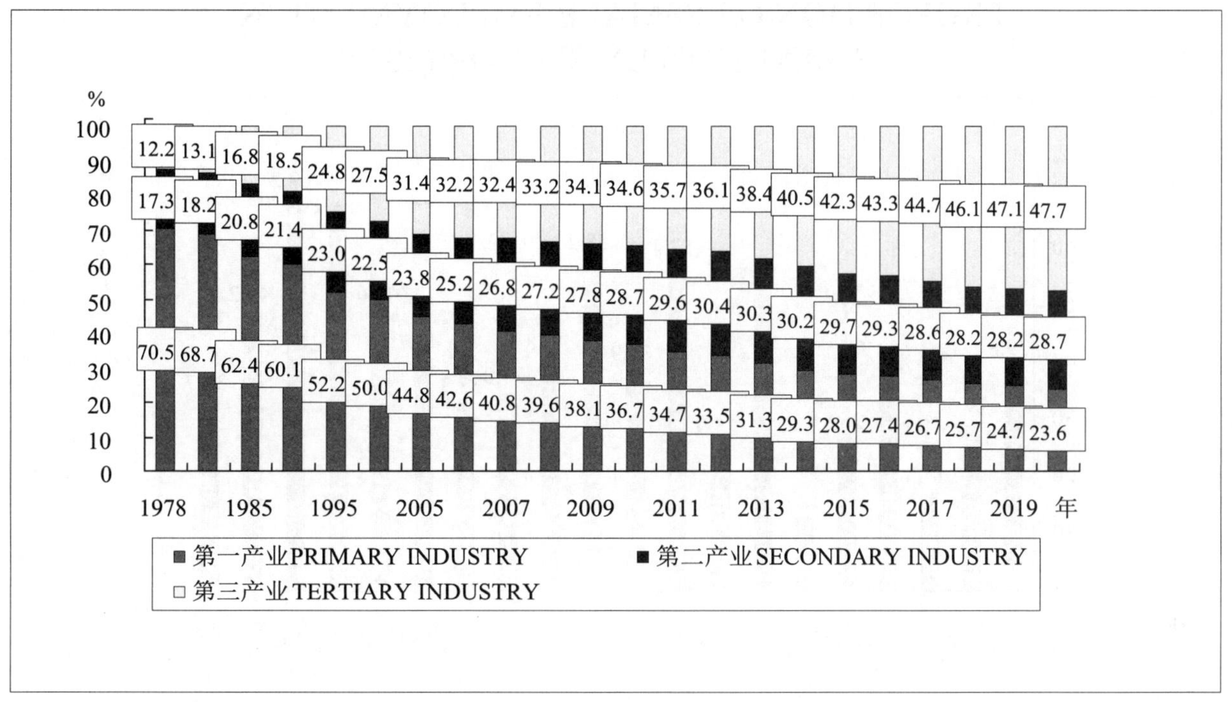

图2 2020年城镇单位就业人员行业构成
COMPOSITION OF EMPLOYMENT IN URBAN UNITS(2020)

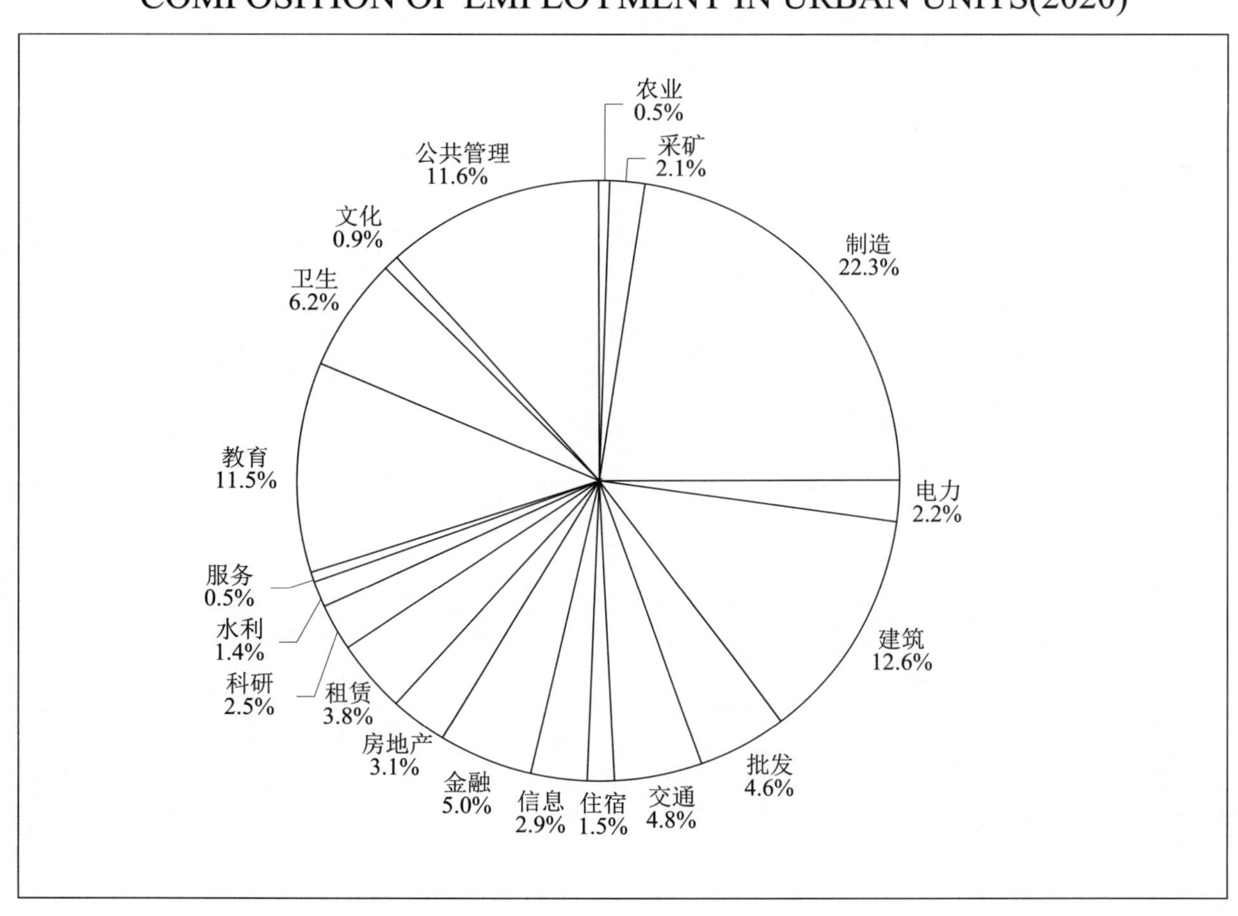

图3　2020年城镇单位女性就业人员占就业人员比重
PROPORTION OF FEMALE EMPLOYMENT IN URBANUNITS BY SECTOR (2020)

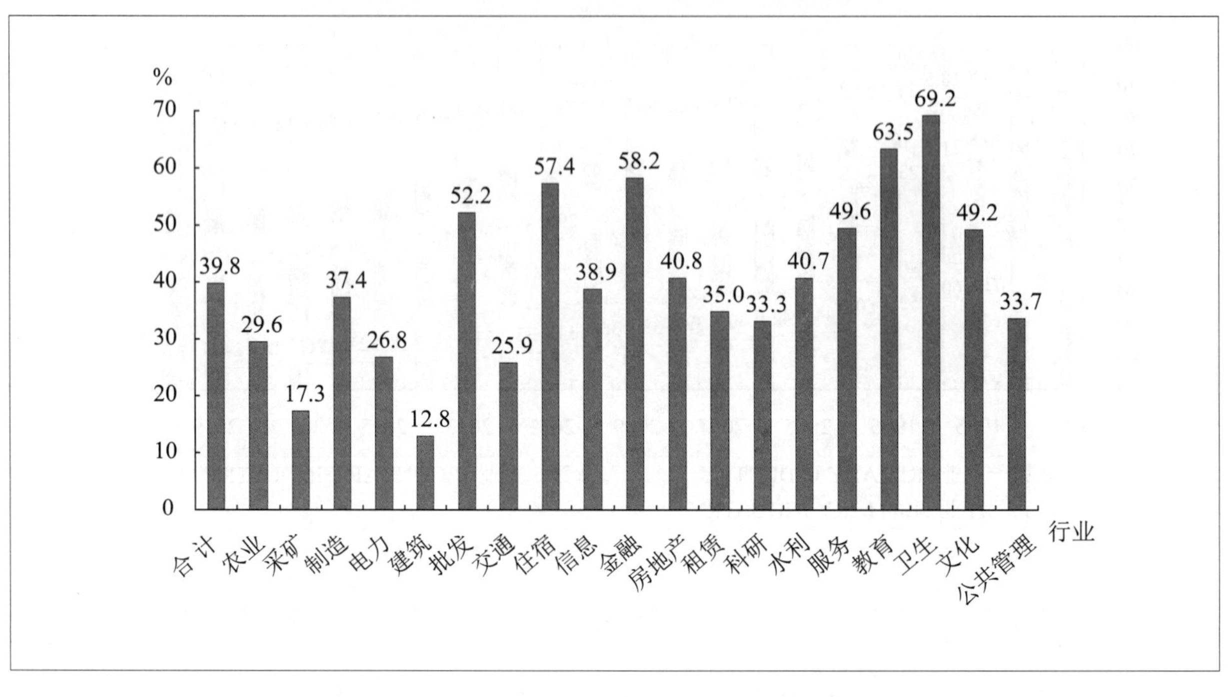

目　　录

CONTENTS

一、综　合

GENERAL SURVEY

二、就业与失业
EMPLOYMENT AND UNEMPLOYMENT

三、城镇非私营单位就业人员和工资总额
EMPLOYMENT AND TOTAL WAGES IN URBAN NON-PRIVATE UNITS

四、国有单位就业人员和工资总额
EMPLOYMENT AND TOTAL WAGES IN STATE-OWNED UNITS

五、城镇集体单位就业人员和工资总额
EMPLOYMENT AND TOTAL WAGES IN URBAN COLLECTIVE-OWNED UNITS

六、其他单位就业人员和工资总额
EMPLOYMENT AND TOTAL WAGES IN OTHER OWNERSHIP UNITS

七、职业培训与技能鉴定
VOCATIONAL TRAINING AND SKILL APPRAISAL

八、劳动关系
LABOUR RELATION

九、社会保障
SOCIAL SECURITY

十、工会工作
TRADE UNION WORKS

十一、香港资料
MAIN INDICATORS OF HONG KONG

十二、澳门资料
MAIN INDICATORS OF MACAO

十三、台湾资料
MAIN INDICATORS OF TAIWAN

附录一、国外有关资料
MAIN INDICATORS OF OTHER COUNTRIES

一、综　合

GENERAL SURVEY

1-1　全国劳动统计主要指标
MAIN INDICATORS OF NATIONAL LABOUR STATISTICS

指　　标	Item	2019	2020	2020年比上年增长 % Increase Rate (2019=100)
总人口(万人)	**Total Population (10 000 persons)**	**141008**	**141212**	**0.1**
16岁以上人口数(万人)	**Population Above 16(10 000 persons)**	**115909**	**114382**	**-1.3**
劳动力(万人)	**Labour Force(10 000 persons)**	**78985**	**78392**	**-0.8**
全国就业人员年末人数(万人)	**Employment (end of year, 10 000 persons)**	**75447**	**75064**	**-0.5**
城镇就业人员	Urban Employment	45249	46271	2.3
乡村就业人员	Rural Employment	30198	28793	-4.7
按登记注册类型分城镇单位就业人员(万人)	**Number of Employed Person in Urban Units by Status of Registration(10 000 presons)**	**17161.8**	**17039.1**	**-0.7**
#国有单位	State-owned Units	5472.7	5563.0	1.7
城镇集体单位	Urban Collective-owned Units	295.6	271.2	-8.3
其他单位	Other Ownership Units	11393.5	11204.9	-1.7
城镇单位就业人员工资总额(亿元)	**Total Wages of the Urban Units Employment (100 million yuan)**	**154296.1**	**164126.9**	**6.4**
#国有单位	State-owned Units	53743.7	59628.1	10.9
城镇集体单位	Urban Collective-owned Units	1841.5	1841.8	0.0
其他单位	Other Ownership Units	98710.9	102657.0	4.0
城镇单位就业人员平均工资(元)	**Average Wage of the Urban Units Employment (yuan)**	**90501**	**97379**	**7.6**
#国有单位	State-owned Units	98899	108132	9.3
城镇集体单位	Urban Collective-owned Units	62612	68590	9.5
其他单位	Other Ownership Units	87195	92721	6.3
在岗职工平均工资(元)	**Average wage of staff and workers**	**93383**	**100512**	**7.6**
#国有单位	State-owned Units	102709	111587	8.6
城镇集体单位	Urban Collective-owned Units	64499	70439	9.2
其他单位	Other Ownership Units	89570	95568	6.7
城镇登记失业人员年末人数(万人)	**Urban Registered Unemployment (10 000 persons)**	**945**	**1160**	**22.8**
非劳动力(万人)	**Outside the Labour Force (10 000 persons)**	**36924**	**35990**	**-2.5**
城镇调查失业率(%)	**Surveyed Urban Unemployment Rate(%)**	**5.2**	**5.2**	

注：1)自2009年始，“城镇单位就业人员工资总额”和“城镇单位就业人员平均工资”即为2008年及以前的“城镇单位就业人员劳动报酬”和“城镇单位就业人员平均劳动报酬”。往年本年鉴及相关资料中1994—2008年城镇单位就业人员劳动报酬和平均劳动报酬指标与此指标统计口径相同。
2) 2013年部分经济类型单位、部分行业就业人员数、工资总额变动较大，系将原属于乡镇企业的规模以上法人单位纳入劳动工资统计范围所致(以下相关表同)。
3)2019年劳动力数据和非劳动力数据有所调整。
4)城镇调查失业率为每年12月份的数据。

Note: a)Since 2009, “Total wages of the urban units employment” and “Average wage of the urban units employment” refer to “Earnings of the urban units employment” and “Average earning of the urban units employment” before 2008. Statistical coverage of “Earnings of the urban units employment” and “Average earning of the urban units employment” in this previous yearbook and relevant books from 1994 to 2008 are the same with the indicators above.
b)In 2013, some units by status of registration, some employment by industry, total wages bill changed greatly, because legal persons above designated size originally belonged to township enterprises were taken into statistics of labour wages. The same applies to the relevant tables following.
c) The data of Labour Force and Outside the Labour Force in 2019 has been adjusted.
d)The data of surveyed urban unemployment rate is the data in December every year.

1-2 人口数及构成(年末数)
POPULATION AND COMPOSITION (End of Year)

单位：万人，% (10 000 persons,%)

年 份 Year	总人口 Total Population	按性别分 Grouped by Sex				按城乡分 Grouped by Residence			
		男 Male		女 Female		城镇 Urban		乡村 Rural	
		人口数 Population	比重 Proportion	人口数 Population	比重 Proportion	人口数 Population	比重 Proportion	人口数 Population	比重 Proportion
1949	54167	28145	51.96	26022	48.04	5765	10.64	48402	89.36
1950	55196	28669	51.94	26527	48.06	6169	11.18	49027	88.82
1951	56300	29231	51.92	27069	48.08	6632	11.78	49668	88.22
1955	61465	31809	51.75	29656	48.25	8285	13.48	53180	86.52
1960	66207	34283	51.78	31924	48.22	13073	19.75	53134	80.25
1965	72538	37128	51.18	35410	48.82	13045	17.98	59493	82.02
1970	82992	42686	51.43	40306	48.57	14424	17.38	68568	82.62
1971	85229	43819	51.41	41410	48.59	14711	17.26	70518	82.74
1972	87177	44813	51.40	42364	48.60	14935	17.13	72242	82.87
1973	89211	45876	51.42	43335	48.58	15345	17.20	73866	82.80
1974	90859	46727	51.43	44132	48.57	15595	17.16	75264	82.84
1975	92420	47564	51.47	44856	48.53	16030	17.34	76390	82.66
1976	93717	48257	51.49	45460	48.51	16341	17.44	77376	82.56
1977	94974	48908	51.50	46066	48.50	16669	17.55	78305	82.45
1978	96259	49567	51.49	46692	48.51	17245	17.92	79014	82.08
1979	97542	50192	51.46	47350	48.54	18495	18.96	79047	81.04
1980	98705	50785	51.45	47920	48.55	19140	19.39	79565	80.61
1981	100072	51519	51.48	48553	48.52	20171	20.16	79901	79.84
1982	101654	52352	51.50	49302	48.50	21480	21.13	80174	78.87
1983	103008	53152	51.60	49856	48.40	22274	21.62	80734	78.38
1984	104357	53848	51.60	50509	48.40	24017	23.01	80340	76.99
1985	105851	54725	51.70	51126	48.30	25094	23.71	80757	76.29
1986	107507	55581	51.70	51926	48.30	26366	24.52	81141	75.48
1987	109300	56290	51.50	53010	48.50	27674	25.32	81626	74.68
1988	111026	57201	51.52	53825	48.48	28661	25.81	82365	74.19
1989	112704	58099	51.55	54605	48.45	29540	26.21	83164	73.79
1990	114333	58904	51.52	55429	48.48	30195	26.41	84138	73.59
1991	115823	59466	51.34	56357	48.66	31203	26.94	84620	73.06
1992	117171	59811	51.05	57360	48.95	32175	27.46	84996	72.54
1993	118517	60472	51.02	58045	48.98	33173	27.99	85344	72.01
1994	119850	61246	51.10	58604	48.90	34169	28.51	85681	71.49
1995	121121	61808	51.03	59313	48.97	35174	29.04	85947	70.96
1996	122389	62200	50.82	60189	49.18	37304	30.48	85085	69.52
1997	123626	63131	51.07	60495	48.93	39449	31.91	84177	68.09
1998	124761	63940	51.25	60821	48.75	41608	33.35	83153	66.65
1999	125786	64692	51.43	61094	48.57	43748	34.78	82038	65.22
2000	126743	65437	51.63	61306	48.37	45906	36.22	80837	63.78
2001	127627	65672	51.46	61955	48.54	48064	37.66	79563	62.34
2002	128453	66115	51.47	62338	48.53	50212	39.09	78241	60.91
2003	129227	66556	51.50	62671	48.50	52376	40.53	76851	59.47
2004	129988	66976	51.52	63012	48.48	54283	41.76	75705	58.24
2005	130756	67375	51.53	63381	48.47	56212	42.99	74544	57.01
2006	131448	67728	51.52	63720	48.48	58288	44.34	73160	55.66
2007	132129	68048	51.50	64081	48.50	60633	45.89	71496	54.11
2008	132802	68357	51.47	64445	48.53	62403	46.99	70399	53.01
2009	133450	68647	51.44	64803	48.56	64512	48.34	68938	51.66
2010	134091	68748	51.27	65343	48.73	66978	49.95	67113	50.05
2011	134916	69161	51.26	65755	48.74	69927	51.83	64989	48.17
2012	135922	69660	51.25	66262	48.75	72175	53.10	63747	46.90
2013	136726	70063	51.24	66663	48.76	74502	54.49	62224	45.51
2014	137646	70522	51.23	67124	48.77	76738	55.75	60908	44.25
2015	138326	70857	51.22	67469	48.78	79302	57.33	59024	42.67
2016	139232	71307	51.21	67925	48.79	81924	58.84	57308	41.16
2017	140011	71650	51.17	68361	48.83	84343	60.24	55668	39.76
2018	140541	71864	51.13	68677	48.87	86433	61.50	54108	38.50
2019	141008	72039	51.09	68969	48.91	88426	62.71	52582	37.29
2020	141212	72357	51.24	68855	48.76	90220	63.89	50992	36.11

注：1.1981年及以前数据为户籍统计数；1982、1990、2000、2010、2020年数据为当年人口普查数据推算数；其余年份数据为年度人口抽样调查推算数据(下相关表同)。

2.总人口和按性别分人口中包括现役军人，按城乡分人口中现役军人计入城镇人口。

Note: a)Figures 1981 (includive) are from household registrations;for the year 1982,1990,2000,2010 and 2020 are the census year estimate;the rest of the data covered in those tables have been estimated on the basis of the annual nationall sample surveys of population.The same applies to the relevant tables following.

b)Total population and population by sex include the military personnel of the Chinese People's Liberation Army, the military personnel are classified as urban population in the item of population by residence.

1-3 国内生产总值及构成 GROSS DOMESTIC PRODUCT AND COMPOSITION

年 份 Year	国内生产总值 Gross Domestic Product	第一产业 Primary Industry	第二产业 Secondary Industry	第三产业 Tertiary Industry
一、绝对数(亿元) Value (100 million yuan)				
1978	3678.7	1018.5	1755.2	905.1
1980	4587.6	1359.5	2204.7	1023.4
1985	9098.9	2541.7	3886.5	2670.7
1990	18872.9	5017.2	7744.1	6111.6
1991	22005.6	5288.8	9129.6	7587.2
1992	27194.5	5800.3	11725.0	9669.2
1993	35673.2	6887.6	16472.7	12313.0
1994	48637.5	9471.8	22452.5	16713.1
1995	61339.9	12020.5	28676.7	20642.7
1996	71813.6	13878.3	33827.3	24108.0
1997	79715.0	14265.2	37545.0	27904.8
1998	85195.5	14618.7	39017.5	31559.3
1999	90564.4	14549.0	41079.9	34935.5
2000	100280.1	14717.4	45663.7	39899.1
2001	110863.1	15502.5	49659.4	45701.2
2002	121717.4	16190.2	54104.1	51423.1
2003	137422.0	16970.2	62695.8	57756.0
2004	161840.2	20904.3	74285.0	66650.9
2005	187318.9	21806.7	88082.2	77430.0
2006	219438.5	23317.0	104359.2	91762.2
2007	270092.3	27674.1	126630.5	115787.7
2008	319244.6	32464.1	149952.9	136827.5
2009	348517.7	33583.8	160168.8	154765.1
2010	412119.3	38430.8	191626.5	182061.9
2011	487940.2	44781.5	227035.1	216123.6
2012	538580.0	49084.6	244639.1	244856.2
2013	592963.2	53028.1	261951.6	277983.5
2014	643563.1	55626.3	277282.8	310654.0
2015	688858.2	57774.6	281338.9	349744.7
2016	746395.1	60139.2	295427.8	390828.1
2017	832035.9	62099.5	331580.5	438355.9
2018	919281.1	64745.2	364835.2	489700.8
2019	986515.2	70473.6	380670.6	535371.0
2020	1015986.2	77754.1	384255.3	553976.8

1−3 续表 continued

年 份 Year	国内生产总值 Gross Domestic Product	第一产业 Primary Industry	第二产业 Secondary Industry	第三产业 Tertiary Industry
二、构成(%) Composition (%)				
1978	100.0	27.7	47.7	24.6
1980	100.0	29.6	48.1	22.3
1985	100.0	27.9	42.7	29.4
1990	100.0	26.6	41.0	32.4
1991	100.0	24.0	41.5	34.5
1992	100.0	21.3	43.1	35.6
1993	100.0	19.3	46.2	34.5
1994	100.0	19.5	46.2	34.4
1995	100.0	19.6	46.8	33.7
1996	100.0	19.3	47.1	33.6
1997	100.0	17.9	47.1	35.0
1998	100.0	17.2	45.8	37.0
1999	100.0	16.1	45.4	38.6
2000	100.0	14.7	45.5	39.8
2001	100.0	14.0	44.8	41.2
2002	100.0	13.3	44.5	42.2
2003	100.0	12.3	45.6	42.0
2004	100.0	12.9	45.9	41.2
2005	100.0	11.6	47.0	41.3
2006	100.0	10.6	47.6	41.8
2007	100.0	10.2	46.9	42.9
2008	100.0	10.2	47.0	42.9
2009	100.0	9.6	46.0	44.4
2010	100.0	9.3	46.5	44.2
2011	100.0	9.2	46.5	44.3
2012	100.0	9.1	45.4	45.5
2013	100.0	8.9	44.2	46.9
2014	100.0	8.6	43.1	48.3
2015	100.0	8.4	40.8	50.8
2016	100.0	8.1	39.6	52.4
2017	100.0	7.5	39.9	52.7
2018	100.0	7.0	39.7	53.3
2019	100.0	7.1	38.6	54.3
2020	100.0	7.7	37.8	54.5

1-4 国内生产总值指数、城镇单位就业人员平均工资和城镇居民消费价格指数
INDICES OF GROSS DOMESTIC PRODUCT, AVERAGE WAGE IN URBAN UNITS AND URBAN CONSUMER PRICE INDEX

(上年=100) (preceding year=100)

年 份 Year	国内生产总值指数 Indices of Gross Domestic Product	城镇单位就业人员平均工资指数 Index of Average Wage of the Urban Units Employment		城市居民消费价格指数 Urban Consumer Price Index
		货币工资 Money Wage	实际工资 Real Wage	
1979	107.6	108.6	106.7	101.9
1980	107.8	114.1	106.1	107.5
1981	105.1	101.3	98.9	102.5
1982	109.0	103.4	101.5	102.0
1983	110.8	103.5	101.4	102.0
1984	115.2	117.9	114.7	102.7
1985	113.4	117.9	105.3	111.9
1986	108.9	115.8	108.3	107.0
1987	111.7	109.8	101.0	108.8
1988	111.2	119.7	99.2	120.7
1989	104.2	110.8	95.2	116.3
1990	103.9	110.6	109.2	101.3
1991	109.3	109.3	104.0	105.1
1992	114.2	115.9	106.7	108.6
1993	113.9	124.3	107.1	116.1
1994	113.0	134.6	107.7	125.0
1995	111.0	118.9	101.8	116.8
1996	109.9	111.8	102.8	108.8
1997	109.2	107.8	104.5	103.1
1998	107.8	115.5	116.2	99.4
1999	107.7	111.7	113.2	98.7
2000	108.5	112.2	111.3	100.8
2001	108.3	116.1	115.3	100.7
2002	109.1	114.2	115.4	99.0
2003	110.0	112.9	111.9	100.9
2004	110.1	114.0	109.7	103.3
2005	111.4	114.3	112.5	101.6
2006	112.7	114.6	112.9	101.5
2007	114.2	118.5	113.4	104.5
2008	109.7	116.9	110.7	105.6
2009	109.4	111.6	112.6	99.1
2010	110.6	113.3	109.8	103.2
2011	109.6	114.4	108.6	105.3
2012	107.9	111.9	109.0	102.7
2013	107.8	110.1	107.3	102.6
2014	107.4	109.5	107.2	102.1
2015	107.0	110.1	108.5	101.5
2016	106.8	108.9	106.7	102.1
2017	106.9	110.0	108.2	101.7
2018	106.7	110.9	108.6	102.1
2019	106.1	109.8	106.8	102.8
2020	101.7	107.6	105.2	102.3

1-5 全国就业人员年末人数
NUMBER OF EMPLOYMENT AT THE YEAR-END

单位：万人，% (10 000 persons,%)

年 份 Year	就业人员 Employment		城 镇 就业人员 Urban Employment	乡 村 就业人员 Rural Employment	按三次产业分 Group by Industry			构成(以合计为100) Percentage(total=100)		
	合 计 Total	占人口比重 Percentage of Total Population			第一产业 Primary Industry	第二产业 Secondary Industry	第三产业 Tertiary Industry	第一产业 Primary Industry	第二产业 Secondary Industry	第三产业 Tertiary Industry
1952	20729	36.1	2486	18243	17317	1531	1881	83.5	7.4	9.1
1953	21364	36.3	2754	18610	17747	1715	1902	83.1	8.0	8.9
1954	21832	36.2	2744	19088	18151	1882	1799	83.1	8.6	8.3
1955	22328	36.3	2802	19526	18592	1913	1823	83.3	8.6	8.1
1956	23018	36.6	2993	20025	18544	2468	2006	80.6	10.7	8.7
1957	23771	36.8	3205	20566	19309	2142	2320	81.2	9.0	9.8
1958	26600	40.3	5300	21300	15490	7076	4034	58.2	26.6	15.2
1959	26173	38.9	5389	20784	16271	5402	4500	62.2	20.6	17.2
1960	25880	39.1	6119	19761	17016	4112	4752	65.7	15.9	18.4
1961	25590	38.9	5336	20254	19747	2856	2987	77.2	11.2	11.6
1962	25910	38.5	4537	21373	21276	2059	2575	82.1	8.0	9.9
1963	26640	38.5	4603	22037	21966	2038	2636	82.5	7.6	9.9
1964	27736	39.3	4828	22908	22801	2183	2752	82.2	7.9	9.9
1965	28670	39.5	5136	23534	23396	2408	2866	81.6	8.4	10.0
1966	29805	40.0	5354	24451	24297	2600	2908	81.5	8.7	9.8
1967	30814	40.3	5446	25368	25165	2661	2988	81.7	8.6	9.7
1968	31915	40.6	5630	26285	26063	2743	3109	81.7	8.6	9.7
1969	33225	41.2	5825	27400	27117	3030	3078	81.6	9.1	9.3
1970	34432	41.5	6312	28120	27811	3518	3103	80.8	10.2	9.0
1971	35620	41.8	6868	28752	28397	3990	3233	79.7	11.2	9.1
1972	35854	41.1	7200	28654	28283	4276	3295	78.9	11.9	9.2
1973	36652	41.1	7388	29264	28857	4492	3303	78.7	12.3	9.0
1974	37369	41.1	7687	29682	29218	4712	3439	78.2	12.6	9.2
1975	38168	41.3	8222	29946	29456	5152	3560	77.2	13.5	9.3
1976	38834	41.4	8692	30142	29443	5611	3780	75.8	14.5	9.7
1977	39377	41.5	9127	30250	29340	5831	4206	74.5	14.8	10.7
1978	40152	41.7	9514	30638	28318	6945	4890	70.5	17.3	12.2
1979	41024	42.1	9999	31025	28634	7214	5177	69.8	17.6	12.6
1980	42361	42.9	10525	31836	29122	7707	5532	68.7	18.2	13.1
1981	43725	43.7	11053	32672	29777	8003	5945	68.1	18.3	13.6
1982	45295	44.6	11428	33867	30859	8346	6090	68.1	18.4	13.5
1983	46436	45.1	11746	34690	31151	8679	6606	67.1	18.7	14.2
1984	48197	46.2	12229	35968	30868	9590	7739	64.0	19.9	16.1
1985	49873	47.1	12808	37065	31130	10384	8359	62.4	20.8	16.8

注：1990年及以后的劳动力、就业人员数据根据劳动力调查、全国人口普查推算；其中2011—2019年数据是根据第七次全国人口普查修订数(下表同)。

Note: From 1990, the total number of labour force and employed persons were estimated according to Labour Force Survey and Population Census. The data from 2011 to 2019 were revised according to the Seventh National Population Census.The same applies to the following tables.

1-5 续表 continued

单位：万人，%　　　　(10 000 persons,%)

年 份 Year	就业人员 Employment		城镇就业人员 Urban Employment	乡村就业人员 Rural Employment	按三次产业分 Group by Industry			构成(以合计为100) Percentage(total=100)		
	合计 Total	占人口比重 Percentage of Total Population			第一产业 Primary Industry	第二产业 Secondary Industry	第三产业 Tertiary Industry	第一产业 Primary Industry	第二产业 Secondary Industry	第三产业 Tertiary Industry
1986	51282	47.7	13292	37990	31254	11216	8811	60.9	21.9	17.2
1987	52783	48.3	13783	39000	31663	11726	9395	60.0	22.2	17.8
1988	54334	48.9	14267	40067	32249	12152	9933	59.3	22.4	18.3
1989	55329	49.1	14390	40939	33225	11976	10129	60.1	21.6	18.3
1990	64749	56.6	17041	47708	38914	13856	11979	60.1	21.4	18.5
1991	65491	56.5	17465	48026	39098	14015	12378	59.7	21.4	18.9
1992	66152	56.5	17861	48291	38699	14355	13098	58.5	21.7	19.8
1993	66808	56.4	18262	48546	37680	14965	14163	56.4	22.4	21.2
1994	67455	56.3	18653	48802	36628	15312	15515	54.3	22.7	23.0
1995	68065	56.2	19040	49025	35530	15655	16880	52.2	23.0	24.8
1996	68950	56.3	19922	49028	34820	16203	17927	50.5	23.5	26.0
1997	69820	56.5	20781	49039	34840	16547	18432	49.9	23.7	26.4
1998	70637	56.6	21616	49021	35177	16600	18860	49.8	23.5	26.7
1999	71394	56.8	22412	48982	35768	16421	19205	50.1	23.0	26.9
2000	72085	56.9	23151	48934	36043	16219	19823	50.0	22.5	27.5
2001	72797	57.0	24123	48674	36399	16234	20165	50.0	22.3	27.7
2002	73280	57.0	25159	48121	36640	15682	20958	50.0	21.4	28.6
2003	73736	57.1	26230	47506	36204	15927	21605	49.1	21.6	29.3
2004	74264	57.1	27293	46971	34830	16709	22725	46.9	22.5	30.6
2005	74647	57.1	28389	46258	33442	17766	23439	44.8	23.8	31.4
2006	74978	57.0	29630	45348	31941	18894	24143	42.6	25.2	32.2
2007	75321	57.0	30953	44368	30731	20186	24404	40.8	26.8	32.4
2008	75564	56.9	32103	43461	29923	20553	25087	39.6	27.2	33.2
2009	75828	56.8	33322	42506	28890	21080	25857	38.1	27.8	34.1
2010	76105	56.8	34687	41418	27931	21842	26332	36.7	28.7	34.6
2011	76196	56.5	36003	40193	26472	22539	27185	34.7	29.6	35.7
2012	76254	56.1	37287	38967	25535	23226	27493	33.5	30.4	36.1
2013	76301	55.8	38527	37774	23838	23142	29321	31.3	30.3	38.4
2014	76349	55.5	39703	36646	22372	23057	30920	29.3	30.2	40.5
2015	76320	55.2	40916	35404	21418	22644	32258	28.0	29.7	42.3
2016	76245	54.8	42051	34194	20908	22295	33042	27.4	29.3	43.3
2017	76058	54.3	43208	32850	20295	21762	34001	26.7	28.6	44.7
2018	75782	53.9	44292	31490	19515	21356	34911	25.7	28.2	46.1
2019	75447	53.5	45249	30198	18652	21234	35561	24.7	28.2	47.1
2020	75064	53.2	46271	28793	17715	21543	35806	23.6	28.7	47.7

1—6 分地区就业人员数(2020年底数)
Number of Employed Persons by Region(End of 2020)

单位：万人 (10 000 persons)

地 区	Region	就业人员 Employed Persons	按城乡分 By Urban and Rural Areas		按三次产业分 By Three Industries		
			城镇 Urban	乡村 Rural	第一产业 Primary Industry	第二产业 Secondary Industry	第三产业 Tertiary Industry
全 国	**National Total**	**75064**	**46271**	**28793**	**17715**	**21543**	**35806**
北 京	Beijing	1164	1018	146	28	194	942
天 津	Tianjin	647	538	109	36	221	390
河 北	Hebei	3671	2099	1572	815	1171	1685
山 西	Shanxi	1738	1002	736	424	438	876
内蒙古	Inner Mongolia	1242	784	458	443	211	588
辽 宁	Liaoning	2231	1481	750	631	496	1104
吉 林	Jilin	1261	728	533	472	184	605
黑龙江	Heilongjiang	1473	923	550	538	240	695
上 海	Shanghai	1374	1202	172	27	448	899
江 苏	Jiangsu	4893	3481	1412	675	1944	2274
浙 江	Zhejiang	3857	2755	1102	208	1692	1957
安 徽	Anhui	3243	1791	1452	815	1020	1408
福 建	Fujian	2206	1479	727	323	719	1164
江 西	Jiangxi	2264	1296	968	455	767	1042
山 东	Shandong	5510	3346	2164	1373	1838	2299
河 南	Henan	4884	2591	2293	1223	1443	2218
湖 北	Hubei	3261	1872	1389	897	857	1507
湖 南	Hunan	3280	1871	1409	836	884	1560
广 东	Guangdong	7039	5418	1621	767	2526	3746
广 西	Guangxi	2558	1339	1219	866	655	1037
海 南	Hainan	541	318	223	171	62	308
重 庆	Chongqing	1676	1100	576	378	421	877
四 川	Sichuan	4745	2489	2256	1542	1098	2105
贵 州	Guizhou	1892	977	915	634	472	786
云 南	Yunnan	2806	1292	1514	1226	497	1083
西 藏	Tibet	193	73	120	69	30	94
陕 西	Shaanxi	2105	1235	870	632	443	1030
甘 肃	Gansu	1331	618	713	597	237	497
青 海	Qinghai	279	170	109	71	62	146
宁 夏	Ningxia	344	220	124	83	82	179
新 疆	Xinjiang	1356	765	591	460	191	705

1－7 各地区分登记注册类型城镇单位就业人员年末人数及构成(2020年)
URBAN EMPLOYMENT AND COMPOSITION AT THE YEAR-END BY REGISTRATION STATUS AND REGION (2020)

单位：万人 (10 000 persons)

地区	Region	合计 Total	国有单位 State-owned Units	城镇集体单位 Urban Collective-owned Units	其他单位 Other Ownership Units	构成（以合计为100） Composition(Total=100) 国有单位 State-owned Units	城镇集体单位 Urban Collective-owned Units	其他单位 Other Ownership Units
全国总计	**National**	**17039.1**	**5563.0**	**271.2**	**11204.9**	**32.6**	**1.6**	**65.8**
北京	Beijing	739.9	155.9	9.4	574.7	21.1	1.3	77.7
天津	Tianjin	255.3	61.0	2.2	192.2	23.9	0.8	75.3
河北	Hebei	561.2	256.0	10.9	294.3	45.6	1.9	52.4
山西	Shanxi	442.6	172.9	6.4	263.3	39.1	1.4	59.5
内蒙古	Inner Mongolia	270.6	134.7	2.4	133.5	49.8	0.9	49.4
辽宁	Liaoning	476.8	179.5	9.2	288.1	37.7	1.9	60.4
吉林	Jilin	257.8	117.2	1.3	139.3	45.5	0.5	54.0
黑龙江	Heilongjiang	316.4	156.9	2.3	157.2	49.6	0.7	49.7
上海	Shanghai	645.6	88.1	8.1	549.4	13.7	1.2	85.1
江苏	Jiangsu	1342.5	280.0	32.3	1030.2	20.9	2.4	76.7
浙江	Zhejiang	1025.8	233.4	7.6	784.8	22.8	0.7	76.5
安徽	Anhui	565.6	175.9	7.7	382.0	31.1	1.4	67.5
福建	Fujian	605.9	152.3	8.9	444.8	25.1	1.5	73.4
江西	Jiangxi	451.5	169.0	8.4	274.1	37.4	1.9	60.7
山东	Shandong	1098.3	372.8	18.6	706.9	33.9	1.7	64.4
河南	Henan	964.9	349.4	19.9	595.5	36.2	2.1	61.7
湖北	Hubei	631.2	227.6	7.8	395.8	36.1	1.2	62.7
湖南	Hunan	604.9	252.0	14.2	338.7	41.7	2.3	56.0
广东	Guangdong	2085.3	423.3	36.8	1625.2	20.3	1.8	77.9
广西	Guangxi	410.4	190.9	7.5	211.9	46.5	1.8	51.6
海南	Hainan	108.5	41.1	1.1	66.3	37.9	1.0	61.1
重庆	Chongqing	370.8	111.2	4.4	255.3	30.0	1.2	68.8
四川	Sichuan	861.8	303.3	14.9	543.5	35.2	1.7	63.1
贵州	Guizhou	335.3	173.3	3.0	159.0	51.7	0.9	47.4
云南	Yunnan	358.2	182.6	6.7	168.9	51.0	1.9	47.2
西藏	Tibet	41.7	25.1	0.3	16.2	60.3	0.7	39.0
陕西	Shaanxi	489.6	186.8	10.3	292.4	38.2	2.1	59.7
甘肃	Gansu	262.2	137.8	5.7	118.7	52.6	2.2	45.3
青海	Qinghai	66.4	35.4	0.9	30.1	53.3	1.3	45.4
宁夏	Ningxia	69.1	34.6	0.4	34.2	50.0	0.6	49.4
新疆	Xinjiang	323.0	182.9	1.7	138.4	56.6	0.5	42.9

1−8 分登记注册类型城镇非私营单位就业人员年末人数及构成
EMPLOYMENT AND COMPOSITION IN URBAN NON-PRIVATE UNITS BY REGISTRATION STATUS(End of Year)

单位：万人 (10 000 persons)

年 份 Yesr	合 计 Total	国有单位 State-owned Units	城镇集体单位 Urban Collective-owned Units	其他单位 Other Owner-ship Units	构成(以合计为100) Composition(Total=100) 国有单位 State-owned Units	城镇集体单位 Urban Collective-owned Units	其他单位 Other Owner-ship Units
1971	6787	5318	1469		78.4	21.6	
1975	8198	6426	1772		78.4	21.6	
1980	10444	8019	2425		76.8	23.2	
1981	10940	8372	2568		76.5	23.5	
1985	12358	8990	3324	44	72.7	26.9	0.4
1990	14059	10346	3549	164	73.6	25.2	1.2
1991	14508	10664	3628	216	73.5	25.0	1.5
1992	14792	10889	3621	282	73.6	24.5	1.9
1993	14849	10920	3393	536	73.5	22.9	3.6
1994	14849	10890	3211	747	73.3	21.6	5.0
1995	15301	11261	3147	894	73.6	20.6	5.8
1996	15221	11244	3016	962	73.9	19.8	6.3
1997	15036	11044	2883	1109	73.5	19.2	7.4
1998	12696	9058	1963	1675	71.3	15.5	13.2
1999	12130	8572	1712	1846	70.7	14.1	15.2
2000	11612	8102	1499	2011	69.8	12.9	17.3
2001	11166	7640	1291	2235	68.4	11.6	20.0
2002	10985	7163	1122	2700	65.2	10.2	24.6
2003	10970	6876	1000	3094	62.7	9.1	28.2
2004	11099	6710	897	3492	60.5	8.1	31.5
2005	11404	6488	810	4106	56.9	7.1	36.0
2006	11713	6430	764	4519	54.9	6.5	38.6
2007	12024	6424	718	4882	53.4	6.0	40.6
2008	12193	6447	662	5084	52.9	5.4	41.7
2009	12573	6420	618	5535	51.1	4.9	44.0
2010	13052	6516	597	5938	49.9	4.6	45.5
2011	14413	6704	603	7106	46.5	4.2	49.3
2012	15236	6839	590	7808	44.9	3.9	51.2
2013	18108	6365	566	11177	35.1	3.1	61.7
2014	18278	6312	537	11429	34.5	2.9	62.5
2015	18062	6208	481	11373	34.4	2.7	63.0
2016	17888	6170	453	11265	34.5	2.5	63.0
2017	17644	6064	406	11174	34.4	2.3	63.3
2018	17258	5740	347	11171	33.3	2.0	64.7
2019	17162	5473	296	11393	31.9	1.7	66.4
2020	17039	5563	271	11205	32.6	1.6	65.8

注：1994年及以前为职工数(以下各表同)。
Note: Data before 1994 are staff and workers figures(Same as the following tables).

1-9 分行业城镇非私营单位就业人员年末人数（1995-2002年）
URBAN NON-PRIVATE UNITS EMPLOYMENT BY SECTOR (1995-2002)

单位：万人 (10 000 persons)

登记注册类型 Registration Status 年 份 Year	合 计 Total	农、林、牧、渔业 Farming, Forestry, Animal Husbandry and Fishery	采掘业 Mining and Quarrying	制造业 Manufacturing	电力、煤气及水的生产和供应业 Production and Supply of Electricity, Gas and Water	建筑业 Construction	地质勘查业、水利管理业 Geological Prospecting and Water Conservancy	交通运输、仓储及邮电通信业 Transport, Storage, Post and Telecommunications
全 国 National								
1995	15300.8	669.4	921.4	5493.1	257.9	1090.1	134.6	848.5
1996	15221.1	631.3	891.8	5344.0	272.8	1069.7	128.9	853.2
1997	15036.2	629.2	856.8	5129.9	283.3	1037.4	129.0	850.5
1998	12695.7	562.5	707.3	3826.1	282.9	878.1	116.2	721.5
1999	12130.2	536.5	655.2	3554.3	285.0	814.8	111.4	704.2
2000	11612.5	516.4	585.2	3300.7	283.8	780.1	110.2	680.4
2001	11165.8	483.2	548.2	3070.1	287.8	774.0	104.9	651.6
2002	10985.2	455.2	542.7	2980.7	289.6	803.2	97.7	639.5
国有单位 State-owned Units								
1995	11260.5	642.6	839.0	3347.9	238.3	627.9	132.5	699.1
1996	11243.6	605.5	813.6	3238.6	251.2	616.1	126.7	705.6
1997	11044.2	605.1	776.8	3028.2	258.0	598.0	125.9	706.1
1998	9058.1	541.1	600.7	1900.7	243.2	462.8	114.0	601.5
1999	8572.1	517.2	529.0	1665.2	240.1	419.0	109.2	585.8
2000	8101.9	496.2	451.3	1432.1	234.1	391.7	108.0	566.5
2001	7639.9	464.5	404.6	1210.0	231.9	357.6	102.8	536.2
2002	7162.9	433.4	350.4	994.9	223.5	320.6	95.6	518.2
城镇集体单位 Urban Collective-owned Units								
1995	3146.7	23.7	78.3	1438.3	9.2	440.3	2.0	139.5
1996	3015.8	21.8	73.8	1364.8	10.8	424.0	2.1	135.7
1997	2882.7	19.9	73.1	1261.3	11.3	404.1	3.0	127.0
1998	1963.2	16.2	49.3	758.4	10.8	321.4	2.1	81.3
1999	1711.8	14.6	42.5	636.8	9.7	291.2	2.0	69.1
2000	1499.3	13.9	35.1	531.7	9.4	272.5	1.9	58.4
2001	1291.0	11.8	30.9	437.1	8.4	255.2	1.6	49.1
2002	1122.0	10.9	30.7	357.1	7.1	231.3	1.4	41.4
其他单位 Other Ownership Units								
1995	893.6	3.2	4.0	706.8	10.3	22.0		9.8
1996	961.7	4.0	4.4	740.5	10.8	29.5		12.0
1997	1109.4	4.2	6.9	840.4	14.1	35.3		17.4
1998	1674.5	5.2	57.3	1167.1	28.9	93.8	0.1	38.7
1999	1846.3	4.8	83.7	1252.2	35.2	104.6	0.2	49.2
2000	2011.3	6.4	98.8	1336.9	40.4	115.9	0.3	55.6
2001	2234.9	6.9	112.7	1423.0	47.5	161.2	0.5	66.2
2002	2700.3	10.9	161.6	1628.7	58.9	251.3	0.7	79.8

1-9 续表 continued

单位：万人 (10 000 persons)

登记注册类型 Registration Status 年份 Year	批发和零售贸易、餐饮业 Wholesale and Retail Trade & Catering Services	金融、保险业 Finance and Insurance	房地产业 Real Estate Trade	社会服务业 Social Services	卫生、体育和社会福利业 Health Care, Sporting and Social Welfare	教育、文化艺术和广播电影电视业 Education, Culture and Arts, Radio, Film and Television	科学研究和综合技术服务业 Scientific Research and Polytechnical Services	国家机关政党机关和社会团体 Government Agencies, Party Agencies and Social Organizations	其他 Others
全国 National									
1995	1855.9	276.3	79.6	461.4	444.3	1476.1	181.9	1041.7	68.8
1996	1830.0	291.9	84.3	472.1	457.5	1512.6	182.7	1092.6	105.8
1997	1796.1	308.2	86.9	494.3	471.1	1556.7	185.8	1093.1	127.8
1998	1286.6	313.5	93.7	470.4	477.7	1573.3	177.5	1096.5	111.9
1999	1141.5	328.5	96.6	476.0	482.0	1567.8	173.6	1102.1	100.9
2000	1009.5	326.8	100.4	483.5	488.1	1565.8	174.5	1103.8	103.1
2001	874.2	335.9	107.5	491.4	493.0	1567.9	165.0	1100.9	110.1
2002	774.5	339.8	118.4	521.0	493.2	1565.1	162.7	1074.7	127.0
国有单位 State-owned Units									
1995	1072.2	204.8	62.9	321	383.2	1443	170	1033.1	43.1
1996	1064.7	210.7	64.6	335.4	394.8	1486.2	168.7	1084.3	76.9
1997	1045.7	217.6	65.3	352.6	407.6	1502.7	170.2	1087.2	97.2
1998	706.0	217.5	65.1	331.7	417.0	1519.7	159.5	1091.1	86.4
1999	620.3	226.5	64.0	330.7	422.6	1512.9	157.0	1097.2	75.4
2000	544.0	223.4	63.3	326.7	427.3	1508.4	151.2	1098.9	78.7
2001	460.6	221.7	63.4	322.6	433.4	1507.7	141.9	1097.0	83.9
2002	380.4	216.2	61.3	327.4	437.8	1497.2	139.1	1071.0	96.0
城镇集体单位 Urban Collective-owned Units									
1995	707.3	67.5	6.7	99.3	60.7	32.1	8.7	8.7	24.3
1996	678.5	73.2	7.7	90.3	62.1	25.0	10.4	8.4	27.5
1997	647.6	77.4	7.9	90.4	62.8	52.6	10.5	5.9	27.8
1998	424.5	72.1	7.2	72.4	59.6	51.7	9.7	5.3	21.2
1999	355.0	71.8	7.5	68.9	58.2	52.2	8.3	4.8	19.2
2000	292.5	70.4	6.8	64.2	59.4	53.3	7.9	4.9	17.0
2001	223.2	69.1	6.9	59.1	57.7	55.2	5.3	3.9	16.6
2002	174.7	66.9	8.0	52.9	52.5	58.3	4.8	3.4	20.5
其他单位 Other Ownership Units									
1995	76.3	3.9	9.9	41.2	0.4	0.9	3.1		1.4
1996	86.8	8.0	12.0	46.4	0.5	1.4	3.6		1.5
1997	102.8	13.3	13.7	51.3	0.6	1.5	5.1		2.7
1998	156.1	23.9	21.3	66.3	1.1	1.9	8.3		4.4
1999	166.3	30.2	25.1	76.4	1.2	2.7	8.3		6.3
2000	173.0	33.0	30.3	92.6	1.4	4.1	15.3		7.4
2001	190.4	45.1	37.2	109.7	1.9	5.0	17.8		9.7
2002	219.4	56.8	49.0	140.7	3.0	9.6	18.8		11.0

1－10 分行业城镇非私营单位就业人员年末人数(2003－2011年)
URBAN NON-PRIVATE UNITS EMPLOYMENT BY SECTOR(2003-2011)

单位：万人 (10 000 persons)

登记注册类型 Registration Status 年 份 Year	合 计 Total	农、林、牧、渔业 Agriculture, Forestry, Farming of Animals and Fishery	采矿业 Mining	制造业 Manufacturing	电力、燃气及水的生产和供应业 Production and Distribution of Electricity, Gas and Water	建筑业 Construction	交通运输、仓储和邮政业 Traffic, Transport, Storage and post
全 国 National							
2003	10969.7	484.5	488.3	2980.5	297.6	833.7	636.5
2004	11098.9	466.1	500.7	3050.8	300.6	841.0	631.8
2005	11404.0	446.3	509.2	3210.9	299.9	926.6	613.9
2006	11713.2	435.2	529.7	3351.6	302.5	988.7	612.7
2007	12024.4	426.3	535.0	3465.4	303.4	1050.8	623.1
2008	12192.5	410.1	540.4	3434.3	306.5	1072.6	627.3
2009	12573.0	373.7	553.7	3491.9	307.7	1177.5	634.4
2010	13051.5	375.7	562.0	3637.2	310.5	1267.5	631.1
2011	14413.3	359.5	611.6	4088.3	334.7	1724.8	662.8
国有单位 State-owned Units							
2003	6875.6	457.7	264.3	870.7	224.1	299.3	492.8
2004	6709.9	439.4	268.8	746.3	219.3	281.2	473.4
2005	6488.2	423.5	241.3	614.0	209.5	272.5	443.3
2006	6430.5	414.2	241.7	554.0	208.8	262.8	433.0
2007	6423.5	406.3	232.8	518.1	202.4	271.3	432.0
2008	6447.0	392.1	242.9	485.5	203.1	267.7	424.5
2009	6420.2	356.1	243.7	437.8	198.6	262.7	413.9
2010	6516.4	357.4	234.1	416.5	203.9	278.7	403.3
2011	6704.2	340.9	250.3	397.8	215.0	333.2	415.9
城镇集体单位 Urban Collective-owned Units							
2003	999.9	14.1	27.7	296.6	7.0	217.3	38.7
2004	897.2	12.5	27.1	259.6	6.6	198.1	34.1
2005	809.9	9.1	24.8	221.9	6.1	186.9	30.6
2006	763.6	7.1	25.1	203.9	6.0	184.9	27.2
2007	718.4	6.0	23.2	182.1	5.6	181.5	24.6
2008	661.8	4.9	22.2	165.2	5.1	169.2	22.2
2009	618.1	4.9	17.6	148.5	5.1	163.7	20.6
2010	597.5	4.4	18.8	134.4	5.2	161.7	19.8
2011	603.1	4.0	20.4	124.1	5.5	187.4	17.5
其他单位 Other Ownership Units							
2003	3094.3	12.7	196.3	1813.2	66.5	317.1	105.0
2004	3491.8	14.1	204.8	2044.9	74.7	361.7	124.4
2005	4105.9	13.7	243.1	2374.9	84.4	467.2	140.0
2006	4519.1	13.9	262.9	2593.7	87.8	540.9	152.6
2007	4882.4	14.1	279.0	2765.2	95.4	598.0	166.4
2008	5083.7	13.1	275.3	2783.6	98.4	635.6	180.6
2009	5534.7	12.6	292.4	2905.6	103.9	751.2	199.9
2010	5937.6	14.0	309.1	3086.2	101.4	827.1	208.0
2011	7106.0	14.6	340.9	3566.4	114.2	1204.2	229.4

1-10 续表 1 continued

单位：万人 (10 000 persons)

登记注册类型 Registration Status / 年 份 Year	信息传输、计算机服务和软件业 Information Transfer, Computer and Software	批发和零售业 Wholesale and Retail Trade	住宿和餐饮业 Accommodation and Restaurants	金融业 Finance	房地产业 Real Estate	租赁和商务服务业 Tenancy and Business Services	科学研究、技术服务和地质勘查业 Scientific Research, Technical Service and Geologic Perambulation
全 国 National							
2003	116.8	628.1	172.1	353.3	120.2	183.5	221.9
2004	123.7	586.7	177.1	356.0	133.4	194.4	222.1
2005	130.1	544.0	181.2	359.3	146.5	218.5	227.7
2006	138.2	515.7	183.9	367.4	153.9	236.7	235.5
2007	150.2	506.9	185.8	389.7	166.5	247.2	243.4
2008	159.5	514.4	193.2	417.6	172.7	274.7	257.0
2009	173.8	520.8	202.1	449.0	190.9	290.5	272.6
2010	185.8	535.1	209.2	470.1	211.6	310.1	292.3
2011	212.8	647.5	242.7	505.3	248.6	286.6	298.5
国有单位 State-owned Units							
2003	72.0	301.0	73.4	208.1	52.2	106.0	185.1
2004	74.1	259.6	70.5	196.4	50.9	107.9	188.6
2005	65.8	214.7	67.5	177.5	47.5	114.6	188.5
2006	65.6	186.7	63.8	165.1	45.0	121.0	193.0
2007	62.5	174.1	58.6	161.4	45.2	120.5	197.5
2008	63.0	160.7	56.6	155.4	43.5	125.9	201.6
2009	64.6	144.2	55.2	146.0	43.5	125.4	209.4
2010	62.5	137.3	54.6	144.3	45.4	131.5	219.6
2011	67.0	145.7	56.3	146.3	47.6	127.9	218.2
城镇集体单位 Urban Collective-owned Units							
2003	1.8	128.6	16.2	67.0	7.4	30.2	4.8
2004	1.3	108.9	15.0	66.6	7.8	30.7	4.5
2005	1.4	89.9	13.7	63.8	8.2	35.2	3.8
2006	1.1	77.4	12.7	62.1	8.0	34.1	3.5
2007	0.9	69.0	11.6	61.3	7.7	34.4	3.4
2008	0.8	58.6	11.0	60.1	7.4	33.1	3.4
2009	1.1	52.5	10.4	53.1	8.7	36.7	4.2
2010	1.0	48.0	9.6	52.1	9.2	37.6	4.2
2011	1.3	46.8	10.0	50.2	8.6	31.8	3.7
其他单位 Other Ownership Units							
2003	43.0	198.6	82.5	78.3	60.6	47.3	32.0
2004	48.3	218.3	91.6	93.1	74.7	55.8	29.0
2005	62.8	239.4	100.1	117.9	90.9	68.7	35.5
2006	71.5	251.6	107.3	140.2	101.0	81.6	38.9
2007	86.8	263.8	115.7	167.0	113.6	92.3	42.5
2008	95.7	295.0	125.6	202.0	121.8	115.7	52.0
2009	108.1	324.2	136.5	249.9	138.7	128.4	59.0
2010	122.3	349.9	145.1	273.7	157.1	140.9	68.6
2011	144.5	455.0	176.5	308.9	192.4	126.9	76.5

1-10 续表 2 continued

单位：万人 (10 000 persons)

登记注册类型 Registration Status 年 份 Year	水利、环境和公共设施管理业 Management of Water Conservancy, Environment and Public Establishment	居民服务和其他服务业 Resident Services and Other Services	教 育 Education	卫生、社会保障和社会福利业 Sanitation, Social Security and Social Welfare	文化体育和娱乐业 Culture, Sports and Entertainment	公共管理和社会组织 Public Management and Social Organization
全 国 National						
2003	172.5	52.8	1442.8	485.8	127.8	1171.0
2004	176.1	54.2	1466.8	494.7	123.4	1199.0
2005	180.4	53.9	1483.2	508.9	122.5	1240.8
2006	187.0	56.6	1504.4	525.4	122.4	1265.6
2007	193.5	57.4	1520.9	542.8	125.0	1291.2
2008	197.3	56.5	1534.0	563.6	126.0	1335.0
2009	205.7	58.8	1550.4	595.8	129.5	1394.3
2010	218.9	60.2	1581.8	632.5	131.4	1428.5
2011	230.3	59.9	1617.8	679.1	135.0	1467.6
国有单位 State-owned Units						
2003	155.3	22.1	1378.3	430.9	117.0	1165.1
2004	158.0	24.2	1409.7	437.9	111.9	1191.8
2005	161.0	24.9	1424.9	452.4	110.5	1234.3
2006	165.4	27.7	1448.0	466.8	110.1	1257.5
2007	169.8	28.7	1462.9	483.2	111.3	1285.0
2008	172.8	28.8	1481.9	501.2	110.9	1328.8
2009	178.3	28.3	1490.6	529.9	111.9	1380.0
2010	189.9	28.9	1517.4	562.6	113.1	1415.6
2011	198.0	30.7	1540.9	606.0	113.8	1452.7
城镇集体单位 Urban Collective-owned Units						
2003	10.7	15.2	57.1	51.2	3.2	5.0
2004	10.2	13.5	43.1	50.0	2.8	4.8
2005	9.6	10.3	40.2	48.3	2.5	3.5
2006	10.0	9.8	36.0	48.8	2.3	3.6
2007	10.2	8.9	34.3	48.7	2.3	2.9
2008	10.8	8.8	24.6	49.8	2.3	2.4
2009	10.5	8.2	17.4	49.9	2.2	2.7
2010	10.5	7.8	17.5	51.4	2.2	2.2
2011	10.8	6.0	19.1	51.5	2.0	2.4
其他单位 Other Ownership Units						
2003	6.5	15.6	7.4	3.6	7.5	0.8
2004	7.9	16.5	14.0	6.8	8.7	2.5
2005	9.8	18.7	18.1	8.2	9.6	3.0
2006	11.6	19.0	20.4	9.8	10.0	4.4
2007	13.5	19.8	23.7	11.0	11.5	3.3
2008	13.7	19.0	27.5	12.6	12.7	3.8
2009	16.8	22.3	42.3	16.0	15.4	11.6
2010	18.5	23.5	46.8	18.6	16.2	10.7
2011	21.5	23.1	57.7	21.6	19.2	12.5

1—11 分行业城镇非私营单位就业人员年末人数(2012—2020年)
URBAN NON-PRIVATE UNITS EMPLOYMENT BY SECTOR(2012-2020)

单位：万人 (10 000 persons)

登记注册类型 Registration Status 年 份 Year	合 计 Total	农、林、牧、渔业 Agriculture, Forestry, Animal Husbandry and Fishery	采矿业 Mining	制造业 Manufacturing	电力、热力、燃气及水生产和供应业 Production and Supply of Electricity,Heat, Gas and Water	建筑业 Construction	批发和零售业 Wholesale and Retail Trades
全 国 National							
2012	15236.4	338.9	631.0	4262.2	344.6	2010.3	711.8
2013	18108.4	294.8	636.5	5257.9	404.5	2921.9	890.8
2014	18277.8	284.6	596.5	5243.1	403.7	2921.2	888.6
2015	18062.5	270.0	545.8	5068.7	396.0	2796.0	883.3
2016	17888.1	263.2	490.9	4893.8	387.6	2724.7	875.0
2017	17643.8	255.4	455.4	4635.5	377.0	2643.2	842.8
2018	17258.2	192.6	414.4	4178.3	369.2	2710.9	823.3
2019	17161.8	134.1	367.7	3832.0	373.1	2270.5	830.0
2020	17039.1	85.7	352.1	3805.5	379.7	2153.3	786.9
国有单位 State-owned Units							
2012	6839.0	320.5	256.2	369.5	218.3	345.8	148.5
2013	6365.1	280.3	97.2	232.6	199.0	267.5	110.1
2014	6312.3	262.9	71.6	207.8	192.9	237.1	99.9
2015	6208.3	248.4	54.8	180.8	178.8	192.9	90.8
2016	6169.8	242.3	44.6	158.8	176.3	184.6	82.0
2017	6063.8	236.1	34.0	124.0	159.9	154.2	72.0
2018	5739.7	172.7	17.3	73.3	134.1	113.1	60.6
2019	5472.7	99.9	14.7	38.5	113.8	80.4	42.9
2020	5563.0	58.0	18.0	46.4	102.4	89.1	47.8
城镇集体单位 Urban Collective-owned Units							
2012	589.7	5.0	20.6	113.7	5.1	185.0	40.9
2013	566.2	2.5	15.8	97.4	4.2	181.6	38.3
2014	536.7	2.6	13.3	87.9	4.0	173.7	35.0
2015	481.4	2.1	10.7	74.4	3.8	154.7	31.7
2016	453.3	1.9	9.4	66.5	3.5	149.1	28.0
2017	406.0	1.8	7.7	52.8	3.2	133.0	21.2
2018	347.4	1.6	4.1	38.4	2.9	116.8	17.8
2019	295.6	3.2	3.2	31.5	3.3	94.7	12.9
2020	271.2	1.8	2.7	21.9	3.4	83.2	9.2
其他单位 Other Ownership Units							
2012	7807.7	13.4	354.2	3779.0	121.1	1479.4	522.4
2013	11177.2	12.1	523.4	4927.9	201.4	2472.8	742.4
2014	11428.8	19.1	511.7	4947.4	206.8	2510.3	753.6
2015	11372.8	19.4	480.3	4813.6	213.4	2448.4	760.9
2016	11264.9	19.0	436.9	4668.5	207.8	2391.1	765.1
2017	11174.0	17.5	413.6	4458.7	213.9	2356.1	749.6
2018	11171.1	18.4	393.0	4066.5	232.2	2481.0	744.9
2019	11393.5	31.0	349.9	3762.0	256.1	2095.4	774.3
2020	11204.9	25.8	331.4	3737.2	273.9	1980.9	730.0

1−11 续表 1 continued

单位：万人 (10 000 persons)

登记注册类型 Registration Status 年份 Year	交通运输、仓储和邮政业 Transport, Storage and Post	住宿和餐饮业 Hotels and Catering Services	信息传输、软件和信息技术服务业 Information Software and Information Technology	金融业 Financial Inter-mediation	房地产业 Real Estate	租赁和商务服务业 Leasing and Business Services	科学研究和技术服务业 Scientific Research, and Technical Services
全 国 National							
2012	667.5	265.1	222.8	527.8	273.7	292.3	330.7
2013	846.2	304.4	327.3	537.9	373.7	421.9	387.8
2014	861.4	289.3	336.3	566.3	402.2	449.4	408.0
2015	854.4	276.1	349.9	606.8	417.3	474.0	410.6
2016	849.5	269.7	364.1	665.2	431.7	488.4	419.6
2017	843.9	265.9	395.4	688.8	444.8	522.6	420.4
2018	819.0	269.8	424.3	699.3	466.0	529.5	411.5
2019	815.5	265.2	455.3	826.1	510.3	660.4	434.3
2020	812.2	256.6	487.1	859.0	525.4	643.6	431.2
国有单位 State-owned Units							
2012	419.5	57.6	65.8	151.9	46.7	116.7	232.5
2013	410.3	45.7	49.5	147.9	37.1	123.6	223.7
2014	395.2	41.8	37.5	146.1	36.5	126.0	224.8
2015	373.4	37.4	35.5	146.6	33.1	120.6	213.2
2016	366.0	35.2	33.5	148.7	32.1	118.1	215.1
2017	353.0	31.7	26.9	143.1	26.3	116.8	206.2
2018	264.1	26.0	24.9	125.8	19.6	104.2	182.7
2019	131.8	20.9	19.9	89.3	15.7	98.5	150.3
2020	108.5	20.6	25.6	68.6	22.1	96.2	152.2
城镇集体单位 Urban Collective-owned Units							
2012	17.7	9.3	1.3	50.1	8.7	33.7	5.4
2013	19.0	10.0	0.9	48.7	8.3	38.1	5.5
2014	17.4	6.7	0.8	47.0	8.9	36.0	5.4
2015	14.8	5.4	0.7	46.5	8.0	31.8	4.8
2016	13.7	4.9	0.6	44.9	8.0	29.1	4.6
2017	12.2	4.2	0.8	42.0	7.4	27.7	4.2
2018	9.3	3.9	0.6	33.1	7.2	23.3	3.9
2019	8.5	3.1	0.7	9.5	9.9	26.2	4.3
2020	7.8	2.6	0.6	7.0	9.2	19.5	4.7
其他单位 Other Ownership Units							
2012	230.3	198.1	155.7	325.7	218.3	141.8	92.8
2013	417.0	248.7	276.9	341.3	328.3	260.2	158.5
2014	448.9	240.8	298.0	373.3	356.8	287.4	177.8
2015	466.2	233.3	313.6	413.7	376.2	321.7	192.6
2016	469.8	229.6	330.0	471.5	391.6	341.2	199.9
2017	478.7	230.0	367.7	503.7	411.0	378.1	210.0
2018	545.6	240.0	398.8	540.4	439.2	402.1	224.9
2019	675.2	241.3	434.6	727.3	484.7	535.6	279.7
2020	695.9	233.4	460.9	783.4	494.0	527.9	274.3

1-11 续表 2 continued

单位：万人 (10 000 persons)

登记注册类型 Registration Status 年 份 Year	水利、环境和公共设施管理业 Management of Water Conservancy, Environment and Public Facilities	居民服务、修理和其他服务业 Service to Households, Repair and Other Services	教 育 Education	卫生和社会工作 Health and Social Service	文化、体育和娱乐业 Culture, Sports and Entertainment	公共管理、社会保障和社会组织 Public Management, Social Security and social Organization
全 国 National						
2012	243.8	62.1	1653.4	719.3	137.7	1541.5
2013	259.2	72.3	1687.2	770.0	147.0	1567.0
2014	269.1	75.4	1727.3	810.4	145.5	1599.3
2015	273.3	75.2	1736.5	841.6	149.1	1637.8
2016	269.6	75.4	1729.2	867.0	150.8	1672.6
2017	268.5	78.2	1730.4	897.9	152.2	1725.6
2018	260.6	77.4	1735.6	912.4	146.6	1817.5
2019	244.5	86.3	1909.3	1006.2	151.2	1989.8
2020	245.6	82.8	1958.9	1051.9	149.5	1972.2
国有单位 State-owned Units						
2012	208.9	30.4	1567.2	639.5	115.0	1528.6
2013	207.7	22.9	1573.8	672.7	109.9	1553.6
2014	211.9	22.5	1602.7	703.9	106.3	1585.1
2015	210.7	22.0	1607.3	733.1	104.4	1624.4
2016	203.9	21.4	1593.9	752.5	102.6	1658.1
2017	195.9	18.5	1582.4	773.8	98.8	1710.3
2018	167.6	19.3	1564.8	786.2	91.5	1791.8
2019	129.9	12.3	1540.0	835.1	82.1	1956.7
2020	122.1	11.8	1637.0	894.5	85.5	1956.6
城镇集体单位 Urban Collective-owned Units						
2012	10.6	6.1	19.0	52.6	2.5	2.3
2013	10.7	5.4	21.8	54.0	2.0	2.1
2014	11.2	5.7	22.2	54.9	1.9	2.1
2015	10.9	4.9	20.9	51.5	1.8	2.0
2016	10.6	4.2	19.0	51.2	1.8	2.3
2017	10.0	3.8	18.9	51.0	1.7	2.4
2018	8.0	3.3	22.9	46.2	1.3	3.0
2019	5.0	3.2	37.7	33.2	1.5	4.1
2020	4.9	3.8	46.7	35.2	1.7	5.4
其他单位 Other Ownership Units						
2012	24.3	25.7	67.2	27.3	20.2	10.6
2013	40.8	44.1	91.6	43.3	35.0	11.3
2014	46.1	47.3	102.4	51.6	37.3	12.1
2015	51.7	48.3	108.3	57.0	42.8	11.4
2016	55.0	49.8	116.4	63.3	46.3	12.2
2017	62.6	56.0	129.1	73.2	51.7	12.9
2018	85.0	54.8	147.9	80.0	53.7	22.6
2019	109.6	70.8	331.6	137.9	67.5	29.1
2020	118.5	67.2	275.2	122.2	62.4	10.2

1-12　各地区分登记注册类型城镇非私营单位女性就业人员年末人数
FEMALE EMPLOYMENT IN URBAN NON-PRIVATE UNITS BY REGISTRATION STATUS AND REGION (End of Year)

单位：万人　　(10 000 persons)

年份 Year	地区 Region	合计 Total	国有单位 State-owned Units	城镇集体单位 Urban Collective-owned Units	其他单位 Other Ownership Units
	2011	5227.7	2522.4	195.9	2509.4
	2012	5458.9	2590.1	188.4	2680.4
	2013	6338.3	2472.3	179.1	3686.9
	2014	6546.2	2509.0	173.1	3864.1
	2015	6527.0	2531.9	156.5	3838.7
	2016	6517.6	2562.1	147.6	3807.8
	2017	6545.3	2583.1	137.9	3824.3
	2018	6427.6	2537.3	121.6	3768.7
	2019	6684.2	2532.9	108.4	4043.0
	2020	6779.4	2650.3	108.5	4020.6
北京	Beijing	314.9	79.1	3.9	231.9
天津	Tianjin	102.8	29.8	0.8	72.3
河北	Hebei	232.5	128.7	5.3	98.5
山西	Shanxi	165.6	85.0	2.4	78.2
内蒙古	Inner Mongolia	109.1	63.4	1.3	44.4
辽宁	Liaoning	193.4	88.5	3.3	101.6
吉林	Jilin	105.9	55.7	0.5	49.6
黑龙江	Heilongjiang	126.2	70.5	0.8	54.9
上海	Shanghai	283.2	49.3	3.8	230.1
江苏	Jiangsu	479.3	131.3	18.0	330.1
浙江	Zhejiang	386.2	120.5	2.6	263.1
安徽	Anhui	204.7	76.2	3.1	125.3
福建	Fujian	240.8	74.2	4.2	162.4
江西	Jiangxi	180.0	77.1	2.2	100.7
山东	Shandong	426.8	171.3	7.0	248.5
河南	Henan	376.8	168.7	8.7	199.4
湖北	Hubei	240.6	100.3	3.5	136.8
湖南	Hunan	236.4	113.6	4.5	118.3
广东	Guangdong	881.6	194.6	14.7	672.3
广西	Guangxi	173.7	102.0	1.7	70.0
海南	Hainan	46.2	18.0	0.4	27.8
重庆	Chongqing	143.9	54.9	1.6	87.4
四川	Sichuan	343.6	147.1	4.1	192.4
贵州	Guizhou	131.4	79.7	1.1	50.6
云南	Yunnan	152.1	88.8	2.5	60.9
西藏	Tibet	16.7	10.9	0.1	5.7
陕西	Shaanxi	195.3	88.7	3.6	103.0
甘肃	Gansu	100.6	60.0	1.8	38.9
青海	Qinghai	27.3	17.2	0.4	9.8
宁夏	Ningxia	28.9	17.7	0.2	11.1
新疆	Xinjiang	133.0	87.4	0.8	44.9

1-13 各地区分行业城镇非私营单位女性就业人员年末人数(2020年)
FEMALE EMPLOYMENT IN URBAN NON-PRIVATE UNITS BY SECTOR AND REGION(2020)

单位：万人 (10 000 persons)

地　区	Region	合　计 Total	农、林、牧、渔业 Agriculture, Forestry, Animal Husbandry and Fishery	采矿业 Mining	制造业 Manufacturing	电力、热力、燃气及水生产和供应业 Production and Supply of Electricity, Heat,Gas and Water	建筑业 Construction	批发和零售业 Wholesale and Retail Trades
全　国	**National**	**6779.4**	**25.3**	**61.0**	**1423.3**	**101.7**	**276.1**	**410.9**
北　京	Beijing	314.9	0.5	0.5	20.5	2.7	8.9	24.6
天　津	Tianjin	102.8	0.1	1.3	21.3	1.2	3.8	11.0
河　北	Hebei	232.5	0.7	2.5	29.2	5.2	6.4	11.6
山　西	Shanxi	165.6	0.3	11.8	17.2	4.5	5.2	6.1
内蒙古	Inner Mongolia	109.1	1.5	1.8	7.8	4.4	1.7	3.9
辽　宁	Liaoning	193.4	2.7	3.9	28.7	3.8	5.3	10.0
吉　林	Jilin	105.9	1.0	1.6	12.9	2.1	2.3	4.8
黑龙江	Heilongjiang	126.2	5.7	5.4	8.2	3.2	3.0	5.2
上　海	Shanghai	283.2	0.3	0.0	45.5	0.9	4.5	48.9
江　苏	Jiangsu	479.3	1.0	0.8	177.3	3.6	18.0	30.3
浙　江	Zhejiang	386.2	0.2	0.1	119.6	3.0	17.5	21.1
安　徽	Anhui	204.7	0.8	1.3	46.7	2.4	13.6	13.0
福　建	Fujian	240.8	0.3	0.3	73.9	2.9	22.0	12.4
江　西	Jiangxi	180.0	0.7	0.5	48.0	2.8	11.2	7.9
山　东	Shandong	426.8	0.4	5.9	96.1	6.9	16.6	24.3
河　南	Henan	376.8	0.7	4.7	83.0	7.1	19.2	17.8
湖　北	Hubei	240.6	0.7	0.6	47.3	4.2	13.3	17.5
湖　南	Hunan	236.4	0.5	0.6	35.4	4.3	12.1	12.5
广　东	Guangdong	881.6	0.6	0.2	339.2	6.2	19.8	53.2
广　西	Guangxi	173.7	0.8	0.2	19.2	3.1	6.8	6.9
海　南	Hainan	46.2	1.4	0.1	2.6	0.6	0.7	3.3
重　庆	Chongqing	143.9	0.2	0.4	24.1	2.0	10.2	10.9
四　川	Sichuan	343.6	0.8	2.5	50.3	6.8	23.3	17.1
贵　州	Guizhou	131.4	0.4	1.2	9.4	2.5	7.2	5.5
云　南	Yunnan	152.1	1.0	1.1	13.0	3.2	5.8	7.2
西　藏	Tibet	16.7	0.1	0.1	0.6	0.4	0.6	1.1
陕　西	Shaanxi	195.3	0.5	5.4	23.0	4.0	7.9	11.7
甘　肃	Gansu	100.6	0.6	1.3	7.9	3.2	4.3	4.7
青　海	Qinghai	27.3	0.2	0.8	2.4	0.6	0.9	1.1
宁　夏	Ningxia	28.9	0.1	1.2	2.3	1.2	0.5	1.4
新　疆	Xinjiang	133.0	0.6	3.0	10.5	2.7	3.3	4.2

1-13 续表 1 continued

单位：万人 (10 000 persons)

地 区 Region	交通运输、仓储和邮政业 Transport, Storage and Post	住宿和餐饮业 Hotels and Catering Services	信息传输、软件和信息技术服务业 Information Transmission, Software and Information Technology	金融业 Finance Intermediation	房地产业 Real Estate	租赁和商务服务业 Leasing and Business Services	科学研究和技术服务业 Scientific Research and Technical Services
全 国 National	**210.6**	**147.3**	**189.3**	**500.3**	**214.5**	**225.1**	**143.5**
北 京 Beijing	14.7	14.7	35.1	36.0	17.5	24.0	22.0
天 津 Tianjin	3.8	3.2	3.0	11.0	3.9	3.9	3.5
河 北 Hebei	6.7	2.5	4.5	20.6	4.9	3.8	4.5
山 西 Shanxi	6.1	2.3	2.3	16.7	2.4	3.4	2.7
内蒙古 Inner Mongolia	4.5	1.4	2.2	13.1	2.6	1.6	2.1
辽 宁 Liaoning	7.0	2.9	6.8	19.6	5.2	4.3	3.7
吉 林 Jilin	3.6	1.1	1.7	13.1	2.3	1.7	2.6
黑龙江 Heilongjiang	4.7	0.8	3.5	15.0	2.2	4.4	1.9
上 海 Shanghai	14.2	14.3	16.4	15.5	11.6	30.4	12.4
江 苏 Jiangsu	11.3	11.3	12.4	22.9	12.6	16.9	8.8
浙 江 Zhejiang	9.1	8.2	10.5	29.5	12.2	11.1	6.4
安 徽 Anhui	5.5	3.5	3.9	15.7	6.5	6.9	3.0
福 建 Fujian	5.7	5.0	3.9	15.4	6.6	6.1	2.6
江 西 Jiangxi	4.8	2.4	2.2	10.5	4.0	2.3	1.9
山 东 Shandong	12.0	6.5	8.6	39.0	11.2	7.2	6.5
河 南 Henan	11.4	4.6	6.6	14.7	11.7	6.7	6.2
湖 北 Hubei	7.4	5.7	6.3	13.5	8.0	7.0	4.9
湖 南 Hunan	6.7	4.0	3.3	18.7	6.7	4.7	4.1
广 东 Guangdong	21.6	21.3	27.8	53.0	34.5	43.2	16.4
广 西 Guangxi	4.6	2.5	2.3	11.5	4.2	4.4	2.9
海 南 Hainan	2.0	2.4	0.8	4.5	3.4	1.2	0.9
重 庆 Chongqing	5.8	2.7	2.4	16.5	6.3	3.8	2.3
四 川 Sichuan	10.1	10.0	9.1	23.3	12.4	9.2	6.3
贵 州 Guizhou	3.6	1.7	1.8	7.5	4.3	2.5	1.6
云 南 Yunnan	4.9	3.0	2.1	6.7	4.2	3.4	3.2
西 藏 Tibet	0.7	0.5	0.4	0.6	0.3	0.6	0.3
陕 西 Shaanxi	8.0	5.3	5.5	15.9	5.6	4.3	4.3
甘 肃 Gansu	3.2	1.9	1.6	8.0	3.0	1.3	2.2
青 海 Qinghai	1.4	0.3	0.4	1.6	0.7	0.4	0.6
宁 夏 Ningxia	1.0	0.2	0.4	2.5	0.7	0.3	0.5
新 疆 Xinjiang	4.4	1.3	1.6	8.2	2.9	3.9	2.2

1-13 续表 2 continued

单位：万人 (10 000 persons)

地区 Region	水利、环境和公共设施管理业 Management of Water Conservancy, Environment and Public Establishment	居民服务、修理和其他服务业 Services to Household, Repair and Other Services	教育 Education	卫生和社会工作 Health and Social Service	文化、体育和娱乐业 Culture, Sports and Entertainment	公共管理、社会保障和社会组织 Public Management, Social Security and Social Organization
全国 National	**99.9**	**41.1**	**1244.3**	**727.4**	**73.6**	**664.0**
北京 Beijing	3.7	2.9	38.2	22.5	9.5	16.7
天津 Tianjin	1.1	3.3	12.9	8.2	0.9	5.5
河北 Hebei	3.8	0.7	58.2	31.5	2.5	32.5
山西 Shanxi	3.0	0.5	37.3	18.4	2.3	23.0
内蒙古 Inner Mongolia	1.6	0.3	23.3	13.2	1.6	20.5
辽宁 Liaoning	2.9	0.6	35.7	23.8	2.1	24.5
吉林 Jilin	2.1	1.1	23.1	14.7	1.4	12.8
黑龙江 Heilongjiang	2.0	0.5	25.2	18.0	1.1	16.2
上海 Shanghai	3.4	5.3	27.1	21.5	3.2	7.9
江苏 Jiangsu	5.9	2.4	70.7	40.9	4.4	27.7
浙江 Zhejiang	4.3	2.0	63.4	37.1	4.0	26.9
安徽 Anhui	2.7	0.8	36.0	23.0	1.6	17.9
福建 Fujian	3.0	2.3	40.7	18.3	2.0	17.3
江西 Jiangxi	2.6	0.6	37.4	19.3	1.6	19.3
山东 Shandong	7.9	1.4	78.9	50.4	3.5	43.4
河南 Henan	6.2	1.5	85.8	45.5	3.6	39.6
湖北 Hubei	3.4	1.1	42.3	29.8	2.9	24.6
湖南 Hunan	3.5	1.0	57.4	32.1	3.0	25.8
广东 Guangdong	8.5	6.2	112.8	62.2	6.0	48.8
广西 Guangxi	3.6	0.4	49.7	26.9	1.5	22.3
海南 Hainan	2.4	0.6	8.9	5.2	0.7	4.5
重庆 Chongqing	1.7	0.5	24.2	15.1	1.4	13.6
四川 Sichuan	5.3	1.8	68.9	42.8	3.2	40.3
贵州 Guizhou	2.6	1.0	33.2	19.0	1.1	25.2
云南 Yunnan	2.8	0.8	40.1	24.6	1.9	23.3
西藏 Tibet	0.3	0.1	2.9	1.2	0.3	5.5
陕西 Shaanxi	3.9	0.7	41.9	24.0	2.8	20.7
甘肃 Gansu	2.0	0.4	21.8	13.4	1.4	18.5
青海 Qinghai	0.5	0.1	5.1	3.8	0.4	6.0
宁夏 Ningxia	0.7	0.0	6.6	4.0	0.5	4.7
新疆 Xinjiang	2.7	0.3	34.6	16.9	1.3	28.4

1-14 分登记注册类型城镇非私营单位就业人员工资总额及指数
TOTAL WAGES AND INDEX OF EMPLOYED PERSONS IN URBAN NON-PRIVATE UNITS BY REGISTRATION STATUS

年 份 Year	工资总额(亿元) Total Wages (100 million yuan)				指数(以上年为100) Index (preceding year=100)			
	合 计 Total	国有单位 State-owned Units	城镇集体单位 Urban Collective-owned Units	其他单位 Other Owner-ship Units	合 计 Total	国有单位 State-owned Units	城镇集体单位 Urban Collective-owned Units	其他单位 Other Owner-ship Units
1965	282.3	235.3	47.0		107.1	105.0	118.4	
1970	334.3	277.5	56.8		103.6	105.5	95.3	
1975	463.5	386.1	77.4		104.9	104.1	109.0	
1980	772.4	627.9	144.5		119.4	118.6	123.3	
1981	820.0	660.4	159.6		106.2	105.2	110.4	
1982	882.0	708.9	173.1		107.6	107.3	108.5	
1983	934.6	748.1	186.5		106.0	105.5	107.7	
1984	1133.4	875.8	254.0	3.6	121.3	117.1	136.2	
1985	1383.0	1064.8	312.3	5.9	122.0	121.6	123.0	163.9
1986	1659.7	1288.5	362.8	8.4	120.0	121.0	116.2	142.4
1987	1881.1	1459.3	409.1	12.7	113.3	113.3	112.8	151.2
1988	2316.2	1807.1	487.6	21.5	123.1	123.8	119.2	169.3
1989	2618.5	2050.2	534.4	33.9	113.1	113.5	109.6	157.7
1990	2951.1	2324.1	581.0	46.0	112.7	113.4	108.7	135.7
1991	3323.9	2594.9	658.6	70.4	112.6	111.7	113.4	153.0
1992	3939.2	3090.4	743.2	105.6	118.5	119.1	112.8	150.0
1993	4916.2	3812.7	849.9	253.6	124.8	123.4	114.4	240.2
1994	6656.4	5177.4	1023.3	455.6	135.4	135.8	120.4	179.7
1995	8055.8	6172.6	1210.6	672.6	119.0	117.4	115.6	142.2
1996	8964.4	6893.3	1269.4	801.7	111.3	111.7	104.9	119.2
1997	9602.4	7323.9	1283.9	994.5	107.1	106.2	101.1	124.0
1998	9540.2	6934.6	1054.9	1550.7	99.4	94.7	82.2	155.9
1999	10155.9	7289.9	995.8	1870.1	106.5	105.1	94.4	120.6
2000	10954.7	7744.9	950.7	2259.1	107.9	106.2	95.5	120.8
2001	12205.4	8515.2	898.5	2791.7	111.4	109.9	94.5	123.6
2002	13638.1	9138.0	863.9	3636.2	111.7	107.3	96.1	130.3
2003	15329.6	9911.9	867.1	4550.6	112.4	108.5	100.4	125.1
2004	17615.0	11038.2	876.2	5700.6	114.9	111.4	101.0	125.3
2005	20627.1	12291.7	906.4	7429.0	117.1	111.4	103.4	130.3
2006	24262.3	13920.6	983.8	9357.9	117.6	113.3	108.5	126.0
2007	29471.5	16689.1	1108.1	11674.3	121.5	119.9	112.6	124.8
2008	35289.5	19487.9	1203.2	14598.4	119.7	116.8	108.6	125.0
2009	40288.2	21862.7	1273.3	17152.1	114.2	112.2	105.8	117.5
2010	47269.9	24886.4	1433.7	20949.7	117.3	113.8	112.6	122.1
2011	59954.7	28954.8	1737.4	29262.4	126.8	116.3	121.2	139.7
2012	70914.2	32950.0	1990.4	35973.8	118.3	113.8	114.6	122.9
2013	93064.3	33359.6	2195.8	57508.9	131.2	101.2	110.3	159.9
2014	102817.2	36106.6	2302.7	64408.0	110.5	108.2	104.9	112.0
2015	112007.8	40387.9	2239.4	69380.5	108.9	111.9	97.3	107.7
2016	120074.8	44462.9	2268.6	73343.3	107.2	110.1	101.3	105.7
2017	129889.1	48884.1	2215.6	78789.3	108.2	109.9	97.7	107.4
2018	141480.0	51126.6	2082.3	88271.1	108.9	104.6	94.0	112.0
2019	154296.1	53743.7	1841.5	98710.9	109.1	105.1	88.4	111.8
2020	164126.9	59628.1	1841.8	102657.0	106.4	110.9	100.0	104.0

1–15 分行业城镇非私营单位就业人员工资总额(1995–2002年)
TOTAL WAGES OF EMPLOYED PERSONS IN URBAN NON-PRIVATE UNITS BY SECTOR (1995-2002)

单位：亿元 (100 million yuan)

登记注册类型 Registration Status 年份 Year	合计 Total	农、林、牧、渔业 Farming, Forestry, Animal Husbandry and Fishery	采掘业 Mining and Quarrying	制造业 Manufacturing	电力、煤气及水的生产和供应业 Production and Supply of Electricity, Gas and Water	建筑业 Construction	地质勘查业、水利管理业 Geological Prospecting and Water Conservancy	交通运输、仓储及邮电通信业 Transport, Storage, Post and Telecommunications	批发和零售贸易、餐饮业 Wholesale and Retail Trade & Catering Services
全 国 National									
1995	8055.8	234.1	519.0	2804.2	197.5	629.2	80.2	577.7	771.9
1996	8964.4	251.3	568.8	2984.0	235.6	668.3	84.4	659.8	835.9
1997	9602.4	269.7	577.9	3044.6	269.8	696.9	92.0	719.1	864.0
1998	9540.2	257.8	517.6	2792.1	294.8	659.6	92.7	708.5	768.0
1999	10155.9	260.4	498.6	2836.4	325.6	662.2	98.0	768.5	745.6
2000	10954.7	268.9	498.4	2966.7	363.3	699.1	108.4	837.7	742.8
2001	12205.4	278.5	531.1	3088.5	416.7	750.9	115.4	918.9	732.5
2002	13638.1	289.9	597.6	3343.9	470.8	838.0	118.6	1016.7	745.5
国有单位 State-owned Units									
1995	6172.6	225.2	489.6	1764.3	180.0	412.0	79.3	518.4	477.8
1996	6893.3	240.4	538.2	1855.7	214.1	436.0	83.4	593.4	514.2
1997	7323.9	258.9	544.5	1813.7	243.0	451.5	90.1	644.3	530.3
1998	6934.6	247.9	457.1	1368.3	249.6	388.4	91.1	619.8	438.9
1999	7289.9	250.1	415.6	1293.4	267.5	377.5	96.4	659.0	417.5
2000	7744.9	255.7	382.5	1260.0	291.0	389.0	106.6	711.9	410.0
2001	8515.2	265.7	387.7	1190.5	325.2	378.9	113.6	762.7	384.4
2002	9138.0	272.7	372.5	1098.9	349.0	365.1	115.9	821.9	365.8
城镇集体单位 Urban Collective-owned Units									
1995	1210.6	6.8	27.4	523.7	6.7	202.5	0.8	49.0	239.6
1996	1269.4	8.0	28.3	534.1	8.9	212.1	1.0	52.1	254.8
1997	1283.9	7.7	29.8	513.5	9.9	218.8	1.9	51.0	249.9
1998	1054.9	7.0	22.3	389.3	10.1	188.7	1.5	42.0	196.0
1999	995.8	7.0	19.3	343.6	9.5	183.9	1.5	39.6	174.8
2000	950.7	7.7	17.5	309.3	9.9	188.7	1.4	34.5	154.6
2001	898.5	6.8	17.5	270.6	10.5	188.0	1.2	31.4	125.5
2002	863.9	7.0	18.6	244.8	9.1	179.0	1.4	28.8	107.9
其他单位 Other Ownership Units									
1995	672.6	2.2	2.0	516.1	10.7	14.7		10.3	54.5
1996	801.7	2.8	2.3	594.3	12.6	20.2		14.3	67.0
1997	994.5	3.0	3.7	717.4	16.9	26.6		23.8	83.8
1998	1550.7	3.0	38.2	1034.5	35.0	82.5		46.7	133.1
1999	1870.1	3.4	63.7	1199.5	48.5	100.9	0.2	69.9	153.3
2000	2259.1	5.5	98.4	1397.3	62.4	121.4	0.4	91.3	178.3
2001	2791.7	6.1	125.8	1627.4	81.0	184.0	0.6	124.8	222.6
2002	3636.2	10.2	206.6	2000.2	112.7	293.9	1.4	166.1	271.8

1-15 续表 continued

单位：亿元 (100 million yuan)

登记注册类型 Registration Status / 年份 Year	金融、保险业 Finance and Insurance	房地产业 Real Estate Trade	社会服务业 Social Services	卫生、体育和社会福利业 Health Care, Sporting and Social Welfare	教育、文化艺术和广播电影电视业 Education, Culture and Arts, Radio, Film and Television	科学研究和综合技术服务业 Scientific Research and Polytechnical Services	国家机关政党机关和社会团体 Government Agencies, Party Agencies and Social Organizations	其他 Others
全国 National								
1995	199.6	56.8	274.2	256.0	727.1	123.4	563.1	41.5
1996	243.4	69.2	317.3	306.1	849.0	145.3	676.8	69.3
1997	295.3	78.7	372.0	351.6	970.0	165.6	748.6	86.7
1998	332.4	95.5	399.6	400.3	1106.7	179.1	840.8	94.8
1999	388.5	110.4	446.6	460.6	1275.0	200.6	977.5	101.5
2000	434.3	124.7	502.5	525.4	1435.9	233.7	1097.5	115.3
2001	524.7	149.0	587.9	629.3	1746.1	267.7	1325.6	142.4
2002	612.4	180.5	701.0	718.7	2033.7	304.5	1485.9	180.4
国有单位 State-owned Units								
1995	152.3	42.1	188	226.3	714.2	115.5	558.6	28.9
1996	181.5	49.7	220.7	271.2	836.2	134.0	672.7	52.2
1997	213.9	54.8	258.0	311.9	946.4	152.1	745.0	65.4
1998	235.3	60.4	269.8	358.0	1080.8	161.7	837.1	70.3
1999	267.0	65.5	296.6	413.4	1244.3	181.0	973.6	71.8
2000	300.4	72.1	319.0	473.6	1401.5	199.5	1093.1	78.9
2001	350.2	80.9	358.4	571.2	1699.0	229.6	1322.0	95.3
2002	398.1	86.2	392.6	658.0	1970.7	261.0	1482.1	127.7
城镇集体单位 Urban Collective-owned Units								
1995	42.6	4.3	45.2	29.3	12.0	4.9	4.5	11.1
1996	49.4	5.0	44.1	34.3	11.6	6.6	4.1	15.0
1997	58.1	5.9	50.1	38.9	22.1	6.6	3.6	16.3
1998	58.4	6.3	44.6	40.4	23.6	6.2	3.7	15.0
1999	64.2	7.9	46.3	45.0	27.3	6.4	3.8	15.7
2000	67.4	7.1	46.6	49.4	29.6	7.0	4.3	15.5
2001	74.3	7.2	47.3	54.6	39.2	4.6	3.7	16.2
2002	81.9	9.0	46.5	56.0	46.3	4.6	3.4	19.6
其他单位 Other Ownership Units								
1995	4.7	10.4	41.0	0.4	0.8	3.0		1.5
1996	12.5	14.5	52.5	0.6	1.3	4.7		2.1
1997	23.3	17.9	63.9	0.8	1.5	6.8		5.0
1998	38.7	28.8	85.2	1.9	2.3	11.3		9.5
1999	57.2	37.1	103.7	2.2	3.4	13.1		13.9
2000	66.5	45.5	136.8	2.4	4.8	27.2		21.0
2001	100.3	60.8	182.2	3.6	7.9	33.6		31.0
2002	132.4	85.3	261.9	4.7	16.7	38.8		33.5

1–16 分行业城镇非私营单位就业人员工资总额(2003–2011年)
TOTAL WAGES OF EMPLOYED PERSONS IN URBAN NON-PRIVATE UNITS BY SECTOR (2003-2011)

单位：亿元　　(100 million yuan)

登记注册类型 Registration Status / 年份 Year	合计 Total	农、林、牧、渔业 Agriculture, Forestry, Farming of Animals and Fishery	采矿业 Mining	制造业 Manufacturing	电力、燃气及水的生产和供应业 Production & Distribution of Electricity Gas & Water	建筑业 Construction	交通运输、仓储和邮政业 Traffic, Transport, Storage and post
全　国 National							
2003	15329.6	335.8	662.9	3772.7	552.0	965.9	1008.0
2004	17615.0	351.2	831.8	4316.4	646.8	1081.3	1144.7
2005	20627.1	368.7	1031.2	5056.6	741.8	1324.7	1279.5
2006	24262.3	403.3	1259.6	6035.8	858.0	1612.1	1471.5
2007	29471.5	464.6	1500.5	7241.2	1012.7	1946.2	1727.9
2008	35289.5	516.4	1847.3	8498.9	1180.4	2313.6	2006.3
2009	40288.2	537.4	2089.1	9302.2	1283.5	2837.9	2234.9
2010	47269.9	627.1	2458.8	11140.8	1468.3	3471.5	2541.9
2011	59954.7	697.7	3174.2	15031.4	1755.7	5596.4	3074.1
国有单位 State-owned Units							
2003	9911.9	314.4	368.5	1111.8	403.8	384.3	793.0
2004	11038.2	327.6	463.2	1082.7	459.1	404.6	853.6
2005	12291.7	346.5	500.3	1048.1	505.4	442.4	918.3
2006	13920.6	378.8	588.6	1126.3	586.1	488.3	1024.3
2007	16689.1	437.1	675.5	1231.2	673.6	571.1	1185.9
2008	19487.9	486.8	854.8	1353.5	781.8	643.8	1329.6
2009	21862.7	505.1	932.2	1391.9	836.7	731.9	1446.8
2010	24886.4	590.0	1041.5	1525.7	974.9	892.2	1612.6
2011	28954.8	654.1	1333.5	1720.5	1141.3	1218.4	1939.6
城镇集体单位 Urban Collective-owned Units							
2003	867.1	8.6	19.9	227.8	10.2	180.2	31.6
2004	876.2	8.6	23.4	224.9	11.1	181.2	30.1
2005	906.4	7.2	27.9	215.6	11.1	188.9	30.3
2006	983.8	6.8	34.6	225.5	11.8	210.8	30.3
2007	1108.1	7.0	40.1	237.9	13.0	246.5	32.4
2008	1203.2	6.6	44.4	259.6	13.9	265.6	33.8
2009	1273.3	7.6	35.4	265.4	15.1	284.9	36.4
2010	1433.7	8.0	44.5	281.1	17.7	327.7	39.6
2011	1737.4	8.8	61.1	313.4	19.8	471.8	43.7
其他单位 Other Ownership Units							
2003	4550.6	12.8	274.5	2433.0	138.0	401.4	183.4
2004	5700.6	15.0	345.3	3008.8	176.6	495.5	261.0
2005	7429.0	15.0	503.1	3792.9	225.4	693.3	330.9
2006	9357.9	17.7	636.3	4683.9	260.2	913.0	416.9
2007	11674.3	20.5	784.9	5772.0	326.1	1128.6	509.6
2008	14598.4	23.0	948.0	6885.9	384.7	1404.2	643.0
2009	17152.1	24.7	1121.5	7644.9	431.6	1821.1	751.7
2010	20949.7	29.1	1372.8	9334.0	475.7	2251.6	889.8
2011	29262.4	34.7	1779.6	12997.5	594.7	3906.2	1090.7

1-16 续表 1 continued

单位：亿元 (100 million yuan)

登记注册类型 Registration Status / 年份 Year	信息传输、计算机服务和软件业 Information Transfer, Computer and Software	批发和零售业 Wholesale and Retail Trade	住宿和餐饮业 Accommodation and Restaurants	金融业 Finance	房地产业 Real Estate	租赁和商务服务业 Tenancy and Business Services	科学研究、技术服务和地质勘查业 Scientific Research, Technical Service & Geologic Perambulation
全国 National							
2003	356.0	696.3	190.9	734.4	202.7	305.2	454.4
2004	404.3	770.5	221.2	866.7	243.3	351.4	514.6
2005	491.8	832.0	249.8	1047.7	293.0	449.8	614.0
2006	587.4	920.0	280.0	1292.9	338.4	565.6	736.9
2007	699.1	1061.8	314.6	1670.3	426.2	668.9	923.9
2008	862.8	1323.9	371.2	2202.9	520.8	893.7	1154.6
2009	996.2	1509.2	418.9	2658.8	607.8	1021.4	1350.6
2010	1171.7	1783.0	484.6	3219.0	745.6	1198.5	1619.3
2011	1475.6	2594.8	655.2	4007.0	1052.5	1325.3	1879.6
国有单位 State-owned Units							
2003	179.0	338.0	76.6	447.4	82.2	157.7	368.5
2004	200.6	336.7	85.5	497.2	87.3	174.9	426.6
2005	193.8	338.2	90.2	542.1	92.2	213.0	488.3
2006	212.6	349.9	95.5	573.8	96.0	246.3	575.5
2007	223.9	376.0	96.6	697.9	112.0	281.2	713.0
2008	242.5	423.6	108.8	805.6	121.6	344.3	850.4
2009	273.2	451.6	117.4	822.5	132.6	380.2	980.1
2010	289.8	499.6	130.8	940.3	152.9	435.3	1151.7
2011	336.9	607.8	161.8	1077.7	205.1	498.8	1294.2
城镇集体单位 Urban Collective-owned Units							
2003	2.3	87.0	13.8	93.9	8.8	32.5	6.2
2004	2.3	80.8	14.1	107.8	9.9	35.2	6.1
2005	3.4	74.6	13.8	118.6	11.0	45.3	6.8
2006	2.9	71.8	14.6	134.8	12.4	47.9	8.2
2007	2.6	74.0	14.8	157.7	14.0	54.6	8.4
2008	2.2	76.4	16.8	187.1	15.3	57.1	10.4
2009	3.5	78.3	17.4	197.1	19.5	69.3	14.1
2010	3.8	80.9	18.1	228.3	22.7	77.8	15.5
2011	5.3	93.1	23.4	263.5	25.2	77.7	17.7
其他单位 Other Ownership Units							
2003	174.7	271.3	100.5	193.2	111.7	115.1	79.7
2004	201.4	353.1	121.6	261.7	146.0	141.2	82.0
2005	294.5	419.2	145.8	386.9	189.8	191.5	118.8
2006	372.0	498.3	170.0	584.3	230.0	271.3	153.2
2007	472.6	611.8	203.1	814.8	300.2	333.1	202.6
2008	618.2	823.9	245.7	1210.3	383.9	492.3	293.9
2009	719.5	979.3	284.0	1639.2	455.7	571.9	356.4
2010	878.1	1202.5	335.7	2050.4	570.0	685.4	452.1
2011	1133.4	1893.8	470.0	2665.8	822.3	748.8	567.7

1-16 续表 2 continued

单位：亿元 (100 million yuan)

登记注册类型 Registration Status / 年 份 Year	水利、环境和公共设施管理业 Management of Water Conservancy, Environment & Public Establishment	居民服务和其他服务业 Resident Services and Other Services	教 育 Education	卫生、社会保障和社会福利业 Sanitation, Social Security and Social Welfare	文化体育和娱乐业 Culture, Sports and Entertainment	公共管理和社会组织 Public Management and Social Organization
全 国 National						
2003	202.6	66.4	2035.9	782.1	217.9	1787.6
2004	226.1	71.8	2346.2	902.3	251.5	2072.7
2005	257.3	85.1	2690.8	1047.8	275.8	2489.6
2006	289.8	102.5	3127.8	1226.1	314.9	2839.7
2007	352.2	115.8	3917.2	1496.6	378.1	3553.8
2008	413.8	132.1	4556.1	1789.3	429.3	4276.0
2009	474.3	146.8	5338.6	2095.3	488.5	4896.8
2010	555.9	168.4	6136.5	2506.4	543.7	5428.8
2011	659.8	197.9	6938.8	3078.6	642.1	6118.1
国有单位 State-owned Units						
2003	182.5	32.6	1970.1	717.2	202.5	1781.7
2004	202.3	37.4	2274.2	827.5	233.2	2064.1
2005	229.0	43.3	2604.2	962.0	253.6	2480.9
2006	254.4	57.4	3027.3	1121.2	288.9	2829.5
2007	308.0	62.5	3782.4	1371.4	345.6	3544.3
2008	360.7	75.8	4416.4	1637.6	386.9	4263.5
2009	411.9	81.7	5154.6	1910.9	432.3	4869.2
2010	481.2	92.6	5919.7	2277.1	478.5	5400.2
2011	566.0	113.8	6651.3	2803.9	550.1	6079.9
城镇集体单位 Urban Collective-owned Units						
2003	10.6	13.1	53.0	59.4	3.0	5.2
2004	10.5	12.1	45.2	64.3	3.1	5.5
2005	10.4	11.3	50.8	71.3	3.4	4.6
2006	11.8	12.2	55.1	83.9	3.2	5.1
2007	13.4	12.8	71.6	98.6	4.0	5.0
2008	16.5	14.2	55.6	118.6	4.6	4.7
2009	17.8	15.2	48.0	136.2	5.0	7.1
2010	19.4	16.4	54.7	166.3	5.4	5.9
2011	22.5	14.9	68.2	192.9	6.1	8.4
其他单位 Other Ownership Units						
2003	9.5	20.7	12.8	5.4	12.3	0.7
2004	13.3	22.4	26.8	10.4	15.3	3.1
2005	17.9	30.5	35.8	14.5	18.8	4.1
2006	23.6	33.0	45.4	21.0	22.7	5.1
2007	30.8	40.6	63.2	26.6	28.6	4.5
2008	36.6	42.1	84.1	33.1	37.9	7.8
2009	44.6	50.0	136.1	48.1	51.1	20.6
2010	55.3	59.5	162.1	63.0	59.9	22.7
2011	71.3	69.2	219.3	81.8	85.9	29.8

1—17 分行业城镇非私营单位就业人员工资总额(2012—2020年) TOTAL WAGES OF EMPLOYED PERSONS IN URBAN NON-PRIVATE UNITS BY SECTOR (2012-2020)

单位：亿元 (100 million yuan)

登记注册类型 Registration Status 年份 Year	合计 Total	农、林、牧、渔业 Agriculture, Forestry, Animal Husbandry and Fishery	采矿业 Mining	制造业 Manufacturing	电力、热力、燃气及水生产和供应业 Production and Supply of Electricity,Heat, Gas and Water	建筑业 Construction	批发和零售业 Wholesale and Retail Trades
全国 National							
2012	70914.2	760.8	3600.7	17668.1	1999.6	7392.7	3271.3
2013	93064.3	758.0	3833.2	24566.6	2715.3	12315.1	4451.9
2014	102817.2	808.9	3728.2	27011.4	2965.8	13389.4	4931.4
2015	112007.8	862.6	3318.2	28341.6	3137.4	13619.3	5324.6
2016	120074.8	882.1	3038.1	29088.9	3235.7	13969.2	5681.2
2017	129889.1	949.9	3208.6	29740.5	3406.6	14283.9	5980.1
2018	141480.0	716.1	3413.4	30385.0	3704.0	15949.5	6628.5
2019	154296.1	535.1	3388.2	30197.5	4030.1	14431.7	7402.2
2020	164126.9	410.6	3428.8	31352.9	4420.0	14376.2	7623.4
国有单位 State-owned Units							
2012	32950.0	713.5	1513.3	1765.0	1278.7	1422.7	708.9
2013	33359.6	709.9	550.2	1288.9	1361.9	1166.2	622.7
2014	36106.6	730.5	433.6	1313.8	1454.0	1133.0	643.0
2015	40387.9	776.4	332.0	1207.7	1442.2	951.5	631.1
2016	44462.9	797.4	285.8	1148.4	1479.2	946.3	608.7
2017	48884.1	862.4	243.9	983.6	1466.3	832.0	591.5
2018	51126.6	615.9	143.3	587.1	1306.6	630.9	558.4
2019	53743.7	378.2	133.2	345.0	1197.7	441.2	479.4
2020	59628.1	265.1	173.9	432.6	1126.4	572.2	579.1
城镇集体单位 Urban Collective-owned Units							
2012	1990.4	10.8	73.6	339.3	20.3	550.6	94.4
2013	2195.8	6.6	60.6	342.2	18.9	610.8	99.9
2014	2302.7	7.9	55.5	342.1	19.7	648.0	101.7
2015	2239.4	8.4	45.4	316.9	20.6	605.8	100.0
2016	2268.6	8.2	39.8	298.9	20.2	601.6	93.7
2017	2215.6	8.1	34.3	258.2	19.2	547.3	74.4
2018	2082.3	7.2	22.5	197.3	18.6	518.1	69.0
2019	1841.5	8.1	20.2	177.1	16.8	444.1	55.4
2020	1841.8	7.7	19.1	118.5	17.6	412.0	42.7
其他单位 Other Ownership Units							
2012	35973.8	36.5	2013.8	15563.7	700.7	5419.4	2467.9
2013	57508.9	41.4	3222.4	22935.5	1334.5	10538.1	3729.3
2014	64408.0	70.4	3239.0	25355.6	1492.1	11608.4	4186.8
2015	69380.5	77.8	2940.8	26817.0	1674.6	12062.0	4593.5
2016	73343.3	76.5	2712.5	27641.6	1736.4	12421.2	4978.8
2017	78789.3	79.4	2930.4	28498.8	1921.1	12904.6	5314.2
2018	88271.1	93.0	3247.5	29600.6	2378.8	14800.5	6001.1
2019	98710.9	148.9	3234.8	29675.4	2815.7	13546.5	6867.3
2020	102657.0	137.7	3235.9	30801.8	3276.0	13392.0	7001.5

1—17 续表 1 continued

单位：亿元 (100 million yuan)

登记注册类型 Registration Status 年份 Year	交通运输、仓储和邮政业 Transport, Storage and Post	住宿和餐饮业 Hotels and Catering Services	信息传输、软件和信息技术服务业 Information Software and Information Technology	金融业 Financial Inter-mediation	房地产业 Real Estate	租赁和商务服务业 Leasing and Business Services	科学研究和技术服务业 Scientific Research, and Technical Services
全国 National							
2012	3531.5	824.4	1769.4	4669.0	1271.3	1531.2	2259.4
2013	4834.6	1038.3	2957.7	5269.0	1882.3	2629.4	2940.3
2014	5435.4	1079.1	3375.8	6017.4	2220.5	2985.9	3339.7
2015	5898.0	1130.0	3912.7	6730.1	2493.0	3399.9	3665.8
2016	6238.7	1167.9	4431.8	7557.3	2802.1	3704.3	4037.3
2017	6754.1	1211.9	5198.4	8295.0	3059.3	4176.0	4491.5
2018	7273.3	1293.0	6204.1	8907.3	3507.8	4453.3	5045.1
2019	7913.9	1330.5	7281.1	10711.3	4057.4	5727.2	5740.5
2020	8171.8	1228.0	8444.5	11619.0	4401.7	5890.2	5960.0
国有单位 State-owned Units							
2012	2258.7	192.5	372.4	1237.8	204.3	517.8	1477.6
2013	2388.4	168.0	298.3	1288.8	168.3	580.9	1546.2
2014	2585.2	169.7	239.0	1374.5	183.7	617.3	1664.7
2015	2671.5	164.5	252.9	1453.6	184.9	662.7	1717.5
2016	2769.9	166.3	258.7	1499.0	199.7	686.4	1915.3
2017	2951.7	161.5	222.4	1547.2	178.4	725.2	2040.2
2018	2346.2	142.4	237.3	1483.6	144.0	685.9	2059.3
2019	1112.8	117.3	211.9	1226.5	119.9	676.3	1906.3
2020	946.8	111.8	304.2	1101.8	180.5	730.0	1965.5
城镇集体单位 Urban Collective-owned Units							
2012	50.4	25.8	4.8	305.6	30.0	98.2	24.9
2013	60.4	40.3	3.5	339.3	31.2	127.2	28.6
2014	60.9	23.7	3.5	359.9	36.1	132.5	30.9
2015	55.9	20.4	3.7	383.3	35.4	128.5	28.3
2016	56.3	20.6	3.2	401.4	37.7	131.6	30.7
2017	52.3	19.0	6.3	416.4	36.7	133.6	31.6
2018	43.9	16.0	4.4	362.2	39.5	116.9	33.2
2019	41.2	15.1	5.1	110.7	54.2	126.0	38.1
2020	39.4	12.4	5.5	87.9	54.6	106.0	39.9
其他单位 Other Ownership Units							
2012	1222.3	606.2	1392.2	3125.6	1037.0	915.2	756.8
2013	2385.8	830.1	2655.9	3640.9	1682.8	1921.3	1365.5
2014	2789.2	885.8	3133.3	4283.0	2000.7	2236.0	1644.1
2015	3170.6	945.1	3656.1	4893.2	2272.8	2608.7	1920.0
2016	3412.5	981.0	4169.8	5656.9	2564.7	2886.2	2091.2
2017	3750.1	1031.4	4969.6	6331.5	2844.1	3317.3	2419.8
2018	4883.2	1134.6	5962.4	7061.5	3324.3	3650.5	2952.6
2019	6759.9	1198.1	7064.1	9374.1	3883.3	4924.9	3796.1
2020	7185.7	1103.8	8134.8	10429.3	4166.6	5054.1	3954.6

1-17 续表 2 continued

单位：亿元 (100 million yuan)

登记注册类型 Registration Status 年 份 Year	水利、环境和公共设施管理业 Management of Water Conservancy, Environment and Public Facilities	居民服务、修理和其他服务业 Service to Households, Repair and Other Services	教 育 Education	卫生和社会工作 Health and Social Service	文化、体育和娱乐业 Culture, Sports and Enter-tainment	公共管理、社会保障和社会组织 Public Management, Social Security and social Organization
全 国 National						
2012	784.6	217.1	7851.0	3718.5	735.4	7058.3
2013	933.7	277.2	8721.1	4397.8	867.8	7675.0
2014	1049.9	312.9	9722.5	5057.8	936.8	8448.6
2015	1177.7	336.1	11492.1	5941.3	1086.0	10141.4
2016	1278.2	357.8	12787.1	6825.6	1204.4	11787.2
2017	1394.3	390.2	14324.4	7930.8	1339.9	13753.5
2018	1456.5	423.8	15928.1	8857.8	1450.7	15882.8
2019	1491.2	520.1	18445.3	10812.9	1628.7	18651.1
2020	1576.1	498.7	20565.8	11966.8	1670.0	20522.3
国有单位 State-owned Units						
2012	669.0	113.9	7486.8	3373.4	624.6	7019.0
2013	728.4	96.4	8193.9	3924.3	651.4	7626.4
2014	803.2	102.8	9093.1	4490.5	683.3	8391.6
2015	894.5	108.9	10780.4	5309.9	767.4	10078.4
2016	955.9	117.3	11992.4	6109.5	814.6	11712.0
2017	1008.7	113.8	13342.1	7075.9	869.2	13668.2
2018	955.9	130.0	14593.5	7873.2	894.7	15738.3
2019	833.5	94.1	15756.1	9411.0	910.9	18392.3
2020	866.1	96.3	18184.3	10636.1	986.2	20369.4
城镇集体单位 Urban Collective-owned Units						
2012	25.7	16.6	77.3	224.3	8.2	9.5
2013	29.5	16.5	102.7	260.4	7.7	9.6
2014	34.9	21.3	112.6	293.1	8.1	10.4
2015	35.6	20.8	115.7	294.6	9.1	11.0
2016	38.8	17.9	120.6	322.9	10.4	14.1
2017	41.3	17.2	139.5	354.7	9.5	16.0
2018	36.1	16.3	186.9	360.2	8.9	25.1
2019	27.8	17.2	340.5	298.2	10.2	35.6
2020	28.9	24.7	428.1	333.7	12.6	50.4
其他单位 Other Ownership Units						
2012	89.9	86.6	286.8	120.7	102.6	29.9
2013	175.7	164.3	424.6	213.1	208.7	39.0
2014	211.8	188.7	516.8	274.2	245.4	46.6
2015	247.6	206.4	596.0	336.8	309.4	52.1
2016	283.5	222.6	674.1	393.2	379.5	61.1
2017	344.3	259.2	842.7	500.2	461.2	69.3
2018	464.4	277.5	1147.8	624.4	547.1	119.4
2019	629.9	408.8	2348.6	1103.8	707.6	223.2
2020	681.1	377.8	1953.5	997.0	671.2	102.5

1-18 分行业城镇非私营单位就业人员平均工资(1995-2002年) AVERAGE WAGE OF EMPLOYED PERSONS IN URBAN NON-PRIVATE UNITS BY SECTOR (1995-2002)

单位：元 (yuan)

登记注册类型 Registration Status 年 份 Year	合 计 Total	农、林、牧、渔业 Farming, Forestry, Animal Husbandry and Fishery	采掘业 Mining and Quarrying	制造业 Manufacturing	电力、煤气及水的生产和供应业 Production and Supply of Electricity, Gas and Water	建筑业 Construction	地质勘查业、水利管理业 Geological Prospecting and Water Conservancy	交通运输、仓储及邮电通信业 Transport, Storage, Post and Telecommunications	批发和零售贸易、餐饮业 Wholesale and Retail Trade & Catering Services
全 国 National									
1995	5348	3516	5743	5199	7829	5755	5953	6910	4260
1996	5980	4045	6477	5673	8803	6242	6571	7833	4674
1997	6444	4306	6825	5979	9641	6652	7147	8527	4872
1998	7446	4532	7228	7118	10457	7434	7916	9714	5884
1999	8319	4808	7507	7874	11487	7945	8793	10825	6436
2000	9333	5142	8317	8836	12801	8668	9590	12170	7188
2001	10834	5676	9541	9891	14471	9415	10904	13987	8207
2002	12373	6314	10992	11152	16296	10212	12226	15818	9439
国有单位 State-owned Units									
1995	5553	3520	5933	5347	7720	6453	5977	7511	4567
1996	6207	4031	6709	5792	8686	6961	6601	8482	4941
1997	6679	4297	7086	6006	9527	7363	7166	9189	5141
1998	7579	4525	7485	6950	10298	8129	7934	10180	6132
1999	8443	4787	7718	7578	11210	8686	8815	11141	6647
2000	9441	5087	8258	8513	12419	9431	9617	12418	7364
2001	11045	5633	9426	9550	14001	10189	10952	14099	8162
2002	12701	6234	10580	10825	15636	11139	12219	15758	9371
城镇集体单位 Urban Collective-owned Units									
1995	3934	2926	3675	3730	7438	4673	4283	3593	3461
1996	4312	3805	3956	4018	8315	5103	4780	3977	3838
1997	4516	3939	4160	4134	9045	5476	6343	4067	3901
1998	5314	4359	4577	5004	9434	5940	6966	5130	4530
1999	5758	4863	4556	5326	9795	6279	7555	5682	4820
2000	6241	5529	4867	5726	10680	6822	7464	5807	5110
2001	6851	5626	5515	6101	12233	7225	7622	6311	5450
2002	7636	6434	6036	6757	12912	7698	9579	6895	6017
其他单位 Other Ownership Units									
1995	7728	7264	5221	7483	10740	6862	5503	10825	7403
1996	8521	7514	5238	8175	12036	7044	5870	12240	7976
1997	9092	7192	5385	8640	12204	7617	5961	14095	8264
1998	9241	5817	6745	8797	12179	8988	7070	12077	8492
1999	10142	6877	7646	9592	13843	9508	8953	14366	9137
2000	11238	8600	9827	10450	15513	10330	13483	16399	10235
2001	12437	8649	11087	11361	17192	11120	11583	18826	11634
2002	13486	9392	12846	12338	19212	11291	18115	20900	12349

1-18　续表　continued

单位：元　　　　　　　　　　　　　　　　　　　　(yuan)

登记注册类型 Registration Status 年　份 Year	金融、保险业 Finance and Insurance	房地产业 Real Estate Trade	社　会服务业 Social Services	卫生、体育和社会福利业 Health Care, Sporting and Social Welfare	教育、文化艺术和广播电影电视业 Education, Culture and Arts, Radio, Film and Television	科学研究和综合技术服务业 Scientific Research and Polytechnical Services	国家机关政党机关和社会团体 Government Agencies, Party Agencies and Social Organizations	其　他 Others
全　国 National								
1995	7357	7351	6037	5831	4999	6818	5484	6250
1996	8402	8405	6839	6758	5699	7981	6286	7143
1997	9665	9269	7642	7566	6332	8953	6939	6862
1998	10595	10402	8523	8445	7101	10112	7721	8497
1999	11901	11579	9393	9625	8188	11501	8920	10153
2000	13178	12551	10386	10832	9224	13374	9978	11205
2001	15628	14074	11996	12821	11210	16220	12061	12862
2002	18023	15384	13582	14652	13073	18792	13844	14212
国有单位 State-owned Units								
1995	7558	6861	5932	5980	5026	6807	5486	6827
1996	8638	7861	6676	6932	5714	7941	6296	7563
1997	9904	8554	7406	7757	6402	8921	6943	6854
1998	10801	9368	8142	8651	7182	10061	7725	8178
1999	11865	10374	8975	9856	8278	11440	8925	9635
2000	13215	11462	9709	11156	9341	13059	9983	10049
2001	15678	12897	11130	13243	11339	16048	12071	11293
2002	18313	14144	12067	15121	13237	18792	13858	13258
城镇集体单位 Urban Collective-owned Units								
1995	6432	6643	4659	4869	3722	5871	5213	4848
1996	6858	6740	4979	5602	4609	6738	5009	5667
1997	7570	7654	5676	6264	4226	6805	6166	5761
1998	8074	9056	6195	6846	4556	7000	6952	7049
1999	8941	10391	6640	7775	5310	7921	7922	8124
2000	9571	10270	7221	8347	5642	9198	8811	9007
2001	10707	10516	7902	9474	7192	9522	9304	9638
2002	12283	11315	8849	10680	8042	10228	10199	9642
其他单位 Other Ownership Units								
1995	13035	10996	10189	9518	9149	10080		11629
1996	16495	12426	11708	12182	9592	13372		14185
1997	18194	13726	12747	13914	10386	14659		18939
1998	16419	14142	13012	16691	12367	14773		22038
1999	19375	15021	13777	18281	13477	16240		22977
2000	20904	15402	15086	18158	12413	18916		28972
2001	23300	16791	16839	18482	16449	19523		32267
2002	23772	17613	18947	16114	17854	20879		31279

1-19 分行业城镇非私营单位就业人员平均工资(2003-2011年) AVERAGE WAGE OF EMPLOYED PERSONS IN URBAN NON-PRIVATE UNITS BY SECTOR (2003-2011)

单位：元 (yuan)

登记注册类型 Registration Status / 年份 Year	合计 Total	农、林、牧、渔业 Agriculture, Forestry, Farming of Animals and Fishery	采矿业 Mining	制造业 Manufacturing	电力、燃气及水的生产和供应业 Production & Distribution of Electricity, Gas & Water	建筑业 Construction	交通运输、仓储和邮政业 Traffic, Transport, Storage and post
全国 National							
2003	13969	6884	13627	12671	18574	11328	15753
2004	15920	7497	16774	14251	21543	12578	18071
2005	18200	8207	20449	15934	24750	14112	20911
2006	20856	9269	24125	18225	28424	16164	24111
2007	24721	10847	28185	21144	33470	18482	27903
2008	28898	12560	34233	24404	38515	21223	32041
2009	32244	14356	38038	26810	41869	24161	35315
2010	36539	16717	44196	30916	47309	27529	40466
2011	41799	19469	52230	36665	52723	32103	47078
国有单位 State-owned Units							
2003	14358	6819	13819	12520	18030	12495	15973
2004	16445	7417	17198	14374	20933	14076	17938
2005	18978	8122	20843	16831	24105	16032	20716
2006	21706	9145	24827	20117	28145	18166	23723
2007	26100	10706	29177	23671	33355	20963	27606
2008	30287	12384	35564	27471	38567	23394	31259
2009	34130	14160	38626	31142	42160	27750	34976
2010	38359	16522	44904	36386	47724	31777	40097
2011	43483	19253	53387	43031	53333	36071	47318
城镇集体单位 Urban Collective-owned Units							
2003	8627	6127	7194	7594	14774	8311	8100
2004	9723	7027	8628	8581	16898	9111	8777
2005	11176	8042	11067	9671	18323	10071	9920
2006	12866	9789	13626	10978	19880	11428	11062
2007	15444	11490	17131	12985	23237	13611	13102
2008	18103	13546	19813	15455	27603	15641	15062
2009	20607	15392	20075	17620	29369	17565	17538
2010	24010	18156	23791	20841	33851	20210	19882
2011	28791	21887	30114	25031	36122	25027	24927
其他单位 Other Ownership Units							
2003	14843	10077	14285	13596	20805	12227	17573
2004	16519	10332	17308	14944	23757	13271	21165
2005	18362	10952	21044	16294	26822	14593	23968
2006	21004	12677	24513	18394	29663	16780	27578
2007	24271	14686	28291	21210	34314	18825	30892
2008	28552	17400	34246	24401	38968	21767	36041
2009	31350	19456	38640	26617	41931	24325	37883
2010	35801	21359	44907	30609	47164	27522	43176
2011	41323	23851	52703	36360	52377	32097	48362

1-19 续表 1 continued

单位：元 (yuan)

登记注册类型 Registration Status / 年 份 Year	信息传输、计算机服务和软件业 Information Transfer, Computer and Software	批发和零售业 Wholesale and Retail Trade	住宿和餐饮业 Accommodation and Restaurants	金融业 Finance	房地产业 Real Estate	租赁和商务服务业 Tenancy and Business Services	科学研究、技术服务和地质勘查业 Scientific Research, Technical Service & Geologic Perambulation
全 国 National							
2003	30897	10894	11198	20780	17085	17020	20442
2004	33449	13012	12618	24299	18467	18723	23351
2005	38799	15256	13876	29229	20253	21233	27155
2006	43435	17796	15236	35495	22238	24510	31644
2007	47700	21074	17046	44011	26085	27807	38432
2008	54906	25818	19321	53897	30118	32915	45512
2009	58154	29139	20860	60398	32242	35494	50143
2010	64436	33635	23382	70146	35870	39566	56376
2011	70918	40654	27486	81109	42837	46976	64252
国有单位 State-owned Units							
2003	24969	10937	10482	21267	15749	15042	19775
2004	27389	12724	12137	25063	17215	16470	22711
2005	29935	15492	13428	30396	19449	19076	25989
2006	32747	18444	14851	34727	21324	20804	30023
2007	36277	21450	16432	43465	25073	23800	36456
2008	38947	25983	19091	52309	27683	27418	42643
2009	42379	30908	21177	56719	30800	30431	47277
2010	46402	35814	23864	66014	33967	33680	53235
2011	50401	41337	28756	74650	43814	39447	60316
城镇集体单位 Urban Collective-owned Units							
2003	12486	6610	8356	14023	12002	10896	12962
2004	17633	7312	9311	16209	12793	11639	13441
2005	24524	8261	10145	18560	13259	13230	18053
2006	24058	9256	11453	21694	15625	14204	23058
2007	24875	10686	12897	25881	18557	16329	24823
2008	27892	12906	15149	31358	20856	17547	29988
2009	30904	14777	16569	37453	22516	19276	33025
2010	37576	16816	18808	44154	24617	20981	37538
2011	40344	19982	23327	52984	29661	24499	47764
其他单位 Other Ownership Units							
2003	41911	13665	12425	25374	18898	25742	25591
2004	43474	16265	13553	28513	19933	27581	29233
2005	48602	17709	14692	33307	21331	29040	34523
2006	53807	19959	15922	42687	23181	34514	40707
2007	56392	23594	17780	51553	27004	37443	48861
2008	65686	28358	19800	62044	31556	43406	57827
2009	68067	30717	21064	67574	33311	45078	61697
2010	74178	35109	23505	77445	37102	50179	67716
2011	81005	42596	27313	88882	43183	60406	76446

1–19 续表 2 continued

单位：元 (yuan)

登记注册类型 Registration Status / 年份 Year	水利、环境和公共设施管理业 Management of Water Conservancy, Environment and Public Establishment	居民服务和其他服务业 Resident Services and Other Services	教育 Education	卫生、社会保障和社会福利业 Sanitation, Social Security and Social Welfare	文化体育和娱乐业 Culture, Sports and Entertainment	公共管理和社会组织 Public Management and Social Organization
全国 National						
2003	11774	12665	14189	16185	17098	15355
2004	12884	13680	16085	18386	20522	17372
2005	14322	15747	18259	20808	22670	20234
2006	15630	18030	20918	23590	25847	22546
2007	18383	20370	25908	27892	30430	27731
2008	21103	22858	29831	32185	34158	32296
2009	23159	25172	34543	35662	37755	35326
2010	25544	28206	38968	40232	41428	38242
2011	28868	33169	43194	46206	47878	42062
国有单位 State-owned Units						
2003	11782	14419	14371	16741	17340	15382
2004	12850	16366	16217	19061	20955	17406
2005	14254	17323	18388	21500	23110	20270
2006	15517	20548	21027	24298	26374	22608
2007	18293	21744	25997	28719	31210	27790
2008	21000	26443	29925	33075	34993	32350
2009	23161	28874	34678	36575	38749	35491
2010	25478	32417	39166	41112	42367	38387
2011	28812	36923	43436	47185	48690	42230
城镇集体单位 Urban Collective-owned Units						
2003	10030	8683	9330	11610	9424	10293
2004	10433	8910	10559	12869	10953	11454
2005	11051	10690	12670	14826	13635	12906
2006	11948	12170	15338	17325	14169	14129
2007	13312	14476	21010	20442	17414	17002
2008	15413	16412	22645	24028	19686	18941
2009	16891	18509	27515	27618	22177	26039
2010	18551	20818	31486	32645	24796	26957
2011	20987	24834	36355	37853	30051	35277
其他单位 Other Ownership Units						
2003	14392	14038	17986	15110	16565	8763
2004	16645	13893	19964	15789	18002	12617
2005	18681	16502	20664	18084	19926	14036
2006	20388	17410	23099	21225	22712	11765
2007	23390	21014	27494	24600	25384	13994
2008	26869	20566	31211	28831	29567	21586
2009	27154	22877	32663	30579	32898	17849
2010	30217	25536	35282	34672	37107	21392
2011	33331	30287	38912	38803	44958	23891

1-20 分行业城镇非私营单位就业人员平均工资(2012-2020年) AVERAGE WAGE OF EMPLOYED PERSONS IN URBAN NON-PRIVATE UNITS BY SECTOR (2012-2020)

单位：元 (yuan)

登记注册类型 Registration Status 年 份 Year	合 计 Total	农、林、牧、渔业 Agriculture, Forestry, Animal Husbandry and Fishery	采矿业 Mining	制造业 Manufacturing	电力、热力、燃气及水生产和供应业 Production and Supply of Electricity,Heat, Gas and Water	建筑业 Construction	批发和零售业 Wholesale and Retail Trades
全 国 National							
2012	46769	22687	56946	41650	58202	36483	46340
2013	51483	25820	60138	46431	67085	42072	50308
2014	56360	28356	61677	51369	73339	45804	55838
2015	62029	31947	59404	55324	78886	48886	60328
2016	67569	33612	60544	59470	83863	52082	65061
2017	74318	36504	69500	64452	90348	55568	71201
2018	82413	36466	81429	72088	100162	60501	80551
2019	90501	39340	91068	78147	107733	65580	89047
2020	97379	48540	96674	82783	116728	69986	96521
国有单位 State-owned Units							
2012	48357	22484	58534	47367	58589	40116	47377
2013	52657	25444	56317	54094	68146	43849	55980
2014	57296	27782	59765	61600	74914	46409	64186
2015	65296	31374	59673	64931	80066	49544	69300
2016	72538	33069	61638	71130	83931	52551	74088
2017	81114	35886	71402	77649	91375	55623	81907
2018	89474	35037	81234	78142	97148	57324	92297
2019	98899	36915	89567	88864	103998	56617	111296
2020	108132	46047	95817	94634	110109	66779	121262
城镇集体单位 Urban Collective-owned Units							
2012	33784	22592	35953	29538	39587	29607	23096
2013	38905	26754	39007	34689	45082	33893	26200
2014	42742	30809	41092	38350	49023	36932	29069
2015	46607	39049	42900	42026	54395	39276	31804
2016	50527	41121	42768	44753	57804	41141	33629
2017	55243	44392	44930	48202	60259	42608	35094
2018	60664	46395	55637	50643	64236	45846	38885
2019	62612	25458	65177	54677	51051	47659	43064
2020	68590	42436	70952	53607	52219	50651	46641
其他单位 Other Ownership Units							
2012	46360	27612	57001	41453	58293	36476	47882
2013	51453	34310	61475	46297	66489	42476	50700
2014	56485	35689	62481	51163	72330	46367	55971
2015	60906	38153	59729	55162	78327	49442	60433
2016	65531	39606	60802	59278	84245	52725	65237
2017	71304	43907	69792	64271	90026	56291	71190
2018	79453	48844	81701	72181	102353	61332	80589
2019	87195	48960	91358	78238	110144	66747	88574
2020	92721	54682	96927	82811	120005	70965	95533

1-20 续表 1 continued

单位：元 (yuan)

登记注册类型 Registration Status / 年份 Year	交通运输、仓储和邮政业 Transport, Storage and Post	住宿和餐饮业 Hotels and Catering Services	信息传输、软件和信息技术服务业 Information Software and Information Technology	金融业 Financial Inter-mediation	房地产业 Real Estate	租赁和商务服务业 Leasing and Business Services	科学研究和技术服务业 Scientific Research, and Technical Services
全　国 National							
2012	53391	31267	80510	89743	46764	53162	69254
2013	57993	34044	90915	99653	51048	62538	76602
2014	63416	37264	100845	108273	55568	67131	82259
2015	68822	40806	112042	114777	60244	72489	89410
2016	73650	43382	122478	117418	65497	76782	96638
2017	80225	45751	133150	122851	69277	81393	107815
2018	88508	48260	147678	129837	75281	85147	123343
2019	97050	50346	161352	131405	80157	88190	133459
2020	100642	48833	177544	133390	83807	92924	139851
国有单位 State-owned Units							
2012	54342	33376	57056	82040	43464	44875	64206
2013	59516	36298	60182	87732	45435	46542	69501
2014	65417	40103	63629	94943	50597	49286	73844
2015	70908	43621	69858	100672	55922	55016	80409
2016	75878	46953	77402	102117	62560	58828	89093
2017	83848	50816	82762	109128	67632	62843	99164
2018	88833	54437	95683	118497	72646	65981	112775
2019	84757	55594	106432	137810	75984	69085	127665
2020	87142	53890	119323	161584	83237	76452	129707
城镇集体单位 Urban Collective-owned Units							
2012	28474	27535	38770	61756	34365	29583	46890
2013	31772	39491	40268	70249	37155	33296	52204
2014	35018	34925	42253	77236	40429	36833	56711
2015	37461	37197	50901	82944	44062	40731	58849
2016	40771	41873	53981	89811	47305	45810	66959
2017	42549	44613	83191	99635	49486	48536	75188
2018	46818	43388	75603	109373	54359	50652	85103
2019	47869	49222	74246	116739	54683	48448	88454
2020	49736	46511	95646	126555	59383	54318	85734
其他单位 Other Ownership Units							
2012	53592	30827	90839	97706	47983	65637	83362
2013	57720	33400	96618	109161	52052	74632	87590
2014	62749	36830	105724	117537	56459	78859	93884
2015	68138	40436	117076	123640	60976	82287	100210
2016	72883	42862	127198	125115	66112	85638	105510
2017	78523	45068	136988	128781	69743	89619	117092
2018	89064	47656	151050	133812	75747	92189	132685
2019	100067	49899	164030	130804	80820	93715	137290
2020	103331	48400	180950	131035	84286	97408	146478

1−20　续表 2　continued

单位：元 (yuan)

登记注册类型 Registration Status 年　份 Year	水利、环境和公共设施管理业 Management of Water Conservancy, Environment and Public Facilities	居民服务、修理和其他服务业 Service to Households, Repair and Other Services	教　育 Education	卫生和社会工作 Health and Social Service	文化、体育和娱乐业 Culture, Sports and Enter-tainment	公共管理、社会保障和社会组织 Public Management, Social Security and Social Organization
全　国 National						
2012	32343	35135	47734	52564	53558	46074
2013	36123	38429	51950	57979	59336	49259
2014	39198	41882	56580	63267	64375	53110
2015	43528	44802	66592	71624	72764	62323
2016	47750	47577	74498	80026	79875	70959
2017	52229	50552	83412	89648	87803	80372
2018	56670	55343	92383	98118	98621	87932
2019	61158	60232	97681	108903	107708	94369
2020	63914	60722	106474	115449	112081	104487
国有单位 State-owned Units						
2012	32152	37642	47995	53653	54398	46207
2013	35155	41416	52283	59200	59437	49371
2014	38008	45242	56974	64631	64245	53230
2015	42705	49144	67442	73490	73447	62452
2016	47154	54178	75710	82522	79538	71122
2017	51735	61592	84860	92796	87850	80589
2018	56971	66916	93780	101168	97613	88387
2019	64191	76690	103270	114177	110916	94640
2020	70758	82009	112554	120663	115151	104535
城镇集体单位 Urban Collective-owned Units						
2012	24432	27415	41061	43265	33433	41285
2013	27855	31005	47610	48990	37715	45859
2014	31291	37642	51166	54122	41647	48465
2015	33262	41566	55810	57917	49577	55179
2016	36706	43106	64833	63920	56222	60861
2017	41348	45646	74102	70485	56948	67206
2018	45363	50593	82160	78734	66732	82918
2019	55515	53167	91164	90742	66103	87631
2020	58272	65197	93031	95883	75951	94506
其他单位 Other Ownership Units						
2012	37466	33992	43473	45020	51217	28113
2013	43213	37738	47194	50173	60288	34486
2014	46682	40752	51494	54309	65926	38391
2015	49130	43131	55937	60027	72093	45462
2016	52119	45060	59216	63362	81552	50677
2017	55535	47177	66762	69649	88709	54082
2018	57156	51456	79022	79240	101118	52761
2019	57804	57702	72214	81282	104755	77153
2020	57123	56716	72375	82897	108792	100549

1-21 分行业城镇非私营单位就业人员平均货币工资指数(1995-2002年)
INDICES OF MONEY AVERAGE EARNING OF EMPLOYED PERSONS IN URBAN NON-PRIVATE UNITS BY SECTOR (1995-2002)

上年=100 (preceding year=100)

登记注册类型 Registration Status 年份 Year	合计 Total	农、林、牧、渔业 Farming, Forestry, Animal Husbandry and Fishery	采掘业 Mining and Quarrying	制造业 Manufacturing	电力、煤气及水的生产和供应业 Production and Supply of Electricity, Gas and Water	建筑业 Construction	地质勘查业、水利管理业 Geological Prospecting and Water Conservancy	交通运输、仓储及邮电通信业 Transport, Storage, Post and Telecommunications	批发和零售贸易、餐饮业 Wholesale and Retail Trade & Catering Services
全　国 National									
1995	118.9	124.5	123.2	121.2	127.3	118.1	109.5	121.9	120.3
1996	111.8	115.0	112.8	109.1	112.4	108.5	110.4	113.4	109.7
1997	107.8	106.5	105.4	105.4	109.5	106.6	108.8	108.9	104.2
1998	115.5	105.2	105.9	119.1	108.5	111.8	110.8	113.9	120.8
1999	111.7	106.1	103.9	110.6	109.8	106.9	111.1	111.4	109.4
2000	112.2	106.9	110.8	112.2	111.4	109.1	109.1	112.4	111.7
2001	116.1	110.4	114.7	111.9	113.0	108.6	113.7	114.9	114.2
2002	114.2	111.2	115.2	112.7	112.6	108.5	112.1	113.1	115.0
国有单位 State-owned Units									
1995	117.3	124.6	122.4	118.8	126.3	118.3	109.4	121.6	118.5
1996	111.8	114.5	113.1	108.3	112.5	107.9	110.4	112.9	108.2
1997	107.6	106.6	105.6	103.7	109.7	105.8	108.6	108.3	104.0
1998	113.5	105.3	105.6	115.7	108.1	110.4	110.7	110.8	119.3
1999	111.4	105.8	103.1	109.0	108.9	106.9	111.1	109.4	108.4
2000	111.8	106.3	107.0	112.3	110.8	108.6	109.1	111.5	110.8
2001	117.0	110.7	114.1	112.2	112.7	108.0	113.9	113.5	110.8
2002	115.0	110.7	112.2	113.4	111.7	109.3	111.6	111.8	114.8
城镇集体单位 Urban Collective-owned Units									
1995	121.1	116.2	131.5	121.1	129.9	118.7	115.9	115.5	122.2
1996	109.6	130.0	107.6	107.7	111.8	109.2	111.6	110.7	110.9
1997	104.7	103.5	105.2	102.9	108.8	107.3	132.7	102.3	101.6
1998	117.7	110.7	110.0	121.0	104.3	108.5	109.8	126.1	116.1
1999	108.4	111.6	99.5	106.4	103.8	105.7	108.5	110.8	106.4
2000	108.4	113.7	106.8	107.5	109.0	108.6	98.8	102.2	106.0
2001	109.8	101.8	113.3	106.5	114.5	105.9	102.1	108.7	106.7
2002	111.5	114.4	109.4	110.8	105.6	106.5	125.7	109.3	110.4
其他单位 Other Ownership Units									
1995	119.9	129.2	123.1	120.8	131.6	116.0	126.2	120.3	112.2
1996	110.3	103.4	100.3	109.2	112.1	102.7	106.7	113.1	107.7
1997	106.7	95.7	102.8	105.7	101.4	108.1	101.6	115.2	103.6
1998	101.6	80.9	125.3	101.8	99.8	118.0	118.6	85.7	102.8
1999	109.8	118.2	113.4	109.0	113.7	105.8	126.6	119.0	107.6
2000	110.8	125.1	128.5	108.9	112.1	108.6	150.6	114.2	112.0
2001	110.7	100.6	112.8	108.7	110.8	107.6	85.9	114.8	113.7
2002	108.4	108.6	115.9	108.6	111.7	101.5	156.4	111.0	106.1

1-21 续表 continued

上年=100 (preceding year=100)

登记注册类型 Registration Status 年　份 Year	金融、保险业 Finance and Insurance	房地产业 Real Estate Trade	社　会服务业 Social Services	卫生、体育和社会福利业 Health Care, Sporting and Social Welfare	教育、文化艺术和广播电影电视业 Education, Culture and Arts, Radio, Film and Television	科学研究和综合技术服务业 Scientific Research and Polytechnical Services	国家机关政党机关和社会团体 Government Agencies, Party Agencies and Social Organizations	其　他 Others
全　国 National								
1995	109.9	117.1	119.3	114.4	111.2	111.3	111.5	120.5
1996	114.2	114.3	113.3	115.9	114.0	117.1	114.6	114.3
1997	115.0	110.3	111.7	112.0	111.1	112.2	110.4	96.1
1998	109.6	112.2	111.5	111.6	112.1	112.9	111.3	123.8
1999	112.3	111.3	110.2	114.0	115.3	113.7	115.5	119.5
2000	110.7	108.4	110.6	112.5	112.7	116.3	111.9	110.4
2001	118.6	112.1	115.5	118.4	121.5	121.3	120.9	114.8
2002	115.3	109.3	113.2	114.3	116.6	115.9	114.8	110.5
国有单位 State-owned Units								
1995	108.3	115.0	116.7	114.1	111.4	110.1	111.4	119.3
1996	114.3	114.6	112.5	115.9	113.7	116.7	114.8	110.8
1997	114.7	108.8	110.9	111.9	112.0	112.3	110.3	90.6
1998	109.1	109.5	109.9	111.5	112.2	112.8	111.3	119.3
1999	109.9	110.7	110.2	113.9	115.3	113.7	115.5	117.8
2000	111.4	110.5	108.2	113.2	112.8	114.2	111.9	104.3
2001	118.6	112.5	114.6	118.7	121.4	122.9	120.9	112.4
2002	116.8	109.7	108.4	114.2	116.7	117.1	114.8	117.4
城镇集体单位 Urban Collective-owned Units								
1995	114.0	126.8	125.7	115.6	109.1	125.5	120.8	120.1
1996	106.6	101.5	106.9	115.1	123.8	114.8	96.1	116.9
1997	110.4	113.6	114.0	111.8	91.7	101.0	123.1	101.7
1998	106.7	118.3	109.1	109.3	107.8	102.9	112.7	122.4
1999	110.7	114.7	107.2	113.6	116.5	113.2	114.0	115.3
2000	107.0	98.8	108.8	107.4	106.3	116.1	111.2	110.9
2001	111.9	102.4	109.4	113.5	127.5	103.5	105.6	107.0
2002	114.7	107.6	112.0	112.7	111.8	107.4	109.6	100.0
其他单位 Other Ownership Units								
1995	120.7	113.3	115.7	130.8	111.0	125.3		117.6
1996	126.5	113.0	114.9	128.0	104.8	132.7		122.0
1997	110.3	110.5	108.9	114.2	108.3	109.6		133.5
1998	90.2	103.0	102.1	120.0	119.1	100.8		116.4
1999	118.0	106.2	105.9	109.5	109.0	109.9		104.3
2000	107.9	102.5	109.5	99.3	92.1	116.5		126.1
2001	111.5	109.0	111.6	101.8	132.5	103.2		111.4
2002	102.0	104.9	112.5	87.2	108.5	106.9		96.9

1-22 分行业城镇非私营单位就业人员平均货币工资指数(2004-2011年)
INDICES OF MONEY AVERAGE EARNING OF EMPLOYED PERSONS IN URBAN NON-PRIVATE UNITS BY SECTOR (2004-2011)

上年=100 (preceding year=100)

登记注册类型 Registration Status / 年份 Year	合计 Total	农、林、牧、渔业 Agriculture, Forestry, Farming of Animals and Fishery	采矿业 Mining	制造业 Manufacturing	电力、燃气及水的生产和供应业 Production & Distribution of Electricity, Gas & Water	建筑业 Construction	交通运输、仓储和邮政业 Traffic, Transport, Storage and Post
全国 National							
2004	114.0	108.9	123.1	112.5	116.0	111.0	114.7
2005	114.3	109.5	121.9	111.8	114.9	112.2	115.7
2006	114.6	112.9	118.0	114.4	114.8	114.5	115.3
2007	118.5	117.0	116.8	116.0	117.8	114.3	115.7
2008	116.9	115.8	121.5	115.4	115.1	114.8	114.8
2009	111.6	114.3	111.1	109.9	108.7	113.8	110.2
2010	113.3	116.4	116.2	115.3	113.0	113.9	114.6
2011	114.4	116.5	118.2	118.6	111.4	116.6	116.3
国有单位 State-owned Units							
2004	114.5	108.8	124.5	114.8	116.1	112.7	112.3
2005	115.4	109.5	121.2	117.1	115.2	113.9	115.5
2006	114.4	112.6	119.1	119.5	116.8	113.3	114.5
2007	120.2	117.1	117.5	117.7	118.5	115.4	116.4
2008	116.0	115.7	121.9	116.1	115.6	111.6	113.2
2009	112.7	114.3	108.6	113.4	109.3	118.6	111.9
2010	112.4	116.7	116.3	116.8	113.2	114.5	114.6
2011	113.4	116.5	118.9	118.3	111.8	113.5	118.0
城镇集体单位 Urban Collective-owned Units							
2004	112.7	114.7	119.9	113.0	114.4	109.6	108.4
2005	114.9	114.4	128.3	112.7	108.4	110.5	113.0
2006	115.1	121.7	123.1	113.5	108.5	113.5	111.5
2007	120.0	117.4	125.7	118.3	116.9	119.1	118.4
2008	117.2	117.9	115.7	119.0	118.8	114.9	115.0
2009	113.8	113.8	113.8	113.8	113.8	113.8	113.8
2010	116.5	118.0	118.5	118.3	115.3	115.1	113.4
2011	119.9	120.5	126.6	120.1	106.7	123.8	125.4
其他单位 Other Ownership Units							
2004	111.3	102.5	121.2	109.9	114.2	108.5	120.4
2005	111.2	106.0	121.6	109.0	112.9	110.0	113.2
2006	114.4	115.8	116.5	112.9	110.6	115.0	115.1
2007	115.6	115.8	115.4	115.3	115.7	112.2	112.0
2008	117.6	118.5	121.0	115.0	113.6	115.6	116.7
2009	109.8	111.8	112.8	109.1	107.6	111.8	105.1
2010	114.2	109.8	116.2	115.0	112.5	113.1	114.0
2011	115.4	115.4	115.4	115.4	115.4	115.4	115.4

1-22 续表 1 continued

上年=100 (preceding year=100)

登记注册类型 Registration Status / 年 份 Year	信息传输、计算机服务和软件业 Information Transfer, Computer and Software	批发和零售业 Wholesale and Retail Trade	住宿和餐饮业 Accommo-dation and Restaurants	金融业 Finance	房地产业 Real Estate	租赁和商务服务业 Tenancy and Business Services	科学研究、技术服务和地质勘查业 Scientific Research, Technical Service & Geologic Perambulation
全　国 National							
2004	108.3	119.4	112.7	116.9	108.1	110.0	114.2
2005	116.0	117.2	110.0	120.3	109.7	113.4	116.3
2006	111.9	116.6	109.8	121.4	109.8	115.4	116.5
2007	109.8	118.4	111.9	124.0	117.3	113.5	121.5
2008	115.1	122.5	113.3	122.5	115.5	118.4	118.4
2009	105.9	112.9	108.0	112.1	107.1	107.8	110.2
2010	110.8	115.4	112.1	116.1	111.3	111.5	112.4
2011	110.1	120.9	117.6	115.6	119.4	118.7	114.0
国有单位 State-owned Units							
2004	109.7	116.3	115.8	117.8	109.3	109.5	114.8
2005	109.3	121.8	110.6	121.3	113.0	115.8	114.4
2006	109.4	119.1	110.6	114.2	109.6	109.1	115.5
2007	110.8	116.3	110.6	125.2	117.6	114.4	121.4
2008	107.4	121.1	116.2	120.3	110.4	115.2	117.0
2009	108.8	119.0	110.9	108.4	111.3	111.0	110.9
2010	109.5	115.9	112.7	116.4	110.3	110.7	112.6
2011	108.6	115.4	120.5	113.1	129.0	117.1	113.3
城镇集体单位 Urban Collective-owned Units							
2004	141.2	110.6	111.4	115.6	106.6	106.8	103.7
2005	139.1	113.0	109.0	114.5	103.6	113.7	134.3
2006	98.1	112.0	112.9	116.9	117.8	107.4	127.7
2007	103.4	115.4	112.6	119.3	118.8	115.0	107.7
2008	112.1	120.8	117.5	121.2	112.4	107.5	120.8
2009	110.8	114.5	109.4	119.4	108.0	109.9	110.1
2010	121.6	113.8	113.5	117.9	109.3	108.8	113.7
2011	107.4	118.8	124.0	120.0	120.5	116.8	127.2
其他单位 Other Ownership Units							
2004	103.7	119.0	109.1	112.4	105.5	107.1	114.2
2005	111.8	108.9	108.4	116.8	107.0	105.3	118.1
2006	110.7	112.7	108.4	128.2	108.7	118.8	117.9
2007	104.8	118.2	111.7	120.8	116.5	108.5	120.0
2008	116.5	120.2	111.4	120.3	116.9	115.9	118.4
2009	103.6	108.3	106.4	108.9	105.6	103.9	106.7
2010	109.0	114.3	111.6	114.6	111.4	111.3	109.8
2011	109.2	121.3	116.2	114.8	116.4	120.4	112.9

1-22 续表 2 continued

上年=100 (preceding year=100)

登记注册类型 Registration Status 年 份 Year	水利、环境和公共设施管理业 Management of Water Conservancy, Environment and Public Establishment	居民服务和其他服务业 Resident Services and Other Services	教 育 Education	卫生、社会保障和社会福利业 Sanitation, Social Security and Social Welfare	文化体育和娱乐业 Culture, Sports and Entertainment	公共管理和社会组织 Public Management and Social Organization
全 国 National						
2004	109.4	108.0	113.4	113.6	120.0	113.1
2005	111.2	115.1	113.5	113.2	110.5	116.5
2006	109.1	114.5	114.6	113.4	114.0	111.4
2007	117.6	113.0	123.9	118.2	117.7	123.0
2008	114.8	112.2	115.1	115.4	112.3	116.5
2009	109.7	110.1	115.8	110.8	110.5	109.4
2010	110.3	112.1	112.8	112.8	109.7	108.3
2011	113.0	117.6	110.8	114.8	115.6	110.0
国有单位 State-owned Units						
2004	109.1	113.5	112.8	113.9	120.8	113.2
2005	110.9	105.8	113.4	112.8	110.3	116.5
2006	108.9	118.6	114.4	113.0	114.1	111.5
2007	117.9	105.8	123.6	118.2	118.3	122.9
2008	114.8	121.6	115.1	115.2	112.1	116.4
2009	110.3	109.2	115.9	110.6	110.7	109.7
2010	110.0	112.3	112.9	112.4	109.3	108.2
2011	113.1	113.9	110.9	114.8	114.9	110.0
城镇集体单位 Urban Collective-owned Units						
2004	104.0	102.6	113.2	110.8	116.2	111.3
2005	105.9	120.0	120.0	115.2	124.5	112.7
2006	108.1	113.8	121.1	116.9	103.9	109.5
2007	111.4	118.9	137.0	118.0	122.9	120.3
2008	115.8	113.4	107.8	117.5	113.0	111.4
2009	109.6	112.8	121.5	114.9	112.7	137.5
2010	109.8	112.5	114.4	118.2	111.8	103.5
2011	113.1	119.3	115.5	116.0	121.2	130.9
其他单位 Other Ownership Units						
2004	115.7	99.0	111.0	104.5	108.7	144.0
2005	112.2	118.8	103.5	114.5	110.7	111.2
2006	109.1	105.5	111.8	117.4	114.0	83.8
2007	114.7	120.7	119.0	115.9	111.8	118.9
2008	114.9	97.9	113.5	117.2	116.5	154.3
2009	101.1	111.2	104.7	106.1	111.3	82.7
2010	111.3	111.6	108.0	113.4	112.8	119.8
2011	110.3	118.6	110.3	111.9	121.2	111.7

1-23 分行业城镇非私营单位就业人员平均货币工资指数(2013-2020年)
INDICES OF MONEY AVERAGE EARNING OF EMPLOYED PERSONS IN URBAN NON-PRIVATE UNITS BY SECTOR (2013-2020)

上年=100　　(preceding year=100)

登记注册类型 Registration Status / 年份 Year	合计 Total	农、林、牧、渔业 Agriculture, Forestry, Animal Husbandry and Fishery	采矿业 Mining	制造业 Manufacturing	电力、热力、燃气及水生产和供应业 Production and Supply of Electricity,Heat, Gas and Water	建筑业 Construction	批发和零售业 Wholesale and Retail Trades
全　国 National							
2013	110.1	113.8	105.6	111.5	115.3	115.3	108.6
2014	109.5	109.8	102.6	110.6	109.3	108.9	111.0
2015	110.1	112.7	96.3	107.7	107.6	106.7	108.0
2016	108.9	105.2	101.9	107.5	106.3	106.5	107.8
2017	110.0	108.6	114.8	108.4	107.7	106.7	109.4
2018	110.9	99.9	117.2	111.8	110.9	108.9	113.1
2019	109.8	107.9	111.8	108.4	107.6	108.4	110.5
2020	107.6	123.4	106.2	105.9	108.3	106.7	108.4
国有单位 State-owned Units							
2013	108.9	113.2	96.2	114.2	116.3	109.3	118.2
2014	108.8	109.2	106.1	113.9	109.9	105.8	114.7
2015	114.0	112.9	99.8	105.4	106.9	106.8	108.0
2016	111.1	105.4	103.3	109.5	104.8	106.1	106.9
2017	111.8	108.5	115.8	109.2	108.9	105.8	110.6
2018	110.3	97.6	113.8	100.6	106.3	103.1	112.7
2019	110.5	105.4	110.3	113.7	107.1	98.8	120.6
2020	109.3	124.7	107.0	106.5	105.9	117.9	109.0
城镇集体单位 Urban Collective-owned Units							
2013	115.2	118.4	108.5	117.4	113.9	114.5	113.4
2014	109.9	115.2	105.3	110.6	108.7	109.0	111.0
2015	109.0	126.7	104.4	109.6	111.0	106.3	109.4
2016	108.4	105.3	99.7	106.5	106.3	104.7	105.7
2017	109.3	108.0	105.1	107.7	104.2	103.6	104.4
2018	109.8	104.5	123.8	105.1	106.6	107.6	110.8
2019	103.2	54.9	117.1	108.0	79.5	104.0	110.7
2020	109.5	166.7	108.9	98.0	102.3	106.3	108.3
其他单位 Other Ownership Units							
2013	111.0	124.3	107.8	111.7	114.1	116.4	105.9
2014	109.7	104.0	101.6	110.5	108.8	109.2	110.4
2015	107.8	106.9	95.6	107.8	108.3	106.6	108.0
2016	107.6	103.8	101.8	107.5	107.6	106.6	107.9
2017	108.8	110.9	114.8	108.4	106.9	106.8	109.1
2018	111.4	111.2	117.1	112.3	113.7	109.0	113.2
2019	109.7	100.2	111.8	108.4	107.6	108.8	109.9
2020	106.3	111.7	106.1	105.8	109.0	106.3	107.9

1-23 续表 1 continued

上年=100 (preceding year=100)

登记注册类型 Registration Status 年 份 Year	交通运输、仓储和邮政业 Transport, Storage and Post	住宿和餐饮业 Hotels and Catering Services	信息传输、软件和信息技术服务业 Information Software and Information Technology	金融业 Financial Inter-mediation	房地产业 Real Estate	租赁和商务服务业 Leasing and Business Services	科学研究和技术服务业 Scientific Research, and Technical Services
全 国 National							
2013	108.6	108.9	112.9	111.0	109.2	117.6	110.6
2014	109.4	109.5	110.9	108.7	108.9	107.3	107.4
2015	108.5	109.5	111.1	106.0	108.4	108.0	108.7
2016	107.0	106.3	109.3	102.3	108.7	105.9	108.1
2017	108.9	105.5	108.7	104.6	105.8	106.0	111.6
2018	110.3	105.5	110.9	105.7	108.7	104.6	114.4
2019	109.7	104.3	109.3	101.2	106.5	103.6	108.2
2020	103.7	97.0	110.0	101.5	104.6	105.4	104.8
国有单位 State-owned Units							
2013	109.5	108.8	105.5	106.9	104.5	103.7	108.2
2014	109.9	110.5	105.7	108.2	111.4	105.9	106.2
2015	108.4	108.8	109.8	106.0	110.5	111.6	108.9
2016	107.0	107.6	110.8	101.4	111.9	106.9	110.8
2017	110.5	108.2	106.9	106.9	108.1	106.8	111.3
2018	105.9	107.1	115.6	108.6	107.4	105.0	113.7
2019	95.4	102.1	111.2	116.3	104.6	104.7	113.2
2020	102.8	96.9	112.1	117.3	109.5	110.7	101.6
城镇集体单位 Urban Collective-owned Units							
2013	111.6	143.4	103.9	113.8	108.1	112.6	111.3
2014	110.2	88.4	104.9	109.9	108.8	110.6	108.6
2015	107.0	106.5	120.5	107.4	109.0	110.6	103.8
2016	108.8	112.6	106.1	108.3	107.4	112.5	113.8
2017	104.4	106.5	154.1	110.9	104.6	106.0	116.4
2018	110.0	97.3	90.9	109.8	109.8	104.4	113.2
2019	102.2	113.4	98.2	106.7	100.6	95.6	103.9
2020	103.9	94.5	128.8	108.4	108.6	112.1	96.9
其他单位 Other Ownership Units							
2013	107.7	108.3	106.4	111.7	108.5	113.7	105.1
2014	108.7	110.3	109.4	107.7	108.5	105.7	107.2
2015	108.6	109.8	110.7	105.2	108.0	104.3	106.7
2016	107.0	106.0	108.6	101.2	108.4	104.1	105.3
2017	107.7	105.1	107.7	102.9	105.5	104.6	111.0
2018	113.4	105.7	110.3	103.9	108.6	102.9	113.3
2019	112.4	104.7	108.6	97.8	106.7	101.7	103.5
2020	103.3	97.0	110.3	100.2	104.3	103.9	106.7

1-23 续表 2 continued

上年=100 (preceding year=100)

登记注册类型 Registration Status 年 份 Year	水利、环境和公共设施管理业 Management of Water Conservancy, Environment and Public Facilities	居民服务、修理和其他服务业 Service to Households, Repair and Other Services	教 育 Education	卫生和社会工作 Health and Social Service	文化、体育和娱乐业 Culture, Sports and Entertainment	公共管理、社会保障和社会组织 Public Management, Social Security and Social Organization
全 国 National						
2013	111.7	109.4	108.8	110.3	110.8	106.9
2014	108.5	109.0	108.9	109.1	108.5	107.8
2015	111.0	107.0	117.7	113.2	113.0	117.3
2016	109.7	106.2	111.9	111.7	109.8	113.9
2017	109.4	106.3	112.0	112.0	109.9	113.3
2018	108.5	109.5	110.8	109.4	112.3	109.4
2019	107.9	108.8	105.7	111.0	109.2	107.3
2020	104.5	100.8	109.0	106.0	104.1	110.7
国有单位 State-owned Units						
2013	109.3	110.0	108.9	110.3	109.3	106.8
2014	108.1	109.2	109.0	109.2	108.1	107.8
2015	112.4	108.6	118.4	113.7	114.3	117.3
2016	110.4	110.2	112.3	112.3	108.3	113.9
2017	109.7	113.7	112.1	112.5	110.5	113.3
2018	110.1	108.6	110.5	109.0	111.1	109.7
2019	112.7	114.6	110.1	112.9	113.6	107.1
2020	110.2	106.9	109.0	105.7	103.8	110.5
城镇集体单位 Urban Collective-owned Units						
2013	114.0	113.1	115.9	113.2	112.8	111.1
2014	112.3	121.4	107.5	110.5	110.4	105.7
2015	106.3	110.4	109.1	107.0	119.0	113.9
2016	110.4	103.7	116.2	110.4	113.4	110.3
2017	121.4	107.7	116.9	113.7	103.9	114.3
2018	109.7	110.8	110.9	111.7	117.2	123.4
2019	122.4	105.1	111.0	115.3	99.1	105.7
2020	105.0	122.6	102.0	105.7	114.9	107.8
其他单位 Other Ownership Units						
2013	115.3	111.0	108.6	111.4	117.7	122.7
2014	108.0	108.0	109.1	108.2	109.4	111.3
2015	105.2	105.8	108.6	110.5	109.4	118.4
2016	106.1	104.5	105.9	105.6	113.1	111.5
2017	106.6	104.7	112.7	109.9	108.8	106.7
2018	102.9	109.1	118.4	113.8	114.0	97.6
2019	101.1	112.1	91.4	102.6	103.6	146.2
2020	98.8	98.3	100.2	102.0	103.9	130.3

1-24 分行业城镇非私营单位就业人员平均实际工资指数(1995-2002年) INDICES OF REAL AVERAGE WAGE OF EMPLOYED PERSONS IN URBAN NON-PRIVATE UNITS BY SECTOR (1995-2002)

上年=100 (preceding year=100)

登记注册类型 Registration Status 年 份 Year	合 计 Total	农、林、牧、渔业 Farming, Forestry, Animal Husbandry and Fishery	采掘业 Mining and Quarrying	制造业 Manufacturing	电力、煤气及水的生产和供应业 Production and Supply of Electricity, Gas and Water	建筑业 Construction	地质勘查业、水利管理业 Geological Prospecting and Water Conservancy	交通运输、仓储及邮电通信业 Transport, Storage, Post and Telecommunications	批发和零售贸易、餐饮业 Wholesale and Retail Trade & Catering Services
全 国 National									
1995	101.8	106.6	105.5	103.8	109.0	101.1	93.8	104.3	103.0
1996	102.8	105.7	103.7	100.3	103.3	99.7	101.5	104.2	100.8
1997	104.5	103.3	102.2	102.2	106.2	103.4	105.5	105.6	101.1
1998	116.2	105.9	106.5	119.8	109.1	112.4	111.4	114.6	121.5
1999	113.2	107.5	105.2	112.1	111.3	108.3	112.5	112.9	110.8
2000	111.3	106.1	109.9	111.3	110.6	108.2	108.2	111.5	110.8
2001	115.3	109.6	113.9	111.2	112.3	107.9	112.9	114.1	113.4
2002	115.4	112.4	116.4	113.9	113.7	109.6	113.3	114.2	116.2
国有单位 State-owned Units									
1995	100.4	106.7	104.8	101.7	108.1	101.2	93.7	104.1	101.5
1996	102.7	105.3	103.9	99.6	103.4	99.1	101.5	103.8	99.4
1997	104.4	103.4	102.4	100.6	106.4	102.6	105.3	105.1	100.9
1998	114.2	105.9	106.3	116.4	108.7	111.1	111.4	111.5	120.0
1999	112.9	107.2	104.5	110.5	110.3	108.3	112.6	110.9	109.8
2000	110.9	105.4	106.1	111.4	109.9	107.7	108.2	110.6	109.9
2001	116.2	110.0	113.4	111.4	112.0	107.3	113.1	112.7	110.1
2002	116.2	111.8	113.4	114.5	112.8	110.4	112.7	112.9	116.0
城镇集体单位 Urban Collective-owned Units									
1995	103.7	99.5	112.6	103.7	111.3	101.6	99.2	98.8	104.6
1996	100.7	119.5	98.9	99.0	102.7	100.4	102.6	101.7	101.9
1997	101.6	100.4	102.0	99.8	105.5	104.1	128.7	99.2	98.6
1998	118.4	111.3	110.7	121.8	104.9	109.1	110.5	126.9	116.8
1999	109.8	113.0	100.9	107.8	105.2	107.1	109.9	112.2	107.8
2000	107.5	112.8	106.0	106.7	108.2	107.8	98.0	101.4	105.2
2001	109.0	101.0	112.5	105.8	113.7	105.2	101.4	107.9	105.9
2002	112.6	115.5	110.6	111.9	106.6	107.6	126.9	110.4	111.5
其他单位 Other Ownership Units									
1995	102.6	110.6	105.4	103.4	112.7	99.3	108.1	103.0	96.0
1996	101.3	95.1	92.2	100.4	103.0	94.3	98.0	103.9	99.0
1997	103.5	92.8	99.7	102.5	98.3	104.9	98.5	111.7	100.5
1998	102.3	81.4	126.0	102.4	100.4	118.7	119.3	86.2	103.4
1999	111.2	119.8	114.9	110.5	115.2	107.2	128.3	120.5	109.0
2000	109.9	124.1	127.5	108.1	111.2	107.8	149.4	113.2	111.1
2001	109.9	99.9	112.0	108.0	110.1	106.9	85.3	114.0	112.9
2002	109.5	109.7	117.0	109.7	112.9	102.6	158.0	112.1	107.2

1-24 续表　continued

上年=100　(preceding year=100)

登记注册类型 Registration Status 年　份 Year	金融、保险业 Finance and Insurance	房地产业 Real Estate Trade	社　会服务业 Social Services	卫生、体育和社会福利业 Health Care, Sporting and Social Welfare	教育、文化艺术和广播电影电视业 Education, Culture and Arts, Radio, Film and Television	科学研究和综合技术服务业 Scientific Research and Polytechnical Services	国家机关政党机关和社会团体 Government Agencies, Party Agencies and Social Organizations	其　他 Others
全　国 National								
1995	94.1	100.3	102.1	97.9	95.2	95.3	95.4	103.1
1996	105.0	105.1	104.1	106.5	104.8	107.6	105.4	105.0
1997	111.6	107.0	108.4	108.6	107.8	108.8	107.1	93.2
1998	110.3	112.9	112.2	112.3	112.8	113.6	111.9	124.6
1999	113.8	112.8	111.7	115.5	116.8	115.2	117.1	121.1
2000	109.9	107.5	109.7	111.6	111.8	115.4	111.0	109.5
2001	117.8	111.4	114.7	117.5	120.7	120.4	120.0	114.0
2002	116.5	110.4	114.4	115.4	117.8	117.0	115.9	111.6
国有单位 State-owned Units								
1995	92.7	98.4	100.0	97.7	95.4	94.3	95.3	102.1
1996	105.0	105.3	103.4	106.5	104.5	107.2	105.5	101.8
1997	111.2	105.5	107.6	108.5	108.7	109.0	107.0	87.9
1998	109.7	110.2	110.6	112.2	112.9	113.5	111.9	120.0
1999	111.3	112.2	111.7	115.4	116.8	115.2	117.1	119.4
2000	110.5	109.6	107.3	112.3	111.9	113.2	111.0	103.5
2001	117.8	111.7	113.8	117.9	120.5	122.0	120.1	111.6
2002	118.0	110.8	109.5	115.3	117.9	118.3	116.0	118.6
城镇集体单位 Urban Collective-owned Units								
1995	97.6	108.6	107.6	99.0	93.4	107.5	103.4	102.8
1996	98.0	93.3	98.2	105.7	113.8	105.5	88.3	107.4
1997	107.1	110.1	110.6	108.5	88.9	98.0	119.4	98.6
1998	107.3	119.0	109.8	110.0	108.5	103.5	113.4	123.1
1999	112.2	116.3	108.6	115.1	118.1	114.6	115.5	116.8
2000	106.2	98.1	107.9	106.5	105.4	115.2	110.3	110.0
2001	111.1	101.7	108.7	112.7	126.6	102.8	104.9	106.3
2002	115.9	108.7	113.1	113.9	112.9	108.5	110.7	101.1
其他单位 Other Ownership Units								
1995	103.4	97.0	99.0	112.0	95.0	107.3		100.7
1996	116.3	103.9	105.6	117.6	96.4	121.9		112.1
1997	107.0	107.1	105.6	110.8	105.0	106.3		129.5
1998	90.8	103.7	102.7	120.7	119.8	101.4		117.1
1999	119.6	107.6	107.3	111.0	110.4	111.4		105.6
2000	107.0	101.7	108.6	98.5	91.4	115.6		125.1
2001	110.7	108.3	110.8	101.1	131.6	102.5		110.6
2002	103.1	106.0	113.7	88.1	109.6	108.0		97.9

1-25 分行业城镇非私营单位就业人员平均实际工资指数(2004-2011年)
INDICES OF REAL AVERAGE EARNING OF EMPLOYED PERSONS IN URBAN NON-PRIVATE UNITS BY SECTOR (2004-2011)

上年=100 (preceding year=100)

登记注册类型 Registration Status / 年份 Year	合计 Total	农、林、牧、渔业 Agriculture, Forestry, Farming of Animals and Fishery	采矿业 Mining	制造业 Manufacturing	电力、燃气及水的生产和供应业 Production & Distribution of Electricity, Gas & Water	建筑业 Construction	交通运输、仓储和邮政业 Traffic, Transport, Storage and Post
全国 National							
2004	110.3	105.4	119.2	108.9	112.3	107.5	111.1
2005	112.5	107.7	120.0	110.0	113.1	110.4	113.9
2006	112.9	111.3	116.3	112.7	113.2	112.9	113.6
2007	113.4	112.0	111.8	111.0	112.7	109.4	110.8
2008	110.7	109.7	115.0	109.3	109.0	108.7	108.7
2009	112.6	115.3	112.1	110.8	109.6	114.8	111.2
2010	109.8	112.8	112.6	111.7	109.5	110.4	111.0
2011	108.6	110.6	112.2	112.6	105.8	110.7	110.5
国有单位 State-owned Units							
2004	110.9	105.3	120.5	111.1	112.4	109.1	108.7
2005	113.6	107.8	119.3	115.2	113.3	112.1	113.7
2006	112.7	111.0	117.4	117.8	115.1	111.7	112.9
2007	115.1	112.0	112.5	112.6	113.4	110.4	111.4
2008	109.8	109.5	115.4	109.9	109.5	105.7	107.2
2009	113.7	115.3	109.5	114.3	110.3	119.6	112.9
2010	108.9	113.1	112.6	113.2	109.7	111.0	111.1
2011	107.7	110.7	112.9	112.3	106.1	107.8	112.1
城镇集体单位 Urban Collective-owned Units							
2004	109.1	111.0	116.1	109.4	110.7	106.1	104.9
2005	113.1	112.6	126.2	110.9	106.7	108.8	111.2
2006	113.4	120.0	121.3	111.9	106.9	111.8	109.9
2007	114.8	112.3	120.3	113.2	111.9	114.0	113.4
2008	111.0	111.6	109.5	112.7	112.5	108.8	108.9
2009	114.8	114.8	114.8	114.8	114.8	114.8	114.8
2010	112.9	114.3	114.8	114.6	111.7	111.5	109.9
2011	113.9	114.5	120.2	114.1	101.3	117.6	119.1
其他单位 Other Ownership Units							
2004	107.7	99.3	117.3	106.4	110.5	105.1	116.6
2005	109.4	104.3	119.7	107.3	111.1	108.2	111.5
2006	112.7	114.1	114.8	111.2	109.0	113.3	113.4
2007	110.6	110.9	110.5	110.4	110.7	107.4	107.2
2008	111.4	112.2	114.6	108.9	107.5	109.5	110.5
2009	110.8	112.8	113.8	110.0	108.5	112.7	106.0
2010	110.7	106.4	112.6	111.4	109.0	109.6	110.4
2011	109.6	109.6	109.6	109.6	109.6	109.6	109.6

1−25　续表 1　continued

上年=100　　　　(preceding year=100)

登记注册类型 Registration Status / 年　份 Year	信息传输、计算机服务和软件业 Information Transfer, Computer and Software	批发和零售业 Wholesale and Retail Trade	住宿和餐饮业 Accommodation and Restaurants	金融业 Finance	房地产业 Real Estate	租赁和商务服务业 Tenancy and Business Services	科学研究、技术服务和地质勘查业 Scientific Research, Technical Service & Geologic Perambulation
全　国 National							
2004	104.8	115.6	109.1	113.2	104.6	106.5	110.6
2005	114.2	115.4	108.2	118.4	107.9	111.6	114.5
2006	110.3	115.0	108.2	119.7	108.2	113.8	114.8
2007	105.1	113.3	107.1	118.7	112.3	108.6	116.2
2008	109.0	116.0	107.3	116.0	109.3	112.1	112.1
2009	106.8	113.8	108.9	113.0	108.0	108.8	111.1
2010	107.4	111.9	108.6	112.5	107.8	108.0	108.9
2011	104.5	114.8	111.6	109.8	113.4	112.8	108.2
国有单位 State-owned Units							
2004	106.2	112.6	112.1	114.1	105.8	106.0	111.2
2005	107.6	119.8	108.9	119.4	111.2	114.0	112.6
2006	107.8	117.3	109.0	112.6	108.0	107.5	113.8
2007	106.0	111.3	105.9	119.8	112.5	109.5	116.2
2008	101.7	114.7	110.0	114.0	104.6	109.1	110.8
2009	109.7	120.0	111.9	109.4	112.2	111.9	111.8
2010	106.1	112.3	109.2	112.8	106.9	107.2	109.1
2011	103.2	109.6	114.4	107.4	122.5	111.2	107.6
城镇集体单位 Urban Collective-owned Units							
2004	136.7	107.1	107.9	111.9	103.2	103.4	100.4
2005	136.9	111.2	107.2	112.7	102.0	111.9	132.2
2006	96.7	110.4	111.2	115.2	116.1	105.8	125.8
2007	98.9	110.5	107.8	114.2	113.7	110.0	103.0
2008	106.2	114.4	111.2	114.7	106.4	101.8	114.4
2009	111.8	115.5	110.4	120.5	108.9	110.9	111.1
2010	117.8	110.3	110.0	114.2	105.9	105.5	110.1
2011	102.0	112.8	117.8	114.0	114.4	110.9	120.8
其他单位 Other Ownership Units							
2004	100.4	115.2	105.6	108.8	102.1	103.7	110.6
2005	110.0	107.2	106.7	115.0	105.3	103.6	116.2
2006	109.1	111.1	106.8	126.3	107.1	117.1	116.2
2007	100.3	113.1	106.9	115.6	111.5	103.8	114.9
2008	110.3	113.8	105.5	114.0	110.7	109.8	112.1
2009	104.5	109.3	107.3	109.9	106.5	104.7	107.6
2010	105.6	110.8	108.1	111.1	107.9	107.9	106.4
2011	103.7	115.2	110.4	109.0	110.5	114.3	107.2

1-25 续表 2 continued

上年=100 (preceding year=100)

登记注册类型 Registration Status / 年份 Year	水利、环境和公共设施管理业 Management of Water Conservancy, Environment and Public Establishment	居民服务和其他服务业 Resident Services and Other Services	教育 Education	卫生、社会保障和社会福利业 Sanitation, Social Security and Social Welfare	文化体育和娱乐业 Culture, Sports and Entertainment	公共管理和社会组织 Public Management and Social Organization
全国 National						
2004	105.9	104.6	109.7	110.0	116.2	109.5
2005	109.4	113.3	111.7	111.4	108.7	114.6
2006	107.5	112.8	112.9	111.7	112.4	109.8
2007	112.6	108.1	118.5	113.2	112.7	117.7
2008	108.7	106.3	109.0	109.3	106.3	110.3
2009	110.7	111.1	116.8	111.8	111.5	110.3
2010	106.9	108.6	109.3	109.3	106.3	104.9
2011	107.3	111.7	105.3	109.1	109.8	104.5
国有单位 State-owned Units						
2004	105.6	109.9	109.2	110.2	117.0	109.5
2005	109.2	104.2	111.6	111.0	108.5	114.6
2006	107.3	116.9	112.7	111.4	112.5	109.9
2007	112.8	101.3	118.3	113.1	113.3	117.6
2008	108.7	115.2	109.0	109.1	106.2	110.2
2009	110.7	111.1	116.8	111.8	111.5	110.3
2010	106.6	108.8	109.4	108.9	105.9	104.8
2011	107.4	108.2	105.3	109.0	109.1	104.5
城镇集体单位 Urban Collective-owned Units						
2004	100.7	99.3	109.6	107.3	112.5	107.7
2005	104.3	118.1	118.1	113.4	122.5	110.9
2006	106.5	112.2	119.3	115.1	102.4	107.9
2007	106.6	113.8	131.1	112.9	117.6	115.2
2008	109.6	107.4	102.1	111.3	107.1	105.5
2009	110.6	113.8	122.6	116.0	113.7	138.7
2010	106.4	109.0	110.9	114.5	108.3	100.3
2011	107.4	113.3	109.7	110.1	115.1	124.3
其他单位 Other Ownership Units						
2004	112.0	95.8	107.5	101.2	105.2	139.4
2005	110.5	116.9	101.9	112.7	108.9	109.5
2006	107.6	104.0	110.2	115.7	112.3	82.6
2007	109.8	115.5	113.9	110.9	107.0	113.8
2008	108.8	92.7	107.5	111.0	110.3	146.1
2009	102.0	112.2	105.6	107.0	112.3	83.4
2010	107.8	108.2	104.7	109.9	109.3	116.1
2011	104.8	112.6	104.7	106.3	115.1	106.1

1−26 分行业城镇非私营单位就业人员平均实际工资指数(2013−2020年)
INDICES OF REAL AVERAGE EARNING OF EMPLOYED PERSONS IN URBAN NON-PRIVATE UNITS BY SECTOR (2013-2020)

上年=100 (preceding year=100)

登记注册类型 Registration Status 年 份 Year	合 计 Total	农、林、牧、渔业 Agriculture, Forestry, Animal Husbandry and Fishery	采矿业 Mining	制造业 Manufacturing	电力、热力、燃气及水生产和供应业 Production and Supply of Electricity,Heat, Gas and Water	建筑业 Construction	批发和零售业 Wholesale and Retail Trades
全 国 National							
2013	107.3	110.9	102.9	108.7	112.3	112.4	105.8
2014	107.2	107.6	100.4	108.4	107.1	106.6	108.7
2015	108.5	111.0	94.9	106.1	106.0	105.2	106.4
2016	106.7	103.0	99.8	105.3	104.1	104.3	105.6
2017	108.1	106.8	112.9	106.6	105.9	104.9	107.6
2018	108.6	97.8	114.8	109.5	108.6	106.6	110.8
2019	106.8	104.9	108.8	105.5	104.6	105.4	107.5
2020	105.2	120.6	103.8	103.6	105.9	104.3	106.0
国有单位 State-owned Units							
2013	106.1	110.3	93.8	111.3	113.4	106.5	115.2
2014	106.6	106.9	103.9	111.5	107.7	103.7	112.3
2015	112.3	111.3	98.4	103.8	105.3	105.2	106.4
2016	108.8	103.2	101.2	107.3	102.7	103.9	104.7
2017	110.0	106.7	113.9	107.3	107.0	104.1	108.7
2018	108.0	95.6	111.4	98.6	104.1	100.9	110.4
2019	107.5	102.5	107.3	110.6	104.1	96.1	117.3
2020	106.9	121.9	104.6	104.1	103.5	115.3	106.5
城镇集体单位 Urban Collective-owned Units							
2013	112.2	115.4	105.7	114.5	111.0	111.6	110.6
2014	107.6	112.8	103.2	108.3	106.5	106.7	108.7
2015	107.4	124.9	102.9	108.0	109.3	104.8	107.8
2016	106.2	103.1	97.6	104.3	104.1	102.6	103.6
2017	107.5	106.2	103.3	105.9	102.5	101.8	102.6
2018	107.6	102.4	121.3	102.9	104.4	105.4	108.5
2019	100.4	53.4	114.0	105.0	77.3	101.1	107.7
2020	107.1	162.9	106.4	95.8	100.0	103.9	105.9
其他单位 Other Ownership Units							
2013	108.2	121.1	105.1	108.9	111.2	113.5	103.2
2014	107.4	101.9	99.5	108.2	106.5	106.9	108.1
2015	106.2	105.3	94.2	106.2	106.7	105.1	106.4
2016	105.4	101.7	99.7	105.3	105.3	104.4	105.7
2017	107.0	109.0	112.9	106.6	105.1	105.0	107.3
2018	109.1	109.0	114.7	110.0	111.4	106.7	110.9
2019	106.8	97.5	108.8	105.4	104.7	105.9	106.9
2020	103.9	109.2	103.7	103.5	106.5	103.9	105.4

1-26 续表 1 continued

上年=100 (preceding year=100)

登记注册类型 Registration Status 年份 Year	交通运输、仓储和邮政业 Transport, Storage and Post	住宿和餐饮业 Hotels and Catering Services	信息传输、软件和信息技术服务业 Information Software and Information Technology	金融业 Financial Inter-mediation	房地产业 Real Estate	租赁和商务服务业 Leasing and Business Services	科学研究和技术服务业 Scientific Research, and Technical Services
全　国 National							
2013	105.9	106.1	110.1	108.2	106.4	114.7	107.8
2014	107.1	107.2	108.6	106.4	106.6	105.1	105.2
2015	106.9	107.9	109.5	104.4	106.8	106.4	107.1
2016	104.8	104.1	107.1	100.2	106.5	103.7	105.9
2017	107.1	103.7	106.9	102.9	104.0	104.2	109.7
2018	108.1	103.3	108.6	103.5	106.4	102.5	112.0
2019	106.7	101.5	106.3	98.5	103.6	100.8	105.3
2020	101.4	94.8	107.6	99.2	102.2	103.0	102.4
国有单位 State-owned Units							
2013	106.7	106.0	102.8	104.2	101.9	101.1	105.5
2014	107.7	108.2	103.6	106.0	109.1	103.7	104.1
2015	106.8	107.2	108.2	104.5	108.9	110.0	107.3
2016	104.8	105.4	108.5	99.3	109.6	104.7	108.5
2017	108.7	106.4	105.1	105.1	106.3	105.0	109.4
2018	103.8	104.9	113.2	106.4	105.2	102.8	111.4
2019	92.8	99.3	108.2	113.1	101.7	101.9	110.1
2020	100.5	94.8	109.6	114.6	107.1	108.2	99.3
城镇集体单位 Urban Collective-owned Units							
2013	108.8	139.8	101.2	110.9	105.4	109.7	108.5
2014	107.9	86.6	102.8	107.7	106.6	108.3	106.4
2015	105.4	104.9	118.7	105.8	107.4	108.9	102.2
2016	106.6	110.3	103.9	106.1	105.2	110.2	111.4
2017	102.6	104.8	151.5	109.1	102.9	104.2	114.5
2018	107.8	95.3	89.0	107.5	107.6	102.2	110.9
2019	99.5	110.4	95.5	103.8	97.9	93.0	101.1
2020	101.6	92.4	125.9	106.0	106.2	109.6	94.7
其他单位 Other Ownership Units							
2013	105.0	105.6	103.7	108.9	105.7	110.8	102.4
2014	106.5	108.0	107.2	105.5	106.2	103.5	105.0
2015	107.0	108.2	109.1	103.6	106.4	102.8	105.2
2016	104.8	103.8	106.4	99.1	106.2	101.9	103.1
2017	105.9	103.4	105.9	101.2	103.7	102.9	109.1
2018	111.1	103.6	108.0	101.8	106.4	100.8	111.0
2019	109.3	101.9	105.6	95.1	103.8	98.9	100.7
2020	100.9	94.8	107.8	97.9	101.9	101.6	104.3

1-26 续表 2 continued

上年=100 (preceding year=100)

登记注册类型 Registration Status 年 份 Year	水利、环境和公共设施管理业 Management of Water Conservancy, Environment and Public Facilities	居民服务、修理和其他服务业 Service to Households, Repair and Other Services	教 育 Education	卫生和社会工作 Health and Social Service	文化、体育和娱乐业 Culture, Sports and Entertainment	公共管理、社会保障和社会组织 Public Management, Social Security and Social Organization
全 国 National						
2013	108.9	106.6	106.1	107.5	108.0	104.2
2014	106.3	106.7	106.7	106.9	106.3	105.6
2015	109.4	105.4	116.0	111.5	111.4	115.6
2016	107.4	104.0	109.6	109.4	107.5	111.5
2017	107.6	104.5	110.1	110.2	108.1	111.4
2018	106.3	107.2	108.5	107.2	110.0	107.2
2019	105.0	105.9	102.9	108.0	106.2	104.4
2020	102.2	98.5	106.6	103.6	101.7	108.2
国有单位 State-owned Units						
2013	106.6	107.2	106.2	107.5	106.5	104.1
2014	105.9	107.0	106.7	106.9	105.9	105.6
2015	110.7	107.0	116.6	112.0	112.6	115.6
2016	108.1	108.0	110.0	110.0	106.1	111.5
2017	107.9	111.8	110.2	110.6	108.6	111.4
2018	107.9	106.4	108.2	106.8	108.8	107.4
2019	109.6	111.5	107.1	109.8	110.5	104.2
2020	107.8	104.5	106.5	103.3	101.5	108.0
城镇集体单位 Urban Collective-owned Units						
2013	111.1	110.2	113.0	110.4	109.9	108.3
2014	110.0	118.9	105.3	108.2	108.2	103.5
2015	104.7	108.8	107.5	105.4	117.3	112.2
2016	108.1	101.6	113.8	108.1	111.1	108.0
2017	119.4	105.9	114.9	111.8	102.2	112.4
2018	107.5	108.6	108.6	109.4	114.8	120.8
2019	119.0	102.2	107.9	112.1	96.4	102.8
2020	102.6	119.9	99.8	103.3	112.3	105.4
其他单位 Other Ownership Units						
2013	112.4	108.2	105.8	108.6	114.7	119.6
2014	105.8	105.8	106.9	106.0	107.1	109.0
2015	103.7	104.3	107.0	108.9	107.7	116.7
2016	103.9	102.3	103.7	103.4	110.8	109.2
2017	104.8	102.9	110.9	108.1	107.0	104.9
2018	100.8	106.8	115.9	111.4	111.6	95.6
2019	98.4	109.1	88.9	99.8	100.8	142.2
2020	96.6	96.1	98.0	99.7	101.5	127.4

1-27 全国分地区就业人员受教育程度构成
EDUCATIONAL ATTAINMENT OF EMPLOYED PERSONS BY REGION

单位：% (%)

地 区	Region	就业人员 Employed Persons	男 Male	女 Female	未上过学 No Schooling	小学 Primary School	初中 Junior Secondary School	高中 Senior Secondary School	大学专科 College	大学本科 University	研究生 Graduate and Higher Level
全 国	**National Total**	**100.0**	**56.6**	**43.4**	**2.4**	**16.3**	**41.7**	**17.5**	**11.3**	**9.8**	**1.1**
北 京	Beijing	100.0	55.3	44.7	0.2	1.9	18.2	16.8	19.2	33.5	10.3
天 津	Tianjin	100.0	64.9	35.1	0.3	5.6	31.4	20.9	16.8	22.2	3.0
河 北	Hebei	100.0	57.5	42.5	1.3	11.9	50.4	16.9	10.5	8.2	0.7
山 西	Shanxi	100.0	60.2	39.8	1.0	11.2	44.5	19.0	12.8	10.6	0.9
内蒙古	Inner Mongolia	100.0	58.6	41.4	1.7	16.4	41.5	15.2	13.6	11.0	0.7
辽 宁	Liaoning	100.0	56.4	43.6	0.5	12.4	49.5	14.3	10.7	11.6	1.0
吉 林	Jilin	100.0	55.5	44.5	0.7	18.9	45.3	15.3	9.2	9.7	0.9
黑龙江	Heilongjiang	100.0	58.6	41.4	0.7	17.1	47.6	15.6	9.8	8.7	0.6
上 海	Shanghai	100.0	57.8	42.2	0.5	4.8	28.1	16.7	17.7	26.2	6.0
江 苏	Jiangsu	100.0	56.3	43.7	2.3	13.6	38.5	18.8	13.7	11.7	1.4
浙 江	Zhejiang	100.0	57.4	42.6	1.5	15.8	35.6	18.4	13.9	13.4	1.3
安 徽	Anhui	100.0	56.6	43.4	6.6	17.7	43.7	13.5	10.2	7.6	0.7
福 建	Fujian	100.0	58.3	41.7	2.0	17.6	40.6	17.5	10.8	10.8	0.7
江 西	Jiangxi	100.0	56.3	43.7	2.2	20.5	44.5	16.1	9.1	7.0	0.5
山 东	Shandong	100.0	55.9	44.1	3.8	14.9	45.0	17.6	9.8	7.9	1.0
河 南	Henan	100.0	54.7	45.3	2.6	12.8	47.5	20.1	9.7	6.7	0.6
湖 北	Hubei	100.0	55.6	44.4	2.6	17.2	41.0	19.4	10.2	8.2	1.3
湖 南	Hunan	100.0	56.3	43.7	0.8	12.8	42.5	23.0	11.6	8.6	0.7
广 东	Guangdong	100.0	59.9	40.1	0.7	10.5	40.7	23.4	13.8	9.9	0.9
广 西	Guangxi	100.0	55.6	44.4	0.8	16.8	52.1	15.2	8.5	6.3	0.4
海 南	Hainan	100.0	55.2	44.8	1.0	10.8	48.1	19.8	10.7	9.1	0.5
重 庆	Chongqing	100.0	55.5	44.5	1.7	21.5	33.7	19.1	13.2	10.2	0.8
四 川	Sichuan	100.0	54.1	45.9	3.6	26.7	37.0	14.8	9.8	7.4	0.7
贵 州	Guizhou	100.0	56.9	43.1	6.7	31.2	38.4	9.7	6.8	7.0	0.3
云 南	Yunnan	100.0	53.9	46.1	4.6	30.9	39.2	11.1	7.2	6.5	0.5
西 藏	Tibet	100.0	53.3	46.7	19.6	50.8	12.9	4.4	5.0	7.2	0.2
陕 西	Shaanxi	100.0	57.5	42.5	2.3	13.9	42.5	18.0	12.8	9.5	1.0
甘 肃	Gansu	100.0	55.3	44.7	6.9	26.0	36.1	14.2	8.7	7.6	0.5
青 海	Qinghai	100.0	58.1	41.9	7.2	22.8	33.0	13.4	12.0	11.3	0.4
宁 夏	Ningxia	100.0	58.6	41.4	6.0	14.8	36.5	15.9	13.9	12.1	0.7
新 疆	Xinjiang	100.0	53.7	46.3	1.1	16.8	40.3	16.5	13.6	11.1	0.6

注：为与教育部学历分类保持一致，对受教育程度分类进行了合并调整，其中高中包括中等职业教育，大学专科包括高等职业教育。
资料来源：2020年劳动力调查资料(下表同)。

Note: In order to be consistent with the education classification of the Ministry of Education, the classification of educational attainment has been merged and adjusted. Senior secondary school include medium vocational education and college include high vocational education.
Data Source: 2020 Labor Force Survey. The same applies to the tables following.

1-28 全国分地区男性就业人员受教育程度构成
EDUCATIONAL ATTAINMENT OF MALE EMPLOYED PERSONS BY REGION

单位：% (%)

地 区	Region	男性就业人员 Male Employed Persons	未上过学 No Schooling	小学 Primary School	初中 Junior Secondary School	高中 Senior Secondary School	大学专科 College	大学本科 University	研究生 Graduate and Higher Level
全 国	**National Total**	**100.0**	**1.1**	**14.0**	**44.3**	**19.2**	**11.3**	**9.1**	**1.0**
北 京	Beijing	100.0	0.2	1.9	21.0	18.4	19.4	29.8	9.4
天 津	Tianjin	100.0	0.1	5.5	32.8	22.5	16.5	20.1	2.6
河 北	Hebei	100.0	0.6	10.1	53.4	17.9	10.4	7.1	0.6
山 西	Shanxi	100.0	0.6	9.8	47.4	20.1	12.4	9.0	0.7
内蒙古	Inner Mongolia	100.0	0.7	14.3	44.3	16.3	14.1	9.8	0.5
辽 宁	Liaoning	100.0	0.3	11.3	50.8	15.5	10.9	10.3	0.9
吉 林	Jilin	100.0	0.3	16.9	47.1	16.7	9.4	8.8	0.8
黑龙江	Heilongjiang	100.0	0.4	15.6	49.3	16.7	9.7	7.8	0.5
上 海	Shanghai	100.0	0.3	4.1	30.5	18.4	17.0	24.1	5.6
江 苏	Jiangsu	100.0	1.0	10.7	40.3	21.3	14.0	11.3	1.4
浙 江	Zhejiang	100.0	0.6	14.8	37.6	20.1	13.5	12.0	1.3
安 徽	Anhui	100.0	2.9	15.1	47.4	15.5	10.4	7.8	0.8
福 建	Fujian	100.0	1.0	14.1	44.0	19.2	10.6	10.4	0.7
江 西	Jiangxi	100.0	0.9	16.7	47.5	18.0	9.2	7.2	0.5
山 东	Shandong	100.0	1.7	11.2	48.9	19.8	10.2	7.5	0.8
河 南	Henan	100.0	1.0	10.9	49.0	22.2	10.2	6.2	0.5
湖 北	Hubei	100.0	1.2	13.7	44.2	21.7	10.4	7.4	1.3
湖 南	Hunan	100.0	0.4	11.3	43.8	24.8	10.9	8.1	0.7
广 东	Guangdong	100.0	0.3	8.4	42.2	25.2	13.6	9.3	1.0
广 西	Guangxi	100.0	0.3	13.9	55.1	16.4	8.3	5.6	0.4
海 南	Hainan	100.0	0.3	8.9	49.3	22.0	10.8	8.2	0.5
重 庆	Chongqing	100.0	0.8	19.0	36.6	20.4	12.9	9.5	0.8
四 川	Sichuan	100.0	1.8	24.8	40.1	16.3	9.3	7.0	0.6
贵 州	Guizhou	100.0	2.0	29.7	43.9	10.6	6.9	6.6	0.3
云 南	Yunnan	100.0	2.8	28.5	43.2	11.7	7.1	6.3	0.5
西 藏	Tibet	100.0	16.9	51.7	15.0	4.7	4.8	6.7	0.2
陕 西	Shaanxi	100.0	1.3	11.9	44.3	19.4	13.3	8.9	1.0
甘 肃	Gansu	100.0	3.3	23.0	40.3	16.6	8.7	7.7	0.4
青 海	Qinghai	100.0	4.0	21.4	36.7	14.7	12.3	10.6	0.4
宁 夏	Ningxia	100.0	3.4	13.7	41.0	16.9	13.7	10.6	0.7
新 疆	Xinjiang	100.0	0.9	15.7	41.5	18.2	13.1	9.9	0.6

1-29 全国分地区女性就业人员受教育程度构成
EDUCATIONAL ATTAINMENT OF FEMALE EMPLOYED PERSONS BY REGION

单位：% (%)

地区	Region	女性就业人员 Female Employed Persons	未上过学 No Schooling	小学 Primary School	初中 Junior Secondary School	高中 Senior Secondary School	大学专科 College	大学本科 University	研究生 Graduate and Higher Level
全国	**National Total**	**100.0**	**4.1**	**19.3**	**38.3**	**15.2**	**11.3**	**10.6**	**1.2**
北京	Beijing	100.0	0.2	1.8	14.9	14.8	18.9	38.0	11.3
天津	Tianjin	100.0	0.5	5.7	28.8	17.9	17.4	26.0	3.7
河北	Hebei	100.0	2.2	14.2	46.4	15.7	10.8	9.8	0.9
山西	Shanxi	100.0	1.5	13.4	40.1	17.4	13.3	13.1	1.3
内蒙古	Inner Mongolia	100.0	3.1	19.5	37.4	13.6	12.9	12.6	1.0
辽宁	Liaoning	100.0	0.7	13.9	47.7	12.7	10.5	13.2	1.2
吉林	Jilin	100.0	1.1	21.5	43.0	13.5	9.0	10.7	1.1
黑龙江	Heilongjiang	100.0	1.1	19.1	45.2	14.0	9.9	9.9	0.9
上海	Shanghai	100.0	0.7	5.7	24.9	14.3	18.6	29.1	6.6
江苏	Jiangsu	100.0	3.9	17.4	36.2	15.7	13.4	12.2	1.3
浙江	Zhejiang	100.0	2.6	17.1	33.1	16.2	14.5	15.2	1.3
安徽	Anhui	100.0	11.5	21.1	38.8	11.0	9.9	7.2	0.5
福建	Fujian	100.0	3.4	22.6	35.8	15.0	11.1	11.3	0.7
江西	Jiangxi	100.0	4.0	25.4	40.7	13.6	8.9	6.8	0.6
山东	Shandong	100.0	6.5	19.6	40.0	14.9	9.4	8.5	1.1
河南	Henan	100.0	4.6	15.1	45.7	17.5	9.1	7.3	0.8
湖北	Hubei	100.0	4.5	21.5	37.0	16.6	10.0	9.1	1.3
湖南	Hunan	100.0	1.3	14.8	40.8	20.6	12.5	9.3	0.8
广东	Guangdong	100.0	1.4	13.8	38.5	20.6	14.2	10.7	0.8
广西	Guangxi	100.0	1.4	20.4	48.3	13.7	8.9	7.0	0.4
海南	Hainan	100.0	1.8	13.2	46.6	17.0	10.7	10.2	0.6
重庆	Chongqing	100.0	2.7	24.5	30.0	17.4	13.5	11.1	0.7
四川	Sichuan	100.0	5.6	28.9	33.4	13.0	10.4	7.9	0.8
贵州	Guizhou	100.0	12.8	33.2	31.1	8.5	6.6	7.5	0.3
云南	Yunnan	100.0	6.8	33.7	34.5	10.5	7.3	6.8	0.5
西藏	Tibet	100.0	22.6	49.8	10.4	4.0	5.1	7.8	0.2
陕西	Shaanxi	100.0	3.7	16.7	40.1	16.0	12.2	10.3	1.1
甘肃	Gansu	100.0	11.3	29.7	30.8	11.2	8.8	7.4	0.7
青海	Qinghai	100.0	11.6	24.7	27.9	11.6	11.5	12.3	0.3
宁夏	Ningxia	100.0	9.6	16.3	30.3	14.5	14.3	14.1	0.9
新疆	Xinjiang	100.0	1.3	18.1	38.8	14.5	14.2	12.4	0.6

1-30　全国按年龄、性别分的就业人员受教育程度构成

EDUCATIONAL ATTAINMENT OF EMPLOYED PERSONS BY AGE AND SEX

单位：%　　　　(%)

年龄 Age	就业人员 Employed Persons	未上过学 No Schooling	小学 Primary School	初中 Junior Secondary School	高中 Senior Secondary School	大学专科 College	大学本科 University	研究生 Graduate and Higher Level
总计 Total	**100.0**	**2.4**	**16.3**	**41.7**	**17.5**	**11.3**	**9.8**	**1.1**
16-19	100.0	0.2	2.7	54.0	35.8	5.9	1.3	0.0
20-24	100.0	0.1	2.3	31.3	25.6	25.2	15.1	0.4
25-29	100.0	0.1	2.7	31.2	23.9	19.5	20.4	2.1
30-34	100.0	0.2	4.3	38.8	21.2	17.5	16.1	1.9
35-39	100.0	0.4	6.8	44.2	18.4	13.8	14.3	2.2
40-44	100.0	0.8	11.7	46.6	18.6	11.4	9.6	1.3
45-49	100.0	1.4	17.5	49.7	16.0	8.5	6.2	0.6
50-54	100.0	2.1	24.6	50.5	12.3	5.7	4.4	0.4
55-59	100.0	3.1	24.9	48.2	15.8	4.5	3.1	0.3
60-64	100.0	8.1	41.0	37.3	12.3	0.9	0.4	0.0
65+	100.0	16.7	56.3	22.3	4.1	0.4	0.2	0.0
男 Male	**100.0**	**1.1**	**14.0**	**44.3**	**19.2**	**11.3**	**9.1**	**1.0**
16-19	100.0	0.2	2.7	56.3	34.7	5.2	0.9	
20-24	100.0	0.0	2.3	36.2	27.1	22.0	12.0	0.3
25-29	100.0	0.1	2.6	34.2	25.7	18.5	17.4	1.6
30-34	100.0	0.2	4.1	40.0	22.3	17.3	14.6	1.6
35-39	100.0	0.3	5.7	45.2	19.0	14.1	13.7	2.1
40-44	100.0	0.4	9.6	47.7	19.3	11.7	9.7	1.5
45-49	100.0	0.7	14.4	51.4	17.0	9.0	6.6	0.8
50-54	100.0	0.9	19.3	52.8	14.9	6.6	5.0	0.5
55-59	100.0	1.0	17.9	50.3	19.9	6.3	4.1	0.4
60-64	100.0	3.2	33.5	44.9	16.4	1.4	0.5	0.0
65+	100.0	8.1	55.4	29.6	6.1	0.6	0.2	0.0
女 Female	**100.0**	**4.1**	**19.3**	**38.3**	**15.2**	**11.3**	**10.6**	**1.2**
16-19	100.0	0.2	2.8	50.5	37.4	6.9	2.0	0.1
20-24	100.0	0.1	2.2	24.5	23.5	29.7	19.5	0.5
25-29	100.0	0.1	2.7	27.2	21.7	20.9	24.4	2.9
30-34	100.0	0.3	4.6	37.4	19.7	17.8	17.9	2.3
35-39	100.0	0.6	8.1	43.0	17.6	13.5	15.0	2.2
40-44	100.0	1.3	14.1	45.2	17.7	11.0	9.5	1.1
45-49	100.0	2.2	21.3	47.7	14.8	8.0	5.7	0.4
50-54	100.0	3.8	32.1	47.2	8.6	4.5	3.6	0.2
55-59	100.0	6.8	36.6	44.8	9.0	1.4	1.3	0.2
60-64	100.0	15.1	51.6	26.5	6.4	0.3	0.1	0.0
65+	100.0	27.9	57.6	12.7	1.5	0.1	0.1	0.0

1-31 全国按受教育程度、性别分的就业人员年龄构成
AGE COMPOSITION OF EMPLOYED PERSONS BY EDUCATIONAL ATTAINMENT AND SEX

单位：% (%)

年龄 Age	就业人员 Employed Persons	未上过学 No Schooling	小学 Primary School	初中 Junior Secondary School	高中 Senior Secondary School	大学专科 College	大学本科 University	研究生 Graduate and Higher Level
总计 Total	**100.0**	**100.0**	**100.0**	**100.0**	**100.0**	**100.0**	**100.0**	**100.0**
16-19	0.9	0.1	0.2	1.2	1.9	0.5	0.1	0.0
20-24	5.7	0.2	0.8	4.3	8.4	12.8	8.8	1.9
25-29	10.8	0.5	1.8	8.1	14.8	18.8	22.6	21.4
30-34	14.2	1.3	3.7	13.2	17.2	22.1	23.3	24.5
35-39	11.7	2.0	4.9	12.3	12.3	14.3	17.1	23.1
40-44	11.2	3.8	8.0	12.5	12.0	11.4	11.1	13.8
45-49	13.3	7.8	14.3	15.9	12.2	10.1	8.4	7.9
50-54	12.3	10.8	18.5	14.8	8.6	6.2	5.5	4.4
55-59	8.6	11.3	13.2	10.0	7.8	3.4	2.7	2.7
60-64	4.6	15.5	11.5	4.1	3.2	0.4	0.2	0.1
65+	6.7	46.6	23.2	3.6	1.6	0.2	0.1	0.1
男 Male	**100.0**	**100.0**	**100.0**	**100.0**	**100.0**	**100.0**	**100.0**	**100.0**
16-19	1.0	0.2	0.2	1.3	1.8	0.5	0.1	
20-24	5.9	0.3	1.0	4.8	8.3	11.5	7.8	1.6
25-29	10.8	1.2	2.0	8.4	14.5	17.8	20.6	16.9
30-34	13.9	2.3	4.0	12.5	16.1	21.3	22.2	21.4
35-39	11.2	2.6	4.6	11.4	11.0	14.0	16.8	23.2
40-44	10.7	4.1	7.4	11.5	10.8	11.1	11.4	15.8
45-49	12.8	8.1	13.2	14.9	11.4	10.2	9.3	10.5
50-54	12.7	10.3	17.5	15.1	9.9	7.4	6.9	6.2
55-59	9.5	8.2	12.2	10.8	9.9	5.4	4.3	4.2
60-64	4.8	13.7	11.4	4.8	4.1	0.6	0.3	0.1
65+	6.7	49.1	26.6	4.5	2.1	0.3	0.2	0.2
女 Female	**100.0**	**100.0**	**100.0**	**100.0**	**100.0**	**100.0**	**100.0**	**100.0**
16-19	0.8	0.0	0.1	1.1	2.1	0.5	0.2	0.0
20-24	5.5	0.1	0.6	3.5	8.5	14.4	10.1	2.2
25-29	10.8	0.3	1.5	7.7	15.4	20.0	24.8	26.7
30-34	14.6	1.0	3.5	14.2	18.9	23.1	24.6	28.1
35-39	12.3	1.8	5.1	13.8	14.2	14.7	17.3	23.0
40-44	11.9	3.7	8.6	14.0	13.8	11.6	10.6	11.6
45-49	14.0	7.7	15.4	17.4	13.6	9.9	7.5	4.8
50-54	11.7	11.0	19.5	14.4	6.6	4.6	4.0	2.4
55-59	7.4	12.4	14.1	8.7	4.4	0.9	0.9	1.0
60-64	4.4	16.2	11.7	3.0	1.8	0.1	0.1	0.0
65+	6.7	45.7	19.9	2.2	0.7	0.1	0.1	0.0

1－32 全国按行业、性别分的就业人员受教育程度构成
EDUCATIONAL ATTAINMENT OF EMPLOYED PERSONS BY SECTOR AND SEX

单位：% (%)

受教育程度	Educational Attainment	就业人员 Employed Persons	农、林、牧、渔业 Agriculture, Forestry, Animal Husbandry and Fishery	采矿业 Mining	制造业 Manu-facturing	电力、热力、燃气及水生产和供应业 Production and Supply of Electricity Power, Heat Power, Gas and Water	建筑业 Construction	批发和零售业 Wholesale and Retail Trades
总 计	**Total**	**100.0**	**100.0**	**100.0**	**100.0**	**100.0**	**100.0**	**100.0**
未上过学	No Schooling	2.4	7.7	0.3	0.9	0.4	1.0	0.6
小 学	Primary School	16.3	39.6	7.5	11.2	4.3	17.0	7.9
初 中	Junior Secondary School	41.7	45.4	42.2	49.8	25.7	57.8	44.0
高 中	Senior Secondary School	17.5	6.2	25.3	20.9	24.3	13.4	27.3
大学专科	College	11.3	0.7	14.7	10.3	23.9	6.6	13.6
大学本科	University	9.8	0.3	9.2	6.2	19.6	4.0	6.3
研究生	Graduate and Higher Level	1.1	0.0	1.0	0.6	1.7	0.2	0.3
男	**Male**	**100.0**	**100.0**	**100.0**	**100.0**	**100.0**	**100.0**	**100.0**
未上过学	No Schooling	1.1	3.9	0.3	0.4	0.4	0.7	0.3
小 学	Primary School	14.0	36.1	7.6	8.4	4.3	16.3	7.4
初 中	Junior Secondary School	44.3	50.4	44.5	47.7	27.7	59.8	42.6
高 中	Senior Secondary School	19.2	8.3	24.7	24.2	25.1	13.8	27.2
大学专科	College	11.3	0.9	13.6	11.8	23.0	5.8	14.7
大学本科	University	9.1	0.4	8.4	7.0	17.8	3.4	7.3
研究生	Graduate and Higher Level	1.0	0.0	0.9	0.7	1.7	0.1	0.3
女	**Female**	**100.0**	**100.0**	**100.0**	**100.0**	**100.0**	**100.0**	**100.0**
未上过学	No Schooling	4.1	11.2	0.3	1.8	0.5	2.9	0.9
小 学	Primary School	19.3	42.8	6.7	15.2	4.3	22.4	8.3
初 中	Junior Secondary School	38.3	40.9	28.3	52.9	19.4	42.9	45.1
高 中	Senior Secondary School	15.2	4.3	28.3	16.2	21.7	10.2	27.4
大学专科	College	11.3	0.5	21.2	8.3	26.7	11.9	12.6
大学本科	University	10.6	0.2	14.0	5.1	25.5	9.0	5.5
研究生	Graduate and Higher Level	1.2	0.0	1.2	0.5	1.9	0.6	0.2

1-32 续表 1 continued

单位：% (%)

受教育程度	Educational Attainment	交通运输、仓储和邮政业 Transport, Storage and Post	住宿和餐饮业 Hotels and Catering Services	信息传输、软件和信息技术服务业 Information Transmission, Software and Information Technical Services	金融业 Financial Intermediation	房地产业 Real Estate	租赁和商务服务业 Leasing and Business Services	科学研究和技术服务业 Scientific Research and Technical Services
总　计	**Total**	**100.0**	**100.0**	**100.0**	**100.0**	**100.0**	**100.0**	**100.0**
未上过学	No Schooling	0.2	0.8	0.0	0.1	0.7	0.3	0.1
小　学	Primary School	7.3	10.9	0.8	0.8	5.5	3.8	1.1
初　中	Junior Secondary School	49.1	55.2	11.1	10.3	29.4	24.9	9.9
高　中	Senior Secondary School	24.3	23.2	17.5	17.2	27.5	22.8	13.9
大学专科	College	12.2	7.4	27.9	26.8	21.6	24.4	26.0
大学本科	University	6.5	2.4	38.0	39.7	14.7	21.5	37.9
研究生	Graduate and Higher Level	0.3	0.0	4.8	5.3	0.7	2.3	11.2
男	**Male**	**100.0**	**100.0**	**100.0**	**100.0**	**100.0**	**100.0**	**100.0**
未上过学	No Schooling	0.2	0.3	0.0	0.1	0.5	0.2	0.0
小　学	Primary School	7.7	6.7	0.9	0.7	5.0	4.4	1.1
初　中	Junior Secondary School	52.1	54.8	11.7	9.0	30.4	30.0	10.5
高　中	Senior Secondary School	24.5	27.1	17.2	16.8	28.5	24.3	15.2
大学专科	College	10.5	8.6	27.3	27.9	20.3	20.9	26.7
大学本科	University	4.9	2.5	38.1	40.0	14.6	18.4	35.3
研究生	Graduate and Higher Level	0.2	0.1	4.7	5.5	0.7	1.8	11.1
女	**Female**	**100.0**	**100.0**	**100.0**	**100.0**	**100.0**	**100.0**	**100.0**
未上过学	No Schooling	0.4	1.2	0.1	0.1	1.0	0.4	0.1
小　学	Primary School	5.3	14.8	0.6	0.9	6.0	3.0	1.0
初　中	Junior Secondary School	33.0	55.6	10.0	11.4	28.0	17.4	8.8
高　中	Senior Secondary School	23.7	19.6	18.1	17.5	26.1	20.5	11.3
大学专科	College	21.8	6.4	28.8	25.8	23.5	29.6	24.6
大学本科	University	15.1	2.4	37.7	39.3	14.7	26.2	42.7
研究生	Graduate and Higher Level	0.7	0.0	4.8	5.1	0.7	3.0	11.5

1-32　续表 2　continued

单位：%　(%)

受教育程度	Educational Attainment	水利、环境和公共设施管理业 Management of Water Conservancy, Environment and Public Facilities	居民服务、修理和其他服务业 Services to Households, Repair and Other Services	教　育 Education	卫生和社会工作 Health and Society	文化、体育和娱乐业 Culture, Sports and Entertainment	公共管理、社会保障和社会组织 Public Management Social Security and Social Organizations
总　计	**Total**	**100.0**	**100.0**	**100.0**	**100.0**	**100.0**	**100.0**
未上过学	No Schooling	4.4	1.4	0.1	0.2	0.4	0.4
小　学	Primary School	19.6	12.5	1.5	2.5	4.4	2.7
初　中	Junior Secondary School	37.7	49.9	10.7	9.3	26.4	13.1
高　中	Senior Secondary School	15.8	24.3	13.4	19.1	24.8	18.9
大学专科	College	11.9	8.6	24.5	31.6	20.1	28.2
大学本科	University	9.8	3.2	42.6	32.8	21.7	33.8
研究生	Graduate and Higher Level	0.7	0.1	7.2	4.5	2.2	2.9
男	**Male**	**100.0**	**100.0**	**100.0**	**100.0**	**100.0**	**100.0**
未上过学	No Schooling	2.4	0.9	0.1	0.2	0.2	0.2
小　学	Primary School	17.3	10.8	1.5	2.8	3.6	2.8
初　中	Junior Secondary School	38.6	50.5	10.9	12.2	24.8	14.4
高　中	Senior Secondary School	18.4	25.9	12.5	20.1	25.7	20.8
大学专科	College	12.9	9.0	23.4	26.3	21.7	28.2
大学本科	University	9.6	2.9	42.8	32.3	22.0	31.2
研究生	Graduate and Higher Level	0.8	0.1	8.9	6.2	1.9	2.4
女	**Female**	**100.0**	**100.0**	**100.0**	**100.0**	**100.0**	**100.0**
未上过学	No Schooling	7.8	2.0	0.1	0.2	0.5	0.6
小　学	Primary School	23.5	14.4	1.6	2.3	5.4	2.5
初　中	Junior Secondary School	36.3	49.2	10.6	7.8	28.3	10.9
高　中	Senior Secondary School	11.4	22.5	13.8	18.6	23.6	15.4
大学专科	College	10.1	8.2	25.0	34.4	18.2	28.3
大学本科	University	10.2	3.5	42.5	33.0	21.3	38.6
研究生	Graduate and Higher Level	0.6	0.1	6.3	3.6	2.6	3.7

1-33 全国按职业、性别分的就业人员受教育程度构成
EDUCATIONAL ATTAINMENT OF EMPLOYED PERSONS BY OCCUPATION AND SEX

单位：% (%)

受教育程度	Educational Attainment	就业人员 Employed Persons	单位负责人 Unit Heads	专业技术人员 Technical Personnel	办事人员和有关人员 Clerk and Related Workers	商业、服务业人员 Business Service Personnel	农林牧渔水利业生产人员 Producers of Agriculture, Forestry, Animal Husbandry, Fishery and Water Conservancy	生产运输设备操作人员及有关人员 Production, Transport Equipment Operators and Related Workers	其他 Others
总　计	**Total**	**100.0**	**100.0**	**100.0**	**100.0**	**100.0**	**100.0**	**100.0**	**100.0**
未上过学	No Schooling	2.4	0.2	0.1	0.2	0.9	7.8	1.1	2.5
小　学	Primary School	16.3	2.6	0.9	2.8	9.3	39.9	15.8	23.9
初　中	Junior Secondary School	41.7	26.5	9.0	18.5	46.2	45.5	59.3	49.9
高　中	Senior Secondary School	17.5	25.5	15.4	22.3	24.9	6.1	16.8	15.5
大学专科	College	11.3	23.0	28.5	26.9	11.8	0.6	5.2	4.8
大学本科	University	9.8	19.8	39.7	26.9	6.5	0.2	1.7	3.3
研究生	Graduate and Higher Level	1.1	2.4	6.5	2.3	0.4	0.0	0.1	0.1
男	**Male**	**100.0**	**100.0**	**100.0**	**100.0**	**100.0**	**100.0**	**100.0**	**100.0**
未上过学	No Schooling	1.1	0.1	0.1	0.2	0.5	3.9	0.6	2.2
小　学	Primary School	14.0	2.4	1.3	3.5	7.8	36.4	13.9	24.9
初　中	Junior Secondary School	44.3	27.2	12.1	21.0	45.9	50.5	59.2	48.3
高　中	Senior Secondary School	19.2	24.8	15.1	23.1	25.8	8.1	18.5	16.5
大学专科	College	11.3	23.4	25.6	25.4	12.6	0.8	5.9	4.3
大学本科	University	9.1	19.7	38.5	24.6	7.0	0.2	1.8	3.8
研究生	Graduate and Higher Level	1.0	2.4	7.3	2.1	0.4	0.0	0.1	0.1
女	**Female**	**100.0**	**100.0**	**100.0**	**100.0**	**100.0**	**100.0**	**100.0**	**100.0**
未上过学	No Schooling	4.1	0.4	0.0	0.2	1.4	11.2	2.5	3.2
小　学	Primary School	19.3	3.3	0.6	1.8	11.1	42.9	20.3	22.0
初　中	Junior Secondary School	38.3	24.4	6.6	14.7	46.6	41.0	59.8	53.2
高　中	Senior Secondary School	15.2	27.6	15.6	21.0	23.7	4.3	12.5	13.3
大学专科	College	11.3	21.6	30.7	29.2	10.8	0.5	3.5	5.9
大学本科	University	10.6	20.2	40.6	30.5	6.0	0.1	1.3	2.3
研究生	Graduate and Higher Level	1.2	2.4	5.8	2.6	0.4	0.0	0.1	0.2

1—34 全国按受教育程度、性别分的就业人员职业构成
OCCUPATION OF EMPLOYED PERSONS BY EDUCATIONAL ATTAINMENT AND SEX

单位：% (%)

受教育程度	Educational Attainment	就业人员 Employed Persons	单位负责人 Unit Heads	专业技术人员 Technical Personnel	办事人员和有关人员 Clerk and Related Workers	商业、服务业人员 Business Service Personnel	农林牧渔水利业生产人员 Producers of Agriculture, Forestry, Animal Husbandry, Fishery and Water Conservancy	生产运输设备操作人员及有关人员 Production, Transport Equipment Operators and Related	其他 Others
总　计	**Total**	**100.0**	**1.8**	**9.5**	**11.7**	**31.7**	**23.8**	**21.2**	**0.2**
未上过学	No Schooling	100.0	0.1	0.2	1.0	11.3	77.0	10.1	0.2
小　学	Primary School	100.0	0.3	0.5	2.0	18.1	58.2	20.6	0.3
初　中	Junior Secondary School	100.0	1.1	2.1	5.2	35.1	26.0	30.2	0.2
高　中	Senior Secondary School	100.0	2.6	8.4	15.0	45.1	8.3	20.4	0.2
大学专科	College	100.0	3.7	24.0	28.1	33.2	1.3	9.7	0.1
大学本科	University	100.0	3.6	38.6	32.4	21.2	0.5	3.7	0.1
研究生	Graduate and Higher Level	100.0	3.9	56.7	24.8	12.7	0.2	1.7	0.0
男	**Male**	**100.0**	**2.4**	**7.4**	**12.6**	**30.9**	**19.8**	**26.7**	**0.2**
未上过学	No Schooling	100.0	0.2	0.4	2.4	12.6	69.3	14.7	0.4
小　学	Primary School	100.0	0.4	0.7	3.2	17.3	51.5	26.5	0.4
初　中	Junior Secondary School	100.0	1.5	2.0	6.0	32.1	22.6	35.6	0.2
高　中	Senior Secondary School	100.0	3.1	5.8	15.2	41.6	8.4	25.8	0.2
大学专科	College	100.0	5.0	16.8	28.3	34.6	1.4	13.9	0.1
大学本科	University	100.0	5.2	31.2	33.9	23.7	0.5	5.4	0.1
研究生	Graduate and Higher Level	100.0	5.6	53.0	25.6	13.7	0.1	1.9	0.0
女	**Female**	**100.0**	**1.0**	**12.2**	**10.7**	**32.7**	**29.1**	**14.2**	**0.1**
未上过学	No Schooling	100.0	0.1	0.1	0.5	10.9	79.7	8.5	0.1
小　学	Primary School	100.0	0.2	0.4	1.0	18.8	64.6	14.9	0.2
初　中	Junior Secondary School	100.0	0.6	2.1	4.1	39.8	31.1	22.1	0.2
高　中	Senior Secondary School	100.0	1.8	12.6	14.7	51.0	8.2	11.6	0.1
大学专科	College	100.0	1.9	33.4	27.7	31.4	1.2	4.3	0.1
大学本科	University	100.0	1.9	46.8	30.7	18.5	0.4	1.8	0.0
研究生	Graduate and Higher Level	100.0	2.1	60.8	23.9	11.6	0.4	1.3	0.0

1-35 全国按年龄、性别分的就业人员就业身份构成
EMPLOYMENT STATUS OF EMPLOYED PERSONS BY AGE AND SEX

单位：% (%)

年 龄 Age	就业人员 Employed Persons	雇 员 Employee	雇 主 Employer	自营劳动者 Self-Employed	家庭帮工 Unpaid Familial Worker
总计 Total	**100.0**	**61.5**	**2.1**	**34.9**	**1.6**
16-19	100.0	77.9	0.7	17.9	3.6
20-24	100.0	85.1	0.8	12.7	1.5
25-29	100.0	80.7	1.6	16.7	1.0
30-34	100.0	73.7	2.5	22.7	1.1
35-39	100.0	69.0	3.0	26.7	1.2
40-44	100.0	65.3	2.9	30.6	1.2
45-49	100.0	61.2	2.5	34.9	1.4
50-54	100.0	53.3	2.2	42.9	1.6
55-59	100.0	47.3	1.6	49.0	2.0
60-64	100.0	31.1	1.2	65.0	2.7
65+	100.0	17.2	0.7	78.8	3.3
男 Male	**100.0**	**63.8**	**2.6**	**32.8**	**0.9**
16-19	100.0	78.0	0.8	18.1	3.1
20-24	100.0	84.2	0.9	13.5	1.4
25-29	100.0	80.6	1.9	16.8	0.6
30-34	100.0	73.7	3.1	22.6	0.5
35-39	100.0	69.1	3.7	26.6	0.5
40-44	100.0	65.7	3.6	30.2	0.5
45-49	100.0	63.0	3.2	33.1	0.6
50-54	100.0	59.5	2.7	37.0	0.8
55-59	100.0	57.1	1.9	40.0	1.0
60-64	100.0	38.3	1.5	58.5	1.7
65+	100.0	20.9	0.8	75.7	2.6
女 Female	**100.0**	**58.5**	**1.5**	**37.6**	**2.4**
16-19	100.0	77.7	0.5	17.5	4.4
20-24	100.0	86.3	0.6	11.5	1.6
25-29	100.0	80.8	1.2	16.6	1.4
30-34	100.0	73.6	1.6	22.9	1.9
35-39	100.0	68.9	2.2	26.9	2.0
40-44	100.0	64.9	2.2	31.0	2.0
45-49	100.0	58.9	1.7	37.1	2.3
50-54	100.0	44.5	1.4	51.2	2.9
55-59	100.0	31.0	1.1	64.2	3.7
60-64	100.0	20.8	0.8	74.3	4.1
65+	100.0	12.3	0.5	83.0	4.3

1-36 全国按就业身份、性别分的就业人员年龄构成
AGE COMPOSITION OF EMPLOYED PERSONS BY EMPLOYMENT STATUS AND SEX

单位：% (%)

年 龄 Age	就业人员 Employed Persons	雇 员 Employee	雇 主 Employer	自营劳动者 Self-Employed	家庭帮工 Unpaid Familial Worker
总计 Total	**100.0**	**100.0**	**100.0**	**100.0**	**100.0**
16-19	0.9	1.2	0.3	0.5	2.2
20-24	5.7	7.9	2.1	2.1	5.5
25-29	10.8	14.2	8.2	5.2	6.8
30-34	14.2	17.0	16.6	9.2	10.2
35-39	11.7	13.1	16.8	8.9	9.2
40-44	11.2	11.9	15.7	9.8	8.5
45-49	13.3	13.2	16.0	13.3	11.7
50-54	12.3	10.6	12.6	15.1	12.9
55-59	8.6	6.6	6.8	12.1	11.1
60-64	4.6	2.3	2.7	8.6	7.8
65+	6.7	1.9	2.2	15.2	14.2
男 Male	**100.0**	**100.0**	**100.0**	**100.0**	**100.0**
16-19	1.0	1.2	0.3	0.6	3.5
20-24	5.9	7.8	2.0	2.4	9.4
25-29	10.8	13.7	8.1	5.6	7.8
30-34	13.9	16.0	16.9	9.6	8.2
35-39	11.2	12.1	16.2	9.1	6.8
40-44	10.7	11.0	14.9	9.9	5.8
45-49	12.8	12.7	16.1	12.9	8.9
50-54	12.7	11.8	13.3	14.3	10.7
55-59	9.5	8.5	7.2	11.6	11.0
60-64	4.8	2.9	2.8	8.5	8.7
65+	6.7	2.2	2.2	15.5	19.2
女 Female	**100.0**	**100.0**	**100.0**	**100.0**	**100.0**
16-19	0.8	1.1	0.3	0.4	1.5
20-24	5.5	8.1	2.3	1.7	3.5
25-29	10.8	14.9	8.5	4.8	6.3
30-34	14.6	18.4	15.9	8.9	11.2
35-39	12.3	14.5	18.3	8.8	10.4
40-44	11.9	13.2	17.4	9.8	9.8
45-49	14.0	14.1	15.9	13.8	13.0
50-54	11.7	8.9	11.1	15.9	13.9
55-59	7.4	3.9	5.8	12.7	11.2
60-64	4.4	1.6	2.5	8.6	7.4
65+	6.7	1.4	2.1	14.7	11.8

1-37 全国按受教育程度、性别分的就业人员就业身份构成
EMPLOYMENT STATUS OF EMPLOYED PERSONS BY EDUCATIONAL ATTAINMENT AND SEX

单位：% (%)

受教育程度	Educational Attainment	就业人员 Employed Persons	雇员 Employee	雇主 Employer	自营劳动者 Self-Employed	家庭帮工 Unpaid Familial Worker
总计	**Total**	**100.0**	**61.5**	**2.1**	**34.9**	**1.6**
未上过学	No Schooling	100.0	19.8	0.6	76.0	3.6
小学	Primary School	100.0	32.9	1.3	62.8	3.1
初中	Junior Secondary School	100.0	55.4	2.2	40.8	1.7
高中	Senior Secondary School	100.0	71.9	2.9	24.1	1.1
大学专科	College	100.0	86.8	2.5	10.2	0.5
大学本科	University	100.0	93.6	1.7	4.6	0.2
研究生	Graduate and Higher Level	100.0	97.0	1.3	1.7	0.1
男	**Male**	**100.0**	**63.8**	**2.6**	**32.8**	**0.9**
未上过学	No Schooling	100.0	25.8	0.8	70.7	2.8
小学	Primary School	100.0	37.8	1.4	58.6	2.1
初中	Junior Secondary School	100.0	57.7	2.6	38.9	0.9
高中	Senior Secondary School	100.0	71.2	3.3	24.8	0.7
大学专科	College	100.0	85.0	3.3	11.4	0.3
大学本科	University	100.0	92.1	2.3	5.5	0.1
研究生	Graduate and Higher Level	100.0	96.2	1.9	1.9	0.1
女	**Female**	**100.0**	**58.5**	**1.5**	**37.6**	**2.4**
未上过学	No Schooling	100.0	17.6	0.6	77.9	3.9
小学	Primary School	100.0	28.1	1.1	66.7	4.1
初中	Junior Secondary School	100.0	52.0	1.6	43.6	2.8
高中	Senior Secondary School	100.0	72.9	2.3	22.9	1.9
大学专科	College	100.0	89.2	1.5	8.6	0.7
大学本科	University	100.0	95.2	1.0	3.5	0.2
研究生	Graduate and Higher Level	100.0	97.9	0.6	1.4	0.1

1-38 全国按就业身份、性别分的就业人员受教育程度构成
EDUCATIONAL ATTAINMENT OF EMPLOYED PERSONS BY EMPLOYMENT STATUS AND SEX

单位：% (%)

受教育程度	Educational Attainment	就业人员 Employed Persons	雇　员 Employee	雇　主 Employer	自营劳动者 Self-Employed	家庭帮工 Unpaid Familial Worker
总　计	**Total**	**100.0**	**100.0**	**100.0**	**100.0**	**100.0**
未上过学	No Schooling	2.4	0.8	0.7	5.2	5.5
小　学	Primary School	16.3	8.7	9.7	29.4	32.5
初　中	Junior Secondary School	41.7	37.6	43.2	48.7	44.5
高　中	Senior Secondary School	17.5	20.4	24.2	12.1	12.7
大学专科	College	11.3	15.9	13.6	3.3	3.5
大学本科	University	9.8	14.9	7.8	1.3	1.1
研究生	Graduate and Higher Level	1.1	1.7	0.7	0.1	0.1
男	**Male**	**100.0**	**100.0**	**100.0**	**100.0**	**100.0**
未上过学	No Schooling	1.1	0.4	0.3	2.4	3.5
小　学	Primary School	14.0	8.3	7.8	25.1	32.7
初　中	Junior Secondary School	44.3	40.1	44.4	52.5	43.9
高　中	Senior Secondary School	19.2	21.4	24.3	14.5	14.5
大学专科	College	11.3	15.0	14.4	3.9	3.9
大学本科	University	9.1	13.2	8.0	1.5	1.4
研究生	Graduate and Higher Level	1.0	1.5	0.8	0.1	0.1
女	**Female**	**100.0**	**100.0**	**100.0**	**100.0**	**100.0**
未上过学	No Schooling	4.1	1.2	1.7	8.4	6.5
小　学	Primary School	19.3	9.3	14.2	34.2	32.4
初　中	Junior Secondary School	38.3	34.1	40.6	44.4	44.9
高　中	Senior Secondary School	15.2	19.0	24.1	9.3	11.8
大学专科	College	11.3	17.2	11.7	2.6	3.3
大学本科	University	10.6	17.3	7.3	1.0	1.0
研究生	Graduate and Higher Level	1.2	2.0	0.4	0.0	0.1

1-39 城镇按年龄、性别分的就业人员就业身份构成
EMPLOYMENT STATUS OF URBAN EMPLOYED PERSONS BY AGE AND SEX

单位：% (%)

年 龄 Age	城 镇 就业人员 Urban Employed Persons	雇 员 Employee	雇 主 Employer	自营劳动者 Self-Employed	家庭帮工 Unpaid Familial Worker
总计 Total	**100.0**	**73.4**	**2.6**	**22.9**	**1.1**
16-19	100.0	86.8	0.6	9.1	3.4
20-24	100.0	90.2	0.7	8.2	1.0
25-29	100.0	84.7	1.8	12.7	0.8
30-34	100.0	78.5	2.7	18.0	0.8
35-39	100.0	75.4	3.4	20.3	0.9
40-44	100.0	73.3	3.4	22.4	0.9
45-49	100.0	71.6	3.1	24.4	0.9
50-54	100.0	67.1	2.6	29.0	1.3
55-59	100.0	63.9	2.2	32.2	1.7
60-64	100.0	46.9	2.0	48.4	2.7
65+	100.0	29.8	1.3	64.8	4.1
男 Male	**100.0**	**73.3**	**3.1**	**23.0**	**0.5**
16-19	100.0	85.9	0.6	10.2	3.3
20-24	100.0	88.8	0.8	9.4	1.0
25-29	100.0	83.5	2.2	13.8	0.5
30-34	100.0	76.8	3.5	19.4	0.3
35-39	100.0	73.8	4.2	21.8	0.2
40-44	100.0	71.7	4.2	23.8	0.2
45-49	100.0	71.0	3.9	24.9	0.3
50-54	100.0	70.3	3.1	26.2	0.4
55-59	100.0	70.7	2.4	26.3	0.7
60-64	100.0	53.0	2.3	43.2	1.5
65+	100.0	34.7	1.4	60.8	3.1
女 Female	**100.0**	**73.6**	**1.8**	**22.6**	**1.9**
16-19	100.0	88.2	0.6	7.6	3.6
20-24	100.0	92.0	0.5	6.5	1.0
25-29	100.0	86.3	1.2	11.3	1.1
30-34	100.0	80.5	1.8	16.3	1.4
35-39	100.0	77.4	2.6	18.4	1.6
40-44	100.0	75.2	2.4	20.8	1.6
45-49	100.0	72.4	2.1	23.8	1.8
50-54	100.0	61.8	1.8	33.6	2.8
55-59	100.0	47.9	1.7	46.3	4.2
60-64	100.0	36.0	1.4	57.7	4.8
65+	100.0	22.1	1.1	71.2	5.6

1-40 城镇按就业身份、性别分的就业人员年龄构成
AGE COMPOSITION OF URBAN EMPLOYED PERSONS BY EMPLOYMENT STATUS AND SEX

单位：% (%)

年 龄 Age	城 镇 就业人员 Urban Employed Persons	雇 员 Employee	雇 主 Employer	自营劳动者 Self-Employed	家庭帮工 Unpaid Familial Worker
总计 Total	**100.0**	**100.0**	**100.0**	**100.0**	**100.0**
16-19	0.7	0.8	0.2	0.3	2.2
20-24	5.9	7.2	1.6	2.1	5.1
25-29	12.5	14.5	8.5	7.0	8.7
30-34	16.7	17.8	17.7	13.1	11.7
35-39	13.4	13.8	17.8	11.9	10.3
40-44	12.6	12.5	16.3	12.3	9.5
45-49	14.1	13.7	16.6	15.0	11.7
50-54	11.4	10.4	11.5	14.4	13.2
55-59	7.3	6.4	6.2	10.3	11.2
60-64	2.6	1.7	2.0	5.5	6.2
65+	2.8	1.1	1.4	8.0	10.3
男 Male	**100.0**	**100.0**	**100.0**	**100.0**	**100.0**
16-19	0.7	0.9	0.1	0.3	4.5
20-24	5.8	7.0	1.6	2.4	10.6
25-29	12.2	13.9	8.5	7.3	11.6
30-34	16.1	16.8	17.9	13.5	8.1
35-39	12.7	12.7	16.8	12.0	5.9
40-44	11.9	11.6	15.9	12.3	5.3
45-49	13.5	13.1	16.6	14.6	6.8
50-54	12.4	11.9	12.3	14.1	9.8
55-59	9.0	8.6	6.8	10.2	11.5
60-64	2.9	2.1	2.1	5.4	8.1
65+	3.0	1.4	1.4	7.9	17.7
女 Female	**100.0**	**100.0**	**100.0**	**100.0**	**100.0**
16-19	0.7	0.8	0.2	0.2	1.3
20-24	6.0	7.5	1.8	1.7	3.1
25-29	13.0	15.3	8.7	6.5	7.6
30-34	17.5	19.1	17.3	12.5	13.1
35-39	14.4	15.2	20.2	11.7	11.9
40-44	13.5	13.8	17.4	12.4	11.1
45-49	14.8	14.6	16.6	15.6	13.6
50-54	10.1	8.5	9.8	15.0	14.4
55-59	5.1	3.3	4.8	10.5	11.0
60-64	2.2	1.1	1.7	5.6	5.5
65+	2.6	0.8	1.6	8.2	7.5

1—41 城镇按受教育程度、性别分的就业人员就业身份构成
EMPLOYMENT STATUS OF URBAN EMPLOYED PERSONS BY EDUCATIONAL ATTAINMENT AND SEX

单位：% (%)

受教育程度	Educational Attainment	城镇就业人员 Urban Employed Persons	雇员 Employee	雇主 Employer	自营劳动者 Self-Employed	家庭帮工 Unpaid Familial Worker
总计	**Total**	**100.0**	**73.4**	**2.6**	**22.9**	**1.1**
未上过学	No Schooling	100.0	33.1	1.2	62.0	3.6
小学	Primary School	100.0	48.6	2.0	46.7	2.8
初中	Junior Secondary School	100.0	62.9	2.7	32.7	1.6
高中	Senior Secondary School	100.0	74.7	3.2	21.1	1.0
大学专科	College	100.0	87.0	2.7	9.9	0.4
大学本科	University	100.0	93.7	1.8	4.4	0.1
研究生	Graduate and Higher Level	100.0	97.0	1.3	1.6	0.1
男	**Male**	**100.0**	**73.3**	**3.1**	**23.0**	**0.5**
未上过学	No Schooling	100.0	39.7	1.2	57.8	1.3
小学	Primary School	100.0	52.2	2.2	44.1	1.5
初中	Junior Secondary School	100.0	63.8	3.2	32.4	0.7
高中	Senior Secondary School	100.0	74.1	3.6	21.8	0.5
大学专科	College	100.0	85.3	3.4	11.0	0.2
大学本科	University	100.0	92.3	2.4	5.3	0.1
研究生	Graduate and Higher Level	100.0	96.1	1.9	1.9	0.1
女	**Female**	**100.0**	**73.6**	**1.8**	**22.6**	**1.9**
未上过学	No Schooling	100.0	30.2	1.2	63.9	4.6
小学	Primary School	100.0	44.9	1.7	49.3	4.1
初中	Junior Secondary School	100.0	61.7	2.0	33.3	3.0
高中	Senior Secondary School	100.0	75.7	2.5	20.0	1.7
大学专科	College	100.0	89.3	1.6	8.4	0.7
大学本科	University	100.0	95.4	1.1	3.3	0.2
研究生	Graduate and Higher Level	100.0	98.1	0.6	1.3	0.0

1-42　城镇按就业身份、性别分的就业人员受教育程度构成
EDUCATIONAL ATTAINMENT OF URBAN EMPLOYED PERSONS BY EMPLOYMENT STATUS AND SEX

单位：%　　(%)

受教育程度	Educational Attainment	城镇就业人员 Urban Employed Persons	雇员 Employee	雇主 Employer	自营劳动者 Self-Employed	家庭帮工 Unpaid Familial Worker
总　计	**Total**	**100.0**	**100.0**	**100.0**	**100.0**	**100.0**
未上过学	No Schooling	0.9	0.4	0.4	2.5	2.9
小　学	Primary School	8.0	5.3	6.0	16.2	19.6
初　中	Junior Secondary School	35.3	30.2	37.5	50.4	49.9
高　中	Senior Secondary School	22.3	22.7	27.6	20.6	19.4
大学专科	College	16.8	19.9	17.3	7.3	6.3
大学本科	University	15.0	19.2	10.3	2.9	1.8
研究生	Graduate and Higher Level	1.7	2.3	0.9	0.1	0.1
男	**Male**	**100.0**	**100.0**	**100.0**	**100.0**	**100.0**
未上过学	No Schooling	0.5	0.3	0.2	1.2	1.2
小　学	Primary School	7.0	5.0	5.0	13.4	19.2
初　中	Junior Secondary School	36.9	32.1	37.8	51.8	46.7
高　中	Senior Secondary School	23.7	24.0	27.3	22.4	22.1
大学专科	College	16.6	19.3	18.2	7.9	7.6
大学本科	University	13.8	17.4	10.5	3.1	2.9
研究生	Graduate and Higher Level	1.6	2.1	1.0	0.1	0.2
女	**Female**	**100.0**	**100.0**	**100.0**	**100.0**	**100.0**
未上过学	No Schooling	1.5	0.6	1.0	4.2	3.6
小　学	Primary School	9.3	5.7	8.6	20.2	19.8
初　中	Junior Secondary School	33.1	27.7	36.6	48.6	51.0
高　中	Senior Secondary School	20.4	21.0	28.2	18.0	18.4
大学专科	College	17.1	20.8	15.2	6.3	5.8
大学本科	University	16.7	21.6	9.8	2.5	1.5
研究生	Graduate and Higher Level	1.9	2.5	0.6	0.1	0.0

1—43 城镇按年龄、性别分的就业人员行业构成
URBAN EMPLOYED PERSONS BY AGE, SEX AND SECTOR

单位：% (%)

年 龄 Age	城 镇 就业人员 Urban Employed Persons	农、林、牧、渔业 Agriculture, Forestry, Animal Husbandry and Fishery	采矿业 Mining	制造业 Manu-facturing	电力、热力、燃气及水生产和供应业 Production and Supply of Electricity Power, Heat Power, Gas and Water	建筑业 Construction	批发和零售业 Wholesale and Retail Trades
总计 Total	**100.0**	**8.3**	**1.0**	**18.0**	**1.4**	**8.6**	**16.6**
16—19	100.0	5.5	0.0	21.2	0.3	4.2	16.4
20—24	100.0	2.3	0.3	18.3	1.0	6.5	15.3
25—29	100.0	2.3	0.6	17.9	1.1	7.1	16.6
30—34	100.0	3.0	0.9	20.3	1.3	7.9	18.7
35—39	100.0	3.5	1.1	19.8	1.3	7.7	19.0
40—44	100.0	4.9	1.2	18.9	1.6	8.5	18.6
45—49	100.0	7.4	1.6	18.8	1.8	9.9	16.8
50—54	100.0	12.1	1.5	16.7	1.7	11.8	14.7
55—59	100.0	17.8	1.0	14.2	1.7	11.1	12.5
60—64	100.0	35.9	0.3	11.2	0.5	9.2	11.9
65+	100.0	57.4	0.1	7.9	0.2	4.5	8.7
男 Male	**100.0**	**7.2**	**1.5**	**19.1**	**1.8**	**13.0**	**13.1**
16—19	100.0	5.7	0.1	22.9	0.6	6.4	13.5
20—24	100.0	2.3	0.5	22.1	1.2	9.7	12.7
25—29	100.0	1.9	0.8	20.9	1.5	10.7	13.7
30—34	100.0	2.7	1.3	22.2	1.7	12.3	14.8
35—39	100.0	3.1	1.7	21.0	1.6	12.1	14.5
40—44	100.0	4.4	1.8	19.4	2.0	13.1	14.0
45—49	100.0	6.3	2.2	18.8	2.3	15.1	13.0
50—54	100.0	8.8	2.2	17.4	2.3	16.6	12.0
55—59	100.0	12.2	1.4	15.0	2.3	14.7	10.7
60—64	100.0	28.6	0.5	12.0	0.8	13.7	11.6
65+	100.0	51.7	0.2	8.4	0.3	7.0	8.6
女 Female	**100.0**	**10.0**	**0.4**	**16.4**	**0.8**	**2.7**	**21.3**
16—19	100.0	5.2		18.8		0.8	20.8
20—24	100.0	2.2	0.1	13.3	0.6	2.2	18.6
25—29	100.0	2.9	0.2	13.9	0.7	2.4	20.4
30—34	100.0	3.4	0.3	18.0	0.8	2.4	23.5
35—39	100.0	3.9	0.4	18.5	0.9	2.4	24.3
40—44	100.0	5.6	0.6	18.3	1.2	3.0	24.2
45—49	100.0	8.8	0.7	18.8	1.3	3.3	21.6
50—54	100.0	17.8	0.3	15.6	0.6	3.7	19.3
55—59	100.0	31.1	0.1	12.3	0.3	2.5	16.8
60—64	100.0	48.9	0.1	9.7	0.1	1.3	12.5
65+	100.0	66.4	0.0	7.2	0.1	0.5	8.8

1-43　续表 1　continued

单位：%　(%)

年　龄 Age	交通运输、仓储和邮政业 Transport, Storage and Post	住宿和餐饮业 Hotels and Catering Services	信息传输、软件和信息技术服务业 Information Transmission, Software and Information Technical Services	金融业 Financial Intermediation	房地产业 Real Estate	租赁和商务服务业 Leasing and Business Services	科学研究和技术服务业 Scientific Research and Technical Services
总计　Total	**5.9**	**5.7**	**2.3**	**2.4**	**2.3**	**3.0**	**1.4**
16-19	3.0	19.4	2.3	0.9	1.8	2.4	0.6
20-24	4.8	7.4	5.0	2.5	2.8	4.3	2.1
25-29	5.3	5.6	4.7	3.5	2.7	4.2	2.1
30-34	6.0	5.4	3.3	3.4	2.5	3.4	1.8
35-39	6.4	5.8	2.7	2.6	2.2	3.2	1.6
40-44	7.1	6.0	1.7	2.0	1.9	2.8	1.2
45-49	7.1	5.9	1.0	2.0	1.9	2.4	1.0
50-54	6.3	5.4	0.6	1.8	2.1	2.3	0.8
55-59	5.6	4.6	0.5	1.6	2.7	2.3	0.8
60-64	2.7	3.9	0.2	0.5	3.3	1.6	0.3
65+	1.1	2.2	0.1	0.1	1.9	0.9	0.3
男　Male	**8.6**	**4.8**	**2.5**	**1.9**	**2.3**	**3.0**	**1.6**
16-19	4.3	20.4	2.2	0.7	2.1	2.6	0.5
20-24	6.3	8.6	5.5	2.1	2.8	3.8	2.1
25-29	7.3	6.0	5.4	3.2	2.8	3.9	2.4
30-34	8.7	5.2	3.8	2.5	2.5	3.2	2.0
35-39	9.7	5.2	3.0	2.1	2.2	3.1	1.9
40-44	10.7	4.8	2.0	1.5	1.7	3.0	1.4
45-49	10.8	4.0	1.2	1.6	1.7	2.6	1.2
50-54	9.2	3.3	0.7	1.6	2.1	2.7	1.0
55-59	7.5	2.8	0.6	1.8	2.9	2.8	1.0
60-64	4.0	3.1	0.2	0.6	3.8	2.1	0.4
65+	1.7	1.8	0.1	0.2	2.3	1.2	0.4
女　Female	**2.3**	**6.9**	**1.9**	**3.0**	**2.3**	**2.9**	**1.1**
16-19	1.2	17.9	2.4	1.3	1.3	2.1	0.7
20-24	2.9	5.9	4.3	3.1	2.7	5.0	2.0
25-29	2.7	5.1	3.8	3.9	2.7	4.6	1.7
30-34	2.6	5.7	2.8	4.4	2.5	3.5	1.5
35-39	2.5	6.6	2.2	3.2	2.2	3.2	1.3
40-44	2.7	7.4	1.2	2.6	2.2	2.5	0.9
45-49	2.6	8.2	0.7	2.6	2.2	2.1	0.8
50-54	1.5	8.9	0.3	2.3	2.2	1.5	0.5
55-59	1.0	8.6	0.3	1.0	2.3	1.1	0.3
60-64	0.5	5.5	0.1	0.4	2.3	0.7	0.1
65+	0.2	2.9	0.0	0.1	1.3	0.4	0.0

1-43 续表 2 continued

单位：% (%)

年 龄 Age	水利、环境和公共设施管理业 Management of Water Conservancy, Environment and Public Facilities	居民服务、修理和其他服务业 Services to Households, Repair and Other Services	教 育 Education	卫生和社会工作 Health and Society	文化、体育和娱乐业 Culture, Sports and Entertainment	公共管理、社会保障和社会组织 Public Management Social Security and Social Organizations
总计 Total	**1.0**	**5.4**	**5.7**	**3.3**	**1.2**	**6.6**
16-19	0.1	11.8	5.1	1.3	2.4	1.2
20-24	0.6	5.9	8.1	4.7	2.9	5.3
25-29	0.5	5.1	7.3	4.9	1.8	6.6
30-34	0.6	4.8	5.4	3.7	1.3	6.4
35-39	0.7	4.9	6.3	3.5	1.1	6.7
40-44	0.8	5.0	6.3	3.1	0.9	7.3
45-49	1.1	5.3	5.2	2.7	0.9	7.1
50-54	1.3	5.7	5.1	2.3	0.9	7.0
55-59	1.6	6.1	4.6	2.2	0.8	8.4
60-64	2.8	7.4	1.7	1.9	0.7	3.8
65+	2.4	6.0	1.0	1.9	0.6	2.7
男 Male	**1.0**	**4.8**	**3.3**	**1.9**	**1.1**	**7.3**
16-19	0.1	11.9	1.5	0.6	2.3	1.6
20-24	0.7	5.9	3.0	2.0	3.0	5.8
25-29	0.5	5.3	3.2	2.1	1.7	6.6
30-34	0.7	4.6	2.5	1.7	1.3	6.4
35-39	0.8	4.4	3.3	2.1	1.0	7.3
40-44	0.9	4.4	4.0	2.1	0.8	8.0
45-49	1.1	3.9	3.6	1.8	0.7	8.0
50-54	1.3	4.3	3.8	1.7	0.8	8.1
55-59	1.6	4.9	4.6	1.9	0.7	10.5
60-64	2.7	6.9	1.8	1.8	0.7	4.6
65+	2.7	6.2	1.2	2.1	0.6	3.3
女 Female	**0.8**	**6.2**	**8.9**	**5.1**	**1.3**	**5.7**
16-19	0.1	11.7	10.5	2.2	2.6	0.5
20-24	0.4	5.9	14.8	8.3	2.7	4.7
25-29	0.4	4.9	12.5	8.5	2.0	6.5
30-34	0.5	5.1	9.1	6.2	1.3	6.4
35-39	0.6	5.6	9.9	5.1	1.1	6.0
40-44	0.8	5.8	9.0	4.4	1.1	6.5
45-49	1.1	7.0	7.2	3.8	1.1	6.0
50-54	1.1	7.9	7.3	3.2	1.0	5.1
55-59	1.6	9.0	4.6	2.7	1.0	3.3
60-64	2.9	8.3	1.5	2.1	0.8	2.3
65+	2.1	5.6	0.6	1.5	0.5	1.7

1-44 城镇按行业、性别分的就业人员年龄构成
AGE COMPOSITION OF URBAN EMPLOYED PERSONS BY SECTOR AND SEX

单位：%　　　　(%)

年　龄 Age	城　镇 就业人员 Urban Employed Persons	农、林、牧、渔业 Agriculture, Forestry, Animal Husbandry and Fishery	采矿业 Mining	制造业 Manu-facturing	电力、热力、燃气及水生产和供应业 Production and Supply of Electricity Power, Heat Power, Gas and Water	建筑业 Construction	批发和零售业 Wholesale and Retail Trades
总计　Total	**100.0**	**100.0**	**100.0**	**100.0**	**100.0**	**100.0**	**100.0**
16-19	0.7	0.5	0.0	0.8	0.2	0.3	0.7
20-24	5.9	1.6	1.8	6.0	4.1	4.4	5.4
25-29	12.5	3.5	7.0	12.5	10.3	10.3	12.5
30-34	16.7	6.0	14.3	18.8	15.2	15.3	18.7
35-39	13.4	5.6	14.6	14.8	12.7	11.9	15.3
40-44	12.6	7.4	15.4	13.2	14.7	12.4	14.1
45-49	14.1	12.5	21.6	14.7	18.5	16.1	14.2
50-54	11.4	16.6	17.0	10.6	13.7	15.6	10.1
55-59	7.3	15.6	7.3	5.8	9.2	9.4	5.5
60-64	2.6	11.2	0.8	1.6	1.0	2.8	1.9
65+	2.8	19.5	0.4	1.2	0.4	1.5	1.5
男　Male	**100.0**	**100.0**	**100.0**	**100.0**	**100.0**	**100.0**	**100.0**
16-19	0.7	0.6	0.0	0.9	0.2	0.4	0.7
20-24	5.8	1.9	1.8	6.7	4.0	4.3	5.6
25-29	12.2	3.3	6.9	13.3	10.0	10.1	12.7
30-34	16.1	6.0	14.4	18.6	14.7	15.2	18.0
35-39	12.7	5.5	14.1	13.9	11.4	11.8	14.0
40-44	11.9	7.3	14.3	12.0	13.3	12.0	12.6
45-49	13.5	11.8	20.3	13.3	17.1	15.7	13.3
50-54	12.4	15.2	18.5	11.2	15.9	15.8	11.3
55-59	9.0	15.2	8.3	7.0	11.5	10.1	7.3
60-64	2.9	11.6	0.9	1.8	1.3	3.1	2.6
65+	3.0	21.7	0.4	1.3	0.5	1.6	2.0
女　Female	**100.0**	**100.0**	**100.0**	**100.0**	**100.0**	**100.0**	**100.0**
16-19	0.7	0.3		0.8		0.2	0.7
20-24	6.0	1.4	1.5	4.9	4.5	5.0	5.3
25-29	13.0	3.7	7.2	11.1	11.2	11.9	12.5
30-34	17.5	6.0	13.7	19.1	16.4	15.9	19.3
35-39	14.4	5.7	16.9	16.3	16.5	13.0	16.5
40-44	13.5	7.6	20.9	15.1	18.9	15.0	15.3
45-49	14.8	13.1	28.4	17.0	22.8	18.6	15.0
50-54	10.1	18.0	8.8	9.6	7.2	14.1	9.1
55-59	5.1	16.0	1.8	3.9	2.1	4.8	4.0
60-64	2.2	10.9	0.6	1.3	0.3	1.0	1.3
65+	2.6	17.4	0.3	1.1	0.2	0.5	1.1

1-44 续表 1 continued

单位：% (%)

年 龄 Age	交通运输、仓储和邮政业 Transport, Storage and Post	住宿和餐饮业 Hotels and Catering Services	信息传输、软件和信息技术服务业 Information Transmission, Software and Information Technical Services	金融业 Financial Intermediation	房地产业 Real Estate	租赁和商务服务业 Leasing and Business Services	科学研究和技术服务业 Scientific Research and Technical Services
总计 Total	**100.0**	**100.0**	**100.0**	**100.0**	**100.0**	**100.0**	**100.0**
16–19	0.4	2.4	0.7	0.3	0.5	0.6	0.3
20–24	4.8	7.7	13.0	6.3	7.0	8.6	8.8
25–29	11.2	12.4	26.1	18.6	14.7	17.7	19.4
30–34	16.7	16.0	24.6	23.5	17.9	18.9	21.7
35–39	14.5	13.8	15.7	14.6	12.6	14.3	16.0
40–44	14.9	13.4	9.2	10.5	10.5	11.9	10.9
45–49	16.9	14.6	6.0	12.0	11.7	11.3	10.4
50–54	12.1	10.8	2.9	8.7	10.4	8.7	6.8
55–59	6.9	5.9	1.5	4.8	8.7	5.8	4.4
60–64	1.2	1.8	0.2	0.6	3.7	1.4	0.6
65+	0.5	1.1	0.1	0.2	2.3	0.9	0.6
男 Male	**100.0**	**100.0**	**100.0**	**100.0**	**100.0**	**100.0**	**100.0**
16–19	0.4	3.1	0.6	0.3	0.7	0.6	0.3
20–24	4.3	10.4	12.6	6.3	7.0	7.4	7.8
25–29	10.3	15.2	26.1	20.1	14.6	15.6	18.9
30–34	16.2	17.5	23.9	20.9	17.1	17.2	20.9
35–39	14.3	13.8	15.2	13.4	11.8	13.0	15.4
40–44	14.7	12.0	9.5	8.9	8.8	11.9	10.8
45–49	16.9	11.3	6.3	11.0	9.9	11.7	10.3
50–54	13.2	8.4	3.5	9.9	11.1	11.0	8.2
55–59	7.8	5.3	2.0	8.1	11.3	8.4	5.9
60–64	1.3	1.8	0.2	0.9	4.8	2.0	0.8
65+	0.6	1.1	0.1	0.3	3.0	1.2	0.8
女 Female	**100.0**	**100.0**	**100.0**	**100.0**	**100.0**	**100.0**	**100.0**
16–19	0.3	1.7	0.8	0.3	0.4	0.5	0.4
20–24	7.5	5.2	13.7	6.3	7.0	10.4	10.9
25–29	15.3	9.8	26.2	17.2	14.9	20.8	20.4
30–34	19.2	14.6	25.9	25.9	18.9	21.2	23.3
35–39	15.7	13.9	16.5	15.7	13.6	16.3	17.1
40–44	15.9	14.6	8.7	11.9	12.8	11.8	11.1
45–49	16.8	17.8	5.6	13.0	14.1	10.8	10.7
50–54	6.4	13.0	1.8	7.7	9.5	5.3	4.2
55–59	2.1	6.4	0.7	1.8	5.1	2.0	1.5
60–64	0.4	1.8	0.1	0.3	2.2	0.5	0.3
65+	0.2	1.1	0.0	0.1	1.5	0.4	0.1

1-44　续表 2　continued

单位：%　　(%)

年　龄 Age	水利、环境和公共设施管理业 Management of Water Conservancy, Environment and Public Facilities	居民服务、修理和其他服务业 Services to Households, Repair and Other Services	教　育 Education	卫生和社会工作 Health and Society	文化、体育和娱乐业 Culture, Sports and Entertainment	公共管理、社会保障和社会组织 Public Management Social Security and Social Organizations
总计　Total	**100.0**	**100.0**	**100.0**	**100.0**	**100.0**	**100.0**
16–19	0.1	1.6	0.6	0.3	1.4	0.1
20–24	3.6	6.5	8.4	8.5	14.0	4.7
25–29	6.3	12.0	16.1	18.8	19.2	12.4
30–34	10.3	15.0	15.8	18.7	17.6	16.2
35–39	9.9	12.3	14.9	14.2	11.8	13.5
40–44	11.2	11.7	13.8	12.1	9.8	13.9
45–49	16.4	13.9	12.9	11.5	10.3	15.2
50–54	15.1	12.0	10.2	7.9	8.2	12.0
55–59	12.2	8.4	6.0	4.9	4.8	9.3
60–64	7.6	3.6	0.8	1.5	1.6	1.5
65+	7.3	3.1	0.5	1.6	1.4	1.1
男　Male	**100.0**	**100.0**	**100.0**	**100.0**	**100.0**	**100.0**
16–19	0.1	1.8	0.3	0.2	1.5	0.2
20–24	3.7	7.2	5.3	6.1	15.3	4.6
25–29	6.2	13.6	11.7	13.3	18.8	11.0
30–34	10.6	15.5	11.9	14.3	17.7	14.1
35–39	9.8	11.5	12.6	14.1	11.5	12.6
40–44	10.4	10.8	14.3	13.1	8.7	13.0
45–49	14.6	11.1	14.7	12.5	8.6	14.8
50–54	15.9	11.2	14.1	11.3	8.8	13.7
55–59	13.5	9.2	12.5	9.1	5.8	12.9
60–64	7.5	4.2	1.5	2.8	1.8	1.8
65+	7.7	3.9	1.1	3.3	1.6	1.4
女　Female	**100.0**	**100.0**	**100.0**	**100.0**	**100.0**	**100.0**
16–19	0.1	1.3	0.8	0.3	1.3	0.1
20–24	3.3	5.8	10.0	9.7	12.4	5.0
25–29	6.4	10.4	18.3	21.6	19.6	15.0
30–34	9.8	14.4	17.8	20.9	17.4	19.9
35–39	10.2	13.1	16.1	14.3	12.2	15.2
40–44	12.4	12.6	13.6	11.6	11.1	15.4
45–49	19.7	16.9	12.0	11.0	12.2	15.7
50–54	13.7	12.8	8.2	6.3	7.6	9.1
55–59	10.1	7.5	2.7	2.7	3.7	3.0
60–64	7.9	3.0	0.4	0.9	1.3	0.9
65+	6.5	2.4	0.2	0.8	1.1	0.8

1-45 城镇按受教育程度、性别分的就业人员行业构成
URBAN EMPLOYED PERSONS BY SEX, EDUCATIONAL ATTAINMENT AND SECTOR

单位：% (%)

受教育程度	Educational Attainment	城镇就业人员 Urban Employed Persons	农、林、牧、渔业 Agriculture, Forestry, Animal Husbandry and Fishery	采矿业 Mining	制造业 Manu-facturing	电力、热力、燃气及水生产和供应业 Production and Supply of Electricity Power, Heat Power, Gas and Water	建筑业 Construction	批发和零售业 Wholesale and Retail Trades
总　计	**Total**	**100.0**	**8.3**	**1.0**	**18.0**	**1.4**	**8.6**	**16.6**
未上过学	No Schooling	100.0	55.3	0.2	9.9	0.2	6.8	8.8
小　学	Primary School	100.0	32.3	0.6	16.8	0.4	13.0	12.8
初　中	Junior Secondary School	100.0	12.1	1.0	22.1	0.8	12.7	18.7
高　中	Senior Secondary School	100.0	3.6	1.3	20.0	1.6	6.8	22.2
大学专科	College	100.0	0.8	1.2	15.3	2.3	5.4	15.7
大学本科	University	100.0	0.4	0.8	10.4	2.1	3.9	8.3
研究生	Graduate and Higher Level	100.0	0.3	0.7	9.2	1.6	1.8	3.2
男	**Male**	**100.0**	**7.2**	**1.5**	**19.1**	**1.8**	**13.0**	**13.1**
未上过学	No Schooling	100.0	47.1	0.4	9.2	0.4	15.3	7.2
小　学	Primary School	100.0	27.4	1.0	14.9	0.6	21.6	10.7
初　中	Junior Secondary School	100.0	10.6	1.4	21.1	1.0	19.2	13.7
高　中	Senior Secondary School	100.0	3.7	1.8	22.3	2.1	9.9	16.3
大学专科	College	100.0	0.9	1.6	18.1	2.9	7.4	13.6
大学本科	University	100.0	0.5	1.2	13.0	2.8	5.3	8.2
研究生	Graduate and Higher Level	100.0	0.5	1.1	11.7	2.2	2.2	3.4
女	**Female**	**100.0**	**10.0**	**0.4**	**16.4**	**0.8**	**2.7**	**21.3**
未上过学	No Schooling	100.0	59.0	0.1	10.2	0.1	3.0	9.5
小　学	Primary School	100.0	37.4	0.2	18.6	0.2	4.1	15.0
初　中	Junior Secondary School	100.0	14.3	0.2	23.7	0.4	2.9	26.3
高　中	Senior Secondary School	100.0	3.5	0.6	16.2	0.9	1.9	31.6
大学专科	College	100.0	0.6	0.6	11.6	1.4	2.8	18.5
大学本科	University	100.0	0.2	0.4	7.6	1.4	2.3	8.3
研究生	Graduate and Higher Level	100.0	0.1	0.3	6.1	0.8	1.3	2.9

1-45　续表 1　continued

单位：%　　　(%)

受教育程度	Educational Attainment	交通运输、仓储和邮政业 Transport, Storage and Post	住宿和餐饮业 Hotels and Catering Services	信息传输、软件和信息技术服务业 Information Transmission, Software and Information Technical Services	金融业 Financial Intermediation	房地产业 Real Estate	租赁和商务服务业 Leasing and Business Services	科学研究和技术服务业 Scientific Research and Technical Services
总　计	**Total**	**5.9**	**5.7**	**2.3**	**2.4**	**2.3**	**3.0**	**1.4**
未上过学	No Schooling	1.4	3.9	0.0	0.1	1.3	0.5	0.0
小　学	Primary School	3.8	6.3	0.1	0.2	1.3	1.0	0.1
初　中	Junior Secondary School	7.2	8.1	0.5	0.6	1.7	1.7	0.3
高　中	Senior Secondary School	7.4	6.9	1.7	1.7	3.0	3.1	0.8
大学专科	College	5.4	3.3	3.9	3.9	3.3	4.7	2.2
大学本科	University	3.2	1.1	6.1	6.6	2.5	4.7	3.7
研究生	Graduate and Higher Level	1.3	0.2	7.0	7.9	1.1	4.5	9.2
男	**Male**	**8.6**	**4.8**	**2.5**	**1.9**	**2.3**	**3.0**	**1.6**
未上过学	No Schooling	3.4	2.6		0.2	1.4	1.0	0.1
小　学	Primary School	6.8	3.9	0.2	0.1	1.3	1.4	0.2
初　中	Junior Secondary School	10.8	6.4	0.6	0.4	1.7	2.1	0.3
高　中	Senior Secondary School	10.3	6.2	1.7	1.3	2.9	3.2	1.0
大学专科	College	6.9	3.2	4.4	3.4	3.1	4.2	2.6
大学本科	University	3.9	1.0	7.5	5.9	2.7	4.6	4.3
研究生	Graduate and Higher Level	1.6	0.2	8.5	7.2	1.2	4.0	11.3
女	**Female**	**2.3**	**6.9**	**1.9**	**3.0**	**2.3**	**2.9**	**1.1**
未上过学	No Schooling	0.5	4.5	0.0	0.1	1.3	0.2	0.0
小　学	Primary School	0.8	8.8	0.1	0.2	1.3	0.7	0.1
初　中	Junior Secondary School	1.9	10.8	0.4	0.8	1.8	1.3	0.2
高　中	Senior Secondary School	2.9	7.9	1.6	2.4	3.1	2.9	0.6
大学专科	College	3.5	3.3	3.4	4.6	3.4	5.2	1.7
大学本科	University	2.5	1.2	4.6	7.3	2.3	4.9	3.0
研究生	Graduate and Higher Level	0.9	0.2	5.4	8.6	1.0	5.1	6.8

1-45 续表 2 continued

单位：% (%)

受教育程度	Educational Attainment	水利、环境和公共设施管理业 Management of Water Conservancy, Environment and Public Facilities	居民服务、修理和其他服务业 Services to Households, Repair and Other Services	教育 Education	卫生和社会工作 Health and Society	文化、体育和娱乐业 Culture, Sports and Entertainment	公共管理、社会保障和社会组织 Public Management Social Security and Social Organizations
总计	**Total**	**1.0**	**5.4**	**5.7**	**3.3**	**1.2**	**6.6**
未上过学	No Schooling	2.4	6.2	0.6	0.7	0.3	1.3
小学	Primary School	1.6	6.4	0.7	0.6	0.5	1.2
初中	Junior Secondary School	0.9	7.0	1.3	0.7	0.7	1.8
高中	Senior Secondary School	0.8	6.8	3.1	2.5	1.4	5.2
大学专科	College	0.9	3.5	8.3	6.4	1.6	11.9
大学本科	University	0.9	1.5	17.4	7.9	2.0	16.5
研究生	Graduate and Higher Level	0.6	0.4	26.8	9.9	1.9	12.5
男	**Male**	**1.0**	**4.8**	**3.3**	**1.9**	**1.1**	**7.3**
未上过学	No Schooling	2.5	6.0	0.7	0.7	0.3	1.6
小学	Primary School	1.6	5.4	0.5	0.5	0.4	1.4
初中	Junior Secondary School	1.0	5.9	0.8	0.5	0.6	2.1
高中	Senior Secondary School	1.0	6.1	1.6	1.4	1.2	6.0
大学专科	College	1.1	3.5	4.7	3.2	1.7	13.5
大学本科	University	1.0	1.4	11.1	5.1	2.1	18.6
研究生	Graduate and Higher Level	0.7	0.3	21.0	8.7	1.6	12.5
女	**Female**	**0.8**	**6.2**	**8.9**	**5.1**	**1.3**	**5.7**
未上过学	No Schooling	2.3	6.2	0.6	0.7	0.3	1.2
小学	Primary School	1.6	7.5	1.0	0.8	0.6	1.0
初中	Junior Secondary School	0.8	8.6	2.2	0.9	0.9	1.4
高中	Senior Secondary School	0.6	8.0	5.4	4.2	1.6	4.0
大学专科	College	0.7	3.6	13.1	10.6	1.5	9.8
大学本科	University	0.7	1.6	24.6	11.1	1.8	14.2
研究生	Graduate and Higher Level	0.4	0.5	33.5	11.3	2.1	12.5

1–46 城镇按行业、性别分的就业人员受教育程度构成
EDUCATIONAL ATTAINMENT OF URBAN EMPLOYED PERSONS BY SECTOR AND SEX

单位：% (%)

受教育程度	Educational Attainment	城镇就业人员 Urban Employed Persons	农、林、牧、渔业 Agriculture, Forestry, Animal Husbandry and Fishery	采矿业 Mining	制造业 Manu-facturing	电力、热力、燃气及水生产和供应业 Production and Supply of Electricity Power, Heat Power, Gas and Water	建筑业 Construction	批发和零售业 Wholesale and Retail Trades
总　计	**Total**	**100.0**	**100.0**	**100.0**	**100.0**	**100.0**	**100.0**	**100.0**
未上过学	No Schooling	0.9	6.1	0.2	0.5	0.1	0.7	0.5
小　学	Primary School	8.0	30.8	4.8	7.4	2.3	12.0	6.2
初　中	Junior Secondary School	35.3	51.1	33.1	43.4	19.0	52.0	39.8
高　中	Senior Secondary School	22.3	9.7	29.4	24.8	26.2	17.6	29.9
大学专科	College	16.8	1.6	19.2	14.3	27.4	10.5	15.9
大学本科	University	15.0	0.7	12.2	8.7	22.9	6.8	7.5
研究生	Graduate and Higher Level	1.7	0.1	1.2	0.9	2.0	0.4	0.3
男	**Male**	**100.0**	**100.0**	**100.0**	**100.0**	**100.0**	**100.0**	**100.0**
未上过学	No Schooling	0.5	3.2	0.1	0.2	0.1	0.6	0.3
小　学	Primary School	7.0	26.7	4.9	5.5	2.2	11.6	5.7
初　中	Junior Secondary School	36.9	54.7	35.7	40.6	20.6	54.4	38.4
高　中	Senior Secondary School	23.7	12.3	28.9	27.7	27.2	18.1	29.4
大学专科	College	16.6	2.0	17.9	15.7	26.8	9.4	17.1
大学本科	University	13.8	0.9	11.2	9.3	21.1	5.6	8.7
研究生	Graduate and Higher Level	1.6	0.1	1.2	1.0	2.0	0.3	0.4
女	**Female**	**100.0**	**100.0**	**100.0**	**100.0**	**100.0**	**100.0**	**100.0**
未上过学	No Schooling	1.5	8.9	0.4	0.9	0.3	1.7	0.7
小　学	Primary School	9.3	34.8	4.0	10.5	2.4	14.4	6.5
初　中	Junior Secondary School	33.1	47.6	18.6	47.8	14.3	36.5	40.9
高　中	Senior Secondary School	20.4	7.1	31.7	20.2	23.3	14.3	30.3
大学专科	College	17.1	1.1	26.3	12.1	29.5	17.9	14.9
大学本科	University	16.7	0.4	17.4	7.7	28.4	14.3	6.5
研究生	Graduate and Higher Level	1.9	0.0	1.5	0.7	1.9	0.9	0.3

1-46 续表 1 continued

单位：% (%)

受教育程度	Educational Attainment	交通运输、仓储和邮政业 Transport, Storage and Post	住宿和餐饮业 Hotels and Catering Services	信息传输、软件和信息技术服务业 Information Transmission, Software and Information Technical Services	金融业 Financial Intermediation	房地产业 Real Estate	租赁和商务服务业 Leasing and Business Services	科学研究和技术服务业 Scientific Research and Technical Services
总　计	**Total**	**100.0**	**100.0**	**100.0**	**100.0**	**100.0**	**100.0**	**100.0**
未上过学	No Schooling	0.2	0.6	0.0	0.1	0.5	0.1	0.0
小　学	Primary School	5.1	8.9	0.4	0.6	4.5	2.8	0.8
初　中	Junior Secondary School	42.9	50.6	7.9	8.3	26.1	20.8	7.5
高　中	Senior Secondary School	27.9	27.1	16.6	16.3	28.4	23.3	13.1
大学专科	College	15.4	9.7	29.2	27.7	23.5	26.4	26.8
大学本科	University	8.2	3.0	40.4	41.4	16.1	23.9	40.1
研究生	Graduate and Higher Level	0.4	0.1	5.4	5.7	0.8	2.6	11.7
男	**Male**	**100.0**	**100.0**	**100.0**	**100.0**	**100.0**	**100.0**	**100.0**
未上过学	No Schooling	0.2	0.3		0.0	0.3	0.2	0.0
小　学	Primary School	5.5	5.7	0.4	0.5	4.0	3.2	0.8
初　中	Junior Secondary School	46.1	49.0	8.4	7.2	26.8	25.1	8.0
高　中	Senior Secondary School	28.3	30.8	16.3	15.8	29.5	25.4	14.4
大学专科	College	13.3	11.2	28.7	28.7	22.3	23.0	27.3
大学本科	University	6.3	3.0	40.7	41.7	16.1	20.9	37.8
研究生	Graduate and Higher Level	0.3	0.1	5.4	6.0	0.8	2.2	11.7
女	**Female**	**100.0**	**100.0**	**100.0**	**100.0**	**100.0**	**100.0**	**100.0**
未上过学	No Schooling	0.3	1.0	0.0	0.1	0.9	0.1	0.0
小　学	Primary School	3.1	12.0	0.3	0.6	5.2	2.2	0.9
初　中	Junior Secondary School	26.9	52.2	7.0	9.2	25.0	14.5	6.5
高　中	Senior Secondary School	25.6	23.5	17.3	16.7	26.9	20.4	10.6
大学专科	College	25.6	8.3	30.2	26.8	25.1	31.1	25.8
大学本科	University	17.8	3.0	39.8	41.1	16.1	28.2	44.6
研究生	Graduate and Higher Level	0.8	0.1	5.3	5.5	0.8	3.4	11.6

1-46 续表 2 continued

单位：% (%)

受教育程度	Educational Attainment	水利、环境和公共设施管理业 Management of Water Conservancy, Environment and Public Facilities	居民服务、修理和其他服务业 Services to Households, Repair and Other Services	教育 Education	卫生和社会工作 Health and Society	文化、体育和娱乐业 Culture, Sports and Entertainment	公共管理、社会保障和社会组织 Public Management Social Security and Social Organizations
总 计	**Total**	**100.0**	**100.0**	**100.0**	**100.0**	**100.0**	**100.0**
未上过学	No Schooling	2.3	1.1	0.1	0.2	0.2	0.2
小 学	Primary School	13.6	9.5	1.0	1.6	3.3	1.5
初 中	Junior Secondary School	34.1	45.7	8.1	7.0	21.6	9.8
高 中	Senior Secondary School	18.9	28.3	12.0	16.9	25.7	17.7
大学专科	College	16.3	11.1	24.6	32.8	22.2	30.2
大学本科	University	13.7	4.2	46.0	36.2	24.3	37.4
研究生	Graduate and Higher Level	1.1	0.1	8.2	5.2	2.7	3.3
男	**Male**	**100.0**	**100.0**	**100.0**	**100.0**	**100.0**	**100.0**
未上过学	No Schooling	1.2	0.6	0.1	0.2	0.1	0.1
小 学	Primary School	11.0	7.9	0.9	1.8	2.5	1.4
初 中	Junior Secondary School	34.5	45.4	8.3	9.1	19.8	10.7
高 中	Senior Secondary School	21.8	30.0	11.3	17.2	25.9	19.5
大学专科	College	17.2	12.0	23.4	27.8	24.3	30.6
大学本科	University	13.2	4.0	45.7	36.7	25.1	35.0
研究生	Graduate and Higher Level	1.1	0.1	10.2	7.4	2.3	2.8
女	**Female**	**100.0**	**100.0**	**100.0**	**100.0**	**100.0**	**100.0**
未上过学	No Schooling	4.2	1.5	0.1	0.2	0.4	0.3
小 学	Primary School	18.2	11.2	1.1	1.5	4.2	1.6
初 中	Junior Secondary School	33.4	46.1	8.0	6.0	23.8	8.2
高 中	Senior Secondary School	14.0	26.6	12.3	16.8	25.5	14.5
大学专科	College	14.6	10.1	25.3	35.4	19.7	29.5
大学本科	University	14.7	4.3	46.1	35.9	23.4	41.7
研究生	Graduate and Higher Level	0.9	0.2	7.1	4.2	3.1	4.1

1-47 城镇按年龄、性别分的就业人员职业构成
OCCUPATION OF URBAN EMPLOYED PERSONS BY AGE AND SEX

单位：% (%)

年龄 Age	城镇就业人员 Urban Employed Persons	单位负责人 Unit Heads	专业技术人员 Technical Personnel	办事人员和有关人员 Clerk and Related Workers	商业、服务业人员 Business Service Personnel	农林牧渔水利业生产人员 Producers of Agriculture, Forestry, Animal Husbandry, Fishery and Water Conservancy	生产运输设备操作人员及有关人员 Production, Transport Equipment Operators and Related Workers	其他 Others
总计 Total	**100.0**	**2.7**	**13.5**	**17.0**	**39.3**	**8.1**	**19.4**	**0.2**
16–19	100.0	0.1	8.5	7.2	56.3	5.4	22.3	0.1
20–24	100.0	0.6	20.6	17.8	42.2	2.1	16.5	0.2
25–29	100.0	1.6	20.1	18.8	40.8	2.2	16.4	0.1
30–34	100.0	2.6	16.0	18.2	41.4	2.8	18.9	0.1
35–39	100.0	3.6	15.5	18.5	40.4	3.2	18.6	0.1
40–44	100.0	3.6	13.7	17.4	40.5	4.7	19.9	0.2
45–49	100.0	3.3	10.7	16.4	39.5	7.1	22.8	0.2
50–54	100.0	2.9	8.8	15.6	37.4	11.8	23.2	0.2
55–59	100.0	2.8	7.2	17.7	34.5	17.5	20.1	0.2
60–64	100.0	1.6	3.2	10.0	33.0	35.6	16.4	0.3
65+	100.0	0.8	2.4	5.8	23.7	57.3	9.8	0.2
男 Male	**100.0**	**3.5**	**10.2**	**17.7**	**37.3**	**6.9**	**24.3**	**0.2**
16–19	100.0	0.1	4.6	6.8	56.3	5.5	26.5	0.2
20–24	100.0	0.7	13.4	16.0	44.8	2.1	22.6	0.3
25–29	100.0	1.9	13.9	17.1	42.7	1.8	22.5	0.1
30–34	100.0	3.3	11.9	16.6	41.1	2.5	24.4	0.1
35–39	100.0	4.6	11.8	18.6	39.0	2.8	23.0	0.2
40–44	100.0	4.8	10.9	18.2	37.6	4.1	24.3	0.2
45–49	100.0	4.5	8.9	18.0	35.0	5.8	27.6	0.2
50–54	100.0	3.8	7.7	18.7	32.7	8.4	28.4	0.3
55–59	100.0	3.5	7.7	22.6	30.4	11.8	23.8	0.2
60–64	100.0	2.1	3.7	13.9	31.1	28.0	20.9	0.3
65+	100.0	1.0	3.1	8.6	23.6	51.5	12.0	0.3
女 Female	**100.0**	**1.6**	**17.8**	**16.0**	**42.0**	**9.8**	**12.7**	**0.1**
16–19	100.0	0.1	14.3	7.9	56.3	5.2	16.2	
20–24	100.0	0.4	30.0	20.1	38.8	2.1	8.4	0.1
25–29	100.0	1.1	27.9	20.9	38.5	2.7	8.7	0.1
30–34	100.0	1.7	21.3	20.0	41.7	3.3	12.0	0.1
35–39	100.0	2.3	19.9	18.5	42.2	3.8	13.4	0.1
40–44	100.0	2.1	17.2	16.5	44.0	5.4	14.6	0.2
45–49	100.0	1.8	13.0	14.6	45.0	8.6	17.0	0.1
50–54	100.0	1.5	10.6	10.3	45.2	17.7	14.6	0.2
55–59	100.0	1.1	5.9	6.2	44.1	31.0	11.5	0.2
60–64	100.0	0.7	2.3	3.1	36.4	48.9	8.4	0.2
65+	100.0	0.4	1.3	1.5	23.9	66.5	6.4	0.1

1-48 城镇按职业、性别分的就业人员年龄构成
AGE COMPOSITION OF URBAN EMPLOYED PERSONS BY OCCUPATION AND SEX

单位：% (%)

年 龄 Age	城 镇 就业人员 Urban Employed Persons	单 位 负责人 Unit Heads	专业技术人 员 Technical Personnel	办事人员和有关人员 Clerk and Related Workers	商业、服务业人 员 Business Service Personnel	农林牧渔水利业生产人员 Producers of Agriculture, Forestry, Animal Husbandry, Fishery and Water Conservancy	生产运输设备操作人员及有关人员 Production, Transport Equipment Operators and Related Workers	其 他 Others
总计 Total	**100.0**	**100.0**	**100.0**	**100.0**	**100.0**	**100.0**	**100.0**	**100.0**
16-19	0.7	0.0	0.4	0.3	1.0	0.5	0.8	0.6
20-24	5.9	1.3	9.0	6.2	6.3	1.5	5.0	7.2
25-29	12.5	7.4	18.7	13.9	13.0	3.4	10.6	8.9
30-34	16.7	16.3	19.9	17.8	17.5	5.8	16.3	9.9
35-39	13.4	17.9	15.5	14.7	13.8	5.4	12.9	11.1
40-44	12.6	17.0	12.8	12.9	12.9	7.3	12.9	13.2
45-49	14.1	17.4	11.2	13.6	14.1	12.2	16.6	15.6
50-54	11.4	12.6	7.5	10.5	10.8	16.6	13.7	15.7
55-59	7.3	7.6	3.9	7.7	6.4	15.8	7.6	10.0
60-64	2.6	1.6	0.6	1.5	2.2	11.4	2.2	4.3
65+	2.8	0.8	0.5	1.0	1.7	20.0	1.4	3.6
男 Male	**100.0**	**100.0**	**100.0**	**100.0**	**100.0**	**100.0**	**100.0**	**100.0**
16-19	0.7	0.0	0.3	0.3	1.1	0.6	0.8	0.9
20-24	5.8	1.3	7.6	5.3	7.0	1.8	5.4	7.7
25-29	12.2	6.8	16.5	11.8	13.9	3.2	11.3	8.5
30-34	16.1	15.5	18.6	15.1	17.7	5.8	16.2	10.0
35-39	12.7	16.9	14.6	13.3	13.2	5.2	12.0	10.5
40-44	11.9	16.5	12.6	12.3	12.0	7.1	11.9	11.0
45-49	13.5	17.7	11.7	13.7	12.7	11.4	15.3	14.9
50-54	12.4	13.7	9.3	13.1	10.8	15.1	14.4	16.4
55-59	9.0	8.9	6.8	11.4	7.3	15.4	8.8	11.4
60-64	2.9	1.8	1.0	2.3	2.4	11.8	2.5	4.6
65+	3.0	0.9	0.9	1.5	1.9	22.5	1.5	4.2
女 Female	**100.0**	**100.0**	**100.0**	**100.0**	**100.0**	**100.0**	**100.0**	**100.0**
16-19	0.7	0.0	0.5	0.3	0.9	0.4	0.9	
20-24	6.0	1.5	10.1	7.6	5.6	1.3	4.0	6.1
25-29	13.0	9.2	20.4	17.0	12.0	3.6	8.9	9.7
30-34	17.5	18.6	20.9	21.9	17.4	5.8	16.5	9.8
35-39	14.4	21.2	16.1	16.7	14.5	5.5	15.2	12.4
40-44	13.5	18.4	13.0	13.9	14.2	7.4	15.6	17.7
45-49	14.8	16.6	10.8	13.5	15.9	13.0	19.9	17.1
50-54	10.1	9.3	6.0	6.5	10.8	18.1	11.6	14.3
55-59	5.1	3.6	1.7	2.0	5.4	16.2	4.6	7.0
60-64	2.2	1.0	0.3	0.4	1.9	11.0	1.5	3.7
65+	2.6	0.6	0.2	0.2	1.5	17.6	1.3	2.2

1-49 城镇按受教育程度、性别分的就业人员职业构成
OCCUPATION OF URBAN EMPLOYED PERSONS BY EDUCATIONAL ATTAINMENT AND SEX

单位：% (%)

受教育程度	Educational Attainment	城镇就业人员 Urban Employed Persons	单位负责人 Unit Heads	专业技术人员 Technical Personnel	办事人员和有关人员 Clerk and Related Workers	商业、服务业人员 Business Service Personnel	农林牧渔水利业生产人员 Producers in the Sectors of Agriculture, Forestry,Animal Husbandry, Fishery and Water Conservancy	生产运输设备操作人员及有关人员 Production, Transport Equipment Operators and Related Workers	其他 Others
总　计	**Total**	**100.0**	**2.7**	**13.5**	**17.0**	**39.3**	**8.1**	**19.4**	**0.2**
未上过学	No Schooling	100.0	0.3	0.3	1.8	26.5	55.1	15.7	0.4
小　学	Primary School	100.0	0.7	0.9	3.8	34.5	32.1	27.6	0.3
初　中	Junior Secondary School	100.0	1.8	2.4	7.2	46.2	11.8	30.3	0.2
高　中	Senior Secondary School	100.0	3.0	8.4	16.9	49.2	3.4	19.0	0.1
大学专科	College	100.0	3.9	23.3	29.1	33.7	0.6	9.3	0.1
大学本科	University	100.0	3.8	38.3	33.4	20.9	0.2	3.3	0.0
研究生	Graduate and Higher Level	100.0	4.0	56.7	25.2	12.6	0.1	1.3	0.0
男	**Male**	**100.0**	**3.5**	**10.2**	**17.7**	**37.3**	**6.9**	**24.3**	**0.2**
未上过学	No Schooling	100.0	0.4	0.4	3.4	24.7	46.8	23.6	0.8
小　学	Primary School	100.0	0.9	1.1	5.4	30.5	27.1	34.5	0.5
初　中	Junior Secondary School	100.0	2.3	2.4	8.2	41.1	10.3	35.5	0.3
高　中	Senior Secondary School	100.0	3.5	6.0	17.3	45.3	3.4	24.4	0.2
大学专科	College	100.0	5.3	16.4	29.5	34.8	0.7	13.3	0.1
大学本科	University	100.0	5.5	31.1	35.1	23.2	0.2	4.8	0.1
研究生	Graduate and Higher Level	100.0	5.7	53.1	26.0	13.6	0.1	1.6	0.0
女	**Female**	**100.0**	**1.6**	**17.8**	**16.0**	**42.0**	**9.8**	**12.7**	**0.1**
未上过学	No Schooling	100.0	0.3	0.2	1.0	27.2	58.8	12.1	0.3
小　学	Primary School	100.0	0.5	0.7	2.1	38.6	37.3	20.6	0.2
初　中	Junior Secondary School	100.0	1.1	2.5	5.7	53.9	14.2	22.4	0.2
高　中	Senior Secondary School	100.0	2.1	12.2	16.2	55.5	3.3	10.5	0.1
大学专科	College	100.0	2.1	32.4	28.6	32.3	0.5	4.1	0.1
大学本科	University	100.0	2.0	46.5	31.5	18.3	0.1	1.6	0.0
研究生	Graduate and Higher Level	100.0	2.1	61.0	24.4	11.4	0.1	1.0	0.0

1-50　城镇按职业、性别分的就业人员受教育程度构成
EDUCATIONAL ATTAINMENT OF URBAN EMPLOYED PERSONS BY OCCUPATION AND SEX

单位：%　　(%)

受教育程度	Educational Attainment	城镇就业人员 Urban Employed Persons	单位负责人 Unit Heads	专业技术人员 Technical Personnel	办事人员和有关人员 Clerk and Related Workers	商业、服务业人员 Business Service Personnel	农林牧渔水利业生产人员 Producers in the Sectors of Agriculture, Forestry,Animal Husbandry, Fishery and Water Conservancy	生产运输设备操作人员及有关人员 Production, Transport Equipment Operators and Related Workers	其他 Others
总　计	**Total**	**100.0**	**100.0**	**100.0**	**100.0**	**100.0**	**100.0**	**100.0**	**100.0**
未上过学	No Schooling	0.9	0.1	0.0	0.1	0.6	6.2	0.7	2.3
小　学	Primary School	8.0	2.1	0.5	1.8	7.0	31.5	11.4	15.7
初　中	Junior Secondary School	35.3	23.9	6.4	14.9	41.5	51.5	55.2	51.4
高　中	Senior Secondary School	22.3	25.2	13.9	22.2	28.0	9.2	21.9	18.6
大学专科	College	16.8	24.5	29.1	28.9	14.4	1.2	8.1	7.5
大学本科	University	15.0	21.5	42.7	29.6	8.0	0.3	2.6	4.4
研究生	Graduate and Higher Level	1.7	2.6	7.3	2.6	0.6	0.0	0.1	0.2
男	**Male**	**100.0**	**100.0**	**100.0**	**100.0**	**100.0**	**100.0**	**100.0**	**100.0**
未上过学	No Schooling	0.5	0.1	0.0	0.1	0.3	3.3	0.5	1.9
小　学	Primary School	7.0	1.8	0.7	2.2	5.7	27.6	9.9	16.9
初　中	Junior Secondary School	36.9	24.3	8.6	17.0	40.6	55.3	53.9	49.5
高　中	Senior Secondary School	23.7	24.3	13.8	23.2	28.7	11.7	23.8	20.5
大学专科	College	16.6	25.1	26.5	27.7	15.4	1.6	9.0	6.5
大学本科	University	13.8	21.8	41.9	27.4	8.6	0.4	2.8	4.5
研究生	Graduate and Higher Level	1.6	2.7	8.4	2.4	0.6	0.0	0.1	0.1
女	**Female**	**100.0**	**100.0**	**100.0**	**100.0**	**100.0**	**100.0**	**100.0**	**100.0**
未上过学	No Schooling	1.5	0.3	0.0	0.1	1.0	9.0	1.4	3.1
小　学	Primary School	9.3	3.0	0.4	1.2	8.5	35.3	15.1	13.2
初　中	Junior Secondary School	33.1	22.9	4.6	11.8	42.5	47.9	58.6	55.4
高　中	Senior Secondary School	20.4	27.9	14.0	20.6	27.0	6.9	17.0	14.6
大学专科	College	17.1	22.7	31.1	30.6	13.2	0.8	5.6	9.5
大学本科	University	16.7	20.7	43.4	32.8	7.3	0.2	2.2	4.0
研究生	Graduate and Higher Level	1.9	2.5	6.5	2.9	0.5	0.0	0.1	0.3

1–51 城镇就业人员调查周平均工作时间
WEEKLY WORKING HOURS OF URBAN EMPLOYED PERSONS

单位：小时／周　　(hours/per week)

分　组	Group	2015	2016	2017	2018	2019	2020
全　部	**Total**	**45.5**	**46.1**	**46.2**	**46.5**	**46.8**	**47.0**
一、按年龄分组	**By Age**						
	16-19	48.4	48.4	48.6	48.3	48.1	48.6
	20-24	46.2	46.7	46.5	46.8	46.3	47.0
	25-29	45.8	46.3	46.5	46.6	46.9	47.2
	30-34	45.7	46.4	46.5	46.8	47.5	47.9
	35-39	45.9	46.4	46.6	46.9	47.2	47.7
	40-44	46.1	46.6	46.7	47.0	47.5	47.8
	45-49	45.7	46.3	46.4	46.8	47.6	47.7
	50-54	44.9	45.6	45.9	46.4	46.9	47.0
	55-59	43.9	44.7	44.8	45.2	45.7	45.7
	60-64	42.4	42.8	43.3	44.1	43.9	43.4
	65+	37.2	38.4	38.9	39.1	39.0	37.8
二、按职业分组	**By Occupation**						
单位负责人	Unit Head	46.9	47.8	47.5	47.8	48.3	48.6
专业技术人员	Technical Personnel	42.9	43.4	43.0	43.2	43.5	43.7
办事人员和有关人员	Clerk and Related Workers	43.1	43.7	43.5	43.6	44.2	44.7
商业、服务业人员	Business Service Personnel	47.7	48.4	48.3	48.5	49.1	49.6
农林牧渔水利业生产人员	Producers in the Sectors of Agriculture, Forestry, Animal Husbandry, Fishery and Water Conservancy	38.9	39.4	39.2	39.4	38.7	36.7
生产、运输设备操作人员及有关人员	Production, Transport Equipment Operators and Related Workers	47.9	48.5	48.9	49.2	49.8	50.3
其　他	Others	44.6	50.6	44.6	44.9	47.6	50.2
三、按受教育程度分组	**By Educational Attainment**						
未上过学	No Schooling	42.1	41.9	41.8	42.0	41.5	39.5
小　学	Primary School	45.3	46.1	46.2	46.5	46.4	45.6
初　中	Junior Secondary School	48.1	48.6	48.9	49.2	49.5	49.6
高　中	Senior Secondary School	46.0	46.7	46.9	47.3	47.9	48.5
大学专科	College	43.4	44.0	44.0	44.3	44.7	45.2
大学本科	University	41.7	42.3	42.1	42.3	42.7	42.8
研究生	Graduate and Higher Level	41.0	41.7	41.5	41.5	42.0	42.0

注：高中包括中等职业教育，大学专科包括高等职业教育，2015—2018年的数据依据此分类重新计算(下表同)。
Note: Senior secondary school include medium vocational education, and college include high vocational education. The data from 2015 to 2018 are recalculated according to this classification. The same applies to the tables following.

1-52 城镇男性就业人员调查周平均工作时间
WEEKLY WORKING HOURS OF URBAN MALE EMPLOYED PERSONS

单位：小时／周 (hours/per week)

分 组	Group	2015	2016	2017	2018	2019	2020
全 部	**Total**	**46.1**	**46.8**	**47.0**	**47.3**	**47.8**	**48.1**
一、按年龄分组	**By Age**						
	16-19	49.1	48.9	49.2	49.2	48.9	49.4
	20-24	46.9	47.5	47.4	47.6	47.5	48.1
	25-29	46.6	47.1	47.3	47.5	48.2	48.5
	30-34	46.4	47.2	47.3	47.8	48.7	49.2
	35-39	46.5	47.2	47.5	47.8	48.2	48.8
	40-44	46.7	47.2	47.3	47.6	48.4	48.7
	45-49	46.2	46.9	47.1	47.5	48.4	48.5
	50-54	45.3	46.1	46.4	46.9	47.6	47.9
	55-59	44.6	45.3	45.4	45.8	46.4	46.6
	60-64	44.2	44.6	45.2	45.7	45.6	45.4
	65+	39.0	40.1	40.6	40.8	40.7	39.8
二、按职业分组	**By Occupation**						
单位负责人	Unit Head	47.0	47.8	47.7	48.0	48.4	48.7
专业技术人员	Technical Personnel	43.4	44.0	43.6	43.9	44.3	44.7
办事人员和有关人员	Clerk and Related Workers	43.6	44.3	44.1	44.2	45.0	45.6
商业、服务业人员	Business Service Personnel	48.2	49.0	48.8	49.1	49.7	50.2
农林牧渔水利业生产人员	Producers in the Sectors of Agriculture, Forestry, Animal Husbandry, Fishery and Water Conservancy	40.9	41.3	41.2	41.4	40.8	39.2
生产、运输设备操作人员及有关人员	Production, Transport Equipment Operators and Related Workers	47.9	48.6	49.0	49.3	50.0	50.4
其 他	Others	45.2	51.1	45.3	45.9	49.1	50.6
三、按受教育程度分组	**By Educational Attainment**						
未上过学	No Schooling	44.3	44.7	44.2	43.6	43.4	41.5
小 学	Primary School	46.3	47.2	47.4	47.6	48.0	47.1
初 中	Junior Secondary School	48.7	49.3	49.6	50.0	50.3	50.5
高 中	Senior Secondary School	46.5	47.2	47.5	47.9	48.7	49.2
大学专科	College	43.8	44.4	44.5	44.9	45.5	46.0
大学本科	University	42.0	42.6	42.4	42.7	43.2	43.4
研究生	Graduate and Higher Level	41.2	42.0	41.7	41.8	42.4	42.4

1−53 城镇女性就业人员调查周平均工作时间
WEEKLY WORKING HOURS OF URBAN FEMALE EMPLOYED PERSONS

单位：小时／周 (hours/per week)

分　组	Group	2015	2016	2017	2018	2019	2020
全　部	**Total**	**44.7**	**45.2**	**45.2**	**45.5**	**45.5**	**45.6**
一、按年龄分组	**By Age**						
	16-19	47.6	47.7	47.6	46.8	46.8	47.6
	20-24	45.4	45.7	45.4	45.7	44.6	45.6
	25-29	44.8	45.3	45.4	45.4	45.3	45.6
	30-34	44.8	45.4	45.6	45.7	46.1	46.3
	35-39	45.2	45.5	45.6	45.8	46.0	46.4
	40-44	45.2	45.8	45.8	46.1	46.5	46.6
	45-49	45.1	45.6	45.6	46.0	46.7	46.8
	50-54	44.0	44.6	44.8	45.4	45.7	45.6
	55-59	42.0	42.9	43.3	43.9	44.1	43.7
	60-64	39.1	39.8	40.3	41.6	40.7	39.9
	65+	33.9	35.5	36.1	36.3	36.2	34.6
二、按职业分组	**By Occupation**						
单位负责人	Unit Head	46.7	47.9	46.9	47.5	47.7	48.4
专业技术人员	Technical Personnel	42.3	42.8	42.4	42.6	42.8	43.0
办事人员和有关人员	Clerk and Related Workers	42.3	42.7	42.6	42.8	43.0	43.4
商业、服务业人员	Business Service Personnel	47.2	47.8	47.7	47.8	48.4	48.8
农林牧渔水利业生产人员	Producers in the Sectors of Agriculture, Forestry, Animal Husbandry, Fishery and Water Conservancy	37.1	37.5	37.4	37.6	36.7	34.4
生产、运输设备操作人员及有关人员	Production, Transport Equipment Operators and Related Workers	47.7	48.1	48.7	49	49.4	49.9
其　他	Others	43.9	49.8	43.5	43.5	44.8	49.3
三、按受教育程度分组	**By Educational Attainment**						
未上过学	No Schooling	41.0	40.6	40.7	41.3	40.8	38.7
小　学	Primary School	44.3	44.9	44.9	45.3	44.9	44.1
初　中	Junior Secondary School	47.3	47.6	47.8	48.0	48.2	48.1
高　中	Senior Secondary School	45.3	45.9	46.0	46.5	46.7	47.3
大学专科	College	42.8	43.4	43.3	43.6	43.7	44.2
大学本科	University	41.2	41.9	41.7	41.9	42.1	42.2
研究生	Graduate and Higher Level	40.8	41.3	41.2	41.2	41.5	41.5

1-54 城镇按行业、性别分的就业人员调查周平均工作时间
WEEKLY WORKING HOURS IN URBAN AREA BY SECTOR AND SEX

单位：小时／周 (hours/per week)

行业	Sector	2020	男 Male	女 Female
总 计	**National Total**	**47.0**	**48.1**	**45.6**
农、林、牧、渔业	Farming, Forestry, Animal Husbandry and Fishery	37.1	39.6	34.6
采矿业	Mining	48.6	49.3	44.5
制造业	Manufacturing	49.5	49.9	48.9
电力、热力、燃气及水生产和供应业	Production and Supply of Electricity,Heat,Gas and Water	44.5	44.8	43.3
建筑业	Construction	49.2	49.7	46.2
批发和零售业	Wholesale and Retail Trades	50.1	50.9	49.5
交通运输、仓储和邮政业	Transport, Storage and Post	49.3	50.0	45.6
住宿和餐饮业	Hotels and Catering Services	52.6	53.8	51.5
信息传输、软件和信息技术服务业	Information Transmission, Software and Information Technology	44.2	44.7	43.2
金融业	Financial Intermediation	42.6	43.1	42.2
房地产业	Real Estate	47.2	48.3	45.6
租赁和商务服务业	Leasing and Business Services	45.3	46.5	43.5
科学研究和技术服务业	Scientific Research and Technical Service	43.5	44.0	42.5
水利、环境和公共设施管理业	Management of Water Conservancy,Environment and Public Establishment	46.4	46.7	46.0
居民服务、修理和其他服务业	Services to Household,Repair and Other Services	49.7	50.7	48.6
教育	Education	42.4	43.2	41.9
卫生和社会工作	Health and Social Service	45.3	46.4	44.8
文化体育和娱乐业	Culture, Sports and Entertainment	46.0	46.4	45.5
公共管理、社会保障和社会组织	Public Management,Social Security and Social Organization	42.9	43.5	41.9

1—55 城镇按年龄、性别分的就业人员工作时间构成
WORKING HOURS OF URBAN EMPLOYED PERSONS BY AGE AND SEX

单位：%　　(%)

年龄 Age	城镇就业人员 Urban Employed Persons	1—8小时 1-8 Hours	9—19小时 9-19 Hours	20—39小时 20-39 Hours	40小时 40 Hours	41—48小时 41-48 Hours	48小时以上 48 Hours Above
总计 Total	**100.0**	**0.9**	**1.0**	**5.5**	**38.8**	**21.0**	**32.8**
16—19	100.0	1.0	1.9	6.3	24.7	23.9	42.3
20—24	100.0	0.7	0.6	3.1	39.9	26.1	29.6
25—29	100.0	0.6	0.4	3.0	41.6	23.8	30.5
30—34	100.0	0.6	0.5	3.1	39.6	22.7	33.5
35—39	100.0	0.6	0.5	3.3	41.6	21.6	32.4
40—44	100.0	0.7	0.6	3.9	40.4	20.6	33.8
45—49	100.0	0.7	0.8	4.9	38.7	20.0	35.0
50—54	100.0	1.0	1.2	7.2	36.6	19.0	35.0
55—59	100.0	1.2	1.7	9.9	37.4	17.7	32.2
60—64	100.0	2.3	4.2	17.2	27.4	16.5	32.4
65+	100.0	4.3	7.7	27.2	25.7	12.5	22.5
男 Male	**100.0**	**0.7**	**0.7**	**4.5**	**37.0**	**21.1**	**36.0**
16—19	100.0	0.8	1.5	6.0	23.7	22.6	45.3
20—24	100.0	0.7	0.5	2.7	36.3	26.1	33.7
25—29	100.0	0.5	0.3	2.4	37.5	23.9	35.4
30—34	100.0	0.5	0.4	2.3	36.0	22.8	38.1
35—39	100.0	0.4	0.4	2.5	38.7	21.8	36.2
40—44	100.0	0.6	0.4	3.1	38.5	20.7	36.7
45—49	100.0	0.6	0.5	3.9	37.8	19.8	37.3
50—54	100.0	0.8	0.7	5.3	37.2	19.3	36.7
55—59	100.0	0.9	0.9	7.1	40.3	18.2	32.6
60—64	100.0	1.7	3.0	13.8	27.7	17.6	36.3
65+	100.0	3.5	6.3	24.5	26.0	13.6	26.2
女 Female	**100.0**	**1.1**	**1.4**	**6.9**	**41.2**	**21.0**	**28.5**
16—19	100.0	1.2	2.5	6.6	26.0	26.0	37.7
20—24	100.0	0.7	0.9	3.5	44.7	26.1	24.1
25—29	100.0	0.8	0.6	3.9	46.8	23.8	24.2
30—34	100.0	0.7	0.7	4.1	44.2	22.5	27.8
35—39	100.0	0.8	0.7	4.1	45.0	21.4	28.0
40—44	100.0	0.9	0.8	4.8	42.7	20.4	30.4
45—49	100.0	0.8	1.1	6.1	39.8	20.2	32.1
50—54	100.0	1.3	2.1	10.4	35.4	18.6	32.2
55—59	100.0	2.0	3.6	16.5	30.3	16.5	31.2
60—64	100.0	3.3	6.3	23.4	26.8	14.7	25.5
65+	100.0	5.7	10.0	31.6	25.3	10.7	16.8

1-56　城镇按受教育程度、性别分的就业人员工作时间构成
WORKING HOURS OF URBAN EMPLOYED PERSONS BY EDUCATIONAL ATTAINMENT AND SEX

单位：%　　(%)

受教育程度	Educational Attainment	城镇就业人员 Urban Employed Persons	1-8小时 1-8 Hours	9-19小时 9-19 Hours	20-39小时 20-39 Hours	40小时 40 Hours	41-48小时 41-48 Hours	48小时以上 48 Hours Above
总　计	**Total**	**100.0**	**0.9**	**1.0**	**5.5**	**38.8**	**21.0**	**32.8**
未上过学	No Schooling	100.0	3.3	6.8	25.9	23.9	13.6	26.5
小　学	Primary School	100.0	1.9	3.3	15.7	23.9	17.1	38.1
初　中	Junior Secondary School	100.0	1.0	1.3	7.1	24.1	20.8	45.8
高　中	Senior Secondary School	100.0	0.7	0.6	3.7	33.8	24.9	36.2
大学专科	College	100.0	0.6	0.3	2.2	53.1	23.1	20.7
大学本科	University	100.0	0.6	0.3	1.8	69.3	16.9	11.1
研究生	Graduate and Higher Level	100.0	0.7	0.3	1.6	76.8	12.0	8.6
男	**Male**	**100.0**	**0.7**	**0.7**	**4.5**	**37.0**	**21.1**	**36.0**
未上过学	No Schooling	100.0	2.2	5.1	23.5	24.1	14.6	30.5
小　学	Primary School	100.0	1.6	2.5	13.1	23.9	17.5	41.5
初　中	Junior Secondary School	100.0	0.8	0.9	5.9	23.3	20.6	48.5
高　中	Senior Secondary School	100.0	0.6	0.5	3.2	32.6	24.1	38.9
大学专科	College	100.0	0.4	0.3	1.8	50.9	23.0	23.6
大学本科	University	100.0	0.6	0.2	1.6	67.0	17.8	12.8
研究生	Graduate and Higher Level	100.0	0.6	0.2	1.3	75.5	12.2	10.1
女	**Female**	**100.0**	**1.1**	**1.4**	**6.9**	**41.2**	**21.0**	**28.5**
未上过学	No Schooling	100.0	3.7	7.5	27.0	23.9	13.2	24.7
小　学	Primary School	100.0	2.3	4.1	18.4	23.9	16.7	34.7
初　中	Junior Secondary School	100.0	1.2	1.9	8.9	25.2	21.1	41.7
高　中	Senior Secondary School	100.0	0.8	0.8	4.6	35.8	26.2	31.8
大学专科	College	100.0	0.7	0.4	2.7	55.9	23.3	16.9
大学本科	University	100.0	0.6	0.3	2.1	72.0	15.8	9.1
研究生	Graduate and Higher Level	100.0	0.7	0.5	2.0	78.3	11.7	6.8

1−57 城镇按行业、性别分的就业人员工作时间构成
WORKING HOURS OF URBAN EMPLOYED PERSONS BY SECTOR AND SEX

单位：%　　(%)

项　目	Item	城镇就业人员 Urban Employed Persons	1−8小时 1-8 Hours	9−19小时 9-19 Hours	20−39小时 20-39 Hours	40小时 40 Hours	41−48小时 41-48 Hours	48小时以上 48 Hours Above
总　计	**National Total**	**100.0**	**0.9**	**1.0**	**5.5**	**38.8**	**21.0**	**32.8**
农、林、牧、渔业	Agriculture, Forestry, Animal Husbandry and Fishery	100.0	3.7	7.0	28.8	28.5	13.1	18.9
采矿业	Mining	100.0	0.4	0.6	2.1	37.3	19.0	40.6
制造业	Manufacturing	100.0	0.5	0.3	2.9	31.0	25.4	39.8
电力、热力、燃气及水生产和供应业	Production and Supply of Electricity Power, Heat Power, Gas and Water	100.0	0.7	0.3	2.3	61.2	15.2	20.4
建筑业	Construction	100.0	0.6	0.5	4.8	28.7	22.5	42.9
批发和零售业	Wholesale and Retail Trades	100.0	0.7	0.6	3.5	28.8	23.5	42.8
交通运输、仓储和邮政业	Transport, Storage and Post	100.0	0.5	0.6	4.0	34.7	21.2	39.0
住宿和餐饮业	Hotels and Catering Services	100.0	0.6	0.7	3.4	23.3	21.0	51.0
信息传输、软件和信息技术服务业	Information Transmission, Software and Information Technical Services	100.0	0.4	0.2	1.8	61.0	20.5	16.0
金融业	Financial Intermediation	100.0	0.7	0.5	2.9	67.0	17.5	11.5
房地产业	Real Estate	100.0	0.5	0.4	1.9	40.9	29.6	26.7
租赁和商务服务业	Leasing and Business Services	100.0	0.8	0.6	3.2	51.5	21.9	22.1
科学研究和技术服务业	Scientific Research and Technical Services	100.0	0.4	0.1	1.6	65.9	19.1	13.0
水利、环境和公共设施管理业	Management of Water Conservancy, Environment and Public Facilities	100.0	0.6	0.3	4.1	43.8	20.3	30.9
居民服务、修理和其他服务业	Services to Households, Repair and Other Services	100.0	0.9	0.9	5.5	27.7	21.6	43.4
教育	Education	100.0	1.0	0.7	3.5	67.3	15.6	12.0
卫生和社会工作	Health and Society	100.0	0.5	0.1	1.9	52.5	24.0	20.9
文化体育和娱乐业	Culture, Sports and Entertainment	100.0	0.7	0.9	4.8	45.8	20.2	27.6
公共管理、社会保障和社会组织	Public Management, Social Security and Social	100.0	0.6	0.2	2.5	69.7	13.4	13.5
男	**Male**	**100.0**	**0.7**	**0.7**	**4.5**	**37.0**	**21.1**	**36.0**
农、林、牧、渔业	Agriculture, Forestry, Animal Husbandry and Fishery	100.0	2.8	5.2	24.7	29.2	14.6	23.6
采矿业	Mining	100.0	0.3	0.6	2.0	34.1	19.3	43.7
制造业	Manufacturing	100.0	0.5	0.2	2.1	31.0	25.4	40.8
电力、热力、燃气及水生产和供应业	Production and Supply of Electricity Power, Heat Power, Gas and Water	100.0	0.7	0.3	2.4	58.7	15.8	22.2
建筑业	Construction	100.0	0.6	0.5	4.6	26.9	22.6	44.9
批发和零售业	Wholesale and Retail Trades	100.0	0.7	0.5	2.9	28.5	22.1	45.2
交通运输、仓储和邮政业	Transport, Storage and Post	100.0	0.5	0.6	4.0	31.9	20.9	42.1
住宿和餐饮业	Hotels and Catering Services	100.0	0.5	0.6	2.3	22.2	20.2	54.2
信息传输、软件和信息技术服务业	Information Transmission, Software and Information Technical Services	100.0	0.3	0.2	1.4	59.6	20.8	17.7

1-57 续表 continued

单位：% (%)

项 目	Item	城镇就业人员 Urban Employed Persons	1-8小时 1-8 Hours	9-19小时 9-19 Hours	20-39小时 20-39 Hours	40小时 40 Hours	41-48小时 41-48 Hours	48小时以上 48 Hours Above
金融业	Financial Intermediation	100.0	0.7	0.2	2.0	67.8	16.4	13.0
房地产业	Real Estate	100.0	0.5	0.2	1.5	38.7	28.4	30.7
租赁和商务服务业	Leasing and Business Services	100.0	0.7	0.5	2.9	46.1	23.0	26.8
科学研究和技术服务业	Scientific Research and Technical Services	100.0	0.4	0.1	1.5	63.3	20.0	14.8
水利、环境和公共设施管理业	Management of Water Conservancy, Environment and Public Facilities	100.0	0.5	0.3	3.8	44.2	19.3	31.7
居民服务、修理和其他服务业	Services to Households, Repair and Other Services	100.0	0.7	0.7	4.3	26.4	21.6	46.2
教育	Education	100.0	1.0	0.5	3.1	64.5	16.0	14.9
卫生和社会工作	Health and Society	100.0	0.5	0.1	1.9	50.4	21.3	25.8
文化体育和娱乐业	Culture, Sports and Entertainment	100.0	0.7	0.8	4.0	45.6	20.8	28.0
公共管理、社会保障和社会组织	Public Management, Social Security and Social Organizations	100.0	0.5	0.2	2.1	67.3	14.4	15.4
女	**Female**	**100.0**	**1.1**	**1.4**	**6.9**	**41.2**	**21.0**	**28.5**
农、林、牧、渔业	Agriculture, Forestry, Animal Husbandry and Fishery	100.0	4.7	8.8	32.9	27.9	11.5	14.2
采矿业	Mining	100.0	0.8	0.4	2.6	55.2	17.5	23.5
制造业	Manufacturing	100.0	0.6	0.5	4.1	31.2	25.4	38.3
电力、热力、燃气及水生产和供应业	Production and Supply of Electricity Power, Heat Power, Gas and Water	100.0	0.6	0.2	2.1	68.6	13.4	15.1
建筑业	Construction	100.0	0.6	0.6	5.7	41.1	22.3	29.7
批发和零售业	Wholesale and Retail Trades	100.0	0.7	0.6	4.1	29.1	24.7	40.8
交通运输、仓储和邮政业	Transport, Storage and Post	100.0	0.5	0.6	4.2	48.9	22.7	22.9
住宿和餐饮业	Hotels and Catering Services	100.0	0.6	0.8	4.4	24.4	21.8	47.9
信息传输、软件和信息技术服务业	Information Transmission, Software and Information Technical Services	100.0	0.6	0.3	2.5	63.6	20.1	12.9
金融业	Financial Intermediation	100.0	0.7	0.8	3.6	66.3	18.4	10.2
房地产业	Real Estate	100.0	0.5	0.5	2.4	44.1	31.2	21.3
租赁和商务服务业	Leasing and Business Services	100.0	0.8	0.6	3.5	59.3	20.4	15.4
科学研究和技术服务业	Scientific Research and Technical Services	100.0	0.5	0.2	1.8	70.9	17.2	9.5
水利、环境和公共设施管理业	Management of Water Conservancy, Environment and Public Facilities	100.0	0.7	0.3	4.5	42.9	21.9	29.6
居民服务、修理和其他服务业	Services to Households, Repair and Other Services	100.0	1.0	1.2	6.7	29.0	21.7	40.5
教育	Education	100.0	1.0	0.8	3.6	68.7	15.4	10.5
卫生和社会工作	Health and Society	100.0	0.6	0.2	1.9	53.5	25.4	18.5
文化体育和娱乐业	Culture, Sports and Entertainment	100.0	0.8	0.9	5.6	45.9	19.6	27.1
公共管理、社会保障和社会组织	Public Management, Social Security and Social Organizations	100.0	0.7	0.3	3.3	73.9	11.7	10.1

1—58 城镇按职业、性别分的就业人员工作时间构成
WORKING HOURS OF URBAN EMPLOYED PERSONS BY OCCUPATION AND SEX

单位：% (%)

职业	Occupation	城镇就业人员 Urban Employed Persons	1—8小时 1-8 Hours	9—19小时 9-19 Hours	20—39小时 20-39 Hours	40小时 40 Hours	41—48小时 41-48 Hours	48小时以上 48 Hours Above
合　计	**Total**	**100.0**	**0.9**	**1.0**	**5.5**	**38.8**	**21.0**	**32.8**
单位负责人	Unit Head	100.0	0.4	0.4	2.4	41.4	20.4	35.1
专业技术人员	Technical Personnel	100.0	0.7	0.4	2.4	61.2	19.7	15.5
办事人员和有关人员	Clerk and Related Workers	100.0	0.5	0.2	2.1	59.2	19.2	18.7
商业、服务业人员	Business Service Personnel	100.0	0.7	0.6	3.9	30.9	22.8	41.1
农林牧渔水利业生产人员	Producers in the Sectors of Agriculture, Forestry, Animal Husbandry, Fishery and Water Conservancy	100.0	3.8	7.2	29.5	28.2	13.0	18.2
生产运输设备操作人员及有关人员	Production, Transport Equipment Operators and Related Workers	100.0	0.6	0.5	4.2	25.5	23.4	45.9
其　他	Others	100.0	0.8	0.6	6.5	23.9	18.9	49.2
男	**Male**	**100.0**	**0.7**	**0.7**	**4.5**	**37.0**	**21.1**	**36.0**
单位负责人	Unit Head	100.0	0.4	0.4	2.1	41.3	20.6	35.3
专业技术人员	Technical Personnel	100.0	0.6	0.3	2.0	57.5	20.3	19.2
办事人员和有关人员	Clerk and Related Workers	100.0	0.5	0.2	1.8	56.4	19.1	22.0
商业、服务业人员	Business Service Personnel	100.0	0.6	0.5	3.2	30.8	22.0	42.8
农林牧渔水利业生产人员	Producers in the Sectors of Agriculture, Forestry, Animal Husbandry, Fishery and Water Conservancy	100.0	2.9	5.4	25.6	28.8	14.5	22.7
生产运输设备操作人员及有关人员	Production, Transport Equipment Operators and Related Workers	100.0	0.6	0.4	3.8	25.5	23.3	46.4
其　他	Others	100.0	1.2	0.4	4.6	23.8	19.3	50.7
女	**Female**	**100.0**	**1.1**	**1.4**	**6.9**	**41.2**	**21.0**	**28.5**
单位负责人	Unit Head	100.0	0.5	0.4	3.2	41.8	19.7	34.4
专业技术人员	Technical Personnel	100.0	0.7	0.5	2.7	64.2	19.3	12.6
办事人员和有关人员	Clerk and Related Workers	100.0	0.7	0.3	2.4	63.4	19.4	13.8
商业、服务业人员	Business Service Personnel	100.0	0.7	0.8	4.8	31.1	23.7	39.0
农林牧渔水利业生产人员	Producers in the Sectors of Agriculture, Forestry, Animal Husbandry, Fishery and Water Conservancy	100.0	4.7	8.9	33.3	27.6	11.5	13.9
生产运输设备操作人员及有关人员	Production, Transport Equipment Operators and Related Workers	100.0	0.6	0.6	5.3	25.5	23.6	44.5
其　他	Others	100.0	0.1	1.1	10.4	24.1	18.1	46.1

1-59 城镇按年龄、性别分的失业人员结束上一份工作原因构成
REASON FOR ENDING PREVIOUS JOB OF URBAN UNEMPLOYED PERSONS BY AGE AND SEX

单位：% (%)

年 龄 Age	城 镇 失业人员 Urban Unemployed Persons	从没工作过 Never worked	健康或身体原因 Health or Physical Reasons	退 休 Retired	辞 职 Resignation	被解聘 Dismissed
总计 Total	**100.0**	**18.7**	**5.4**	**3.4**	**37.9**	**3.2**
16-19	100.0	56.3	0.6		25.8	0.8
20-24	100.0	59.4	1.2		28.3	1.1
25-29	100.0	20.2	4.8		52.4	2.0
30-34	100.0	9.0	5.2		55.7	2.3
35-39	100.0	7.0	4.9	0.1	49.1	2.7
40-44	100.0	7.5	6.2	0.1	41.3	3.4
45-49	100.0	7.6	7.6	1.1	32.8	5.1
50-54	100.0	5.2	8.0	13.0	24.1	5.8
55-59	100.0	5.0	7.9	15.2	19.9	5.0
60-64	100.0	5.0	10.0	26.9	13.5	4.4
65+	100.0	8.9	10.4	16.4	13.7	4.6
男 Male	**100.0**	**17.0**	**4.3**	**2.0**	**33.6**	**4.0**
16-19	100.0	54.2	0.5		27.1	0.8
20-24	100.0	56.5	0.6		29.7	1.3
25-29	100.0	19.1	2.0		50.8	2.6
30-34	100.0	5.5	2.5		51.9	3.5
35-39	100.0	3.1	3.1	0.1	42.2	4.3
40-44	100.0	1.9	5.3	0.2	34.3	3.9
45-49	100.0	2.1	7.5	0.2	26.8	5.2
50-54	100.0	2.3	8.1	1.0	20.5	7.7
55-59	100.0	2.1	8.8	6.5	17.6	6.8
60-64	100.0	1.4	8.6	30.9	11.4	5.0
65+	100.0	1.2	12.6	16.3	12.1	6.8
女 Female	**100.0**	**20.0**	**6.3**	**4.5**	**41.4**	**2.5**
16-19	100.0	59.8	0.7		23.5	0.9
20-24	100.0	62.4	1.8		26.9	0.9
25-29	100.0	21.3	7.4		53.8	1.4
30-34	100.0	11.1	6.8		58.0	1.6
35-39	100.0	9.2	6.0	0.1	52.9	1.9
40-44	100.0	10.6	6.7	0.1	45.2	3.0
45-49	100.0	10.9	7.7	1.6	36.4	5.1
50-54	100.0	7.4	7.9	22.4	26.9	4.3
55-59	100.0	9.2	6.6	27.9	23.2	2.4
60-64	100.0	11.9	12.8	19.4	17.5	3.4
65+	100.0	22.8	6.5	16.6	16.6	0.8

注：根据劳动力调查制度调整，原失业人员未工作原因调整为结束上一份工作原因数据表(下表同)。

Note:According to the adjustment of the Labor Force Survey, the table of the reason for unemployment of urban unemployed persons is adjusted to the table of the reason for ending previous job of urban unemployed persons. The same applies to the tables following.

1−59 续表 continued

单位：% (%)

年 龄 Age	单位/个体经营户倒闭停产 Unit/Self-employed Individuals Closed down or Stopped Production	季节性歇业 Seasonal Shut down	上一份工作任务完成(包括打零工) Last Job Task Completed (Including Part-time Job)	承包土地被征用或流转 Land Expropriated or Transferred	其 他 Others
总计 Total	**12.0**	**3.4**	**12.7**	**0.7**	**2.6**
16−19	2.5	1.2	11.7	0.0	1.1
20−24	2.4	0.6	5.8		1.2
25−29	7.7	2.3	7.7	0.1	2.9
30−34	11.9	2.8	10.0	0.2	2.9
35−39	15.6	3.3	12.8	0.4	4.0
40−44	18.2	4.0	14.4	1.1	3.7
45−49	19.6	4.9	17.2	0.7	3.3
50−54	16.5	5.2	18.3	1.6	2.5
55−59	16.2	5.3	21.1	2.8	1.7
60−64	5.9	7.9	23.8	1.4	1.2
65+	4.1	11.4	24.2	5.1	1.1
男 Male	**14.9**	**4.0**	**17.3**	**0.6**	**2.3**
16−19	2.5	1.7	12.4	0.0	0.7
20−24	3.0	0.7	7.3		0.9
25−29	9.7	3.2	10.2		2.6
30−34	15.0	3.7	15.6	0.1	2.2
35−39	20.4	4.1	19.4	0.6	2.7
40−44	23.4	5.5	21.4	0.5	3.8
45−49	23.6	5.7	24.2	0.7	4.0
50−54	25.2	6.1	25.2	1.0	2.9
55−59	22.7	5.8	26.0	1.9	1.8
60−64	6.2	7.4	26.7	1.2	1.3
65+	5.6	11.3	27.8	5.8	0.6
女 Female	**9.7**	**2.8**	**9.1**	**0.8**	**2.9**
16−19	2.4	0.4	10.5		1.7
20−24	1.8	0.5	4.3		1.5
25−29	5.8	1.6	5.4	0.1	3.1
30−34	10.0	2.2	6.6	0.3	3.4
35−39	13.0	2.8	9.2	0.3	4.7
40−44	15.4	3.2	10.6	1.4	3.7
45−49	17.2	4.4	13.1	0.6	2.9
50−54	9.5	4.4	12.8	2.1	2.2
55−59	6.7	4.6	13.7	4.2	1.4
60−64	5.3	8.7	18.2	1.8	1.0
65+	1.4	11.7	17.8	3.7	2.1

1-60 城镇按结束上一份工作原因、性别分的失业人员年龄构成
AGE COMPOSITION OF URBAN UNEMPLOYED PERSONS BY REASON AND SEX

单位：% (%)

年 龄 Age	城 镇 失业人员 Urban Unemployed Persons	从没工作过 Never worked	健康或身体原因 Health or Physical Reasons	退 休 Retired	辞 职 Resignation	被解聘 Dismissed
总计 Total	**100.0**	**100.0**	**100.0**	**100.0**	**100.0**	**100.0**
16-19	2.5	7.4	0.3		1.7	0.6
20-24	16.5	52.4	3.7		12.3	5.8
25-29	13.4	14.6	12.0		18.6	8.4
30-34	14.5	7.0	14.0		21.3	10.6
35-39	10.6	4.0	9.7	0.3	13.7	9.2
40-44	9.7	3.9	11.1	0.4	10.5	10.3
45-49	11.9	4.9	16.9	3.9	10.3	19.5
50-54	11.0	3.1	16.4	42.7	7.0	20.3
55-59	6.7	1.8	9.9	30.3	3.5	10.6
60-64	2.1	0.6	3.9	17.0	0.8	3.0
65+	1.1	0.5	2.2	5.4	0.4	1.6
男 Male	**100.0**	**100.0**	**100.0**	**100.0**	**100.0**	**100.0**
16-19	3.4	11.0	0.4		2.8	0.7
20-24	18.7	62.1	2.5		16.5	6.0
25-29	14.5	16.3	6.6		21.9	9.3
30-34	12.3	4.0	7.1		19.1	10.9
35-39	8.5	1.5	6.1	0.6	10.6	9.1
40-44	7.8	0.9	9.5	0.7	7.9	7.7
45-49	10.1	1.3	17.6	1.2	8.1	13.1
50-54	11.0	1.5	20.7	5.8	6.7	21.2
55-59	9.0	1.1	18.4	29.4	4.7	15.3
60-64	3.1	0.2	6.3	48.8	1.1	3.9
65+	1.6	0.1	4.7	13.2	0.6	2.7
女 Female	**100.0**	**100.0**	**100.0**	**100.0**	**100.0**	**100.0**
16-19	1.7	5.0	0.2		1.0	0.6
20-24	14.7	45.8	4.3		9.5	5.5
25-29	12.6	13.4	15.0		16.4	7.2
30-34	16.2	9.0	17.7		22.7	10.3
35-39	12.2	5.6	11.7	0.3	15.6	9.2
40-44	11.2	5.9	12.0	0.3	12.2	13.7
45-49	13.4	7.3	16.5	4.9	11.8	27.6
50-54	11.1	4.1	14.1	55.6	7.2	19.2
55-59	4.9	2.2	5.2	30.6	2.7	4.7
60-64	1.3	0.8	2.7	5.7	0.6	1.8
65+	0.7	0.8	0.7	2.7	0.3	0.2

1-60 续表 continued

单位：% (%)

年 龄 Age	单位/个体经营户倒闭停产 Unit/Self-employed Individuals Closed down or Stopped Production	季节性歇业 Seasonal Shut down	上一份工作任务完成(包括打零工) Last Job Task Completed (Including Part-time Job)	承包土地被征用或流转 Land Expropriated or Transferred	其 他 Others
总计 Total	**100.0**	**100.0**	**100.0**	**100.0**	**100.0**
16-19	0.5	0.9	2.3	0.0	1.0
20-24	3.3	2.8	7.5		7.3
25-29	8.6	9.2	8.1	1.0	14.6
30-34	14.3	11.9	11.4	4.5	16.0
35-39	13.7	10.2	10.6	5.8	16.1
40-44	14.6	11.5	11.0	14.2	13.7
45-49	19.4	17.3	16.2	11.1	15.2
50-54	15.1	16.9	15.8	25.1	10.5
55-59	9.0	10.6	11.1	26.4	4.2
60-64	1.0	4.9	3.9	4.1	1.0
65+	0.4	3.8	2.1	7.8	0.5
男 Male	**100.0**	**100.0**	**100.0**	**100.0**	**100.0**
16-19	0.6	1.4	2.5	0.1	1.1
20-24	3.8	3.1	7.9		7.2
25-29	9.5	11.3	8.5		16.3
30-34	12.4	11.2	11.1	2.7	11.7
35-39	11.6	8.5	9.5	8.3	9.9
40-44	12.2	10.6	9.6	6.3	12.8
45-49	15.9	14.1	14.1	12.2	17.8
50-54	18.6	16.7	16.0	18.7	13.8
55-59	13.6	12.8	13.5	29.4	7.2
60-64	1.3	5.7	4.8	6.2	1.8
65+	0.6	4.5	2.6	16.1	0.4
女 Female	**100.0**	**100.0**	**100.0**	**100.0**	**100.0**
16-19	0.4	0.3	1.9		1.0
20-24	2.7	2.5	6.9		7.3
25-29	7.5	6.9	7.5	1.5	13.6
30-34	16.6	12.7	11.9	5.5	18.6
35-39	16.3	12.1	12.4	4.5	19.9
40-44	17.7	12.5	13.0	18.6	14.2
45-49	23.7	20.9	19.3	10.4	13.6
50-54	10.8	17.2	15.6	28.6	8.4
55-59	3.4	8.0	7.4	24.8	2.4
60-64	0.7	4.0	2.6	2.9	0.5
65+	0.1	2.9	1.4	3.2	0.5

1-61　城镇按受教育程度、性别分的失业人员结束上一份工作原因构成
REASON FOR ENDING PREVIOUS JOB OF URBAN UNEMPLOYED PERSONS BY EDUCATIONAL ATTAINMENT AND SEX

单位：%　(%)

受教育程度	Educational Attainment	城镇失业人员 Urban Unemployed Persons	从没工作过 Never worked	健康或身体原因 Health or Physical Reasons	退休 Retired	辞职 Resignation	被解聘 Dismissed
总　计	**Total**	**100.0**	**18.7**	**5.4**	**3.4**	**37.9**	**3.2**
未上过学	No Schooling	100.0	16.5	10.9	1.7	27.6	2.4
小　学	Primary School	100.0	9.9	9.0	3.2	28.0	3.7
初　中	Junior Secondary School	100.0	9.1	7.0	3.7	37.0	3.7
高　中	Senior Secondary School	100.0	11.9	5.1	4.7	41.8	3.7
大学专科	College	100.0	27.4	3.3	2.9	43.6	2.3
大学本科	University	100.0	48.5	1.7	1.0	34.4	1.5
研究生	Graduate and Higher Level	100.0	68.9	0.7		20.0	0.6
男	**Male**	**100.0**	**17.0**	**4.3**	**2.0**	**33.6**	**4.0**
未上过学	No Schooling	100.0	2.1	12.3		19.2	2.9
小　学	Primary School	100.0	3.3	9.9	2.0	20.5	5.5
初　中	Junior Secondary School	100.0	5.4	6.1	2.2	31.2	4.7
高　中	Senior Secondary School	100.0	11.7	3.6	2.8	36.4	4.8
大学专科	College	100.0	30.0	1.7	1.2	39.8	2.7
大学本科	University	100.0	47.1	1.2	0.8	34.6	1.5
研究生	Graduate and Higher Level	100.0	64.6			25.0	0.4
女	**Female**	**100.0**	**20.0**	**6.3**	**4.5**	**41.4**	**2.5**
未上过学	No Schooling	100.0	19.4	10.7	2.0	29.3	2.2
小　学	Primary School	100.0	14.4	8.4	4.0	33.1	2.5
初　中	Junior Secondary School	100.0	11.9	7.8	4.8	41.4	2.9
高　中	Senior Secondary School	100.0	12.1	6.5	6.5	46.8	2.8
大学专科	College	100.0	25.2	4.6	4.2	46.8	1.9
大学本科	University	100.0	49.6	2.1	1.2	34.2	1.6
研究生	Graduate and Higher Level	100.0	72.0	1.2		16.5	0.8

1-61 续表 continued

单位：% (%)

受教育程度	Educational Attainment	单位/个体经营户倒闭停产 Unit/Self-employed Individuals Closed down or Stopped Production	季节性歇业 Seasonal Shut down	上一份工作任务完成(包括打零工) Last Job Task Completed (Including Part-time Job)	承包土地被征用或流转 Land Expropriated or Transferred	其他 Others
总计	**Total**	**12.0**	**3.4**	**12.7**	**0.7**	**2.6**
未上过学	No Schooling	3.2	10.7	20.6	4.3	2.1
小学	Primary School	10.6	7.1	24.2	1.5	2.6
初中	Junior Secondary School	13.6	4.9	17.2	1.3	2.5
高中	Senior Secondary School	15.8	2.7	11.0	0.3	2.8
大学专科	College	9.7	1.3	6.5	0.0	3.2
大学本科	University	5.9	0.6	4.2	0.0	2.2
研究生	Graduate and Higher Level	3.3		4.6		1.9
男	**Male**	**14.9**	**4.0**	**17.3**	**0.6**	**2.3**
未上过学	No Schooling	1.8	14.2	37.6	9.1	0.7
小学	Primary School	11.4	8.4	36.0	1.6	1.4
初中	Junior Secondary School	17.0	5.8	24.3	1.1	2.2
高中	Senior Secondary School	20.0	3.7	14.5	0.2	2.3
大学专科	College	11.0	1.6	9.2		2.8
大学本科	University	7.5	0.5	4.4		2.3
研究生	Graduate and Higher Level	6.8		1.8		1.3
女	**Female**	**9.7**	**2.8**	**9.1**	**0.8**	**2.9**
未上过学	No Schooling	3.5	10.0	17.1	3.3	2.4
小学	Primary School	10.1	6.2	16.3	1.5	3.4
初中	Junior Secondary School	11.1	4.1	11.8	1.5	2.7
高中	Senior Secondary School	12.0	1.9	7.9	0.4	3.2
大学专科	College	8.6	1.0	4.2	0.0	3.5
大学本科	University	4.6	0.6	4.0	0.1	2.1
研究生	Graduate and Higher Level	0.8		6.5		2.3

1-62　城镇按结束上一份工作原因、性别分的失业人员受教育程度构成
EDUCATIONAL ATTAINMENT OF URBAN UNEMPLOYED PERSONS BY REASON AND SEX

单位：%　　　　(%)

受教育程度	Educational Attainment	城镇失业人员 Urban Unemployed Persons	从没工作过 Never worked	健康或身体原因 Health or Physical Reasons	退休 Retired	辞职 Resignation	被解聘 Dismissed
总　计	**Total**	**100.0**	**100.0**	**100.0**	**100.0**	**100.0**	**100.0**
未上过学	No Schooling	0.9	0.8	1.8	0.4	0.6	0.6
小　学	Primary School	8.6	4.6	14.3	8.1	6.3	10.2
初　中	Junior Secondary School	35.4	17.2	46.3	38.7	34.5	41.5
高　中	Senior Secondary School	24.4	15.6	23.2	34.4	26.9	29.0
大学专科	College	17.1	25.0	10.4	14.5	19.6	12.4
大学本科	University	12.5	32.5	3.9	3.9	11.4	6.1
研究生	Graduate and Higher Level	1.2	4.4	0.2		0.6	0.2
男	**Male**	**100.0**	**100.0**	**100.0**	**100.0**	**100.0**	**100.0**
未上过学	No Schooling	0.3	0.0	0.9		0.2	0.2
小　学	Primary School	7.8	1.5	17.9	7.8	4.8	10.8
初　中	Junior Secondary School	34.5	10.9	48.6	38.2	32.1	40.8
高　中	Senior Secondary School	26.3	18.1	22.3	37.8	28.5	31.4
大学专科	College	17.6	31.0	6.8	11.1	20.8	11.9
大学本科	University	12.4	34.3	3.4	5.3	12.8	4.7
研究生	Graduate and Higher Level	1.1	4.3			0.8	0.1
女	**Female**	**100.0**	**100.0**	**100.0**	**100.0**	**100.0**	**100.0**
未上过学	No Schooling	1.3	1.3	2.2	0.6	0.9	1.2
小　学	Primary School	9.2	6.6	12.4	8.2	7.3	9.3
初　中	Junior Secondary School	36.1	21.4	45.0	38.9	36.1	42.3
高　中	Senior Secondary School	22.8	13.9	23.7	33.2	25.8	25.8
大学专科	College	16.7	21.0	12.4	15.7	18.9	13.0
大学本科	University	12.6	31.3	4.2	3.4	10.4	8.1
研究生	Graduate and Higher Level	1.3	4.6	0.2		0.5	0.4

1-62 续表 continued

单位：% (%)

受教育程度	Educational Attainment	单位/个体经营户倒闭停产 Unit/Self-employed Individuals Closed down or Stopped Production	季节性歇业 Seasonal Shut down	上一份工作任务完成(包括打零工) Last Job Task Completed (Including Part-time Job)	承包土地被征用或流转 Land Expropriated or Transferred	其 他 Others
总 计	**Total**	**100.0**	**100.0**	**100.0**	**100.0**	**100.0**
未上过学	No Schooling	0.2	2.7	1.4	5.2	0.7
小 学	Primary School	7.6	18.0	16.3	18.5	8.5
初 中	Junior Secondary School	40.1	50.9	47.9	64.9	33.3
高 中	Senior Secondary School	32.0	19.8	21.1	10.1	25.9
大学专科	College	13.7	6.4	8.7	0.5	20.5
大学本科	University	6.1	2.1	4.1	0.8	10.3
研究生	Graduate and Higher Level	0.3		0.4		0.9
男	**Male**	**100.0**	**100.0**	**100.0**	**100.0**	**100.0**
未上过学	No Schooling	0.0	1.2	0.7	5.1	0.1
小 学	Primary School	6.0	16.3	16.2	21.3	4.7
初 中	Junior Secondary School	39.2	49.8	48.5	63.7	33.4
高 中	Senior Secondary School	35.2	24.1	22.0	9.8	27.0
大学专科	College	12.9	7.0	9.3		21.7
大学本科	University	6.2	1.6	3.2		12.4
研究生	Graduate and Higher Level	0.5		0.1		0.6
女	**Female**	**100.0**	**100.0**	**100.0**	**100.0**	**100.0**
未上过学	No Schooling	0.5	4.5	2.4	5.2	1.1
小 学	Primary School	9.5	19.9	16.4	16.9	10.8
初 中	Junior Secondary School	41.2	52.2	47.1	65.6	33.2
高 中	Senior Secondary School	28.0	14.8	19.9	10.2	25.2
大学专科	College	14.7	5.7	7.7	0.8	19.8
大学本科	University	5.9	2.8	5.5	1.2	8.9
研究生	Graduate and Higher Level	0.1		0.9		1.0

1-63 城镇按年龄、性别分的失业人员受教育程度构成
EDUCATIONAL ATTAINMENT OF URBAN UNEMPLOYED PERSONS BY AGE AND SEX

单位：% (%)

年 龄 Age	城 镇 失业人员 Urban Unemployed Persons	未 上 过 学 No Schooling	小 学 Primary School	初 中 Junior Secondary School	高 中 Senior Secondary School	大 学 专 科 College	大 学 本 科 University	研究生 Graduate and Higher Level
总计 Total	**100.0**	**0.9**	**8.6**	**35.4**	**24.4**	**17.1**	**12.5**	**1.2**
16-19	100.0		1.9	32.6	39.8	21.3	4.4	
20-24	100.0	0.0	0.5	10.8	16.5	34.1	36.3	1.8
25-29	100.0	0.1	2.3	23.1	25.4	23.1	21.6	4.5
30-34	100.0	0.1	4.0	37.2	26.2	21.4	9.9	1.2
35-39	100.0	0.2	5.4	40.1	26.5	17.4	9.9	0.5
40-44	100.0	0.6	10.5	44.7	28.3	11.2	4.4	0.3
45-49	100.0	1.3	13.3	48.9	27.4	6.7	2.3	0.2
50-54	100.0	1.7	20.0	50.3	21.3	5.0	1.6	0.1
55-59	100.0	2.3	15.8	48.4	25.6	5.8	2.0	0.0
60-64	100.0	5.8	26.8	39.8	22.8	3.3	1.2	0.3
65+	100.0	11.5	48.6	26.5	10.1	2.1	1.2	
男 Male	**100.0**	**0.3**	**7.8**	**34.5**	**26.3**	**17.6**	**12.4**	**1.1**
16-19	100.0		1.1	32.8	44.3	18.9	2.8	
20-24	100.0		0.8	11.3	19.8	36.3	30.7	1.0
25-29	100.0	0.1	2.2	23.0	26.2	22.9	21.6	4.0
30-34	100.0	0.1	4.0	35.5	28.7	20.7	9.8	1.2
35-39	100.0	0.0	4.1	39.6	27.5	15.9	12.1	0.8
40-44	100.0	0.2	10.3	43.5	28.6	11.8	5.1	0.5
45-49	100.0	0.3	11.5	50.2	27.7	7.2	2.6	0.4
50-54	100.0	0.7	17.8	49.2	24.1	5.3	2.5	0.3
55-59	100.0	0.8	12.2	49.4	30.1	5.6	2.0	0.0
60-64	100.0	1.7	22.2	43.6	26.5	3.9	1.6	0.5
65+	100.0	4.2	46.8	31.9	12.7	3.3	1.0	
女 Female	**100.0**	**1.3**	**9.2**	**36.1**	**22.8**	**16.7**	**12.6**	**1.3**
16-19	100.0		3.1	32.2	32.6	25.0	7.0	
20-24	100.0	0.0	0.3	10.2	13.0	31.8	42.1	2.6
25-29	100.0	0.0	2.3	23.2	24.6	23.2	21.5	5.1
30-34	100.0	0.2	4.1	38.2	24.7	21.8	10.0	1.2
35-39	100.0	0.4	6.0	40.4	25.9	18.2	8.7	0.3
40-44	100.0	0.9	10.5	45.4	28.2	10.9	4.0	0.2
45-49	100.0	1.9	14.5	48.0	27.2	6.3	2.1	0.0
50-54	100.0	2.5	21.7	51.2	19.1	4.7	0.8	0.0
55-59	100.0	4.7	21.2	46.9	19.0	6.2	2.0	
60-64	100.0	13.7	35.4	32.6	15.6	2.3	0.4	
65+	100.0	24.3	51.9	16.9	5.5		1.4	

1-64 城镇按受教育程度、性别分的失业人员年龄构成
AGE COMPOSITION OF URBAN UNEMPLOYED PERSONS BY EDUCATIONAL ATTAINMENT AND SEX

单位：% (%)

年 龄 Age	城 镇 失业人员 Urban Unemployed Persons	未 上 过 学 No Schooling	小 学 Primary School	初 中 Junior Secondary School	高 中 Senior Secondary School	大 学 专 科 College	大 学 本 科 University	研究生 Graduate and Higher Level
总计 Total	**100.0**	**100.0**	**100.0**	**100.0**	**100.0**	**100.0**	**100.0**	**100.0**
16-19	2.5		0.5	2.3	4.0	3.1	0.9	
20-24	16.5	0.2	1.0	5.0	11.1	32.8	47.8	24.7
25-29	13.4	1.1	3.6	8.8	14.0	18.1	23.2	50.8
30-34	14.5	2.1	6.8	15.2	15.6	18.1	11.5	14.3
35-39	10.6	3.0	6.6	12.0	11.5	10.8	8.4	4.2
40-44	9.7	7.0	11.8	12.2	11.2	6.3	3.4	2.3
45-49	11.9	18.0	18.6	16.5	13.4	4.7	2.2	1.8
50-54	11.0	21.4	25.7	15.7	9.7	3.2	1.4	1.3
55-59	6.7	18.2	12.4	9.2	7.0	2.3	1.1	0.1
60-64	2.1	14.3	6.6	2.4	2.0	0.4	0.2	0.5
65+	1.1	14.7	6.3	0.8	0.5	0.1	0.1	
男 Male	**100.0**	**100.0**	**100.0**	**100.0**	**100.0**	**100.0**	**100.0**	**100.0**
16-19	3.4		0.5	3.3	5.8	3.7	0.8	
20-24	18.7		1.9	6.1	14.1	38.6	46.3	17.5
25-29	14.5	4.3	4.1	9.7	14.4	18.9	25.4	51.5
30-34	12.3	2.0	6.3	12.7	13.5	14.6	9.8	13.3
35-39	8.5	0.4	4.5	9.7	8.8	7.6	8.3	6.3
40-44	7.8	3.7	10.3	9.8	8.5	5.2	3.2	3.4
45-49	10.1	9.4	14.9	14.7	10.6	4.2	2.2	3.8
50-54	11.0	22.6	25.1	15.7	10.1	3.4	2.2	2.8
55-59	9.0	20.6	14.0	12.9	10.3	2.9	1.4	0.3
60-64	3.1	16.3	8.9	3.9	3.2	0.7	0.4	1.3
65+	1.6	20.7	9.6	1.5	0.8	0.3	0.1	
女 Female	**100.0**	**100.0**	**100.0**	**100.0**	**100.0**	**100.0**	**100.0**	**100.0**
16-19	1.7		0.6	1.5	2.4	2.5	0.9	
20-24	14.7	0.3	0.4	4.2	8.4	28.0	49.0	29.7
25-29	12.6	0.5	3.2	8.1	13.6	17.5	21.5	50.2
30-34	16.2	2.1	7.2	17.1	17.5	21.1	12.8	15.1
35-39	12.2	3.5	8.1	13.7	13.9	13.4	8.4	2.7
40-44	11.2	7.6	12.8	14.1	13.8	7.3	3.5	1.5
45-49	13.4	19.7	21.1	17.8	16.0	5.1	2.2	0.4
50-54	11.1	21.1	26.1	15.7	9.3	3.1	0.7	0.3
55-59	4.9	17.7	11.3	6.3	4.1	1.8	0.8	
60-64	1.3	13.9	5.1	1.2	0.9	0.2	0.0	
65+	0.7	13.5	4.0	0.3	0.2		0.1	

1-65　城镇按年龄、性别分的失业人员寻找工作方式构成
METHODS OF JOB-SEEKING OF URBAN UNEMPLOYED PERSONS BY AGE AND SEX

单位：%　　　　(%)

年　龄 Age	城　镇 失业人员 Urban Unemployed Persons	为自己经营做准备 Prepare for Own Business	为找到工作参加培训、实习、招考 Participate in Training, Internships, and Exams to Find a Job	委托亲戚朋友介绍 Ask Friends Relatives about Job	查询招聘网站或广告 Check Recruitment Website or Advertisement	直接联系雇主或单位 Contact Directly with Employers	联系就业服务机构 Contact with Employment Agency Office	参加招聘会 Take Part in Employment Advertise Meeting	其　他 Others
总计　Total	**100.0**	**7.5**	**7.8**	**50.3**	**22.6**	**7.6**	**1.1**	**2.8**	**0.2**
16−19	100.0	5.3	11.9	44.4	24.3	9.5	0.8	3.7	0.1
20−24	100.0	3.7	25.8	24.6	32.8	5.2	1.1	6.6	0.2
25−29	100.0	8.3	13.2	35.1	32.1	6.7	0.7	3.8	0.1
30−34	100.0	9.0	5.4	46.6	28.6	6.9	0.9	2.6	0.1
35−39	100.0	9.6	2.5	51.7	25.0	8.1	1.0	1.9	0.2
40−44	100.0	11.0	1.6	57.4	18.3	8.8	1.2	1.7	0.1
45−49	100.0	8.4	1.2	63.1	15.1	9.2	1.2	1.7	0.1
50−54	100.0	7.0	1.1	69.6	10.9	8.5	1.4	1.0	0.4
55−59	100.0	5.2	0.6	73.0	9.0	9.1	1.7	1.2	0.3
60−64	100.0	3.8	0.3	79.8	4.9	8.1	1.5	0.9	0.7
65+	100.0	4.1	0.3	82.1	3.3	8.4	1.3	0.2	0.2
男　Male	**100.0**	**9.1**	**7.7**	**48.0**	**22.1**	**8.7**	**1.1**	**3.0**	**0.2**
16−19	100.0	6.0	10.7	45.5	25.5	8.9	0.5	2.6	0.2
20−24	100.0	4.2	22.6	27.9	31.6	5.5	1.3	6.6	0.2
25−29	100.0	9.5	12.7	33.9	31.2	7.7	0.8	4.3	0.0
30−34	100.0	12.1	4.9	42.5	28.5	8.0	1.1	2.8	0.1
35−39	100.0	13.1	2.6	47.2	24.5	10.0	0.6	1.6	0.3
40−44	100.0	15.8	1.0	54.2	16.9	9.2	1.1	1.7	
45−49	100.0	11.7	1.4	57.7	14.8	11.2	0.9	2.2	0.1
50−54	100.0	10.1	1.3	63.0	11.8	10.7	1.7	0.9	0.4
55−59	100.0	5.3	0.4	70.6	10.0	10.0	1.7	1.5	0.4
60−64	100.0	3.1	0.2	78.3	6.1	8.7	1.6	0.9	1.1
65+	100.0	5.4	0.4	79.9	2.0	10.5	1.3	0.4	
女　Female	**100.0**	**6.2**	**8.0**	**52.2**	**23.0**	**6.7**	**1.1**	**2.7**	**0.2**
16−19	100.0	4.1	13.8	42.6	22.2	10.5	1.4	5.4	0.0
20−24	100.0	3.3	29.0	21.2	34.0	4.8	0.9	6.6	0.1
25−29	100.0	7.2	13.7	36.3	32.9	5.7	0.7	3.3	0.2
30−34	100.0	7.1	5.7	49.1	28.6	6.1	0.8	2.4	0.1
35−39	100.0	7.7	2.4	54.2	25.3	7.0	1.1	2.1	0.2
40−44	100.0	8.3	1.8	59.2	19.1	8.5	1.2	1.6	0.2
45−49	100.0	6.5	1.1	66.3	15.3	7.9	1.4	1.4	0.1
50−54	100.0	4.7	0.9	74.8	10.2	6.8	1.2	1.1	0.4
55−59	100.0	4.9	0.9	76.4	7.6	7.6	1.6	0.8	0.1
60−64	100.0	5.2	0.4	82.5	2.7	6.9	1.4	0.9	
65+	100.0	1.8		86.0	5.5	4.8	1.4		0.5

注：失业人员寻找工作方式分类根据劳动力调查制度进行了调整(下表同)。

Note:The classification of the Job-seeking methods of Urban Unemployed Persons has been adjusted according to the Labor Force Survey.The same applies to the tables following.

1—66 城镇按受教育程度、性别分的失业人员寻找工作方式构成
METHODS OF JOB-SEEKING OF URBAN UNEMPLOYED PERSONS BY EDUCATIONAL ATTAINMENT AND SEX

单位：% (%)

受教育程度	Educational Attainment	城镇失业人员 Urban Unemployed Persons	为自己经营做准备 Prepare for Own Business	为找到工作参加培训、实习、招考 Participate in Training, Internships, and Exams to Find a Job	委托亲戚朋友介绍 Ask Friends Relatives about Job	查询招聘网站或广告 Check Recruitment Website or Advertisement
总　计	**Total**	**100.0**	**7.5**	**7.8**	**50.3**	**22.6**
未上过学	No Schooling	100.0	3.1	0.2	81.6	3.0
小　学	Primary School	100.0	6.2	0.6	73.3	7.0
初　中	Junior Secondary School	100.0	8.3	1.6	65.7	12.4
高　中	Senior Secondary School	100.0	8.8	3.7	52.2	23.9
大学专科	College	100.0	6.4	13.3	30.5	38.1
大学本科	University	100.0	5.7	29.6	16.3	37.8
研究生	Graduate and Higher Level	100.0	5.0	31.9	4.2	47.7
男	**Male**	**100.0**	**9.1**	**7.7**	**48.0**	**22.1**
未上过学	No Schooling	100.0	5.4	1.5	76.7	5.3
小　学	Primary School	100.0	7.3	0.3	71.0	5.6
初　中	Junior Secondary School	100.0	9.6	2.1	64.3	10.4
高　中	Senior Secondary School	100.0	10.8	3.8	49.3	23.0
大学专科	College	100.0	7.8	13.0	28.5	38.0
大学本科	University	100.0	7.7	27.7	15.5	38.2
研究生	Graduate and Higher Level	100.0	5.9	21.1	5.6	60.4
女	**Female**	**100.0**	**6.2**	**8.0**	**52.2**	**23.0**
未上过学	No Schooling	100.0	2.6		82.5	2.5
小　学	Primary School	100.0	5.4	0.8	74.8	7.9
初　中	Junior Secondary School	100.0	7.3	1.2	66.8	13.9
高　中	Senior Secondary School	100.0	6.9	3.6	54.8	24.8
大学专科	College	100.0	5.3	13.6	32.2	38.2
大学本科	University	100.0	4.1	31.0	16.9	37.5
研究生	Graduate and Higher Level	100.0	4.4	39.5	3.2	38.8

1-66 续表 continued

单位：% (%)

受教育程度	Educational Attainment	直接联系雇主或单位 Contact Directly with Employers	联系就业服务机构 Contact with Employment Agency Office	参加招聘会 Take Part in Employment Advertise Meeting	其 他 Others
总 计	**Total**	**7.6**	**1.1**	**2.8**	**0.2**
未上过学	No Schooling	11.0	1.1		0.1
小 学	Primary School	10.7	1.2	0.9	0.2
初 中	Junior Secondary School	9.5	1.1	1.3	0.2
高 中	Senior Secondary School	7.5	1.3	2.5	0.2
大学专科	College	5.4	1.0	5.0	0.2
大学本科	University	3.3	0.9	6.3	0.2
研究生	Graduate and Higher Level	4.4	0.3	6.4	
男	**Male**	**8.7**	**1.1**	**3.0**	**0.2**
未上过学	No Schooling	10.9	0.3		
小 学	Primary School	13.6	1.1	0.8	0.3
初 中	Junior Secondary School	11.1	1.1	1.2	0.2
高 中	Senior Secondary School	8.3	1.4	3.1	0.3
大学专科	College	6.0	1.0	5.4	0.2
大学本科	University	3.5	1.0	6.3	0.2
研究生	Graduate and Higher Level	4.0	0.5	2.4	
女	**Female**	**6.7**	**1.1**	**2.7**	**0.2**
未上过学	No Schooling	11.0	1.3		0.1
小 学	Primary School	8.8	1.3	0.9	0.1
初 中	Junior Secondary School	8.2	1.1	1.3	0.2
高 中	Senior Secondary School	6.8	1.1	1.9	0.2
大学专科	College	4.8	1.0	4.7	0.2
大学本科	University	3.1	0.9	6.4	0.2
研究生	Graduate and Higher Level	4.7	0.2	9.2	

1—67 城镇按年龄、性别分的失业人员失业前的行业构成
SECTOR OF URBAN UNEMPLOYED PERSONS (PRIOR TO UNEMPLOYMENT) BY AGE AND SEX

单位：% (%)

年 龄 Age	城 镇 失业人员 Urban Unemployed Persons	农、林、牧、渔业 Agriculture, Forestry, Animal Husbandry and Fishery	采矿业 Mining	制造业 Manufacturing	电力、热力、燃气及水生产和供应业 Production and Supply of Electricity Power, Heat Power, Gas and Water	建筑业 Construction	批发和零售业 Wholesale and Retail Trades
总计 Total	**100.0**	**3.9**	**0.9**	**21.1**	**0.7**	**9.2**	**22.2**
16—19	100.0	0.5		25.3	0.0	6.0	19.6
20—24	100.0	0.8	0.2	17.9	0.2	5.0	19.3
25—29	100.0	1.5	0.5	19.8	0.4	5.8	21.9
30—34	100.0	1.8	0.7	21.1	0.5	6.5	27.5
35—39	100.0	2.3	0.5	18.8	0.8	7.2	29.7
40—44	100.0	3.8	0.9	18.7	0.5	8.5	26.5
45—49	100.0	3.9	1.2	22.6	0.6	11.3	23.0
50—54	100.0	7.3	1.8	25.4	1.0	13.1	16.9
55—59	100.0	8.7	1.9	23.0	1.2	16.0	12.5
60—64	100.0	11.4	1.7	22.2	1.7	18.0	7.1
65+	100.0	18.8	0.2	17.7	1.1	16.3	8.2
男 Male	**100.0**	**3.6**	**1.3**	**21.1**	**0.9**	**16.6**	**13.7**
16—19	100.0	0.6		26.0	0.1	9.0	18.8
20—24	100.0	0.8	0.4	22.4	0.3	8.5	12.4
25—29	100.0	1.2	0.9	22.0	0.6	9.1	15.1
30—34	100.0	2.3	1.2	20.8	0.7	13.9	16.4
35—39	100.0	1.8	1.0	19.0	1.5	14.0	18.6
40—44	100.0	3.8	1.6	17.6	0.9	17.2	16.4
45—49	100.0	3.3	1.6	22.4	0.9	21.8	12.4
50—54	100.0	6.3	1.9	23.0	0.7	23.3	10.3
55—59	100.0	7.0	2.3	21.1	1.4	23.6	10.9
60—64	100.0	7.2	2.2	19.3	2.1	23.8	6.4
65+	100.0	15.9	0.3	14.5	1.6	22.4	6.9
女 Female	**100.0**	**4.2**	**0.6**	**21.0**	**0.4**	**3.1**	**29.3**
16—19	100.0	0.5		24.1		0.3	21.0
20—24	100.0	0.9	0.0	12.5	0.1	0.8	27.3
25—29	100.0	1.8	0.2	17.6	0.2	2.7	28.3
30—34	100.0	1.5	0.4	21.4	0.4	1.7	34.7
35—39	100.0	2.6	0.2	18.6	0.4	3.2	36.2
40—44	100.0	3.8	0.4	19.4	0.3	3.2	32.6
45—49	100.0	4.3	0.9	22.7	0.4	4.4	30.0
50—54	100.0	8.1	1.7	27.4	1.3	4.6	22.3
55—59	100.0	11.4	1.3	26.0	0.8	4.2	14.9
60—64	100.0	20.2	0.6	28.3	0.7	5.5	8.5
65+	100.0	25.4		25.0		2.3	11.3

1-67　续表 1　continued

单位：%　(%)

年　龄 Age	交通运输、仓储和邮政业 Transport, Storage and Post	住宿和餐饮业 Hotels and Catering Services	信息传输、软件和信息技术服务业 Information Transmission, Software and Information Technical Services	金融业 Financial Intermediation	房地产业 Real Estate	租赁和商务服务业 Leasing and Business Services	科学研究和技术服务业 Scientific Research and Technical Services
总计　Total	**5.4**	**9.7**	**2.2**	**2.1**	**2.6**	**3.5**	**0.8**
16–19	2.2	20.8	1.3		1.0	1.7	0.2
20–24	3.5	11.8	6.3	1.9	4.4	4.7	2.0
25–29	5.1	9.5	4.4	3.3	2.8	4.3	1.5
30–34	4.4	9.4	3.3	2.8	2.8	4.7	0.8
35–39	5.6	9.4	1.7	2.7	2.0	3.6	0.9
40–44	6.6	11.1	1.8	2.2	2.0	3.2	0.4
45–49	6.7	10.7	0.6	1.6	2.2	2.7	0.3
50–54	5.9	8.6	0.5	1.2	2.1	2.6	0.5
55–59	6.0	7.1	0.4	1.4	2.8	2.3	0.3
60–64	4.2	4.0	0.3	0.5	3.4	2.3	0.1
65+	2.4	6.6	0.5	0.6	1.9	1.2	0.4
男　Male	**9.1**	**7.9**	**2.6**	**1.9**	**3.3**	**3.7**	**1.0**
16–19	3.3	18.6	1.6		1.1	1.0	0.3
20–24	4.9	13.1	6.8	2.2	4.9	3.4	2.3
25–29	8.7	8.5	5.9	3.4	3.3	5.0	1.8
30–34	8.2	9.4	3.3	2.5	4.1	4.7	0.7
35–39	10.9	7.0	2.6	2.8	2.7	4.1	1.2
40–44	12.7	8.3	1.3	1.4	3.3	4.8	0.6
45–49	12.3	6.3	0.9	1.3	2.9	4.1	0.4
50–54	10.0	6.2	0.4	1.1	2.7	2.4	0.7
55–59	9.1	5.1	0.2	0.9	3.2	2.4	0.5
60–64	5.4	2.1	0.1	0.7	4.4	2.9	0.1
65+	2.4	5.6	0.7		2.5	1.5	0.6
女　Female	**2.3**	**11.1**	**2.0**	**2.3**	**1.9**	**3.3**	**0.6**
16–19		25.0	0.8		0.8	3.2	
20–24	1.8	10.4	5.8	1.4	3.8	6.1	1.7
25–29	1.7	10.4	3.0	3.1	2.4	3.8	1.2
30–34	2.0	9.4	3.3	3.0	2.0	4.8	0.8
35–39	2.4	10.8	1.2	2.6	1.5	3.4	0.8
40–44	2.8	12.8	2.1	2.6	1.2	2.3	0.3
45–49	2.9	13.6	0.4	1.8	1.7	1.9	0.2
50–54	2.5	10.6	0.5	1.2	1.6	2.7	0.3
55–59	1.2	10.3	0.6	2.3	2.1	2.3	
60–64	1.8	8.0	0.5		1.4	1.1	0.1
65+	2.5	8.9		1.9	0.4	0.5	

1-67 续表 2 continued

单位：% (%)

年 龄 Age	水利、环境和公共设施管理业 Management of Water Conservancy, Environment and Public Facilities	居民服务、修理和其他服务业 Services to Households, Repair and Other Services	教 育 Education	卫生和社会工作 Health and Society	文化、体育和娱乐业 Culture, Sports and Entertainment	公共管理、社会保障和社会组织 Public Management Social Security and Social Organizations
总计 Total	**0.6**	**6.3**	**3.9**	**1.2**	**1.5**	**2.2**
16-19	0.4	10.5	3.8	0.8	5.3	0.5
20-24	0.4	6.1	8.0	1.8	3.4	2.4
25-29	0.3	5.1	6.2	1.9	2.5	3.3
30-34	0.2	5.2	3.8	1.3	1.5	1.5
35-39	0.5	5.0	4.5	1.3	1.4	2.2
40-44	0.4	6.8	3.0	1.0	1.1	1.6
45-49	0.4	6.8	2.4	0.8	0.8	1.5
50-54	0.7	7.1	1.6	0.6	0.8	2.5
55-59	1.1	7.7	2.8	0.9	0.8	3.1
60-64	2.8	10.5	3.9	1.9	0.5	3.5
65+	4.3	10.0	2.9	1.6	1.4	3.8
男 Male	**0.8**	**5.4**	**2.0**	**0.6**	**1.6**	**2.8**
16-19	0.6	9.6	1.3		7.4	0.8
20-24	0.6	5.5	4.2	0.5	3.9	2.8
25-29	0.4	4.3	3.0	0.6	2.1	4.0
30-34	0.4	5.3	0.9	0.6	2.3	2.1
35-39	0.7	4.5	2.3	0.9	1.1	3.2
40-44	0.7	4.8	1.1	0.8	0.9	2.1
45-49	0.5	4.4	1.2	0.6	0.8	1.7
50-54	0.7	5.9	1.0	0.3	0.7	2.5
55-59	0.9	5.8	1.8	0.6	0.4	3.0
60-64	3.6	9.1	4.0	1.4	0.5	4.7
65+	4.4	9.4	2.9	1.4	1.9	5.1
女 Female	**0.4**	**7.1**	**5.5**	**1.7**	**1.4**	**1.8**
16-19		12.2	8.4	2.3	1.3	
20-24	0.1	6.7	12.5	3.3	2.7	1.9
25-29	0.2	5.8	9.2	3.1	2.8	2.6
30-34	0.1	5.1	5.6	1.7	1.0	1.2
35-39	0.4	5.3	5.8	1.5	1.6	1.5
40-44	0.3	8.1	4.1	1.1	1.2	1.3
45-49	0.3	8.4	3.2	0.9	0.8	1.3
50-54	0.7	8.1	2.1	0.8	0.8	2.6
55-59	1.4	10.6	4.3	1.4	1.6	3.4
60-64	1.2	13.6	3.6	3.0	0.6	1.1
65+	4.0	11.4	2.9	2.1	0.4	0.9

1-68 城镇按受教育程度、性别分的失业人员失业前的行业构成
SECTOR OF URBAN UNEMPLOYED PERSONS (PRIOR TO UNEMPLOYMENT) BY EDUCATIONAL ATTAINMENT AND SEX

单位：% (%)

受教育程度	Educational Attainment	城镇失业人员 Urban Unemployed Persons	农、林、牧、渔业 Agriculture, Forestry, Animal Husbandry and Fishery	采矿业 Mining	制造业 Manufacturing	电力、热力、燃气及水生产和供应业 Production and Supply of Electricity Power, Heat Power, Gas and Water	建筑业 Construction	批发和零售业 Wholesale and Retail Trades
总　计	**Total**	**100.0**	**3.9**	**0.9**	**21.1**	**0.7**	**9.2**	**22.2**
未上过学	No Schooling	100.0	27.5	0.8	23.3		12.3	9.0
小　学	Primary School	100.0	10.5	1.0	23.3	0.3	18.7	12.3
初　中	Junior Secondary School	100.0	5.4	1.0	25.1	0.5	11.5	21.5
高　中	Senior Secondary School	100.0	1.6	1.0	20.9	0.9	6.9	27.1
大学专科	College	100.0	0.6	0.8	14.0	0.7	4.6	24.6
大学本科	University	100.0	0.2	0.6	12.5	1.0	3.4	18.8
研究生	Graduate and Higher Level	100.0	0.2		14.0			13.4
男	**Male**	**100.0**	**3.6**	**1.3**	**21.1**	**0.9**	**16.6**	**13.7**
未上过学	No Schooling	100.0	27.6		15.3		27.3	7.6
小　学	Primary School	100.0	9.1	1.6	16.2	0.6	32.9	8.2
初　中	Junior Secondary School	100.0	5.4	1.5	22.9	0.9	22.3	10.7
高　中	Senior Secondary School	100.0	1.6	1.3	23.6	1.1	11.8	16.4
大学专科	College	100.0	0.9	0.9	17.5	0.9	7.1	18.9
大学本科	University	100.0	0.1	1.1	15.6	1.0	5.0	15.9
研究生	Graduate and Higher Level	100.0			23.3			8.4
女	**Female**	**100.0**	**4.2**	**0.6**	**21.0**	**0.4**	**3.1**	**29.3**
未上过学	No Schooling	100.0	27.4	1.0	25.2		8.6	9.3
小　学	Primary School	100.0	11.6	0.5	28.7	0.1	7.7	15.5
初　中	Junior Secondary School	100.0	5.4	0.6	26.9	0.3	2.7	30.4
高　中	Senior Secondary School	100.0	1.7	0.7	18.3	0.7	2.4	37.0
大学专科	College	100.0	0.4	0.8	11.3	0.5	2.7	29.0
大学本科	University	100.0	0.3	0.2	10.1	1.0	2.0	21.2
研究生	Graduate and Higher Level	100.0	0.4		5.7			18.0

1-68 续表 1 continued

单位：% (%)

受教育程度	Educational Attainment	交通运输、仓储和邮政业 Transport, Storage and Post	住宿和餐饮业 Hotels and Catering Services	信息传输、软件和信息技术服务业 Information Transmission, Software and Information Technical Services	金融业 Financial Intermediation	房地产业 Real Estate	租赁和商务服务业 Leasing and Business Services	科学研究和技术服务业 Scientific Research and Technical Services
总　计	**Total**	**5.4**	**9.7**	**2.2**	**2.1**	**2.6**	**3.5**	**0.8**
未上过学	No Schooling	3.2	7.1			1.6	2.0	
小　学	Primary School	4.2	12.2	0.2	0.4	1.9	1.5	0.1
初　中	Junior Secondary School	5.8	11.5	0.5	0.7	1.4	1.7	0.3
高　中	Senior Secondary School	6.3	10.0	1.6	2.0	2.7	3.4	0.7
大学专科	College	4.9	6.5	6.0	4.3	4.7	7.2	1.2
大学本科	University	2.9	3.3	8.3	6.9	4.5	7.7	3.5
研究生	Graduate and Higher Level	2.4	1.5	8.3	9.9	0.9	13.7	6.5
男	**Male**	**9.1**	**7.9**	**2.6**	**1.9**	**3.3**	**3.7**	**1.0**
未上过学	No Schooling	2.7	2.4			1.6		
小　学	Primary School	7.9	6.8	0.3	0.4	2.7	1.8	0.2
初　中	Junior Secondary School	10.7	8.9	0.4	0.5	2.0	2.1	0.3
高　中	Senior Secondary School	10.0	8.6	1.9	2.0	3.5	4.4	0.9
大学专科	College	7.4	7.4	7.1	3.1	5.8	6.4	1.3
大学本科	University	3.5	3.2	10.2	7.1	6.2	6.8	4.6
研究生	Graduate and Higher Level	3.6	1.9	9.0	13.2		11.1	4.3
女	**Female**	**2.3**	**11.1**	**2.0**	**2.3**	**1.9**	**3.3**	**0.6**
未上过学	No Schooling	3.4	8.3			1.7	2.5	
小　学	Primary School	1.4	16.3	0.2	0.5	1.3	1.2	0.0
初　中	Junior Secondary School	1.9	13.6	0.6	0.9	1.0	1.5	0.2
高　中	Senior Secondary School	2.8	11.4	1.3	1.9	2.0	2.4	0.5
大学专科	College	2.9	5.7	5.1	5.3	3.8	7.8	1.1
大学本科	University	2.4	3.4	6.8	6.7	3.2	8.4	2.6
研究生	Graduate and Higher Level	1.4	1.2	7.6	6.9	1.7	15.9	8.5

1-68 续表 2 continued

单位：% (%)

受教育程度	Educational Attainment	水利、环境和公共设施管理业 Management of Water Conservancy, Environment and Public Facilities	居民服务、修理和其他服务业 Services to Households, Repair and Other Services	教 育 Education	卫生和社会工作 Health and Society	文化、体育和娱乐业 Culture, Sports and Entertainment	公共管理、社会保障和社会组织 Public Management Social Security and Social Organizations
总 计	**Total**	**0.6**	**6.3**	**3.9**	**1.2**	**1.5**	**2.2**
未上过学	No Schooling	2.0	9.4	0.7	0.0	0.7	0.3
小 学	Primary School	1.1	9.1	0.9	0.4	1.0	0.9
初 中	Junior Secondary School	0.6	7.6	1.7	0.6	1.1	1.5
高 中	Senior Secondary School	0.4	5.9	3.7	1.3	1.6	2.2
大学专科	College	0.5	4.1	6.8	2.8	2.3	3.6
大学本科	University	0.4	2.7	13.5	1.7	2.5	5.4
研究生	Graduate and Higher Level	2.2		13.2	9.5	3.0	1.4
男	**Male**	**0.8**	**5.4**	**2.0**	**0.6**	**1.6**	**2.8**
未上过学	No Schooling	5.9	8.2				1.5
小 学	Primary School	1.4	6.8	0.6	0.4	0.9	1.3
初 中	Junior Secondary School	0.8	6.4	0.9	0.5	1.1	1.8
高 中	Senior Secondary School	0.5	5.6	1.4	0.9	1.8	2.8
大学专科	College	0.8	3.3	3.4	0.6	2.3	4.8
大学本科	University	0.7	1.9	8.0	0.7	2.9	5.7
研究生	Graduate and Higher Level	3.2		7.6	8.3	4.9	1.1
女	**Female**	**0.4**	**7.1**	**5.5**	**1.7**	**1.4**	**1.8**
未上过学	No Schooling	1.0	9.7	0.9	0.1	0.8	
小 学	Primary School	0.9	10.9	1.2	0.3	1.1	0.6
初 中	Junior Secondary School	0.4	8.5	2.3	0.6	1.1	1.2
高 中	Senior Secondary School	0.3	6.1	5.8	1.7	1.4	1.7
大学专科	College	0.3	4.7	9.4	4.5	2.2	2.7
大学本科	University	0.1	3.4	18.0	2.6	2.3	5.2
研究生	Graduate and Higher Level	1.2		18.1	10.6	1.2	1.6

1—69 城镇按年龄、性别分的失业人员失业前的职业构成
OCCUPATION OF URBAN UNEMPLOYED PERSONS (PRIOR TO UNEMPLOYMENT) BY AGE AND SEX

单位：% (%)

年龄 Age	城镇失业人员 Urban Unemployed Persons	单位负责人 Unit Heads	专业技术人员 Technical Personnel	办事人员和有关人员 Clerk and Related Workers	商业、服务业人员 Business Service Personnel	农林牧渔水利业生产人员 Producers in the Sectors of Agriculture, Forestry, Animal Husbandry, Fishery and Water Conservancy	生产运输设备操作人员及有关人员 Production, Transport Equipment Operators and Related Workers	其他 Others
总计 Total	**100.0**	**1.3**	**7.9**	**12.5**	**50.2**	**3.7**	**24.0**	**0.3**
16—19	100.0	0.1	4.8	7.7	61.1	0.5	25.0	0.8
20—24	100.0	0.1	15.8	14.9	51.5	0.8	16.6	0.4
25—29	100.0	0.7	13.9	15.3	50.0	1.5	18.3	0.4
30—34	100.0	1.3	8.3	12.9	54.4	1.7	21.1	0.3
35—39	100.0	1.4	9.3	11.8	55.2	2.1	20.1	0.2
40—44	100.0	1.7	5.6	11.8	55.8	3.5	21.5	0.0
45—49	100.0	1.6	4.3	10.3	51.5	3.9	28.0	0.4
50—54	100.0	1.8	3.6	11.4	44.0	6.8	32.0	0.4
55—59	100.0	1.7	5.5	13.6	38.1	8.4	32.4	0.4
60—64	100.0	1.0	5.6	10.6	35.7	11.4	34.7	0.8
65+	100.0	1.1	3.6	16.6	34.4	18.4	25.4	0.4
男 Male	**100.0**	**1.9**	**6.6**	**13.1**	**44.5**	**3.3**	**30.2**	**0.5**
16—19	100.0	0.2	3.2	6.6	60.6	0.6	28.3	0.6
20—24	100.0		13.0	11.5	51.4	0.8	22.7	0.6
25—29	100.0	1.0	11.5	13.6	48.8	1.1	23.4	0.4
30—34	100.0	1.7	4.6	11.5	52.6	2.1	26.9	0.6
35—39	100.0	2.3	7.4	13.4	50.0	1.6	25.0	0.3
40—44	100.0	2.5	5.1	13.4	48.8	3.4	26.9	
45—49	100.0	2.5	3.6	12.3	40.6	3.2	37.0	0.7
50—54	100.0	3.2	3.6	13.1	35.3	5.4	39.0	0.4
55—59	100.0	2.3	5.3	15.8	32.0	6.4	38.0	0.3
60—64	100.0	1.5	5.8	13.6	33.4	6.9	38.1	0.8
65+	100.0	1.6	3.2	20.8	29.3	15.8	28.7	0.6
女 Female	**100.0**	**0.8**	**9.1**	**12.1**	**54.9**	**4.1**	**18.8**	**0.2**
16—19	100.0		7.7	9.9	61.9	0.5	18.8	1.2
20—24	100.0	0.2	18.9	18.9	51.6	0.8	9.5	0.1
25—29	100.0	0.4	16.1	16.8	51.1	1.8	13.5	0.3
30—34	100.0	1.0	10.6	13.8	55.6	1.4	17.4	0.2
35—39	100.0	0.8	10.4	10.8	58.2	2.5	17.2	0.1
40—44	100.0	1.1	5.9	10.9	60.1	3.6	18.3	0.1
45—49	100.0	1.1	4.8	8.9	58.7	4.3	22.1	0.2
50—54	100.0	0.6	3.6	10.0	51.3	7.9	26.2	0.4
55—59	100.0	0.8	5.8	10.1	47.7	11.6	23.6	0.4
60—64	100.0		5.3	4.3	40.7	21.1	27.6	0.9
65+	100.0		4.5	6.8	46.2	24.4	18.0	

1－70 城镇按受教育程度、性别分的失业人员失业前的职业构成
OCCUPATION OF URBAN UNEMPLOYED PERSONS (PRIOR TO UNEMPLOYMENT) BY EDUCATIONAL ATTAINMENT AND SEX

单位：%　　(%)

受教育程度	Educational Attainment	城镇失业人员 Urban Unemployed Persons	单位负责人 Unit Heads	专业技术人员 Technical Personnel	办事人员和有关人员 Clerk and Related Workers	商业、服务业人员 Business Service Personnel	农林牧渔水利业生产人员 Producers in the Sectors of Agriculture, Forestry, Animal Husbandry, Fishery and Water Conservancy	生产运输设备操作人员及有关人员 Production, Transport Equipment Operators and Related Workers	其他 Others
总　计	**Total**	**100.0**	**1.3**	**7.9**	**12.5**	**50.2**	**3.7**	**24.0**	**0.3**
未上过学	No Schooling	100.0		0.5	1.5	35.4	27.0	35.4	0.2
小　学	Primary School	100.0	0.3	1.3	6.0	43.0	10.3	38.7	0.5
初　中	Junior Secondary School	100.0	1.0	2.6	7.1	51.4	5.1	32.4	0.4
高　中	Senior Secondary School	100.0	1.8	6.8	13.8	55.0	1.5	20.6	0.4
大学专科	College	100.0	1.3	17.1	22.4	49.7	0.6	8.7	0.1
大学本科	University	100.0	1.7	28.0	24.9	40.3	0.2	4.8	0.1
研究生	Graduate and Higher Level	100.0	7.2	29.0	22.4	38.3	0.2	2.9	
男	**Male**	**100.0**	**1.9**	**6.6**	**13.1**	**44.5**	**3.3**	**30.2**	**0.5**
未上过学	No Schooling	100.0		2.7	3.7	23.8	27.2	41.8	0.8
小　学	Primary School	100.0	0.2	1.6	9.0	32.8	8.5	47.5	0.4
初　中	Junior Secondary School	100.0	1.4	2.9	8.9	41.7	4.8	39.8	0.5
高　中	Senior Secondary School	100.0	2.9	5.3	13.9	49.0	1.4	26.9	0.6
大学专科	College	100.0	1.7	11.4	20.9	51.3	1.0	13.4	0.2
大学本科	University	100.0	2.8	24.2	21.4	44.6	0.0	6.7	0.3
研究生	Graduate and Higher Level	100.0	8.3	37.3	13.2	35.0		6.2	
女	**Female**	**100.0**	**0.8**	**9.1**	**12.1**	**54.9**	**4.1**	**18.8**	**0.2**
未上过学	No Schooling	100.0			0.9	38.3	27.0	33.8	
小　学	Primary School	100.0	0.3	1.0	3.7	50.9	11.6	32.0	0.5
初　中	Junior Secondary School	100.0	0.7	2.4	5.6	59.3	5.3	26.3	0.3
高　中	Senior Secondary School	100.0	0.8	8.3	13.7	60.6	1.6	14.8	0.2
大学专科	College	100.0	1.0	21.6	23.6	48.4	0.3	5.1	0.0
大学本科	University	100.0	0.7	31.0	27.9	36.8	0.3	3.3	
研究生	Graduate and Higher Level	100.0	6.2	21.6	30.6	41.3	0.4		

1−71 城镇按受教育程度、性别分的失业人员失业时间构成
UNEMPLOYMENT DURATION OF URBAN UNEMPLOYED PERSONS BY EDUCATIONAL ATTAINMENT AND SEX

单位：% (%)

受教育程度	Educational Attainment	城镇失业人员 Urban Unemployed Persons	1个月 1 Month	2−3个月 2-3 Months	4−6个月 4-6 Months	7−12个月 7-12 Months	13−24个月 13-24 Months	25个月以上 25+ Months+
总 计	**Total**	**100.0**	**25.3**	**38.0**	**19.6**	**11.5**	**3.8**	**1.8**
未上过学	No Schooling	100.0	40.1	37.5	11.0	8.8	2.2	0.3
小 学	Primary School	100.0	31.8	38.6	16.3	9.4	2.7	1.2
初 中	Junior Secondary School	100.0	26.3	37.8	19.6	11.4	3.3	1.6
高 中	Senior Secondary School	100.0	22.1	37.9	21.0	12.2	4.5	2.4
大学专科	College	100.0	24.1	38.6	20.0	11.3	4.3	1.8
大学本科	University	100.0	24.8	37.4	19.6	12.2	4.4	1.7
研究生	Graduate and Higher Level	100.0	24.0	44.9	15.8	12.0	3.1	0.2
男	**Male**	**100.0**	**24.9**	**36.0**	**20.6**	**12.5**	**4.1**	**1.9**
未上过学	No Schooling	100.0	47.0	36.4	11.1	5.5		
小 学	Primary School	100.0	31.9	36.1	16.4	11.3	2.8	1.5
初 中	Junior Secondary School	100.0	26.0	34.9	21.3	12.7	3.4	1.7
高 中	Senior Secondary School	100.0	21.6	36.3	21.3	13.3	4.9	2.6
大学专科	College	100.0	24.7	37.4	20.6	11.1	4.5	1.6
大学本科	University	100.0	24.0	35.7	20.6	13.4	4.6	1.7
研究生	Graduate and Higher Level	100.0	24.2	41.5	17.5	13.3	3.6	
女	**Female**	**100.0**	**25.6**	**39.7**	**18.8**	**10.7**	**3.6**	**1.7**
未上过学	No Schooling	100.0	38.8	37.8	11.0	9.5	2.7	0.3
小 学	Primary School	100.0	31.7	40.4	16.2	8.2	2.6	1.0
初 中	Junior Secondary School	100.0	26.6	40.0	18.3	10.5	3.2	1.4
高 中	Senior Secondary School	100.0	22.4	39.4	20.8	11.2	4.0	2.2
大学专科	College	100.0	23.6	39.5	19.4	11.4	4.1	1.9
大学本科	University	100.0	25.4	38.6	18.9	11.2	4.2	1.7
研究生	Graduate and Higher Level	100.0	23.9	47.3	14.6	11.1	2.8	0.3

1–72 城镇按年龄、性别分的失业人员失业时间构成
UNEMPLOYMENT DURATION OF URBAN UNEMPLOYED PERSONS BY AGE AND SEX

单位：% (%)

年 龄 Age	城 镇 失业人员 Urban Unemployed Persons	1个月 1 Months	2–3个月 2-3 Months	4–6个月 4-6 Months	7–12个月 7-12 Months	13–24个月 13-24 Months	25个月以上 25+ Months+
总计 Total	**100.0**	**25.3**	**38.0**	**19.6**	**11.5**	**3.8**	**1.8**
16–19	100.0	36.7	41.8	12.7	6.5	1.9	0.3
20–24	100.0	28.0	41.1	18.8	8.3	3.0	0.8
25–29	100.0	24.2	39.8	17.5	12.7	4.3	1.5
30–34	100.0	23.9	37.7	20.8	12.0	3.9	1.7
35–39	100.0	23.5	36.6	21.7	11.9	4.3	2.0
40–44	100.0	23.3	36.9	21.6	12.4	3.7	2.0
45–49	100.0	23.8	34.4	21.3	13.8	4.4	2.3
50–54	100.0	24.5	37.9	18.9	12.0	4.4	2.3
55–59	100.0	24.9	36.8	19.8	12.2	4.2	2.2
60–64	100.0	32.4	40.4	15.1	7.7	2.3	2.1
65+	100.0	37.0	34.1	14.7	9.5	1.3	3.4
男 Male	**100.0**	**24.9**	**36.0**	**20.6**	**12.5**	**4.1**	**1.9**
16–19	100.0	37.1	41.0	13.4	6.2	1.8	0.5
20–24	100.0	28.6	39.3	20.1	8.2	2.7	1.0
25–29	100.0	22.4	39.2	18.3	14.6	4.2	1.3
30–34	100.0	23.0	35.0	22.3	14.1	3.9	1.7
35–39	100.0	21.4	35.8	22.6	13.1	5.6	1.5
40–44	100.0	24.7	33.5	21.9	13.8	4.4	1.8
45–49	100.0	22.9	30.7	22.8	15.2	5.1	3.3
50–54	100.0	23.3	34.1	21.2	14.1	4.8	2.6
55–59	100.0	23.0	33.0	21.5	14.1	5.3	3.1
60–64	100.0	31.3	38.6	17.1	8.1	2.6	2.3
65+	100.0	34.2	35.6	17.1	8.2	1.4	3.5
女 Female	**100.0**	**25.6**	**39.7**	**18.8**	**10.7**	**3.6**	**1.7**
16–19	100.0	36.1	43.2	11.5	7.1	2.0	
20–24	100.0	27.4	42.8	17.4	8.5	3.2	0.7
25–29	100.0	25.9	40.3	16.7	11.0	4.3	1.8
30–34	100.0	24.4	39.4	19.9	10.8	3.8	1.7
35–39	100.0	24.7	37.1	21.2	11.3	3.5	2.3
40–44	100.0	22.5	38.9	21.5	11.7	3.3	2.2
45–49	100.0	24.3	36.7	20.3	13.0	4.0	1.7
50–54	100.0	25.4	41.0	17.2	10.4	4.0	2.0
55–59	100.0	27.8	42.4	17.2	9.3	2.5	0.7
60–64	100.0	34.5	44.0	11.3	6.8	1.7	1.6
65+	100.0	41.9	31.5	10.4	11.9	1.0	3.2

1—73 各地区居民消费价格指数和商品零售价格指数
CONSUMER PRICE INDICES AND RETAIL PRICE INDICES BY REGION

(上年=100) (preceding year=100)

年 份 Year 地 区 Region	居民消费价格 Consumer Price Index			商品零售价格 Retail Price Index		
	总指数 General	城 市 Urban Household	农 村 Rural Household	总指数 General	城 市 Urban Household	农 村 Rural Household
1994	124.1	125.0	123.4	121.7	120.9	122.9
1995	117.1	116.8	117.5	114.8	113.5	116.4
2000	100.4	100.8	99.9	98.5	98.5	98.5
2005	101.8	101.6	102.2	100.8	100.5	101.4
2010	103.3	103.2	103.6	103.1	102.8	103.6
2011	105.4	105.3	105.8	104.9	104.7	105.5
2012	102.6	102.7	102.5	102.0	101.9	102.2
2013	102.6	102.6	102.8	101.4	101.3	101.8
2014	102.0	102.1	101.8	101.0	101.0	101.0
2015	101.4	101.5	101.3	100.1	100.0	100.3
2016	102.0	102.1	101.9	100.7	100.7	100.9
2017	101.6	101.7	101.3	101.1	101.1	101.3
2018	102.1	102.1	102.1	101.9	101.9	102.1
2019	102.9	102.8	103.2	102.0	101.9	102.5
2020	102.5	102.3	103.0	101.4	101.3	102.1
北 京 Beijing	101.7	101.7		101.0	101.0	
天 津 Tianjin	102.0	102.0		101.0	101.0	
河 北 Hebei	102.1	102.0	102.2	101.4	101.3	101.7
山 西 Shanxi	102.9	102.8	103.3	100.9	100.7	101.6
内蒙古 Inner Mongolia	101.9	101.6	102.7	100.5	100.4	101.0
辽 宁 Liaoning	102.4	102.2	103.4	101.1	101.0	102.0
吉 林 Jilin	102.3	102.0	103.1	100.7	100.6	101.8
黑龙江 Heilongjiang	102.3	102.1	102.9	101.5	101.5	101.6
上 海 Shanghai	101.7	101.7		100.9	100.9	
江 苏 Jiangsu	102.5	102.4	102.8	101.8	101.8	102.4
浙 江 Zhejiang	102.3	102.1	102.8	101.2	101.0	102.1
安 徽 Anhui	102.7	102.5	102.9	101.6	101.6	101.7
福 建 Fujian	102.2	102.2	102.1	101.3	101.2	101.6
江 西 Jiangxi	102.6	102.4	103.0	101.6	101.5	101.9
山 东 Shandong	102.8	102.5	103.6	102.0	101.9	102.6
河 南 Henan	102.8	102.5	103.3	100.9	100.9	101.2
湖 北 Hubei	102.7	102.5	103.5	102.2	102.1	103.0
湖 南 Hunan	102.3	102.0	102.9	101.3	101.2	102.5
广 东 Guangdong	102.6	102.6	103.0	100.8	100.7	101.2
广 西 Guangxi	102.8	102.5	103.5	101.4	101.3	102.1
海 南 Hainan	102.3	101.8	103.8	101.6	101.5	102.4
重 庆 Chongqing	102.3	102.3		102.2	102.2	
四 川 Sichuan	103.2	102.9	103.8	102.7	102.5	103.4
贵 州 Guizhou	102.6	102.3	103.1	101.6	101.5	102.4
云 南 Yunnan	103.6	103.4	103.9	102.4	102.4	102.6
西 藏 Tibet	102.2	102.2	102.1	102.0	102.0	101.7
陕 西 Shaanxi	102.5	102.5	102.5	101.9	101.8	102.4
甘 肃 Gansu	102.0	101.9	102.1	101.3	101.3	101.5
青 海 Qinghai	102.6	102.7	102.5	102.4	102.5	102.3
宁 夏 Ningxia	101.5	101.7	101.0	100.6	100.6	100.2
新 疆 Xinjiang	101.5	101.3	102.0	100.6	100.6	101.2

1－74　商品零售价格分类指数(2020年)
RETAIL PRICE INDICES BY CATEGORY (2020)

(上年=100)　　(preceding year=100)

项　　目	Item	全　国 National Indices	城　市 Urban Indices	农　村 Rural Indices
商品零售价格指数	**Retail Price Index**	**101.4**	**101.3**	**102.1**
食品	**Food**	**109.0**	**108.8**	**110.6**
粮食	Grain	101.2	101.3	101.2
食用油	Edible Oil and Fats	104.1	103.5	106.4
菜	Vegetables	106.7	106.7	107.1
畜肉类	Meat of Livestock	138.2	137.7	140.3
禽肉类	Meat of Poultry	102.5	102.7	101.2
水产品	Aquatic Products	103.1	102.9	103.8
蛋类	Eggs	90.8	91.1	89.5
奶类	Milk	101.2	101.2	100.8
干鲜瓜果类	Dried and Fresh Melons and Fruits	91.6	91.8	90.6
糖果糕点类	Candy and Cake	101.0	101.0	101.0
调味品	Flavoring	101.3	101.3	101.1
其他食品类	Other Foods	101.9	101.9	101.6
在外餐饮	Dining Out	104.8	104.6	105.8
饮料、烟酒	**Beverages, Tobacco and Liquor**	**101.2**	**101.2**	**101.0**
茶及饮料	Tea and Beverages	100.5	100.5	100.6
酒类	Liquor	102.1	102.2	101.9
服装、鞋帽	**Garments, Shoes and Hats**	**99.7**	**99.7**	**99.6**
服装	Garments	99.8	99.8	99.7
鞋帽袜	Footgear and Hat	99.2	99.1	99.5
纺织品	**Textiles**	**99.8**	**99.9**	**99.5**
服装材料	Clothing	100.6	100.6	100.3
床上用品	Bedding	99.6	99.7	99.2
家用电器及音像器材	**Household Appliances, Music and Video Equipment**	**98.0**	**97.9**	**98.5**
文化办公用品	**Cultural and Office Appliances**	**100.2**	**100.2**	**100.6**
日用品	**Articles for Daily Use**	**100.2**	**100.2**	**100.0**
日用百货	General Merchandise for Daily Use	100.0	100.1	99.9
体育娱乐用品	**Sports and Recreation Articles**	**99.8**	**99.8**	**100.1**
交通、通信用品	**Transportation and Communication Appliances**	**98.6**	**98.6**	**98.2**
家具	**Furniture**	**99.8**	**99.8**	**99.8**
化妆品	**Cosmetics**	**101.3**	**101.4**	**100.7**
金银饰品	**Gold and Silver Ornaments**	**117.0**	**117.3**	**114.7**
中西药品及医疗保健用品	**Traditional Chinese and Western Medicines and Health Care Articles**	**100.9**	**100.7**	**102.0**
医疗卫生器具	Medical Instrument	102.1	101.6	105.5
中药	Traditional Chinese Medicines	102.5	102.5	102.9
西药	Western Medicines	100.1	99.9	101.5
书报杂志及电子出版物	**Books, Newspapers, Magazines and Electronic Publications**	**101.5**	**101.5**	**101.4**
燃料	**Fuels**	**91.1**	**91.0**	**92.0**
建筑材料及五金电料	**Building Materials and Hardware**	**100.3**	**100.2**	**100.6**
建筑装璜材料	Building Decoration Materials	100.2	100.1	100.5
五金水暖	Hardware	100.5	100.4	100.8

1−75 各地区商品零售价格分类指数(2020年)
RETAIL PRICE INDICES BY CATEGORY OF COMMODITIES BY REGION (2020)

(上年=100) (preceding year=100)

地区	Region	总指数 General Index	食品 Food	#粮食 Grain	#菜 Vegetables	#畜肉 Meat of Livestock	#禽肉 Meat of Poultry
全国	**National**	**101.4**	**109.0**	**101.2**	**106.7**	**138.2**	**102.5**
北京	Beijing	101.0	106.2	101.8	106.6	127.4	104.0
天津	Tianjin	101.0	106.9	101.8	109.8	131.1	99.4
河北	Hebei	101.4	107.7	101.3	105.2	134.5	103.2
山西	Shanxi	100.9	107.6	100.4	108.1	136.9	101.2
内蒙古	Inner Mongolia	100.5	106.1	100.7	106.0	125.7	102.2
辽宁	Liaoning	101.1	108.6	101.8	108.6	135.3	99.4
吉林	Jilin	100.7	107.9	100.9	106.8	132.6	102.2
黑龙江	Heilongjiang	101.5	109.6	102.4	105.2	137.8	102.8
上海	Shanghai	100.9	105.9	101.5	105.9	131.0	99.9
江苏	Jiangsu	101.8	110.3	100.8	109.8	137.2	105.3
浙江	Zhejiang	101.2	108.1	101.5	104.7	137.6	104.4
安徽	Anhui	101.6	109.4	101.4	109.6	138.8	100.5
福建	Fujian	101.3	108.0	100.2	101.8	137.6	101.2
江西	Jiangxi	101.6	110.0	101.8	105.4	140.8	97.4
山东	Shandong	102.0	111.0	102.4	109.1	140.6	103.2
河南	Henan	100.9	107.9	100.4	107.6	141.0	100.7
湖北	Hubei	102.2	111.0	101.3	109.1	143.3	103.1
湖南	Hunan	101.3	109.0	101.1	103.9	138.8	104.0
广东	Guangdong	100.8	108.3	101.5	102.4	141.9	102.4
广西	Guangxi	101.4	110.2	100.9	103.7	142.4	99.6
海南	Hainan	101.6	108.4	101.3	98.1	138.1	102.0
重庆	Chongqing	102.2	108.4	97.4	109.1	139.9	101.6
四川	Sichuan	102.7	112.5	101.0	109.5	138.4	100.7
贵州	Guizhou	101.6	111.8	100.2	105.7	141.7	100.6
云南	Yunnan	102.4	113.9	100.8	107.3	152.0	108.0
西藏	Tibet	102.0	105.8	101.9	104.3	118.3	109.8
陕西	Shaanxi	101.9	108.4	101.3	111.6	138.9	101.8
甘肃	Gansu	101.3	106.4	101.9	112.1	126.7	109.5
青海	Qinghai	102.4	107.4	101.2	106.9	126.5	102.0
宁夏	Ningxia	100.6	104.9	102.4	111.8	120.9	103.6
新疆	Xinjiang	100.6	104.4	102.5	100.9	121.0	104.1

1－75 续表 1 continued

(上年=100) (preceding year=100)

地 区	Region	#水产品 Aquatic Products	#蛋 Eggs	#干鲜瓜果 Dried and Fresh Melons and Fruits	饮料烟酒 Beverages, Tobacco and Liquor	服装鞋帽 Garments, Shoes and Hats	纺织品 Textiles
全 国	**National**	**103.1**	**90.8**	**91.6**	**101.2**	**99.7**	**99.8**
北 京	Beijing	101.3	89.9	90.9	100.7	99.6	98.8
天 津	Tianjin	102.7	87.5	93.5	102.3	98.2	99.7
河 北	Hebei	100.9	89.5	90.4	101.5	100.0	100.2
山 西	Shanxi	102.5	79.7	90.9	100.6	101.1	98.8
内蒙古	Inner Mongolia	101.1	89.8	92.1	99.9	99.7	100.5
辽 宁	Liaoning	102.2	89.6	96.1	100.8	99.6	99.9
吉 林	Jilin	104.7	89.4	92.1	101.2	99.0	100.5
黑龙江	Heilongjiang	103.3	88.4	93.5	100.8	98.7	99.0
上 海	Shanghai	100.6	96.7	94.4	102.6	100.8	100.1
江 苏	Jiangsu	105.5	91.1	94.1	101.9	99.7	101.1
浙 江	Zhejiang	102.1	94.6	93.3	100.7	100.4	102.1
安 徽	Anhui	105.3	87.4	88.6	101.5	100.3	98.9
福 建	Fujian	102.9	89.9	89.1	99.9	99.6	100.3
江 西	Jiangxi	106.5	90.6	89.0	100.7	99.4	99.2
山 东	Shandong	104.7	90.5	91.6	101.0	100.4	98.3
河 南	Henan	101.1	86.6	91.3	101.1	98.8	99.6
湖 北	Hubei	105.3	92.8	89.9	100.4	99.2	100.4
湖 南	Hunan	101.6	94.5	92.3	100.6	100.2	100.1
广 东	Guangdong	101.8	95.0	89.7	102.2	98.9	99.1
广 西	Guangxi	103.6	93.4	90.5	101.1	99.4	99.4
海 南	Hainan	101.6	95.6	92.3	100.7	101.7	107.5
重 庆	Chongqing	102.5	86.9	84.4	100.5	98.2	98.7
四 川	Sichuan	103.0	95.6	93.4	101.5	99.6	99.4
贵 州	Guizhou	103.9	95.0	90.5	100.3	98.2	99.3
云 南	Yunnan	102.3	98.2	89.5	100.3	100.7	96.9
西 藏	Tibet	101.1	99.2	97.0	101.6	101.0	100.0
陕 西	Shaanxi	103.8	84.6	89.7	101.5	99.7	100.7
甘 肃	Gansu	100.6	89.9	92.3	100.6	99.6	99.2
青 海	Qinghai	101.4	84.6	93.9	100.5	99.7	103.5
宁 夏	Ningxia	102.4	89.6	93.7	100.5	98.9	100.1
新 疆	Xinjiang	100.8	87.8	90.3	101.7	99.1	99.4

1-75 续表 2 continued

(上年=100) (preceding year=100)

地 区	Region	家用电器及音像器材 Household Appliances, Music and Video Equipment	文化办公用 品 Cultural and Office Appliances	日 用 品 Articles for Daily Use	体育娱乐用 品 Sports and Recreation Articles	交 通、通信用品 Transportation and Communication Appliances	家 具 Furniture
全 国	**National**	**98.0**	**100.2**	**100.2**	**99.8**	**98.6**	**99.8**
北 京	Beijing	97.2	99.8	99.8	100.2	100.7	100.5
天 津	Tianjin	97.9	100.4	99.8	100.7	97.9	101.0
河 北	Hebei	98.1	98.1	100.8	100.0	98.7	98.6
山 西	Shanxi	99.2	101.1	100.1	100.4	98.5	100.0
内蒙古	Inner Mongolia	98.3	99.9	100.1	99.3	97.7	100.0
辽 宁	Liaoning	96.3	96.9	100.0	98.9	98.0	98.8
吉 林	Jilin	98.7	100.8	100.1	100.8	96.3	101.6
黑龙江	Heilongjiang	99.0	100.0	98.4	99.9	97.4	100.3
上 海	Shanghai	97.7	101.4	100.7	100.4	98.5	99.3
江 苏	Jiangsu	98.2	103.7	100.5	100.0	100.1	100.6
浙 江	Zhejiang	98.9	99.8	101.2	101.3	98.5	101.2
安 徽	Anhui	98.5	99.0	99.6	100.3	97.3	100.0
福 建	Fujian	98.3	101.1	100.6	100.2	97.9	99.2
江 西	Jiangxi	97.9	100.2	100.0	99.8	97.8	100.5
山 东	Shandong	98.1	100.2	100.0	100.0	98.7	99.9
河 南	Henan	99.3	100.9	99.9	100.0	95.8	99.8
湖 北	Hubei	96.9	101.4	100.6	100.2	97.4	100.5
湖 南	Hunan	99.4	100.3	100.0	100.1	99.1	99.4
广 东	Guangdong	97.2	99.2	99.8	98.4	98.4	98.0
广 西	Guangxi	97.7	99.8	99.8	99.7	96.4	99.3
海 南	Hainan	99.8	99.9	100.2	99.3	98.7	99.6
重 庆	Chongqing	96.9	99.3	100.0	100.2	103.2	100.5
四 川	Sichuan	96.4	98.9	100.0	99.2	98.9	102.2
贵 州	Guizhou	97.8	99.5	100.1	100.0	98.3	100.7
云 南	Yunnan	97.7	99.1	99.3	99.6	98.5	99.4
西 藏	Tibet	99.6	99.5	100.4	100.7	99.7	102.2
陕 西	Shaanxi	97.9	100.5	100.9	100.5	99.1	100.6
甘 肃	Gansu	99.5	100.2	100.4	100.9	99.0	99.7
青 海	Qinghai	98.6	98.7	99.2	101.2	103.5	100.3
宁 夏	Ningxia	98.0	101.3	99.5	99.9	99.1	100.2
新 疆	Xinjiang	97.3	103.1	100.5	100.6	98.3	98.4

1-75 续表 3 continued

(上年=100) (preceding year=100)

地　区	Region	化妆品 Cosmetics	金银饰品 Gold and Silver Ornaments	中西药品及医疗保健用品 Traditional Chinese and Western Medicines and Health Care Articles	书报杂志及电子出版物 Books, Newspapers, Magazines and Electronic Publications	燃　料 Fuels	建筑材料及五金电料 Building Materials and Hardware
全　国	**National**	**101.3**	**117.0**	**100.9**	**101.5**	**91.1**	**100.3**
北　京	Beijing	101.4	122.8	98.5	101.5	88.9	100.1
天　津	Tianjin	100.6	125.6	99.4	103.4	89.8	99.4
河　北	Hebei	102.7	115.3	102.6	101.0	92.3	102.0
山　西	Shanxi	100.4	111.9	100.8	101.1	90.8	100.6
内蒙古	Inner Mongolia	100.0	112.7	103.2	101.0	91.4	100.0
辽　宁	Liaoning	101.1	116.0	100.6	100.8	92.2	100.2
吉　林	Jilin	101.6	120.1	100.3	102.7	90.9	100.2
黑龙江	Heilongjiang	102.4	118.3	102.3	101.0	92.9	100.2
上　海	Shanghai	100.9	117.1	102.4	106.5	88.2	101.8
江　苏	Jiangsu	102.0	117.3	99.7	103.1	90.6	100.6
浙　江	Zhejiang	103.3	116.6	98.5	101.0	90.4	100.3
安　徽	Anhui	101.3	115.4	101.3	99.3	94.3	100.2
福　建	Fujian	101.1	119.2	100.7	101.4	91.6	99.9
江　西	Jiangxi	100.1	115.0	100.4	101.4	91.0	100.5
山　东	Shandong	100.2	115.9	100.9	103.7	91.0	100.6
河　南	Henan	101.0	118.3	102.1	101.1	91.3	99.8
湖　北	Hubei	102.8	116.1	102.3	100.2	92.7	100.4
湖　南	Hunan	101.2	118.0	101.0	100.7	89.2	100.0
广　东	Guangdong	99.8	116.7	101.9	100.5	90.4	99.8
广　西	Guangxi	101.7	117.2	100.0	101.6	89.5	100.1
海　南	Hainan	99.9	116.2	99.8	100.1	88.9	100.3
重　庆	Chongqing	101.9	116.9	101.0	100.8	94.8	100.3
四　川	Sichuan	101.9	113.7	100.9	100.5	92.7	100.0
贵　州	Guizhou	100.3	116.6	101.7	101.6	89.6	99.5
云　南	Yunnan	102.4	109.0	100.8	101.6	90.0	99.8
西　藏	Tibet	101.7	116.0	105.0	101.0	93.5	100.5
陕　西	Shaanxi	101.2	117.2	99.8	101.2	94.4	99.3
甘　肃	Gansu	100.9	117.4	101.2	100.2	92.9	99.7
青　海	Qinghai	100.4	120.3	101.1	100.8	95.3	99.1
宁　夏	Ningxia	99.9	113.3	99.8	101.0	91.7	100.0
新　疆	Xinjiang	99.6	111.3	100.8	100.2	93.0	99.5

1−76 居民消费价格分类指数（2020年）
CONSUMER PRICE INDICES BY CATEGORY (2020)

(上年=100) (preceding year=100)

项　目	Item	全　国 National Indices	城　市 Urban Indices	农　村 Rural Indices
居民消费价格总指数	**Consumer Price Index**	**102.5**	**102.3**	**103.0**
食品烟酒	**Food, Tobacco and Liquor**	**108.3**	**107.8**	**109.6**
食品	Food	110.6	110.0	112.1
粮食	Grain	101.2	101.2	101.2
薯类	Tubers	103.3	103.7	102.4
豆类	Beans	105.6	105.8	105.2
食用油	Edible Oil and Fats	105.3	103.8	108.0
菜	Vegetables	106.6	106.6	106.7
#鲜菜	Fresh Vegetables	107.1	107.1	107.2
畜肉类	Meat of Livestock	138.4	137.6	140.3
禽肉类	Meat of Poultry	102.2	102.5	101.5
水产品	Aquatic Products	103.0	102.9	103.2
蛋类	Eggs	90.6	90.9	89.8
奶类	Milk	101.0	101.1	100.7
干鲜瓜果类	Dried and Fresh Melons and Fruits	91.6	91.8	90.7
#鲜瓜果	Fresh Melons and Fruits	88.9	89.2	88.2
糖果糕点类	Candy and Cake	101.0	101.0	100.9
调味品	Flavoring	101.3	101.4	101.1
其他食品类	Other Foods	101.8	101.9	101.6
茶及饮料	Tea and Beverages	100.6	100.6	100.7
烟酒	Tobacco and Liquor	101.3	101.4	101.1
在外餐饮	Dining Out	104.7	104.5	105.4
衣着	**Clothing**	**99.8**	**99.8**	**99.7**
服装	Garments	99.9	99.9	99.7
服装材料	Garments Material	100.5	100.6	100.3
其他衣着及配件	Other Clothing and Parts	99.6	99.5	100.3
衣着加工服务费	Clothing Manufacturing Services	102.1	102.1	102.0
鞋类	Footwear	99.2	99.2	99.4
居住	**Residence**	**99.6**	**99.6**	**99.5**
租赁房房租	Rent of Rental Housing	99.4	99.4	99.4
住房保养维修及管理	Housing Maintenance and Management	101.1	101.2	100.8
水电燃料	Water, Electricity and Fuels	99.3	99.5	98.6
生活用品及服务	**Articles for Daily Use and Services**	**100.0**	**100.1**	**99.9**
家具及室内装饰品	Furniture and Interior Decorations	99.9	99.8	99.9
家用器具	Home Appliances	98.2	98.0	98.7
家用纺织品	Home Textiles	99.8	99.7	99.8
家庭日用杂品	Daily Use Household Articles	100.5	100.6	100.3
个人护理用品	Personal-care Supplies	101.0	101.1	100.5
家庭服务	Household Services	102.7	102.7	102.4
交通和通信	**Transport and Communications**	**96.5**	**96.4**	**96.8**
交通	Transport	95.0	94.9	95.5
交通工具	Transport Facility	97.8	97.7	98.2
交通工具用燃料	Fuels for Transport Facility	86.2	86.2	86.0
交通工具使用和维修	Use and Maintenance of Transport Facility	101.4	101.4	101.4
交通费	Traffic Fee	97.4	96.9	99.0
通信	Communications	99.3	99.3	99.3
教育文化和娱乐	**Education, Culture and Recreation**	**101.3**	**101.4**	**101.1**
教育	Education	102.2	102.3	101.7
教育用品	Education Articles	101.5	101.7	100.9
教育服务	Education Services	102.2	102.4	101.8
文化娱乐	Culture and Recreation	100.1	100.1	99.6
文娱耐用消费品	Durable Consumer Goods for Culture and Recreation	98.7	98.6	99.0
其他文娱用品	Other Articles	100.4	100.4	100.6
文化娱乐服务	Services for Culture and Recreation	99.1	99.1	99.4
旅游	Touring and Outing	101.1	101.3	99.9
医疗保健	**Health Care**	**101.8**	**101.7**	**102.0**
药品及医疗器具	Medicine and Medical Instrument	101.0	100.8	101.7
医疗服务	Medical Services	102.3	102.4	102.2
其他用品和服务	**Other Articles and Services**	**104.3**	**104.4**	**104.1**
其他用品类	Other Articles	109.5	110.0	107.4
其他服务类	Other Services	100.3	100.1	101.1

1-77　各地区居民消费价格分类指数(2020年)
CONSUMER PRICE INDICES BY CATEGORY AND REGION(2020)

(上年=100)

地　区	Region	总指数 General Index	食品烟酒 Food, Tobacco and Liquor	食品 Food	粮食 Grain	薯类 Tubers	豆类 Beans	食用油 Edible Oil and Fats
全　国	**National**	**102.5**	**108.3**	**110.6**	**101.2**	**103.3**	**105.6**	**105.3**
北　京	Beijing	101.7	105.7	106.1	101.8	106.8	105.3	103.7
天　津	Tianjin	102.0	106.5	107.6	101.7	104.9	109.9	98.9
河　北	Hebei	102.1	107.1	108.4	101.3	101.9	104.0	102.9
山　西	Shanxi	102.9	106.9	108.2	100.5	100.0	103.1	103.1
内蒙古	Inner Mongolia	101.9	105.7	107.0	100.8	98.7	101.4	110.9
辽　宁	Liaoning	102.4	107.4	108.9	101.7	104.9	106.7	102.3
吉　林	Jilin	102.3	107.5	109.0	100.8	104.7	107.2	105.2
黑龙江	Heilongjiang	102.3	108.0	109.6	101.9	100.5	106.4	103.2
上　海	Shanghai	101.7	105.3	106.3	101.5	108.4	99.9	106.6
江　苏	Jiangsu	102.5	109.1	111.9	100.7	110.5	108.0	104.5
浙　江	Zhejiang	102.3	107.4	109.5	101.7	105.2	105.8	105.3
安　徽	Anhui	102.7	108.4	110.9	101.2	104.5	108.1	108.5
福　建	Fujian	102.2	107.0	109.3	100.3	105.8	104.6	104.6
江　西	Jiangxi	102.6	108.8	111.5	101.9	106.4	106.9	102.7
山　东	Shandong	102.8	109.5	112.1	102.4	104.5	107.5	101.6
河　南	Henan	102.8	108.5	111.2	100.3	101.8	104.6	102.1
湖　北	Hubei	102.7	109.3	112.3	101.3	104.0	106.0	103.3
湖　南	Hunan	102.3	108.3	111.4	101.1	104.7	105.5	106.1
广　东	Guangdong	102.6	109.1	111.8	101.9	102.5	103.1	102.5
广　西	Guangxi	102.8	109.2	111.6	100.9	103.2	106.9	103.7
海　南	Hainan	102.3	108.4	110.5	101.3	103.4	106.5	111.1
重　庆	Chongqing	102.3	107.9	110.3	97.4	105.4	106.6	100.0
四　川	Sichuan	103.2	111.0	114.2	100.7	103.7	107.9	109.8
贵　州	Guizhou	102.6	110.3	113.3	99.9	107.9	105.8	124.6
云　南	Yunnan	103.6	111.6	115.8	101.1	98.2	105.5	121.2
西　藏	Tibet	102.2	104.8	106.2	102.4	98.7	99.8	103.2
陕　西	Shaanxi	102.5	107.6	109.3	101.6	105.4	108.4	104.3
甘　肃	Gansu	102.0	106.4	108.5	101.7	101.5	102.3	103.0
青　海	Qinghai	102.6	106.5	108.5	101.1	99.1	102.8	102.6
宁　夏	Ningxia	101.5	105.4	106.6	101.7	101.1	102.8	100.6
新　疆	Xinjiang	101.5	104.5	105.4	102.1	98.2	103.0	103.6

1—77 续表 1 continued

(上年=100)

地区	Region	菜 Vegetables	#鲜菜 Fresh Vegetables	畜肉类 Meat of Livestock	禽肉类 Meat of Poultry	水产品 Aquatic Products	蛋类 Eggs	奶类 Milk
全国	**National**	**106.6**	**107.1**	**138.4**	**102.2**	**103.0**	**90.6**	**101.0**
北京	Beijing	106.6	107.5	127.4	104.0	101.3	89.9	104.0
天津	Tianjin	109.8	109.8	131.1	99.4	102.7	87.5	100.0
河北	Hebei	105.6	106.1	135.6	104.7	101.8	89.1	100.6
山西	Shanxi	108.1	108.7	137.2	101.4	102.6	79.6	101.2
内蒙古	Inner Mongolia	107.1	107.6	127.4	101.9	99.9	89.5	100.1
辽宁	Liaoning	108.7	109.5	134.7	100.2	102.1	89.5	101.6
吉林	Jilin	107.2	107.7	135.9	100.8	105.7	89.9	102.1
黑龙江	Heilongjiang	105.1	105.6	138.9	102.9	103.7	89.0	101.4
上海	Shanghai	105.9	106.3	131.0	99.9	100.6	96.7	100.7
江苏	Jiangsu	109.4	110.3	137.5	105.3	105.5	90.7	102.4
浙江	Zhejiang	104.6	105.1	137.3	104.0	102.1	94.5	100.8
安徽	Anhui	109.5	110.2	139.4	100.4	105.5	87.7	100.2
福建	Fujian	101.4	101.8	137.0	100.4	103.1	90.0	101.8
江西	Jiangxi	104.5	104.7	141.2	98.8	105.1	90.7	100.5
山东	Shandong	109.3	109.9	140.5	102.5	104.7	90.7	100.6
河南	Henan	107.8	108.5	142.3	100.1	100.8	86.2	100.4
湖北	Hubei	109.0	109.6	143.8	103.8	106.4	93.5	100.2
湖南	Hunan	104.4	104.7	139.3	103.8	102.3	96.1	99.6
广东	Guangdong	102.1	102.3	142.9	101.6	101.4	94.1	102.4
广西	Guangxi	103.3	103.6	143.1	99.6	103.0	94.2	100.9
海南	Hainan	98.9	98.8	139.2	102.1	101.8	95.2	101.9
重庆	Chongqing	109.1	110.2	139.9	101.6	102.5	86.9	95.9
四川	Sichuan	109.6	110.4	139.3	101.0	103.8	94.9	100.6
贵州	Guizhou	106.0	106.4	141.2	101.1	103.7	94.5	100.8
云南	Yunnan	107.0	107.5	150.9	107.8	101.8	98.9	100.1
西藏	Tibet	102.5	102.3	118.6	107.7	100.2	97.7	101.8
陕西	Shaanxi	111.8	112.6	135.6	103.0	104.4	85.6	103.2
甘肃	Gansu	112.5	113.1	127.9	107.9	100.0	90.4	99.9
青海	Qinghai	105.6	105.8	124.9	102.9	101.4	87.0	101.1
宁夏	Ningxia	113.5	114.1	120.2	105.6	101.7	88.8	99.1
新疆	Xinjiang	101.7	101.7	118.6	104.7	100.7	88.8	98.9

1-77 续表 2 continued

(上年=100)

地 区	Region	干鲜瓜果类 Dried and Fresh Melons and Fruits	#鲜瓜果 Fresh Melons & Fruits	糖果糕点类 Candy and Cake	调味品 Flavoring	其他食品类 Other Foods	茶及饮料 Tea and Beverages	烟酒 Tobacco and Liquor
全 国	**National**	**91.6**	**88.9**	**101.0**	**101.3**	**101.8**	**100.6**	**101.3**
北 京	Beijing	90.9	86.7	99.9	100.9	102.0	100.4	100.9
天 津	Tianjin	93.5	90.7	101.2	102.1	102.0	101.5	102.5
河 北	Hebei	90.5	87.2	101.3	101.2	101.8	100.8	101.3
山 西	Shanxi	90.9	88.1	100.7	100.9	101.7	100.3	100.7
内蒙古	Inner Mongolia	92.4	90.4	99.6	100.1	100.6	99.6	100.2
辽 宁	Liaoning	95.8	94.4	100.8	100.7	100.9	99.8	100.6
吉 林	Jilin	92.3	90.1	100.9	101.9	102.3	100.7	100.6
黑龙江	Heilongjiang	92.7	90.9	100.4	99.9	100.9	100.8	100.4
上 海	Shanghai	94.4	92.9	101.9	103.6	100.4	101.8	102.8
江 苏	Jiangsu	93.7	91.2	102.2	102.0	101.8	101.6	101.9
浙 江	Zhejiang	93.3	90.1	102.7	102.4	102.9	100.7	100.8
安 徽	Anhui	88.7	84.6	101.2	102.8	101.9	101.3	101.3
福 建	Fujian	88.8	85.6	101.3	101.4	101.5	100.2	100.6
江 西	Jiangxi	89.6	86.1	100.4	100.8	102.2	100.3	100.8
山 东	Shandong	91.7	89.3	100.4	100.9	102.1	100.1	101.4
河 南	Henan	91.6	88.4	100.3	101.9	102.4	100.8	101.1
湖 北	Hubei	90.0	87.0	101.1	101.9	100.6	100.2	100.5
湖 南	Hunan	91.5	89.0	100.5	100.4	101.9	99.8	100.7
广 东	Guangdong	88.9	86.4	100.5	100.9	102.0	100.5	103.3
广 西	Guangxi	91.0	89.3	100.4	100.7	101.3	100.4	100.7
海 南	Hainan	92.1	91.1	97.6	100.9	99.8	99.9	100.8
重 庆	Chongqing	84.4	82.1	101.3	101.7	102.0	100.3	100.5
四 川	Sichuan	93.5	91.6	100.6	101.1	102.8	100.5	102.3
贵 州	Guizhou	91.2	89.2	101.5	99.9	102.3	100.8	100.2
云 南	Yunnan	90.2	88.0	102.1	100.7	103.8	99.9	101.1
西 藏	Tibet	97.8	97.6	100.4	102.2	101.1	101.1	101.0
陕 西	Shaanxi	89.8	85.8	100.3	101.3	102.8	100.7	101.5
甘 肃	Gansu	93.9	90.0	101.6	100.9	101.3	100.9	100.5
青 海	Qinghai	93.5	91.3	98.9	101.1	100.5	102.2	100.2
宁 夏	Ningxia	93.9	91.2	99.9	101.1	99.1	100.6	100.4
新 疆	Xinjiang	90.3	88.6	101.5	100.4	101.1	99.2	101.8

1-77 续表 3 continued

(上年=100)

地 区	Region	在外餐饮 Dining Out	衣着 Clothing	服装 Garments	服装材料 Garments Material	其他衣着及配件 Other Clothing and Parts	衣着加工服务费 Clothing Manufacturing Service Fees	鞋类 Footwear
全 国	**National**	**104.7**	**99.8**	**99.9**	**100.5**	**99.6**	**102.1**	**99.2**
北 京	Beijing	106.3	99.8	99.4	101.4	100.7	105.6	99.9
天 津	Tianjin	104.9	98.5	99.0	99.6	99.6	103.3	96.1
河 北	Hebei	105.1	99.7	100.0	100.5	99.3	101.5	98.9
山 西	Shanxi	105.6	101.3	101.4	101.2	99.8	103.6	100.7
内蒙古	Inner Mongolia	104.0	100.1	100.1	100.1	100.0	101.2	100.1
辽 宁	Liaoning	105.0	99.6	99.3	100.2	99.4	101.3	100.2
吉 林	Jilin	105.1	99.4	99.7	100.3	100.3	101.4	98.2
黑龙江	Heilongjiang	105.9	99.1	99.0	100.1	100.3	99.0	99.1
上 海	Shanghai	103.6	100.9	101.5	101.6	100.6	102.6	98.6
江 苏	Jiangsu	105.1	99.7	99.7	102.4	100.7	102.4	99.4
浙 江	Zhejiang	104.8	100.5	100.9	100.1	101.0	103.2	98.5
安 徽	Anhui	104.7	100.3	100.6	98.9	99.4	103.1	99.2
福 建	Fujian	103.3	99.9	99.6	101.6	99.5	102.3	100.5
江 西	Jiangxi	104.7	99.2	98.9	99.1	100.0	102.1	99.8
山 东	Shandong	105.9	100.6	100.8	98.3	99.3	101.9	100.1
河 南	Henan	104.3	98.8	98.6	101.9	99.7	101.6	98.9
湖 北	Hubei	104.4	99.7	99.7	102.6	100.0	102.4	99.3
湖 南	Hunan	101.5	100.2	100.1	100.4	99.8	100.4	100.3
广 东	Guangdong	103.8	99.5	99.7	100.5	96.8	102.1	98.9
广 西	Guangxi	106.0	99.9	99.7	100.6	99.3	101.1	100.2
海 南	Hainan	104.2	101.5	101.8	110.7	99.6	101.4	100.4
重 庆	Chongqing	104.4	98.3	98.5	97.5	99.1	101.7	97.4
四 川	Sichuan	106.1	99.7	99.9	100.5	99.7	101.6	99.1
贵 州	Guizhou	106.1	98.4	98.4	99.2	99.8	103.0	98.1
云 南	Yunnan	105.4	100.4	100.8	100.4	100.4	100.8	99.3
西 藏	Tibet	102.6	101.0	101.3	100.5	100.5	99.8	101.1
陕 西	Shaanxi	106.0	99.4	99.8	100.5	100.0	101.0	97.9
甘 肃	Gansu	102.8	99.4	99.4	98.6	100.3	101.8	99.3
青 海	Qinghai	103.2	99.7	99.5	101.2	101.5	102.4	100.0
宁 夏	Ningxia	103.9	98.9	99.3	100.6	99.2	101.2	97.5
新 疆	Xinjiang	103.1	99.4	99.5	100.0	99.3	102.4	98.9

1－77 续表 4 continued

(上年=100)

地 区	Region	居住 Residence	租赁房房租 Rent of Rental Housing	住房保养维修及管理 Housing Maintenance and Management	水电燃料 Water, Electricity and Fuels	生活用品及服务 Articles for Daily Use and Services	家具及室内装饰品 Furniture and Interior Decorations	家用器具 Home Appliances
全 国	**National**	**99.6**	**99.4**	**101.1**	**99.3**	**100.0**	**99.9**	**98.2**
北 京	Beijing	99.1	98.9	101.6	100.0	100.0	100.4	96.3
天 津	Tianjin	100.7	101.0	100.8	99.9	100.2	100.9	98.5
河 北	Hebei	99.1	98.9	101.6	98.4	99.9	98.8	98.1
山 西	Shanxi	100.1	100.4	102.4	99.1	100.0	100.0	98.8
内蒙古	Inner Mongolia	100.2	99.6	101.0	99.8	99.9	100.0	98.9
辽 宁	Liaoning	100.2	100.2	100.0	100.0	99.5	99.2	97.1
吉 林	Jilin	99.8	98.0	100.3	99.0	100.8	101.4	99.5
黑龙江	Heilongjiang	98.5	96.9	100.4	100.2	99.7	100.3	98.8
上 海	Shanghai	100.8	101.0	102.4	99.6	99.8	99.3	96.6
江 苏	Jiangsu	99.9	99.9	102.2	99.6	100.5	100.2	98.5
浙 江	Zhejiang	99.9	99.9	101.6	98.9	101.6	101.1	98.7
安 徽	Anhui	99.8	99.8	100.5	99.3	99.8	99.7	98.5
福 建	Fujian	100.0	100.0	101.0	99.7	100.6	99.6	98.8
江 西	Jiangxi	99.4	99.5	101.6	97.7	99.7	100.5	97.5
山 东	Shandong	99.7	99.9	101.5	99.2	99.9	100.2	98.7
河 南	Henan	99.6	98.6	100.6	99.5	99.9	99.8	98.8
湖 北	Hubei	99.2	99.6	100.8	99.4	100.1	100.4	97.2
湖 南	Hunan	99.1	100.0	100.1	97.9	99.9	99.7	99.4
广 东	Guangdong	98.9	98.5	101.4	98.7	99.7	98.2	97.9
广 西	Guangxi	98.9	99.1	100.5	97.5	99.7	99.6	98.2
海 南	Hainan	97.8	94.8	100.9	98.2	100.3	99.3	99.2
重 庆	Chongqing	99.5	100.6	100.2	100.0	100.0	100.4	97.4
四 川	Sichuan	98.9	98.5	100.8	99.9	99.9	101.1	97.0
贵 州	Guizhou	98.4	97.7	99.7	99.2	99.6	100.0	98.0
云 南	Yunnan	100.1	99.4	101.0	99.7	99.7	99.6	98.3
西 藏	Tibet	100.1	101.5	101.2	98.6	101.6	103.8	100.4
陕 西	Shaanxi	100.1	99.9	100.7	100.2	100.3	100.0	98.5
甘 肃	Gansu	100.1	99.7	99.8	100.0	100.3	99.7	99.6
青 海	Qinghai	101.0	101.6	99.4	102.7	99.9	99.7	98.3
宁 夏	Ningxia	100.3	98.1	100.2	102.9	99.6	100.2	98.4
新 疆	Xinjiang	102.1	101.6	100.3	100.7	99.5	98.5	96.9

1–77 续表 5 continued

(上年=100)

地 区	Region	家用纺织品 Home Textiles	家庭日用杂品 Household Articles for Daily Use	个人护理用品 Personal-care Supplies	家庭服务 Household Services	交通和通信 Transport and Communications	交通 Transport	交通工具 Transport Facility
全 国	**National**	**99.8**	**100.5**	**101.0**	**102.7**	**96.5**	**95.0**	**97.8**
北 京	Beijing	98.2	100.7	101.3	103.2	95.8	93.7	98.5
天 津	Tianjin	99.4	99.8	100.7	102.8	97.1	96.6	96.4
河 北	Hebei	100.2	100.6	101.9	102.2	96.9	95.3	98.3
山 西	Shanxi	99.0	100.7	100.6	102.7	96.6	94.3	96.2
内蒙古	Inner Mongolia	100.1	100.2	100.0	100.9	96.4	95.4	99.0
辽 宁	Liaoning	100.0	100.1	101.3	99.5	96.7	95.4	97.2
吉 林	Jilin	100.2	100.4	101.3	104.6	96.5	95.7	97.2
黑龙江	Heilongjiang	99.6	99.1	101.7	98.3	96.5	95.2	96.5
上 海	Shanghai	100.4	100.4	101.0	101.6	96.6	94.2	97.3
江 苏	Jiangsu	100.2	100.8	101.7	104.4	96.5	95.1	98.5
浙 江	Zhejiang	102.4	102.2	102.9	105.3	96.5	94.9	97.1
安 徽	Anhui	99.3	100.1	101.0	101.7	96.8	95.5	96.5
福 建	Fujian	99.7	101.6	101.0	104.1	97.0	95.4	98.5
江 西	Jiangxi	99.6	100.4	99.9	103.3	96.3	94.7	97.2
山 东	Shandong	99.0	100.1	100.0	103.4	96.2	94.4	97.7
河 南	Henan	99.1	100.4	100.9	102.3	95.8	95.7	98.4
湖 北	Hubei	99.6	100.7	102.4	102.5	96.5	94.6	95.0
湖 南	Hunan	100.2	100.0	100.6	100.8	96.7	95.1	98.4
广 东	Guangdong	98.9	100.3	99.8	102.5	96.2	94.6	98.5
广 西	Guangxi	99.2	99.9	101.2	101.6	96.0	94.6	96.6
海 南	Hainan	104.1	99.9	100.0	104.2	95.4	93.4	97.6
重 庆	Chongqing	98.7	100.3	101.9	102.9	97.3	94.7	98.5
四 川	Sichuan	99.1	100.5	101.0	103.6	96.4	94.8	97.4
贵 州	Guizhou	99.4	100.2	99.6	101.2	95.7	94.0	98.0
云 南	Yunnan	98.5	100.1	101.8	101.4	96.9	95.6	99.2
西 藏	Tibet	100.0	102.2	101.4	102.0	98.1	96.2	100.2
陕 西	Shaanxi	100.8	101.1	100.7	101.2	97.8	97.1	99.1
甘 肃	Gansu	99.9	100.7	100.6	101.6	97.4	96.3	99.4
青 海	Qinghai	102.3	99.6	100.4	101.1	97.8	95.7	99.4
宁 夏	Ningxia	100.2	99.3	99.7	102.0	96.9	94.8	96.2
新 疆	Xinjiang	99.9	100.0	100.3	102.8	96.8	95.9	98.8

1-77 续表 6 continued

(上年=100)

地　区	Region	交通工具用燃料 Fuels for Transport Facility	交通工具使用和维修 Use and Maintenance of Transport Facility	交通费 Traffic Fee	通信 Commu-nications	教育文化和娱乐 Education, Culture and Recreation	教育 Education	教育用品 Education Articles
全　国	**National**	**86.2**	**101.4**	**97.4**	**99.3**	**101.3**	**102.2**	**101.5**
北　京	Beijing	86.2	101.3	92.9	101.7	102.5	100.9	99.4
天　津	Tianjin	85.8	102.9	105.3	98.0	102.6	104.9	103.9
河　北	Hebei	86.3	101.0	98.8	99.9	102.0	103.3	101.8
山　西	Shanxi	86.0	100.6	99.5	100.6	101.1	101.9	102.4
内蒙古	Inner Mongolia	86.2	101.7	96.1	98.6	100.5	100.7	100.0
辽　宁	Liaoning	85.9	100.4	98.2	99.3	100.8	100.9	101.4
吉　林	Jilin	85.7	100.2	100.5	97.9	101.4	101.1	102.6
黑龙江	Heilongjiang	85.9	100.4	98.2	99.1	102.3	102.4	101.4
上　海	Shanghai	85.9	102.2	97.5	100.8	101.1	102.5	105.2
江　苏	Jiangsu	85.9	101.5	98.3	99.3	101.4	103.0	103.5
浙　江	Zhejiang	86.0	104.0	97.5	99.8	101.8	103.6	101.2
安　徽	Anhui	89.2	101.1	98.2	99.0	101.5	102.4	101.1
福　建	Fujian	86.0	102.3	95.9	99.7	101.2	101.9	101.0
江　西	Jiangxi	85.7	101.4	99.0	99.2	102.1	103.4	101.5
山　东	Shandong	85.8	101.0	95.7	99.4	101.2	102.2	106.3
河　南	Henan	86.0	101.3	96.6	96.1	102.0	102.7	100.9
湖　北	Hubei	85.9	102.3	99.2	99.5	100.9	101.6	100.1
湖　南	Hunan	85.7	101.3	98.7	99.5	100.0	100.7	100.5
广　东	Guangdong	86.1	101.5	95.1	99.3	100.9	102.1	101.4
广　西	Guangxi	86.3	100.2	101.4	98.5	100.5	101.2	100.8
海　南	Hainan	85.1	100.5	93.4	98.8	100.9	103.2	101.0
重　庆	Chongqing	86.0	100.3	94.9	102.1	101.8	102.2	101.3
四　川	Sichuan	86.8	100.8	98.3	99.4	101.2	101.5	100.6
贵　州	Guizhou	86.1	101.0	97.4	98.2	100.8	101.3	101.0
云　南	Yunnan	86.6	100.5	98.8	99.2	101.0	100.9	100.8
西　藏	Tibet	87.6	100.3	97.8	100.6	101.2	99.9	99.3
陕　西	Shaanxi	86.4	99.9	99.0	99.1	101.8	103.1	102.0
甘　肃	Gansu	86.6	100.7	98.1	99.5	101.2	101.9	100.3
青　海	Qinghai	85.9	100.5	97.5	102.4	100.2	100.3	101.9
宁　夏	Ningxia	86.5	100.6	97.0	100.9	101.0	102.3	100.3
新　疆	Xinjiang	86.6	101.7	96.2	99.2	100.6	100.5	101.2

1-77 续表 7 continued

(上年=100)

地 区	Region	教育服务 Education Services	文化娱乐 Cultural and Recreational Articles	文娱耐用消费品 Durable Consumer Goods for Culture and Recreation	其他文娱用品 Other Articles	文化娱乐服务 Cultural and Recreational Services	旅游 Touring and Outing
全 国	**National**	**102.2**	**100.1**	**98.7**	**100.4**	**99.1**	**101.1**
北 京	Beijing	100.9	103.7	97.9	100.9	99.8	110.4
天 津	Tianjin	104.9	100.4	97.9	100.6	101.0	101.2
河 北	Hebei	103.4	99.5	97.6	100.0	100.0	100.2
山 西	Shanxi	101.9	99.6	100.3	100.3	95.3	101.2
内蒙古	Inner Mongolia	100.8	100.2	98.8	100.1	99.3	101.8
辽 宁	Liaoning	100.8	100.6	95.3	99.5	98.0	105.4
吉 林	Jilin	101.0	101.9	99.0	101.1	99.6	105.1
黑龙江	Heilongjiang	102.5	101.9	99.0	100.3	99.8	105.6
上 海	Shanghai	102.4	100.1	100.8	100.8	98.6	100.2
江 苏	Jiangsu	103.0	99.4	99.0	101.1	99.2	99.2
浙 江	Zhejiang	103.6	99.1	100.3	101.1	100.4	97.5
安 徽	Anhui	102.5	99.8	97.7	99.6	99.6	101.1
福 建	Fujian	102.0	100.1	99.0	100.8	99.9	100.5
江 西	Jiangxi	103.5	100.0	98.7	100.6	100.1	100.3
山 东	Shandong	102.0	99.7	98.7	100.2	96.5	101.3
河 南	Henan	102.8	100.7	100.8	100.1	99.2	102.9
湖 北	Hubei	101.8	99.7	99.1	100.5	96.8	101.8
湖 南	Hunan	100.7	98.8	100.1	100.1	99.3	97.0
广 东	Guangdong	102.1	99.0	98.1	99.8	99.9	98.8
广 西	Guangxi	101.3	99.2	98.5	100.9	99.4	98.7
海 南	Hainan	103.4	97.4	99.7	99.7	99.8	92.1
重 庆	Chongqing	102.2	101.4	96.3	99.9	101.0	104.5
四 川	Sichuan	101.6	100.8	96.8	100.2	100.3	102.7
贵 州	Guizhou	101.4	100.1	98.2	100.9	97.6	102.7
云 南	Yunnan	101.0	101.2	98.1	101.0	98.4	105.5
西 藏	Tibet	100.1	102.4	99.8	101.1	100.4	107.0
陕 西	Shaanxi	103.3	99.6	97.5	100.7	96.5	102.7
甘 肃	Gansu	102.0	100.0	99.5	100.9	98.5	101.0
青 海	Qinghai	100.3	100.0	98.5	101.0	99.5	101.6
宁 夏	Ningxia	102.5	98.7	99.3	99.8	98.5	97.4
新 疆	Xinjiang	100.4	100.8	98.2	101.3	101.8	99.7

1-77　续表 8　continued

(上年=100)

地　区	Region	医疗保健 Health Care	药品及医疗器具 Medicine and Medical Instrument	医疗服务 Medical Services	其他用品和服务 Other Articles and Services	其他用品类 Other Articles	其他服务类 Other Services
全　国	**National**	**101.8**	**101.0**	**102.3**	**104.3**	**109.5**	**100.3**
北　京	Beijing	104.9	98.5	114.8	108.3	115.7	103.4
天　津	Tianjin	99.9	99.8	100.0	107.9	116.8	100.6
河　北	Hebei	102.1	102.5	101.8	104.5	106.4	103.2
山　西	Shanxi	109.4	100.8	115.3	102.4	106.2	99.4
内蒙古	Inner Mongolia	103.6	102.4	104.5	103.0	107.3	99.5
辽　宁	Liaoning	103.4	100.7	105.2	103.6	108.5	99.8
吉　林	Jilin	101.8	100.9	102.5	104.2	110.5	99.1
黑龙江	Heilongjiang	102.5	102.2	102.8	104.4	110.0	100.2
上　海	Shanghai	101.2	102.4	100.0	102.9	111.3	97.4
江　苏	Jiangsu	100.1	100.1	100.1	104.8	109.9	101.0
浙　江	Zhejiang	101.5	98.5	103.5	104.2	110.2	100.2
安　徽	Anhui	101.2	101.2	101.2	103.1	107.6	99.0
福　建	Fujian	100.2	101.0	99.8	103.7	110.0	98.7
江　西	Jiangxi	99.9	100.7	99.6	104.9	108.6	101.4
山　东	Shandong	101.5	101.2	101.8	104.6	109.0	100.6
河　南	Henan	103.4	102.2	104.2	107.6	115.7	100.8
湖　北	Hubei	102.2	101.9	102.4	104.8	109.0	101.0
湖　南	Hunan	101.0	101.0	101.1	103.6	108.6	99.1
广　东	Guangdong	100.8	101.8	100.2	104.0	109.3	99.6
广　西	Guangxi	105.5	100.3	108.6	102.7	105.6	100.5
海　南	Hainan	100.3	100.1	100.4	103.2	107.9	99.7
重　庆	Chongqing	101.9	101.0	102.5	102.7	108.8	98.8
四　川	Sichuan	100.7	101.0	100.5	103.1	107.7	100.4
贵　州	Guizhou	100.8	101.1	100.5	103.0	106.9	99.8
云　南	Yunnan	100.6	101.2	100.2	103.2	104.7	100.6
西　藏	Tibet	102.2	104.0	101.0	104.9	107.8	101.9
陕　西	Shaanxi	100.9	100.6	101.1	105.2	108.6	102.4
甘　肃	Gansu	100.6	101.5	99.9	104.3	108.3	100.9
青　海	Qinghai	104.2	101.4	106.4	106.0	110.7	101.1
宁　夏	Ningxia	100.6	100.0	101.1	103.2	108.3	98.8
新　疆	Xinjiang	100.4	101.4	100.0	102.6	106.0	99.7

1-78 城镇居民人均收支情况
PER CAPITA INCOME AND CONSUMPTION EXPENDITURE OF URBAN HOUSEHOLDS

单位：元 (yuan)

指 标	Item	2016	2017	2018	2019	2020
城镇居民人均收入	**Per Capita Income of Urban Households**					
可支配收入	Disposable Income	33616.2	36396.2	39250.8	42358.8	43833.8
1.工资性收入	1.Income of Wages and Salaries	20665.0	22200.9	23792.2	25564.8	26380.7
2.经营净收入	2.Net Business Income	3770.1	4064.7	4442.6	4840.4	4710.8
3.财产净收入	3.Net Income from Property	3271.3	3606.9	4027.7	4390.6	4626.5
4.转移净收入	4.Net Income from Transfer	5909.8	6523.6	6988.3	7563.0	8115.8
现金可支配收入	Cash Disposable Income	31270.0	33757.3	36316.2	39147.6	40377.8
1.工资性收入	1.Income of Wages and Salaries	20541.7	22072.7	23670.9	25439.1	26240.5
2.经营净收入	2.Net Business Income	4032.3	4321.9	4808.0	5180.9	4987.5
3.财产净收入	3.Net Income from Property	1139.6	1234.1	1311.6	1494.7	1569.3
4.转移净收入	4.Net Income from Transfer	5556.4	6128.5	6525.7	7032.9	7580.6
城镇居民人均支出	**Per Capita Expenditure of Urban Households**					
消费支出	Consumption Expenditure	23078.9	24445.0	26112.3	28063.4	27007.4
#服务性消费	Consumption Expenditure on Services	10068.1	10854.5	12130.4	13517.7	12012.8
1.食品烟酒	1.Food,Tobacco and Liquor	6762.4	7001.0	7239.0	7732.6	7880.5
2.衣着	2.Clothing	1739.0	1757.9	1808.2	1831.9	1644.8
3.居住	3.Residence	5113.7	5564.0	6255.0	6780.2	6957.7
4.生活用品及服务	4.Household Facilities, Articles and Services	1426.8	1525.0	1629.4	1689.3	1640.0
5.交通通信	5.Transport and Communications	3173.9	3321.5	3473.5	3671.3	3474.3
6.教育文化娱乐	6.Education, Cultural and Recreation	2637.6	2846.6	2974.1	3328.0	2591.7
7.医疗保健	7.Health Care and Medical Services	1630.8	1777.4	2045.7	2282.7	2172.2
8.其他用品及服务	8.Miscellaneous Goods and Services	594.7	651.5	687.4	747.2	646.2
现金消费支出	Cash Consumption Expenditure	19284.1	20329.4	21287.1	22798.0	21555.6
1.食品烟酒	1.Food, Tobacco and Liquor	6627.7	6861.2	7099.2	7583.9	7709.6
2.衣着	2.Clothing	1738.4	1757.3	1807.5	1831.3	1644.2
3.居住	3.Residence	1810.4	1986.8	2045.2	2223.5	2222.2
4.生活用品及服务	4.Household Facilities, Articles and Services	1417.8	1514.5	1617.5	1676.2	1627.1
5.交通通信	5.Transport and Communications	3166.5	3315.6	3466.0	3665.0	3468.9
6.教育文化娱乐	6.Education, Cultural and Recreation	2636.3	2845.4	2972.1	3326.0	2590.7
7.医疗保健	7.Health Care and Medical Services	1298.7	1403.7	1604.0	1754.6	1658.4
8.其他用品及服务	8.Miscellaneous Goods and Services	588.3	644.8	675.5	737.6	634.6

1－79 各地区城镇居民人均可支配收入来源(2020年)
PER CAPITA DISPOSABLE INCOME OF URBAN HOUSEHOLDS BY SOURCES AND REGION (2020)

单位：元 (yuan)

地 区	Region	可支配收入 Disposable Income	工资性收入 Income from Wages and Salaries	经营净收入 Net Business Income	财产净收入 Net Income from Properties	转移净收入 Net Income from Transfers
全 国	**National Average**	**43833.8**	**26380.7**	**4710.8**	**4626.5**	**8115.8**
北 京	Beijing	75601.5	44619.0	685.0	13152.4	17145.2
天 津	Tianjin	47658.5	30052.7	2216.1	4824.3	10565.3
河 北	Hebei	37285.7	23602.4	2850.7	3435.2	7397.3
山 西	Shanxi	34792.7	20197.1	2943.2	2384.4	9268.0
内蒙古	Inner Mongolia	41353.1	24888.4	7697.3	2366.4	6401.0
辽 宁	Liaoning	40375.9	22801.1	3666.7	2144.8	11763.3
吉 林	Jilin	33395.7	20990.9	2987.4	1603.0	7814.4
黑龙江	Heilongjiang	31114.7	17543.3	2753.0	1324.0	9494.5
上 海	Shanghai	76437.3	43802.5	2063.5	10884.2	19687.1
江 苏	Jiangsu	53101.7	31167.7	5328.3	6680.4	9925.2
浙 江	Zhejiang	62699.3	35369.6	8672.1	8747.5	9910.1
安 徽	Anhui	39442.1	23635.6	6189.1	3504.5	6112.9
福 建	Fujian	47160.3	29119.1	5992.4	6219.0	5829.8
江 西	Jiangxi	38555.8	24309.5	3089.0	3390.8	7766.5
山 东	Shandong	43726.3	27250.0	6097.2	3793.1	6585.9
河 南	Henan	34750.3	19620.3	5105.3	3077.4	6947.3
湖 北	Hubei	36705.7	20071.4	4728.3	3470.1	8436.0
湖 南	Hunan	41697.5	22457.3	6255.2	4146.0	8839.0
广 东	Guangdong	50257.0	35429.3	5237.3	7425.9	2164.4
广 西	Guangxi	35859.3	20241.2	5375.4	3217.3	7025.5
海 南	Hainan	37097.0	23626.1	3551.4	3513.9	6405.6
重 庆	Chongqing	40006.2	23353.3	4480.0	2860.2	9312.6
四 川	Sichuan	38253.1	21950.7	4333.8	3058.9	8909.7
贵 州	Guizhou	36096.2	20472.1	5808.4	3252.2	6563.5
云 南	Yunnan	37499.5	21594.7	4213.6	4725.1	6966.1
西 藏	Tibet	41156.4	30717.4	1203.6	3330.0	5905.4
陕 西	Shaanxi	37868.2	21850.4	2836.3	2851.0	10330.5
甘 肃	Gansu	33821.8	22903.6	2489.1	2627.4	5801.8
青 海	Qinghai	35505.8	23546.9	2699.4	1667.1	7592.3
宁 夏	Ningxia	35719.6	24272.6	3465.1	1293.2	6688.7
新 疆	Xinjiang	34838.4	22408.3	3161.4	1518.1	7750.5

1-80 农村居民人均收支情况
PER CAPITA INCOME AND CONSUMPTION EXPENDITURE OF RURAL HOUSEHOLDS

单位：元 (yuan)

指 标	Item	2016	2017	2018	2019	2020
农村居民人均收入	**Per Capita Income of Rural Households**					
可支配收入	Disposable Income	12363.4	13432.4	14617.0	16020.7	17131.5
1.工资性收入	1.Income of Wages and Salaries	5021.8	5498.4	5996.1	6583.5	6973.9
2.经营净收入	2.Net Business Income	4741.3	5027.8	5358.4	5762.2	6077.4
3.财产净收入	3.Net Income from Property	272.1	303.0	342.1	377.3	418.8
4.转移净收入	4.Net Income from Transfer	2328.2	2603.2	2920.5	3297.8	3661.3
现金可支配收入	Cash Disposable Income	11600.6	12703.9	13912.8	15279.8	16394.5
1.工资性收入	1.Income of Wages and Salaries	5000.8	5470.9	5961.3	6540.2	6926.6
2.经营净收入	2.Net Business Income	4203.9	4547.0	4969.5	5382.2	5720.3
3.财产净收入	3.Net Income from Property	272.1	303.0	342.1	377.3	418.8
4.转移净收入	4.Net Income from Transfer	2123.8	2383.0	2639.9	2980.2	3328.9
农村居民人均支出	**Per Capita Expenditure of Rural Households**					
消费支出	Consumption Expenditure	10129.8	10954.5	12124.3	13327.7	13713.4
#服务性消费	Consumption Expenditure on Services	3750.9	4130.2	4644.7	5290.2	5189.9
1.食品烟酒	1.Food,Tobacco and Liquor	3266.1	3415.4	3645.6	3998.2	4479.4
2.衣着	2.Clothing	575.4	611.6	647.7	713.3	712.8
3.居住	3.Residence	2147.1	2353.5	2660.6	2871.3	2962.4
4.生活用品及服务	4.Household Facilities, Articles and Services	595.7	634.0	720.5	763.9	767.5
5.交通通信	5.Transport and Communications	1359.9	1509.1	1690.0	1836.8	1840.6
6.教育文化娱乐	6.Education, Cultural and Recreation	1070.3	1171.3	1301.6	1481.8	1308.7
7.医疗保健	7.Health Care and Medical Services	929.2	1058.7	1240.1	1420.8	1417.5
8.其他用品及服务	8.Miscellaneous Goods and Services	186.0	200.9	218.3	241.5	224.4
现金消费支出	Cash Consumption Expenditure	8127.3	8856.5	9862.0	10854.5	11097.2
1.食品烟酒	1.Food, Tobacco and Liquor	2763.4	2921.2	3226.3	3538.2	3945.5
2.衣着	2.Clothing	575.0	610.9	647.2	712.9	712.5
3.居住	3.Residence	832.8	956.0	1084.0	1163.8	1195.3
4.生活用品及服务	4.Household Facilities, Articles and Services	589.7	624.9	709.0	748.9	752.9
5.交通通信	5.Transport and Communications	1357.8	1508.1	1685.0	1835.5	1839.3
6.教育文化娱乐	6.Education, Cultural and Recreation	1069.9	1170.7	1300.5	1481.3	1308.4
7.医疗保健	7.Health Care and Medical Services	755.8	868.2	997.4	1137.9	1125.4
8.其他用品及服务	8.Miscellaneous Goods and Services	183.0	196.3	212.7	236.0	217.9

1-81　农村居民分地区人均可支配收入来源(2020年)
PER CAPITA DISPOSABLE INCOME OF RURAL HOUSEHOLDS BY SOURCES AND REGION (2020)

单位：元　　(yuan)

地　区	Region	可支配收入 Disposable Income	工资性收入 Income from Wages and Salaries	经营净收入 Net Business Income	财产净收入 Net Income from Properties	转移净收入 Net Income from Transfers
全　国	**National Average**	**17131.5**	**6973.9**	**6077.4**	**418.8**	**3661.3**
北　京	Beijing	30125.7	21173.8	1612.6	3103.3	4235.9
天　津	Tianjin	25690.6	14384.5	5568.4	1450.9	4286.7
河　北	Hebei	16467.0	8598.4	5517.2	351.6	1999.8
山　西	Shanxi	13878.0	6347.2	3613.6	204.8	3712.4
内蒙古	Inner Mongolia	16566.9	3352.9	8827.7	498.2	3888.1
辽　宁	Liaoning	17450.3	6511.3	7874.7	296.9	2767.5
吉　林	Jilin	16067.0	4018.8	9141.1	364.5	2542.6
黑龙江	Heilongjiang	16168.4	3152.2	8452.5	847.7	3716.1
上　海	Shanghai	34911.3	21067.2	1944.0	1206.9	10693.2
江　苏	Jiangsu	24198.5	11789.0	6444.5	895.1	5069.8
浙　江	Zhejiang	31930.5	19509.7	7600.6	949.2	3871.0
安　徽	Anhui	16620.2	5838.6	6222.6	334.3	4224.7
福　建	Fujian	20880.3	9411.0	7509.8	392.9	3566.6
江　西	Jiangxi	16980.8	7301.2	5866.0	279.1	3534.6
山　东	Shandong	18753.2	7590.9	8094.8	485.2	2582.3
河　南	Henan	16107.9	6153.4	5174.9	237.7	4541.9
湖　北	Hubei	16305.9	5271.6	6745.4	214.4	4074.5
湖　南	Hunan	16584.6	6569.6	5804.0	231.7	3979.3
广　东	Guangdong	20143.4	10613.5	4584.9	616.1	4328.9
广　西	Guangxi	14814.9	4638.2	5867.7	352.2	3956.8
海　南	Hainan	16278.8	6752.8	6124.4	306.8	3094.9
重　庆	Chongqing	16361.4	5740.5	5565.7	406.1	4649.1
四　川	Sichuan	15929.1	4977.8	6152.0	510.2	4289.1
贵　州	Guizhou	11642.3	4822.4	3444.6	188.5	3186.9
云　南	Yunnan	12841.9	3975.0	6522.6	197.6	2146.8
西　藏	Tibet	14598.4	4778.3	6912.1	609.9	2298.1
陕　西	Shaanxi	13316.5	5387.8	4150.0	228.6	3550.0
甘　肃	Gansu	10344.3	2985.9	4650.5	135.3	2572.6
青　海	Qinghai	12342.5	4005.7	4884.9	414.2	3037.7
宁　夏	Ningxia	13889.4	5150.0	5549.4	393.5	2796.5
新　疆	Xinjiang	14056.1	4024.0	6371.7	299.5	3360.9

二、就业与失业

EMPLOYMENT AND UNEMPLOYMENT

2-1 年末城镇登记失业人数及登记失业率
URBAN REGISTERED UNEMPLOYMENT AND UNEMPLOYMENT RATE AT THE YEAR-END

单位：万人，%　　(10 000 persons,%)

年 份 Year	登记失业人数 Urban Registered Unemployment 合 计 Total	#失业青年 Youth	比上年增长 Increase over Preceeding year 合 计 Total	#失业青年 Youth	登记失业率 Registered Unemployment Rate
1978	530.0	249.1			5.3
1979	567.6	258.2	7.1	3.7	5.4
1980	541.5	382.5	-4.6	48.1	4.9
1981	439.5	343.0	-18.8	-10.3	3.8
1982	379.4	293.8	-13.7	-14.3	3.2
1983	271.4	222.0	-28.5	-24.4	2.3
1984	235.7	195.9	-13.2	-11.8	1.9
1985	238.5	196.9	1.2	0.5	1.8
1986	264.4	209.3	10.9	6.3	2.0
1987	276.6	235.1	4.6	12.3	2.0
1988	296.2	245.3	7.1	4.3	2.0
1989	377.9	309.0	27.6	26.0	2.6
1990	383.2	312.7	1.4	1.2	2.5
1991	352.2	288.4	-8.1	-7.8	2.3
1992	363.9	299.8	3.3	4.0	2.3
1993	420.1	331.9	15.4	10.7	2.6
1994	476.4	301.0	13.4	-9.3	2.8
1995	519.6	310.2	9.1	3.1	2.9
1996	552.8		6.3		3.0
1997	576.8		4.3		3.1
1998	571.0		-1.0		3.1
1999	575.0		0.7		3.1
2000	595.0		3.5		3.1
2001	681.0		14.4		3.6
2002	770.0		13.1		4.0
2003	800.0		3.9		4.3
2004	827.0		3.4		4.2
2005	839.0		1.5		4.2
2006	847.0		1.0		4.1
2007	830.0		-2.0		4.0
2008	886.0		6.7		4.2
2009	921.0		4.0		4.3
2010	908.0		-1.4		4.1
2011	922.0		1.5		4.1
2012	917.0		-0.5		4.1
2013	926.0		1.0		4.05
2014	952.0		2.8		4.09
2015	966.0		1.5		4.05
2016	982.0		1.7		4.02
2017	972.0		-1.0		3.90
2018	974.0		0.2		3.80
2019	945.0		-3.0		3.62
2020	1160.0		22.8		4.24

2-2 各地区年末城镇登记失业人数及登记失业率
URBAN REGISTERED UNEMPLOYMENT AND UNEMPLOYMENT RATE AT THE YEAR-END BY REGION

单位：万人，% (10 000 persons,%)

地区 Region	登记失业人员 Unemployment													
	2007	2008	2009	2010	2011	2012	2013	2014	2015	2016	2017	2018	2019	2020
北京 Beijing	10.6	10.3	8.2	7.7	8.1	8.1	7.5	7.4	7.8	8.0	8.1	7.9	7.4	29.0
天津 Tianjin	15.0	13.0	15.0	16.1	20.1	20.4	21.7	22.5	25.1	25.8	26.0	25.8	26.1	27.0
河北 Hebei	29.3	32.2	34.5	35.1	36.0	36.8	37.2	38.3	39.4	39.7	39.9	38.0	36.0	38.5
山西 Shanxi	16.1	17.5	21.6	20.4	21.1	21.0	21.1	24.5	25.6	26.1	26.5	24.6	21.3	27.7
内蒙古 Inner Mongolia	18.5	19.9	20.1	20.8	21.8	23.1	23.8	24.8	25.9	26.7	27.1	27.0	28.1	30.0
辽宁 Liaoning	44.5	41.7	41.6	38.9	39.4	38.1	39.6	41.0	46.2	47.3	42.7	44.4	45.6	50.7
吉林 Jilin	23.9	24.3	23.4	22.7	22.2	22.3	22.6	23.2	23.9	25.7	26.3	26.8	23.9	20.6
黑龙江 Heilongjiang	31.5	32.1	31.4	36.2	35.0	41.3	41.4	39.9	41.0	39.6	39.7	39.4	34.7	31.0
上海 Shanghai	26.7	26.6	27.9	27.6	27.0	26.7	25.3	25.6	24.8	24.3	22.1	19.4	19.3	19.7
江苏 Jiangsu	39.3	41.1	40.7	40.6	41.4	40.5	37.6	36.6	36.0	35.2	34.7	34.4	35.1	36.7
浙江 Zhejiang	28.6	30.7	30.7	31.1	31.7	33.4	33.4	33.1	33.7	33.9	33.8	34.1	34.4	42.1
安徽 Anhui	28.0	29.3	30.1	26.9	33.1	31.3	32.4	31.5	30.9	30.4	29.0	28.1	26.8	30.0
福建 Fujian	14.9	15.0	15.2	14.5	14.6	14.5	14.7	14.3	15.4	16.3	17.1	17.3	16.8	35.7
江西 Jiangxi	24.3	26.0	27.3	26.3	24.6	25.7	27.4	29.4	29.9	31.3	32.3	35.1	27.5	29.9
山东 Shandong	43.5	45.0	45.1	44.5	45.1	43.4	42.2	43.1	43.7	45.8	45.7	46.5	44.2	46.7
河南 Henan	33.1	36.5	38.5	38.2	38.4	38.3	40.2	40.0	42.5	43.6	40.7	48.6	49.4	62.2
湖北 Hubei	54.1	55.1	55.3	55.7	55.1	42.3	40.2	37.9	33.4	32.9	37.1	36.1	37.6	55.3
湖南 Hunan	44.4	47.0	47.8	43.2	43.1	44.1	45.6	47.3	45.1	44.9	44.5	40.4	31.1	31.4
广东 Guangdong	36.2	38.1	39.5	39.3	38.8	39.6	38.0	36.8	37.0	38.0	37.1	36.6	36.9	73.9
广西 Guangxi	18.5	18.8	19.1	19.1	18.8	18.9	18.0	18.7	18.1	18.1	14.7	16.7	19.7	22.9
海南 Hainan	5.4	5.6	5.3	4.8	2.9	3.6	3.9	4.3	4.8	5.1	5.5	5.5	5.6	7.9
重庆 Chongqing	14.1	13.0	13.4	13.0	13.0	12.4	12.1	13.4	14.3	15.7	14.3	13.1	17.5	29.6
四川 Sichuan	34.8	37.9	36.3	34.6	36.9	40.7	42.9	54.4	54.6	56.3	55.8	53.3	50.4	54.4
贵州 Guizhou	12.1	12.5	12.3	12.2	12.5	12.6	13.7	14.1	14.5	14.8	14.9	15.1	15.3	19.5
云南 Yunnan	14.0	14.8	15.4	15.7	16.0	17.4	18.1	19.2	19.5	20.1	19.8	20.9	22.9	31.9
西藏 Tibet			2.0	2.1	1.0	1.6	1.6	1.7	1.8	1.8	1.9	2.1	2.1	2.1
陕西 Shaanxi	21.0	20.8	21.5	21.4	20.9	19.5	21.1	22.3	22.3	22.7	23.4	24.1	23.8	24.5
甘肃 Gansu	9.5	9.4	10.3	10.7	10.8	9.8	9.3	9.7	9.5	9.8	9.6	10.0	10.8	12.2
青海 Qinghai	3.7	3.9	4.1	4.2	4.4	4.1	4.2	4.2	4.4	4.6	4.7	4.6	3.1	3.1
宁夏 Ningxia	4.4	4.8	4.8	4.8	5.2	4.6	4.7	5.0	4.9	5.1	5.1	5.4	5.0	5.6
新疆 Xinjiang	11.7	11.8	11.9	11.0	11.1	11.8	11.9	11.2	10.3	9.7	10.0	9.5	8.4	9.4
新疆兵团 Xingjiang Production and Construction Crops	2.6	2.8	3.0	2.5	2.8	2.9	3.0	3.4	3.3	3.2	3.9	3.7	3.7	4.0

2-2 续表 continued

单位：万人，%　　(10 000 persons,%)

地　区 Region	登记失业人员 Unemployment													
	2007	2008	2009	2010	2011	2012	2013	2014	2015	2016	2017	2018	2019	2020
北　京 Beijing	1.8	1.8	1.4	1.4	1.4	1.3	1.2	1.3	1.4	1.4	1.4	1.4	1.3	2.6
天　津 Tianjin	3.6	3.6	3.6	3.6	3.6	3.6	3.6	3.5	3.5	3.5	3.5	3.5	3.5	3.6
河　北 Hebei	3.8	4.0	3.9	3.9	3.8	3.7	3.7	3.6	3.6	3.7	3.7	3.3	3.1	3.5
山　西 Shanxi	3.2	3.3	3.9	3.6	3.5	3.3	3.1	3.4	3.5	3.5	3.4	3.3	2.7	3.1
内 蒙 古 Inner Mongolia	4.0	4.1	4.0	3.9	3.8	3.7	3.7	3.6	3.7	3.7	3.6	3.6	3.7	3.8
辽　宁 Liaoning	4.3	3.9	3.9	3.6	3.7	3.6	3.4	3.4	3.4	3.8	3.8	3.9	4.2	4.6
吉　林 Jilin	3.9	4.0	4.0	3.8	3.7	3.7	3.7	3.4	3.5	3.5	3.5	3.5	3.1	3.4
黑 龙 江 Heilongjiang	4.3	4.2	4.3	4.3	4.1	4.2	4.4	4.5	4.5	4.2	4.2	4.0	3.5	3.4
上　海 Shanghai	4.2	4.2	4.3	4.4	3.5	3.1	4.0	4.1	4.0	4.1	3.9	3.5	3.6	3.7
江　苏 Jiangsu	3.2	3.3	3.2	3.2	3.2	3.1	3.0	3.0	3.0	3.0	3.0	3.0	3.0	3.2
浙　江 Zhejiang	3.3	3.5	3.3	3.2	3.1	3.0	3.0	3.0	2.9	2.9	2.7	2.6	2.5	2.8
安　徽 Anhui	4.1	3.9	3.9	3.7	3.7	3.7	3.4	3.2	3.1	3.2	2.9	2.8	2.6	2.8
福　建 Fujian	3.9	3.9	3.9	3.8	3.7	3.6	3.6	3.5	3.7	3.9	3.9	3.7	3.5	3.8
江　西 Jiangxi	3.4	3.4	3.4	3.3	3.0	3.0	3.2	3.3	3.4	3.4	3.3	3.4	2.9	3.2
山　东 Shandong	3.2	3.7	3.4	3.4	3.4	3.3	3.2	3.3	3.4	3.5	3.4	3.4	3.3	3.1
河　南 Henan	3.4	3.4	3.5	3.4	3.4	3.1	3.1	3.0	3.0	3.0	2.8	3.0	3.2	3.2
湖　北 Hubei	4.2	4.2	4.2	4.2	4.1	3.8	3.5	3.1	2.6	2.4	2.6	2.6	2.4	3.4
湖　南 Hunan	4.3	4.2	4.1	4.2	4.2	4.2	4.2	4.1	4.1	4.2	4.0	3.6	2.7	2.7
广　东 Guangdong	2.5	2.6	2.6	2.5	2.5	2.5	2.4	2.4	2.5	2.5	2.5	2.4	2.3	2.5
广　西 Guangxi	3.8	3.8	3.7	3.7	3.5	3.4	3.3	3.2	2.9	2.9	2.2	2.3	2.6	2.8
海　南 Hainan	3.5	3.7	3.5	3.0	1.7	2.0	2.2	2.3	2.3	2.4	2.3	2.3	2.3	2.8
重　庆 Chongqing	4.0	4.0	4.0	3.9	3.5	3.3	3.4	3.5	3.6	3.7	3.4	3.0	2.6	4.5
四　川 Sichuan	4.2	4.6	4.3	4.1	4.2	4.0	4.1	4.2	4.1	4.2	4.0	3.5	3.3	3.6
贵　州 Guizhou	4.0	4.0	3.8	3.6	3.6	3.3	3.3	3.3	3.3	3.2	3.2	3.2	3.1	3.8
云　南 Yunnan	4.2	4.2	4.3	4.2	4.1	4.0	4.0	4.0	4.0	3.6	3.2	3.4	3.3	3.9
西　藏 Tibet			3.8	4.0	3.2	2.6	2.5	2.5	2.5	2.6	2.7	2.8	2.9	2.9
陕　西 Shaanxi	4.0	3.9	3.9	3.9	3.6	3.2	3.3	3.3	3.4	3.3	3.3	3.2	3.2	3.6
甘　肃 Gansu	3.3	3.2	3.3	3.2	3.1	2.7	2.3	2.2	2.1	2.2	2.7	2.8	3.0	3.3
青　海 Qinghai	3.8	3.8	3.8	3.8	3.8	3.4	3.3	3.2	3.2	3.1	3.1	3.0	2.2	2.1
宁　夏 Ningxia	4.3	4.4	4.4	4.4	4.4	4.2	4.1	4.0	4.0	3.9	3.9	3.9	3.7	3.9
新　疆 Xinjiang	3.9	3.7	3.8	3.2	3.2	3.4	3.4	3.2	2.9	2.5	2.6	2.4	2.1	2.4
新疆兵团 Xingjiang Production and Construction Crops	2.6	2.8	2.9	2.4	2.6	2.5	2.6	2.6	2.6	2.3	2.7	2.5	2.5	2.7

2-3 各地区城镇登记失业人员情况(2020年) BASIC CONDITIONS OF URBAN REGISTERED UNEMPLOYMENT BY REGION (2020)

单位：万人 (10000person)

地区	Region	上年末结转登记失业人员 Unemployment at Last Year-end	本年新登记的失业人员 Unemployment Newly Regis-tered This Year	#女性 Female	#就业转失业人数 Unemploy-employed	本年失业人员就业人数 From the Unemployed This Year	#女性 Female	本年末登记失业人数 Unemployment at the Year-end	#女性 Female	#长期失业者 Long-term Unemployment
北京	Beijing	7.4	34.2	14.1	24.7	18.0	7.7	29.0	8.3	5.0
天津	Tianjin	26.1	5.8	1.8	4.0	6.3	1.9	27.0	12.3	22.8
河北	Hebei	36.0	35.2	14.4	11.1	33.4	21.7	38.5	16.7	1.7
山西	Shanxi	21.3	18.8	8.0	4.9	12.2	4.3	27.7	8.5	0.7
内蒙古	Inner Mongolia	28.1	30.1	13.7	8.6	22.1	10.9	30.0	15.7	6.5
辽宁	Liaoning	45.6	74.0	30.7	46.1	58.8	28.2	50.7	24.1	43.0
吉林	Jilin	23.9	25.6	12.4	7.8	17.4	8.3	20.6	10.0	10.1
黑龙江	Heilongjiang	34.2	22.9	9.8	7.6	22.4	9.3	31.0	14.4	1.9
上海	Shanghai	19.3	21.1	9.2	9.9	16.8	7.7	19.7	5.5	3.2
江苏	Jiangsu	35.1	128.5	61.2	89.1	125.6	64.0	36.7	14.5	6.7
浙江	Zhejiang	34.4	62.6	23.3	29.3	38.6	17.0	42.1	19.1	12.3
安徽	Anhui	26.7	29.7	14.3	8.4	26.0	11.7	30.0	8.9	1.2
福建	Fujian	16.8	37.9	20.0	24.2	17.6	9.5	35.7	18.2	7.1
江西	Jiangxi	27.5	18.4	9.1	3.5	14.9	7.2	29.9	13.7	0.7
山东	Shandong	44.2	66.3	31.8	38.6	61.4	28.5	46.7	21.2	11.7
河南	Henan	49.4	23.9	12.4	12.1	13.9	7.5	62.2	30.0	46.7
湖北	Hubei	37.6	73.8	34.1	19.7	39.5	20.9	55.3	28.8	36.9
湖南	Hunan	31.1	39.5	20.8	8.0	35.5	18.1	31.4	16.1	1.0
广东	Guangdong	36.9	173.8	73.8	70.8	100.9	48.9	73.9	28.6	4.3
广西	Guangxi	19.7	19.5	10.8	6.3	13.2	7.4	22.9	12.6	1.2
海南	Hainan	5.6	4.7	2.1	2.9	2.2	0.9	7.9	3.8	0.5
重庆	Chongqing	17.5	45.4	25.2	14.8	23.1	12.7	29.6	15.2	3.8
四川	Sichuan	50.6	38.0	18.5	13.7	29.4	13.9	54.4	26.0	20.0
贵州	Guizhou	15.3	20.4	8.6	5.1	16.2	6.9	19.5	8.6	1.6
云南	Yunnan	22.9	68.9	30.4	18.7	57.9	26.0	31.9	14.3	2.3
西藏	Tibet	2.2	1.2	0.4	0.04	1.3	0.5	2.1	1.1	0.02
陕西	Shaanxi	23.8	14.2	6.4	1.3	12.5	5.3	24.5	8.3	2.2
甘肃	Gansu	10.6	25.9	13.1	13.4	21.8	10.8	12.2	6.2	8.5
青海	Qinghai	3.1	7.4	3.9	2.7	6.4	3.4	3.1	1.6	2.1
宁夏	Ningxia	5.0	9.1	4.6	4.3	8.6	4.3	5.6	2.9	0.04
新疆	Xinjiang	8.4	29.9	14.6	3.9	28.5	13.6	9.4	4.8	0.2
新疆兵团	Xingjiang Production and Construction Crops	3.7	5.5	3.1	2.7	5.3	2.1	4.0	2.9	0.04

2-4 公共就业服务工作情况(2020年)
SITUATIONS OF PUBLIC EMPLOYMENT SERVICES (2020)

单位：人

项　目	Item	本期单位登记招聘人数 Total Registered Job Vacancies This Year	本期登记求职人数 Total Registered Job-seekers This Year	#女性 Female	#应届高校毕业生 College Graduates	本期接受职业指导人次 Person-times of Vocational Guidance This Year	#女性 Female	本期接受创业服务人次 Person-times of Vocational Guidance
总　计	**Total**	**53530487**	**31879408**	**12684964**	**4903968**	**19492792**	**7767523**	**5038441**
市(地、州)及以上公共就业人才服务机构	Public Employment (Talent) Services Institution of City (Prefecture) and Above	19944754	11475899	3980950	2438740	4203368	1526940	1847721
区(县)公共就业人才服务机构	Public Employment (Talent) Services Institution of District (County)	25883910	15596854	6552738	2054769	11319663	4489758	2548270
街道(乡镇)公共就业和人才服务平台		5860847	3425765	1507280	291857	2570612	1118906	471825
社区(行政村)公共就业服务窗口		1840976	1380890	643996	118602	1399149	631919	170625

2-5 各地区公共就业服务工作情况(2020年)
SITUATIONS OF PUBLIC EMPLOYMENT SERVICES BY REGION (2020)

单位：人

地 区	Region	本期单位登记招聘人数 Total Registered Job Vacancies This Year	本期登记求职人数 Total Registered Job-seekers This Year	#女性 Female	#应届高校毕业生 College Graduates	#农村劳动者 Rural Labours	本期接受职业指导人次 Person-times of Vocational Guidance This Year	#女性 Female	本期接受创业服务人数 Person-times of Vocational Guidance
总 计	**National Total**	**53530487**	**31879408**	**12684764**	**4903968**	**10816029**	**19492792**	**7767523**	**5038441**
北 京	Beijing	683330	149096	69971	124	22421	1016196		41302
天 津	Tianjin	813281	627821	254008	81811	111361	286415	140720	46097
河 北	Hebei	1466023	720119	256638	120116	269633	456678	157029	473507
山 西	Shanxi	984336	1192180	266157	238241	207457	395684	148308	43952
内蒙古	Inner Mongolia	535512	323098	121712	70768	114291	202908	87878	14791
辽 宁	Liaoning	1750330	1024042	384894	111324	120458	158919	73125	89208
吉 林	Jilin	728545	300262	131221	23459	69313	192346	81075	25786
黑龙江	Heilongjiang	1237998	956478	402897	58640	230668	1592000	592433	118180
上 海	Shanghai	928140	788506	299207	54750	7390	15175	4972	123119
江 苏	Jiangsu	5592176	4171331	1770613	791169	1059153	2003993	834433	829459
浙 江	Zhejiang	4641504	2126296	832236	304481	875580	1179300	541621	303522
安 徽	Anhui	3282272	1698917	781408	176766	447514	602621	271126	142828
福 建	Fujian	1476378	848497	339806	44114	534351	226544	74702	12345
江 西	Jiangxi	1013095	719781	339858	84928	356342	529439	252432	173725
山 东	Shandong	2715881	1709648	628504	241961	361829	669961	241479	328464
河 南	Henan	2580462	1261671	563429	258013	548283	1073450	476824	291916
湖 北	Hubei	1759283	1086561	454642	106571	427035	891854	353684	196927
湖 南	Hunan	3319910	2407953	668169	196574	1082975	1033295	352433	222726
广 东	Guangdong	4849414	2106858	909087	367243	638018	669281	262830	156514
广 西	Guangxi	1797245	1209053	498130	737522	331583	339971	159786	289438
海 南	Hainan	301049	72646	18360	9273	17240	30617	10428	11710
重 庆	Chongqing	1005427	623424	267218	40120	251573	541789	206183	3910
四 川	Sichuan	2222770	1079290	453235	90808	506833	1028341	449638	230947
贵 州	Guizhou	1767293	561821	229094	120580	207889	510255	211454	132280
云 南	Yunnan	1525169	671272	268648	83528	314645	1089974	481410	147271
西 藏	Tibet	56717	33832	7913	18879	4201	21616	8721	6232
陕 西	Shaanxi	1582470	1262873	414825	284642	281129	360223	154555	138004
甘 肃	Gansu	1025586	548590	268059	85236	403939	338378	173578	139836
青 海	Qinghai	130840	218127	82590	14902	165154	195581	74805	10651
宁 夏	Ningxia	172322	40000	16176	7430	14693	41699	17909	31071
新 疆	Xinjiang	1530633	1238797	633739	71319	797304	1757454	850335	260508
兵 团	Xinjiang Production and Construction Corps	55096	100568	52520	8676	35774	40835	21617	2215

三、城镇非私营单位就业人员和工资总额

EMPLOYMENT AND TOTAL WAGES IN URBAN NON-PRIVATE UNITS

3-1 分行业城镇非私营单位就业人员和工资总额(2020年)
EMPLOYMENT AND TOTAL WAGES IN URBAN NON-PRIVATE UNITS BY SECTOR(2020)

项　目	Item	年末人数(千人) Year-end Figures (1000 persons)	#女性 Female	工资总额(亿元) Total Wages (100 million yuan)	平均工资(元) Average Wage (yuan)
全国总计	**National Total**	**170391**	**67794**	**164126.9**	**97379**
农、林、牧、渔业	**Agriculture, Forestry, Animal Husbandry and Fishery**	**857**	**253**	**410.6**	**48540**
农业	Farming	262	95	90.8	34595
林业	Forestry	287	65	148.3	52710
畜牧业	Animal Husbandry	73	24	42.8	60638
渔业	Fishery	18	4	11.7	62784
农、林、牧、渔专业及辅助性活动	Professional and Support Activities for Agriculture, Forestry, Animal Husbandry and Fishery	216	65	117.0	54964
采矿业	**Mining**	**3521**	**610**	**3428.8**	**96674**
煤炭开采和洗选业	Mining and Washing of Coal	2314	309	2046.5	88074
石油和天然气开采业	Extraction of Petroleum and Natural Gas	551	173	769.2	137095
黑色金属矿采选业	Mining and Processing of Ferrous Metal Ores	149	23	125.6	83584
有色金属矿采选业	Mining and Processing of Non-Ferrous Metal Ores	141	26	112.6	79537
非金属矿采选业	Mining and Processing of Non-metal Ores	114	24	77.5	68647
开采专业及辅助性活动	Professional and Support Activities for Mining	250	55	296.1	115787
其他采矿业	Mining of Other Ores	2	0	1.3	81519
制造业	**Manufacturing**	**38055**	**14233**	**31352.9**	**82783**
农副食品加工业	Processing of Food from Agricultural Products	1194	513	723.6	61828
食品制造业	Manufacture of Foods	970	484	699.8	73107
酒、饮料和精制茶制造业	Manufacture of Liquor, Beverages and Refined Tea	743	267	596.5	80183
烟草制品业	Manufacture of Tobacco	156	46	316.1	209059
纺织业	Manufacture of Textile	1109	634	663.3	59429
纺织服装、服饰业	Manufacture of Textile, Wearing Apparel and Accessories	1267	891	741.7	57480
皮革、毛皮、羽毛及其制品和制鞋业	Manufacture of Leather, Fur, Feather and Related Products and Footwear	774	475	427.0	53793
木材加工和木、竹、藤、棕、草制品业	Processing of Timber, Manufacture of Wood, Bamboo, Rattan, Palm and Straw Products	195	71	109.4	56665
家具制造业	Manufacture of Furniture	423	154	283.3	69479
造纸及纸制品业	Manufacture of Paper and Paper Products	459	163	329.6	72600
印刷和记录媒介复制业	Printing and Reproduction of Recording Media	443	188	326.0	73275
文教、工美、体育和娱乐用品制造业	Manufacture of Articles for Culture, Education, Arts and Crafts, Sport and Entertainment Activities	849	483	491.3	57077
石油、煤炭及其他燃料加工业	Processing of Petroleum, Coal and Other Fuels	554	129	619.8	111525
化学原料和化学制品制造业	Manufacture of Raw Chemical Materials and Chemical Products	1890	537	1700.7	90238
医药制造业	Manufacture of Medicines	1450	691	1365.1	94651
化学纤维制造业	Manufacture of Chemical Fibres	230	79	172.0	74317
橡胶和塑料制品业	Manufacture of Rubber and Plastics Products	1433	585	1026.9	72183
非金属矿物制品业	Manufacture of Non-metallic Mineral Products	1702	475	1203.6	70935
黑色金属冶炼和压延加工业	Smelting and Pressing of Ferrous Metals	1278	213	1160.7	90119
有色金属冶炼和压延加工业	Smelting and Pressing of Non-ferrous Metals	945	194	723.1	76746
金属制品业	Manufacture of Metal Products	1516	467	1090.8	72412
通用设备制造业	Manufacture of General Purpose Machinery	2176	605	1926.0	89456
专用设备制造业	Manufacture of Special Purpose Machinery	1831	532	1678.1	92514
汽车制造业	Manufacture of Automobiles	2869	764	2869.5	101138
铁路、船舶、航空航天和其他运输设备制造业	Manufacture of Railway, Ship, Aerospace and Other Transport Equipments	667	162	655.3	98878

3-1 续表 1 continued

项　目	Item	年末人数（千人）Year-end Figures (1000 persons)	#女 性 Female	工资总额（亿元）Total Wages (100 million yuan)	平均工资（元）Average Wage (yuan)
电气机械和器材制造业	Manufacture of Electrical Machinery and Apparatus	3150	1261	2519.2	81112
计算机、通信和其他电子设备制造业	Manufacture of Computers, Communication and Other Electronic Equipment	6828	2829	6051.6	89050
仪器仪表制造业	Manufacture of Measuring Instruments and Machinery	547	211	538.2	98337
其他制造业	Other Manufacture	148	74	95.7	64984
废弃资源综合利用业	Utilization of Waste Resources	85	23	59.6	72258
金属制品、机械和设备修理业	Repair Service of Metal Products, Machinery and Equipment	175	33	189.1	108586
电力、热力、燃气及水生产和供应业	**Production and Supply of Electricity, Heat, Gas and Water**	**3797**	**1017**	**4420.0**	**116728**
电力、热力生产和供应业	Production and Supply of Electric Power and Heat Power	2792	671	3571.8	128195
燃气生产和供应业	Production and Supply of Gas	317	102	294.7	93324
水的生产和供应业	Production and Supply of Water	689	244	553.5	80855
建筑业	**Construction**	**21533**	**2761**	**14376.2**	**69986**
房屋建筑业	Construction of Buildings	14518	1662	8995.1	65406
土木工程建筑业	Civil Engineering	4746	747	3784.6	81619
建筑安装业	Building Installation	1144	164	886.2	79523
建筑装饰、装修和其他建筑业	Building Decoration and Other Constructions	1124	189	710.3	68464
批发和零售业	**Wholesale and Retail Trades**	**7869**	**4109**	**7623.4**	**96521**
批发业	Wholesale Trade	3915	1713	4993.4	127131
零售业	Retail Trade	3954	2396	2630.0	66240
交通运输、仓储和邮政业	**Transport, Storage and Post**	**8122**	**2106**	**8171.8**	**100642**
铁路运输业	Railway Transport	1887	279	2454.8	129432
道路运输业	Road Transport	3596	934	2693.2	74767
水上运输业	Water Transport	294	53	400.3	135564
航空运输业	Air Transport	603	226	946.8	156748
管道运输业	Transport Via Pipelines	25	5	41.6	164566
多式联运和运输代理业	Intermodality and Forwarding Agency	321	140	375.1	116572
装卸搬运和仓储业	Loading, Unloading and Storage	496	127	397.6	80955
邮政业	Post	901	342	862.5	97618
住宿和餐饮业	**Hotels and Catering Services**	**2566**	**1473**	**1228.0**	**48833**
住宿业	Hotels	1081	602	590.3	54448
餐饮业	Catering Services	1485	871	637.7	44578
信息传输、软件和信息技术服务业	**Information Transmission, Software and Information Technology**	**4871**	**1893**	**8444.5**	**177544**
电信、广播电视和卫星传输服务	Telecommunication, Radio and Television and Satellite Transmission Service	1589	664	2051.9	128467
互联网和相关服务	Internet and Related Service	658	274	1536.6	245589
软件和信息技术服务业	Software and Information Technology	2624	955	4856.1	191679
金融业	**Financial Intermediation**	**8590**	**5003**	**11619.0**	**133390**
货币金融服务	Monetary and Financial Service	3489	1777	6718.8	193624
资本市场服务	Capital Market Service	325	147	1158.6	363884
保险业	Insurance	4673	3033	3355.1	69618
其他金融业	Other Financial Activities	104	45	386.5	375935
房地产业	**Real Estate**	**5254**	**2145**	**4401.7**	**83807**

3-1 续表 2 continued

项 目	Item	年末人数 (千人) Year-end Figures (1000 persons)	#女 性 Female	工资总额 (亿元) Total Wages (100 million yuan)	平均工资 (元) Average Wage (yuan)
租赁和商务服务业	**Leasing and Business Services**	**6436**	**2251**	**5890.2**	**92924**
租赁业	Leasing	136	32	121.7	87075
商务服务业	Business Services	6301	2220	5768.4	93056
科学研究和技术服务业	**Scientific Research and Technical Services**	**4312**	**1435**	**5960.0**	**139851**
研究和试验发展	Research and Experimental Development	646	267	1099.9	174127
专业技术服务业	Professional Technical Services	3061	940	4087.4	134914
科技推广和应用服务业	Science and Technology Popularization and Application Services	604	228	772.7	128701
水利、环境和公共设施管理业	**Management of Water Conservancy, Environment and Public Facilities**	**2456**	**999**	**1576.1**	**63914**
水利管理业	Management of Water Conservancy	294	81	276.9	93956
生态保护和环境治理业	Ecological Protection and Environmental Treatment	183	52	160.6	88727
公共设施管理业	Management of Public Facilities	1906	839	1060.5	55206
土地管理业	Management of Land	72	27	78.1	112718
居民服务、修理和其他服务业	**Service to Households, Repair and Other Services**	**828**	**411**	**498.7**	**60722**
居民服务业	Service to Households	349	178	235.6	68068
机动车、电子产品和日用产品修理业	Repair of Motor Vehicle, Electronics and Household Products	116	31	84.8	72884
其他服务业	Other Services	363	202	178.3	49696
教育	**Education**	**19589**	**12443**	**20565.8**	**106474**
卫生和社会工作	**Health and Social Service**	**10519**	**7274**	**11966.8**	**115449**
卫生	Health	10053	6966	11677.1	117896
社会工作	Social Service	465	309	289.7	62865
文化、体育和娱乐业	**Culture, Sports and Entertainment**	**1495**	**736**	**1670.0**	**112081**
新闻和出版业	Journalism and Publishing Activities	291	147	413.4	141941
广播、电视、电影和录音制作业	Radio, Television, Motion Picture and Audio-visual Programme Production Services	389	180	466.7	121576
文化艺术业	Cultural and Art Activities	490	257	449.7	91828
体育	Sports Activities	136	59	190.2	142152
娱乐业	Entertainment	189	93	150.1	78414
公共管理、社会保障和社会组织	**Public Management, Social Security and Social Organization**	**19722**	**6640**	**20522.3**	**104487**
#中国共产党机关	Organs of Communist Party of China	916	293	1062.2	117505
国家机构	Government Agencies	18353	6128	18985.1	103822
人民政协、民主党派	People's Political Consultative Conference and Democratic Parties	106	32	144.7	136726
社会保障	Social Security	153	86	134.6	88235
群众团体、社会团体和其他成员组织	Non-Governmental Organizations, Social Organizations and Membership Organizations	191	100	194.9	102615

3–2 各地区分行业城镇单位就业人员和工资总额(2020年) URBAN UNITS EMPLOYMENT AND TOTAL WAGES BY SECTOR AND REGION(2020)

地 区	Region	总计 Total 年末人数(人) Year-end Figures (person)	#女性 Female	工资总额(千元) Total Wages (1000 yuan)	平均工资(元) Average Wage (yuan)	农、林、牧、渔业 Agriculture, Forestry, Animal Husbandry and Fishery 年末人数(人) Year-end Figures (person)	#女性 Female	工资总额(千元) Total Wages (1000 yuan)	平均工资(元) Average Wage (yuan)
全 国	**National**	**170390877**	**67794145**	**16412686508**	**97379**	**856833**	**253395**	**41055396**	**48540**
北 京	Beijing	7399399	3149244	1318761047	178178	12302	4621	1031509	83332
天 津	Tianjin	2553324	1028077	292879408.9	114682	2521	777	192203	74302
河 北	Hebei	5612439	2324993	434546201.5	77323	25415	6980	859702	33731
山 西	Shanxi	4425978	1655738	329927954.2	74739	12604	3314	631900	49707
内蒙古	Inner Mongolia	2705553	1091295	231453975.6	85310	75127	14606	4870773	65237
辽 宁	Liaoning	4767829	1934274	382194335.1	79472	76956	26909	1582792	20492
吉 林	Jilin	2577725	1059041	200541424.7	77995	50682	10428	2504109	48596
黑龙江	Heilongjiang	3163969	1261628	237201350.6	74554	201052	56565	7116218	36523
上 海	Shanghai	6455623	2831874	1114241590	171884	8753	2764	706433	81858
江 苏	Jiangsu	13425055	4792942	1352617696	103621	22671	10415	1203911	52767
浙 江	Zhejiang	10258431	3861961	1092391839	108645	6075	1646	503546	80641
安 徽	Anhui	5656207	2046572	474034293.3	85854	29606	8375	1575679	53372
福 建	Fujian	6058991	2408196	521921575	88149	11115	2754	657899	59655
江 西	Jiangxi	4515089	1799763	349695706.2	78182	24909	6999	1260886	51748
山 东	Shandong	10983225	4267615	959737405.7	87749	12818	3797	855574	66966
河 南	Henan	9648879	3767573	663460754.1	70239	21822	7036	1092865	50282
湖 北	Hubei	6311709	2405603	528154955.7	85052	19263	6962	879041	46137
湖 南	Hunan	6049215	2363944	471068218.6	79122	18249	5176	930873	51841
广 东	Guangdong	20852693	8816094	2242198178	108045	21655	6308	1373616	64023
广 西	Guangxi	4103663	1736682	331881465.1	82751	26069	7914	1565779	60242
海 南	Hainan	1084926	461695	92692605.41	86609	43592	14322	2090888	51403
重 庆	Chongqing	3708338	1439379	341644216.3	93816	4096	1564	253598	63154
四 川	Sichuan	8617602	3436280	747106373.2	88559	25013	8271	1555788	63143
贵 州	Guizhou	3352873	1314299	293720136.7	89228	9992	3824	517880	55986
云 南	Yunnan	3582260	1521124	328358203.1	93133	25637	9591	1202012	47579
西 藏	Tibet	416618	166570	49681182.6	121005	2737	1007	150261	54121
陕 西	Shaanxi	4895540	1953265	404778596.7	83520	15762	4666	986388	63039
甘 肃	Gansu	2622272	1005698	207517747.1	79730	18602	6198	1084024	58010
青 海	Qinghai	664042	273096	66850652.65	101401	7456	2488	388335	50895
宁 夏	Ningxia	691181	289425	68043186.15	97438	5867	1402	320002	49858
新 疆	Xinjiang	3230228	1330206	283384233.9	86343	18413	5717	1110910	62429

3-2 续表 1 continued

地区 Region	农业 Farming 年末人数(人) Year-end Figures (person)	#女性 Female	工资总额(千元) Total Wages (1000 yuan)	平均工资(元) Average Wage (yuan)	林业 Forestry 年末人数(人) Year-end Figures (person)	#女性 Female	工资总额(千元) Total Wages (1000 yuan)	平均工资(元) Average Wage (yuan)
全 国 National	**261888**	**95011**	**9078054**	**34595**	**286906**	**65250**	**14829709**	**52710**
北 京 Beijing	3432	1402	217774	62301	2042	850	164513	80851
天 津 Tianjin	923	274	71760	74199	399	128	42561	102557
河 北 Hebei	13385	3640	173380	12992	4689	1254	235131	50241
山 西 Shanxi	2560	776	100753	38125	4174	980	242548	57709
内蒙古 Inner Mongolia	15345	3020	865599	55184	43557	7344	2852232	66584
辽 宁 Liaoning	57986	21862	815419	13965	3731	915	185862	49436
吉 林 Jilin	3061	828	98333	31711	42343	8319	2152294	49988
黑龙江 Heilongjiang	52113	21433	1696416	32461	102751	24585	3673693	37999
上 海 Shanghai	3219	1229	227115	72293	1437	577	65457	45463
江 苏 Jiangsu	5839	2229	356873	59721	1090	293	75408	68854
浙 江 Zhejiang	1639	602	87827	53449	1441	281	168317	117431
安 徽 Anhui	9682	2310	518682	52355	2804	719	149904	52843
福 建 Fujian	2776	1101	102335	37732	7252	1376	500683	69367
江 西 Jiangxi	3361	1036	145241	44076	7345	1519	372784	50853
山 东 Shandong	2373	878	120646	48073	1894	437	145039	78466
河 南 Henan	10056	3532	463985	45412	2450	760	122801	51130
湖 北 Hubei	9437	4343	343754	36695	2212	585	134320	60769
湖 南 Hunan	3379	1044	144496	43545	4972	1267	236255	47435
广 东 Guangdong	9291	3282	461015	49620	3785	772	276395	72251
广 西 Guangxi	5712	1964	257610	44721	10854	2658	746085	68428
海 南 Hainan	7049	2353	229116	33574	3524	919	195073	54949
重 庆 Chongqing	922	397	32729	37023	889	234	78480	91140
四 川 Sichuan	4951	2159	152511	31806	8105	2221	618177	75678
贵 州 Guizhou	4109	2048	161471	44109	1520	333	103442	67549
云 南 Yunnan	8149	4312	294248	37722	9228	2603	421824	45444
西 藏 Tibet	1182	412	64085	57658	623	261	28098	36433
陕 西 Shaanxi	2077	774	84806	39911	4046	1014	268725	66625
甘 肃 Gansu	7596	2696	362811	48305	4112	1134	288866	67603
青 海 Qinghai	2540	966	84262	30142	321	92	38884	126042
宁 夏 Ningxia	3472	823	150771	41457	1172	236	92779	77380
新 疆 Xinjiang	4271	1287	192231	45323	2145	583	153079	70193

3-2 续表 2 continued

地区 Region	畜牧业 Animal Husbandry 年末人数(人) Year-end Figures (person)	#女性 Female	工资总额(千元) Total Wages (1000 yuan)	平均工资(元) Average Wage (yuan)	渔业 Fishery 年末人数(人) Year-end Figures (person)	#女性 Female	工资总额(千元) Total Wages (1000 yuan)	平均工资(元) Average Wage (yuan)
全国 National	**73297**	**24114**	**4280412**	**60638**	**18474**	**3786**	**1165830**	**62784**
北京 Beijing	6137	2169	561130	91160	242	48	48117	200488
天津 Tianjin	792	241	49042	64634	327	111	21246	57908
河北 Hebei	4855	1558	298027	63837	185	67	7282	40011
山西 Shanxi	3435	900	177297	50903	56	13	2318	39288
内蒙古 Inner Mongolia	4084	1156	333039	81596	186	25	10414	53959
辽宁 Liaoning	1235	415	35999	34480	4095	880	214221	52802
吉林 Jilin	502	99	16291	33294	453	85	12157	26837
黑龙江 Heilongjiang	1502	303	58530	40531	547	54	23660	43815
上海 Shanghai	1579	543	177867	110134	1784	201	182075	107040
江苏 Jiangsu	2170	766	124768	59100	960	191	57689	59035
浙江 Zhejiang	805	244	48449	65703	647	131	47921	56541
安徽 Anhui	3402	920	204703	66066	402	89	14915	37667
福建 Fujian	97	34	4110	42371	295	89	17617	58634
江西 Jiangxi	8683	3182	436779	52293	536	98	29633	55755
山东 Shandong	3066	1120	169474	55098	2086	261	178851	87863
河南 Henan	2137	685	103379	48259	213	52	10895	52129
湖北 Hubei	1042	330	43188	48545	1433	331	60529	42525
湖南 Hunan	2672	869	123639	50112	787	193	34569	43273
广东 Guangdong	2054	484	167841	92406	1388	402	89643	63765
广西 Guangxi	5679	2100	312285	57355	145	40	7467	53580
海南 Hainan	1011	336	53923	56374	456	115	23297	51129
重庆 Chongqing	778	446	41120	53588	97	24	5736	55689
四川 Sichuan	3028	967	147502	50146	446	132	30652	66650
贵州 Guizhou	2567	897	122672	53455	248	56	13000	54494
云南 Yunnan	2096	741	86920	44080	128	34	7206	55817
西藏 Tibet	551	176	29792	56594	3		180	60000
陕西 Shaanxi	1379	373	58612	47922	90	22	5126	56956
甘肃 Gansu	1778	668	82981	46123	102	29	4531	46631
青海 Qinghai	429	116	15864	38504	2		84	42000
宁夏 Ningxia	672	188	39736	55616	17	4	640	37647
新疆 Xinjiang	3082	1087	155450	51649	117	9	4161	35564

3-2 续表 3 continued

地 区 Region	农、林、牧、渔服务业 Service in Support of Agriculture				采矿业 Mining			
	年末人数（人）Year-end Figures (person)	#女 性 Female	工资总额（千元）Total Wages (1000 yuan)	平均工资（元）Average Wage (yuan)	年末人数（人）Year-end Figures (person)	#女 性 Female	工资总额（千元）Total Wages (1000 yuan)	平均工资（元）Average Wage (yuan)
全 国 National	**216268**	**65234**	**11701390**	**54964**	**3520914**	**610327**	**342883359**	**96674**
北 京 Beijing	450	152	39975	88343	30524	5004	4262695	137130
天 津 Tianjin	80	23	7594	96127	56734	12716	8328177	143184
河 北 Hebei	2300	461	145882	55872	159771	25367	14024935	87131
山 西 Shanxi	2379	644	108985	46879	826262	117580	70991382	86091
内蒙古 Inner Mongolia	11954	3060	809489	68217	112864	17827	15538849	133615
辽 宁 Liaoning	9909	2838	331290	33165	186041	38641	16146138	83482
吉 林 Jilin	4324	1097	225034	50798	73997	16123	5463280	72928
黑龙江 Heilongjiang	44139	10190	1663919	37888	235867	54050	21658161	91342
上 海 Shanghai	734	214	53919	73596	1200	245	370032	306826
江 苏 Jiangsu	12611	6937	589174	46551	52800	8163	5702898	103964
浙 江 Zhejiang	1545	387	151032	95417	4588	764	365840	81803
安 徽 Anhui	13316	4337	687475	51751	135858	13357	14709037	106968
福 建 Fujian	695	154	33154	47306	16412	3108	944862	56885
江 西 Jiangxi	4984	1163	276449	56930	28676	5320	1940895	66591
山 东 Shandong	3399	1102	241564	73054	284572	58649	30117731	103837
河 南 Henan	6966	2006	391805	57921	275399	46936	21107967	76348
湖 北 Hubei	5138	1372	297250	57587	26857	5844	2595200	95423
湖 南 Hunan	6439	1803	391913	61320	45493	5551	2802284	61207
广 东 Guangdong	5137	1368	378722	74021	14472	2440	2529021	175206
广 西 Guangxi	3680	1152	242332	64727	7941	1703	478846	67471
海 南 Hainan	31553	10600	1589479	55018	4814	918	382180	78171
重 庆 Chongqing	1410	464	95533	68233	30368	3637	2317762	74292
四 川 Sichuan	8482	2792	606946	73355	136314	25167	14240726	104970
贵 州 Guizhou	1549	488	117295	76937	121771	12091	9068407	75400
云 南 Yunnan	6036	1900	391815	64443	57377	10787	4586835	79391
西 藏 Tibet	378	158	28107	77149	6852	1421	777676	115499
陕 西 Shaanxi	8170	2484	569118	69610	289044	53734	31280927	108306
甘 肃 Gansu	5014	1670	344835	68875	71701	13370	7280937	102480
青 海 Qinghai	4164	1314	249241	60612	30331	8015	4221478	137017
宁 夏 Ningxia	535	151	36076	42393	61472	12210	8618363	138670
新 疆 Xinjiang	8799	2752	605989	73491	134543	29589	20029839	147196

3-2 续表 4 continued

地 区 Region	煤炭开采和洗选业 Mining and Washing of Coal				石油和天然气开采业 Extraction of Petroleum and Natural Gas			
	年末人数 (人) Year-end Figures (person)	#女 性 Female	工资总额 (千元) Total Wages (1000 yuan)	平均工资 (元) Average Wage (yuan)	年末人数 (人) Year-end Figures (person)	#女 性 Female	工资总额 (千元) Total Wages (1000 yuan)	平均工资 (元) Average Wage (yuan)
全 国 National	**2314396**	**308832**	**204646687**	**88074**	**551487**	**173380**	**76918627**	**137095**
北 京 Beijing	18	5	1639	91056	1270	337	318749	258306
天 津 Tianjin	101	11	9957	96670	19314	5558	3475211	178390
河 北 Hebei	104173	13658	8627411	83326	23285	6826	2983817	125428
山 西 Shanxi	810398	114999	69612918	86092	6210	1445	656528	104598
内蒙古 Inner Mongolia	91529	13248	13459392	141678	4566	1117	651046	141072
辽 宁 Liaoning	69226	6874	5000677	70717	39069	12931	4894285	116190
吉 林 Jilin	26661	2800	1156854	43568	25857	7280	2712975	103296
黑龙江 Heilongjiang	119237	12333	7321496	61815	99579	35859	12767173	126172
上 海 Shanghai					1164	234	367537	314403
江 苏 Jiangsu	44076	6512	4908312	106561	1236	336	188064	152279
浙 江 Zhejiang								
安 徽 Anhui	117276	9647	12867818	107893	354	93	35787	101668
福 建 Fujian	9680	1295	580516	57488				
江 西 Jiangxi	12371	1974	760044	60297				
山 东 Shandong	165399	29268	14566118	86040	69489	20930	9484104	133958
河 南 Henan	215904	35047	14962781	69214	32891	7989	4134842	124099
湖 北 Hubei	10	3	412	41200	11122	3012	1451417	129130
湖 南 Hunan	23635	1592	1330193	55867				
广 东 Guangdong	9	3	655	72778	5801	725	1729424	298485
广 西 Guangxi	554	92	71937	108666	65	3	18463	284046
海 南 Hainan					82	26	14326	179075
重 庆 Chongqing	23453	1699	1724218	69725	1881	645	218379	118363
四 川 Sichuan	44065	5743	2888931	64719	34950	10413	5426575	161717
贵 州 Guizhou	114957	10823	8645078	76057	227	38	20077	88443
云 南 Yunnan	30630	5605	2279354	74583	4		71	17750
西 藏 Tibet	72	10	10192	97067				
陕 西 Shaanxi	148913	13721	17584972	119714	76192	26373	7856327	101486
甘 肃 Gansu	48188	7804	4691205	98406	12714	4017	1838747	143922
青 海 Qinghai	5873	920	444357	76932	18123	5899	3283951	176594
宁 夏 Ningxia	48224	7702	6814846	139884	12872	4449	1778362	136576
新 疆 Xinjiang	39764	5443	4324404	108454	53170	16845	10612391	194373

3-2 续表 5 continued

地区 Region	黑色金属矿采选业 Mining and Processing of Ferrous Metal Ores				有色金属矿采选业 Mining and Processing of Non-ferrous Metal Ores			
	年末人数(人) Year-end Figures (person)	#女性 Female	工资总额(千元) Total Wages (1000 yuan)	平均工资(元) Average Wage (yuan)	年末人数(人) Year-end Figures (person)	#女性 Female	工资总额(千元) Total Wages (1000 yuan)	平均工资(元) Average Wage (yuan)
全 国 National	**149361**	**22607**	**12561431**	**83584**	**140708**	**26120**	**11263224**	**79537**
北 京 Beijing	13197	2462	1728861	127865				
天 津 Tianjin	557	28	35736	61508				
河 北 Hebei	21043	2845	1517121	71603	600	110	37370	62076
山 西 Shanxi	4972	551	425091	84612	3009	336	191311	61660
内蒙古 Inner Mongolia	8302	1764	699303	84003	4058	748	321180	82029
辽 宁 Liaoning	24686	2657	2072623	81570	6805	1032	368862	51519
吉 林 Jilin	2424	270	156240	63435	5160	670	342518	65453
黑龙江 Heilongjiang	81	15	3747	64603	1368	330	125766	89196
上 海 Shanghai								
江 苏 Jiangsu	1715	252	111893	63757	685	132	73734	106245
浙 江 Zhejiang					418	73	23624	56382
安 徽 Anhui	10383	2093	1014750	99820	3399	672	278747	80925
福 建 Fujian	1190	69	60083	59079	920	116	51406	55514
江 西 Jiangxi	102	13	7080	69582	11524	2311	894273	76295
山 东 Shandong	11201	1679	914395	80217	14195	2499	1536092	108665
河 南 Henan	1879	285	112409	59856	6467	1179	406058	64125
湖 北 Hubei	7959	937	630083	78598	1846	517	168051	91134
湖 南 Hunan	238	22	16416	69559	15099	2791	1087639	71494
广 东 Guangdong	625	96	27502	47848	2864	539	241277	84333
广 西 Guangxi	753	202	37279	53677	2757	733	172516	63566
海 南 Hainan	3086	473	252015	80234	665	155	59968	95949
重 庆 Chongqing					61	7	2788	48069
四 川 Sichuan	14090	2852	1186995	84801	3413	772	299149	87152
贵 州 Guizhou	1629	110	87115	55654	1177	180	62890	54545
云 南 Yunnan	3022	518	285364	93312	16867	3058	1450916	84380
西 藏 Tibet	761	172	102643	128948	4756	1022	557665	122108
陕 西 Shaanxi	7348	1043	397466	54680	16841	3595	1282638	75374
甘 肃 Gansu	2951	291	227085	82158	4603	768	321351	69753
青 海 Qinghai	1001	196	75734	75432	3173	502	278926	85429
宁 夏 Ningxia	150	33	10736	58667				
新 疆 Xinjiang	4018	681	365667	89165	7981	1275	626510	78688

3-2 续表 6 continued

地　区 Region	非金属矿采选业 Mining and Processing of Non-metal Ores				开采辅助活动 Support Activities for Mining			
	年末人数（人） Year-end Figures (person)	#女 性 Female	工资总额（千元） Total Wages (1000 yuan)	平均工资（元） Average Wage (yuan)	年末人数（人） Year-end Figures (person)	#女 性 Female	工资总额（千元） Total Wages (1000 yuan)	平均工资（元） Average Wage (yuan)
全　国 National	**113907**	**23836**	**7752725**	**68647**	**249507**	**55227**	**29607763**	**115787**
北　京 Beijing			418	46444	16029	2198	2211938	135760
天　津 Tianjin	5094	905	495186	94213	31656	6209	4310933	131708
河　北 Hebei	7933	1586	650511	81548	2736	342	208705	53943
山　西 Shanxi	650	91	28247	45390	1005	146	76640	78525
内蒙古 Inner Mongolia	3673	887	286558	76594	701	62	120635	175853
辽　宁 Liaoning	3951	588	274191	66818	42305	14559	3535501	80537
吉　林 Jilin	690	137	18720	27864	13205	4966	1075973	78372
黑龙江 Heilongjiang	1527	424	68166	44063	13835	5030	1360574	95667
上　海 Shanghai	36	11	2495	67432				
江　苏 Jiangsu	5085	930	420757	82394	3	1	138	46000
浙　江 Zhejiang	4170	691	342216	84431				
安　徽 Anhui	3859	706	472511	130420	587	147	39425	59825
福　建 Fujian	4618	1627	252707	55358				
江　西 Jiangxi	4633	1002	277680	59431	24	10	907	37792
山　东 Shandong	3974	739	252584	60394	20255	3511	3358871	166446
河　南 Henan	4993	1101	222888	45515	13206	1321	1268268	91605
湖　北 Hubei	5169	1240	264457	50630	63	23	2785	44206
湖　南 Hunan	6479	1144	362031	55886				
广　东 Guangdong	3922	937	279845	71320	1200	135	247504	203205
广　西 Guangxi	3787	661	176511	60107				
海　南 Hainan	960	258	52544	51413				
重　庆 Chongqing	4963	1284	371477	81536	10	2	900	90000
四　川 Sichuan	10942	2230	648121	60375	28836	3150	3789562	129394
贵　州 Guizhou	3716	925	249529	69420	11	5	933	84818
云　南 Yunnan	6789	1584	566218	82118	41	17	4139	102185
西　藏 Tibet	926	196	69931	74565	243	3	28939	123145
陕　西 Shaanxi	4998	790	224209	45359	34752	8212	3935315	111523
甘　肃 Gansu	2733	374	170499	62983	463	101	29351	62097
青　海 Qinghai	1655	422	102483	61703	503	76	35875	71040
宁　夏 Ningxia	226	26	14419	63241				
新　疆 Xinjiang	1757	342	134614	66297	27838	5001	3963953	144338

3-2 续表 7 continued

地 区 Region	其他采矿业 Mining of Other Ores 年末人数(人) Year-end Figures (person)	#女 性 Female	工资总额(千元) Total Wages (1000 yuan)	平均工资(元) Average Wage (yuan)	制造业 Manufacturing 年末人数(人) Year-end Figures (person)	#女 性 Female	工资总额(千元) Total Wages (1000 yuan)	平均工资(元) Average Wage (yuan)
全 国 National	**1547**	**324**	**132902**	**81519**	**38055259**	**14233184**	**3135291101**	**82783**
北 京 Beijing	10	2	1090	109000	597845	204803	90000630	148777
天 津 Tianjin	12	5	1154	96167	650775	213037	64529757	99225
河 北 Hebei					985339	291911	71821530	72268
山 西 Shanxi	18	12	648	36000	579190	172459	38171698	65378
内蒙古 Inner Mongolia	36	2	734	56462	311645	77832	25076809	81355
辽 宁 Liaoning					1024211	287474	79692739	77241
吉 林 Jilin					454459	129006	39268431	86711
黑龙江 Heilongjiang	240	60	11239	46442	280255	82268	21312611	75263
上 海 Shanghai					1304794	455496	182663133	137441
江 苏 Jiangsu					4540964	1772781	413532171	92049
浙 江 Zhejiang					3093631	1195866	259208797	84810
安 徽 Anhui					1272803	466738	94219933	75944
福 建 Fujian	4	1	150	37500	1621080	739102	121575209	75992
江 西 Jiangxi	22	10	911	41409	1087315	480404	72432754	66362
山 东 Shandong	60	23	5567	95983	2733035	961242	203812045	75024
河 南 Henan	59	14	721	40056	2156421	830436	126382981	58982
湖 北 Hubei	688	113	77995	97494	1299727	472817	96177321	74917
湖 南 Hunan	42	2	6005	127766	966576	354236	71932536	75122
广 东 Guangdong	52	4	2814	52111	8190724	3392115	682407894	83201
广 西 Guangxi	25	11	2140	85600	511667	191654	36377809	72260
海 南 Hainan	21	6	3327	158429	71867	26007	5596163	77316
重 庆 Chongqing					671370	240627	52980113	80718
四 川 Sichuan	19	7	1392	73263	1394192	503169	107687010	78474
贵 州 Guizhou	54	10	2785	51574	287946	94317	24449074	85171
云 南 Yunnan	24	5	774	36857	403367	130330	32056268	80563
西 藏 Tibet	94	18	8306	89965	17327	5800	1462329	85228
陕 西 Shaanxi					756587	230446	59059626	78175
甘 肃 Gansu	49	16	2698	55061	283222	79139	21817961	76729
青 海 Qinghai	3		152	50667	86162	23573	6639294	76699
宁 夏 Ningxia					93041	22795	7225016	78347
新 疆 Xinjiang	15	3	2300	47917	327720	105302	25721458	78660

3-2 续表 8 continued

地 区 Region	农副食品加工业 Processing of Food from Agricultural Products				食品制造业 Manufacture of Foods			
	年末人数 (人) Year-end Figures (person)	#女 性 Female	工资总额 (千元) Total Wages (1000 yuan)	平均工资 (元) Average Wage (yuan)	年末人数 (人) Year-end Figures (person)	#女 性 Female	工资总额 (千元) Total Wages (1000 yuan)	平均工资 (元) Average Wage (yuan)
全 国 National	**1193923**	**512879**	**72359557**	**61828**	**970288**	**483868**	**69976486**	**73107**
北 京 Beijing	16547	5923	1560754	95000	31349	15191	3565585	113856
天 津 Tianjin	10391	3146	980867	95445	21196	8897	1817113	84723
河 北 Hebei	39565	17275	2227041	58142	34488	17118	2446586	70493
山 西 Shanxi	10243	3735	496655	49583	8167	4106	393124	48346
内蒙古 Inner Mongolia	15561	5250	938821	61467	38317	12885	3274885	86182
辽 宁 Liaoning	43124	19398	2550999	59548	16913	8197	1009550	60898
吉 林 Jilin	23300	10360	1187217	50769	10703	5233	484625	45539
黑龙江 Heilongjiang	29102	9950	1568945	54489	15613	7236	1003794	67728
上 海 Shanghai	12869	5888	1316958	99900	47316	23695	6013759	124007
江 苏 Jiangsu	43399	18985	3637242	84924	53732	24378	4574618	85607
浙 江 Zhejiang	34295	15452	2391925	70622	47689	25855	3477198	80731
安 徽 Anhui	42630	19415	2321623	55556	25340	14252	1421402	59097
福 建 Fujian	53020	29205	3235897	62372	40346	23056	2496946	63789
江 西 Jiangxi	39295	11549	2745040	69673	20829	12130	1042167	51448
山 东 Shandong	215536	105347	12653620	59899	73413	34042	5096468	67296
河 南 Henan	162528	74747	8538487	54079	130335	67815	6602489	51622
湖 北 Hubei	46854	19038	2660431	56956	39938	20825	2146165	56186
湖 南 Hunan	55278	22290	2896686	54080	28361	18086	1488461	54736
广 东 Guangdong	78609	28551	5356497	69371	138456	67239	12690292	92478
广 西 Guangxi	55341	19703	3061451	59991	13222	6938	814930	63180
海 南 Hainan	11262	5033	640295	57101	3167	1283	190288	54981
重 庆 Chongqing	12338	5384	840002	69482	11241	6588	830226	73380
四 川 Sichuan	42225	17289	2772007	67179	42130	23203	2568279	61307
贵 州 Guizhou	10034	4596	500559	50535	4328	2172	229748	53641
云 南 Yunnan	30084	12708	1854087	59281	14174	6265	856263	59851
西 藏 Tibet	1428	526	75140	54421	589	241	35724	62619
陕 西 Shaanxi	24016	9933	1276349	52561	25084	12682	1332790	54207
甘 肃 Gansu	10624	3742	623294	59696	6100	3069	287003	48330
青 海 Qinghai	1095	502	52682	46745	1990	1110	109245	52146
宁 夏 Ningxia	2077	878	149943	72401	7073	2812	463846	65487
新 疆 Xinjiang	21254	7083	1248043	64447	18691	7267	1212920	65904

3-2 续表 9 continued

地 区 Region	酒、饮料和精制茶制造业 Manufacture of Liquor, Beverages and Refined Tea				烟草制品业 Manufacture of Tobacco			
	年末人数(人) Year-end Figures (person)	#女 性 Female	工资总额(千元) Total Wages (1000 yuan)	平均工资(元) Average Wage (yuan)	年末人数(人) Year-end Figures (person)	#女 性 Female	工资总额(千元) Total Wages (1000 yuan)	平均工资(元) Average Wage (yuan)
全 国 National	**742746**	**266959**	**59652141**	**80183**	**155880**	**46476**	**31610597**	**209059**
北 京 Beijing	23117	8956	2278035	89805	818	230	240531	294408
天 津 Tianjin	7070	2411	614499	86598	774	171	222309	294449
河 北 Hebei	13860	4988	885788	63789	4888	851	744568	151891
山 西 Shanxi	21072	7679	1707282	81312	915	292	196346	215292
内蒙古 Inner Mongolia	8068	2864	398911	48836	2438	658	441618	176647
辽 宁 Liaoning	11778	3658	837645	71274	2844	731	544892	194050
吉 林 Jilin	9539	2935	565718	58801	3393	837	587522	165873
黑龙江 Heilongjiang	8977	3291	506813	56233	4643	890	661714	141452
上 海 Shanghai	9920	3238	1213287	115299	3628	804	1706817	472018
江 苏 Jiangsu	38750	12204	2957895	75604	5220	1381	1075682	206030
浙 江 Zhejiang	23572	8211	2312179	97181	3549	1043	1068177	301660
安 徽 Anhui	28949	10406	1693121	58876	6661	1877	1362037	204418
福 建 Fujian	32176	13487	2401530	73110	5980	2692	763579	146617
江 西 Jiangxi	14462	6293	827954	56870	4944	1633	615171	123702
山 东 Shandong	47043	15343	3330376	70137	8254	2626	1310018	178016
河 南 Henan	51348	21458	2622164	50297	15830	5426	2393391	170761
湖 北 Hubei	40510	15978	2582364	64674	7329	1936	1588485	218981
湖 南 Hunan	22474	9793	1281134	56718	12326	4209	2585437	220412
广 东 Guangdong	52641	18081	5195763	98536	6525	1805	1941935	300656
广 西 Guangxi	13443	5051	773465	58054	3462	1109	685617	212858
海 南 Hainan	5975	1985	362405	61881	530	132	115649	212590
重 庆 Chongqing	7287	2988	625372	85375	4331	1752	558674	134200
四 川 Sichuan	121792	38680	11648429	96237	4878	1328	1016700	208212
贵 州 Guizhou	59446	20293	7816645	136697	7906	1802	1723759	216825
云 南 Yunnan	22364	9573	1183407	53711	22161	6388	5705669	257592
西 藏 Tibet	1857	663	166201	88940				
陕 西 Shaanxi	23742	8781	1396620	59610	7768	2491	1148656	154785
甘 肃 Gansu	10638	3860	687565	65530	2732	1056	387734	140331
青 海 Qinghai	2516	938	189972	72786				
宁 夏 Ningxia	1087	373	78510	69849	405	124	74464	182064
新 疆 Xinjiang	7273	2500	511090	70046	748	202	143446	192287

3-2 续表 10 continued

地区 Region	纺织业 Manufacture of Textile				纺织服装、服饰业 Manufacture of Textile, Wearing Apparel and Accessories			
	年末人数（人） Year-end Figures (person)	#女性 Female	工资总额（千元） Total Wages (1000 yuan)	平均工资（元） Average Wage (yuan)	年末人数（人） Year-end Figures (person)	#女性 Female	工资总额（千元） Total Wages (1000 yuan)	平均工资（元） Average Wage (yuan)
全　国 National	**1109332**	**634019**	**66328061**	**59429**	**1266699**	**890761**	**74174797**	**57480**
北　京 Beijing	1113	536	84617	73836	16156	13431	1193343	70887
天　津 Tianjin	5217	2675	370920	70477	3350	2610	145493	42278
河　北 Hebei	17446	8407	909658	50376	13056	8397	670740	50684
山　西 Shanxi	1702	927	61285	36763	5321	3184	261063	48348
内蒙古 Inner Mongolia	1906	1313	78854	40252	6050	3840	315462	46276
辽　宁 Liaoning	5983	3726	255217	42258	33085	23786	1544160	46016
吉　林 Jilin	1874	1201	78250	40724	14518	12143	467609	33691
黑龙江 Heilongjiang	3716	2388	118947	31906	1093	663	51839	43882
上　海 Shanghai	14578	8453	1311177	87778	22934	16929	1524909	66532
江　苏 Jiangsu	180193	107921	12240088	66823	179518	136021	11887347	64929
浙　江 Zhejiang	194011	90692	14028980	71892	189905	124754	12660273	64759
安　徽 Anhui	36576	23604	1908600	52779	61374	45869	3218410	54178
福　建 Fujian	73374	38131	4977709	68776	132506	88333	8523991	63951
江　西 Jiangxi	24188	15852	1240331	51532	61686	42177	3134758	51600
山　东 Shandong	166814	96710	8813753	51645	85766	66545	4303406	48799
河　南 Henan	75835	52556	3375351	45422	79914	54130	3698120	46906
湖　北 Hubei	57158	41334	2989764	52264	36422	27329	1643835	45893
湖　南 Hunan	13826	8951	647251	47456	11088	8109	516632	46867
广　东 Guangdong	125563	60121	7887567	62145	261092	176982	15984506	58481
广　西 Guangxi	13215	10090	543795	42086	7095	5046	331713	46654
海　南 Hainan	747	268	65121	88240	124	55	7602	61306
重　庆 Chongqing	3621	2817	209183	58975	4188	3216	331593	55485
四　川 Sichuan	23355	14624	1309375	55625	12267	8188	628962	49322
贵　州 Guizhou	1239	729	70342	45796	2204	1567	98673	44011
云　南 Yunnan	2927	2185	103578	38305	2754	1720	185378	61839
西　藏 Tibet	377	205	17276	46316	284	155	9301	35822
陕　西 Shaanxi	17485	11927	684728	37813	5181	3769	228250	44537
甘　肃 Gansu	1914	1318	84692	43633	1876	762	89781	46908
青　海 Qinghai	27	19	1046	34867	1827	583	208711	110546
宁　夏 Ningxia	2179	1545	84389	38220	961	866	39479	45959
新　疆 Xinjiang	41171	22797	1776216	44330	13104	9605	269459	21201

3-2 续表 11 continued

地 区 Region	皮革、毛皮、羽毛及其制品和制鞋业 Manufacture of Leather, Fur, Feather and Related Products and Footwear				木材加工和木、竹、藤、棕、草制品业 Processing of Timbers,Manufacture of Wood, Bamboo, Rattan, Palm, and Straw Products			
	年末人数（人）Year-end Figures (person)	#女性 Female	工资总额（千元）Total Wages (1000 yuan)	平均工资（元）Average Wage (yuan)	年末人数（人）Year-end Figures (person)	#女性 Female	工资总额（千元）Total Wages (1000 yuan)	平均工资（元）Average Wage (yuan)
全 国 National	**774312**	**475157**	**42704139**	**53793**	**195103**	**71054**	**10939146**	**56665**
北 京 Beijing	220	109	18902	70530	402	126	27611	66213
天 津 Tianjin	2681	1465	134350	46861	685	203	40658	59878
河 北 Hebei	13438	8580	602461	45452	2350	748	168133	72344
山 西 Shanxi	16	5	343	20176	437	143	34973	72936
内蒙古 Inner Mongolia	43	25	2064	51600	1261	303	56864	54362
辽 宁 Liaoning	4976	3158	291841	59914	5840	2702	328268	56316
吉 林 Jilin	681	358	54600	73387	11613	4363	553585	49613
黑龙江 Heilongjiang	56	47	2355	42054	3570	1285	184823	49575
上 海 Shanghai	8319	4512	586456	67044	2553	811	279333	105848
江 苏 Jiangsu	26970	18978	1487343	53689	12026	4712	798257	65945
浙 江 Zhejiang	53557	26671	3037602	55896	16112	5966	1115467	71738
安 徽 Anhui	16911	11719	853752	48541	8551	3455	445683	51798
福 建 Fujian	248108	143944	15495795	62255	11291	5523	598829	53594
江 西 Jiangxi	49156	38881	2073066	41678	8310	3172	412553	49900
山 东 Shandong	23904	16800	1138446	46251	17459	5819	995826	57622
河 南 Henan	39635	25041	1884903	48749	15083	4815	670500	46079
湖 北 Hubei	6910	5030	270147	39650	10562	3315	563286	55645
湖 南 Hunan	42381	29535	1984880	46533	9499	3724	406294	43558
广 东 Guangdong	208662	123136	11587540	51906	26963	8656	1691733	61771
广 西 Guangxi	7066	5534	321744	40507	10752	4333	551119	51064
海 南 Hainan	30	6	1140	38000	983	304	45930	45520
重 庆 Chongqing	2327	1589	89764	38019	2505	987	159596	64509
四 川 Sichuan	12679	6915	544799	42791	6633	2141	369001	57762
贵 州 Guizhou	1762	1082	87939	49128	2692	1184	112647	41337
云 南 Yunnan	504	347	24054	48496	3739	1400	169688	45082
西 藏 Tibet	110	31	5954	61381	98	18	2995	30561
陕 西 Shaanxi	1969	1150	91281	44658	1836	436	101945	56666
甘 肃 Gansu	625	288	23808	36127	205	67	6878	33761
青 海 Qinghai					139	50	6319	45991
宁 夏 Ningxia	12	5	312	26000	10	4	301	43000
新 疆 Xinjiang	604	216	6500	11607	945	290	40050	40784

3-2 续表 12 continued

地 区 Region	家具制造业 Manufacture of Furniture				造纸和纸制品业 Manufacture of Paper and Paper Products			
	年末人数 (人) Year-end Figures (person)	#女 性 Female	工资总额 (千元) Total Wages (1000 yuan)	平均工资 (元) Average Wage (yuan)	年末人数 (人) Year-end Figures (person)	#女 性 Female	工资总额 (千元) Total Wages (1000 yuan)	平均工资 (元) Average Wage (yuan)
全 国 National	**422618**	**154101**	**28327933**	**69479**	**458579**	**162821**	**32961441**	**72600**
北 京 Beijing	2768	853	248857	84273	3485	1217	383775	102552
天 津 Tianjin	12699	4344	826628	69008	9116	2777	687778	80419
河 北 Hebei	7522	2959	426224	59608	7276	2343	727537	99537
山 西 Shanxi	106	22	3993	34722	891	274	35306	40958
内蒙古 Inner Mongolia	168	78	8148	47929	3485	917	229311	67379
辽 宁 Liaoning	10447	4570	608139	62650	6921	2072	386681	55553
吉 林 Jilin	776	255	29816	38267	2360	760	112697	46327
黑龙江 Heilongjiang	2903	1111	125419	42893	2984	659	183040	62301
上 海 Shanghai	16099	5000	1931475	116630	13159	5050	1196733	100192
江 苏 Jiangsu	23924	8882	1639706	72722	41048	13594	4571483	109621
浙 江 Zhejiang	83199	32037	6163795	78343	42451	13342	3153980	74747
安 徽 Anhui	8425	2732	486378	60768	9370	3403	606156	66102
福 建 Fujian	24518	9690	1685683	72130	33554	13648	2317815	69985
江 西 Jiangxi	7179	2379	410688	58596	10787	3655	616675	58363
山 东 Shandong	16690	6565	866472	54952	51630	16527	3430837	66209
河 南 Henan	16889	6608	716720	47772	21259	9453	1074497	51909
湖 北 Hubei	6275	2098	341111	57609	13684	5002	871003	64560
湖 南 Hunan	3054	1042	140492	47841	12225	4401	833018	68862
广 东 Guangdong	154810	54584	10388497	67856	114856	39994	8041731	70089
广 西 Guangxi	1085	399	62466	63161	11547	4774	575373	54061
海 南 Hainan	43	12	1988	42287	3420	754	327652	94072
重 庆 Chongqing	3937	1326	225893	67653	9912	4336	775997	77896
四 川 Sichuan	15895	5597	815313	52468	16159	6908	901010	56661
贵 州 Guizhou	822	244	72062	86665	3199	1164	160437	63114
云 南 Yunnan	526	128	23768	46241	5794	2168	350764	60359
西 藏 Tibet	357	41	16873	51701	74	24	4434	64261
陕 西 Shaanxi	1111	401	44789	40996	4766	2351	209739	44940
甘 肃 Gansu	139	47	6067	40993	530	231	20924	39910
青 海 Qinghai	12	1	304	25333				
宁 夏 Ningxia	4	1	198	39600	1785	717	113177	64562
新 疆 Xinjiang	238	96	9971	47938	849	307	61882	67705

3-2 续表 13 continued

地 区 Region	印刷和记录媒介复制业 Printing and Reproduction of Recording Media				文教、工美、体育和娱乐用品制造业 Manufacture of Articles for Culture, Education, Arts and Crafts,Sport and Entertainment Activities			
	年末人数(人) Year-end Figures (person)	#女 性 Female	工资总额(千元) Total Wages (1000 yuan)	平均工资(元) Average Wage (yuan)	年末人数(人) Year-end Figures (person)	#女 性 Female	工资总额(千元) Total Wages (1000 yuan)	平均工资(元) Average Wage (yuan)
全 国 National	**443001**	**187893**	**32601346**	**73275**	**849088**	**482610**	**49134696**	**57077**
北 京 Beijing	15918	5289	1972049	121570	3023	1296	262468	80122
天 津 Tianjin	7630	2543	547457	71720	7781	3894	445709	58818
河 北 Hebei	8599	3393	662692	74545	7167	4418	273369	40843
山 西 Shanxi	3890	1564	181912	47183	766	346	25699	33117
内蒙古 Inner Mongolia	1214	504	62896	51766	4	1	144	36000
辽 宁 Liaoning	4791	2013	252967	52039	3447	1884	174248	49614
吉 林 Jilin	2860	1147	139244	49054	704	411	34636	51393
黑龙江 Heilongjiang	1837	594	94324	50465	1121	798	35658	31668
上 海 Shanghai	16805	6842	1920839	113214	17118	8233	1518738	91426
江 苏 Jiangsu	44363	19492	3475477	82943	75238	47221	4751061	62903
浙 江 Zhejiang	30524	12039	2160645	71704	79968	41966	5224147	65642
安 徽 Anhui	14231	5498	938017	66585	16615	10370	787839	47571
福 建 Fujian	17787	6993	1317027	73433	84599	42339	5252710	62591
江 西 Jiangxi	12317	6199	734622	63445	32792	21191	1519653	46618
山 东 Shandong	21834	9353	1413651	64957	41538	24857	2173693	52511
河 南 Henan	16994	6926	1001956	59893	39838	25516	1710527	44547
湖 北 Hubei	20136	9641	1264014	63010	15524	9301	690407	44860
湖 南 Hunan	11484	5202	794268	69931	13136	8362	643693	49422
广 东 Guangdong	131089	57559	9475445	69445	377489	211616	22021258	56048
广 西 Guangxi	3567	1486	244245	67822	9256	6107	373973	40813
海 南 Hainan	981	358	75235	76168	269	213	11398	43728
重 庆 Chongqing	7544	3085	563679	74788	4104	2979	208596	49654
四 川 Sichuan	17494	8336	1309604	75135	4531	2486	257426	57363
贵 州 Guizhou	3462	1490	211853	61402	1321	919	49242	40298
云 南 Yunnan	9436	3681	621172	66514	6424	3351	495219	73195
西 藏 Tibet	390	169	29800	77807	932	249	36050	39353
陕 西 Shaanxi	9640	3908	809412	83871	1935	1159	76032	41443
甘 肃 Gansu	2105	924	100804	47134	310	171	9217	30543
青 海 Qinghai	556	248	29234	51650	724	336	37698	52032
宁 夏 Ningxia	1762	792	94689	55148	102	57	3752	41231
新 疆 Xinjiang	1761	626	102115	57568	1312	565	30436	22953

3-2 续表 14 continued

地区 Region	石油加工、炼焦和核燃料加工业 Processing of Petroleum ,Coking and Processing of Nucleus Fuel				化学原料和化学制品制造业 Manufacture of Raw Chemical Material and Chemical Products			
	年末人数(人) Year-end Figures (person)	#女性 Female	工资总额(千元) Total Wages (1000 yuan)	平均工资(元) Average Wage (yuan)	年末人数(人) Year-end Figures (person)	#女性 Female	工资总额(千元) Total Wages (1000 yuan)	平均工资(元) Average Wage (yuan)
全 国 National	**554389**	**129220**	**61979558**	**111525**	**1889701**	**537227**	**170070514**	**90238**
北 京 Beijing	8552	2391	1605523	183940	15855	7711	2085171	128615
天 津 Tianjin	10852	3477	1681856	153073	32180	7906	3502006	108090
河 北 Hebei	23057	4986	2238925	93990	67048	19124	4709879	70412
山 西 Shanxi	52020	12409	2947216	56382	54299	14864	3194888	58795
内蒙古 Inner Mongolia	17751	3537	1753726	102218	49693	12029	4628994	94548
辽 宁 Liaoning	68400	15908	7572521	109333	50856	11451	3575260	71132
吉 林 Jilin	2661	497	170682	55041	39580	9384	3484035	86494
黑龙江 Heilongjiang	33175	9187	3877082	115008	20714	5920	1495659	71224
上 海 Shanghai	12633	2620	2825755	222238	74054	24994	13033402	174855
江 苏 Jiangsu	15813	2850	2295185	156947	195511	51654	22615282	115209
浙 江 Zhejiang	20239	3532	3063574	162412	124967	33219	13512916	108737
安 徽 Anhui	7207	1158	771893	107148	69567	18070	5580397	80697
福 建 Fujian	2510	456	232472	92508	30364	11252	2634969	86891
江 西 Jiangxi	12898	3708	1016969	77798	40987	11908	2911691	72083
山 东 Shandong	68596	14272	7266677	104655	186755	49806	15461484	82747
河 南 Henan	11848	3439	909357	78400	105327	30174	6148853	56879
湖 北 Hubei	6929	1443	753463	108788	105810	27931	7232203	68758
湖 南 Hunan	9955	2753	1043284	103101	48745	16235	3432439	76887
广 东 Guangdong	21506	4465	3926047	182182	190855	68441	19461332	102347
广 西 Guangxi	2914	695	355543	124403	18015	5959	1154716	64121
海 南 Hainan	2522	388	370458	162767	3237	808	439038	133365
重 庆 Chongqing	703	200	103517	147041	30887	8326	2655227	85869
四 川 Sichuan	7212	1349	882265	121759	62865	18453	4901908	77736
贵 州 Guizhou	2735	783	206700	74918	28517	7402	2093340	76530
云 南 Yunnan	10837	2676	769966	72907	47977	14837	3048493	67479
西 藏 Tibet	28	5	2520	93333	1420	429	104763	76273
陕 西 Shaanxi	51423	11343	4478121	86243	59255	14846	5032558	85434
甘 肃 Gansu	28209	7189	3430982	120898	23027	6940	1774953	75479
青 海 Qinghai	170	60	14704	79054	24047	7461	2137186	87023
宁 夏 Ningxia	5634	1515	584384	107999	28432	4754	2484766	88885
新 疆 Xinjiang	35398	9930	4828192	135028	58855	14939	5542709	91901

3-2 续表 15 continued

地 区 Region	医药制造业 Manufacture of Medicines				化学纤维制造业 Manufacture of Chemical Fibres			
	年末人数（人）Year-end Figures (person)	#女 性 Female	工资总额（千元）Total Wages (1000 yuan)	平均工资（元）Average Wage (yuan)	年末人数（人）Year-end Figures (person)	#女 性 Female	工资总额（千元）Total Wages (1000 yuan)	平均工资（元）Average Wage (yuan)
全 国 National	**1450081**	**691256**	**136512965**	**94651**	**229993**	**79336**	**17197680**	**74317**
北 京 Beijing	73268	37314	14327658	196520	677	281	56332	82963
天 津 Tianjin	40994	19264	6733622	165084	279	57	28396	101053
河 北 Hebei	69536	32587	4779857	72133	7720	2367	524143	67146
山 西 Shanxi	24593	11142	1327925	53580	438	146	19631	44115
内蒙古 Inner Mongolia	11617	4835	702369	60047	44	7	1501	62542
辽 宁 Liaoning	23548	11012	2367145	99590	1598	597	76986	47464
吉 林 Jilin	42054	21562	2397170	56824	8712	2237	480264	56138
黑龙江 Heilongjiang	18500	9791	1289443	66940	55	23	1838	34679
上 海 Shanghai	47258	21988	7477378	159633	594	175	68084	112909
江 苏 Jiangsu	151103	67488	18202323	122843	55099	18420	4676889	84888
浙 江 Zhejiang	115299	49982	11342761	97830	65961	23588	5376321	81128
安 徽 Anhui	42464	20651	2570431	60817	4915	1555	329048	68140
福 建 Fujian	19305	10514	1821178	93001	15599	5635	1042207	65962
江 西 Jiangxi	40512	18574	3184843	79618	5330	1907	403925	76850
山 东 Shandong	171167	76272	13411774	79247	9348	2964	661280	69608
河 南 Henan	81220	42215	4610182	58286	15422	5646	910632	57917
湖 北 Hubei	76068	39300	4595019	62157	3358	1456	133167	40452
湖 南 Hunan	32085	14723	2203953	68505	1626	816	83125	50919
广 东 Guangdong	121111	57787	12819210	104163	8501	3009	711265	82309
广 西 Guangxi	20140	10467	1293145	61945	18	8	881	40045
海 南 Hainan	16194	8936	1331461	79044				
重 庆 Chongqing	24866	12491	2116060	85463				
四 川 Sichuan	75923	37923	6694925	89033	13256	5126	779546	57868
贵 州 Guizhou	24233	12274	1723097	69575	88	35	3309	37602
云 南 Yunnan	25355	12311	1979365	77766	435	62	36046	83633
西 藏 Tibet	2634	1285	270647	102448	2		68	34000
陕 西 Shaanxi	34791	17435	3051875	85870	734	193	88906	120632
甘 肃 Gansu	10105	4821	880774	87733	567	167	32230	62704
青 海 Qinghai	2895	1580	177044	60819				
宁 夏 Ningxia	2076	862	137584	63228	753	190	45004	60899
新 疆 Xinjiang	9165	3872	692746	76034	8866	2671	626658	67397

3-2 续表 16 continued

地 区	Region	橡胶和塑料制品业 Manufacture of Rubber and Plastics Products 年末人数(人) Year-end Figures (person)	#女 性 Female	工资总额(千元) Total Wages (1000 yuan)	平均工资(元) Average Wage (yuan)	非金属矿物制品业 Manufacture of Non-metallic Mineral Products 年末人数(人) Year-end Figures (person)	#女 性 Female	工资总额(千元) Total Wages (1000 yuan)	平均工资(元) Average Wage (yuan)
全 国	**National**	**1432587**	**584980**	**102692230**	**72183**	**1701863**	**475208**	**120363204**	**70935**
北 京	Beijing	4310	1580	415889	94037	23851	5290	2653498	113637
天 津	Tianjin	26210	9135	2057865	78600	18887	4212	1658989	88233
河 北	Hebei	24396	10728	1458416	61966	44424	10897	2775792	61067
山 西	Shanxi	6021	2315	262725	43391	35388	9113	1839949	52048
内蒙古	Inner Mongolia	1032	339	75646	67926	25592	4119	1901862	77575
辽 宁	Liaoning	29881	9958	1962305	66337	37673	8248	2157857	56905
吉 林	Jilin	7256	2200	457421	63860	11734	2260	657102	55469
黑龙江	Heilongjiang	4206	1382	229223	55168	13934	3305	683840	48115
上 海	Shanghai	55147	24195	6528164	115997	25248	6985	3208524	126154
江 苏	Jiangsu	175996	73288	14975645	86287	96408	28834	8546953	88949
浙 江	Zhejiang	142504	57820	10567497	73822	86516	22211	7306286	85926
安 徽	Anhui	68906	26858	4849108	72932	66018	17714	4591936	70127
福 建	Fujian	73773	31383	5187277	72902	77190	25982	5816595	76025
江 西	Jiangxi	21816	9044	1105283	51702	85704	28701	5426807	63592
山 东	Shandong	117396	35584	8260708	70975	129707	34926	8638914	66799
河 南	Henan	36675	14276	1808235	49987	155863	47694	8718656	55935
湖 北	Hubei	25533	10548	1472016	59020	66176	18028	4587426	70647
湖 南	Hunan	14257	5188	881224	62801	85569	26067	5525250	65541
广 东	Guangdong	488964	219716	33057011	67530	243340	77173	17932294	73560
广 西	Guangxi	10809	5117	634654	59462	42705	10494	2995996	70505
海 南	Hainan	2270	848	135092	60014	9737	2102	664921	69716
重 庆	Chongqing	10907	4107	832406	75454	35324	10330	2707946	75932
四 川	Sichuan	30795	13598	1870637	60740	77695	22549	5252861	68276
贵 州	Guizhou	10100	2267	699396	70394	37124	9420	2351487	63082
云 南	Yunnan	5197	2271	213150	44792	39107	9086	2803805	71782
西 藏	Tibet	276	72	20487	76444	5592	1451	606493	107426
陕 西	Shaanxi	26969	7886	1970683	73880	47568	11133	2760684	58186
甘 肃	Gansu	3523	1199	233106	62210	29736	6222	1964936	65088
青 海	Qinghai	54	13	2601	47291	6782	1768	424706	62533
宁 夏	Ningxia	532	126	30944	56467	5088	1182	396548	76025
新 疆	Xinjiang	6877	1939	437416	65586	36186	7713	2804292	75782

3-2 续表 17 continued

地 区 Region	黑色金属冶炼和压延加工业 Smelting and Pressing of Ferrous Metals				有色金属冶炼和压延加工业 Smelting and Pressing of Non-ferrous Metals			
	年末人数（人） Year-end Figures (person)	#女 性 Female	工资总额（千元） Total Wages (1000 yuan)	平均工资（元） Average Wage (yuan)	年末人数（人） Year-end Figures (person)	#女 性 Female	工资总额（千元） Total Wages (1000 yuan)	平均工资（元） Average Wage (yuan)
全 国 National	**1277672**	**213008**	**116072716**	**90119**	**945319**	**194092**	**72313698**	**76746**
北 京 Beijing	1193	161	148944	120602	2863	688	358140	125751
天 津 Tianjin	37626	4649	3355519	85485	5449	1470	466414	84221
河 北 Hebei	173457	25300	13729738	77325	11346	2276	788308	70194
山 西 Shanxi	57567	8054	4882073	86768	33617	5368	2150548	63771
内蒙古 Inner Mongolia	60639	12323	4656781	77201	36220	4390	3354690	92665
辽 宁 Liaoning	159180	17146	13651976	84283	24317	3725	1403356	56677
吉 林 Jilin	14903	1968	911393	61044	4720	881	305471	62239
黑龙江 Heilongjiang	9572	1816	655486	70787	4444	675	366262	78580
上 海 Shanghai	19767	1894	5258108	256193	7457	2219	957536	125496
江 苏 Jiangsu	80470	17703	7989300	98155	42411	11747	3719182	88352
浙 江 Zhejiang	20945	3513	2022037	96110	28626	7421	2469947	86916
安 徽 Anhui	37900	5733	3826829	97156	28112	6085	2135402	76824
福 建 Fujian	43588	6456	3678381	88908	25043	5448	2885715	114260
江 西 Jiangxi	40052	8577	4605347	113281	49643	11119	3986149	81673
山 东 Shandong	96132	14337	9429071	98854	89893	17152	6357986	69578
河 南 Henan	76998	14259	5374932	69576	130598	21517	7618590	59376
湖 北 Hubei	36446	5613	4134360	105624	18224	4252	1279265	68425
湖 南 Hunan	32523	5536	3533560	107143	43297	8762	2947853	69104
广 东 Guangdong	30712	5397	3035564	97862	65770	16928	5020743	76829
广 西 Guangxi	34886	7473	4149593	121068	29649	6575	2336787	80272
海 南 Hainan	37	9	1525	40132	165	27	12567	75251
重 庆 Chongqing	10572	2276	980150	93259	14777	3465	1211941	82171
四 川 Sichuan	70264	14967	5762795	81007	16278	3831	1248482	76696
贵 州 Guizhou	12831	2837	919262	71744	14055	1917	1275280	90394
云 南 Yunnan	32376	9146	2214750	69990	62267	13621	5394138	88262
西 藏 Tibet	28	3	2196	78429	49	14	3004	81189
陕 西 Shaanxi	29429	5322	2466847	84856	48068	11273	3522345	73709
甘 肃 Gansu	27101	4300	2358734	87141	57330	13150	4651526	81248
青 海 Qinghai	10767	2257	781867	71672	18685	3412	1497080	79951
宁 夏 Ningxia	2798	626	177885	64993	8832	1326	664639	74973
新 疆 Xinjiang	16913	3355	1377714	81953	23116	3358	1924353	80899

3–2 续表 18 continued

地 区	Region	金属制品业 Manufacture of Metal Products				通用设备制造业 Manufacture of General Purpose Machinery			
		年末人数 (人) Year-end Figures (person)	#女 性 Female	工资总额 (千元) Total Wages (1000 yuan)	平均工资 (元) Average Wage (yuan)	年末人数 (人) Year-end Figures (person)	#女 性 Female	工资总额 (千元) Total Wages (1000 yuan)	平均工资 (元) Average Wage (yuan)
全 国	**National**	**1515723**	**466972**	**109076969**	**72412**	**2175582**	**604748**	**192600053**	**89456**
北 京	Beijing	12839	3539	1395659	105708	37663	9882	5357233	139225
天 津	Tianjin	34128	7094	2674048	77419	42215	9630	4399187	104484
河 北	Hebei	50089	11684	3156322	63700	35491	8605	2350637	65929
山 西	Shanxi	22643	5601	1305253	57271	18585	5245	1074158	57081
内蒙古	Inner Mongolia	3237	728	244060	69291	4222	1049	241657	60262
辽 宁	Liaoning	57936	12023	3497764	59096	104700	25096	7867944	73322
吉 林	Jilin	7362	1690	488986	67894	9511	2333	620324	63749
黑龙江	Heilongjiang	8257	2445	465339	58518	22067	3467	1858899	80651
上 海	Shanghai	54251	17647	6246572	112592	150695	38124	22324032	146982
江 苏	Jiangsu	173557	52735	14960386	87176	400423	117471	40050093	101308
浙 江	Zhejiang	137911	47353	9903956	73027	312340	94418	25949909	85042
安 徽	Anhui	47935	12673	3747224	77840	75992	20125	5818801	78575
福 建	Fujian	47986	16126	3715325	79869	62226	21968	4879941	79636
江 西	Jiangxi	27512	8708	1741600	64702	43866	13963	2745324	63998
山 东	Shandong	103939	25280	7294302	70876	170047	41231	13797829	81823
河 南	Henan	73775	22102	3940761	53790	97763	24421	5747938	60755
湖 北	Hubei	46079	11165	3289532	73443	46659	12193	3252224	70065
湖 南	Hunan	26661	6415	1674557	63400	39975	8492	3119410	81745
广 东	Guangdong	456547	169931	30976830	68226	327766	105424	27856941	85706
广 西	Guangxi	8092	2458	485319	61247	15475	2852	1507318	98275
海 南	Hainan	1224	441	68433	54641	324	114	16823	51763
重 庆	Chongqing	14472	4133	1080937	74854	31075	8430	2410991	79258
四 川	Sichuan	49800	14008	3392115	69109	59392	14468	4823727	82225
贵 州	Guizhou	9926	2194	641528	64548	4313	987	266520	71369
云 南	Yunnan	8419	1935	586999	69832	4693	875	318023	67521
西 藏	Tibet	272	93	15851	58631	16	2	1001	45500
陕 西	Shaanxi	16722	3658	1124332	66946	38950	9175	2778196	71540
甘 肃	Gansu	5508	1338	378436	65768	12118	3290	658906	56957
青 海	Qinghai	1045	252	71532	67430	1168	241	71408	61242
宁 夏	Ningxia	2944	432	212553	70898	5379	935	411833	79566
新 疆	Xinjiang	4655	1093	300460	63001	472	243	22824	47455

3-2 续表 19 continued

地 区 Region	专用设备制造业 Manufacture of Special Purpose Machinery				汽车制造业 Manufacture of Automobiles			
	年末人数（人）Year-end Figures (person)	#女 性 Female	工资总额（千元）Total Wages (1000 yuan)	平均工资（元）Average Wage (yuan)	年末人数（人）Year-end Figures (person)	#女 性 Female	工资总额（千元）Total Wages (1000 yuan)	平均工资（元）Average Wage (yuan)
全 国 National	**1831437**	**531897**	**167809785**	**92514**	**2869389**	**764196**	**286950408**	**101138**
北 京 Beijing	50435	16416	7818059	152662	91700	16085	13380103	145330
天 津 Tianjin	40765	10474	4440963	107793	93559	29435	9415091	100310
河 北 Hebei	59281	13686	4349982	72753	94340	23312	8525629	86780
山 西 Shanxi	40960	11762	2745402	67030	12818	2588	947942	68731
内蒙古 Inner Mongolia	3445	769	314144	90481	4208	721	267212	68166
辽 宁 Liaoning	52342	13115	3991049	76559	105361	25855	10578914	99476
吉 林 Jilin	8864	1954	721174	79789	178290	33640	20728453	118000
黑龙江 Heilongjiang	22443	4000	1819620	79798	8626	1700	749611	79381
上 海 Shanghai	83392	24849	12950239	154723	168530	43410	28267285	167838
江 苏 Jiangsu	276361	85114	28115095	104035	296327	95568	30856225	105297
浙 江 Zhejiang	142223	44035	12499016	89787	222115	70084	19465981	89865
安 徽 Anhui	57440	15999	4525466	80226	128825	32973	10668986	86641
福 建 Fujian	45235	15496	3216376	70573	57823	17588	4354851	77247
江 西 Jiangxi	21393	8094	1240571	61366	71037	19502	6498649	86363
山 东 Shandong	178277	45339	14484341	82265	197070	47300	16642524	86112
河 南 Henan	110810	29399	7267002	67386	101353	22333	7534073	74771
湖 北 Hubei	58180	14823	4945609	86322	250873	70141	22592286	91597
湖 南 Hunan	51138	11835	5006744	100477	64885	13500	5139277	80557
广 东 Guangdong	359408	124369	32894308	91850	338420	104738	35951910	108620
广 西 Guangxi	20678	5613	1611682	77879	64949	14755	6050267	94654
海 南 Hainan	877	411	54085	60004	1699	323	81826	45944
重 庆 Chongqing	14281	3852	1341318	93723	150159	38083	14503003	100528
四 川 Sichuan	60906	14394	5470583	90243	73454	19600	6217284	85164
贵 州 Guizhou	5245	1486	365298	71018	6482	1855	531260	81519
云 南 Yunnan	4904	1106	413426	83340	6780	1238	367999	53935
西 藏 Tibet	216	59	16622	74205				
陕 西 Shaanxi	40449	8787	3513207	86799	76165	16964	6396537	84564
甘 肃 Gansu	14983	3403	1129757	75310	1493	309	98604	63878
青 海 Qinghai	151	52	11453	73417				
宁 夏 Ningxia	3563	634	317001	88424	201	67	9816	52492
新 疆 Xinjiang	2789	573	220197	81964	1847	530	128812	68191

3-2 续表 20 continued

地区 Region	铁路、船舶、航空航天和其他运输设备制造业 Manufacture of Railway, Ship, Aerospace and Other Transport Equipments				电气机械和器材制造业 Manufacture of Electrical Machinery and apparatus			
	年末人数（人）Year-end Figures (person)	#女性 Female	工资总额（千元）Total Wages (1000 yuan)	平均工资（元）Average Wage (yuan)	年末人数（人）Year-end Figures (person)	#女性 Female	工资总额（千元）Total Wages (1000 yuan)	平均工资（元）Average Wage (yuan)
全 国 National	**667352**	**162398**	**65529691**	**98878**	**3149959**	**1260608**	**251921021**	**81112**
北 京 Beijing	14647	3485	2488706	172303	30703	9762	4837603	157302
天 津 Tianjin	23783	7685	1983725	87105	52199	15945	4920803	95786
河 北 Hebei	26067	5851	2209471	84109	48392	13558	3371762	67566
山 西 Shanxi	13655	2498	1075156	78306	14440	4258	1079215	74140
内蒙古 Inner Mongolia	963	157	84669	87018	3747	945	250746	73073
辽 宁 Liaoning	37176	6670	3534517	95481	49110	18501	3266761	66387
吉 林 Jilin	19350	2894	2427768	124696	4323	1261	303949	71363
黑龙江 Heilongjiang	12550	1796	1116042	86939	15939	4889	1411629	90233
上 海 Shanghai	23809	5317	3613783	151293	95376	41198	12386210	127625
江 苏 Jiangsu	114886	30622	11080396	96918	418540	160775	39850438	96436
浙 江 Zhejiang	36913	10178	2989976	84234	381070	157865	30339751	81136
安 徽 Anhui	10410	2159	908807	89730	145559	55685	11227266	78411
福 建 Fujian	10422	3481	759289	72882	115431	47123	9940631	91743
江 西 Jiangxi	2995	875	218206	74921	91671	41420	6002241	65744
山 东 Shandong	60123	10025	6638679	108762	131675	43263	9842442	75964
河 南 Henan	24779	8622	1446275	59371	111072	38349	7379816	67503
湖 北 Hubei	20284	5271	1782515	85622	82312	29144	5884481	73148
湖 南 Hunan	44758	9400	5714148	129283	48538	17509	3410685	71195
广 东 Guangdong	75029	20190	7086831	95784	1101233	487267	79927841	73806
广 西 Guangxi	2338	801	172527	79855	15812	6748	1028635	64596
海 南 Hainan	239	148	10911	46233	2603	606	249024	94866
重 庆 Chongqing	25995	8495	1768420	69144	30968	12575	2318397	74366
四 川 Sichuan	28674	6717	2837737	101020	67341	24803	5462920	80343
贵 州 Guizhou	5407	1646	477747	88357	11503	4095	703822	64171
云 南 Yunnan	3103	696	273857	90801	8427	2394	532663	64656
西 藏 Tibet					34	7	3520	105060
陕 西 Shaanxi	27919	6439	2748551	97867	44742	13566	3882687	84395
甘 肃 Gansu	533	138	32063	58683	9183	2701	518269	55057
青 海 Qinghai	128	37	6441	60196	6089	1527	402014	73588
宁 夏 Ningxia	106	23	10577	100733	1770	449	111411	65077
新 疆 Xinjiang	314	84	31902	100637	10155	2419	1073389	108339

3-2 续表 21 continued

地 区 Region	计算机、通信和其他电子设备制造业 Manufacture of Computers, Communication and Other Electronic Equipment				仪器仪表制造业 Manufacture of Measuring Instrument and Machinery			
	年末人数（人）Year-end Figures (person)	#女 性 Female	工资总额（千元）Total Wages (1000 yuan)	平均工资（元）Average Wage (yuan)	年末人数（人）Year-end Figures (person)	#女 性 Female	工资总额（千元）Total Wages (1000 yuan)	平均工资（元）Average Wage (yuan)
全 国 National	**6828186**	**2828505**	**605164834**	**89050**	**547154**	**211292**	**53824311**	**98337**
北 京 Beijing	77211	27350	15011713	191971	20911	6941	3457550	164024
天 津 Tianjin	87472	41735	8864020	102310	9571	3774	981457	99485
河 北 Hebei	52467	18368	3955974	72565	11126	3720	877543	78228
山 西 Shanxi	121632	50001	8841034	70375	2666	685	212108	80253
内蒙古 Inner Mongolia	7621	2511	567253	78889	72	32	4209	58458
辽 宁 Liaoning	47096	24066	3656925	77228	12135	4721	842469	70516
吉 林 Jilin	6669	2689	444239	67459	2365	618	184979	79656
黑龙江 Heilongjiang	1787	605	111609	64927	5181	1413	447552	84716
上 海 Shanghai	237305	92717	27564354	109168	26823	10730	4272233	157557
江 苏 Jiangsu	1219053	508379	101288582	84732	85138	28587	9592627	114260
浙 江 Zhejiang	331898	126043	33626176	102340	91598	33917	9413148	104687
安 徽 Anhui	179334	69181	14358609	85514	8192	2287	797672	100474
福 建 Fujian	197418	83054	19172591	98169	13233	7672	900641	67164
江 西 Jiangxi	222010	118937	14277222	62157	13658	6328	1002571	75191
山 东 Shandong	214730	90986	16851390	81084	24129	7149	2319945	99984
河 南 Henan	317315	136295	20070555	60549	21678	8751	1578869	73909
湖 北 Hubei	113845	45853	9542870	85183	16869	7471	1347159	81250
湖 南 Hunan	173835	79691	12928516	71588	5726	1606	479603	88106
广 东 Guangdong	2478807	990749	242653573	98194	134132	59645	11278474	81246
广 西 Guangxi	66919	38199	3501356	52602	1879	948	90413	49787
海 南 Hainan	695	219	66040	95710				
重 庆 Chongqing	187287	81443	12060143	67814	12163	4495	1209795	99826
四 川 Sichuan	355804	148191	25621926	75647	13627	4560	1382103	102643
贵 州 Guizhou	13253	6495	828022	48453	1235	352	91329	73005
云 南 Yunnan	18719	6943	1261008	71810	2106	738	165792	81151
西 藏 Tibet	10	2	728	72800				
陕 西 Shaanxi	71377	28266	6387440	91019	8672	3440	738594	83027
甘 肃 Gansu	17640	7563	1036554	57583	682	200	38423	55929
青 海 Qinghai	2129	418	164642	78738	409	199	30070	72809
宁 夏 Ningxia	5467	1003	378436	68882	1116	300	83692	76431
新 疆 Xinjiang	1384	553	71335	55796	64	14	3289	59800

3-2 续表 22 continued

地 区 Region	其他制造业 Other Manufacture 年末人数(人) Year-end Figures (person)	#女性 Female	工资总额(千元) Total Wages (1000 yuan)	平均工资(元) Average Wage (yuan)	废弃资源综合利用业 Utilization of Waste Resources 年末人数(人) Year-end Figures (person)	#女性 Female	工资总额(千元) Total Wages (1000 yuan)	平均工资(元) Average Wage (yuan)
全 国 National	**147967**	**73927**	**9573509**	**64984**	**84654**	**22945**	**5955477**	**72258**
北 京 Beijing	553	163	56818	100120	506	143	58653	110250
天 津 Tianjin	1775	1228	115570	60890	1370	299	121067	86911
河 北 Hebei	2981	1643	214061	70081	7135	2099	393693	55946
山 西 Shanxi	5006	1164	335267	65306	1341	256	79346	59840
内蒙古 Inner Mongolia	236	91	27778	116226	1273	272	84111	65489
辽 宁 Liaoning	2643	1760	137255	50443	3623	774	234733	62968
吉 林 Jilin	274	77	14872	51862	1675	498	77306	41109
黑龙江 Heilongjiang	664	205	31530	46711	213	31	12641	63205
上 海 Shanghai	6659	3330	657891	95510	1921	481	266916	137586
江 苏 Jiangsu	11971	6387	895972	74042	4136	1005	378208	90002
浙 江 Zhejiang	19948	9826	1244236	62767	6570	1782	566461	85323
安 徽 Anhui	4799	1930	363325	77183	7619	2212	392831	68837
福 建 Fujian	15568	10025	943834	59708	1059	311	68211	72387
江 西 Jiangxi	4074	2265	197369	48022	5142	1386	396916	77572
山 东 Shandong	6528	3205	316014	58276	2529	566	186892	71515
河 南 Henan	5053	3034	224422	47457	5774	1723	263303	45956
湖 北 Hubei	1567	877	76336	48811	5585	1464	396791	72427
湖 南 Hunan	1911	623	109040	59004	3466	918	271944	78378
广 东 Guangdong	50784	23951	3338597	65535	7207	2235	568996	79563
广 西 Guangxi	881	454	41674	41591	2266	641	216189	103078
海 南 Hainan	67	14	5296	77882	54	11	4750	77869
重 庆 Chongqing	399	166	23447	58764	1326	420	85294	64715
四 川 Sichuan	657	210	42771	63700	5219	1719	321173	63821
贵 州 Guizhou	942	723	23228	31095	589	156	40182	73257
云 南 Yunnan	126	39	6692	64296	1170	349	55611	48065
西 藏 Tibet	54	10	1820	38723	32	8	2119	66250
陕 西 Shaanxi	1706	483	122167	74583	2973	577	183800	62656
甘 肃 Gansu	104	33	4417	48011	1072	172	73610	67781
青 海 Qinghai	17	5	1058	62235	16	5	1604	100250
宁 夏 Ningxia	8	3	359	59833	653	136	41140	65198
新 疆 Xinjiang	9	3	392	43556	1139	296	110987	97614

3-2 续表 23 continued

地 区	Region	金属制品、机械和设备修理业 Repair Service of Metal Products, Machinery and Equipment 年末人数（人） Year-end Figures (person)	#女 性 Female	工资总额（千元） Total Wages (1000 yuan)	平均工资（元） Average Wage (yuan)	电力、热力、燃气及水生产和供应业 Production and Supply of Electricity, Heat, Gas and Water 年末人数（人） Year-end Figures (person)	#女 性 Female	工资总额（千元） Total Wages (1000 yuan)	平均工资（元） Average Wage (yuan)
全 国	**National**	**174684**	**32772**	**18912138**	**108586**	**3797458**	**1017303**	**442000431**	**116728**
北 京	Beijing	15193	2467	2650856	174057	95159	27263	17472138	186760
天 津	Tianjin	2872	433	295379	102066	41129	11588	6852960	166791
河 北	Hebei	7331	1645	666601	91127	187059	52495	20451109	109908
山 西	Shanxi	7975	2713	453882	56589	156730	45228	14398775	92027
内蒙古	Inner Mongolia	1516	340	107425	69789	160013	43561	18034019	113878
辽 宁	Liaoning	6486	952	532393	84089	153156	38173	13058493	85886
吉 林	Jilin	1837	364	97322	52953	94853	20648	8839174	92983
黑龙江	Heilongjiang	2314	706	151634	63168	138802	32450	12123848	86997
上 海	Shanghai	28577	3169	4236189	148854	34120	8988	7956857	233016
江 苏	Jiangsu	3379	385	347192	102594	143174	35992	21869388	152813
浙 江	Zhejiang	7158	1054	754479	108026	129604	30463	20152505	155978
安 徽	Anhui	5975	1089	712886	121143	101483	24053	12483846	123009
福 建	Fujian	10050	2094	1257213	123413	109392	28555	13447246	123310
江 西	Jiangxi	1071	280	98394	91571	96119	28252	8719481	90923
山 东	Shandong	5113	1050	423226	80763	283240	69309	32515297	114740
河 南	Henan	7609	1697	541424	67501	238370	71215	22630903	94755
湖 北	Hubei	17630	5018	1269588	71442	145353	42163	17920783	122976
湖 南	Hunan	2494	465	209682	95007	153707	43091	15725445	102379
广 东	Guangdong	13877	2377	1647364	118493	268835	62097	40400746	150501
广 西	Guangxi	4192	829	411224	101927	115657	31432	12260400	106068
海 南	Hainan	2394	200	239212	104915	22096	5691	2400946	109178
重 庆	Chongqing	1873	293	152548	81927	61909	20073	6120056	98449
四 川	Sichuan	4989	1006	580346	117102	231710	68320	26736927	115047
贵 州	Guizhou	954	152	74362	77785	95347	24571	11320332	118631
云 南	Yunnan	483	93	41437	78479	112815	32007	12611378	112020
西 藏	Tibet	169	38	10742	69753	11215	3520	1168042	106114
陕 西	Shaanxi	4141	671	411505	106248	130887	39856	14828960	113711
甘 肃	Gansu	2510	470	193915	77909	107119	31507	9522234	90420
青 海	Qinghai	2726	500	208673	75992	22408	6027	2517754	114121
宁 夏	Ningxia	232	58	23384	96230	41694	11568	5141445	124032
新 疆	Xinjiang	1566	164	111665	81986	114304	27147	12318948	110698

3-2 续表 24 continued

地区 Region	电力、热力生产和供应业 Production and Supply of Electric Power and Heat Power				燃气生产和供应业 Production and Supply of Gas			
	年末人数（人） Year-end Figures (person)	#女性 Female	工资总额（千元） Total Wages (1000 yuan)	平均工资（元） Average Wage (yuan)	年末人数（人） Year-end Figures (person)	#女性 Female	工资总额（千元） Total Wages (1000 yuan)	平均工资（元） Average Wage (yuan)
全国 National	**2791759**	**670588**	**357179556**	**128195**	**317138**	**102366**	**29473497**	**93324**
北京 Beijing	68611	19425	13575909	202212	11005	3125	1907828	173818
天津 Tianjin	26518	6931	5092036	192243	6688	1985	745504	111619
河北 Hebei	129534	31931	16508664	128034	23338	7364	1723038	74375
山西 Shanxi	107512	27136	11537724	107385	24133	7963	1502949	62696
内蒙古 Inner Mongolia	132675	33630	16185784	123569	6954	2115	520669	75036
辽宁 Liaoning	109807	24140	10231500	94196	14537	4335	1040681	70925
吉林 Jilin	72874	13736	7513302	103042	5602	1567	376862	67191
黑龙江 Heilongjiang	110992	23251	10629196	95337	6099	2096	427625	69034
上海 Shanghai	18264	3942	5289246	289584	5999	1718	1064780	177878
江苏 Jiangsu	84389	16698	16105821	191096	16541	5073	1794519	108875
浙江 Zhejiang	82558	16425	15394142	186142	11398	3119	1203523	109752
安徽 Anhui	70862	13814	10049810	141249	10591	3088	856268	81959
福建 Fujian	86112	20608	11458477	133284	5085	1514	514132	100461
江西 Jiangxi	66122	16653	6381185	96174	6775	2475	561500	83904
山东 Shandong	221536	47215	27394765	123666	21286	7676	1922269	90672
河南 Henan	174248	44703	18477116	105188	23483	8898	1535309	66966
湖北 Hubei	108112	27649	15048825	138415	9117	3425	759130	83792
湖南 Hunan	116343	29943	12817340	109862	6805	2066	531650	78934
广东 Guangdong	178075	36219	30429653	170141	19934	5677	2717748	137221
广西 Guangxi	93487	23809	10674354	114057	4612	1440	321587	70431
海南 Hainan	13237	3023	1771220	133253	1761	428	166517	95044
重庆 Chongqing	39251	11531	3803843	97040	7546	2759	901537	114688
四川 Sichuan	167935	44298	21062216	124600	26085	9292	2598938	99320
贵州 Guizhou	75657	17990	9702792	127983	4142	1248	365574	89246
云南 Yunnan	93440	25133	11031272	118432	5770	1849	555109	94346
西藏 Tibet	9924	2989	1055619	108501	266	84	18708	71405
陕西 Shaanxi	95200	26810	12092993	127544	15954	5245	1367214	85593
甘肃 Gansu	93041	26259	8632823	94549	2923	1005	242999	82568
青海 Qinghai	19066	4862	2199758	117681	675	259	70154	102967
宁夏 Ningxia	35827	9411	4661083	130492	1684	587	120293	71560
新疆 Xinjiang	90551	20423	10371088	118208	10348	2892	1038882	100637

3-2 续表 25 continued

地 区 Region	水的生产和供应业 Production and Supply of Water				建筑业 Construction			
	年末人数（人） Year-end Figures (person)	#女 性 Female	工资总额（千元） Total Wages (1000 yuan)	平均工资（元） Average Wage (yuan)	年末人数（人） Year-end Figures (person)	#女 性 Female	工资总额（千元） Total Wages (1000 yuan)	平均工资（元） Average Wage (yuan)
全 国 National	**688561**	**244348**	**55347379**	**80855**	**21532546**	**2761083**	**1437620462**	**69986**
北 京 Beijing	15543	4713	1988401	128777	453513	89171	61047834	134678
天 津 Tianjin	7923	2671	1015420	128199	229592	37676	22659397	99331
河 北 Hebei	34187	13200	2219406	65337	411949	64453	25370687	62532
山 西 Shanxi	25084	10129	1358101	54219	288907	51817	18649598	65914
内蒙古 Inner Mongolia	20384	7816	1327566	64958	101964	17255	6294419	54997
辽 宁 Liaoning	28812	9698	1786312	62128	283285	53144	18865470	63625
吉 林 Jilin	16377	5345	949010	57384	133416	23120	7973388	58156
黑龙江 Heilongjiang	21712	7103	1067027	49230	147091	30388	8738068	52585
上 海 Shanghai	9857	3328	1602831	161963	285327	45460	35184742	128461
江 苏 Jiangsu	42244	14221	3969048	93723	2825463	179518	184138127	72042
浙 江 Zhejiang	35648	10920	3554840	100041	1980407	174909	122603489	66094
安 徽 Anhui	20030	7151	1577768	79323	1058445	135620	66464983	68085
福 建 Fujian	18195	6433	1474636	82086	1369059	220026	87083593	68618
江 西 Jiangxi	23223	9125	1776796	77734	795196	112481	48376469	62753
山 东 Shandong	40418	14418	3198263	78656	1396341	166420	100320356	72969
河 南 Henan	40638	17614	2618477	65054	1483253	192070	82214598	58683
湖 北 Hubei	28124	11089	2112828	75611	1042664	133224	69944001	70986
湖 南 Hunan	30559	11082	2376456	78698	1035903	121171	58015155	59109
广 东 Guangdong	70826	20201	7253346	103935	1277573	198280	94815046	77869
广 西 Guangxi	17557	6183	1264459	72521	669612	68038	40853523	65627
海 南 Hainan	7098	2241	463209	66678	57013	6866	2785481	51147
重 庆 Chongqing	15111	5782	1414676	93656	711711	101789	43801976	64567
四 川 Sichuan	37690	14730	3075773	82694	1514151	233157	92219654	63551
贵 州 Guizhou	15548	5333	1251966	80692	438891	71592	31333314	76881
云 南 Yunnan	13605	5026	1024997	75628	337119	57788	20905813	65417
西 藏 Tibet	1025	447	93714	92215	35370	6046	2366937	71077
陕 西 Shaanxi	19733	7801	1368753	69757	545926	79203	37351611	72375
甘 肃 Gansu	11155	4243	646412	58431	331325	43071	19018379	58193
青 海 Qinghai	2667	907	247843	92195	42239	9317	3469068	84164
宁 夏 Ningxia	4183	1570	360069	88862	31668	5044	2341261	66168
新 疆 Xinjiang	13405	3831	908977	68731	218175	32969	22414027	72412

3-2 续表 26 continued

地 区 Region	房屋建筑业 Construction of Buildings 年末人数(人) Year-end Figures (person)	#女 性 Female	工资总额(千元) Total Wages (1000 yuan)	平均工资(元) Average Wage (yuan)	土木工程建筑业 Civil Engineering 年末人数(人) Year-end Figures (person)	#女 性 Female	工资总额(千元) Total Wages (1000 yuan)	平均工资(元) Average Wage (yuan)
全 国 National	**14517977**	**1661926**	**899507713**	**65406**	**4746101**	**746604**	**378462714**	**81619**
北 京 Beijing	190266	40920	27705743	147774	154685	29583	21526505	140561
天 津 Tianjin	68339	10706	5779934	86574	93784	16148	11039417	118396
河 北 Hebei	203980	27340	10079779	50108	144420	26533	11509498	79535
山 西 Shanxi	116686	20357	6215169	56735	135144	24746	10030719	74736
内蒙古 Inner Mongolia	56385	7932	3327351	52694	37430	7296	2349884	55001
辽 宁 Liaoning	98118	16363	6308389	57255	115628	23904	8360297	71573
吉 林 Jilin	58758	9365	3632053	56542	46569	8818	2671209	58187
黑龙江 Heilongjiang	55078	11437	2229740	37773	75730	15427	5627141	62188
上 海 Shanghai	134234	17845	16122906	127247	81720	13646	11442526	139043
江 苏 Jiangsu	2269680	104604	146537299	71500	308393	39490	20764893	74424
浙 江 Zhejiang	1455522	119286	88252736	63992	374244	40177	22541603	67838
安 徽 Anhui	632348	83504	37501752	63322	233150	30898	18233543	80671
福 建 Fujian	1045571	176226	66384359	67839	245515	28452	15415618	71305
江 西 Jiangxi	585955	81439	35148424	61495	166329	24567	10477061	65962
山 东 Shandong	927054	97775	63496334	69986	307112	51128	26446014	85488
河 南 Henan	940598	103170	49670762	56676	385831	64771	23484452	62836
湖 北 Hubei	689562	72796	39317506	61811	257393	46255	23433923	92354
湖 南 Hunan	761745	84603	39319221	55115	217005	27697	15170695	71400
广 东 Guangdong	741737	106282	47838933	68476	295609	48888	27738926	97517
广 西 Guangxi	565433	48005	32315560	61998	76947	15072	6726548	90370
海 南 Hainan	41616	3966	1857827	46895	5759	1250	431823	76402
重 庆 Chongqing	500528	75651	29192912	61148	147087	18149	10732720	75611
四 川 Sichuan	1130157	164366	60940695	57026	287807	52433	24499412	84768
贵 州 Guizhou	287857	41153	21317380	78219	87274	16290	7412024	84438
云 南 Yunnan	221259	36083	11436184	55779	90980	16377	7574974	84567
西 藏 Tibet	20942	3729	1188052	62186	10661	1679	899141	85820
陕 西 Shaanxi	312422	44145	17353808	60356	202797	29565	17438623	87625
甘 肃 Gansu	231496	28098	12976088	56317	70807	10375	4493527	63807
青 海 Qinghai	13656	2915	708131	57938	22468	5028	2408228	104507
宁 夏 Ningxia	19302	3125	1283372	58332	10699	1791	976152	83649
新 疆 Xinjiang	141691	18740	14069314	68285	57124	10170	6605619	78366

3-2 续表 27 continued

地区 Region	建筑安装业 Building Installation 年末人数(人) Year-end Figures (person)	#女性 Female	工资总额(千元) Total Wages (1000 yuan)	平均工资(元) Average Wage (yuan)	建筑装饰、装修和其他建筑业 Building Decoration and Other Constructions 年末人数(人) Year-end Figures (person)	#女性 Female	工资总额(千元) Total Wages (1000 yuan)	平均工资(元) Average Wage (yuan)
全国 National	**1144424**	**163655**	**88617049**	**79523**	**1124044**	**188897**	**71032986**	**68464**
北京 Beijing	54462	10316	6724929	121499	54100	8352	5090658	88834
天津 Tianjin	39540	7128	3964801	100243	27928	3695	1875246	65650
河北 Hebei	38265	6425	2403159	65725	25284	4154	1378251	59185
山西 Shanxi	23563	4631	1345595	62018	13513	2083	1058115	60545
内蒙古 Inner Mongolia	4904	1293	377693	74171	3245	735	239490	68660
辽宁 Liaoning	45813	8347	2840626	61240	23726	4530	1356158	58614
吉林 Jilin	18385	3317	1130485	61940	9703	1620	539641	61972
黑龙江 Heilongjiang	12567	2473	637057	49890	3716	1051	244130	62819
上海 Shanghai	31403	6230	4226725	133659	37970	7738	3392585	101970
江苏 Jiangsu	128877	11639	8998674	77784	118512	23785	7837261	70078
浙江 Zhejiang	60578	5832	5805907	101727	90064	9614	6003243	69406
安徽 Anhui	62756	8273	4468563	71865	130192	12944	6261126	65374
福建 Fujian	28077	4849	2243633	87204	49895	10498	3039983	62518
江西 Jiangxi	21571	2337	1623223	82009	21340	4140	1127760	54464
山东 Shandong	113381	9561	7526188	67191	48795	7957	2851821	61747
河南 Henan	77866	12839	4998814	65933	78957	11291	4060569	54119
湖北 Hubei	59644	7824	4602460	78076	36065	6349	2590111	70870
湖南 Hunan	41337	5969	2496852	62536	15816	2902	1028387	65550
广东 Guangdong	83415	13967	7581413	92821	156812	29142	11655773	76244
广西 Guangxi	12543	1716	834051	64075	14688	3245	977365	70692
海南 Hainan	4525	815	248739	55715	5112	834	247093	52272
重庆 Chongqing	30857	3435	2181587	67782	33239	4554	1694758	63118
四川 Sichuan	51412	8498	4021874	77418	44776	7861	2757673	66450
贵州 Guizhou	22574	2238	1541323	66872	41186	11910	1062587	43922
云南 Yunnan	13494	2821	1048233	77203	11386	2507	846421	74250
西藏 Tibet	1147	154	94195	82882	2620	483	185550	71840
陕西 Shaanxi	22207	3887	2055116	95807	8500	1607	504065	62237
甘肃 Gansu	22368	3354	1111253	57630	6654	1244	437511	65308
青海 Qinghai	5197	1111	305618	60173	918	262	47091	53942
宁夏 Ningxia	1462	80	70322	48001	205	48	11415	46028
新疆 Xinjiang	10235	2296	1107942	95728	9125	1762	631152	82686

3-2 续表 28 continued

地 区 Region	批发和零售业 Wholesale and Retail Trades 年末人数(人) Year-end Figures (person)	#女 性 Female	工资总额(千元) Total Wages (1000 yuan)	平均工资(元) Average Wage (yuan)	批发业 Wholesale Trade 年末人数(人) Year-end Figures (person)	#女 性 Female	工资总额(千元) Total Wages (1000 yuan)	平均工资(元) Average Wage (yuan)
全 国 National	**7868965**	**4108913**	**762339244**	**96521**	**3914895**	**1712828**	**499343913**	**127131**
北 京 Beijing	529379	245820	91953638	167745	338670	146045	71696530	208962
天 津 Tianjin	181834	110312	17183389	93601	127175	78851	13357580	105414
河 北 Hebei	204320	116462	12147086	59563	69582	27709	5349501	77013
山 西 Shanxi	136974	60861	8702565	63230	79979	28068	5927233	74363
内蒙古 Inner Mongolia	78060	39270	5556443	72024	31267	12167	2913371	91991
辽 宁 Liaoning	176505	99990	11510354	64316	63032	27860	5547094	86921
吉 林 Jilin	93215	47614	5966496	63830	33794	12832	2958859	87156
黑龙江 Heilongjiang	108527	51622	6859309	63050	49850	18225	4151228	84041
上 海 Shanghai	890114	488593	163758324	182212	568951	285184	129530386	226154
江 苏 Jiangsu	578418	303029	55902215	97424	306954	133378	37338094	121599
浙 江 Zhejiang	414156	210999	43490776	104158	226336	100472	28555952	125400
安 徽 Anhui	234702	130001	15811068	68125	90907	35918	8017557	89692
福 建 Fujian	240724	123838	20360013	86482	104732	43041	11640980	110636
江 西 Jiangxi	159552	78527	10587622	66171	73829	26444	5822824	77246
山 东 Shandong	443963	242760	30644728	67322	199544	80349	17263503	86170
河 南 Henan	352058	178056	20552632	59403	140496	54608	10125794	72688
湖 北 Hubei	314584	175319	20842273	66126	120212	50267	10408334	85632
湖 南 Hunan	231910	124712	14813285	64475	72949	27392	6717489	91416
广 东 Guangdong	1054019	532308	99874335	93402	596441	275759	65411516	108192
广 西 Guangxi	127589	68564	8855788	70164	53908	22787	4860167	90892
海 南 Hainan	64835	32592	4965380	77804	28271	13272	2638511	92391
重 庆 Chongqing	190229	109032	14633624	77665	60355	27389	5826190	95727
四 川 Sichuan	319181	170737	24019318	76167	135303	55756	12211233	91656
贵 州 Guizhou	123902	55006	9818298	79877	63158	20125	6301675	100326
云 南 Yunnan	144424	71614	11944592	82809	71526	29624	7646987	108218
西 藏 Tibet	24831	10570	2237641	88062	14256	6515	1454140	98818
陕 西 Shaanxi	218553	116526	13995871	63647	76539	28378	6742413	88542
甘 肃 Gansu	85119	46878	4879343	58371	33402	13555	2278268	69166
青 海 Qinghai	22252	11081	1682002	75163	11266	4865	1059945	93157
宁 夏 Ningxia	23127	13800	1395530	59910	9487	4095	738130	77035
新 疆 Xinjiang	101908	42421	7395308	75550	62722	21897	4852430	82507

3-2 续表 29 continued

地 区	Region	零售业 Retail Trade 年末人数(人) Year-end Figures (person)	#女 性 Female	工资总额(千元) Total Wages (1000 yuan)	平均工资(元) Average Wage (yuan)	交通运输、仓储和邮政业 Transport, Storage and Post 年末人数(人) Year-end Figures (person)	#女 性 Female	工资总额(千元) Total Wages (1000 yuan)	平均工资(元) Average Wage (yuan)
全 国	**National**	**3954069**	**2396084**	**262995331**	**66240**	**8121999**	**2105885**	**817183029**	**100642**
北 京	Beijing	190709	99774	20257108	98783	559629	146609	69902675	122947
天 津	Tianjin	54659	31461	3825809	67277	147239	37767	15790022	107113
河 北	Hebei	134738	88753	6797585	50550	272669	67346	24342990	89331
山 西	Shanxi	56995	32793	2775332	47911	234666	60595	22237120	94622
内蒙古	Inner Mongolia	46793	27104	2643072	58119	197202	45449	18813919	95689
辽 宁	Liaoning	113473	72130	5963259	51788	306495	70469	27797815	90193
吉 林	Jilin	59421	34782	3007636	50527	164966	36156	13464243	81879
黑龙江	Heilongjiang	58677	33397	2708080	45593	234047	46647	20983883	88628
上 海	Shanghai	321163	203408	34227938	105004	477501	141613	69251914	143897
江 苏	Jiangsu	271464	169651	18564120	69596	454922	112712	45400373	101032
浙 江	Zhejiang	187820	110527	14934824	78676	352319	91252	38414868	110340
安 徽	Anhui	143795	94083	7793511	54615	208343	54672	18277140	87492
福 建	Fujian	135993	80797	8719033	66964	227567	57343	21938727	97558
江 西	Jiangxi	85723	52083	4764798	56306	186098	47753	16712057	89359
山 东	Shandong	244419	162411	13381225	52505	476249	119622	45163917	94427
河 南	Henan	211561	123448	10426838	50449	421414	114241	32665876	78218
湖 北	Hubei	194372	125053	10433939	53882	291706	74025	26639424	91185
湖 南	Hunan	158961	97319	8095797	51806	255792	67104	22417554	87160
广 东	Guangdong	457578	256549	34462819	74160	830889	216296	92801833	111495
广 西	Guangxi	73682	45777	3995621	54927	186030	45996	17586609	94090
海 南	Hainan	36564	19320	2326869	65991	78102	19588	6896636	89890
重 庆	Chongqing	129873	81643	8807434	69047	213139	58406	19116031	90619
四 川	Sichuan	183878	114981	11808085	64836	345667	101152	33413323	96980
贵 州	Guizhou	60744	34880	3516624	58508	131916	36335	12424337	93973
云 南	Yunnan	72897	41990	4297604	58408	161838	49336	16092096	100042
西 藏	Tibet	10575	4056	783501	73262	21004	7436	2466383	120811
陕 西	Shaanxi	142013	88148	7253458	50459	287615	79875	26750134	92863
甘 肃	Gansu	51717	33323	2601075	51351	132348	31939	11963736	90589
青 海	Qinghai	10987	6216	622057	56551	50938	13843	5516931	109729
宁 夏	Ningxia	13641	9705	657400	47943	37259	10213	3460523	92942
新 疆	Xinjiang	39186	20523	2542878	65079	176431	44095	18479939	106955

3-2 续表 30 continued

地区 Region	铁路运输业 Railway Transport				道路运输业 Road Transport			
	年末人数（人）Year-end Figures (person)	#女性 Female	工资总额（千元）Total Wages (1000 yuan)	平均工资（元）Average Wage (yuan)	年末人数（人）Year-end Figures (person)	#女性 Female	工资总额（千元）Total Wages (1000 yuan)	平均工资（元）Average Wage (yuan)
全　国 National	**1886517**	**279072**	**245482419**	**129432**	**3596333**	**934236**	**269319861**	**74767**
北　京 Beijing	102144	13881	14607915	142422	236560	52646	23002171	93600
天　津 Tianjin	27374	3843	3744448	135198	58593	13595	4727721	80428
河　北 Hebei	77069	6941	10064141	129360	121768	36867	7009439	57595
山　西 Shanxi	101738	11741	14610813	144314	100343	34466	5407661	53482
内蒙古 Inner Mongolia	109522	15053	12867294	116800	56942	19353	3271581	58137
辽　宁 Liaoning	106785	10706	13244143	121595	112853	33098	6374532	56246
吉　林 Jilin	59193	5044	7022611	116136	69309	20079	3611916	54130
黑龙江 Heilongjiang	131440	14345	14401336	107312	49493	13922	2604347	51266
上　海 Shanghai	33528	5669	5787444	169149	154830	26139	17749303	112294
江　苏 Jiangsu	49072	7834	7426269	148710	217154	51736	18396150	85206
浙　江 Zhejiang	32929	5457	5159266	154585	179187	41590	16485121	93384
安　徽 Anhui	42931	5215	6301913	144113	114238	31908	7439484	65342
福　建 Fujian	33059	5589	4079276	123059	93953	19523	6836905	74159
江　西 Jiangxi	54909	8309	7019244	126123	92085	24821	6444913	69694
山　东 Shandong	86721	12166	11420892	130534	226659	59788	15484440	68078
河　南 Henan	107668	15632	13474173	124119	228097	67071	12491169	55361
湖　北 Hubei	77826	12344	10155367	135597	151464	39457	10413257	67983
湖　南 Hunan	75361	11143	9719230	127163	126316	36882	7680533	60116
广　东 Guangdong	74777	14670	10976628	146614	383305	83816	35043939	90936
广　西 Guangxi	65362	9989	8011247	121868	65024	20009	4574163	70741
海　南 Hainan	6332	1097	931664	146006	20865	4474	1205389	57654
重　庆 Chongqing	26806	5196	3258836	122430	120106	27273	8620300	72304
四　川 Sichuan	70389	14510	8853768	126275	183598	51368	12863776	70365
贵　州 Guizhou	32970	5976	4004495	120241	59832	17757	4558422	75678
云　南 Yunnan	39180	7144	5336464	137082	73723	23262	5403974	73151
西　藏 Tibet	938	187	145059	187415	8968	3405	804286	90650
陕　西 Shaanxi	94514	17293	12271202	127459	131572	37040	8874803	68064
甘　肃 Gansu	62486	12114	7259569	115563	43378	11016	2812815	64836
青　海 Qinghai	24208	4872	3144617	135972	18981	6161	1576558	80855
宁　夏 Ningxia	19530	4098	2137126	110116	10705	3447	672989	63394
新　疆 Xinjiang	59756	11014	8045970	139290	86429	22268	6877805	81137

3-2 续表 31 continued

地 区	Region	水上运输业 Water Transport 年末人数(人) Year-end Figures (person)	#女 性 Female	工资总额(千元) Total Wages (1000 yuan)	平均工资(元) Average Wage (yuan)	航空运输业 Air Transport 年末人数(人) Year-end Figures (person)	#女 性 Female	工资总额(千元) Total Wages (1000 yuan)	平均工资(元) Average Wage (yuan)
全 国	**National**	**294025**	**52721**	**40026159**	**135564**	**602532**	**225635**	**94676412**	**156748**
北 京	Beijing	212	26	44563	207270	82797	35657	14976640	183384
天 津	Tianjin	9625	2039	1893325	193702	8695	3126	1061002	120981
河 北	Hebei	18289	3357	2404579	131504	6357	2313	839286	132442
山 西	Shanxi	28	9	1036	37000	5350	1972	455550	86434
内蒙古	Inner Mongolia					6826	2196	965101	143511
辽 宁	Liaoning	19206	3600	2104825	119887	12396	5057	1418758	114982
吉 林	Jilin	32	5	1972	61625	2892	1212	332398	116795
黑龙江	Heilongjiang	591	120	31576	52632	7929	2327	782735	99357
上 海	Shanghai	30266	5283	7600725	244123	81526	32259	15298038	186990
江 苏	Jiangsu	39982	7663	4443537	110411	16981	5633	2522944	152379
浙 江	Zhejiang	28163	4963	4170581	145515	14416	4547	2796581	195990
安 徽	Anhui	7376	1443	582389	77474	4005	1452	495372	123442
福 建	Fujian	14219	2561	1848790	130331	26412	8864	3959578	148327
江 西	Jiangxi	3733	983	272527	72840	3968	1256	437508	112702
山 东	Shandong	39781	5747	4661859	114887	20450	7493	3427468	169246
河 南	Henan	1936	456	112373	60254	9710	3319	1327157	134709
湖 北	Hubei	10747	2047	1030793	95002	6571	2521	800697	119973
湖 南	Hunan	3219	662	245037	75726	7685	2794	1025820	134287
广 东	Guangdong	40382	6820	6013657	149592	119903	45918	19849604	164060
广 西	Guangxi	4650	1132	414222	87503	2077	613	484673	99475
海 南	Hainan	5549	999	729589	128831	25172	7658	2443597	102328
重 庆	Chongqing	14045	2299	1287388	90930	15032	6046	1933503	128952
四 川	Sichuan	1275	306	96160	75449	37440	13882	6559057	176229
贵 州	Guizhou	266	79	9702	35801	11410	3882	1846159	148596
云 南	Yunnan	214	53	11258	54214	26545	10255	3763153	142254
西 藏	Tibet					7860	2759	1136746	148014
陕 西	Shaanxi	39	9	2364	60615	13313	4540	1492912	112511
甘 肃	Gansu	52	15	3480	64444	3877	1348	378895	98236
青 海	Qinghai					2527	857	320178	125856
宁 夏	Ningxia	107	42	5070	46514	2442	725	266534	103428
新 疆	Xinjiang	40	3	2782	69550	9968	3155	1278771	130941

3-2 续表 32 continued

地 区 Region	管道运输业 Transport Via Pipelines				多式联运和运输代理业 Intermodality and Forwarding Agency			
	年末人数（人） Year-end Figures (person)	#女 性 Female	工资总额（千元） Total Wages (1000 yuan)	平均工资（元） Average Wage (yuan)	年末人数（人） Year-end Figures (person)	#女 性 Female	工资总额（千元） Total Wages (1000 yuan)	平均工资（元） Average Wage (yuan)
全 国 National	**24830**	**5395**	**4159989**	**164566**	**320601**	**139864**	**37508024**	**116572**
北 京 Beijing	4423	613	931324	210326	27247	12554	4186538	150345
天 津 Tianjin	707	175	127482	199191	11364	4939	1196409	104912
河 北 Hebei	96	13	9576	99750	3136	965	292708	93596
山 西 Shanxi	66	16	5586	84636	1869	462	130297	68058
内蒙古 Inner Mongolia	165	66	20638	116599	348	131	32378	81786
辽 宁 Liaoning	206	56	31581	154054	11687	3897	1174159	98768
吉 林 Jilin	81	26	11446	141309	1696	148	82319	55226
黑龙江 Heilongjiang					481	187	35849	74892
上 海 Shanghai	974	162	201162	205687	95580	52718	13969347	144167
江 苏 Jiangsu	7076	1903	1091879	148152	19403	6994	1835693	95058
浙 江 Zhejiang	66	12	11575	175379	16400	6434	1873229	116596
安 徽 Anhui	16	4	881	55063	4294	1349	334101	77398
福 建 Fujian	34	9	2211	65029	9935	3336	1104244	111357
江 西 Jiangxi	600	86	74380	124799	938	472	69926	74827
山 东 Shandong	2433	508	355997	142770	17739	7124	2004236	113124
河 南 Henan	615	224	29662	48947	6098	1745	427722	72112
湖 北 Hubei	676	183	105732	149339	3299	1150	270403	80928
湖 南 Hunan	615	170	52219	90974	2418	712	169679	73447
广 东 Guangdong	765	79	138557	190326	63733	27073	6366091	99486
广 西 Guangxi	91	34	6281	71375	2696	1020	248112	92943
海 南 Hainan	24	3	3178	132417	2824	1077	227303	81413
重 庆 Chongqing	40	10	8265	206625	2956	1205	267407	89885
四 川 Sichuan	207	68	35370	173382	5602	1567	505792	94889
贵 州 Guizhou	127	12	20901	164575	742	224	56525	81214
云 南 Yunnan	276	56	33548	121551	2463	596	186577	76199
西 藏 Tibet					43	9	3282	76326
陕 西 Shaanxi	834	199	89984	107508	3117	982	247696	81596
甘 肃 Gansu	253	64	24722	97331	895	259	68404	78175
青 海 Qinghai					231	90	20471	88809
宁 夏 Ningxia					210	43	14375	61432
新 疆 Xinjiang	3364	644	735852	206352	1160	404	106754	92641

3-2 续表 33 continued

地 区 Region	装卸搬运和仓储业 Loading, Unloading and Storage 年末人数(人) Year-end Figures (person)	#女 性 Female	工资总额(千元) Total Wages (1000 yuan)	平均工资(元) Average Wage (yuan)	邮政业 Post 年末人数(人) Year-end Figures (person)	#女 性 Female	工资总额(千元) Total Wages (1000 yuan)	平均工资(元) Average Wage (yuan)
全 国 National	**496132**	**126741**	**39757282**	**80955**	**901029**	**342221**	**86252883**	**97618**
北 京 Beijing	11851	3841	1412007	113818	94395	27391	10741516	114662
天 津 Tianjin	13282	3376	1343274	99149	17599	6674	1696360	100975
河 北 Hebei	23129	5195	1705723	79157	22826	11694	2017539	85454
山 西 Shanxi	9656	2865	454300	46709	15616	9065	1171878	74876
内蒙古 Inner Mongolia	6570	1367	421464	64548	16828	7283	1235463	75564
辽 宁 Liaoning	26877	5239	2090164	75894	16486	8817	1359654	82812
吉 林 Jilin	12908	2645	878366	64190	18855	6997	1523215	79699
黑龙江 Heilongjiang	17443	3654	958671	55369	26669	12091	2169370	85102
上 海 Shanghai	34662	9165	4063497	115362	46135	10219	4582398	106721
江 苏 Jiangsu	61515	16097	5069235	88370	43739	14851	4614666	108127
浙 江 Zhejiang	22812	6085	2420116	105866	58347	22164	5498399	97627
安 徽 Anhui	14328	3948	869457	60993	21155	9353	2253544	106299
福 建 Fujian	15474	3689	1265636	82691	34481	13772	2842088	85090
江 西 Jiangxi	9338	2585	549368	58334	20526	9241	1844192	90751
山 东 Shandong	35808	6952	2949475	83556	46658	19845	4859550	103369
河 南 Henan	29151	9301	1579914	54698	38140	16493	3223705	88810
湖 北 Hubei	14168	3751	919186	64182	26956	12572	2943989	104461
湖 南 Hunan	13824	2704	903053	69071	26354	12037	2621983	100176
广 东 Guangdong	47364	13143	4428290	92854	100660	24777	9985067	101365
广 西 Guangxi	15721	3930	1407232	89578	30408	9269	2440679	85812
海 南 Hainan	3725	599	276842	71948	13611	3682	1079074	81574
重 庆 Chongqing	6484	1550	489129	75281	27670	14827	3251203	122950
四 川 Sichuan	15155	4048	1020455	67301	32001	15404	3478945	107309
贵 州 Guizhou	4849	1454	329169	68875	21720	6952	1598963	78473
云 南 Yunnan	7504	2371	405390	59372	11934	5598	951732	80406
西 藏 Tibet	604	201	50580	84162	2591	875	326430	133517
陕 西 Shaanxi	11782	4272	700881	60219	32444	15540	3070292	94254
甘 肃 Gansu	4666	1206	330670	71501	16741	5917	1085181	66988
青 海 Qinghai	905	285	80448	88463	4085	1578	374660	94420
宁 夏 Ningxia	1078	319	84444	77685	3187	1539	279985	87441
新 疆 Xinjiang	3499	903	300845	87779	12214	5704	1131161	91973

3−2 续表 34 continued

地 区 Region	住宿和餐饮业 Hotels and Catering Services 年末人数(人) Year-end Figures (person)	#女 性 Female	工资总额(千元) Total Wages (1000 yuan)	平均工资(元) Average Wage (yuan)	住宿业 Hotels 年末人数(人) Year-end Figures (person)	#女 性 Female	工资总额(千元) Total Wages (1000 yuan)	平均工资(元) Average Wage (yuan)
全 国 National	**2566091**	**1473037**	**122798502**	**48833**	**1081227**	**601884**	**59029121**	**54448**
北 京 Beijing	267831	146607	15637033	58283	83145	38283	6687722	77771
天 津 Tianjin	55627	32239	2219109	37867	11741	6446	699508	57529
河 北 Hebei	42959	24768	1787645	43895	27622	15932	1214024	45229
山 西 Shanxi	37024	22523	1291484	35748	20420	11936	760727	38256
内蒙古 Inner Mongolia	24248	14075	1068554	44138	12878	7613	611674	46576
辽 宁 Liaoning	48911	28543	1946292	39227	21761	12275	998848	44939
吉 林 Jilin	19010	10600	772852	40376	13092	7627	544595	41095
黑龙江 Heilongjiang	13541	7628	525505	39837	10970	6068	439168	40967
上 海 Shanghai	262788	142894	15670915	59260	52758	25038	4726209	87164
江 苏 Jiangsu	197427	113324	9795325	51239	64931	35609	3954056	60808
浙 江 Zhejiang	147289	82034	7915021	54847	77545	40493	4611188	59605
安 徽 Anhui	58213	34947	2449684	44834	28339	17179	1312740	46847
福 建 Fujian	88215	50057	3929342	45186	46798	25833	2510800	53596
江 西 Jiangxi	37177	23859	1507272	41130	23871	15242	1027267	43563
山 东 Shandong	112740	64559	5279127	46966	59712	33203	2971785	49267
河 南 Henan	77061	46105	3276758	43675	48940	29041	2055406	42999
湖 北 Hubei	89756	56962	3443206	40075	27490	17616	1252408	45501
湖 南 Hunan	63238	39951	2486989	39690	31111	19899	1366900	43485
广 东 Guangdong	392818	213094	19164284	49427	135557	70810	7830794	57249
广 西 Guangxi	40893	25252	1638675	39236	24622	14775	1097249	44582
海 南 Hainan	51934	24493	2799162	54977	47062	22099	2589046	56232
重 庆 Chongqing	41812	27279	1864801	45243	18165	11009	915489	50970
四 川 Sichuan	163215	99941	6346093	45879	47315	29546	2174142	45805
贵 州 Guizhou	26991	16872	1200513	45394	18646	11618	860067	46083
云 南 Yunnan	49404	29532	2108869	43125	33382	20294	1528437	45915
西 藏 Tibet	8201	4776	489993	59029	6882	4061	416482	59696
陕 西 Shaanxi	86601	53433	3503596	40873	44552	27167	1955039	44253
甘 肃 Gansu	30160	18624	1207079	39892	19052	11693	785927	41739
青 海 Qinghai	4568	2698	219163	48561	3294	2003	164119	50218
宁 夏 Ningxia	3791	2422	156365	42136	2472	1531	111902	45730
新 疆 Xinjiang	22649	12946	1097796	48210	17102	9945	855400	49503

3-2 续表 35 continued

地 区	Region	餐饮业 Catering Services				信息传输、软件和信息技术服务业 Information Transmission, Software and Information Technology			
		年末人数(人) Year-end Figures (person)	#女 性 Female	工资总额(千元) Total Wages (1000 yuan)	平均工资(元) Average Wage (yuan)	年末人数(人) Year-end Figures (person)	#女 性 Female	工资总额(千元) Total Wages (1000 yuan)	平均工资(元) Average Wage (yuan)
全 国	**National**	**1484864**	**871154**	**63769381**	**44578**	**4870600**	**1893240**	**844454679**	**177544**
北 京	Beijing	184686	108324	8949311	49091	922868	351203	230738694	259729
天 津	Tianjin	43886	25793	1519601	32720	69681	29528	10360746	146977
河 北	Hebei	15337	8836	573621	41316	104090	45172	10572803	100220
山 西	Shanxi	16604	10587	530757	32678	52083	23239	4736066	90594
内蒙古	Inner Mongolia	11370	6462	456879	41248	45772	21523	4803835	104563
辽 宁	Liaoning	27149	16268	947444	34591	139316	67919	15850609	113412
吉 林	Jilin	5918	2973	228256	38758	44493	17350	3681728	81754
黑龙江	Heilongjiang	2571	1560	86338	34933	85545	34806	6954518	80673
上 海	Shanghai	210030	117856	10944706	52063	448003	163716	118196547	270619
江 苏	Jiangsu	132496	77714	5841269	46307	328454	124198	51931559	162939
浙 江	Zhejiang	69744	41541	3303833	49348	283029	105141	65609305	235430
安 徽	Anhui	29874	17768	1136944	42715	96838	38810	9561062	101715
福 建	Fujian	41418	24224	1418542	35363	103375	38783	13635030	131811
江 西	Jiangxi	13307	8617	480005	36739	54884	22013	5210338	95779
山 东	Shandong	53028	31357	2307342	44302	198767	85835	20807163	105284
河 南	Henan	28121	17063	1221352	44862	182755	65665	13937559	83900
湖 北	Hubei	62265	39346	2190798	37517	164005	63393	17377437	114162
湖 南	Hunan	32127	20052	1120089	35870	85228	32740	9154206	107317
广 东	Guangdong	257261	142284	11333490	45163	740446	278390	140274977	193867
广 西	Guangxi	16271	10477	541426	31565	58552	23079	5859972	101642
海 南	Hainan	4872	2394	210117	43119	24207	8016	3544264	146342
重 庆	Chongqing	23647	16271	949312	40820	58717	24136	7763899	137276
四 川	Sichuan	115900	70395	4171952	45918	236584	90799	30112771	128891
贵 州	Guizhou	8345	5254	340445	43743	45993	18120	5139569	111635
云 南	Yunnan	16022	9239	580431	37176	52639	20905	5611371	105698
西 藏	Tibet	1320	715	73511	55513	11049	4319	1529356	142827
陕 西	Shaanxi	42049	26266	1548557	37278	140331	54806	22137995	160066
甘 肃	Gansu	11108	6931	421153	36850	36189	15965	3081598	85034
青 海	Qinghai	1274	695	55044	44212	9439	4072	1188087	125531
宁 夏	Ningxia	1319	891	44463	35177	7705	3504	945360	121971
新 疆	Xinjiang	5547	3001	242395	44144	39564	16096	4146254	108429

3-2 续表 36 continued

地 区	Region	电信、广播电视和卫星传输服务 Telecommunication, Radio and Television and Satellite Transmission Service				互联网和相关服务 Internet and Related Service			
		年末人数（人） Year-end Figures (person)	#女 性 Female	工资总额（千元） Total Wages (1000 yuan)	平均工资（元） Average Wage (yuan)	年末人数（人） Year-end Figures (person)	#女 性 Female	工资总额（千元） Total Wages (1000 yuan)	平均工资（元） Average Wage (yuan)
全 国	**National**	**1588657**	**664422**	**205187299**	**128467**	**657708**	**274072**	**153660206**	**245589**
北 京	Beijing	82290	31777	23503047	282695	158775	67476	45246219	299432
天 津	Tianjin	17336	7105	2425528	138446	13985	7754	2108119	155017
河 北	Hebei	71400	29879	8057877	111081	4247	1981	381780	92799
山 西	Shanxi	40298	19027	3898509	96600	2375	1312	165354	69923
内蒙古	Inner Mongolia	39336	18765	4283074	107768	909	380	60621	65736
辽 宁	Liaoning	53574	23828	5444291	100398	3122	1273	338174	100961
吉 林	Jilin	31698	12301	2603202	81084	1931	635	167911	88406
黑龙江	Heilongjiang	78053	31815	6283374	79972	915	443	56898	58317
上 海	Shanghai	38948	14742	8069870	206259	111486	40296	31292684	293792
江 苏	Jiangsu	129186	56503	20026642	155122	54018	18952	7148995	144350
浙 江	Zhejiang	66689	27281	10646643	159541	61882	23890	22777423	380463
安 徽	Anhui	49586	19842	4854740	98456	5504	2446	517524	93230
福 建	Fujian	46584	18684	5476518	116467	8548	3561	1166846	127529
江 西	Jiangxi	38897	15394	3948422	100777	2581	1002	221138	86698
山 东	Shandong	83455	36715	9286895	110027	17403	9211	1740385	103354
河 南	Henan	77326	33495	7439304	95592	29304	16483	2598944	102449
湖 北	Hubei	54529	22426	5717532	104559	8326	3641	1303995	153922
湖 南	Hunan	56566	23216	5953948	104251	7777	3639	791912	98536
广 东	Guangdong	135127	51690	20723130	152721	117355	49757	30416989	273669
广 西	Guangxi	47090	18557	4853647	104290	1742	665	156949	101800
海 南	Hainan	9885	3598	1359645	136438	7666	1953	618387	82172
重 庆	Chongqing	25086	10368	3406722	135717	13013	7179	1553504	137629
四 川	Sichuan	108738	45503	13144360	120536	9716	3937	1412365	147352
贵 州	Guizhou	31207	12496	3616338	115958	2834	1236	320971	114812
云 南	Yunnan	37953	15693	4334021	113177	2589	1070	235337	94125
西 藏	Tibet	7034	3046	1175316	167433	1644	546	61008	43148
陕 西	Shaanxi	59292	27838	7137583	118922	5843	2591	631699	112774
甘 肃	Gansu	29740	13930	2474930	82672	530	237	41180	86290
青 海	Qinghai	8094	3533	1040707	128134	120	52	11080	93898
宁 夏	Ningxia	6609	3143	809081	121997	175	96	17565	96511
新 疆	Xinjiang	27052	12234	3192403	118498	1391	380	98249	75506

3-2 续表 37 continued

地 区 Region	软件和信息技术服务业 Software and Information Technology				金融业 Financial Intermediation			
	年末人数(人) Year-end Figures (person)	#女 性 Female	工资总额(千元) Total Wages (1000 yuan)	平均工资(元) Average Wage (yuan)	年末人数(人) Year-end Figures (person)	#女 性 Female	工资总额(千元) Total Wages (1000 yuan)	平均工资(元) Average Wage (yuan)
全 国 National	**2624234**	**954745**	**485607174**	**191679**	**8589843**	**5003145**	**1161898741**	**133390**
北 京 Beijing	681803	251950	161989427	247639	627802	360188	166212577	260508
天 津 Tianjin	38360	14669	5827099	147997	179650	110047	26748625	149568
河 北 Hebei	28443	13313	2133146	73961	363915	205701	33558410	87980
山 西 Shanxi	9410	2899	672203	70343	272408	167317	21135918	76173
内蒙古 Inner Mongolia	5527	2379	460139	87206	211743	131455	18843305	88380
辽 宁 Liaoning	82620	42819	10068144	122505	321596	195630	29738313	89811
吉 林 Jilin	10864	4414	910615	82558	211090	130998	17156873	84591
黑龙江 Heilongjiang	6577	2548	614246	92217	243039	149620	16879393	68288
上 海 Shanghai	297569	108678	78833992	270790	297403	154929	100774854	330125
江 苏 Jiangsu	145251	48743	24755921	176714	404102	228898	65124937	160386
浙 江 Zhejiang	154458	53970	32185239	211636	482008	294560	74625770	145804
安 徽 Anhui	41748	16521	4188798	107025	274967	156625	25150833	90083
福 建 Fujian	48243	16539	6991667	147904	266397	154418	31193977	113781
江 西 Jiangxi	13405	5618	1040778	82150	179635	105144	17278046	94077
山 东 Shandong	97908	39908	9779882	101468	657163	390136	62391932	93192
河 南 Henan	76125	15687	3899311	61963	269812	146635	32630170	122314
湖 北 Hubei	101150	37326	10355910	116276	237670	135169	23939622	101770
湖 南 Hunan	20885	5886	2408347	119506	311823	187358	29004545	95844
广 东 Guangdong	487965	176943	89134859	186973	953378	530270	169771481	172070
广 西 Guangxi	9719	3857	849376	88744	195331	115445	20273020	106903
海 南 Hainan	6656	2466	1566232	232787	81252	44898	9389632	116626
重 庆 Chongqing	20618	6589	2803673	139021	279986	165086	35844715	125400
四 川 Sichuan	118130	41358	15556046	135275	378588	233073	37861579	101327
贵 州 Guizhou	11952	4388	1202260	99716	147702	75497	18591291	130597
云 南 Yunnan	12097	4143	1042014	84755	119091	66672	16287363	136175
西 藏 Tibet	2371	727	293033	128849	11465	5601	2428729	216447
陕 西 Shaanxi	75196	24378	14368712	197684	265702	159093	24978514	92856
甘 肃 Gansu	5919	1799	565487	97070	143494	79887	11405703	79300
青 海 Qinghai	1225	487	136300	111315	28565	16075	3382675	121703
宁 夏 Ningxia	921	265	118714	126740	41774	25048	4801879	100687
新 疆 Xinjiang	11121	3482	855602	85581	131290	81670	14494061	112938

3-2 续表 38 continued

地区 Region	货币金融服务 Monetary and Financial Service 年末人数(人) Year-end Figures (person)	#女性 Female	工资总额(千元) Total Wages (1000 yuan)	平均工资(元) Average Wage (yuan)	资本市场服务 Capital Market Service 年末人数(人) Year-end Figures (person)	#女性 Female	工资总额(千元) Total Wages (1000 yuan)	平均工资(元) Average Wage (yuan)
全国 National	**3488996**	**1777294**	**671876092**	**193624**	**324593**	**146974**	**115861733**	**363884**
北京 Beijing	231952	127481	84073456	368846	69972	33293	28062526	405884
天津 Tianjin	84717	45899	17624825	208229	3043	1423	855642	280790
河北 Hebei	153118	74371	21515931	139685	3465	1519	632115	185518
山西 Shanxi	100983	51390	13026968	128170	4229	1848	906942	221882
内蒙古 Inner Mongolia	92721	48732	12980469	142821	828	367	144433	177297
辽宁 Liaoning	159109	84514	20400892	127937	1370	622	198688	144654
吉林 Jilin	86802	44606	11365133	130229	1551	675	313614	205563
黑龙江 Heilongjiang	79800	36037	9594062	119407	162	82	10818	65421
上海 Shanghai	137652	75392	46174721	339170	62268	28207	27296119	440149
江苏 Jiangsu	195542	101561	42827143	221439	9590	4314	2475528	266060
浙江 Zhejiang	220682	123761	47514977	218789	11979	5202	3466641	296666
安徽 Anhui	101480	46882	15457510	153487	3705	1496	693488	193615
福建 Fujian	100488	50492	18911299	189180	4069	1850	893155	226524
江西 Jiangxi	84734	41769	11791403	139813	1608	704	244461	152654
山东 Shandong	218562	104477	34716871	158056	8950	3775	1849574	210602
河南 Henan	148476	71968	22341831	151797	2908	1212	707136	248635
湖北 Hubei	105221	50345	15686279	150143	2367	902	454612	197806
湖南 Hunan	103509	53308	16544620	159952	10363	4965	2802537	276306
广东 Guangdong	326240	162703	81169941	249460	91650	40860	35227243	398514
广西 Guangxi	89132	44113	14084132	161175	722	293	150589	197399
海南 Hainan	27149	12949	4646967	174788	638	237	189734	308762
重庆 Chongqing	109416	57153	23129632	211564	4741	2071	1314569	273590
四川 Sichuan	120137	62073	21052332	176727	10333	4438	2836726	279398
贵州 Guizhou	72556	34436	13326527	184795	3376	1738	1034456	312892
云南 Yunnan	70941	36457	12560890	177759	2247	1039	575200	260145
西藏 Tibet	8843	4369	2111450	243160	68	38	6074	97968
陕西 Shaanxi	97599	48974	14595839	149462	5591	2615	2169531	392268
甘肃 Gansu	64481	29585	7125632	110702	2098	895	238989	113292
青海 Qinghai	16945	9015	2408078	144586	114	49	14869	130430
宁夏 Ningxia	22231	11627	3123224	142251	344	133	50445	147928
新疆 Xinjiang	57780	30855	9993056	174048	247	115	45278	190639

3-2 续表 39 continued

地 区 Region	保险业 Insurance				其他金融业 Other Financial Activities			
	年末人数(人) Year-end Figures (person)	#女 性 Female	工资总额(千元) Total Wages (1000 yuan)	平均工资(元) Average Wage (yuan)	年末人数(人) Year-end Figures (person)	#女 性 Female	工资总额(千元) Total Wages (1000 yuan)	平均工资(元) Average Wage (yuan)
全 国 National	**4672690**	**3033471**	**335512800**	**69618**	**103564**	**45406**	**38648116**	**375935**
北 京 Beijing	289663	183907	37305536	122302	36215	15508	16771059	466779
天 津 Tianjin	88985	61366	7162633	81121	2905	1360	1105525	387330
河 北 Hebei	206814	129529	11365249	50852	517	282	45115	91006
山 西 Shanxi	164947	112728	7054834	41593	2249	1351	147174	69012
内蒙古 Inner Mongolia	117668	82125	5658908	46776	526	232	59495	112652
辽 宁 Liaoning	159931	109826	9048705	53514	1186	668	90028	75278
吉 林 Jilin	122111	85445	5401713	47633	627	271	76413	122812
黑龙江 Heilongjiang	162792	113361	7246229	43539	286	139	28284	119617
上 海 Shanghai	81436	44964	19458037	212111	16047	6366	7845977	510416
江 苏 Jiangsu	196909	121978	19151760	95151	2062	1045	670505	324714
浙 江 Zhejiang	245878	163953	22428501	80266	3470	1644	1215650	343811
安 徽 Anhui	167597	107350	8365472	48433	2185	897	634362	290671
福 建 Fujian	158903	100845	10956648	65523	2937	1230	432875	142751
江 西 Jiangxi	92540	62343	5107468	52671	753	328	134713	179755
山 东 Shandong	427216	280860	25408439	57923	2436	1024	417048	173250
河 南 Henan	117090	72818	9370175	81162	1339	637	211028	162763
湖 北 Hubei	128047	83172	7048760	55764	2034	750	749971	365029
湖 南 Hunan	196549	128437	9440042	50305	1402	648	217345	156419
广 东 Guangdong	525014	321999	48898923	86997	10474	4709	4475374	414853
广 西 Guangxi	103469	70091	5721792	57606	2008	949	316507	146191
海 南 Hainan	53069	31554	4482495	84667	397	159	70436	191934
重 庆 Chongqing	163449	104781	10737458	63388	2380	1081	663055	285862
四 川 Sichuan	245438	165325	13604864	56290	2680	1237	367656	136722
贵 州 Guizhou	70200	38570	3538089	54114	1570	753	692218	445536
云 南 Yunnan	45528	28991	3085562	66601	376	185	65711	163057
西 藏 Tibet	2444	1133	284415	120133	110	62	26790	248056
陕 西 Shaanxi	160655	106681	7518613	45854	1858	824	694530	375446
甘 肃 Gansu	76138	49142	3930371	51316	778	266	110711	145328
青 海 Qinghai	10678	6641	872429	85094	828	370	87300	112934
宁 夏 Ningxia	18994	13179	1610128	63922	205	109	18082	88205
新 疆 Xinjiang	72539	50378	4248549	60746	725	323	207177	278691

3-2 续表 40 continued

地 区	Region	房地产业 Real Estate 年末人数(人) Year-end Figures (person)	#女 性 Female	工资总额(千元) Total Wages (1000 yuan)	平均工资(元) Average Wage (yuan)	租赁和商务服务业 Leasing and Business Services 年末人数(人) Year-end Figures (person)	#女 性 Female	工资总额(千元) Total Wages (1000 yuan)	平均工资(元) Average Wage (yuan)
全 国	**National**	**5253514**	**2144959**	**440168378**	**83807**	**6436370**	**2251188**	**589015029**	**92924**
北 京	Beijing	450367	174709	52888970	116230	622684	239576	98284942	156427
天 津	Tianjin	92183	39067	8957049	94969	136218	39466	11534022	85348
河 北	Hebei	118157	48852	7802197	66510	150277	38133	8102456	54376
山 西	Shanxi	56968	24153	3637399	63904	114437	33765	6214526	54183
内蒙古	Inner Mongolia	53309	25652	2892401	54483	53633	16113	3388508	62983
辽 宁	Liaoning	119916	51693	7867217	65509	144831	43015	7952047	54198
吉 林	Jilin	53830	22696	2927583	55239	51205	16994	2859124	56213
黑龙江	Heilongjiang	54113	22496	2812040	51387	124003	43942	10044736	84975
上 海	Shanghai	285201	116352	33919726	117532	689010	303979	126988533	182869
江 苏	Jiangsu	297943	126409	25782134	87008	456971	168536	34503503	76649
浙 江	Zhejiang	288085	122410	25948264	91873	375029	110558	29586806	82139
安 徽	Anhui	156260	64631	11767833	74611	186382	69052	11401575	61745
福 建	Fujian	169362	65950	14488044	84869	183099	60801	12180567	65475
江 西	Jiangxi	99231	39518	7199704	72990	74046	23138	4392909	62533
山 东	Shandong	275682	112491	20445987	74682	234632	72449	17334382	73711
河 南	Henan	292926	117088	18577652	64168	239405	67412	12409313	53357
湖 北	Hubei	187228	79520	13441816	72485	195671	70275	13458203	69580
湖 南	Hunan	162137	67431	11595089	71243	128364	46621	8252125	64663
广 东	Guangdong	901492	344750	84976039	94311	1185944	432067	104068262	91120
广 西	Guangxi	94327	41523	7737412	80405	134389	44120	8967484	65195
海 南	Hainan	83874	34426	6374184	75415	31439	12389	2418981	75692
重 庆	Chongqing	149139	62710	12382051	82900	123077	38193	7455501	60861
四 川	Sichuan	297176	124306	21776960	73764	285320	92464	16919227	61768
贵 州	Guizhou	106160	42897	7874144	70507	72137	25282	4647959	64352
云 南	Yunnan	102303	41558	7091454	70066	117332	34212	6507779	56899
西 藏	Tibet	5968	2615	464609	77378	17791	6253	1454665	83663
陕 西	Shaanxi	138402	56451	9574487	69919	118976	42883	7231824	61438
甘 肃	Gansu	67410	29602	3359250	51419	42003	13101	2364095	56313
青 海	Qinghai	15382	6758	823059	54212	12935	3784	831934	64159
宁 夏	Ningxia	15372	7223	1051064	67584	9540	3301	601622	62085
新 疆	Xinjiang	63612	29020	3732556	58769	125590	39315	6657420	58889

3-2 续表 41 continued

地 区 Region	租赁业 Leasing				商务服务业 Business Services			
	年末人数(人) Year-end Figures (person)	#女 性 Female	工资总额(千元) Total Wages (1000 yuan)	平均工资(元) Average Wage (yuan)	年末人数(人) Year-end Figures (person)	#女 性 Female	工资总额(千元) Total Wages (1000 yuan)	平均工资(元) Average Wage (yuan)
全 国 National	**135676**	**31589**	**12172700**	**87075**	**6300694**	**2219600**	**576842328**	**93056**
北 京 Beijing	10924	2779	1587592	139100	611759	236798	96697349	156747
天 津 Tianjin	4794	1666	531744	98187	131423	37800	11002278	84812
河 北 Hebei	3805	1015	206778	53816	146472	37119	7895678	54391
山 西 Shanxi	2371	623	111468	47476	112066	33142	6103058	54323
内蒙古 Inner Mongolia	838	145	48425	55415	52795	15968	3340083	63108
辽 宁 Liaoning	2639	405	252057	88736	142192	42611	7699990	53516
吉 林 Jilin	830	207	38104	45850	50375	16786	2821020	56385
黑龙江 Heilongjiang	574	99	35487	63915	123429	43843	10009249	85075
上 海 Shanghai	14866	2879	2205978	129904	674144	301100	124782555	184197
江 苏 Jiangsu	10394	2233	854641	84603	446577	166303	33648862	76467
浙 江 Zhejiang	6815	1842	860241	124767	368214	108716	28726565	81308
安 徽 Anhui	4138	822	275120	66355	182244	68230	11126454	61639
福 建 Fujian	2258	644	214714	87540	180842	60157	11965852	65180
江 西 Jiangxi	2800	420	150176	52253	71246	22718	4242734	62971
山 东 Shandong	5440	1173	355203	65307	229193	71276	16979179	73910
河 南 Henan	6688	1869	388598	60106	232716	65542	12020715	53164
湖 北 Hubei	3992	839	249800	55730	191678	69435	13208403	69909
湖 南 Hunan	2357	596	124153	55276	126007	46026	8127973	64831
广 东 Guangdong	23596	5560	1994470	82508	1162349	426508	102073791	91306
广 西 Guangxi	5261	1114	354235	69222	129128	43006	8613249	65039
海 南 Hainan	1337	319	81539	61742	30102	12070	2337442	76293
重 庆 Chongqing	1332	264	91247	67023	121745	37929	7364254	60791
四 川 Sichuan	5085	1263	344761	69875	280236	91201	16574466	61619
贵 州 Guizhou	1303	350	96783	65842	70834	24932	4551177	64321
云 南 Yunnan	2351	696	135446	64020	114981	33516	6372333	56765
西 藏 Tibet	1432	214	124786	84144	16360	6039	1329878	83618
陕 西 Shaanxi	3658	756	206384	56752	115317	42127	7025440	61587
甘 肃 Gansu	2289	413	125140	52535	39715	12688	2238955	56540
青 海 Qinghai	357	90	24264	64602	12578	3693	807670	64146
宁 夏 Ningxia	68	34	3187	74116	9472	3267	598435	62031
新 疆 Xinjiang	1084	259	100179	84874	124506	39056	6557241	58615

3-2 续表 42 continued

地区 Region	科学研究和技术服务业 Scientific Research and Technical Services				研究和试验发展 Research and Experimental Development			
	年末人数(人) Year-end Figures (person)	#女性 Female	工资总额(千元) Total Wages (1000 yuan)	平均工资(元) Average Wage (yuan)	年末人数(人) Year-end Figures (person)	#女性 Female	工资总额(千元) Total Wages (1000 yuan)	平均工资(元) Average Wage (yuan)
全 国 National	**4311950**	**1434883**	**595996487**	**139851**	**645963**	**267019**	**109993235**	**174127**
北 京 Beijing	581979	219727	115113144	200894	138250	62860	30803614	230085
天 津 Tianjin	113574	35129	18909157	167961	9681	4099	1756883	185018
河 北 Hebei	156531	44788	15361270	99962	12277	5228	1319346	113314
山 西 Shanxi	79403	27159	6555794	83282	7650	3239	813591	105983
内蒙古 Inner Mongolia	62987	21254	5446514	86557	5169	2109	496239	95496
辽 宁 Liaoning	104524	36823	10633928	102297	19302	6832	2642664	138874
吉 林 Jilin	72531	25731	6623228	90778	13767	5560	1474445	107245
黑龙江 Heilongjiang	55807	18638	5070585	90288	8135	3144	845947	102343
上 海 Shanghai	321441	123692	68553253	217700	92694	43365	22159588	243926
江 苏 Jiangsu	266019	87742	37478777	142558	48320	18291	7866598	166759
浙 江 Zhejiang	195806	63966	31016186	163113	28878	10013	5213123	191543
安 徽 Anhui	110507	30311	11361679	104463	13700	4460	1342024	99214
福 建 Fujian	83580	25699	10561919	128207	7619	2957	1101203	145222
江 西 Jiangxi	70665	19173	7217698	102246	6617	2205	751610	115632
山 东 Shandong	205176	65327	22626952	112510	24816	10552	3155050	131096
河 南 Henan	183576	62443	16010438	86681	21164	8479	1748438	85879
湖 北 Hubei	171235	49443	21111001	123331	15494	5736	1878297	121603
湖 南 Hunan	133116	41148	13027668	98683	14259	5520	1824070	129611
广 东 Guangdong	477631	163832	74671544	159036	68224	27159	11726374	174337
广 西 Guangxi	86220	29301	8877435	105029	10557	4415	1014880	97467
海 南 Hainan	24808	8946	2482554	101088	4567	2013	426842	95268
重 庆 Chongqing	76889	22691	10280277	135736	5526	2221	729188	132885
四 川 Sichuan	204353	63280	25964495	128671	25052	9977	3307109	135963
贵 州 Guizhou	55315	16022	5736047	103864	5148	2111	524598	103291
云 南 Yunnan	95584	31969	10781749	112615	9832	4099	1260074	128600
西 藏 Tibet	10034	3382	1322018	131623	863	394	137147	149397
陕 西 Shaanxi	135355	42559	14492668	107580	13981	4657	1932803	140310
甘 肃 Gansu	73225	21687	7749217	105441	8281	2868	1030136	124737
青 海 Qinghai	20230	6346	2219382	109599	851	298	123624	145141
宁 夏 Ningxia	16641	4856	1794812	109447	1021	521	119690	118896
新 疆 Xinjiang	67207	21820	6945096	103693	4269	1634	468041	108722

3-2 续表 43 continued

地 区 Region	专业技术服务业 Professional Technical Services 年末人数(人) Year-end Figures (person)	#女 性 Female	工资总额(千元) Total Wages (1000 yuan)	平均工资(元) Average Wage (yuan)	科技推广和应用服务业 Science and Technology Popularization and Application Services 年末人数(人) Year-end Figures (person)	#女 性 Female	工资总额(千元) Total Wages (1000 yuan)	平均工资(元) Average Wage (yuan)
全 国 National	**3061495**	**940286**	**408738099**	**134914**	**604493**	**227578**	**77265153**	**128701**
北 京 Beijing	314440	106906	58907262	191188	129289	49961	25402269	193890
天 津 Tianjin	92558	25683	15752546	171940	11334	5347	1399728	122049
河 北 Hebei	131754	35042	13073675	100888	12500	4518	968249	77821
山 西 Shanxi	61739	20196	5019011	81402	10014	3724	723192	77067
内蒙古 Inner Mongolia	49659	16193	4256887	85855	8158	2952	693388	85132
辽 宁 Liaoning	75293	26280	7219156	96318	9929	3710	772108	77436
吉 林 Jilin	48697	15955	4414500	89991	10068	4216	734283	72287
黑龙江 Heilongjiang	37519	11990	3455407	92144	10153	3505	769230	74008
上 海 Shanghai	192789	66826	37804764	200705	35957	13500	8588901	240640
江 苏 Jiangsu	182368	55604	24995951	138268	35332	13847	4616228	132081
浙 江 Zhejiang	141388	42832	22101296	158674	25540	11121	3701767	156537
安 徽 Anhui	83961	21501	9019728	109045	12846	4350	999927	79864
福 建 Fujian	69538	20541	8736906	127789	6423	2202	723810	112585
江 西 Jiangxi	57629	14774	5959641	103257	6419	2193	506447	79441
山 东 Shandong	162094	47602	17866182	111733	18266	7173	1605721	93669
河 南 Henan	131643	42115	12099385	89978	30769	11848	2162615	72385
湖 北 Hubei	131301	35393	17237234	131078	24440	8314	1995470	82375
湖 南 Hunan	90711	26544	9792311	108874	28146	9084	1411288	50402
广 东 Guangdong	357235	117608	55419189	158159	52172	19065	7525981	145122
广 西 Guangxi	60799	19659	6604878	111406	14864	5228	1257677	84836
海 南 Hainan	17053	5679	1767087	104395	3188	1254	288625	91599
重 庆 Chongqing	60873	17134	8338874	139297	10490	3335	1212214	116717
四 川 Sichuan	156739	44365	20472177	131908	22562	8938	2185208	98141
贵 州 Guizhou	45312	12439	4778074	105515	4856	1471	433376	89092
云 南 Yunnan	60764	18951	7040618	115791	24989	8918	2481057	98699
西 藏 Tibet	7389	2127	957006	130025	1782	861	227865	129046
陕 西 Shaanxi	105481	31481	11311519	107835	15893	6421	1248346	77810
甘 肃 Gansu	55564	15425	5883150	105751	9379	3394	835931	87052
青 海 Qinghai	15817	4974	1748048	110317	3562	1074	347710	97876
宁 夏 Ningxia	12847	3373	1364304	108272	2773	961	310818	111344
新 疆 Xinjiang	50541	15095	5341332	105968	12398	5091	1135722	92582

3-2 续表 44 continued

地 区 Region	水利、环境和公共设施管理业 Management of Water Conservancy, Environment and Public Facilites				水利管理业 Management of Water Conservancy			
	年末人数(人) Year-end Figures (person)	#女性 Female	工资总额(千元) Total Wages (1000 yuan)	平均工资(元) Average Wage (yuan)	年末人数(人) Year-end Figures (person)	#女性 Female	工资总额(千元) Total Wages (1000 yuan)	平均工资(元) Average Wage (yuan)
全 国 National	**2455642**	**999495**	**157614452**	**63914**	**294308**	**81219**	**27693501**	**93956**
北 京 Beijing	115657	36654	13357353	113766	8773	2776	1679346	191321
天 津 Tianjin	32798	10855	3256043	98608	2789	1008	421013	157957
河 北 Hebei	97042	38383	4740857	43496	9626	3052	760951	79070
山 西 Shanxi	75529	30034	2954371	39160	12152	3722	669677	55217
内蒙古 Inner Mongolia	41752	15600	2302601	54348	7438	2121	622360	83173
辽 宁 Liaoning	83207	29164	4000593	47146	11885	2806	757887	62958
吉 林 Jilin	56924	20624	2384527	41663	6772	1852	452678	65249
黑龙江 Heilongjiang	65370	19583	2799736	43365	8482	1908	550223	64548
上 海 Shanghai	101632	33903	10732121	104121	5368	1762	995426	184420
江 苏 Jiangsu	137149	59066	10998807	80511	19313	4952	2388970	123324
浙 江 Zhejiang	115845	42866	9794756	85935	7755	2004	1124906	144512
安 徽 Anhui	70936	27021	3767600	52834	9928	2521	1006165	101544
福 建 Fujian	73734	30303	4864412	66565	5399	1272	482237	89249
江 西 Jiangxi	56717	26140	2224522	40970	2982	746	246379	83838
山 东 Shandong	176865	79043	8310507	45567	11942	3207	1284507	107276
河 南 Henan	151917	62310	7247148	49218	18325	5259	1408954	77413
湖 北 Hubei	87365	34141	6514166	74358	17255	4914	1534726	89063
湖 南 Hunan	95989	35427	5691507	59080	17383	4340	1149574	66021
广 东 Guangdong	203845	84632	15652130	76933	22789	5202	2753101	120866
广 西 Guangxi	71299	35586	4065995	57307	10187	2726	860668	83816
海 南 Hainan	43593	24111	2168758	49981	1995	443	136026	69488
重 庆 Chongqing	38104	17382	2892046	75626	2895	953	251926	86838
四 川 Sichuan	110227	52524	6840278	61888	9344	2652	905973	95048
贵 州 Guizhou	50171	25722	2768028	55566	3903	1235	306502	78889
云 南 Yunnan	64413	27577	3845774	59066	6882	2030	702116	100777
西 藏 Tibet	6248	3466	379776	59659	247	90	24530	98911
陕 西 Shaanxi	93089	38750	5019388	54346	18729	6016	1378248	73443
甘 肃 Gansu	45252	19684	2480668	57660	9842	2723	806044	82297
青 海 Qinghai	10526	4659	729718	70036	2274	677	257748	113498
宁 夏 Ningxia	15867	7138	1059981	64223	3486	987	345630	97609
新 疆 Xinjiang	66579	27147	3770285	57053	18171	5260	1429012	79211

3-2 续表 45 continued

地 区 Region	生态保护和环境治理业 Ecological Protection and Environmental Treatment				公共设施管理业 Management of Public Facilities			
	年末人数（人） Year-end Figures (person)	#女 性 Female	工资总额（千元） Total Wages (1000 yuan)	平均工资（元） Average Wage (yuan)	年末人数（人） Year-end Figures (person)	#女 性 Female	工资总额（千元） Total Wages (1000 yuan)	平均工资（元） Average Wage (yuan)
全 国 National	**183431**	**52373**	**16064013**	**88727**	**1905851**	**839004**	**106049749**	**55206**
北 京 Beijing	11256	3483	1786245	158618	94144	29731	9513601	99266
天 津 Tianjin	2216	718	262790	118092	26603	8627	2330365	86501
河 北 Hebei	3971	1212	270959	69055	82440	33660	3625240	38381
山 西 Shanxi	7233	2245	418948	58376	55037	23550	1786212	32477
内蒙古 Inner Mongolia	4243	1518	294213	70697	28807	11355	1302253	43986
辽 宁 Liaoning	4685	1386	350936	75923	65095	24228	2793628	41897
吉 林 Jilin	1499	453	81114	52808	48305	18184	1824062	37678
黑龙江 Heilongjiang	9299	2102	408627	47701	46907	15210	1796952	38394
上 海 Shanghai	9498	2656	1316971	140537	85599	28976	8152617	93564
江 苏 Jiangsu	7295	2078	743386	102258	106819	50505	7422540	69797
浙 江 Zhejiang	7505	1859	763812	103874	84697	35192	6102030	71499
安 徽 Anhui	4025	1130	289006	72363	55780	22932	2356321	41919
福 建 Fujian	3813	1017	345051	90705	62372	27097	3733169	60499
江 西 Jiangxi	2097	640	156958	76161	50794	24415	1766299	36452
山 东 Shandong	8320	2310	746773	89296	153742	72294	5966194	37479
河 南 Henan	7030	1954	441476	65122	121962	53563	5082414	43158
湖 北 Hubei	8678	2348	851067	99428	58652	25693	3835576	64960
湖 南 Hunan	7582	2157	538686	70807	64029	26421	3395177	52777
广 东 Guangdong	14278	3597	1627205	116432	164279	74702	10895683	66330
广 西 Guangxi	5339	1503	402788	75416	53716	30391	2661653	49847
海 南 Hainan	2764	693	193746	70392	38061	22648	1776299	46981
重 庆 Chongqing	6003	2479	580301	96088	23768	11806	1452946	60855
四 川 Sichuan	6278	2250	527579	83096	90073	45699	4901457	54387
贵 州 Guizhou	2528	764	199713	77493	42567	23309	2125520	50417
云 南 Yunnan	15454	3976	965320	62095	41118	21131	2096343	50324
西 藏 Tibet	553	253	31385	56652	5410	3119	320393	58065
陕 西 Shaanxi	6463	1821	471100	73274	65666	29954	2959507	45590
甘 肃 Gansu	5530	1600	380478	74102	29593	15222	1270551	45700
青 海 Qinghai	1488	318	132651	89050	6631	3617	328984	50429
宁 夏 Ningxia	1773	506	138694	79752	10123	5504	520534	48502
新 疆 Xinjiang	4736	1351	346037	77125	43061	20268	1955227	45516

3-2 续表 46 continued

地区 Region	土地管理业 Management of Land				居民服务、修理和其他服务业 Service to Households, Repair and Other Services			
	年末人数（人）Year-end Figures (person)	#女性 Female	工资总额（千元）Total Wages (1000 yuan)	平均工资（元）Average Wage (yuan)	年末人数（人）Year-end Figures (person)	#女性 Female	工资总额（千元）Total Wages (1000 yuan)	平均工资（元）Average Wage (yuan)
全国 National	**72052**	**26898**	**7807189**	**112718**	**828103**	**410887**	**49867946**	**60722**
北京 Beijing	1484	664	378162	246880	58702	29161	4399485	73883
天津 Tianjin	1190	503	241875	203427	63093	32623	3574934	55135
河北 Hebei	1006	458	83707	84126	23018	6717	1044447	43837
山西 Shanxi	1107	517	79535	69787	10871	5498	569486	56249
内蒙古 Inner Mongolia	1264	606	83774	74970	6421	3239	267756	42613
辽宁 Liaoning	1542	743	98143	64674	15818	6029	838912	52911
吉林 Jilin	348	134	26673	76652	18388	10707	705666	39095
黑龙江 Heilongjiang	682	364	43934	65656	12409	4876	527671	45351
上海 Shanghai	1168	509	267107	228101	110913	53257	8475268	75979
江苏 Jiangsu	3722	1532	443910	122388	52474	24165	3891185	75561
浙江 Zhejiang	15887	3811	1804009	133655	42411	20494	2715603	67141
安徽 Anhui	1204	439	116109	96981	19599	7915	1079834	56552
福建 Fujian	2151	918	303955	140433	35988	23485	2270351	64190
江西 Jiangxi	844	339	54886	65269	9978	5530	471018	48871
山东 Shandong	2862	1232	313032	109646	30481	13644	1646061	55092
河南 Henan	4600	1533	314305	69818	29170	14673	1365146	49073
湖北 Hubei	2781	1185	292798	105720	20977	10542	1250157	59259
湖南 Hunan	6995	2509	608070	87051	24562	9651	1705514	71915
广东 Guangdong	2499	1131	376141	154624	116203	61537	6942617	60253
广西 Guangxi	2057	966	140886	72452	8592	4213	462129	53318
海南 Hainan	772	327	62687	71806	9321	5734	382185	41211
重庆 Chongqing	5438	2144	606873	111849	8328	4538	455686	56216
四川 Sichuan	4532	1923	505269	111674	33762	18200	1757279	52308
贵州 Guizhou	1172	414	136292	114142	17583	10449	739740	43595
云南 Yunnan	959	440	81994	87282	14907	7791	647079	43730
西藏 Tibet	38	4	3468	75391	2372	954	170930	72953
陕西 Shaanxi	2232	959	210532	93672	14994	7455	632591	42229
甘肃 Gansu	287	139	23595	81083	8882	3837	419695	46793
青海 Qinghai	133	48	10335	76556	1348	614	68637	52023
宁夏 Ningxia	485	140	55124	111917	395	161	24507	61268
新疆 Xinjiang	611	268	40009	66682	6142	3197	366379	57703

3-2 续表 47 continued

地 区 Region	居民服务业 Service to Households				机动车、电子产品和日用产品修理业 Repair of Motor Vehicle, Electronics and Household Products			
	年末人数（人）Year-end Figures (person)	#女 性 Female	工资总额（千元）Total Wages (1000 yuan)	平均工资（元）Average Wage (yuan)	年末人数（人）Year-end Figures (person)	#女 性 Female	工资总额（千元）Total Wages (1000 yuan)	平均工资（元）Average Wage (yuan)
全 国 National	**348788**	**178332**	**23556903**	**68068**	**116483**	**30902**	**8476597**	**72884**
北 京 Beijing	17909	9627	1583811	85147	12675	3332	1279833	97987
天 津 Tianjin	6951	3876	440510	60463	1524	374	82020	53318
河 北 Hebei	13862	3122	722982	52219	2337	674	120358	48327
山 西 Shanxi	2921	1514	135850	48003	1037	316	50192	46958
内蒙古 Inner Mongolia	4016	2064	167640	43611	458	104	20318	40596
辽 宁 Liaoning	10830	4080	606733	55491	2506	752	112598	46108
吉 林 Jilin	6327	3400	274928	43501	877	246	36546	41295
黑龙江 Heilongjiang	5674	2009	327601	57704	1148	403	31163	38409
上 海 Shanghai	49915	25289	4314248	86354	18730	4338	1881698	98813
江 苏 Jiangsu	23980	11640	1753029	75200	9267	2966	774485	83004
浙 江 Zhejiang	19712	10536	1503413	80588	3895	865	291851	74454
安 徽 Anhui	9479	4251	582222	63095	3854	1109	213664	57293
福 建 Fujian	25668	18620	1688804	65628	3995	1063	278082	75133
江 西 Jiangxi	4987	2920	273944	56126	1262	407	71389	55231
山 东 Shandong	15998	7083	913090	58299	4881	1389	348906	71214
河 南 Henan	13308	6489	709639	55095	4702	1327	238277	52127
湖 北 Hubei	10298	5572	641355	62358	3069	891	164997	54228
湖 南 Hunan	17104	6416	1361936	83029	1639	437	89346	55120
广 东 Guangdong	37766	21128	2674774	71200	17353	4594	1228182	71512
广 西 Guangxi	3574	1964	218803	60372	1500	378	75571	50834
海 南 Hainan	1565	920	91589	55433	940	305	45869	48972
重 庆 Chongqing	4227	2163	276548	66264	996	197	55000	54091
四 川 Sichuan	11947	6752	706078	59099	7340	1844	463963	63511
贵 州 Guizhou	6988	3451	380616	54935	1331	318	69279	53434
云 南 Yunnan	7365	4143	350667	46623	2821	761	124025	44061
西 藏 Tibet	941	543	68768	74521	1125	232	85405	77020
陕 西 Shaanxi	7215	4029	326070	45840	2599	627	119618	45454
甘 肃 Gansu	4443	2684	215250	48619	1174	285	47319	40397
青 海 Qinghai	617	326	29738	48249	340	81	13912	45686
宁 夏 Ningxia	321	136	19526	59896	16	2	924	57750
新 疆 Xinjiang	2879	1585	196741	67289	1095	286	61808	56674

3–2 续表 48 continued

地区	Region	其他服务业 Other Services 年末人数（人） Year-end Figures (person)	#女性 Female	工资总额（千元） Total Wages (1000 yuan)	平均工资（元） Average Wage (yuan)	教育 Education 年末人数（人） Year-end Figures (person)	#女性 Female	工资总额（千元） Total Wages (1000 yuan)	平均工资（元） Average Wage (yuan)
全国	**National**	**362832**	**201653**	**17834445**	**49696**	**19589257**	**12442604**	**2056584021**	**106474**
北京	Beijing	28118	16201	1535841	55079	580311	381535	113040493	196511
天津	Tianjin	54618	28374	3052404	54492	193203	128840	27858318	145253
河北	Hebei	6819	2922	201106	26849	829890	582209	70896314	86360
山西	Shanxi	6913	3668	383445	61593	547164	373446	42106381	78007
内蒙古	Inner Mongolia	1947	1072	79798	41156	360226	232928	32701806	91823
辽宁	Liaoning	2481	1196	119581	48235	527033	356738	49200423	94041
吉林	Jilin	11184	7061	394192	36348	358857	231354	30552934	85857
黑龙江	Heilongjiang	5587	2465	168907	32819	398007	252244	33832180	85176
上海	Shanghai	42269	23631	2279322	53575	380824	270559	66719511	173073
江苏	Jiangsu	19227	9558	1363672	72325	1087655	707092	152542372	141694
浙江	Zhejiang	18805	9093	920339	51500	909056	633813	127074638	141852
安徽	Anhui	6265	2554	283948	46263	659983	359849	69965281	107175
福建	Fujian	6325	3802	303465	51130	634856	407412	64695973	103820
江西	Jiangxi	3730	2202	125685	36278	616148	373668	52742655	87012
山东	Shandong	9602	5172	384064	41222	1291364	789022	135856615	106901
河南	Henan	11160	6857	417229	40245	1295711	857877	96767111	76442
湖北	Hubei	7611	4080	443805	57126	752529	422606	68884320	92526
湖南	Hunan	5820	2798	254232	44669	917396	574190	74202942	82230
广东	Guangdong	61085	35815	3039661	50257	1698428	1128118	222697748	132286
广西	Guangxi	3518	1871	167755	47167	767146	496653	61907253	82971
海南	Hainan	6816	4508	244726	36609	151683	89297	15032793	101164
重庆	Chongqing	3105	2178	124139	42574	413942	241996	48383500	119570
四川	Sichuan	14476	9605	587238	40944	1142356	689374	109155123	96949
贵州	Guizhou	9264	6680	289845	33149	579414	332362	53439061	94177
云南	Yunnan	4721	2888	172387	38644	684618	400889	69702821	104605
西藏	Tibet	306	178	16757	53820	51041	29268	7056517	140450
陕西	Shaanxi	5180	2799	186903	35701	649216	418770	54658659	85499
甘肃	Gansu	3265	868	157125	46618	407969	217537	37258157	92385
青海	Qinghai	391	208	24987	62703	84281	51174	9827482	118061
宁夏	Ningxia	58	23	4057	69948	103247	66140	10543837	104402
新疆	Xinjiang	2169	1326	107831	46180	515704	345646	47280801	92345

3-2 续表 49 continued

地 区 Region	卫生和社会工作 Health and Social Service				卫 生 Health			
	年末人数(人) Year-end Figures (person)	#女 性 Female	工资总额(千元) Total Wages (1000 yuan)	平均工资(元) Average Wage (yuan)	年末人数(人) Year-end Figures (person)	#女 性 Female	工资总额(千元) Total Wages (1000 yuan)	平均工资(元) Average Wage (yuan)
全 国 National	**10518574**	**7274470**	**1196680908**	**115449**	**10053295**	**6965957**	**1167709457**	**117896**
北 京 Beijing	315917	224642	62586326	201025	294431	210745	60729522	209355
天 津 Tianjin	116800	82274	17308018	150657	111635	78812	16997155	154843
河 北 Hebei	452852	315364	35342673	78829	442370	308655	34807217	79512
山 西 Shanxi	261300	183638	19345870	75370	251936	177883	18962731	76638
内蒙古 Inner Mongolia	194563	132435	16520271	85734	188090	128477	16166304	86773
辽 宁 Liaoning	333000	238219	28018503	84506	318852	228921	27396759	86305
吉 林 Jilin	212493	146768	18064821	85195	202073	140328	17634868	87453
黑龙江 Heilongjiang	264625	179964	20195065	76562	255492	174701	19776956	77650
上 海 Shanghai	296248	214769	56197071	193028	230319	166490	51507063	228199
江 苏 Jiangsu	598973	409389	83467487	140575	561258	383071	81020123	145645
浙 江 Zhejiang	532016	370940	85462763	164473	504264	351412	83620154	169855
安 徽 Anhui	350961	230090	40082668	115979	339824	223485	39543984	118159
福 建 Fujian	264891	183333	33394067	127830	257768	178742	32918223	129498
江 西 Jiangxi	284269	193178	29038273	103695	275088	187590	28588630	105525
山 东 Shandong	730084	504098	76844577	106272	707662	489916	75633346	107863
河 南 Henan	690279	455389	55771085	82555	671277	444331	54917934	83580
湖 北 Hubei	442145	297640	42043219	95982	424602	286509	41174892	97915
湖 南 Hunan	465429	321125	49365445	107458	448197	310300	48353706	109338
广 东 Guangdong	905652	621512	143023236	160600	852693	584156	138432140	165201
广 西 Guangxi	380881	268974	39468510	105839	372618	262974	39019878	106968
海 南 Hainan	76166	51699	7944608	105694	74735	50786	7853740	106482
重 庆 Chongqing	215085	150518	27746429	131163	207257	145503	27247511	133684
四 川 Sichuan	621819	427590	68409345	111990	596960	411828	67065410	114417
贵 州 Guizhou	277785	190391	28642545	105109	270433	185953	28230531	106420
云 南 Yunnan	335750	246317	33199228	101348	327832	241238	32694156	102265
西 藏 Tibet	18623	12146	2335667	128525	17896	11638	2276000	130449
陕 西 Shaanxi	338107	240130	27149874	81302	322173	230235	26377725	82881
甘 肃 Gansu	192688	134311	15512839	81533	188025	131403	15255328	82195
青 海 Qinghai	55101	38106	5683888	105119	53296	36952	5579966	106618
宁 夏 Ningxia	55596	40415	6263280	113963	53742	39184	6134031	115531
新 疆 Xinjiang	238478	169106	22253255	95037	230499	163739	21793473	96366

3-2 续表 50 continued

地 区 Region	社会工作 Social Service				文化、体育和娱乐业 Culture, Sports and Entertainment			
	年末人数(人) Year-end Figures (person)	#女 性 Female	工资总额(千元) Total Wages (1000 yuan)	平均工资(元) Average Wage (yuan)	年末人数(人) Year-end Figures (person)	#女 性 Female	工资总额(千元) Total Wages (1000 yuan)	平均工资(元) Average Wage (yuan)
全 国 National	**465279**	**308513**	**28971451**	**62865**	**1495133**	**736308**	**167003518**	**112081**
北 京 Beijing	21486	13897	1856803	87351	179481	95070	39313806	221193
天 津 Tianjin	5165	3462	310864	60798	17375	8702	2484391	143036
河 北 Hebei	10483	6709	535456	50598	52424	24994	4026332	77217
山 西 Shanxi	9364	5755	383138	41430	45820	23015	2744223	60412
内蒙古 Inner Mongolia	6473	3958	353967	55436	31804	15797	2592071	81138
辽 宁 Liaoning	14148	9298	621744	44045	43979	20711	3902693	87366
吉 林 Jilin	10420	6440	429953	41372	29596	14219	1987914	67641
黑龙江 Heilongjiang	9134	5262	418109	46052	24908	11412	1605283	64342
上 海 Shanghai	65929	48279	4690009	71688	60374	32090	10589584	174370
江 苏 Jiangsu	37715	26317	2447365	65310	89462	44380	10531922	117081
浙 江 Zhejiang	27752	19528	1842609	67467	78510	40471	9662425	125984
安 徽 Anhui	11137	6604	538684	49264	34653	15915	2750388	79224
福 建 Fujian	7123	4591	475844	67593	41750	20112	3851038	93079
江 西 Jiangxi	9182	5588	449642	49327	32808	15719	2640514	80903
山 东 Shandong	22423	14181	1211231	55325	75327	34876	7281142	96490
河 南 Henan	19002	11058	853150	46141	75477	35812	5585047	74843
湖 北 Hubei	17543	11131	868327	49573	61157	29355	5391265	88357
湖 南 Hunan	17232	10826	1011740	58996	61731	29588	6175741	100019
广 东 Guangdong	52958	37356	4591097	87294	124939	60125	16578745	133576
广 西 Guangxi	8263	6001	448632	55194	29090	14555	2241380	77581
海 南 Hainan	1430	913	90868	64439	15636	7140	1164843	80492
重 庆 Chongqing	7828	5015	498918	64615	27463	13522	2373770	86261
四 川 Sichuan	24859	15762	1343934	54399	63279	31526	5280101	84292
贵 州 Guizhou	7352	4438	412015	56994	23556	11110	2095368	85191
云 南 Yunnan	7917	5079	505072	64132	37623	18920	3461591	91621
西 藏 Tibet	727	509	59667	82257	6541	3040	702968	108769
陕 西 Shaanxi	15935	9895	772149	49248	55884	27918	3826641	68473
甘 肃 Gansu	4662	2908	257511	55199	28982	14008	2091002	71080
青 海 Qinghai	1805	1155	103922	59903	8324	4007	706153	85283
宁 夏 Ningxia	1854	1231	129250	69321	9923	4970	911990	90726
新 疆 Xinjiang	7979	5367	459782	57465	27256	13231	2453187	89779

3-2 续表 51 continued

地 区 Region	新闻和出版业 Journalism and Publishing Activities				广播、电视、电影和影视录音制作业 Radio, Television, Motion Picture and Videotape Programme Production Services			
	年末人数(人) Year-end Figures (person)	#女性 Female	工资总额(千元) Total Wages (1000 yuan)	平均工资(元) Average Wage (yuan)	年末人数(人) Year-end Figures (person)	#女性 Female	工资总额(千元) Total Wages (1000 yuan)	平均工资(元) Average Wage (yuan)
全 国 National	**291055**	**147331**	**41340645**	**141941**	**389196**	**180163**	**46665766**	**121576**
北 京 Beijing	68837	39063	14958877	218085	44709	22109	13358237	295051
天 津 Tianjin	3857	1928	492208	127993	3531	1834	532247	152560
河 北 Hebei	10146	4572	952411	93592	17277	7948	1331370	77243
山 西 Shanxi	8141	4356	567780	69983	11472	5433	760772	65981
内蒙古 Inner Mongolia	5339	2904	439498	82829	8337	3867	779661	92839
辽 宁 Liaoning	10841	5198	916786	82546	13118	5844	984350	74456
吉 林 Jilin	4486	2239	325721	71913	10089	4662	657867	65172
黑龙江 Heilongjiang	5924	2610	392397	65020	6041	2469	366219	59781
上 海 Shanghai	8701	4782	1905800	218970	10343	5275	1992954	188695
江 苏 Jiangsu	14338	7084	2190589	153865	21006	9390	2186864	104479
浙 江 Zhejiang	10503	5516	1925645	178928	31858	16036	3568825	121566
安 徽 Anhui	6986	3065	709092	100758	10252	4279	734266	72050
福 建 Fujian	5916	2617	826084	139804	10808	4948	1060845	102967
江 西 Jiangxi	7000	3219	830993	119284	8469	3682	624794	75341
山 东 Shandong	12291	5719	1426920	115675	25011	11369	2580992	103671
河 南 Henan	14824	7441	1352328	90196	20821	9082	1349235	65402
湖 北 Hubei	11321	5546	1260741	111983	13934	6265	1336635	95679
湖 南 Hunan	7942	3610	928330	116010	19267	8624	3085258	161749
广 东 Guangdong	17225	7839	2907333	169098	29952	13299	3212595	113129
广 西 Guangxi	6663	3389	695632	105219	4280	1849	231689	59668
海 南 Hainan	3381	1573	346372	102909	4542	2137	336370	92163
重 庆 Chongqing	5256	2588	585128	112217	5143	2446	550493	107950
四 川 Sichuan	10539	5165	1204229	114951	15499	7245	1191851	77469
贵 州 Guizhou	4778	2339	475545	100031	4740	2117	461873	95961
云 南 Yunnan	5603	2695	692192	125231	8635	4114	828280	95052
西 藏 Tibet	429	240	54773	128286	1658	739	194457	118095
陕 西 Shaanxi	6819	3513	673188	98980	9898	4385	673845	68509
甘 肃 Gansu	4183	1942	399587	95200	6100	2920	466346	73898
青 海 Qinghai	1247	634	118719	95433	1174	551	111872	95372
宁 夏 Ningxia	1789	886	225396	126520	2471	1159	268384	107871
新 疆 Xinjiang	5749	3060	560349	97454	8763	4085	846320	95408

3–2 续表 52 continued

地 区 Region	文化艺术业 Cultural and Art Activities				体 育 Sports Activities			
	年末人数（人）Year-end Figures (person)	#女 性 Female	工资总额（千元）Total Wages (1000 yuan)	平均工资（元）Average Wage (yuan)	年末人数（人）Year-end Figures (person)	#女 性 Female	工资总额（千元）Total Wages (1000 yuan)	平均工资（元）Average Wage (yuan)
全 国 National	**489999**	**257426**	**44971482**	**91828**	**135614**	**58730**	**19015363**	**142152**
北 京 Beijing	34350	18836	5627723	163920	15693	6670	2862607	180289
天 津 Tianjin	6307	3338	694012	107862	2272	879	638832	280574
河 北 Hebei	18427	9699	1226199	66324	4081	1684	379694	105207
山 西 Shanxi	21844	11241	1115140	51782	2027	790	179448	99691
内蒙古 Inner Mongolia	14735	7661	1145584	77776	1622	579	109625	68312
辽 宁 Liaoning	12168	6111	851320	70144	2331	950	775795	332942
吉 林 Jilin	9937	5386	680480	68117	3730	1336	247211	74133
黑龙江 Heilongjiang	9258	4887	625724	67203	2179	770	147697	68683
上 海 Shanghai	15568	8794	2388278	153569	9985	4732	2474324	249260
江 苏 Jiangsu	30309	16756	3645390	120630	8541	3745	1326554	156018
浙 江 Zhejiang	23878	13537	2898188	119293	6117	2597	730236	119979
安 徽 Anhui	11636	5807	934333	79881	1697	744	123713	72854
福 建 Fujian	14096	7547	1192951	85697	5879	2448	437674	73280
江 西 Jiangxi	11018	5844	827809	74915	1659	679	118483	71745
山 东 Shandong	23023	11202	2057096	89493	5889	2294	625546	108493
河 南 Henan	27453	13366	1730571	64283	4294	1676	743428	179546
湖 北 Hubei	22208	11131	1792885	80915	3882	1474	313102	81445
湖 南 Hunan	20091	10173	1280623	63792	4154	1788	287768	69735
广 东 Guangdong	27244	14711	3402932	125641	24658	12232	4791224	195788
广 西 Guangxi	12346	6650	927421	74876	3226	1494	232767	69613
海 南 Hainan	2901	1265	218756	75005	2727	1405	125969	51122
重 庆 Chongqing	9189	4871	803291	88176	2111	940	128604	60960
四 川 Sichuan	24380	13334	2036336	84114	4340	1841	278840	66468
贵 州 Guizhou	8876	4193	754499	81192	2447	937	230333	90017
云 南 Yunnan	14458	7892	1383968	95277	3668	1567	275053	74943
西 藏 Tibet	3313	1608	348971	107200	170	68	20696	130164
陕 西 Shaanxi	30350	15830	1991077	65472	2562	1053	155931	60569
甘 肃 Gansu	14658	7416	1023954	69447	1205	469	69017	59185
青 海 Qinghai	2672	1410	247417	93137	892	334	74706	84701
宁 夏 Ningxia	3538	1964	297947	84113	450	216	24717	57215
新 疆 Xinjiang	9765	4966	820604	83983	1128	338	85773	82285

3-2 续表 53 continued

地区 Region	娱乐业 Entertainment				公共管理、社会保障和社会组织 Public Management, Social Security and Social Organization			
	年末人数（人） Year-end Figures (person)	#女性 Female	工资总额（千元） Total Wages (1000 yuan)	平均工资（元） Average Wage (yuan)	年末人数（人） Year-end Figures (person)	#女性 Female	工资总额（千元） Total Wages (1000 yuan)	平均工资（元） Average Wage (yuan)
全 国 National	**189268**	**92659**	**15010262**	**78414**	**19721827**	**6639840**	**2052230827**	**104487**
北 京 Beijing	15892	8393	2506362	183493	397448	166879	71517104	180110
天 津 Tianjin	1408	723	127092	96027	173298	55434	24133090	141405
河 北 Hebei	2493	1091	136659	51886	974761	324899	72292759	74568
山 西 Shanxi	2335	1195	121082	49492	637639	230098	44853399	70356
内蒙古 Inner Mongolia	1771	787	117702	61674	582220	205424	46441123	79423
辽 宁 Liaoning	5522	2607	374442	63717	679049	244987	53591003	78852
吉 林 Jilin	1354	595	76635	53180	383720	127906	29345054	76135
黑龙江 Heilongjiang	1505	675	73246	55210	476960	162429	37162541	77808
上 海 Shanghai	15777	8507	1828227	114359	199978	78575	37532772	188371
江 苏 Jiangsu	15267	7404	1182525	73615	890015	277133	138820604	156447
浙 江 Zhejiang	6155	2785	539531	87084	828567	268810	138240478	167848
安 徽 Anhui	4082	2021	248984	60827	595669	178592	61154170	103215
福 建 Fujian	5051	2553	333484	63294	518396	173117	60849305	117688
江 西 Jiangxi	4662	2295	238435	50978	621667	192946	59742592	96820
山 东 Shandong	9114	4291	590588	62321	1364727	434337	137483314	101467
河 南 Henan	8084	4246	409484	51578	1212055	396177	93235507	77985
湖 北 Hubei	9812	4939	687903	70292	761819	246204	76302502	99649
湖 南 Hunan	10277	5393	593763	56725	892571	257674	73769314	82535
广 东 Guangdong	25860	12044	2264660	83976	1493749	487923	230174623	153490
广 西 Guangxi	2575	1173	153871	57704	592380	222678	52403445	89130
海 南 Hainan	2085	760	137376	66192	148692	44561	13872968	93913
重 庆 Chongqing	5764	2677	306255	51171	392974	136200	44978381	115664
四 川 Sichuan	8522	3941	568845	67921	1114692	403229	116810378	106167
贵 州 Guizhou	2715	1524	173118	54482	740300	251839	63914231	87335
云 南 Yunnan	5259	2652	282099	52782	666019	233330	69714131	105153
西 藏 Tibet	971	385	84070	86223	147948	54949	20716687	141391
陕 西 Shaanxi	6254	3136	332600	53109	614510	206711	47318843	77163
甘 肃 Gansu	2836	1260	132098	44047	516582	185353	45021830	87459
青 海 Qinghai	2340	1078	153439	66005	151558	60457	16735613	110955
宁 夏 Ningxia	1675	745	95546	52833	117203	47217	11386348	97761
新 疆 Xinjiang	1850	781	140141	74112	834662	283771	62716715	75477

3-2 续表 54 continued

地区 Region	中国共产党机关 Organs of Communist Party of China 年末人数(人) Year-end Figures (person)	#女性 Female	工资总额(千元) Total Wages (1000 yuan)	平均工资(元) Average Wage (yuan)	国家机构 Government Agencies 年末人数(人) Year-end Figures (person)	#女性 Female	工资总额(千元) Total Wages (1000 yuan)	平均工资(元) Average Wage (yuan)
全国 National	**915955**	**292798**	**106215268**	**117505**	**18352674**	**6128320**	**1898506609**	**103822**
北京 Beijing	13583	4433	2516911	186247	371054	155379	66981200	180650
天津 Tianjin	7838	2546	1318695	169239	161652	51084	22209470	139646
河北 Hebei	45122	13307	3746261	83989	907609	302432	66824653	74005
山西 Shanxi	34767	12015	2825260	82119	583880	208157	40684357	69649
内蒙古 Inner Mongolia	31805	10933	2826532	89628	531333	184378	41739030	78109
辽宁 Liaoning	30192	10825	2639688	88190	631402	225251	49631667	78498
吉林 Jilin	14488	4770	1191063	83392	360588	118741	27503173	75872
黑龙江 Heilongjiang	24112	8405	1841085	77623	441301	148173	34500856	78005
上海 Shanghai	6244	3009	1279413	209858	186562	71282	35150676	189032
江苏 Jiangsu	46148	12809	8549884	187453	824874	255459	127233320	154610
浙江 Zhejiang	27878	8844	5478796	203055	785422	252552	129882426	166221
安徽 Anhui	28009	7373	3171676	114227	553584	165317	56426290	102459
福建 Fujian	31816	9901	4180384	131316	473184	156327	55139855	116864
江西 Jiangxi	24353	6265	2750061	113173	583109	179921	55611458	96097
山东 Shandong	62324	17529	7718162	126319	1280618	407547	127296054	100050
河南 Henan	52803	16132	4529501	88663	1134960	369261	86841873	77492
湖北 Hubei	35525	10061	4146175	117718	707764	227636	70335788	98779
湖南 Hunan	42990	12426	3926757	92186	824514	234380	67780028	82043
广东 Guangdong	53023	17272	9213262	176259	1417127	458631	217194917	152537
广西 Guangxi	31000	11857	2943748	95927	544992	202283	48122782	88973
海南 Hainan	6460	1857	719642	112738	139095	41245	12848025	92962
重庆 Chongqing	16725	5977	2210165	133348	368218	126162	41891974	115001
四川 Sichuan	60680	21492	7033027	118193	1027968	368795	107024355	105458
贵州 Guizhou	27067	8503	2717551	102170	700260	237380	60095371	86790
云南 Yunnan	40134	14224	5048474	126513	603680	208277	62143483	103405
西藏 Tibet	10857	3955	1600220	149139	134573	49859	18722026	140452
陕西 Shaanxi	31085	9310	2628989	84705	564054	188128	43245870	76829
甘肃 Gansu	25712	7724	2364884	93224	478436	172106	41584760	87182
青海 Qinghai	6928	2614	896856	132356	140294	55724	15342114	109810
宁夏 Ningxia	5270	1806	617190	119311	108147	43384	10376556	96508
新疆 Xinjiang	41018	14623	3584957	88433	782419	263068	58142202	74611

3-2 续表 55 continued

地 区 Region	人民政协、民主党派 People's Political Consultative Conference and Democratic Parties				社会保障 Social Security			
	年末人数(人) Year-end Figures (person)	#女 性 Female	工资总额(千元) Total Wages (1000 yuan)	平均工资(元) Average Wage (yuan)	年末人数(人) Year-end Figures (person)	#女 性 Female	工资总额(千元) Total Wages (1000 yuan)	平均工资(元) Average Wage (yuan)
全 国 National	**106241**	**31551**	**14465919**	**136726**	**153296**	**85619**	**13455294**	**88235**
北 京 Beijing	2244	881	440522	197935	1397	876	222732	158748
天 津 Tianjin	684	239	118515	173351	1756	859	306382	171653
河 北 Hebei	5008	1456	496907	100429	6320	3475	458379	73166
山 西 Shanxi	3809	1234	348287	91631	9007	5228	580482	64501
内蒙古 Inner Mongolia	3496	1074	363718	103499	5268	2910	379681	72569
辽 宁 Liaoning	3550	1319	356950	100545	8147	4424	512678	62809
吉 林 Jilin	2110	688	235019	110505	3884	2179	230251	58876
黑龙江 Heilongjiang	2488	781	229793	92956	5528	3198	342891	62251
上 海 Shanghai	789	392	188545	241106	4120	2486	543205	130943
江 苏 Jiangsu	4591	1304	1012552	221930	7252	4199	913640	127691
浙 江 Zhejiang	4171	1302	1075001	258445	4699	2683	672947	144768
安 徽 Anhui	3691	896	479513	130906	3750	1947	363979	97605
福 建 Fujian	3058	1061	465337	152243	4375	2591	418432	95797
江 西 Jiangxi	3374	1012	415656	125204	6045	3460	484133	80976
山 东 Shandong	5551	1335	795262	143158	5269	2687	519966	100285
河 南 Henan	5442	1526	499382	94510	10843	5375	725781	68055
湖 北 Hubei	4568	1049	604450	132350	7995	4251	649523	81821
湖 南 Hunan	4649	1287	472932	102264	8919	4438	667089	75144
广 东 Guangdong	4826	1622	1062641	219780	6150	3361	891986	147251
广 西 Guangxi	3603	1269	437072	120520	6271	3772	434772	69248
海 南 Hainan	528	169	69743	134508	655	353	44787	68580
重 庆 Chongqing	2114	623	305981	144888	2529	1464	240365	95163
四 川 Sichuan	7647	2304	1020780	134154	8502	5011	752114	89259
贵 州 Guizhou	3641	1027	437982	119923	1068	615	90361	86038
云 南 Yunnan	6384	1960	905261	142782	6532	3891	665399	101652
西 藏 Tibet	1218	396	211978	175432	109	68	14493	138029
陕 西 Shaanxi	4035	1131	379096	94492	7749	4236	508592	65611
甘 肃 Gansu	4222	881	436811	103683	3121	1748	257089	82152
青 海 Qinghai	1391	405	209479	147277	897	603	84650	97473
宁 夏 Ningxia	1088	354	151083	139711	689	449	69249	99786
新 疆 Xinjiang	2273	571	239671	105280	4448	2781	409267	91979

3-2 续表 56 continued

地 区 Region	群众团体、社会团体和其他成员组织 Non-Governmental Organizations, Social Organizations and Membership Organizations			
	年末人数（人）Year-end Figures (person)	#女 性 Female	工资总额（千元）Total Wages (1000 yuan)	平均工资（元）Average Wage (yuan)
全 国 National	**191105**	**100265**	**19490185**	**102615**
北 京 Beijing	9171	5311	1355738	148112
天 津 Tianjin	1286	695	177574	138228
河 北 Hebei	10702	4228	766559	71665
山 西 Shanxi	6176	3465	415014	67160
内蒙古 Inner Mongolia	10316	6127	1132152	112286
辽 宁 Liaoning	5758	3167	450021	78509
吉 林 Jilin	2513	1411	181378	73136
黑龙江 Heilongjiang	3497	1847	247231	68574
上 海 Shanghai	2263	1406	370933	163332
江 苏 Jiangsu	7092	3329	1107086	157754
浙 江 Zhejiang	6305	3382	1123402	177280
安 徽 Anhui	6469	2965	704501	109339
福 建 Fujian	5962	3238	645298	108487
江 西 Jiangxi	4733	2265	479259	102069
山 东 Shandong	10895	5187	1150811	107348
河 南 Henan	7915	3848	636389	81811
湖 北 Hubei	5882	3156	562722	96199
湖 南 Hunan	11362	5111	912636	80081
广 东 Guangdong	12536	7010	1806811	144872
广 西 Guangxi	6514	3497	465071	71741
海 南 Hainan	1956	938	190771	97344
重 庆 Chongqing	3387	1973	329896	97518
四 川 Sichuan	9894	5627	980102	99385
贵 州 Guizhou	8265	4314	572965	70705
云 南 Yunnan	9223	4960	948130	103692
西 藏 Tibet	1192	671	167970	142502
陕 西 Shaanxi	7054	3773	544829	77650
甘 肃 Gansu	4286	2324	352395	82455
青 海 Qinghai	2048	1110	202514	98770
宁 夏 Ningxia	2009	1224	172270	85995
新 疆 Xinjiang	4444	2708	337756	77937

3-3 各地区分行业城镇非私营单位在岗职工人数和工资(2020年) ON-POST STAFF AND WORKERS AND WAGES IN URBAN NON-PRIVATE UNITS BY SECTOR AND REGION(2020)

地区 Region	总计 Total		农、林、牧、渔业 Agriculture, Forestry, Animal Husbandry and Fishery		采矿业 Mining		制造业 Manufacturing	
	年末人数(人) Year-end Figures (person)	平均工资(元) Average Wage (yuan)	年末人数(人) Year-end Figures (person)	平均工资(元) Average Wage (yuan)	年末人数(人) Year-end Figures (person)	平均工资(元) Average Wage (yuan)	年末人数(人) Year-end Figures (person)	平均工资(元) Average Wage (yuan)
全　国 National	**158871893**	**100512**	**765518**	**50900**	**3444873**	**97875**	**37431562**	**82784**
北　京 Beijing	6874222	185026	11740	84741	30398	137458	586095	147858
天　津 Tianjin	2357747	118918	2242	80118	55965	144748	640938	97943
河　北 Hebei	5250960	79964	24246	33960	158279	87353	970993	72596
山　西 Shanxi	4166711	77364	12057	50394	816056	86678	570797	65848
内蒙古 Inner Mongolia	2564803	87916	74324	65662	111793	134369	308552	81713
辽　宁 Liaoning	4466590	82223	70941	20951	184869	83771	1006204	77380
吉　林 Jilin	2380375	81050	45011	50757	69365	75100	436837	86860
黑龙江 Heilongjiang	2858559	78972	167893	38920	233737	91762	272533	75352
上　海 Shanghai	6044947	174678	7019	89240	1197	307710	1272164	135805
江　苏 Jiangsu	12634556	106034	20465	53807	47567	112649	4451496	91725
浙　江 Zhejiang	9663903	111722	5531	86023	4473	82921	3044810	85081
安　徽 Anhui	5087712	89381	20524	58170	133746	107995	1247454	76236
福　建 Fujian	5501314	91072	9600	65693	15857	57610	1593521	75846
江　西 Jiangxi	4122577	80503	22145	53313	27984	67357	1075511	66502
山　东 Shandong	10277662	90661	12574	67515	275502	105919	2702088	75116
河　南 Henan	9219224	71351	20864	50995	271444	76917	2130759	59072
湖　北 Hubei	5878127	87782	16404	48537	23723	103524	1275799	75428
湖　南 Hunan	5542400	82356	16313	54879	43712	61915	947405	75745
广　东 Guangdong	19889147	110324	20815	64916	14106	178637	8106253	83145
广　西 Guangxi	3793628	86111	23006	63778	7332	69680	497681	73000
海　南 Hainan	1008975	89642	42429	52113	4700	79153	70599	77300
重　庆 Chongqing	3365042	98380	3694	66407	29679	74640	653533	80901
四　川 Sichuan	7992379	91928	21769	69559	133321	106025	1379001	78597
贵　州 Guizhou	3033560	94276	8352	60988	119354	75655	281999	86175
云　南 Yunnan	3273232	98287	20990	53828	55782	80803	380405	83120
西　藏 Tibet	388442	126226	2062	61239	6457	119491	16856	86315
陕　西 Shaanxi	4510171	87054	15212	64719	278008	110667	738882	78766
甘　肃 Gansu	2385913	83392	17064	59796	69440	105133	270144	78111
青　海 Qinghai	636172	104157	7335	51907	26607	150398	85524	76978
宁　夏 Ningxia	648691	101827	5652	50412	61364	138862	92466	78589
新　疆 Xinjiang	3054152	88782	17247	63970	133057	148570	324263	79054

3-3 续表 1 continued

地 区	Region	电力、热力、燃气及水生产和供应业 Production and Supply of Electricity, Heat, Gas and Water		建筑业 Construction		批发和零售业 Wholesale and Retail Trades		交通运输、仓储和邮政业 Transport, Storage and Post	
		年末人数（人）Year-end Figures (person)	平均工资（元）Average Wage (yuan)	年末人数（人）Year-end Figures (person)	平均工资（元）Average Wage (yuan)	年末人数（人）Year-end Figures (person)	平均工资（元）Average Wage (yuan)	年末人数（人）Year-end Figures (person)	平均工资（元）Average Wage (yuan)
全 国	**National**	**3706818**	**118341**	**18750087**	**71390**	**7592018**	**96862**	**7917912**	**101684**
北 京	Beijing	93905	188444	443180	135708	507961	167888	548425	123457
天 津	Tianjin	40562	168439	208625	102993	177476	93356	145215	107111
河 北	Hebei	177114	113085	357480	65252	200949	59991	264210	90981
山 西	Shanxi	151807	93912	266073	67623	132778	64089	228335	96110
内蒙古	Inner Mongolia	159066	114371	98259	55739	76755	72499	193575	96654
辽 宁	Liaoning	150113	86617	258582	64987	171249	64914	301509	91104
吉 林	Jilin	93641	93717	119654	60241	90871	64450	163239	82410
黑龙江	Heilongjiang	131954	89427	131252	53828	103360	64378	229860	89804
上 海	Shanghai	33875	233567	263891	131744	831111	181753	463000	144645
江 苏	Jiangsu	141935	153592	2587241	73408	564921	97956	441246	102447
浙 江	Zhejiang	127455	157401	1846314	66446	396976	106986	343827	111997
安 徽	Anhui	100823	123639	772618	68561	228513	68777	200443	88893
福 建	Fujian	100434	129474	1117402	68481	228379	86686	223595	98433
江 西	Jiangxi	82525	95474	611661	61194	153197	67474	180583	90426
山 东	Shandong	280309	115499	1255923	74141	434451	67601	466283	95532
河 南	Henan	235087	95245	1316092	59336	345046	59802	411694	78850
湖 北	Hubei	142995	124423	898504	72174	301258	67446	281610	92386
湖 南	Hunan	151273	103426	841330	60225	223574	65465	248923	88178
广 东	Guangdong	266980	151225	1145719	79340	1024216	95098	807930	112794
广 西	Guangxi	113614	107457	592443	67749	124374	71175	174377	95435
海 南	Hainan	20885	114821	48158	50917	63904	78505	74148	91303
重 庆	Chongqing	61173	98846	586731	64879	186804	78221	206460	92155
四 川	Sichuan	227332	116347	1296300	65372	310585	77069	339140	97804
贵 州	Guizhou	91390	122687	378532	78806	120148	80592	128871	95000
云 南	Yunnan	111379	113100	267966	69054	133750	85913	158605	101054
西 藏	Tibet	11063	106531	28646	72942	23823	89477	20300	122445
陕 西	Shaanxi	128031	113773	474124	73885	210876	64242	280346	94032
甘 肃	Gansu	104258	91668	256616	57734	81466	59521	129610	91239
青 海	Qinghai	22184	114790	38972	87628	21599	75530	50376	110255
宁 夏	Ningxia	41153	124870	28785	69113	22657	60594	36838	93559
新 疆	Xinjiang	112503	111671	213015	72083	98988	76298	175339	107506

3-3 续表 2 continued

地 区 Region	住宿和餐饮业 Hotels and Catering Services		信息传输、软件和信息技术服务业 Information Transmission, Software and Information Technology		金融业 Financial Intermediation		房地产业 Real Estate	
	年末人数(人) Year-end Figures (person)	平均工资(元) Average Wage (yuan)	年末人数(人) Year-end Figures (person)	平均工资(元) Average Wage (yuan)	年末人数(人) Year-end Figures (person)	平均工资(元) Average Wage (yuan)	年末人数(人) Year-end Figures (person)	平均工资(元) Average Wage (yuan)
全 国 National	**2234130**	**53057**	**4730047**	**180062**	**5264852**	**189694**	**5022812**	**85413**
北 京 Beijing	192390	72191	903586	261719	412841	364078	427536	118777
天 津 Tianjin	35618	55645	68290	147074	103517	212423	84857	99566
河 北 Hebei	41514	44049	103273	100636	217468	123505	112414	68318
山 西 Shanxi	32865	38325	50740	92216	141545	117023	55424	64955
内蒙古 Inner Mongolia	23450	44827	44846	105928	132613	119105	52462	54789
辽 宁 Liaoning	38874	47093	135172	114574	204263	120003	114348	66800
吉 林 Jilin	18507	40608	43890	82209	133335	110394	51458	56513
黑龙江 Heilongjiang	12632	40699	83550	81449	107074	111428	45501	55652
上 海 Shanghai	188051	72477	441149	270447	258860	365006	254111	122971
江 苏 Jiangsu	170770	55527	315778	165648	280350	202807	281033	89702
浙 江 Zhejiang	131012	58816	279077	237764	297858	206095	269138	94310
安 徽 Anhui	56973	45185	88511	106004	153037	137099	150783	75884
福 建 Fujian	82831	46850	102089	132296	135737	177525	163888	85951
江 西 Jiangxi	34443	42556	50628	98222	109541	131839	95727	73783
山 东 Shandong	107298	48272	197534	105640	343710	138976	264674	76425
河 南 Henan	74775	43753	144305	94566	246277	130834	282703	65155
湖 北 Hubei	71766	47628	161504	115207	159937	134131	181690	73513
湖 南 Hunan	60239	40685	82269	108840	166930	147727	155837	72308
广 东 Guangdong	352598	53432	727722	195428	560406	256997	881992	95481
广 西 Guangxi	40091	39514	54174	106078	123782	146503	91474	81957
海 南 Hainan	50547	55436	23108	151446	49915	161292	80909	76371
重 庆 Chongqing	39110	46557	58380	137513	156843	198794	145168	83660
四 川 Sichuan	157290	46206	234010	129549	207740	155653	288054	74761
贵 州 Guizhou	26143	45728	44801	112948	95983	179916	102186	71632
云 南 Yunnan	47481	43377	50961	106979	95678	161928	96153	71318
西 藏 Tibet	8004	58939	10843	144720	10839	224096	5815	78102
陕 西 Shaanxi	80765	42213	139007	160404	134869	152263	133463	71072
甘 肃 Gansu	28037	41276	35001	86386	89631	103589	62134	53577
青 海 Qinghai	4537	48416	9395	125927	26209	128294	14619	55474
宁 夏 Ningxia	3775	42237	7493	122834	29157	136211	15005	68422
新 疆 Xinjiang	21742	49069	38963	109254	78907	155112	62257	59155

3-3 续表 3 continued

地 区 Region	租赁和商务服务业 Leasing and Business Services		科学研究和技术服务业 Scientific Research and Technical Services		水利、环境和公共设施管理业 Management of Water Conservancy,Environment and Public Facilities		居民服务、修理和其他服务业 Service to Households, Repair and Other Services	
	年末人数(人) Year-end Figures (person)	平均工资(元) Average Wage (yuan)	年末人数(人) Year-end Figures (person)	平均工资(元) Average Wage (yuan)	年末人数(人) Year-end Figures (person)	平均工资(元) Average Wage (yuan)	年末人数(人) Year-end Figures (person)	平均工资(元) Average Wage (yuan)
全 国 National	**6008541**	**94241**	**4131185**	**141935**	**2179691**	**68425**	**779913**	**61816**
北 京 Beijing	601191	153202	551758	204590	111722	115720	56176	74377
天 津 Tianjin	116413	92459	107383	172567	29223	105116	62284	55245
河 北 Hebei	147960	54628	143724	101866	82629	46345	22053	44383
山 西 Shanxi	110455	54919	76269	84836	69285	40974	9936	58880
内蒙古 Inner Mongolia	52286	63343	61392	87556	40551	55130	6255	42801
辽 宁 Liaoning	138974	55190	98374	106131	70735	51278	15061	54151
吉 林 Jilin	47981	57570	69485	92220	45059	45397	15431	41343
黑龙江 Heilongjiang	117267	88285	53613	92820	49588	49318	11588	46550
上 海 Shanghai	651375	178965	307392	217884	96692	105095	97466	79943
江 苏 Jiangsu	383181	81975	256456	144647	123197	85439	48887	77733
浙 江 Zhejiang	352210	83170	188190	166614	104685	91425	40659	68199
安 徽 Anhui	182478	62052	104608	106216	59752	58790	18817	57143
福 建 Fujian	170755	68637	80872	130546	69265	68329	34748	64316
江 西 Jiangxi	69500	63058	68076	104139	49607	43108	9609	49710
山 东 Shandong	224131	75989	199062	113452	131218	57469	28960	55819
河 南 Henan	230558	53854	176402	87595	126624	53479	27442	50087
湖 北 Hubei	182095	70468	163196	125896	78179	78785	18752	60502
湖 南 Hunan	124674	65386	126273	101370	86478	62833	24005	72723
广 东 Guangdong	1090169	94883	465946	160400	196852	77802	110945	61046
广 西 Guangxi	115482	68018	82429	107411	67827	58995	7929	55623
海 南 Hainan	30785	76295	24209	102190	41877	50554	9136	41262
重 庆 Chongqing	115967	62060	74080	138073	36233	77415	7756	57294
四 川 Sichuan	271648	62469	197024	131179	95946	63542	31350	53321
贵 州 Guizhou	68190	66483	52645	105883	47429	57111	17019	43718
云 南 Yunnan	114445	57419	91152	115119	50962	69946	14493	43797
西 藏 Tibet	16927	84862	9367	137078	5993	60971	2270	74624
陕 西 Shaanxi	97631	65409	130035	109635	81617	57944	14658	42587
甘 肃 Gansu	39518	57296	70372	107620	41758	60292	8650	47102
青 海 Qinghai	12664	64765	19540	111930	10264	71062	1321	52856
宁 夏 Ningxia	9264	63006	16324	110758	14237	68256	329	63979
新 疆 Xinjiang	122366	59790	65536	104888	64208	58016	5929	58604

3-3 续表 4 continued

地 区 Region	教 育 Education		卫生和社会工作 Health and Social Service		文化、体育和娱乐业 Culture, Sports and Entertainment		公共管理、社会保障和社会组织 Public Management, Social Security and Social Organization	
	年末人数（人） Year-end Figures (person)	平均工资（元） Average Wage (yuan)	年末人数（人） Year-end Figures (person)	平均工资（元） Average Wage (yuan)	年末人数（人） Year-end Figures (person)	平均工资（元） Average Wage (yuan)	年末人数（人） Year-end Figures (person)	平均工资（元） Average Wage (yuan)
全 国 National	**18738237**	**109209**	**10018882**	**118104**	**1417737**	**112909**	**18737077**	**108053**
北 京 Beijing	544348	201633	299007	206786	171532	223321	380432	186760
天 津 Tianjin	186233	148371	109218	155285	16319	136212	167368	143630
河 北 Hebei	807591	87840	424178	81365	50531	78703	944354	75965
山 西 Shanxi	532707	79261	249744	77166	44050	61781	615786	72089
内蒙古 Inner Mongolia	350397	93252	189064	86667	30919	82746	558245	81278
辽 宁 Liaoning	509369	96094	309298	86964	41900	89649	646754	81586
吉 林 Jilin	347855	87122	201280	87804	28137	69094	359339	79682
黑龙江 Heilongjiang	385520	87054	247100	79290	23149	66742	451388	80687
上 海 Shanghai	353194	177807	272134	201441	55445	161246	196821	190208
江 苏 Jiangsu	1029400	146354	554441	144685	84676	120869	851514	161394
浙 江 Zhejiang	861006	146855	509187	167387	72390	129466	789104	173482
安 徽 Anhui	640328	109432	341485	117428	33068	81105	553753	107883
福 建 Fujian	586044	109145	253817	130854	39474	96377	493008	121712
江 西 Jiangxi	593614	88987	273644	105862	31089	83793	583492	100577
山 东 Shandong	1260537	108452	700650	108425	72808	97891	1319950	103679
河 南 Henan	1264726	77398	665974	83689	71850	76647	1176603	79298
湖 北 Hubei	719504	95135	425892	97519	58563	90489	716755	103182
湖 南 Hunan	877022	84524	447887	109557	57819	103808	860437	84298
广 东 Guangdong	1645986	134384	886772	162019	118620	125101	1465119	155430
广 西 Guangxi	720133	86333	372892	106871	26743	81364	557845	92787
海 南 Hainan	145584	103525	73317	107453	15277	81609	139488	97740
重 庆 Chongqing	388914	124080	207486	133399	26370	88182	380662	118188
四 川 Sichuan	1082106	100321	600256	113452	59545	86665	1059964	109621
贵 州 Guizhou	523579	101096	257125	109127	22078	88853	647736	95111
云 南 Yunnan	641363	109581	300559	107982	35761	94847	605347	112680
西 藏 Tibet	46776	150934	16969	135538	5860	117518	139574	147224
陕 西 Shaanxi	619727	87841	317434	83636	53040	70310	582447	79701
甘 肃 Gansu	395465	94255	174312	86087	27080	73936	485356	91465
青 海 Qinghai	81637	120768	53468	106538	7968	87118	141952	116442
宁 夏 Ningxia	94504	111464	52710	116077	9481	94299	107497	103722
新 疆 Xinjiang	503066	93690	231584	96504	26193	91378	758989	79154

3–4 各地区分行业城镇非私营单位其他就业人员和平均工资(2020年) OTHER EMPLOYMENT AND AVERAGE WAGE IN URBAN NON-PRIVATE UNITS BY SECTOR AND REGION(2020)

地区 Region	总计 Total		农、林、牧、渔业 Agriculture, Forestry, Animal Husbandry and Fishery		采矿业 Mining		制造业 Manufacturing	
	年末人数(人) Year-end Figures (person)	平均工资(元) Average Wage (yuan)	年末人数(人) Year-end Figures (person)	平均工资(元) Average Wage (yuan)	年末人数(人) Year-end Figures (person)	平均工资(元) Average Wage (yuan)	年末人数(人) Year-end Figures (person)	平均工资(元) Average Wage (yuan)
全 国 National	**11518984**	**54211**	**91315**	**28825**	**76040**	**42952**	**623697**	**82705**
北 京 Beijing	525177	91406	563	53934	126	53877	11751	193711
天 津 Tianjin	195577	64383	280	32079	769	37858	9837	177831
河 北 Hebei	361479	40260	1169	28750	1492	65986	14346	51077
山 西 Shanxi	259267	32955	546	33478	10206	40625	8393	33970
内蒙古 Inner Mongolia	140750	39558	803	25341	1071	63308	3093	47380
辽 宁 Liaoning	301239	39926	6015	15120	1172	40743	18006	69564
吉 林 Jilin	197350	39620	5671	32850	4632	25463	17622	82760
黑龙江 Heilongjiang	305410	33362	33159	24608	2130	49071	7723	72147
上 海 Shanghai	410677	131410	1734	45575	3	41250	32630	202014
江 苏 Jiangsu	790499	64121	2205	42932	5233	32982	89468	109051
浙 江 Zhejiang	594528	61427	545	34055	115	44659	48821	68512
安 徽 Anhui	568495	51974	9083	42534	2112	40188	25349	60867
福 建 Fujian	557677	58337	1515	21192	555	36760	27559	84950
江 西 Jiangxi	392512	53940	2763	39169	691	36998	11804	52446
山 东 Shandong	705564	46934	244	38049	9070	43573	30947	67071
河 南 Henan	429655	45746	958	35083	3955	35230	25662	50925
湖 北 Hubei	433582	47051	2858	32069	3134	32111	23928	47544
湖 南 Hunan	506815	42887	1936	25939	1781	43224	19171	45989
广 东 Guangdong	963546	62477	840	40581	366	44412	84470	88744
广 西 Guangxi	310035	39244	3063	33807	609	37210	13986	41911
海 南 Hainan	75950	45813	1164	23656	114	29670	1268	77990
重 庆 Chongqing	343296	49063	402	31101	689	56769	17837	72908
四 川 Sichuan	625223	44548	3244	21379	2994	55870	15192	67180
贵 州 Guizhou	319313	39983	1641	23202	2416	63425	5948	39238
云 南 Yunnan	309028	38262	4647	19235	1595	35627	22962	36750
西 藏 Tibet	28176	51196	675	29704	395	52162	472	44237
陕 西 Shaanxi	385369	42767	551	22979	11036	48236	17706	53395
甘 肃 Gansu	236360	43673	1538	40251	2261	25114	13078	49965
青 海 Qinghai	27871	41066	121	21302	3723	45929	638	46981
宁 夏 Ningxia	42490	39889	215	31194	108	34123	575	46115
新 疆 Xinjiang	176076	44041	1167	38221	1487	57081	3456	44869

3-4 续表 1 continued

地 区 Region	电力、热力、燃气及水生产和供应业 Production and Supply of Electricity, Heat, Gas and Water		建筑业 Construction		批发和零售业 Wholesale and Retail Trades		交通运输、仓储和邮政业 Transport, Storage and Post	
	年末人数(人) Year-end Figures (person)	平均工资(元) Average Wage (yuan)	年末人数(人) Year-end Figures (person)	平均工资(元) Average Wage (yuan)	年末人数(人) Year-end Figures (person)	平均工资(元) Average Wage (yuan)	年末人数(人) Year-end Figures (person)	平均工资(元) Average Wage (yuan)
全 国 National	**90640**	**50027**	**2782458**	**60354**	**276947**	**87651**	**204087**	**59885**
北 京 Beijing	1254	59058	10333	97154	21417	164557	11204	99470
天 津 Tianjin	567	53650	20966	66778	4358	102925	2024	107306
河 北 Hebei	9945	51200	54469	46205	3371	35946	8459	38286
山 西 Shanxi	4922	26425	22834	45212	4195	36807	6330	40482
内蒙古 Inner Mongolia	947	35483	3705	43127	1305	45686	3627	43532
辽 宁 Liaoning	3043	46702	24703	50042	5256	47803	4986	32496
吉 林 Jilin	1211	33321	13762	40731	2344	40459	1727	30821
黑龙江 Heilongjiang	6848	37928	15839	42244	5167	35111	4187	26771
上 海 Shanghai	245	155877	21436	85052	59003	188499	14501	120002
江 苏 Jiangsu	1239	64814	238222	56714	13497	76620	13676	55294
浙 江 Zhejiang	2149	72422	134093	61156	17180	47867	8491	46962
安 徽 Anhui	659	37544	285828	66616	6189	35399	7900	52769
福 建 Fujian	8957	53810	251657	69275	12346	83018	3972	46761
江 西 Jiangxi	13595	63876	183536	67918	6355	34810	5514	55563
山 东 Shandong	2931	44785	140418	63077	9512	54470	9965	44317
河 南 Henan	3284	59151	167161	53645	7011	40035	9720	50579
湖 北 Hubei	2358	36294	144160	63277	13326	37774	10096	50274
湖 南 Hunan	2435	38893	194573	54306	8337	40696	6869	51964
广 东 Guangdong	1855	47163	131854	65082	29803	41628	22959	66116
广 西 Guangxi	2042	30652	77169	47491	3215	35462	11653	70914
海 南 Hainan	1211	15521	8855	52511	931	32085	3954	60091
重 庆 Chongqing	736	78148	124979	63116	3425	47924	6679	45350
四 川 Sichuan	4378	49542	217852	52506	8596	44746	6527	52588
贵 州 Guizhou	3957	24438	60358	65413	3754	56791	3045	52856
云 南 Yunnan	1436	29168	69153	51699	10673	42438	3233	44705
西 藏 Tibet	153	74405	6725	63736	1008	57201	704	74959
陕 西 Shaanxi	2856	110738	71802	62577	7677	48430	7270	49867
甘 肃 Gansu	2861	35387	74708	59645	3653	31589	2738	54809
青 海 Qinghai	224	44627	3266	46637	653	65032	562	65589
宁 夏 Ningxia	541	38455	2883	43885	470	29896	421	36416
新 疆 Xinjiang	1802	51438	5160	81956	2920	49752	1092	45455

3-4 续表 2 continued

地 区 Region	住宿和餐饮业 Hotels and Catering Services		信息传输、软件和信息技术服务业 Information Transmission, Software and Information Technology		金融业 Financial Intermediation		房地产业 Real Estate	
	年末人数（人） Year-end Figures (person)	平均工资（元） Average Wage (yuan)	年末人数（人） Year-end Figures (person)	平均工资（元） Average Wage (yuan)	年末人数（人） Year-end Figures (person)	平均工资（元） Average Wage (yuan)	年末人数（人） Year-end Figures (person)	平均工资（元） Average Wage (yuan)
全 国 National	**331962**	**20845**	**140552**	**88089**	**3324991**	**47911**	**230702**	**49026**
北 京 Beijing	75442	22680	19281	160454	214961	76052	22831	70165
天 津 Tianjin	20009	8970	1391	140432	76132	62881	7326	39738
河 北 Hebei	1445	39399	818	46801	146447	40027	5743	30816
山 西 Shanxi	4159	15984	1343	41239	130863	33184	1544	28682
内蒙古 Inner Mongolia	798	22535	927	41071	79130	38919	847	36884
辽 宁 Liaoning	10037	8683	4144	75636	117334	40653	5568	38257
吉 林 Jilin	503	30681	603	49294	77755	38432	2372	28031
黑龙江 Heilongjiang	909	28110	1995	48815	135965	34743	8611	27604
上 海 Shanghai	74737	25481	6854	281683	38543	140385	31090	74518
江 苏 Jiangsu	26656	22110	12676	88921	123751	67413	16910	40687
浙 江 Zhejiang	16277	23217	3952	84600	184150	63159	18947	50011
安 徽 Anhui	1240	30553	8327	56365	121930	31781	5478	39078
福 建 Fujian	5384	19701	1286	95677	130660	50930	5475	51761
江 西 Jiangxi	2734	23228	4256	70410	70093	39066	3504	51733
山 东 Shandong	5441	21154	1232	51645	313453	44790	11008	33273
河 南 Henan	2286	41067	38449	38002	23535	39762	10224	37815
湖 北 Hubei	17989	11106	2501	51030	77733	32899	5538	43719
湖 南 Hunan	2998	16775	2959	65683	144893	31214	6300	45320
广 东 Guangdong	40219	14573	12725	104519	392972	60272	19500	49348
广 西 Guangxi	802	24298	4378	40007	71549	33418	2853	30818
海 南 Hainan	1387	32175	1098	38204	31337	45797	2965	48275
重 庆 Chongqing	2702	24456	337	99735	123143	34945	3971	56760
四 川 Sichuan	5926	37312	2574	71572	170848	33267	9122	40865
贵 州 Guizhou	849	35857	1192	69543	51719	32328	3974	40331
云 南 Yunnan	1922	36923	1678	62987	23413	33735	6150	47011
西 藏 Tibet	198	62029	205	50532	626	79252	153	48082
陕 西 Shaanxi	5836	24774	1323	121280	130834	33655	4938	39313
甘 肃 Gansu	2122	22952	1188	48236	53864	39189	5276	25142
青 海 Qinghai	31	70233	44	29897	2356	45073	763	29309
宁 夏 Ningxia	16	20176	212	92996	12617	45990	368	34174
新 疆 Xinjiang	907	23680	601	57301	52383	46005	1355	41709

3-4 续表 3 continued

地区 Region	租赁和商务服务业 Leasing and Business Services		科学研究和技术服务业 Scientific Research and Technical Services		水利、环境和公共设施管理业 Management of Water Conservancy,Environment and Public Facilities		居民服务、修理和其他服务业 Service to Households, Repair and Other Services	
	年末人数(人) Year-end Figures (person)	平均工资(元) Average Wage (yuan)	年末人数(人) Year-end Figures (person)	平均工资(元) Average Wage (yuan)	年末人数(人) Year-end Figures (person)	平均工资(元) Average Wage (yuan)	年末人数(人) Year-end Figures (person)	平均工资(元) Average Wage (yuan)
全　国 National	**427828**	**74292**	**180765**	**91521**	**275951**	**29086**	**48190**	**43205**
北　京 Beijing	21493	245224	30221	133735	3935	59940	2527	62895
天　津 Tianjin	19805	43470	6191	86418	3575	46195	810	47638
河　北 Hebei	2317	37830	12807	69664	14414	24734	965	29837
山　西 Shanxi	3982	33534	3134	44424	6244	20052	935	16474
内蒙古 Inner Mongolia	1347	49502	1596	48559	1201	30421	165	37049
辽　宁 Liaoning	5857	31038	6150	39978	12471	23781	757	28308
吉　林 Jilin	3224	33852	3046	57928	11865	26974	2957	25911
黑龙江 Heilongjiang	6736	18814	2194	33251	15782	24396	821	31343
上　海 Shanghai	37635	252989	14049	213876	4940	84923	13447	47290
江　苏 Jiangsu	73789	48266	9563	87305	13952	38959	3587	43022
浙　江 Zhejiang	22819	65700	7616	80541	11160	36945	1751	44202
安　徽 Anhui	3904	47884	5899	71579	11184	20728	782	41614
福　建 Fujian	12344	21977	2708	61052	4469	39156	1240	61269
江　西 Jiangxi	4547	54891	2589	53857	7110	27914	370	27713
山　东 Shandong	10501	27493	6115	81039	45648	15077	1521	41537
河　南 Henan	8846	36511	7174	63134	25292	26826	1728	33567
湖　北 Hubei	13575	57538	8039	73956	9186	37495	2226	49792
湖　南 Hunan	3689	40418	6843	47916	9511	25941	557	40133
广　东 Guangdong	95775	48415	11685	102894	6992	52777	5258	44541
广　西 Guangxi	18907	49297	3791	52030	3473	24640	663	25599
海　南 Hainan	654	45737	599	57093	1716	36289	186	39519
重　庆 Chongqing	7110	41951	2809	73475	1872	41144	572	42041
四　川 Sichuan	13672	47024	7329	67018	14281	50842	2413	39429
贵　州 Guizhou	3947	29581	2670	62075	2742	27793	564	39188
云　南 Yunnan	2887	38628	4432	61287	13451	18600	413	41418
西　藏 Tibet	864	61121	667	50937	255	28216	102	36449
陕　西 Shaanxi	21345	43345	5319	57272	11472	28999	337	27366
甘　肃 Gansu	2485	40945	2852	51626	3494	29096	232	35280
青　海 Qinghai	271	35026	689	47749	263	30631	27	12148
宁　夏 Ningxia	276	36285	316	39316	1630	32241	66	50910
新　疆 Xinjiang	3224	31243	1671	58571	2371	31775	213	32828

3-4 续表 4 continued

地 区 Region	教 育 Education 年末人数（人）Year-end Figures (person)	教 育 Education 平均工资（元）Average Wage (yuan)	卫生和社会工作 Health and Social Service 年末人数（人）Year-end Figures (person)	卫生和社会工作 Health and Social Service 平均工资（元）Average Wage (yuan)	文化、体育和娱乐业 Culture, Sports and Entertainment 年末人数（人）Year-end Figures (person)	文化、体育和娱乐业 Culture, Sports and Entertainment 平均工资（元）Average Wage (yuan)	公共管理、社会保障和社会组织 Public Management, Social Security and Social Organization 年末人数（人）Year-end Figures (person)	公共管理、社会保障和社会组织 Public Management, Social Security and Social Organization 平均工资（元）Average Wage (yuan)
全 国 National	**851020**	**44083**	**499692**	**62124**	**77396**	**96225**	**984749**	**36543**
北 京 Beijing	35962	116326	16910	95704	7950	171830	17017	29741
天 津 Tianjin	6970	60517	7582	84002	1056	250201	5930	71088
河 北 Hebei	22298	26448	28674	40686	1893	39144	30407	30572
山 西 Shanxi	14458	27220	11557	36771	1769	28120	21853	20987
内蒙古 Inner Mongolia	9830	39321	5499	52313	885	35015	23976	35547
辽 宁 Liaoning	17664	32716	23702	52138	2080	38518	32295	24259
吉 林 Jilin	11002	43864	11213	38476	1459	39845	24381	23451
黑龙江 Heilongjiang	12487	27987	17526	37052	1759	29140	25572	27033
上 海 Shanghai	27630	110042	24114	98120	4929	322946	3157	69843
江 苏 Jiangsu	58255	54779	44532	88826	4786	49272	38501	51644
浙 江 Zhejiang	48050	55563	22829	96312	6119	70126	39463	60800
安 徽 Anhui	19655	33596	9476	65571	1585	42637	41916	41564
福 建 Fujian	48813	37624	11073	58142	2276	36267	25388	38707
江 西 Jiangxi	22534	31367	10626	48364	1719	26421	38175	39358
山 东 Shandong	30827	42626	29435	54654	2519	57037	44777	36668
河 南 Henan	30985	36225	24305	52663	3627	38560	35452	35570
湖 北 Hubei	33025	34093	16253	55716	2594	39527	45064	42368
湖 南 Hunan	40374	30983	17542	54612	3912	44868	32134	35710
广 东 Guangdong	52442	63347	18880	94658	6319	330530	28630	56080
广 西 Guangxi	47012	30151	7990	57242	2347	27819	34535	29516
海 南 Hainan	6099	44082	2849	61928	359	40498	9204	36130
重 庆 Chongqing	25028	37406	7600	73165	1093	39711	12312	35648
四 川 Sichuan	60251	34722	21563	70376	3733	44195	54728	37230
贵 州 Guizhou	55835	26601	20660	55020	1478	32108	92564	30871
云 南 Yunnan	43255	28466	35191	45371	1863	28958	60672	30723
西 藏 Tibet	4264	32318	1654	56671	681	32482	8375	48000
陕 西 Shaanxi	29488	35477	20673	45576	2843	36319	32062	31302
甘 肃 Gansu	12504	31614	18376	38408	1901	32821	31226	25085
青 海 Qinghai	2644	31918	1632	59349	356	46647	9606	32844
宁 夏 Ningxia	8742	23639	2886	75406	441	20060	9706	31502
新 疆 Xinjiang	12638	35359	6894	46590	1062	48322	75673	38768

3-5 各地区分登记注册类型城镇非私营单位年末人数(2020年) EMPLOYMENT IN URBAN NON-PRIVATE UNITS BY REGISTRATION STATUS AND REGION(2020)

单位：千人 (1000 persons)

地区	Region	就业人员 Employment				在岗职工 On-post Staff and Workers	
		合计 Total	国有单位 State-owned Units	城镇集体单位 Urban Collective-owned Units	其他单位 Other Ownership Units	合计 Total	国有单位 State-owned Units
全国	**National**	**170391**	**55630**	**2712**	**112049**	**158872**	**52816**
北京	Beijing	7399	1559	94	5747	6874	1498
天津	Tianjin	2553	610	22	1922	2358	572
河北	Hebei	5612	2560	109	2943	5251	2459
山西	Shanxi	4426	1729	64	2633	4167	1664
内蒙古	Inner Mongolia	2706	1347	24	1335	2565	1303
辽宁	Liaoning	4768	1795	92	2881	4467	1702
吉林	Jilin	2578	1172	13	1393	2380	1099
黑龙江	Heilongjiang	3164	1569	23	1572	2859	1454
上海	Shanghai	6456	881	81	5494	6045	846
江苏	Jiangsu	13425	2800	323	10302	12635	2654
浙江	Zhejiang	10258	2334	76	7848	9664	2219
安徽	Anhui	5656	1759	77	3820	5088	1667
福建	Fujian	6059	1523	89	4448	5501	1431
江西	Jiangxi	4515	1690	84	2741	4123	1594
山东	Shandong	10983	3728	186	7069	10278	3608
河南	Henan	9649	3494	199	5955	9219	3380
湖北	Hubei	6312	2276	78	3958	5878	2153
湖南	Hunan	6049	2520	142	3387	5542	2399
广东	Guangdong	20853	4233	368	16252	19889	4080
广西	Guangxi	4104	1909	75	2119	3794	1807
海南	Hainan	1085	411	11	663	1009	392
重庆	Chongqing	3708	1112	44	2553	3365	1062
四川	Sichuan	8618	3033	149	5435	7992	2878
贵州	Guizhou	3353	1733	30	1590	3034	1547
云南	Yunnan	3582	1826	67	1689	3273	1669
西藏	Tibet	417	251	3	162	388	234
陕西	Shaanxi	4896	1868	103	2924	4510	1756
甘肃	Gansu	2622	1378	57	1187	2386	1300
青海	Qinghai	664	354	9	301	636	338
宁夏	Ningxia	691	346	4	342	649	322
新疆	Xinjiang	3230	1829	17	1384	3054	1727

3-5 续表 continued

单位：千人 (1000 persons)

地 区 Region	在岗职工 On-post Staff and Workers		其他就业人员 Others			
	城镇集体单位 Urban Collective-owned Units	其他单位 Other Ownership Units	合计 Total	国有单位 State-owned Units	城镇集体单位 Urban Collective-owned Units	其他单位 Other Ownership Units
全 国 National	**2502**	**103554**	**11519**	**2813**	**210**	**8495**
北 京 Beijing	89	5287	525	61	5	459
天 津 Tianjin	20	1766	196	38	1	156
河 北 Hebei	104	2687	361	101	5	256
山 西 Shanxi	59	2444	259	65	5	189
内蒙古 Inner Mongolia	23	1238	141	43	0	97
辽 宁 Liaoning	84	2680	301	93	7	201
吉 林 Jilin	13	1268	197	72	1	124
黑龙江 Heilongjiang	22	1383	305	116	1	188
上 海 Shanghai	76	5123	411	36	4	371
江 苏 Jiangsu	295	9686	790	147	28	616
浙 江 Zhejiang	73	7372	595	115	3	476
安 徽 Anhui	74	3347	568	92	3	474
福 建 Fujian	80	3991	558	92	9	457
江 西 Jiangxi	71	2458	393	96	14	283
山 东 Shandong	176	6493	706	120	9	576
河 南 Henan	190	5649	430	114	10	306
湖 北 Hubei	73	3652	434	123	4	306
湖 南 Hunan	124	3020	507	121	18	368
广 东 Guangdong	345	15464	964	152	24	788
广 西 Guangxi	54	1932	310	102	21	187
海 南 Hainan	10	607	76	19	1	57
重 庆 Chongqing	42	2261	343	49	2	292
四 川 Sichuan	135	4979	625	155	15	455
贵 州 Guizhou	27	1459	319	186	3	130
云 南 Yunnan	63	1542	309	157	5	147
西 藏 Tibet	3	152	28	17	0	11
陕 西 Shaanxi	96	2657	385	112	7	267
甘 肃 Gansu	53	1033	236	78	4	154
青 海 Qinghai	7	291	28	16	1	11
宁 夏 Ningxia	4	323	42	24	0	18
新 疆 Xinjiang	17	1311	176	102	1	74

3-6 各地区分登记注册类型城镇非私营单位工资总额(2020年)
WAGES IN URBAN NON-PRIVATE UNITS BY REGISTRATION STATUS AND REGION(2020)

单位：亿元 (100 million yuan)

地 区	Region	就业人员工资总额 Earnings of Employment				在岗职工 Wages of On-post Staff and Workers	
		合计 Total	国有单位 State-owned Units	城镇集体单位 Urban Collective-owned Units	其他单位 Other Ownership Units	合计 Total	国有单位 State-owned Units
全 国	**National**	**164126.9**	**59628.1**	**1841.8**	**102657.0**	**157942.9**	**58451.5**
北 京	Beijing	13187.6	3092.5	66.9	10028.3	12692.8	3044.2
天 津	Tianjin	2928.8	866.4	12.1	2050.3	2801.1	846.5
河 北	Hebei	4345.5	2011.1	65.4	2269.0	4195.0	1978.2
山 西	Shanxi	3299.3	1282.7	30.9	1985.7	3213.3	1266.6
内蒙古	Inner Mongolia	2314.5	1125.5	20.6	1168.5	2256.7	1109.1
辽 宁	Liaoning	3821.9	1497.2	43.7	2281.0	3697.1	1467.1
吉 林	Jilin	2005.4	949.5	9.5	1046.5	1930.3	927.0
黑龙江	Heilongjiang	2372.0	1151.0	16.1	1204.9	2269.2	1118.6
上 海	Shanghai	11142.4	1755.9	87.1	9299.4	10592.3	1723.8
江 苏	Jiangsu	13526.2	4004.2	308.4	9213.6	13044.4	3913.6
浙 江	Zhejiang	10923.9	3690.6	52.2	7181.2	10546.1	3616.8
安 徽	Anhui	4740.3	1884.5	57.8	2798.1	4469.8	1844.2
福 建	Fujian	5219.2	1713.8	60.2	3445.2	4910.8	1678.9
江 西	Jiangxi	3497.0	1572.5	46.4	1878.1	3286.2	1535.7
山 东	Shandong	9597.4	3952.3	112.4	5532.8	9255.5	3901.8
河 南	Henan	6634.6	2753.9	117.0	3763.7	6447.0	2709.1
湖 北	Hubei	5281.5	2225.7	42.6	3013.2	5085.7	2176.3
湖 南	Hunan	4710.7	2269.3	77.0	2364.3	4501.5	2222.1
广 东	Guangdong	22422.0	6287.5	261.9	15872.6	21804.4	6195.8
广 西	Guangxi	3318.8	1695.4	34.4	1589.0	3206.0	1662.7
海 南	Hainan	926.9	413.4	6.0	507.5	893.0	406.1
重 庆	Chongqing	3416.4	1320.9	30.2	2065.4	3251.1	1300.6
四 川	Sichuan	7471.1	3152.2	88.9	4229.9	7203.8	3087.0
贵 州	Guizhou	2937.2	1606.1	19.3	1311.8	2814.8	1546.6
云 南	Yunnan	3283.6	1922.8	55.9	1304.9	3167.7	1869.5
西 藏	Tibet	496.8	346.7	2.1	148.0	482.2	338.5
陕 西	Shaanxi	4047.8	1569.6	58.4	2419.8	3882.4	1530.8
甘 肃	Gansu	2075.2	1205.5	33.4	836.4	1970.4	1180.1
青 海	Qinghai	668.5	389.3	7.2	272.0	656.7	383.2
宁 夏	Ningxia	680.4	363.6	3.1	313.8	660.7	355.5
新 疆	Xinjiang	2833.8	1556.7	14.8	1262.3	2755.0	1515.4

3–6 续表 continued

单位：亿元 (100 million yuan)

地区 Region	在岗职工 Wages of On-post Staff and Workers		其他就业人员 Others			
	城镇集体单位 Urban Collective-owned Units	其他单位 Other Ownership Units	合计 Total	国有单位 State-owned Units	城镇集体单位 Urban Collective-owned Units	其他单位 Other Ownership Units
全国 National	**1743.9**	**97747.5**	**6184.0**	**1176.6**	**97.9**	**4909.5**
北京 Beijing	62.8	9585.8	494.8	48.3	4.1	442.5
天津 Tianjin	11.5	1943.1	127.7	19.9	0.6	107.2
河北 Hebei	61.2	2155.6	150.5	33.0	4.2	113.4
山西 Shanxi	29.4	1917.2	86.0	16.1	1.5	68.4
内蒙古 Inner Mongolia	20.4	1127.2	57.8	16.3	0.2	41.3
辽宁 Liaoning	41.5	2188.4	124.8	30.1	2.2	92.6
吉林 Jilin	9.2	994.1	75.1	22.5	0.3	52.4
黑龙江 Heilongjiang	15.1	1135.5	102.8	32.4	0.9	69.5
上海 Shanghai	84.6	8783.9	550.1	32.2	2.5	515.4
江苏 Jiangsu	294.1	8836.7	481.8	90.6	14.3	376.9
浙江 Zhejiang	50.6	6878.8	377.8	73.8	1.6	302.4
安徽 Anhui	56.8	2568.7	270.5	40.3	0.9	229.3
福建 Fujian	56.6	3175.3	308.4	34.9	3.6	269.9
江西 Jiangxi	39.7	1710.8	210.8	36.7	6.7	167.3
山东 Shandong	108.0	5245.7	341.9	50.4	4.4	287.1
河南 Henan	113.0	3624.9	187.6	44.8	4.0	138.8
湖北 Hubei	41.0	2868.4	195.8	49.4	1.6	144.9
湖南 Hunan	70.2	2209.2	209.2	47.2	6.8	155.1
广东 Guangdong	251.6	15357.0	617.6	91.7	10.3	515.6
广西 Guangxi	24.9	1518.3	112.9	32.6	9.5	70.7
海南 Hainan	5.8	481.1	33.9	7.3	0.2	26.4
重庆 Chongqing	29.5	1921.0	165.4	20.3	0.7	144.4
四川 Sichuan	79.5	4037.3	267.3	65.2	9.4	192.6
贵州 Guizhou	18.1	1250.1	122.4	59.5	1.2	61.6
云南 Yunnan	54.6	1243.6	115.8	53.3	1.3	61.2
西藏 Tibet	1.9	141.8	14.6	8.2	0.2	6.2
陕西 Shaanxi	56.0	2295.6	165.4	38.8	2.3	124.2
甘肃 Gansu	31.8	758.5	104.8	25.3	1.6	77.9
青海 Qinghai	6.8	266.7	11.8	6.1	0.4	5.3
宁夏 Ningxia	2.9	302.3	19.7	8.1	0.1	11.5
新疆 Xinjiang	14.6	1225.0	78.8	41.3	0.2	37.3

3-7 各地区分登记注册类型城镇单位平均工资(2020年)
AVERAGE WAGE IN URBAN UNITS BY REGISTRATION STATUS AND REGION(2020)

单位：元 (yuan)

地区	Region	就业人员平均工资 Average Wage of Employment				在岗职工 On-post Staff and Workers	
		合计 Total	国有单位 State-owned Units	城镇集体单位 Urban Collective-owned Units	其他单位 Other Ownership Units	合计 Total	国有单位 State-owned Units
全国	**National**	**97379**	**108132**	**68590**	**92721**	**100512**	**111587**
北京	Beijing	178178	199278	70383	174267	185026	203896
天津	Tianjin	114682	143337	55675	106361	118918	149267
河北	Hebei	77323	79037	56703	76652	79964	80824
山西	Shanxi	74739	74525	48098	75531	77364	76368
内蒙古	Inner Mongolia	85310	83635	88066	86938	87916	85118
辽宁	Liaoning	79472	83417	45309	78176	82223	86187
吉林	Jilin	77995	81289	69727	75307	81050	84405
黑龙江	Heilongjiang	74554	73622	66859	75583	78972	77196
上海	Shanghai	171884	200875	108344	168224	174678	205449
江苏	Jiangsu	103621	144716	96330	92447	106034	149287
浙江	Zhejiang	108645	160069	69286	93581	111722	165197
安徽	Anhui	85854	107953	76836	75613	89381	111457
福建	Fujian	88149	113614	70225	79627	91072	118298
江西	Jiangxi	78182	94065	56105	69087	80503	97378
山东	Shandong	87749	106784	61845	78429	90661	108928
河南	Henan	70239	80077	59875	64765	71351	81430
湖北	Hubei	85052	98035	56590	77979	87782	101253
湖南	Hunan	79122	90482	55650	71490	82356	93196
广东	Guangdong	108045	149783	72174	98028	110324	152860
广西	Guangxi	82751	90320	48952	77016	86111	93541
海南	Hainan	86609	101463	57939	77791	89642	104469
重庆	Chongqing	93816	120882	69458	82434	98380	124131
四川	Sichuan	88559	105350	59099	79905	91928	108644
贵州	Guizhou	89228	94013	64676	84438	94276	100992
云南	Yunnan	93133	106766	86756	78592	98287	113623
西藏	Tibet	121005	139628	70728	92926	126226	146671
陕西	Shaanxi	83520	84595	59169	83661	87054	87693
甘肃	Gansu	79730	88145	58131	71012	83392	91524
青海	Qinghai	101401	110750	76570	91174	104157	114316
宁夏	Ningxia	97438	105813	78082	89449	101827	111007
新疆	Xinjiang	86343	85727	87448	87101	88782	88460

3-7 续表 continued

单位：元 (yuan)

地 区	Region	在岗职工 On-post Staff and Workers		其他就业人员 Others			
		城镇集体单位 Urban Collective-owned Units	其他单位 Other Ownership Units	合计 Total	国有单位 State-owned Units	城镇集体单位 Urban Collective-owned Units	其他单位 Other Ownership Units
全 国	**National**	**70439**	**95568**	**54211**	**42605**	**46731**	**58197**
北 京	Beijing	70124	181636	91406	82048	74603	92753
天 津	Tianjin	56409	109903	64383	53277	44156	67144
河 北	Hebei	58835	79998	40260	33979	37009	42694
山 西	Shanxi	49633	78717	32955	25654	29951	35396
内蒙古	Inner Mongolia	88996	90834	39558	38324	41739	40059
辽 宁	Liaoning	46830	80889	39926	32502	28100	43601
吉 林	Jilin	72207	78239	39620	32211	32373	44012
黑龙江	Heilongjiang	67097	80998	33362	28338	63233	36119
上 海	Shanghai	111211	170602	131410	91570	57803	135937
江 苏	Jiangsu	100341	94133	64121	62307	52811	65104
浙 江	Zhejiang	70407	95825	61427	63481	46366	61051
安 徽	Anhui	78212	78470	51974	44264	36717	53708
福 建	Fujian	71975	81536	58337	39083	50768	62433
江 西	Jiangxi	57387	70233	53940	38829	49546	59208
山 东	Shandong	62737	81268	46934	42315	45813	47870
河 南	Henan	60748	65636	45746	39934	42643	48105
湖 北	Hubei	57686	80277	47051	40842	37694	49763
湖 南	Hunan	57941	74625	42887	38184	39505	44732
广 东	Guangdong	73806	99916	62477	63470	46829	62720
广 西	Guangxi	48106	80177	39244	32803	51318	41706
海 南	Hainan	58845	80509	45813	39008	40514	48183
重 庆	Chongqing	70592	86724	49063	45169	41134	49712
四 川	Sichuan	58698	83081	44548	43277	62724	44362
贵 州	Guizhou	67611	87572	39983	33632	39369	48919
云 南	Yunnan	90210	81977	38262	34255	33547	42743
西 藏	Tibet	71628	95435	51196	46639	64362	58165
陕 西	Shaanxi	60741	87554	42767	35363	36475	45922
甘 肃	Gansu	59359	74370	43673	32385	41318	49320
青 海	Qinghai	83253	92890	41066	37252	33887	47392
宁 夏	Ningxia	81890	93000	39889	34715	40512	44585
新 疆	Xinjiang	89052	89181	44041	40193	39739	49306

四、国有单位就业人员和工资总额

EMPLOYMENT AND TOTAL WAGES IN STATE-OWNED UNITS

4-1 分行业国有单位就业人员和工资总额(2020年) EMPLOYMENT AND TOTAL WAGES IN STATE-OWNED UNITS BY SECTOR (2020)

项　目	Item	年末人数(千人) Year-end Figures (1000 persons)	#女 性 Female	工资总额(亿元) Total Wages (100 million yuan)	平均工资(元) Average Wage (yuan)
全 国 总 计	**National Total**	**55630**	**26503**	**59628.1**	**108132**
按国民经济行业分组	**Grouped by Sector**				
农、林、牧、渔业	**Agriculture, Forestry, Animal Husbandry and Fishery**	**580**	**166**	**265.1**	**46047**
农业	Farming	190	65	60.6	31727
林业	Forestry	227	52	113.4	51225
畜牧业	Animal Husbandry	15	5	7.8	53234
渔业	Fishery	5	1	3.0	57812
农、林、牧、渔专业及辅助性活动	Professional and Support Activities for Agriculture, Forestry, Animal Husbandry and Fishery	144	42	80.3	55940
采矿业	**Mining**	**180**	**42**	**173.9**	**95817**
煤炭开采和洗选业	Mining and Washing of Coal	101	18	83.4	81498
石油和天然气开采业	Extraction of Petroleum and Natural Gas	32	10	46.4	143657
黑色金属矿采选业	Mining and Processing of Ferrous Metal Ores	7	1	7.3	107128
有色金属矿采选业	Mining and Processing of Non-Ferrous Metal Ores	7	1	4.9	73730
非金属矿采选业	Mining and Processing of Non-metal Ores	11	3	6.3	63353
开采专业及辅助性活动	Professional and Support Activities for Mining	22	8	24.9	109136
其他采矿业	Mining of Other Ores	1	0	0.7	107883
制造业	**Manufacturing**	**464**	**131**	**432.6**	**94634**
农副食品加工业	Processing of Food from Agricultural Products	38	14	16.8	46118
食品制造业	Manufacture of Foods	6	3	3.4	56168
酒、饮料和精制茶制造业	Manufacture of Liquor, Beverages and Refined Tea	8	3	2.9	35706
烟草制品业	Manufacture of Tobacco	21	6	50.1	240565
纺织业	Manufacture of Textile	7	3	3.8	55289
纺织服装、服饰业	Manufacture of Textile, Wearing Apparel and Accessories	9	4	6.9	80957
皮革、毛皮、羽毛及其制品和制鞋业	Manufacture of Leather, Fur, Feather and Related Products and Footwear	1	0	0.4	55126
木材加工和木、竹、藤、棕、草制品业	Processing of Timber, Manufacture of Wood, Bamboo, Rattan, Palm and Straw Products	5	1	2.7	51441
家具制造业	Manufacture of Furniture	1	0	0.3	48201
造纸及纸制品业	Manufacture of Paper and Paper Products	1	1	0.9	65409
印刷和记录媒介复制业	Printing and Reproduction of Recording Media	17	7	12.4	70794
文教、工美、体育和娱乐用品制造业	Manufacture of Articles for Culture, Education, Arts and Crafts, Sport and Entertainment Activities	2	1	1.1	62538

4–1 续表 1 continued

项 目	Item	年末人数(千人) Year-end Figures (1000 persons)	#女 性 Female	工资总额(亿元) Total Wages (100 million yuan)	平均工资(元) Average Wage (yuan)
石油、煤炭及其他燃料加工业	Processing of Petroleum, Coal and Other Fuels	5	1	5.0	91948
化学原料和化学制品制造业	Manufacture of Raw Chemical Materials and Chemical Products	32	9	27.2	84581
医药制造业	Manufacture of Medicines	10	5	10.7	104959
化学纤维制造业	Manufacture of Chemical Fibres	1	0	0.6	57006
橡胶和塑料制品业	Manufacture of Rubber and Plastics Products	18	5	15.3	87453
非金属矿物制品业	Manufacture of Non-metallic Mineral Products	29	7	21.5	74415
黑色金属冶炼和压延加工业	Smelting and Pressing of Ferrous Metals	7	2	6.4	90997
有色金属冶炼和压延加工业	Smelting and Pressing of Non-ferrous Metals	21	3	23.7	111088
金属制品业	Manufacture of Metal Products	16	4	12.6	82555
通用设备制造业	Manufacture of General Purpose Machinery	38	9	28.6	76652
专用设备制造业	Manufacture of Special Purpose Machinery	30	6	25.9	87703
汽车制造业	Manufacture of Automobiles	34	6	40.2	131765
铁路、船舶、航空航天和其他运输设备制造业	Manufacture of Railway, Ship, Aerospace and Other Transport Equipments	26	6	31.6	120373
电气机械和器材制造业	Manufacture of Electrical Machinery and Apparatus	23	6	17.8	79214
计算机、通信和其他电子设备制造业	Manufacture of Computers, Communication and Other Electronic Equipment	29	11	30.4	106536
仪器仪表制造业	Manufacture of Measuring Instruments and Machinery	7	3	6.9	94589
其他制造业	Other Manufacture	3	1	2.5	94426
废弃资源综合利用业	Utilization of Waste Resources	0	0	0.2	57346
金属制品、机械和设备修理业	Repair Service of Metal Products, Machinery and Equipment	20	4	23.8	122212
电力、热力、燃气及水生产和供应业	**Production and Supply of Electricity, Heat, Gas and Water**	**1024**	**281**	**1126.4**	**110109**
电力、热力生产和供应业	Production and Supply of Electric Power and Heat Power	818	202	987.4	120717
燃气生产和供应业	Production and Supply of Gas	16	5	12.2	77795
水的生产和供应业	Production and Supply of Water	190	74	126.8	66951
建筑业	**Construction**	**891**	**124**	**572.2**	**66779**
房屋建筑业	Construction of Buildings	408	49	228.6	60138
土木工程建筑业	Civil Engineering	411	63	294.6	71589
建筑安装业	Building Installation	50	8	34.2	75963
建筑装饰、装修和其他建筑业	Building Decoration and Other Constructions	21	4	14.8	73345
批发和零售业	**Wholesale and Retail Trades**	**478**	**164**	**579.1**	**121262**

4-1 续表 2 continued

项　目	Item	年末人数（千人）Year-end Figures (1000 persons)	#女 性 Female	工资总额（亿元）Total Wages (100 million yuan)	平均工资（元）Average Wage (yuan)
批发业	Wholesale Trade	377	112	513.7	136079
零售业	Retail Trade	101	52	65.5	65391
交通运输、仓储和邮政业	**Transport, Storage and Post**	**1085**	**364**	**946.8**	**87142**
铁路运输业	Railway Transport	7	1	5.7	83707
道路运输业	Road Transport	599	170	433.7	72080
水上运输业	Water Transport	42	7	61.8	145380
航空运输业	Air Transport	45	13	67.1	151101
管道运输业	Transport Via Pipelines	1	0	2.0	125730
多式联运和运输代理业	Intermodality and Forwarding Agency	10	3	12.1	119210
装卸搬运和仓储业	Loading, Unloading and Storage	78	20	52.3	66827
邮政业	Post	302	149	312.2	103651
住宿和餐饮业	**Hotels and Catering Services**	**206**	**113**	**111.8**	**53890**
住宿业	Hotels	172	93	94.8	54660
餐饮业	Catering Services	34	20	17.0	49959
信息传输、软件和信息技术服务业	**Information Transmission, Software and Information Technology**	**256**	**107**	**304.2**	**119323**
电信、广播电视和卫星传输服务	Telecommunication, Radio and Television and Satellite Transmission Service	194	84	212.8	109276
互联网和相关服务	Internet and Related Service	12	5	16.5	142105
软件和信息技术服务业	Software and Information Technology	50	18	74.9	154176
金融业	**Financial Intermediation**	**686**	**334**	**1101.8**	**161584**
货币金融服务	Monetary and Financial Service	538	259	880.7	163748
资本市场服务	Capital Market Service	32	14	112.3	352946
保险业	Insurance	111	59	85.2	79995
其他金融业	Other Financial Activities	6	3	23.6	411027
房地产业	**Real Estate**	**221**	**85**	**180.5**	**83237**
租赁和商务服务业	**Leasing and Business Services**	**962**	**271**	**730.0**	**76452**
租赁业	Leasing	7	2	5.1	79759
商务服务业	Business Services	955	269	724.9	76430
科学研究和技术服务业	**Scientific Research and Technical Services**	**1522**	**533**	**1965.5**	**129707**
研究和试验发展	Research and Experimental Development	315	127	527.0	169527
专业技术服务业	Professional Technical Services	963	314	1172.9	122049

4-1 续表 3 continued

项　　目	Item	年末人数(千人) Year-end Figures (1000 persons)	#女 性 Female	工资总额(亿元) Total Wages (100 million yuan)	平均工资(元) Average Wage (yuan)
科技推广和应用服务业	Science and Technology Popularization and Application Services	244	92	265.6	109097
水利、环境和公共设施管理业	**Management of Water Conservancy, Environment and Public Facilities**	**1221**	**461**	**866.1**	**70758**
水利管理业	Management of Water Conservancy	253	69	237.5	93793
生态保护和环境治理业	Ecological Protection and Environmental Treatment	98	27	78.1	80551
公共设施管理业	Management of Public Facilities	848	354	529.7	62231
土地管理业	Management of Land	23	10	20.7	91727
居民服务、修理和其他服务业	**Service to Households, Repair and Other Services**	**118**	**45**	**96.3**	**82009**
居民服务业	Service to Households	80	29	68.1	85190
机动车、电子产品和日用产品修理业	Repair of Motor Vehicle, Electronics and Household Products	9	2	6.3	74119
其他服务业	Other Services	29	13	21.9	75523
教育	**Education**	**16370**	**10120**	**18184.3**	**112554**
卫生和社会工作	**Health and Social Service**	**8945**	**6176**	**10636.1**	**120663**
卫生	Health	8729	6045	10478.9	121846
社会工作	Social Service	216	131	157.2	73251
文化、体育和娱乐业	**Culture, Sports and Entertainment**	**855**	**413**	**986.2**	**115151**
新闻和出版业	Journalism and Publishing Activities	169	81	228.2	134623
广播、电视、电影和录音制作业	Radio, Television, Motion Picture and Audio-visual Programme Production Services	240	104	315.4	131031
文化艺术业	Cultural and Art Activities	363	193	360.4	99499
体育	Sports Activities	51	20	52.4	103532
娱乐业	Entertainment	32	15	29.8	89206
公共管理、社会保障和社会组织	**Public Management, Social Security and Social Organization**	**19566**	**6573**	**20369.4**	**104535**
#中国共产党机关	Organs of Communist Party of China	913	291	1058.6	117461
国家机构	Government Agencies	18245	6086	18879.2	103857
人民政协、民主党派	People's Political Consultative Conference and Democratic Parties	106	32	144.7	136727
社会保障	Social Security	149	83	130.4	88261
群众团体、社会团体和其他成员组织	Non-Governmental Organizations, Social Organizations and Membership Organizations	154	81	156.4	102496

4-2 各地区分行业国有单位就业人员和工资总额(2020年) EMPLOYMENT AND TOTAL WAGES IN STATE-OWNED UNITS BY SECTOR AND REGION (2020)

地区	Region	总计 Total 年末人数(人) Year-end Figures (person)	#女性 Female	工资总额(千元) Total Wages (1000 yuan)	平均工资(元) Average Wage (yuan)	农、林、牧、渔业 Agriculture, Forestry, Animal Husbandry and Fishery 年末人数(人) Year-end Figures (person)	#女性 Female	工资总额(千元) Total Wages (1000 yuan)	平均工资(元) Average Wage (yuan)
全国	**National**	**55629765**	**26503137**	**5962812362**	**108132**	**580191**	**165906**	**26512352**	**46047**
北京	Beijing	1558696	790608	309247428	199278	1510	469	227464	148063
天津	Tianjin	609704	297798	86639440	143337	905	213	77890	90150
河北	Hebei	2560245	1286912	201113671	79037	16759	4010	408463	24277
山西	Shanxi	1729320	850202	128268049	74525	6177	1482	331905	53539
内蒙古	Inner Mongolia	1346646	634337	112545495	83635	41611	8202	2652597	63132
辽宁	Liaoning	1795292	885393	149722735	83417	65482	22895	1183948	17949
吉林	Jilin	1171675	557354	94945298	81289	34434	7174	1607776	46056
黑龙江	Heilongjiang	1569389	705222	115098127	73622	189983	53863	6574922	35760
上海	Shanghai	881438	493325	175594598	200875	235	61	26714	122182
江苏	Jiangsu	2800312	1312868	400415501	144716	14450	7404	710222	48912
浙江	Zhejiang	2334373	1205483	369057425	160069	2221	513	292905	130805
安徽	Anhui	1759164	762287	188450807	107953	22918	6391	1208690	52317
福建	Fujian	1522703	742130	171380497	113614	8552	1869	540686	63585
江西	Jiangxi	1690073	770779	157245628	94065	20123	5811	1044959	52511
山东	Shandong	3728304	1712501	395226011	106784	4741	1227	374896	80213
河南	Henan	3494283	1687322	275390380	80077	15170	4816	784680	51451
湖北	Hubei	2276147	1002867	222573014	98035	15256	5716	699827	46060
湖南	Hunan	2519621	1136211	226932680	90482	10384	2507	610205	59156
广东	Guangdong	4232572	1945767	628753165	149783	12946	3354	837761	64341
广西	Guangxi	1909154	1020073	169539259	90320	16765	4640	1033285	61198
海南	Hainan	410879	180341	41335471	101463	5388	1739	193251	36302
重庆	Chongqing	1111609	549403	132090066	120882	1677	459	146874	90180
四川	Sichuan	3033279	1471374	315224135	105350	14360	4060	1118343	77634
贵州	Guizhou	1732846	797058	160608394	94013	2457	628	209393	84472
云南	Yunnan	1825901	887531	192282460	106766	13846	4124	798867	57308
西藏	Tibet	251097	108951	34668007	139628	383	155	40435	106971
陕西	Shaanxi	1868326	887012	156960560	84595	10702	3136	777039	72501
甘肃	Gansu	1378307	599555	120545599	88145	10351	2975	710794	68373
青海	Qinghai	353938	171906	38925547	110750	4267	1319	275899	65429
宁夏	Ningxia	345756	176671	36360717	105813	3849	894	219151	51364
新疆	Xinjiang	1828713	873895	155672201	85727	12291	3800	792511	65946

4-2 续表 1 continued

地 区 Region	采矿业 Mining				制造业 Manufacturing			
	年末人数（人）Year-end Figures (person)	#女 性 Female	工资总额（千元）Total Wages (1000 yuan)	平均工资（元）Average Wage (yuan)	年末人数（人）Year-end Figures (person)	#女 性 Female	工资总额（千元）Total Wages (1000 yuan)	平均工资（元）Average Wage (yuan)
全 国 National	**180249**	**42101**	**17388133**	**95817**	**463592**	**131056**	**43259292**	**94634**
北 京 Beijing					5068	1594	897699	175623
天 津 Tianjin					3379	1103	419005	124343
河 北 Hebei	2125	350	99659	45698	20389	5379	1554206	75446
山 西 Shanxi	31697	6113	2315223	72405	10705	3858	552093	50904
内蒙古 Inner Mongolia	5132	856	747143	148744	2238	623	168635	74683
辽 宁 Liaoning	141	23	6289	46933	14908	3224	1455498	98446
吉 林 Jilin	1008	265	171034	169006	24986	4963	2953124	133090
黑龙江 Heilongjiang	13543	4941	1194398	87380	6658	1436	428499	66680
上 海 Shanghai					5373	1356	756806	138685
江 苏 Jiangsu	998	208	78779	77310	41458	9461	4480878	112174
浙 江 Zhejiang	632	104	41606	64606	9625	2596	888209	92371
安 徽 Anhui	7123	1049	802976	115586	21942	6098	3075467	140354
福 建 Fujian	2154	988	120910	56107	6246	1798	454793	69723
江 西 Jiangxi	3482	369	251840	72202	24770	5841	2362544	97255
山 东 Shandong	20588	3899	1540932	74326	31578	8015	2923821	91585
河 南 Henan	3944	869	278019	67876	28228	12854	1563563	58042
湖 北 Hubei	1064	159	98801	84735	32042	8842	2865571	89400
湖 南 Hunan	426	96	23614	55693	18901	4919	2967806	156998
广 东 Guangdong	1347	252	134320	99866	33217	9266	2624130	80434
广 西 Guangxi	215	49	9994	46455	17783	6246	1075614	59376
海 南 Hainan	294	78	13491	40272	1735	522	133580	77483
重 庆 Chongqing	1608	624	133427	110453	8268	3007	767094	94296
四 川 Sichuan	5698	1495	733184	128561	16469	5993	1496575	91996
贵 州 Guizhou	4226	549	356742	82047	4217	1126	277264	76043
云 南 Yunnan	11669	2808	987695	83838	12345	3983	1147802	94118
西 藏 Tibet	85	17	6133	73892	779	332	63503	82260
陕 西 Shaanxi	21488	5340	2345901	107374	39810	10234	3149173	79682
甘 肃 Gansu	22772	5617	2671357	116714	11947	3399	1074482	87216
青 海 Qinghai	98	7	6725	67250	1004	300	88589	84451
宁 夏 Ningxia	14366	4692	1981861	136145	678	222	92553	139597
新 疆 Xinjiang	2325	285	236079	98530	6849	2467	500719	72164

4-2 续表 2 continued

地区 Region	电力、热力、燃气及水生产和供应业 Production and Supply of Electricity, Heat, Gas and Water				建筑业 Construction			
	年末人数(人) Year-end Figures (person)	#女性 Female	工资总额(千元) Total Wages (1000 yuan)	平均工资(元) Average Wage (yuan)	年末人数(人) Year-end Figures (person)	#女性 Female	工资总额(千元) Total Wages (1000 yuan)	平均工资(元) Average Wage (yuan)
全国 National	**1024303**	**280793**	**112636624**	**110109**	**890888**	**123809**	**57220911**	**66779**
北京 Beijing	9719	2313	2214415	234230	12243	2672	1573491	133375
天津 Tianjin	2345	764	272256	115592	3155	846	321844	101776
河北 Hebei	62058	18880	5130998	82930	31922	5630	1757892	56366
山西 Shanxi	48855	15345	5235030	108074	30253	3105	1384546	47464
内蒙古 Inner Mongolia	9245	3223	688948	75164	5853	1086	312044	50452
辽宁 Liaoning	17122	4745	1019504	61016	23159	4728	1560995	64135
吉林 Jilin	16598	4792	1510797	90881	4880	918	283709	62429
黑龙江 Heilongjiang	38079	9674	2904658	75543	12333	2264	773802	53066
上海 Shanghai	802	231	122895	151722	2985	469	379468	130469
江苏 Jiangsu	12215	3883	1512108	123507	106996	7368	5467005	59250
浙江 Zhejiang	6473	1631	1040095	160054	11211	1037	752720	75864
安徽 Anhui	12825	3683	1263652	98358	26342	4125	1786783	68539
福建 Fujian	5020	1553	383538	76470	32030	3837	2434791	77428
江西 Jiangxi	11383	3910	1002090	88728	46054	9261	2372630	52861
山东 Shandong	129138	28152	16910827	129794	62353	11141	5220650	82705
河南 Henan	140044	37290	14858563	104883	41046	5864	2283031	56924
湖北 Hubei	86098	23306	11160765	129238	44823	6724	2888916	67389
湖南 Hunan	92069	24998	9960741	108253	55758	6778	3100491	53138
广东 Guangdong	38319	10839	4255721	110880	132215	14959	9447363	79038
广西 Guangxi	10916	3653	797739	73333	12244	2012	637043	54991
海南 Hainan	9919	2612	1087009	108680	5013	136	136610	27761
重庆 Chongqing	2461	865	217021	89418	11500	1489	716507	66178
四川 Sichuan	23589	7147	2600421	109654	61488	9554	3317476	56487
贵州 Guizhou	51591	13388	5958249	115206	12749	1726	858712	68098
云南 Yunnan	5593	1851	553282	98233	16891	2888	1678752	98458
西藏 Tibet	1109	376	165339	150308	1449	121	108133	69139
陕西 Shaanxi	47434	14736	5843117	123951	28539	4534	1871853	69071
甘肃 Gansu	66828	20835	5941839	89929	42746	5989	2525849	61252
青海 Qinghai	9734	2829	887147	92792	4437	851	408236	83433
宁夏 Ningxia	13816	3765	1986428	146741	1171	241	56381	42875
新疆 Xinjiang	42904	9523	5151432	126629	7052	1457	803189	93503

4-2 续表 3 continued

地 区 Region	批发和零售业 Wholesale and Retail Trades				交通运输、仓储和邮政业 Transport, Storage and Post			
	年末人数(人) Year-end Figures (person)	#女 性 Female	工资总额(千元) Total Wages (1000 yuan)	平均工资(元) Average Wage (yuan)	年末人数(人) Year-end Figures (person)	#女 性 Female	工资总额(千元) Total Wages (1000 yuan)	平均工资(元) Average Wage (yuan)
全 国 National	**477666**	**163755**	**57913868**	**121262**	**1084587**	**364447**	**94676838**	**87142**
北 京 Beijing	13612	5775	2364987	170286	1780	339	183556	101524
天 津 Tianjin	5259	1978	810569	150179	21573	7053	2060839	95285
河 北 Hebei	14513	5313	1639331	112335	69395	24255	4965608	70924
山 西 Shanxi	15178	4962	1133679	75221	25187	8729	1295454	51122
内蒙古 Inner Mongolia	9610	3028	1204100	125354	28314	9762	1852163	65496
辽 宁 Liaoning	13687	4712	1483933	108020	35258	11833	2720465	76636
吉 林 Jilin	10074	3394	977662	98617	27746	8873	1959358	70560
黑龙江 Heilongjiang	15083	5196	1552634	103827	52891	20230	3516316	66063
上 海 Shanghai	7893	2781	1364645	169637	11417	1661	1943878	170403
江 苏 Jiangsu	27570	8562	3103479	112146	59923	17425	6217834	104220
浙 江 Zhejiang	18613	6044	3483620	187017	27757	9154	3385110	122129
安 徽 Anhui	18046	5624	1922666	106435	36696	13225	3229218	87888
福 建 Fujian	16443	4547	2137782	127966	19485	6529	1639950	86441
江 西 Jiangxi	17203	4784	1756115	102300	32817	12756	2667974	81775
山 东 Shandong	18397	8377	1405603	75660	66224	17444	6470857	96870
河 南 Henan	38665	13560	3945429	101333	86739	30749	5514557	64147
湖 北 Hubei	25477	8721	2975247	116813	54755	19045	4483380	81589
湖 南 Hunan	24607	7144	3093987	122259	36194	11544	2550441	69335
广 东 Guangdong	26391	9752	3171938	119468	92035	26663	10676196	115398
广 西 Guangxi	11949	3677	1444904	121597	16086	4976	1386601	85916
海 南 Hainan	3795	1663	574957	163565	10847	3612	977189	88945
重 庆 Chongqing	8389	2653	1446092	173686	27772	12743	3255502	121639
四 川 Sichuan	20553	6423	2733865	133868	47885	16240	4534548	93561
贵 州 Guizhou	21605	5232	3057017	141026	12206	3903	938131	75173
云 南 Yunnan	22391	8035	3959440	180811	33288	11577	3552194	106849
西 藏 Tibet	2767	1093	339775	121174	11143	4343	1353788	124065
陕 西 Shaanxi	23298	10396	2252686	97210	74301	25114	5645930	76000
甘 肃 Gansu	7970	3292	716450	94296	21426	8071	1632391	75846
青 海 Qinghai	4499	2043	546943	120622	7883	2557	960082	119661
宁 夏 Ningxia	2245	721	267076	118123	6156	2527	551964	89021
新 疆 Xinjiang	11882	4275	1047257	93367	29407	11515	2555365	85937

4-2 续表 4 continued

地 区 Region	住宿和餐饮业 Hotels and Catering Services				信息传输、软件和信息技术服务业 Information Transmission, Software and Information Technology			
	年末人数 (人) Year-end Figures (person)	#女 性 Female	工资总额 (千元) Total Wages (1000 yuan)	平均工资 (元) Average Wage (yuan)	年末人数 (人) Year-end Figures (person)	#女 性 Female	工资总额 (千元) Total Wages (1000 yuan)	平均工资 (元) Average Wage (yuan)
全 国 National	**206166**	**113190**	**11176427**	**53890**	**255601**	**106733**	**30419814**	**119323**
北 京 Beijing	20029	8918	1554115	75246	12917	5094	2800878	222305
天 津 Tianjin	2227	1035	125732	56130	2020	768	259069	132259
河 北 Hebei	10552	5586	449331	42240	9867	5052	948147	95172
山 西 Shanxi	9498	5539	372111	40192	8630	4573	762790	88517
内蒙古 Inner Mongolia	2663	1574	124698	44000	9948	4352	932582	92524
辽 宁 Liaoning	5056	2805	255730	50733	12181	5666	1541074	121559
吉 林 Jilin	5709	3344	244082	42269	6591	2723	479084	71329
黑龙江 Heilongjiang	4555	2645	193216	42818	7233	2822	607773	83872
上 海 Shanghai	6598	3145	532102	77971	6098	2243	1133448	195604
江 苏 Jiangsu	14098	7921	880882	62797	19592	8318	2651835	134864
浙 江 Zhejiang	8058	4284	566155	69603	9125	4171	1391817	151641
安 徽 Anhui	2643	1468	120223	44949	5643	2140	631944	114676
福 建 Fujian	4074	2424	204158	50251	3967	1320	497215	124446
江 西 Jiangxi	5842	3677	240339	40668	4401	1847	493156	112855
山 东 Shandong	21849	11565	1123464	50507	18633	7576	2329109	124298
河 南 Henan	10497	5766	438911	42194	15100	6383	1144728	76423
湖 北 Hubei	3644	2401	159403	43407	10754	4969	1146146	106724
湖 南 Hunan	4964	3232	209190	42182	8205	3191	715883	87423
广 东 Guangdong	17172	8833	1160511	68076	18429	6376	2353208	127265
广 西 Guangxi	5895	3325	288413	48039	3231	1249	301569	93460
海 南 Hainan	1406	762	56256	41183	1788	641	132307	72457
重 庆 Chongqing	1536	878	85013	56183	8925	2733	1417810	164726
四 川 Sichuan	5324	3215	240733	45163	17880	8078	2047558	117077
贵 州 Guizhou	2721	1701	127020	47815	4172	1771	522411	126337
云 南 Yunnan	7063	4079	329164	46702	5844	2422	616069	105454
西 藏 Tibet	1475	851	92418	62270	3655	1649	604734	167702
陕 西 Shaanxi	7158	4213	339654	46634	5220	2441	485909	92028
甘 肃 Gansu	4946	2869	208499	42533	7316	2894	550939	75318
青 海 Qinghai	1161	624	57345	49097	1178	463	155853	134240
宁 夏 Ningxia	914	613	39921	44654	903	351	92735	103268
新 疆 Xinjiang	6839	3898	357639	52319	6154	2456	672034	111162

4–2 续表 5 continued

地 区 Region	金融业 Financial Intermediation				房地产业 Real Estate			
	年末人数（人） Year-end Figures (person)	#女 性 Female	工资总额（千元） Total Wages (1000 yuan)	平均工资（元） Average Wage (yuan)	年末人数（人） Year-end Figures (person)	#女 性 Female	工资总额（千元） Total Wages (1000 yuan)	平均工资（元） Average Wage (yuan)
全 国 National	**686341**	**334494**	**110176249**	**161584**	**221168**	**85487**	**18048648**	**83237**
北 京 Beijing	11574	5567	4241813	371242	13852	4677	1716298	120135
天 津 Tianjin	26449	13949	4732908	180017	5973	2242	629492	103070
河 北 Hebei	8096	3000	996881	122585	5272	2124	354205	66932
山 西 Shanxi	19798	9035	2383772	120926	6380	3194	270207	43313
内蒙古 Inner Mongolia	21532	10163	2576744	119216	1813	812	111560	60559
辽 宁 Liaoning	36331	18382	3817368	104513	9268	3798	550642	60411
吉 林 Jilin	24683	14018	2362803	100773	2959	1269	200240	68709
黑龙江 Heilongjiang	19369	8927	2338074	119745	3533	1055	177311	50785
上 海 Shanghai	44844	24297	15165094	338882	6728	2737	875092	127196
江 苏 Jiangsu	47180	23402	8663063	184825	11836	4917	1085939	92478
浙 江 Zhejiang	4581	1969	1014748	221470	7313	3044	709428	97473
安 徽 Anhui	26638	11813	3501180	131006	4590	1615	297614	66019
福 建 Fujian	6299	2690	919092	148624	7925	2594	643797	80384
江 西 Jiangxi	21620	10312	2522612	116863	4383	1585	314104	72284
山 东 Shandong	55914	26438	7347571	130624	15702	6918	1037666	69829
河 南 Henan	6750	2684	887246	132722	7278	2683	476188	65471
湖 北 Hubei	10709	4791	1294565	119976	8392	3113	701643	83982
湖 南 Hunan	30040	15450	4292823	142758	5398	1958	405974	72403
广 东 Guangdong	107763	51004	19948938	188717	52298	18674	4865888	100563
广 西 Guangxi	4840	1951	664664	138012	4685	1779	321169	67955
海 南 Hainan	7784	2944	1299472	167611	2525	854	190947	74854
重 庆 Chongqing	5715	2586	802784	145533	2698	1097	281986	103552
四 川 Sichuan	25264	12898	3831801	148806	4541	1914	319477	72841
贵 州 Guizhou	3076	1231	390525	128690	2980	1131	154019	50371
云 南 Yunnan	15996	7870	2387606	149125	3342	1319	245328	72775
西 藏 Tibet	3024	1377	634927	217103	489	253	23316	47487
陕 西 Shaanxi	42868	21835	4803354	115113	9418	3430	602541	63718
甘 肃 Gansu	18090	8232	1915144	105535	5532	2759	252678	46562
青 海 Qinghai	5404	2963	769302	145358	557	222	34848	62563
宁 夏 Ningxia	5863	3093	730417	125777	271	108	15472	56674
新 疆 Xinjiang	18247	9621	2938959	161535	3238	1615	183580	55896

4-2 续表 6 continued

地 区 Region	租赁和商务服务业 Leasing and Business Services				科学研究和技术服务业 Scientific Research and Technical Services			
	年末人数 (人) Year-end Figures (person)	#女 性 Female	工资总额 (千元) Total Wages (1000 yuan)	平均工资 (元) Average Wage (yuan)	年末人数 (人) Year-end Figures (person)	#女 性 Female	工资总额 (千元) Total Wages (1000 yuan)	平均工资 (元) Average Wage (yuan)
全 国 National	**961782**	**270855**	**73001069**	**76452**	**1522455**	**533184**	**196548583**	**129707**
北 京 Beijing	130898	30584	12246186	92050	141397	62468	31290485	226101
天 津 Tianjin	26605	4181	1735068	65015	31062	11513	5267911	171200
河 北 Hebei	24556	7549	1449370	58759	44212	14932	4078921	92083
山 西 Shanxi	23877	8404	1340886	55858	46012	16506	3730656	81256
内蒙古 Inner Mongolia	14352	4966	907174	62815	32632	12232	2854966	87326
辽 宁 Liaoning	24030	7326	1531891	62936	51154	18525	5130038	100645
吉 林 Jilin	12670	4330	712134	57196	39370	14600	3460097	87072
黑龙江 Heilongjiang	20205	7534	912155	49788	37598	12597	3237189	85695
上 海 Shanghai	51007	13069	5268637	102036	36920	13933	7912041	213343
江 苏 Jiangsu	75414	19387	5892776	79380	75664	26144	12269444	162886
浙 江 Zhejiang	52122	13694	3917963	78882	54351	19460	9418899	174040
安 徽 Anhui	20611	6001	1423570	70272	47049	12652	5059127	107639
福 建 Fujian	29419	7352	2067811	69936	37240	12771	5090885	137573
江 西 Jiangxi	19332	4089	1268699	67148	41688	11322	4358932	104495
山 东 Shandong	41829	10735	3152972	74664	69333	23463	8670592	126669
河 南 Henan	42735	11776	2543284	60446	79783	28742	6626486	84667
湖 北 Hubei	43752	16280	2774537	63269	64951	20107	6713626	103305
湖 南 Hunan	26126	8330	1967447	75371	60611	19537	5786740	94604
广 东 Guangdong	143405	35030	11974440	84587	111809	38323	21075350	190884
广 西 Guangxi	19770	8373	1427938	72328	54051	19292	5208341	97385
海 南 Hainan	4563	1879	362480	78764	11006	3741	1255925	114204
重 庆 Chongqing	3815	1901	347187	93431	27030	8469	3311737	123471
四 川 Sichuan	28283	8133	2200813	81209	73265	24126	8508406	115877
贵 州 Guizhou	10601	3345	662217	62877	25150	7608	2529877	100425
云 南 Yunnan	13221	5286	1241602	94623	57068	20459	6349354	110475
西 藏 Tibet	2226	923	241727	109702	6237	2358	929481	149249
陕 西 Shaanxi	20732	7754	1446434	69968	59213	21956	5089041	86256
甘 肃 Gansu	11727	2234	584696	50793	44823	13859	4596830	102804
青 海 Qinghai	2223	864	223467	100628	11871	4029	1463349	122674
宁 夏 Ningxia	2042	959	163242	79022	9035	3198	1065081	116806
新 疆 Xinjiang	19635	8587	1012270	52338	40869	14260	4208774	103006

4-2 续表 7 continued

地 区 Region	水利、环境和公共设施管理业 Management of Water Conservancy, Environment and Public Facilities				居民服务、修理和其他服务业 Service to Households, Repair and Other Services			
	年末人数(人) Year-end Figures (person)	#女 性 Female	工资总额(千元) Total Wages (1000 yuan)	平均工资(元) Average Wage (yuan)	年末人数(人) Year-end Figures (person)	#女 性 Female	工资总额(千元) Total Wages (1000 yuan)	平均工资(元) Average Wage (yuan)
全 国 National	**1221359**	**461340**	**86611969**	**70758**	**117786**	**44597**	**9625914**	**82009**
北 京 Beijing	58815	18610	7669241	128058	9363	3608	853692	90136
天 津 Tianjin	21425	6939	2234582	103603	3757	1968	373264	93133
河 北 Hebei	50466	17765	2920376	57923	3640	1177	211806	58532
山 西 Shanxi	56046	22205	2236395	39960	3657	2287	222611	60831
内蒙古 Inner Mongolia	24270	8126	1514276	61512	1570	541	90539	57818
辽 宁 Liaoning	44104	14528	2213000	49770	3858	1276	235735	60890
吉 林 Jilin	45775	16124	1948153	42490	3736	980	227632	61383
黑龙江 Heilongjiang	57419	16984	2479570	43851	6322	2097	327141	54786
上 海 Shanghai	11945	4701	1973067	163316	7165	2836	831542	118576
江 苏 Jiangsu	64121	26192	6018151	94045	6831	2380	733602	108470
浙 江 Zhejiang	43955	16847	4003904	90905	4884	1470	496206	98113
安 徽 Anhui	28181	10052	2305136	80269	3564	1197	291048	83009
福 建 Fujian	28321	10031	2077760	73335	2311	595	196647	84991
江 西 Jiangxi	14958	5716	912254	61775	1384	377	94120	69119
山 东 Shandong	53158	18726	4143441	78149	6103	2151	471552	77873
河 南 Henan	68341	25936	4232217	62223	5968	2114	349276	60039
湖 北 Hubei	57986	21805	4411761	75681	7215	2782	619321	84634
湖 南 Hunan	70067	25885	3960196	56318	4200	1705	291247	69281
广 东 Guangdong	82608	28737	8151540	98348	13809	5021	1368912	100141
广 西 Guangxi	54501	27170	3185882	58160	2008	716	161194	82827
海 南 Hainan	11923	5088	672131	55696	665	223	46616	69913
重 庆 Chongqing	11447	5574	858234	74814	1293	505	110290	85974
四 川 Sichuan	59848	27577	3951831	65984	5085	2532	381819	75438
贵 州 Guizhou	12597	5457	841949	66991	1259	465	99407	79575
云 南 Yunnan	35408	13344	2258510	63123	1689	583	136292	81328
西 藏 Tibet	788	388	64346	82041	115	71	11907	103539
陕 西 Shaanxi	55645	21892	3109707	55963	2903	1370	139069	47234
甘 肃 Gansu	29119	11222	1883289	64952	958	333	81902	84142
青 海 Qinghai	7433	3188	546088	75059	225	91	21881	96180
宁 夏 Ningxia	12007	5177	846156	66979	178	60	12850	72599
新 疆 Xinjiang	48680	19355	2988823	61671	2073	1086	136797	65022

4-2 续表 8 continued

地 区 Region	教育 Education 年末人数（人）Year-end Figures (person)	#女性 Female	工资总额（千元）Total Wages (1000 yuan)	平均工资（元）Average Wage (yuan)	卫生和社会工作 Health and Social Service 年末人数（人）Year-end Figures (person)	#女性 Female	工资总额（千元）Total Wages (1000 yuan)	平均工资（元）Average Wage (yuan)
全 国 National	**16370317**	**10119634**	**1818427248**	**112554**	**8944644**	**6175796**	**1063610845**	**120663**
北 京 Beijing	394599	256396	91626032	235077	239502	171672	54482610	229904
天 津 Tianjin	170120	111691	25932846	153670	101580	71861	16245512	162485
河 北 Hebei	785382	551407	67983139	87352	392449	272585	31219323	80326
山 西 Shanxi	475365	318721	39299404	83201	240906	169257	18451890	77703
内蒙古 Inner Mongolia	346797	223402	31860321	92820	184199	125060	15881069	87015
辽 宁 Liaoning	455610	303755	44825142	98915	283690	202202	25120728	88909
吉 林 Jilin	322390	204410	28629840	89232	185582	127692	16554555	89377
黑龙江 Heilongjiang	360241	225529	31517536	87465	232486	158016	18183393	78433
上 海 Shanghai	278984	196160	52516211	190684	195327	141103	45590117	238045
江 苏 Jiangsu	866241	547674	130929621	152695	439814	300399	67202467	154101
浙 江 Zhejiang	745190	508366	114402266	155523	460301	322322	79074959	176006
安 徽 Anhui	582464	307733	64911799	112599	278037	180587	33908725	123865
福 建 Fujian	542599	338933	58419686	109492	226100	156573	29955767	134350
江 西 Jiangxi	536816	320341	47916708	90429	246424	167995	26444771	109079
山 东 Shandong	1091557	648334	122440052	113686	619047	426898	68199031	111130
河 南 Henan	1058154	689687	83573904	80656	591638	389176	49605458	85651
湖 北 Hubei	621412	329137	61423475	99690	393706	263733	38683191	99156
湖 南 Hunan	755157	454067	65713317	88427	400859	276383	44652258	112947
广 东 Guangdong	1109000	685187	170831491	154996	727080	496282	121824443	170511
广 西 Guangxi	704222	445430	59651833	87157	360271	254021	38131770	108056
海 南 Hainan	116064	64561	12893560	112750	63480	42962	7000972	111740
重 庆 Chongqing	390306	227267	46258394	121193	192499	134642	25704382	135840
四 川 Sichuan	945246	547988	95970336	102999	533923	365535	61651280	117592
贵 州 Guizhou	551488	314869	51616019	95531	256485	175077	26815863	106562
云 南 Yunnan	589000	336243	64065339	111595	295838	217331	30199764	104723
西 藏 Tibet	47291	27144	6622450	142275	16056	10607	2116617	134646
陕 西 Shaanxi	494035	306495	46110711	94378	283359	201038	23476084	83799
甘 肃 Gansu	368141	192218	34809965	95600	172649	120189	14205909	83388
青 海 Qinghai	82899	50422	9744620	118963	52457	36223	5486985	106617
宁 夏 Ningxia	97018	61948	10143376	106739	51894	37681	6039089	117719
新 疆 Xinjiang	486527	324118	45787856	94701	227003	160692	21501862	96580

4-2 续表 9 continued

地 区	Region	文化、体育和娱乐业 Culture, Sports and Entertainment				公共管理、社会保障和社会组织 Public Management, Social Security and Social Organization			
		年末人数（人） Year-end Figures (person)	#女 性 Female	工资总额（千元） Total Wages (1000 yuan)	平均工资（元） Average Wage (yuan)	年末人数（人） Year-end Figures (person)	#女 性 Female	工资总额（千元） Total Wages (1000 yuan)	平均工资（元） Average Wage (yuan)
全 国	**National**	**854525**	**413149**	**98621385**	**115151**	**19566147**	**6572810**	**2036936193**	**104535**
北 京	Beijing	89650	46305	22488755	250045	392168	163549	70815709	180743
天 津	Tianjin	9056	4471	1060612	116265	172814	55224	24080040	141500
河 北	Hebei	38686	18230	2953776	76340	969904	323688	71992241	74631
山 西	Shanxi	33744	16930	2108282	62618	637355	229955	44841116	70366
内蒙古	Inner Mongolia	28349	14178	2353303	82975	576517	202150	45712635	78905
辽 宁	Liaoning	29372	13692	2263976	76294	670880	241277	52806777	78663
吉 林	Jilin	21461	10481	1486346	68648	381022	127004	29176871	76237
黑龙江	Heilongjiang	18603	8487	1264462	67439	473253	160925	36915077	77901
上 海	Shanghai	16453	8995	2958794	179913	190665	73546	36244047	190894
江 苏	Jiangsu	42218	20909	5525070	130561	873693	270914	136992344	157268
浙 江	Zhejiang	39907	20180	5998706	148710	828053	268598	138178110	167878
安 徽	Anhui	20819	9055	1794870	85476	593033	177780	60916119	103273
福 建	Fujian	27575	13114	2877831	104408	516943	172613	60717398	117766
江 西	Jiangxi	20990	9775	1864078	88806	616404	191011	59357702	97029
山 东	Shandong	47677	21665	4948613	103910	1354485	429777	136514362	101506
河 南	Henan	48746	22527	3486129	72216	1205457	393845	92798711	78049
湖 北	Hubei	36601	16597	3501026	95718	757510	244637	75971813	99775
湖 南	Hunan	32194	14350	3560983	110652	883462	254136	73069337	82595
广 东	Guangdong	49845	23339	7463880	148414	1462883	473875	226587138	154275
广 西	Guangxi	17652	8966	1429998	80699	592069	222548	52381307	89139
海 南	Hainan	5564	2444	545077	97546	147121	43878	13763641	94169
重 庆	Chongqing	13485	6616	1418401	103643	391185	135292	44811332	115748
四 川	Sichuan	35662	17602	3324372	93716	1108915	400864	116261298	106224
贵 州	Guizhou	13443	6211	1303731	95495	739823	251641	63889850	87356
云 南	Yunnan	23846	12159	2522452	105608	661564	231172	69252949	105159
西 藏	Tibet	4444	2123	574733	129972	147582	54770	20674245	141459
陕 西	Shaanxi	32938	16242	2502856	75837	609265	204855	46969500	77255
甘 肃	Gansu	19608	9705	1553180	79455	511357	182865	44629406	87587
青 海	Qinghai	5110	2483	519190	101514	151498	60430	16728999	110955
宁 夏	Ningxia	6440	3375	697885	107961	116910	47047	11359078	97781
新 疆	Xinjiang	24387	11941	2270015	92880	832351	282943	62527040	75458

4-3 各地区分行业国有单位在岗职工人数和平均工资(2020年)
ON-POST STAFF AND WORKERS AND AVERAGE WAGE IN STATE-OWNED UNITS BY SECTOR AND REGION(2020)

地区	Region	总计 Total 年末人数(人) Year-end Figures (person)	总计 Total 平均工资(元) Average Wage (yuan)	农、林、牧、渔业 Agriculture, Forestry, Animal Husbandry and Fishery 年末人数(人) Year-end Figures (person)	农、林、牧、渔业 平均工资(元) Average Wage (yuan)	采矿业 Mining 年末人数(人) Year-end Figures (person)	采矿业 Mining 平均工资(元) Average Wage (yuan)	制造业 Manufacturing 年末人数(人) Year-end Figures (person)	制造业 Manufacturing 平均工资(元) Average Wage (yuan)
全国	**National**	**52816482**	**111587**	**512956**	**48355**	**174566**	**97591**	**445959**	**96759**
北京	Beijing	1498145	203896	1377	157502			4862	179634
天津	Tianjin	571727	149267	797	101198			3203	129121
河北	Hebei	2459088	80824	16448	24042	2099	45703	19993	75977
山西	Shanxi	1663934	76368	5930	55010	31237	73103	10233	51842
内蒙古	Inner Mongolia	1303343	85118	41106	63584	5119	148973	2190	75283
辽宁	Liaoning	1702278	86187	60920	18826	141	46933	14172	100860
吉林	Jilin	1099442	84405	30904	47476	1004	169604	24030	137408
黑龙江	Heilongjiang	1453813	77196	158623	37952	13075	89957	6259	68907
上海	Shanghai	845882	205449	186	139210			4873	148439
江苏	Jiangsu	2653744	149287	13708	49915	864	85504	39359	114432
浙江	Zhejiang	2219433	165197	2054	137316	578	70808	9251	94254
安徽	Anhui	1667232	111457	14283	57829	6810	117412	21527	142571
福建	Fujian	1431116	118298	7067	72513	2147	56161	6023	71213
江西	Jiangxi	1593934	97378	17470	54437	3411	72894	24604	97703
山东	Shandong	3608339	108928	4543	81913	20116	75408	31047	92576
河南	Henan	3380129	81430	14470	52379	3942	67872	27998	58069
湖北	Hubei	2153173	101253	12511	49070	1059	85024	29876	93982
湖南	Hunan	2398735	93196	9156	62821	306	56530	17718	166529
广东	Guangdong	4080480	152860	12625	64942	1346	99937	32005	82180
广西	Guangxi	1806934	93541	14307	65739	137	51212	17056	59726
海南	Hainan	392151	104469	4980	37907	285	40560	1716	78105
重庆	Chongqing	1062218	124131	1643	90178	1607	110524	8159	95117
四川	Sichuan	2878194	108644	13402	81533	5289	132915	16025	91707
贵州	Guizhou	1546831	100992	2295	88772	4105	84028	3726	83301
云南	Yunnan	1668854	113623	12242	61785	11107	87217	10623	105544
西藏	Tibet	234120	146671	312	126238	85	73892	707	86590
陕西	Shaanxi	1756388	87693	10441	73655	20216	109041	39008	80223
甘肃	Gansu	1300100	91524	9461	70529	21774	121193	11314	89769
青海	Qinghai	338024	114316	4229	65786	98	67250	990	85117
宁夏	Ningxia	321851	111007	3782	51638	14284	136779	667	141108
新疆	Xinjiang	1726852	88460	11687	67122	2324	99068	6748	72286

4-3 续表 1 continued

地 区 Region	电力、热力、燃气及水生产和供应业 Production and Supply of Electricity, Heat, Gas and Water		建筑业 Construction		批发和零售业 Wholesale and Retail Trades		交通运输、仓储和邮政业 Transport, Storage and Post	
	年末人数(人) Year-end Figures (person)	平均工资(元) Average Wage (yuan)	年末人数(人) Year-end Figures (person)	平均工资(元) Average Wage (yuan)	年末人数(人) Year-end Figures (person)	平均工资(元) Average Wage (yuan)	年末人数(人) Year-end Figures (person)	平均工资(元) Average Wage (yuan)
全 国 National	**1002123**	**111746**	**738977**	**69721**	**455928**	**123974**	**1047960**	**88470**
北 京 Beijing	9660	235470	11982	134584	13024	174685	1729	103841
天 津 Tianjin	2017	128772	3055	104172	5145	152141	21442	95463
河 北 Hebei	60001	84368	28483	57103	14167	113938	66248	71802
山 西 Shanxi	47246	110271	22999	53737	14828	76499	23746	52019
内蒙古 Inner Mongolia	9135	75654	5747	50895	9471	126203	27936	65988
辽 宁 Liaoning	16427	62416	22018	66439	13337	107161	33411	79643
吉 林 Jilin	16233	91833	4511	64094	9876	99694	26854	71949
黑龙江 Heilongjiang	35291	78561	10805	54501	13493	110174	50751	67663
上 海 Shanghai	802	151722	2843	133436	7323	178116	10825	175382
江 苏 Jiangsu	11963	124820	94131	60363	26929	112544	58150	106010
浙 江 Zhejiang	6366	162051	11045	75671	18294	189507	27080	124303
安 徽 Anhui	12613	99280	19028	74396	17709	107569	35147	88399
福 建 Fujian	4799	78803	31250	78253	16075	129905	18999	87462
江 西 Jiangxi	10719	90853	30409	62216	16468	105259	31060	82311
山 东 Shandong	128550	130195	55794	86573	17868	75993	64851	97949
河 南 Henan	138708	105271	34282	58048	36954	103555	84130	64769
湖 北 Hubei	84911	130708	37432	73156	24427	118639	53432	82645
湖 南 Hunan	90674	109444	42869	55095	21897	132942	33998	71600
广 东 Guangdong	37446	112977	100989	80012	25554	121886	88921	117251
广 西 Guangxi	10570	74505	10112	60290	11589	123739	15167	87845
海 南 Hainan	9129	118083	4934	27616	3749	164357	10745	89308
重 庆 Chongqing	2425	90257	8415	71487	8236	173853	26954	122390
四 川 Sichuan	23017	111136	57176	57835	19706	133148	45453	96188
贵 州 Guizhou	48549	121292	5485	79131	19898	145735	11780	76306
云 南 Yunnan	5347	101010	13239	102268	18869	199111	32546	107910
西 藏 Tibet	1037	154218	629	66285	2686	124638	10496	127167
陕 西 Shaanxi	46622	125088	22909	71288	22524	98578	72551	76591
甘 肃 Gansu	65936	90764	34931	65362	7701	96228	20564	76885
青 海 Qinghai	9698	92992	3838	90031	4379	121901	7740	120205
宁 夏 Ningxia	13654	147555	898	47556	2203	119410	6050	90032
新 疆 Xinjiang	42579	127297	6740	89770	11549	94691	29205	86211

4-3 续表 2 continued

地 区 Region	住宿和餐饮业 Hotels and Catering Services		信息传输、软件和信息技术服务业 Information Transmission, Software and Information Technology		金融业 Financial Intermediation		房地产业 Real Estate	
	年末人数（人）Year-end Figures (person)	平均工资（元）Average Wage (yuan)	年末人数（人）Year-end Figures (person)	平均工资（元）Average Wage (yuan)	年末人数（人）Year-end Figures (person)	平均工资（元）Average Wage (yuan)	年末人数（人）Year-end Figures (person)	平均工资（元）Average Wage (yuan)
全 国 National	**195221**	**54544**	**249620**	**120689**	**635303**	**170607**	**207578**	**86263**
北 京 Beijing	18798	75993	12644	225780	11553	371903	12766	124796
天 津 Tianjin	2006	59337	1996	133050	26309	180722	5514	108191
河 北 Hebei	10039	42698	9765	95779	8091	122635	5034	68090
山 西 Shanxi	9309	40454	8540	89092	19537	122086	6146	43704
内蒙古 Inner Mongolia	2657	43998	9574	94916	21348	120149	1800	60797
辽 宁 Liaoning	4931	50921	12016	122920	35050	107223	8541	63531
吉 林 Jilin	5552	42886	6321	72272	18425	112693	2772	71172
黑龙江 Heilongjiang	4113	44213	7012	85293	18995	120603	3254	52726
上 海 Shanghai	5766	80156	6022	197537	44827	338948	5497	141583
江 苏 Jiangsu	13404	63259	19472	135368	45868	188522	11426	94468
浙 江 Zhejiang	7412	71544	8923	153412	4565	221893	6844	101775
安 徽 Anhui	2567	45155	5294	119421	25757	133831	4375	67748
福 建 Fujian	3985	50586	3846	126767	6006	151622	7357	83874
江 西 Jiangxi	5387	41303	4334	113677	20651	119457	4198	73690
山 东 Shandong	21188	51015	18517	124824	51900	138388	13439	77307
河 南 Henan	9807	41681	14497	75290	6749	132734	7141	65958
湖 北 Hubei	3189	45384	10355	108550	10514	121578	7597	89665
湖 南 Hunan	4870	42259	7902	88048	28731	147830	5045	76050
广 东 Guangdong	16304	69700	18188	127693	90255	212700	51738	101062
广 西 Guangxi	5643	49066	3150	95171	4819	138435	4255	72583
海 南 Hainan	1373	41600	1751	72558	7783	167625	2347	78458
重 庆 Chongqing	1490	55940	8890	165149	5679	146106	2571	106541
四 川 Sichuan	5085	45926	17551	118077	21470	170515	4161	76072
贵 州 Guizhou	2681	47988	3903	126836	3035	129616	2684	52919
云 南 Yunnan	6251	48359	5506	109295	15717	150824	3005	77617
西 藏 Tibet	1326	62570	3559	171060	2968	219773	484	47165
陕 西 Shaanxi	6525	47264	5148	92787	31955	146191	8560	66193
甘 肃 Gansu	4697	43148	7143	74818	17943	106120	5235	47701
青 海 Qinghai	1161	49097	1173	134678	5373	145974	520	64855
宁 夏 Ningxia	914	44654	832	105599	5570	129292	197	74125
新 疆 Xinjiang	6788	52320	5794	114786	17861	163962	3076	56879

4-3 续表 3 continued

地 区 Region	租赁和商务服务业 Leasing and Business Services		科学研究和技术服务业 Scientific Research and Technical Services		水利、环境和公共设施管理业 Management of Water Conservancy,Environment and Public Facilities		居民服务、修理和其他服务业 Service to Households, Repair and Other Services	
	年末人数（人） Year-end Figures (person)	平均工资（元） Average Wage (yuan)	年末人数（人） Year-end Figures (person)	平均工资（元） Average Wage (yuan)	年末人数（人） Year-end Figures (person)	平均工资（元） Average Wage (yuan)	年末人数（人） Year-end Figures (person)	平均工资（元） Average Wage (yuan)
全 国 National	**899126**	**78822**	**1460708**	**132389**	**1071619**	**76415**	**110021**	**84505**
北 京 Beijing	128222	91069	132362	232719	56592	131063	9096	91152
天 津 Tianjin	11078	105652	29656	176557	19443	110116	3409	98024
河 北 Hebei	23292	59824	43363	93054	41527	64751	3322	61450
山 西 Shanxi	22582	57294	44691	82652	50021	42495	3552	62101
内蒙古 Inner Mongolia	13763	63916	31902	88277	23451	62636	1496	58456
辽 宁 Liaoning	22964	64287	46383	107382	38620	53965	3654	62060
吉 林 Jilin	10817	61824	38560	87979	34531	47379	3477	64012
黑龙江 Heilongjiang	16777	55898	35847	88521	43162	50373	5560	58694
上 海 Shanghai	48175	104926	35607	217086	11863	163967	6923	120034
江 苏 Jiangsu	71577	80793	72426	166652	58158	100075	6357	111594
浙 江 Zhejiang	50151	80451	51763	179193	38840	97558	4225	105730
安 徽 Anhui	20157	70963	45688	108483	25801	84812	3330	86211
福 建 Fujian	27349	73373	35940	140828	25507	77076	2100	89450
江 西 Jiangxi	18565	68290	40063	106765	11894	69447	1336	70325
山 东 Shandong	40353	76407	67829	127458	47984	83766	5658	80152
河 南 Henan	41563	61279	75582	86508	57277	69611	5678	61636
湖 北 Hubei	39280	66819	61860	106181	50550	81507	6090	87316
湖 南 Hunan	24846	77348	58447	96245	61873	60639	3914	71155
广 东 Guangdong	136714	86086	106939	195343	77063	101678	13526	101006
广 西 Guangxi	18416	75686	51675	99693	51665	60046	1952	84545
海 南 Hainan	4450	78861	10694	115584	11331	56703	646	70408
重 庆 Chongqing	3605	95653	26429	125014	10405	78630	1234	86489
四 川 Sichuan	27697	81927	71144	118168	50179	67761	4822	76691
贵 州 Guizhou	10174	64007	24029	101611	10877	73694	1058	85667
云 南 Yunnan	12541	98217	55408	112637	24582	83710	1571	84297
西 藏 Tibet	2061	115613	5826	157414	623	96940	77	141506
陕 西 Shaanxi	19328	72278	56877	87904	46429	61594	2697	48729
甘 肃 Gansu	10961	52211	43230	105064	26753	68233	933	85320
青 海 Qinghai	2070	105660	11509	125434	7216	76390	224	96494
宁 夏 Ningxia	1882	82066	8867	118167	10447	72611	149	80017
新 疆 Xinjiang	17715	55052	40113	104127	46955	62740	1955	66828

4-3 续表 4 continued

地 区 Region	教 育 Education 年末人数(人) Year-end Figures (person)	教 育 Education 平均工资(元) Average Wage (yuan)	卫生和社会工作 Health and Social Service 年末人数(人) Year-end Figures (person)	卫生和社会工作 Health and Social Service 平均工资(元) Average Wage (yuan)	文化、体育和娱乐业 Culture, Sports and Entertainment 年末人数(人) Year-end Figures (person)	文化、体育和娱乐业 Culture, Sports and Entertainment 平均工资(元) Average Wage (yuan)	公共管理、社会保障和社会组织 Public Management, Social Security and Social Organization 年末人数(人) Year-end Figures (person)	公共管理、社会保障和社会组织 Public Management, Social Security and Social Organization 平均工资(元) Average Wage (yuan)
全 国 National	**15675186**	**115716**	**8528295**	**123551**	**815699**	**118356**	**18589637**	**108103**
北 京 Beijing	378674	240309	232222	234091	86813	254655	375769	187304
天 津 Tianjin	165357	156474	95802	166802	8569	118907	166928	143704
河 北 Hebei	764375	88851	366187	83120	37098	77893	939554	76035
山 西 Shanxi	464804	84365	230464	79578	32556	63802	615515	72098
内蒙古 Inner Mongolia	337387	94265	179111	87979	27592	84199	552558	80755
辽 宁 Liaoning	440456	101129	262684	91730	27812	78262	638738	81409
吉 林 Jilin	312956	90596	175485	92355	20488	69968	356646	79817
黑龙江 Heilongjiang	349242	89401	216136	81489	17460	69961	447958	80767
上 海 Shanghai	264674	196205	185824	243765	15792	184715	188060	192457
江 苏 Jiangsu	826207	157414	407934	158498	40001	134694	835810	162272
浙 江 Zhejiang	703299	161701	441938	178853	38210	153075	788594	173516
安 徽 Anhui	565989	114901	270252	125532	19671	87966	551234	107952
福 建 Fujian	497722	115904	217409	137371	25771	109255	491764	121769
江 西 Jiangxi	517422	92557	236803	111513	20080	91528	579062	100748
山 东 Shandong	1068728	115208	593562	113526	46397	105584	1310016	103721
河 南 Henan	1034835	81658	569981	86959	46375	73933	1170161	79367
湖 北 Hubei	593801	102682	378730	100877	34896	98260	712664	103316
湖 南 Hunan	718951	91236	385544	115301	30393	114202	851602	84362
广 东 Guangdong	1075255	157976	712223	171943	48246	151649	1435144	156213
广 西 Guangxi	659517	90938	352912	109087	16425	84702	557565	92794
海 南 Hainan	111131	115845	61179	113981	5422	98847	138508	97829
重 庆 Chongqing	366960	125800	185512	138272	13095	105359	378907	118278
四 川 Sichuan	892847	106963	515394	119143	33181	96774	1054594	109668
贵 州 Guizhou	496473	102903	236240	110977	12523	99963	647314	95135
云 南 Yunnan	553248	116985	263117	112218	22776	109106	601161	112708
西 藏 Tibet	43275	153164	14449	143566	4281	132972	139240	147284
陕 西 Shaanxi	470771	97339	264814	86607	31279	77804	577735	79775
甘 肃 Gansu	356834	97562	155716	88372	18231	83223	480744	91559
青 海 Qinghai	80277	121721	50857	108122	4780	105118	141892	116445
宁 夏 Ningxia	88890	113893	49277	119859	6057	112894	107230	103748
新 疆 Xinjiang	474828	96086	220537	98090	23428	94710	756970	79126

4-4 各地区分行业国有单位其他就业人员和平均工资(2020年)
OTHER EMPLOYMENT AND AVERSGE WAGE IN STATE-OWNED UNITS BY SECTOR AND REGION (2020)

地区	Region	总计 Total		农、林、牧、渔业 Agriculture, Forestry, Animal Husbandry and Fishery		采矿业 Mining		制造业 Manufacturing	
		年末人数(人) Year-end Figures (person)	平均工资(元) Average Wage (yuan)	年末人数(人) Year-end Figures (person)	平均工资(元) Average Wage (yuan)	年末人数(人) Year-end Figures (person)	平均工资(元) Average Wage (yuan)	年末人数(人) Year-end Figures (person)	平均工资(元) Average Wage (yuan)
全国	**National**	**2813283**	**42605**	**67235**	**28438**	**5682**	**42685**	**17633**	**40789**
北京	Beijing	60551	82048	133	45229			206	79132
天津	Tianjin	37977	53277	108	22634			176	43929
河北	Hebei	101158	33979	311	35087	26	45357	396	40300
山西	Shanxi	65386	25654	247	19629	460	20726	472	29245
内蒙古	Inner Mongolia	43303	38324	505	25480	13	60462	48	46489
辽宁	Liaoning	93014	32502	4562	6248			736	54228
吉林	Jilin	72234	32211	3530	34316	4	18250	956	43553
黑龙江	Heilongjiang	115576	28338	31360	24867	468	24858	399	31045
上海	Shanghai	35556	91570	48	44559			500	47876
江苏	Jiangsu	146568	62307	742	30537	134	22250	2099	70549
浙江	Zhejiang	114940	63481	167	50913	54	22098	374	46011
安徽	Anhui	91932	44264	8635	42937	313	76885	415	26167
福建	Fujian	91587	39083	1485	20908	7	39571	223	28400
江西	Jiangxi	96140	38829	2653	39631	71	38887	166	32521
山东	Shandong	119965	42315	198	36690	472	29917	531	36962
河南	Henan	114154	39934	700	32644	2	76000	230	55015
湖北	Hubei	122974	40842	2746	32002	5	17600	2166	25060
湖南	Hunan	120886	38184	1228	31408	120	53575	1183	17001
广东	Guangdong	152092	63470	321	39858	1	5000	1212	33672
广西	Guangxi	102219	32803	2457	34557	78	38060	727	50650
海南	Hainan	18728	39008	408	17105	9	28500	19	18500
重庆	Chongqing	49392	45169	34	91333	1	24000	109	27626
四川	Sichuan	155085	43277	958	27541	409	73938	444	102345
贵州	Guizhou	186015	33632	161	23720	121	24628	491	24621
云南	Yunnan	157047	34255	1604	22841	562	29444	1722	18886
西藏	Tibet	16978	46639	71	23662			72	39507
陕西	Shaanxi	111938	35363	262	26735	1272	77426	801	48974
甘肃	Gansu	78207	32385	890	46280	998	21662	633	39463
青海	Qinghai	15915	37252	38	26426			14	35214
宁夏	Ningxia	23905	34715	67	28744	82	28200	11	74333
新疆	Xinjiang	101861	40193	605	38824	1	31316	101	67681

4-4 续表 1 continued

地区 Region	电力、热力、燃气及水生产和供应业 Production and Supply of Electricity, Heat, Gas and Water		建筑业 Construction		批发和零售业 Wholesale and Retail Trades		交通运输、仓储和邮政业 Transport, Storage and Post	
	年末人数(人) Year-end Figures (person)	平均工资(元) Average Wage (yuan)	年末人数(人) Year-end Figures (person)	平均工资(元) Average Wage (yuan)	年末人数(人) Year-end Figures (person)	平均工资(元) Average Wage (yuan)	年末人数(人) Year-end Figures (person)	平均工资(元) Average Wage (yuan)
全 国 National	**22179**	**33416**	**151911**	**52909**	**21738**	**64694**	**36626**	**49326**
北 京 Beijing	59	49429	260	68524	588	81913	51	24811
天 津 Tianjin	328	39675	99	34231	115	63583	131	68538
河 北 Hebei	2057	35221	3439	50222	346	50290	3147	51798
山 西 Shanxi	1609	20482	7254	23615	351	20401	1442	36114
内蒙古 Inner Mongolia	110	34578	106	29158	138	70880	378	30240
辽 宁 Liaoning	695	23439	1141	35021	351	141472	1847	22393
吉 林 Jilin	365	41436	370	44158	198	44408	892	27205
黑龙江 Heilongjiang	2789	38997	1528	40806	1590	43399	2140	30366
上 海 Shanghai			142	67295	570	62759	593	85160
江 苏 Jiangsu	252	60863	12866	51825	641	96481	1773	50616
浙 江 Zhejiang	107	41115	166	85856	319	43478	676	36042
安 徽 Anhui	212	43154	7314	52000	337	48942	1549	76499
福 建 Fujian	222	23049	780	46647	368	47174	486	33973
江 西 Jiangxi	664	54199	15645	35316	735	34267	1757	72656
山 东 Shandong	587	43423	6559	49616	529	65796	1373	45288
河 南 Henan	1336	63483	6764	50842	1712	50654	2609	42189
湖 北 Hubei	1187	25346	7391	37510	1050	73673	1322	39286
湖 南 Hunan	1395	32328	12889	48030	2710	52680	2196	35513
广 东 Guangdong	874	22322	31226	75858	837	46313	3114	62481
广 西 Guangxi	346	38395	2133	32770	359	53440	919	54432
海 南 Hainan	790	6599	79	39661	46	103777	103	47541
重 庆 Chongqing	36	27940	3085	48971	153	164648	818	95144
四 川 Sichuan	572	51369	4312	39823	847	150700	2432	43895
贵 州 Guizhou	3042	16971	7264	55307	1707	79796	426	42902
云 南 Yunnan	247	42060	3652	84726	3522	69624	741	59401
西 藏 Tibet	72	95301	820	71542	82	48036	647	75383
陕 西 Shaanxi	812	44971	5631	60379	774	56991	1749	53418
甘 肃 Gansu	892	28316	7815	45271	269	43424	863	52153
青 海 Qinghai	36	46083	599	46403	120	73967	143	91037
宁 夏 Ningxia	162	32750	273	28441	42	51744	106	33063
新 疆 Xinjiang	325	32786	312	104470	333	50591	202	45808

4-4 续表 2 continued

地 区 Region	住宿和餐饮业 Hotels and Catering Services		信息传输、软件和信息技术服务业 Information Transmission, Software and Information Technology		金融业 Financial Intermediation		房地产业 Real Estate	
	年末人数（人） Year-end Figures (person)	平均工资（元） Average Wage (yuan)	年末人数（人） Year-end Figures (person)	平均工资（元） Average Wage (yuan)	年末人数（人） Year-end Figures (person)	平均工资（元） Average Wage (yuan)	年末人数（人） Year-end Figures (person)	平均工资（元） Average Wage (yuan)
全 国 National	**10945**	**42002**	**5981**	**62934**	**51038**	**39547**	**13590**	**37245**
北 京 Beijing	1231	62712	273	68803	21	57208	1085	65696
天 津 Tianjin	221	36963	24	62545	140	51585	459	39171
河 北 Hebei	513	33752	103	34571	5	44269	238	42598
山 西 Shanxi	189	27960	90	34634	262	17780	233	33154
内蒙古 Inner Mongolia	6	44667	374	33653	184	27603	13	38227
辽 宁 Liaoning	125	41709	165	29624	1281	23939	727	23812
吉 林 Jilin	157	23182	270	49489	6258	54921	187	32456
黑龙江 Heilongjiang	442	30675	222	39320	374	74048	279	28351
上 海 Shanghai	832	62701	76	59284	17	226686	1231	62382
江 苏 Jiangsu	694	52425	121	45676	1312	57624	410	39612
浙 江 Zhejiang	646	44723	203	92972	16	114222	469	39195
安 徽 Anhui	75	36575	349	43112	881	36448	215	30278
福 建 Fujian	89	34405	121	48350	293	69957	568	35545
江 西 Jiangxi	455	33793	67	52551	969	62741	186	40805
山 东 Shandong	661	34546	116	40796	4014	32064	2263	22826
河 南 Henan	690	50559	603	103744	1	51000	137	43066
湖 北 Hubei	455	29480	399	59678	195	30294	796	31259
湖 南 Hunan	94	39066	303	71070	1310	26720	353	20848
广 东 Guangdong	868	32549	241	94960	17508	48003	560	50043
广 西 Guangxi	252	24195	82	29061	21	45818	430	21858
海 南 Hainan	33	28048	37	67521	1	84000	178	27745
重 庆 Chongqing	46	64574	34	60178	36	58673	126	42568
四 川 Sichuan	239	28309	329	65290	3794	43379	380	27184
贵 州 Guizhou	40	34030	268	118722	41	56562	296	24886
云 南 Yunnan	812	34037	338	31383	279	50275	337	31821
西 藏 Tibet	149	60260	96	44927	56	88792	5	78800
陕 西 Shaanxi	633	40048	72	37310	10914	15227	858	39372
甘 肃 Gansu	249	31295	172	94861	147	32924	297	26839
青 海 Qinghai			5	33000	30	38836	37	30351
宁 夏 Ningxia			71	77693	293	66666	74	20596
新 疆 Xinjiang	51	52204	360	53931	386	55738	162	38249

4-4 续表 3 continued

地 区 Region	租赁和商务服务业 Leasing and Business Services		科学研究和技术服务业 Scientific Research and Technical Services		水利、环境和公共设施管理业 Management of Water Conservancy,Environment and Public Facilities		居民服务、修理和其他服务业 Service to Households, Repair and Other Services	
	年末人数(人) Year-end Figures (person)	平均工资(元) Average Wage (yuan)	年末人数(人) Year-end Figures (person)	平均工资(元) Average Wage (yuan)	年末人数(人) Year-end Figures (person)	平均工资(元) Average Wage (yuan)	年末人数(人) Year-end Figures (person)	平均工资(元) Average Wage (yuan)
全 国 National	**62656**	**42395**	**61747**	**65414**	**149739**	**30409**	**7765**	**47685**
北 京 Beijing	2677	137420	9036	123447	2223	52923	267	56917
天 津 Tianjin	15527	36686	1407	61000	1982	42711	347	48319
河 北 Hebei	1264	36993	849	43894	8939	26051	318	29657
山 西 Shanxi	1295	31169	1321	34075	6025	20058	105	17827
内蒙古 Inner Mongolia	590	36161	730	46161	819	33103	74	43147
辽 宁 Liaoning	1066	34795	4771	33714	5484	20537	204	39453
吉 林 Jilin	1853	24889	810	43979	11245	26895	259	26621
黑龙江 Heilongjiang	3428	16566	1751	34091	14257	23816	762	31486
上 海 Shanghai	2832	55747	1312	125804	82	69851	241	69492
江 苏 Jiangsu	3837	51752	3238	77540	5962	37033	474	65056
浙 江 Zhejiang	1970	41130	2588	72851	5115	39410	658	45525
安 徽 Anhui	454	40185	1361	78249	2380	29775	235	38556
福 建 Fujian	2070	26961	1300	51240	2814	39475	211	42228
江 西 Jiangxi	767	41220	1626	47940	3065	31014	48	36257
山 东 Shandong	1476	28150	1504	92700	5174	25510	445	49021
河 南 Henan	1173	31620	4201	45411	11064	24752	290	29054
湖 北 Hubei	4471	31988	3091	46111	7436	37164	1125	71370
湖 南 Hunan	1280	38267	2165	49020	8194	24241	285	43860
广 东 Guangdong	6690	53721	4869	80565	5546	52344	284	60073
广 西 Guangxi	1354	25830	2375	49957	2836	23009	55	26393
海 南 Hainan	113	75005	312	66015	592	37612	19	53026
重 庆 Chongqing	210	49457	600	60266	1042	36463	59	75288
四 川 Sichuan	586	50154	2121	49128	9669	56651	263	53314
贵 州 Guizhou	426	35234	1121	75424	1720	25461	202	44247
云 南 Yunnan	681	33101	1661	40733	10826	16698	118	41208
西 藏 Tibet	165	35240	411	32859	165	26115	38	26605
陕 西 Shaanxi	1404	38611	2336	46037	9216	27435	205	27278
甘 肃 Gansu	767	30463	1593	40624	2366	29328	25	45009
青 海 Qinghai	154	29440	362	40438	218	31644	1	25000
宁 夏 Ningxia	160	41716	168	33448	1560	32478	29	36250
新 疆 Xinjiang	1920	27284	756	42700	1725	32693	118	34487

4-4 续表 4 continued

地 区 Region	教 育 Education		卫生和社会工作 Health and Social Service		文化、体育和娱乐业 Culture, Sports and Entertainment		公共管理、社会保障和社会组织 Public Management, Social Security and Social Organization	
	年末人数（人）Year-end Figures (person)	平均工资（元）Average Wage (yuan)	年末人数（人）Year-end Figures (person)	平均工资（元）Average Wage (yuan)	年末人数（人）Year-end Figures (person)	平均工资（元）Average Wage (yuan)	年末人数（人）Year-end Figures (person)	平均工资（元）Average Wage (yuan)
全 国 National	**695131**	**38711**	**416349**	**61460**	**38826**	**47662**	**976510**	**36505**
北 京 Beijing	15925	102784	7280	96666	2837	110612	16399	28623
天 津 Tianjin	4763	47081	5777	91328	487	71306	5886	71463
河 北 Hebei	21008	26183	26262	40803	1588	40215	30350	30550
山 西 Shanxi	10562	26510	10443	36528	1188	29334	21840	20984
内蒙古 Inner Mongolia	9410	39335	5088	51863	757	39073	23959	35544
辽 宁 Liaoning	15154	31376	21006	53330	1560	38876	32142	24247
吉 林 Jilin	9434	40642	10097	37557	973	40986	24376	23452
黑龙江 Heilongjiang	11000	27332	16350	36968	1143	28690	25295	27046
上 海 Shanghai	14310	84265	9503	126971	662	69654	2605	73334
江 苏 Jiangsu	40033	53448	31879	96977	2218	56012	37882	51719
浙 江 Zhejiang	41892	55461	18363	102893	1697	59165	39459	60803
安 徽 Anhui	16475	33495	7785	68664	1147	42538	41799	41575
福 建 Fujian	44877	36222	8691	58582	1803	35168	25180	38718
江 西 Jiangxi	19394	31170	9621	49556	910	28540	37342	39315
山 东 Shandong	22829	41573	25485	55111	1280	43621	44469	36675
河 南 Henan	23319	34306	21657	52834	2371	36521	35296	35540
湖 北 Hubei	27611	33201	14977	55520	1705	43624	44846	42407
湖 南 Hunan	36206	30795	15315	54559	1801	51094	31860	35752
广 东 Guangdong	33745	54905	14857	102433	1600	49244	27740	55904
广 西 Guangxi	44705	30119	7359	58489	1227	29047	34504	29530
海 南 Hainan	4933	42244	2301	54116	142	51738	8613	35461
重 庆 Chongqing	23346	36849	6988	74320	390	46151	12278	35660
四 川 Sichuan	52399	33446	18529	73442	2480	49768	54321	37314
贵 州 Guizhou	55015	26284	20245	54893	920	37840	92509	30875
云 南 Yunnan	35752	28035	32721	44999	1070	29841	60404	30701
西 藏 Tibet	4015	32251	1607	54474	164	50900	8343	48066
陕 西 Shaanxi	23264	33133	18545	43826	1659	41087	31531	31307
甘 肃 Gansu	11307	31644	16934	37577	1377	30088	30613	25103
青 海 Qinghai	2622	31863	1600	59542	329	49002	9606	32844
宁 夏 Ningxia	8128	23816	2617	77435	383	21733	9680	31461
新 疆 Xinjiang	11698	34877	6467	45922	959	45241	75381	38790

五、城镇集体单位就业人员和工资总额

EMPLOYMENT AND TOTAL WAGES IN URBAN COLLECTIVE-OWNED UNITS

5-1 分行业城镇集体单位就业人员和工资总额(2020年)
EMPLOYMENT AND TOTAL WAGES IN URBAN COLLECTIVE-OWNED UNITS BY SECTOR (2020)

项目	Item	年末人数(千人) Year-end Figures (1000 persons)	#女性 Female	工资总额(亿元) Total Wages (100 million yuan)	平均工资(元) Average Wage (yuan)
全国总计	**National Total**	**2712**	**1085**	**1841.8**	**68590**
农、林、牧、渔业	**Agriculture, Forestry, Animal Husbandry and Fishery**	**18**	**6**	**7.7**	**42436**
农业	Farming	8	3	2.7	33877
林业	Forestry	4	1	1.6	39879
畜牧业	Animal Husbandry	1		0.5	41061
渔业	Fishery	1		0.6	48152
农、林、牧、渔专业及辅助性活动	Professional and Support Activities for Agriculture, Forestry, Animal Husbandry and Fishery	4	1	2.3	62647
采矿业	**Mining**	**27**	**3**	**19.1**	**70952**
煤炭开采和洗选业	Mining and Washing of Coal	14	1	11.2	79834
石油和天然气开采业	Extraction of Petroleum and Natural Gas				
黑色金属矿采选业	Mining and Processing of Ferrous Metal Ores	4	1	1.8	54618
有色金属矿采选业	Mining and Processing of Non-Ferrous Metal Ores	2		1.1	60071
非金属矿采选业	Mining and Processing of Non-metal Ores	5	1	2.3	47968
开采专业及辅助性活动	Professional and Support Activities for Mining	3	1	2.6	91807
其他采矿业	Mining of Other Ores				
制造业	**Manufacturing**	**219**	**90**	**118.5**	**53607**
农副食品加工业	Processing of Food from Agricultural Products	4	1	1.5	42124
食品制造业	Manufacture of Foods	2	1	0.7	43713
酒、饮料和精制茶制造业	Manufacture of Liquor, Beverages and Refined Tea	4	2	1.7	40860
烟草制品业	Manufacture of Tobacco	1		1.2	91550
纺织业	Manufacture of Textile	6	4	2.6	44953
纺织服装、服饰业	Manufacture of Textile, Wearing Apparel and Accessories	9	6	3.2	41296
皮革、毛皮、羽毛及其制品和制鞋业	Manufacture of Leather, Fur, Feather and Related Products and Footwear	2	1	1.1	40340
木材加工和木、竹、藤、棕、草制品业	Processing of Timber, Manufacture of Wood, Bamboo, Rattan, Palm and Straw Products	2	1	1.2	49143
家具制造业	Manufacture of Furniture			0.1	34981
造纸及纸制品业	Manufacture of Paper and Paper Products	7	3	4.2	56919
印刷和记录媒介复制业	Printing and Reproduction of Recording Media	14	7	9.1	65093
文教、工美、体育和娱乐用品制造业	Manufacture of Articles for Culture, Education, Arts and Crafts, Sport and Entertainment Activities	13	6	7.1	54403
石油、煤炭及其他燃料加工业	Processing of Petroleum, Coal and Other Fuels	2	1	0.7	38351

5-1 续表 1 continued

项　　目	Item	年末人数(千人) Year-end Figures (1000 persons)	#女 性 Female	工资总额(亿元) Total Wages (100 million yuan)	平均工资(元) Average Wage (yuan)
化学原料和化学制品制造业	Manufacture of Raw Chemical Materials and Chemical Products	12	4	7.0	57899
医药制造业	Manufacture of Medicines	3	2	1.6	45869
化学纤维制造业	Manufacture of Chemical Fibres			0.1	46276
橡胶和塑料制品业	Manufacture of Rubber and Plastics Products	11	6	5.3	47906
非金属矿物制品业	Manufacture of Non-metallic Mineral Products	17	4	7.9	47689
黑色金属冶炼和压延加工业	Smelting and Pressing of Ferrous Metals	2		1.1	49609
有色金属冶炼和压延加工业	Smelting and Pressing of Non-ferrous Metals	3	1	1.6	49541
金属制品业	Manufacture of Metal Products	27	9	13.8	50803
通用设备制造业	Manufacture of General Purpose Machinery	18	6	8.9	47337
专用设备制造业	Manufacture of Special Purpose Machinery	19	7	11.8	61177
汽车制造业	Manufacture of Automobiles	4	2	3.4	74770
铁路、船舶、航空航天和其他运输设备制造业	Manufacture of Railway, Ship, Aerospace and Other Transport Equipments	8	2	4.8	63626
电气机械和器材制造业	Manufacture of Electrical Machinery and Apparatus	7	3	3.7	53385
计算机、通信和其他电子设备制造业	Manufacture of Computers, Communication and Other Electronic Equipment	8	6	5.8	64109
仪器仪表制造业	Manufacture of Measuring Instruments and Machinery	3	1	1.7	64234
其他制造业	Other Manufacture	1		0.4	48322
废弃资源综合利用业	Utilization of Waste Resources	2	1	1.0	50309
金属制品、机械和设备修理业	Repair Service of Metal Products, Machinery and Equipment	7	2	4.0	56063
电力、热力、燃气及水生产和供应业	**Production and Supply of Electricity, Heat, Gas and Water**	**34**	**10**	**17.6**	**52219**
电力、热力生产和供应业	Production and Supply of Electric Power and Heat Power	11	3	5.1	49001
燃气生产和供应业	Production and Supply of Gas	1		0.5	86968
水的生产和供应业	Production and Supply of Water	23	7	11.9	52743
建筑业	**Construction**	**832**	**125**	**412.0**	**50651**
房屋建筑业	Construction of Buildings	704	104	339.0	49680
土木工程建筑业	Civil Engineering	79	13	43.1	53857
建筑安装业	Building Installation	30	5	18.3	59902
建筑装饰、装修和其他建筑业	Building Decoration and Other Constructions	20	3	11.6	56715
批发和零售业	**Wholesale and Retail Trades**	**92**	**44**	**42.7**	**46641**
批发业	Wholesale Trade	37	13	17.8	48552
零售业	Retail Trade	55	31	24.9	45364

5−1 续表 2 continued

项　目	Item	年末人数(千人) Year-end Figures (1000 persons)	#女 性 Female	工资总额(亿元) Total Wages (100 million yuan)	平均工资(元) Average Wage (yuan)
交通运输、仓储和邮政业	**Transport, Storage and Post**	**78**	**22**	**39.4**	**49736**
铁路运输业	Railway Transport	1		1.0	81243
道路运输业	Road Transport	42	10	20.3	47699
水上运输业	Water Transport	5	1	2.9	55617
航空运输业	Air Transport			0.2	181847
管道运输业	Transport Via Pipelines				
多式联运和运输代理业	Intermodality and Forwarding Agency	2	1	0.9	58455
装卸搬运和仓储业	Loading, Unloading and Storage	28	10	13.7	48719
邮政业	Post			0.4	105469
住宿和餐饮业	**Hotels and Catering Services**	**26**	**15**	**12.4**	**46511**
住宿业	Hotels	17	10	8.6	48085
餐饮业	Catering Services	9	5	3.8	43348
信息传输、软件和信息技术服务业	**Information Transmission, Software and Information Technology**	**6**	**2**	**5.5**	**95646**
电信、广播电视和卫星传输服务	Telecommunication, Radio and Television and Satellite Transmission Service	3	1	2.0	73203
互联网和相关服务	Internet and Related Service	1		0.7	106734
软件和信息技术服务业	Software and Information Technology	2	1	2.9	118188
金融业	**Financial Intermediation**	**70**	**31**	**87.9**	**126555**
货币金融服务	Monetary and Financial Service	69	31	87.6	126871
资本市场服务	Capital Market Service				
保险业	Insurance			0.2	85751
其他金融业	Other Financial Activities				
房地产业	**Real Estate**	**92**	**34**	**54.6**	**59383**
租赁和商务服务业	**Leasing and Business Services**	**195**	**62**	**106.0**	**54318**
租赁业	Leasing	2	1	1.4	62497
商务服务业	Business Services	193	61	104.6	54221
科学研究和技术服务业	**Scientific Research and Technical Services**	**47**	**16**	**39.9**	**85734**
研究和试验发展	Research and Experimental Development	2	1	2.4	96278
专业技术服务业	Professional Technical Services	35	12	29.7	83919

5-1 续表 3 continued

项　目	Item	年末人数（千人）Year-end Figures (1000 persons)	#女性 Female	工资总额（亿元）Total Wages (100 million yuan)	平均工资（元）Average Wage (yuan)
科技推广和应用服务业	Science and Technology Popularization and Application Services	9	3	7.8	90064
水利、环境和公共设施管理业	**Management of Water Conservancy, Environment and Public Facilities**	**49**	**20**	**28.9**	**58272**
水利管理业	Management of Water Conservancy	5	1	4.2	79733
生态保护和环境治理业	Ecological Protection and Environmental Treatment	1		1.0	67856
公共设施管理业	Management of Public Facilities	42	19	23.5	55246
土地管理业	Management of Land			0.2	66154
居民服务、修理和其他服务业	**Service to Households, Repair and Other Services**	**38**	**16**	**24.7**	**65197**
居民服务业	Service to Households	19	8	10.9	58583
机动车、电子产品和日用产品修理业	Repair of Motor Vehicle, Electronics and Household Products	5	1	2.4	48121
其他服务业	Other Services	14	6	11.3	80166
教育	**Education**	**467**	**324**	**428.1**	**93031**
卫生和社会工作	**Health and Social Service**	**352**	**237**	**333.7**	**95883**
卫生	Health	321	217	318.8	100190
社会工作	Social Service	30	20	14.9	49979
文化、体育和娱乐业	**Culture, Sports and Entertainment**	**17**	**8**	**12.6**	**75951**
新闻和出版业	Journalism and Publishing Activities	2	1	1.8	79691
广播、电视、电影和录音制作业	Radio, Television, Motion Picture and Audio-visual Programme Production Services	2	1	1.2	80889
文化艺术业	Cultural and Art Activities	10	5	7.5	77999
体育	Sports Activities	2	1	1.4	71853
娱乐业	Entertainment	1	1	0.7	54807
公共管理、社会保障和社会组织	**Public Management, Social Security and Social Organization**	**54**	**19**	**50.4**	**94506**
#中国共产党机关	Organs of Communist Party of China				
国家机构	Government Agencies				
人民政协、民主党派	People's Political Consultative Conference and Democratic Parties				
社会保障	Social Security				
群众团体、社会团体和其他成员组织	Non-Governmental Organizations, Social Organizations and Membership Organizations	8	3	5.7	70683

5-2 各地区分行业城镇集体单位就业人员和工资总额(2020年) EMPLOYMENT AND TOTAL WAGES IN URBAN COLLECTIVE-OWNED UNITS BY SECTOR AND REGION (2020)

地区	Region	总计 Total				农、林、牧、渔业 Agriculture, Forestry, Animal Husbandry and Fishery			
		年末人数(人) Year-end Figures (person)	#女性 Female	工资总额(千元) Total Wages (1000 yuan)	平均工资(元) Average Wage (yuan)	年末人数(人) Year-end Figures (person)	#女性 Female	工资总额(千元) Total Wages (1000 yuan)	平均工资(元) Average Wage (yuan)
全国	**National**	**2712112**	**1085328**	**184178657**	**68590**	**18404**	**6077**	**773674**	**42436**
北京	Beijing	94060	39492	6685981	70383	2183	845	112195	55060
天津	Tianjin	21545	7729	1206616	55675	95	36	12489	131463
河北	Hebei	109155	53079	6535003	56703	466	143	22764	49385
山西	Shanxi	63574	23528	3094094	48098	455	102	11649	25369
内蒙古	Inner Mongolia	23540	12518	2055856	88066	45	13	1720	37890
辽宁	Liaoning	91682	32803	4374321	45309	3036	1362	55228	18501
吉林	Jilin	13498	5353	950731	69727	229	38	5808	29481
黑龙江	Heilongjiang	23035	7877	1608365	66859	118	35	6395	54426
上海	Shanghai	80511	37833	8711763	108344	620	232	34286	55919
江苏	Jiangsu	322611	179516	30838247	96330	973	279	65223	68189
浙江	Zhejiang	76058	25572	5219051	69286	279	65	13269	46936
安徽	Anhui	76544	30970	5776296	76836	488	116	27381	57393
福建	Fujian	88517	41812	6020592	70225	127	22	4237	33109
江西	Jiangxi	84456	21915	4639515	56105	498	143	25170	50042
山东	Shandong	185902	70360	11235366	61845	658	193	38198	57147
河南	Henan	199488	86562	11697608	59875	2013	663	91269	44137
湖北	Hubei	77539	34724	4260079	56590	433	136	17510	40394
湖南	Hunan	142131	44568	7702785	55650	1138	381	26622	23001
广东	Guangdong	368494	146956	26187133	72174	478	89	22566	48319
广西	Guangxi	75149	16835	3440462	48952	152	67	6921	41869
海南	Hainan	10753	3505	603789	57939	931	283	23427	25136
重庆	Chongqing	43927	16351	3016986	69458	154	71	6139	38854
四川	Sichuan	149379	41230	8891972	59099	456	109	29787	65638
贵州	Guizhou	30420	11306	1934529	64676	312	91	10261	31022
云南	Yunnan	67212	24817	5588848	86756	781	147	22794	30552
西藏	Tibet	3115	997	214414	70728	14	5	387	27643
陕西	Shaanxi	102995	36380	5837696	59169	211	61	11208	53371
甘肃	Gansu	56920	17548	3336783	58131	315	97	20821	65204
青海	Qinghai	8793	3674	724020	76570	407	142	29502	74126
宁夏	Ningxia	3877	1889	305116	78082	5	2	171	34200
新疆	Xinjiang	17236	7629	1484639	87448	333	105	18276	52669

5−2 续表 1 continued

地 区	Region	采矿业 Mining				制造业 Manufacturing			
		年末人数(人) Year-end Figures (person)	#女 性 Female	工资总额(千元) Total Wages (1000 yuan)	平均工资(元) Average Wage (yuan)	年末人数(人) Year-end Figures (person)	#女 性 Female	工资总额(千元) Total Wages (1000 yuan)	平均工资(元) Average Wage (yuan)
全 国	**National**	**26797**	**3484**	**1905806**	**70952**	**219238**	**90493**	**11851847**	**53607**
北 京	Beijing			418	46444	7718	2615	554802	70121
天 津	Tianjin					3649	1103	171362	46747
河 北	Hebei	301	24	11965	41450	16597	6677	714123	42160
山 西	Shanxi	4689	283	538287	108155	15206	6248	605849	38939
内蒙古	Inner Mongolia	222	19	19188	74953	1192	440	61579	52431
辽 宁	Liaoning	1278	371	59925	46707	19937	6201	858199	42742
吉 林	Jilin	98	10	3254	36156	1382	569	77385	55029
黑龙江	Heilongjiang	5562	947	429673	76062	3162	1043	287177	83248
上 海	Shanghai					6978	2565	542146	78890
江 苏	Jiangsu	100	17	5161	50286	14059	6462	736558	51978
浙 江	Zhejiang	83	26	3161	39025	6613	2564	489379	74564
安 徽	Anhui	634	415	59008	90089	5218	2080	370265	70525
福 建	Fujian	2321	117	127139	59837	9542	5346	437306	53144
江 西	Jiangxi	260	29	10212	41177	3339	1376	169858	51015
山 东	Shandong	695	122	36326	52472	11862	4259	611423	50633
河 南	Henan	35	9	1069	33406	18610	7731	978099	53350
湖 北	Hubei	654	191	26816	41003	3168	1306	163021	50681
湖 南	Hunan	2525	302	128574	51771	12457	4849	817298	63168
广 东	Guangdong	80	12	3904	48800	28599	16480	1667299	55394
广 西	Guangxi	53	17	2307	43528	4825	2153	272096	55653
海 南	Hainan					198	102	7664	38707
重 庆	Chongqing	489	80	29180	64701	3777	1218	185651	48105
四 川	Sichuan	262	41	10238	38780	6204	1934	381499	61950
贵 州	Guizhou	477	27	28197	51427	2124	730	105530	50663
云 南	Yunnan	1483	75	86067	58669	4115	1589	203587	51338
西 藏	Tibet	440	57	37386	86807	453	131	21289	47360
陕 西	Shaanxi	2324	193	143280	61546	6284	1922	267557	42766
甘 肃	Gansu	1699	92	100544	63939	1284	510	59489	47253
青 海	Qinghai					112	49	5205	42317
宁 夏	Ningxia					243	74	12024	48680
新 疆	Xinjiang	34	7	4528	113200	331	166	17130	50381

5-2 续表 2 continued

地区	Region	电力、热力、燃气及水生产和供应业 Production and Supply of Electricity, Heat, Gas and Water				建筑业 Construction			
		年末人数（人） Year-end Figures (person)	#女性 Female	工资总额（千元） Total Wages (1000 yuan)	平均工资（元） Average Wage (yuan)	年末人数（人） Year-end Figures (person)	#女性 Female	工资总额（千元） Total Wages (1000 yuan)	平均工资（元） Average Wage (yuan)
全国	**National**	**33867**	**9514**	**1760069**	**52219**	**832206**	**124956**	**41196544**	**50651**
北京	Beijing	413	114	30352	74392	4749	1107	378798	78560
天津	Tianjin	233	72	7787	34609	4547	995	296179	65016
河北	Hebei	383	135	18335	51550	11078	1512	840904	48029
山西	Shanxi	593	156	18956	32467	9927	1700	387779	39464
内蒙古	Inner Mongolia	42	13	1094	31257	293	62	9652	32498
辽宁	Liaoning	525	101	13393	26025	23741	4636	1152901	41729
吉林	Jilin	281	111	12966	45178	3258	729	235089	71522
黑龙江	Heilongjiang	80	26	4348	51154	4050	866	288760	61517
上海	Shanghai	239	82	22442	93508	6096	483	468757	76965
江苏	Jiangsu	2306	683	133587	58078	20368	2908	1152522	58454
浙江	Zhejiang	3593	896	230705	64353	28225	2464	1659625	59843
安徽	Anhui	343	108	18881	55324	24989	3509	1497328	62408
福建	Fujian	1412	352	54979	38951	18366	3489	927521	52963
江西	Jiangxi	222	66	8174	36714	59846	10307	3174694	54137
山东	Shandong	597	240	37750	64055	76453	9309	3538140	48280
河南	Henan	822	291	33628	41534	48765	5807	2328476	48928
湖北	Hubei	2312	742	107846	46631	17295	2262	656800	42637
湖南	Hunan	4154	1180	200785	48356	69973	9346	3103954	46926
广东	Guangdong	8954	2286	481194	53732	129705	26186	6136565	49744
广西	Guangxi	717	177	24632	34738	56278	8178	2482748	48507
海南	Hainan	235	53	6831	28945	3919	387	174442	48375
重庆	Chongqing	1249	416	67056	53506	18243	3217	1043344	57858
四川	Sichuan	2173	654	138011	64530	87103	9490	4478623	50556
贵州	Guizhou	380	102	17069	45306	9860	1838	472411	49374
云南	Yunnan	821	213	31974	39738	22548	3785	1034451	49441
西藏	Tibet	7	2	517	73857	1364	304	73431	56688
陕西	Shaanxi	279	76	12545	45005	36992	4792	1535829	46361
甘肃	Gansu	303	117	11260	39697	27794	3439	1269757	44681
青海	Qinghai	71	23	4687	66957	4069	1355	282669	63521
宁夏	Ningxia	36	5	1806	43000	617	126	30917	47419
新疆	Xinjiang	92	21	6478	70687	1695	367	83479	59585

5-2 续表 3 continued

地 区	Region	批发和零售业 Wholesale and Retail Trades 年末人数(人) Year-end Figures (person)	#女 性 Female	工资总额(千元) Total Wages (1000 yuan)	平均工资(元) Average Wage (yuan)	交通运输、仓储和邮政业 Transport, Storage and Post 年末人数(人) Year-end Figures (person)	#女 性 Female	工资总额(千元) Total Wages (1000 yuan)	平均工资(元) Average Wage (yuan)
全 国	**National**	**91749**	**43784**	**4273397**	**46641**	**78403**	**22437**	**3938303**	**49736**
北 京	Beijing	4564	2132	355511	75675	3382	563	142230	39974
天 津	Tianjin	1198	514	66710	56937	1735	625	60397	35417
河 北	Hebei	4936	2205	158973	33024	2625	594	82900	32124
山 西	Shanxi	8082	3675	239153	28760	2540	577	111292	44085
内蒙古	Inner Mongolia	343	191	21123	63244	480	208	22515	43549
辽 宁	Liaoning	3202	1553	123287	38879	2739	493	186229	52484
吉 林	Jilin	555	241	21308	39119	191	51	8708	45678
黑龙江	Heilongjiang	970	506	31896	32495	621	62	25390	43160
上 海	Shanghai	1992	954	155641	76672	1925	350	104552	52881
江 苏	Jiangsu	5648	2613	340145	59943	13636	4759	761522	55187
浙 江	Zhejiang	2398	1313	180219	73560	2216	471	146322	64943
安 徽	Anhui	1272	517	59965	47046	3268	1008	138310	40731
福 建	Fujian	3942	1433	156020	39341	1337	359	65795	48337
江 西	Jiangxi	1000	409	42042	42854	1808	410	77184	42608
山 东	Shandong	6665	2843	324701	49748	3031	801	145903	48902
河 南	Henan	8141	3564	318932	39678	8787	2227	392089	45890
湖 北	Hubei	8122	6185	329731	40626	4597	1327	244699	52540
湖 南	Hunan	3714	1610	137880	36996	4626	1023	162652	34781
广 东	Guangdong	7497	3096	437510	58251	4713	1528	237049	49372
广 西	Guangxi	2152	875	89207	41325	1412	577	67456	47474
海 南	Hainan	273	94	8765	32922	524	123	36296	69267
重 庆	Chongqing	1366	565	61526	44945	1081	224	49174	46861
四 川	Sichuan	2199	1158	111110	50167	3264	692	180394	53982
贵 州	Guizhou	865	317	38421	44220	1542	628	119391	74225
云 南	Yunnan	1896	888	73375	39120	2593	1137	83662	41253
西 藏	Tibet	67	30	5766	86060	9	5	414	46000
陕 西	Shaanxi	3902	1775	149560	38741	3132	1397	246160	79560
甘 肃	Gansu	940	402	41052	42121	245	87	12254	44238
青 海	Qinghai	373	139	13149	34739	213	101	17542	77619
宁 夏	Ningxia	502	302	23292	50856	5		358	71600
新 疆	Xinjiang	2973	1683	157427	56107	128	30	9466	73953

5-2 续表 4 continued

地区	Region	住宿和餐饮业 Hotels and Catering Services				信息传输、软件和信息技术服务业 Information Transmission, Software and Information Technology			
		年末人数（人） Year-end Figures (person)	#女性 Female	工资总额（千元） Total Wages (1000 yuan)	平均工资（元） Average Wage (yuan)	年末人数（人） Year-end Figures (person)	#女性 Female	工资总额（千元） Total Wages (1000 yuan)	平均工资（元） Average Wage (yuan)
全国	**National**	**26366**	**15221**	**1241001**	**46511**	**5755**	**2010**	**551159**	**95646**
北京	Beijing	4691	2284	327226	66700	711	295	52785	68613
天津	Tianjin	390	212	20392	48046	119	49	7737	70336
河北	Hebei	899	506	28824	31681	227	99	11967	53664
山西	Shanxi	684	470	19559	28049	181	85	7776	41143
内蒙古	Inner Mongolia	225	163	10805	47388	48	14	2282	60053
辽宁	Liaoning	445	250	17847	39398	58	15	2272	39504
吉林	Jilin	94	63	2705	29725	6		110	18333
黑龙江	Heilongjiang	198	126	7296	37224	76	7	12413	163329
上海	Shanghai	1263	637	67455	53767				
江苏	Jiangsu	1242	685	66602	53389	667	131	77933	115688
浙江	Zhejiang	1176	727	63733	51376	676	236	65681	98472
安徽	Anhui	411	205	15197	36502	146	54	8307	56130
福建	Fujian	640	370	27075	42405	71	35	3832	53972
江西	Jiangxi	205	128	6711	36276	353	146	26230	74096
山东	Shandong	1203	711	49094	40055	26	7	2347	90269
河南	Henan	2148	1336	82628	38946	851	254	101923	119909
湖北	Hubei	1361	847	52509	38284	82	30	4388	53512
湖南	Hunan	776	486	34070	45186	214	94	12432	58093
广东	Guangdong	2649	1394	123348	45985	444	165	66322	151767
广西	Guangxi	454	299	17880	38087	413	140	44189	117837
海南	Hainan	22	13	633	28773	125	39	9749	77373
重庆	Chongqing	977	695	35970	36930	21	10	1283	61095
四川	Sichuan	1182	734	45671	38200				
贵州	Guizhou	377	279	14752	44036	89	31	12684	142517
云南	Yunnan	1196	612	45780	41012	103	51	13313	125594
西藏	Tibet	213	163	12611	59486				
陕西	Shaanxi	635	421	22112	32615	33	15	2144	64970
甘肃	Gansu	555	371	20354	35377	3	2	191	63667
青海	Qinghai	46	26	1905	38100				
宁夏	Ningxia	5	3	127	25400				
新疆	Xinjiang	6	5	131	21833	13	5	870	48333

5-2 续表 5 continued

地区	Region	金融业 Financial Intermediation				房地产业 Real Estate			
		年末人数(人) Year-end Figures (person)	#女性 Female	工资总额(千元) Total Wages (1000 yuan)	平均工资(元) Average Wage (yuan)	年末人数(人) Year-end Figures (person)	#女性 Female	工资总额(千元) Total Wages (1000 yuan)	平均工资(元) Average Wage (yuan)
全　国	**National**	**69627**	**30913**	**8794268**	**126555**	**92090**	**33731**	**5460952**	**59383**
北　京	Beijing	1		891	127286	21495	8120	1499529	70984
天　津	Tianjin					1914	771	76583	38444
河　北	Hebei	1183	546	137258	116025	2530	1172	79043	31632
山　西	Shanxi	8488	4080	771175	90291	3181	1148	80961	25839
内蒙古	Inner Mongolia	9673	4644	1187128	123136	127	42	4983	39236
辽　宁	Liaoning	3256	1243	251397	76809	2077	711	82642	39555
吉　林	Jilin	2925	1264	336159	112165	217	58	7223	32982
黑龙江	Heilongjiang	1631	559	148970	89795	212	58	8397	40032
上　海	Shanghai					7582	2809	617013	80598
江　苏	Jiangsu	847	366	215515	256871	5707	2138	343130	62329
浙　江	Zhejiang	48	24	2629	54771	2561	847	181313	68777
安　徽	Anhui					931	342	39480	41727
福　建	Fujian					1957	879	122644	61241
江　西	Jiangxi	80	50	6560	84103	517	172	28060	53617
山　东	Shandong	30	19	4288	129939	5056	1810	231021	46800
河　南	Henan	4521	1780	391946	87703	2220	974	109010	47021
湖　北	Hubei					1884	724	91524	47860
湖　南	Hunan	411	210	49996	123143	1872	925	107865	57459
广　东	Guangdong	631	342	66284	105380	21169	6535	1359949	63655
广　西	Guangxi					1241	579	41505	32579
海　南	Hainan					640	243	26119	41184
重　庆	Chongqing					549	240	24235	44557
四　川	Sichuan	2	1	33	16500	1006	351	51458	52323
贵　州	Guizhou	2173	940	436566	200905	867	346	40856	46423
云　南	Yunnan	12537	5523	2305520	186299	894	328	37568	41686
西　藏	Tibet					19		836	44000
陕　西	Shaanxi	8573	3793	983225	115425	1512	573	71201	47831
甘　肃	Gansu	5111	2002	431749	84931	1420	525	60735	42598
青　海	Qinghai	1639	783	227114	142035	55	15	1944	36000
宁　夏	Ningxia	272	92	52950	194669	344	135	12922	37615
新　疆	Xinjiang	5596	2652	786915	138938	336	163	21206	62041

5-2 续表 6 continued

地区 Region	租赁和商务服务业 Leasing and Business Services				科学研究和技术服务业 Scientific Research and Technical Services			
	年末人数(人) Year-end Figures (person)	#女性 Female	工资总额(千元) Total Wages (1000 yuan)	平均工资(元) Average Wage (yuan)	年末人数(人) Year-end Figures (person)	#女性 Female	工资总额(千元) Total Wages (1000 yuan)	平均工资(元) Average Wage (yuan)
全国 National	**195301**	**61754**	**10602982**	**54318**	**46544**	**15954**	**3992104**	**85734**
北京 Beijing	15850	6581	979054	59711	3593	1413	349956	97790
天津 Tianjin	3139	1090	161751	50152	496	168	33710	64909
河北 Hebei	8860	2607	308618	34668	1144	490	62436	54972
山西 Shanxi	3804	1437	132434	33069	481	202	15370	31884
内蒙古 Inner Mongolia	1089	466	48045	45087	551	262	30139	54728
辽宁 Liaoning	11245	3003	451493	40137	1477	503	125407	81304
吉林 Jilin	707	211	33498	46304	691	291	46685	67659
黑龙江 Heilongjiang	988	391	42155	42427	546	215	32335	59350
上海 Shanghai	12851	4444	981376	75552	1022	310	131031	128874
江苏 Jiangsu	21623	7432	1223605	57069	9059	2853	992069	108957
浙江 Zhejiang	6829	2226	511400	75649	1501	481	148351	98131
安徽 Anhui	3052	1186	171712	56881	1254	491	86642	69464
福建 Fujian	4290	655	191558	44091	1277	299	154709	121504
江西 Jiangxi	1813	405	91302	50138	966	293	82590	86264
山东 Shandong	5315	1927	298462	55815	2884	1165	212587	73909
河南 Henan	4368	1671	203897	47746	4330	1538	257615	60761
湖北 Hubei	4641	2096	278047	64151	2099	540	143363	68405
湖南 Hunan	2291	997	104045	51750	1320	388	100286	73241
广东 Guangdong	57939	16955	3221594	56123	3524	1139	326792	89128
广西 Guangxi	2345	648	114804	46107	1147	450	82358	72587
海南 Hainan	199	72	8165	39519	462	208	37041	76333
重庆 Chongqing	511	227	37402	73143	893	275	113766	154784
四川 Sichuan	6196	1159	330467	53179	1145	381	87155	76357
贵州 Guizhou	3076	667	123582	44392	345	102	23010	63212
云南 Yunnan	1092	427	59100	52188	1214	437	95785	80379
西藏 Tibet	25		150	6000	37	16	5724	154703
陕西 Shaanxi	6464	1274	292137	46353	2052	693	127971	65629
甘肃 Gansu	1436	740	72749	49612	568	187	42314	65001
青海 Qinghai	255	91	14789	25109	71	27	8324	117239
宁夏 Ningxia	169	50	5772	34629	44	16	3521	80023
新疆 Xinjiang	2839	618	109822	36421	354	124	33064	92876

5-2 续表 7 continued

地 区	Region	水利、环境和公共设施管理业 Management of Water Conservancy, Environment and Public Facilities				居民服务、修理和其他服务业 Service to Households, Repair and Other Services			
		年末人数(人) Year-end Figures (person)	#女 性 Female	工资总额(千元) Total Wages (1000 yuan)	平均工资(元) Average Wage (yuan)	年末人数(人) Year-end Figures (person)	#女 性 Female	工资总额(千元) Total Wages (1000 yuan)	平均工资(元) Average Wage (yuan)
全 国	**National**	**49149**	**20292**	**2889547**	**58272**	**38144**	**15951**	**2465085**	**65197**
北 京	Beijing	4748	1321	288940	61883	3864	1707	191182	48021
天 津	Tianjin	124	20	9932	76400	828	191	43917	50630
河 北	Hebei	2944	1636	83575	28956	834	403	31610	38036
山 西	Shanxi	341	148	6686	19420	624	321	17476	27513
内蒙古	Inner Mongolia	502	316	14437	29107	353	263	14687	38390
辽 宁	Liaoning	686	189	21436	29862	1240	365	46950	37478
吉 林	Jilin	188	92	4327	22894	596	215	27991	42959
黑龙江	Heilongjiang	116	36	6957	61022	173	72	5946	33977
上 海	Shanghai	3659	1027	307163	82293	5357	2279	351849	67073
江 苏	Jiangsu	15745	7445	1009580	63489	8485	2938	855452	106036
浙 江	Zhejiang	1447	476	76689	53378	2119	713	125464	58541
安 徽	Anhui	596	134	58021	96422	1180	460	110651	92365
福 建	Fujian	656	302	31133	47851	633	229	40746	65804
江 西	Jiangxi	449	163	15049	32503	142	54	4349	31064
山 东	Shandong	2247	1030	102337	45938	1144	370	56261	50228
河 南	Henan	1498	499	98864	66567	3628	2653	199701	56273
湖 北	Hubei	2865	1439	141013	49162	957	466	48670	52045
湖 南	Hunan	1401	358	86789	58330	313	111	18149	58170
广 东	Guangdong	5082	1791	335121	63304	1818	593	88354	48725
广 西	Guangxi	25	14	1195	47800	731	356	38933	51048
海 南	Hainan	28	9	802	28643	53	30	2131	41784
重 庆	Chongqing	50	10	3553	71060	400	169	15139	37980
四 川	Sichuan	2281	1162	97279	42536	630	231	34434	52639
贵 州	Guizhou	281	59	39179	138442	476	149	23913	50343
云 南	Yunnan	361	130	22254	61645	426	193	20214	47627
西 藏	Tibet	7	2	462	66000				
陕 西	Shaanxi	463	223	18667	37748	948	346	39630	42645
甘 肃	Gansu	299	246	4317	14584	66	21	2463	37318
青 海	Qinghai	34	11	1775	53788	70	19	3879	57044
宁 夏	Ningxia	8		192	24000	4		96	24000
新 疆	Xinjiang	17	6	1825	96053	52	34	4849	85070

5-2 续表 8 continued

地 区	Region	教 育 Education 年末人数(人) Year-end Figures (person)	#女 性 Female	工资总额(千元) Total Wages (1000 yuan)	平均工资(元) Average Wage (yuan)	卫生和社会工作 Health and Social Service 年末人数(人) Year-end Figures (person)	#女 性 Female	工资总额(千元) Total Wages (1000 yuan)	平均工资(元) Average Wage (yuan)
全 国	**National**	**466546**	**323608**	**42808622**	**93031**	**351563**	**237438**	**33373230**	**95883**
北 京	Beijing	5917	4346	532848	87017	8413	5094	709869	86377
天 津	Tianjin	1558	994	130462	88818	1333	789	93386	70110
河 北	Hebei	18990	12672	1678540	89601	29570	20047	1922042	65288
山 西	Shanxi	2131	1608	63830	31810	1089	750	38928	39512
内蒙古	Inner Mongolia	4714	3232	363360	79559	2656	1717	160764	61391
辽 宁	Liaoning	7979	6081	466219	58974	7829	5341	405314	51842
吉 林	Jilin	1076	763	77479	71940	806	567	40514	51184
黑龙江	Heilongjiang	1122	767	81735	72913	3051	2074	167714	55027
上 海	Shanghai	9710	7268	1554095	161718	15924	11831	2612431	165280
江 苏	Jiangsu	110433	80775	12371834	112907	74040	49706	8591090	116709
浙 江	Zhejiang	12224	9399	978220	82138	3289	2301	263136	80909
安 徽	Anhui	10733	6566	961277	92122	20550	13304	2026893	99866
福 建	Fujian	25595	17245	2249683	89709	15020	10234	1293780	86395
江 西	Jiangxi	7181	4387	482789	71701	4495	2994	306982	69531
山 东	Shandong	37719	25966	3236383	87022	25297	17404	1884038	75497
河 南	Henan	56122	36703	4129388	75248	26094	16555	1569358	62167
湖 北	Hubei	16316	10455	1158595	71478	7799	4922	550141	70898
湖 南	Hunan	12003	7917	919996	77660	19759	13287	1460043	74309
广 东	Guangdong	55274	42627	5904440	108107	34400	23871	5167182	151466
广 西	Guangxi	1931	1457	78875	41193	971	728	53863	56327
海 南	Hainan	1036	583	109799	108993	1855	1175	135550	73330
重 庆	Chongqing	5668	3612	525301	93136	6586	4348	634517	96962
四 川	Sichuan	16741	11153	1445001	87617	16487	11212	1317758	80921
贵 州	Guizhou	4581	3316	219779	48161	2148	1503	188030	87502
云 南	Yunnan	8913	5075	795304	90008	5179	3756	548017	107357
西 藏	Tibet	237	151	34413	145818	166	98	18364	110627
陕 西	Shaanxi	19257	12207	1262545	66004	8952	6191	598983	66559
甘 肃	Gansu	8923	4763	765254	87104	5089	3661	366884	72506
青 海	Qinghai	573	362	51173	90173	703	480	52283	77342
宁 夏	Ningxia	986	610	104146	103483	573	448	48834	84052
新 疆	Xinjiang	903	548	75858	85043	1440	1050	146543	107515

5–2 续表 9 continued

地 区	Region	文化、体育和娱乐业 Culture, Sports and Entertainment				公共管理、社会保障和社会组织 Public Management, Social Security and Social Organization			
		年末人数(人) Year-end Figures (person)	#女 性 Female	工资总额(千元) Total Wages (1000 yuan)	平均工资(元) Average Wage (yuan)	年末人数(人) Year-end Figures (person)	#女 性 Female	工资总额(千元) Total Wages (1000 yuan)	平均工资(元) Average Wage (yuan)
全 国	**National**	**16829**	**8347**	**1259830**	**75951**	**53537**	**19364**	**5040236**	**94506**
北 京	Beijing	1290	755	116277	89651	479	200	63118	131806
天 津	Tianjin	154	85	10201	66673	32	13	3622	113188
河 北	Hebei	829	435	48041	58898	4761	1174	293087	61756
山 西	Shanxi	971	507	22766	23303	109	30	4168	47090
内蒙古	Inner Mongolia	357	194	35315	98370	628	259	47041	76849
辽 宁	Liaoning	449	168	18909	42208	482	219	35276	66696
吉 林	Jilin	124	47	5306	42790	73	33	4216	57753
黑龙江	Heilongjiang	17	7	1294	76118	343	81	19516	57915
上 海	Shanghai	768	405	97287	127350	4525	2158	664239	147239
江 苏	Jiangsu	3806	2124	336149	92533	13868	5201	1560570	112991
浙 江	Zhejiang	512	267	44813	88261	268	78	34945	131618
安 徽	Anhui	382	186	21617	56887	1096	289	105361	95513
福 建	Fujian	398	190	36064	88870	932	255	96371	102297
江 西	Jiangxi	401	152	24138	60700	882	229	57422	64668
山 东	Shandong	787	359	57368	73454	4232	1823	368741	89298
河 南	Henan	1015	398	42761	43545	5521	1909	366956	66184
湖 北	Hubei	917	391	96242	106643	2036	664	149166	74051
湖 南	Hunan	470	180	25408	54319	2714	926	205944	75138
广 东	Guangdong	875	422	74840	87586	4665	1446	466819	99649
广 西	Guangxi	86	46	4549	52895	216	72	16943	78802
海 南	Hainan	221	83	12711	58576	33	10	3666	111076
重 庆	Chongqing	170	85	19115	114461	1743	890	164635	98079
四 川	Sichuan	790	336	51358	64907	1259	430	101696	81141
贵 州	Guizhou	53	32	1960	36981	395	149	18938	50034
云 南	Yunnan	219	109	17065	74521	840	342	93018	111735
西 藏	Tibet	57	34	2664	46737				
陕 西	Shaanxi	245	148	8583	35763	740	280	44360	59571
甘 肃	Gansu	400	157	24961	60147	470	128	29634	63177
青 海	Qinghai	45	25	1536	34133	58	26	6544	113502
宁 夏	Ningxia					65	27	7988	117471
新 疆	Xinjiang	21	20	534	25429	73	24	6238	87859

5-3 各地区分行业城镇集体单位在岗职工人数和平均工资(2020年)
ON-POST STAFF AND WORKERS AND AVERAGE WAGE IN URBAN COLLECTIVE-OWNED UNITS BY SECTOR AND REGION(2020)

地区	Region	总计 Total		农、林、牧、渔业 Agriculture, Forestry, Animal Husbandry and Fishery		采矿业 Mining		制造业 Manufacturing	
		年末人数(人) Year-end Figures (person)	平均工资(元) Average Wage (yuan)	年末人数(人) Year-end Figures (person)	平均工资(元) Average Wage (yuan)	年末人数(人) Year-end Figures (person)	平均工资(元) Average Wage (yuan)	年末人数(人) Year-end Figures (person)	平均工资(元) Average Wage (yuan)
全 国	**National**	**2501673**	**70439**	**16992**	**43887**	**26165**	**70447**	**209330**	**54087**
北 京	Beijing	88727	70124	2091	54600		46444	7203	67061
天 津	Tianjin	20284	56409	87	144012			3378	46146
河 北	Hebei	104488	58835	460	49722	301	41450	15832	42725
山 西	Shanxi	58778	49633	447	25500	4689	108155	14100	39865
内蒙古	Inner Mongolia	23099	88996	45	37890	222	74953	1144	52640
辽 宁	Liaoning	84359	46830	2930	18429	1278	46707	18549	43630
吉 林	Jilin	12651	72207	153	31303	98	36156	1325	56643
黑龙江	Heilongjiang	21584	67097	118	54426	5183	72926	2831	85255
上 海	Shanghai	76191	111211	585	56444			6578	80581
江 苏	Jiangsu	294844	100341	877	70744	100	50286	13746	52199
浙 江	Zhejiang	72559	70407	263	48840	82	37638	6443	75402
安 徽	Anhui	73869	78212	408	61924	628	89811	5082	71107
福 建	Fujian	79559	71975	127	33109	2312	59871	7961	54642
江 西	Jiangxi	70672	57387	467	51169	260	41177	3279	51412
山 东	Shandong	176478	62737	650	57205	627	53010	11681	50566
河 南	Henan	189797	60748	2013	44137	35	33406	18343	53392
湖 北	Hubei	73261	57686	413	40752	649	40726	3143	50861
湖 南	Hunan	124065	57941	833	29495	2503	51940	12247	63079
广 东	Guangdong	344830	73806	469	48921	80	48800	28340	55454
广 西	Guangxi	54203	48106	144	43502	53	43528	4551	57069
海 南	Hainan	10231	58845	930	25143			193	38777
重 庆	Chongqing	42295	70592	134	41338	489	64701	3545	49022
四 川	Sichuan	134737	58698	423	65286	262	38780	5975	63001
贵 州	Guizhou	27388	67611	223	31881	475	51450	2060	51087
云 南	Yunnan	62656	90210	490	43380	1375	59237	3667	53486
西 藏	Tibet	2774	71628	14	27643	431	87600	445	47935
陕 西	Shaanxi	96409	60741	211	53371	2304	61696	5998	43075
甘 肃	Gansu	53154	59359	301	64527	1698	64018	1138	48221
青 海	Qinghai	7444	83253	397	74738			112	42317
宁 夏	Ningxia	3601	81890	5	34200			233	48789
新 疆	Xinjiang	16684	89052	282	56172	34	113200	210	70558

5-3 续表 1 continued

地 区	Region	电力、热力、燃气及水生产和供应业 Production and Supply of Electricity, Heat, Gas and Water		建筑业 Construction		批发和零售业 Wholesale and Retail Trades		交通运输、仓储和邮政业 Transport, Storage and Post	
		年末人数（人） Year-end Figures (person)	平均工资（元） Average Wage (yuan)	年末人数（人） Year-end Figures (person)	平均工资（元） Average Wage (yuan)	年末人数（人） Year-end Figures (person)	平均工资（元） Average Wage (yuan)	年末人数（人） Year-end Figures (person)	平均工资（元） Average Wage (yuan)
全 国	**National**	**32496**	**53041**	**728401**	**50841**	**87112**	**47189**	**72163**	**50809**
北 京	Beijing	390	76499	4632	79134	4125	75468	3215	36687
天 津	Tianjin	196	34735	4222	66951	1150	58462	1714	35481
河 北	Hebei	357	53969	9882	54539	4789	33415	2048	35417
山 西	Shanxi	545	33375	8648	40389	7485	29740	2148	44528
内蒙古	Inner Mongolia	42	31257	289	32522	336	63934	475	43758
辽 宁	Liaoning	499	26062	22254	42702	3102	39540	2521	54241
吉 林	Jilin	280	45301	3145	71979	502	38901	190	45655
黑龙江	Heilongjiang	77	52879	3899	62344	937	32313	568	42408
上 海	Shanghai	239	93508	5981	77866	1642	83172	1690	53690
江 苏	Jiangsu	2235	58817	16869	60918	5283	60581	12898	55060
浙 江	Zhejiang	3382	66069	27663	59444	2238	75763	1987	68485
安 徽	Anhui	301	59308	24052	63537	1235	47976	3232	40889
福 建	Fujian	1318	40289	15887	49690	3575	40914	1008	53247
江 西	Jiangxi	210	38469	47610	54731	965	43402	1708	43594
山 东	Shandong	585	64347	72187	47618	6359	50395	2507	54521
河 南	Henan	777	42094	44300	48851	7923	39960	8436	46589
湖 北	Hubei	2255	46774	16377	42236	7956	40908	4488	53334
湖 南	Hunan	4004	48595	55089	49095	3652	36934	4452	34705
广 东	Guangdong	8700	54410	117449	49955	7268	58503	3830	54443
广 西	Guangxi	697	34931	36353	46492	2079	42023	1365	47759
海 南	Hainan	234	28915	3685	48176	270	33103	347	89692
重 庆	Chongqing	1210	54446	18003	57983	1316	45074	1057	46376
四 川	Sichuan	2098	65714	76038	47633	2098	51582	3040	54030
贵 州	Guizhou	374	45701	7579	51321	819	45285	1505	75138
云 南	Yunnan	799	40156	21209	50121	1837	39096	2115	43075
西 藏	Tibet	7	73857	1060	53520	67	86060	9	46000
陕 西	Shaanxi	278	45099	33111	47263	3525	39537	3066	80188
甘 肃	Gansu	224	40431	25745	45312	879	43132	227	45332
青 海	Qinghai	71	66957	2874	74090	372	34706	199	78255
宁 夏	Ningxia	21	52652	614	46696	499	50950	5	71600
新 疆	Xinjiang	92	70687	1695	59585	2830	56953	113	77035

5-3 续表 2 continued

地区	Region	住宿和餐饮业 Hotels and Catering Services		信息传输、软件和信息技术服务业 Information Transmission, Software and Information Technology		金融业 Financial Intermediation		房地产业 Real Estate	
		年末人数(人) Year-end Figures (person)	平均工资(元) Average Wage (yuan)	年末人数(人) Year-end Figures (person)	平均工资(元) Average Wage (yuan)	年末人数(人) Year-end Figures (person)	平均工资(元) Average Wage (yuan)	年末人数(人) Year-end Figures (person)	平均工资(元) Average Wage (yuan)
全　国	**National**	**25204**	**47000**	**5610**	**95349**	**67633**	**128800**	**85519**	**61069**
北　京	Beijing	4470	68123	687	69144	1	127286	20639	71805
天　津	Tianjin	380	50112	116	70167			1838	38583
河　北	Hebei	890	31715	227	53664	1183	116025	2481	31451
山　西	Shanxi	683	28049	170	42758	8245	91807	3093	25988
内蒙古	Inner Mongolia	225	47388	48	60053	9532	124103	123	39967
辽　宁	Liaoning	411	40196	58	39504	3152	77092	1893	41285
吉　林	Jilin	79	30925	2	34000	2794	116016	211	33371
黑龙江	Heilongjiang	182	38000	76	163329	1549	92928	206	40730
上　海	Shanghai	1102	54746					6910	83776
江　苏	Jiangsu	1202	53820	667	115806	847	256871	5602	62822
浙　江	Zhejiang	1128	51619	671	98802	45	57067	2439	70052
安　徽	Anhui	393	37442	127	59550			838	44239
福　建	Fujian	604	42733	59	61797			1803	63929
江　西	Jiangxi	165	37351	353	74096	75	87356	486	56410
山　东	Shandong	1161	40544	26	90269	30	129939	4483	48644
河　南	Henan	2129	38972	850	120013	4456	88517	1978	48540
湖　北	Hubei	1294	38665	81	53864			1757	49761
湖　南	Hunan	775	45212	214	58093	399	125287	1827	57658
广　东	Guangdong	2608	46235	399	149486	631	105380	18809	66581
广　西	Guangxi	444	38415	393	110218			1047	35338
海　南	Hainan	22	28150	125	77373			625	41586
重　庆	Chongqing	795	36366	21	61095			529	44645
四　川	Sichuan	1092	38608			2	16500	894	55094
贵　州	Guizhou	376	44093	89	142517	2147	202472	700	52662
云　南	Yunnan	1194	41027	103	125594	12116	191309	822	43241
西　藏	Tibet	213	59486					19	44000
陕　西	Shaanxi	576	31593	33	64970	8330	116948	1383	50174
甘　肃	Gansu	555	35602	3	63667	4854	86184	1370	43497
青　海	Qinghai	46	38100			1540	147589	55	36000
宁　夏	Ningxia	5	25400			272	194669	340	37814
新　疆	Xinjiang	6	21833	13	54400	5433	141399	321	63669

5-3 续表 3 continued

地 区	Region	租赁和商务服务业 Leasing and Business Services		科学研究和技术服务业 Scientific Research and Technical Services		水利、环境和公共设施管理业 Management of Water Conservancy,Environment and Public Facilities		居民服务、修理和其他服务业 Service to Households, Repair and Other Services	
		年末人数（人）Year-end Figures (person)	平均工资（元）Average Wage (yuan)	年末人数（人）Year-end Figures (person)	平均工资（元）Average Wage (yuan)	年末人数（人）Year-end Figures (person)	平均工资（元）Average Wage (yuan)	年末人数（人）Year-end Figures (person)	平均工资（元）Average Wage (yuan)
全 国	**National**	**183888**	**55278**	**44712**	**87019**	**40635**	**63208**	**35129**	**67328**
北 京	Beijing	15360	60526	3278	99279	4456	62535	3694	47884
天 津	Tianjin	3075	50359	452	64925	124	76400	699	53946
河 北	Hebei	8723	34566	1128	55310	2911	28929	795	38932
山 西	Shanxi	3372	33498	461	31682	296	20328	572	28793
内蒙古	Inner Mongolia	1052	45213	546	54562	500	29111	320	40345
辽 宁	Liaoning	9606	43913	1416	83707	379	33707	1016	42080
吉 林	Jilin	701	46623	691	67659	54	52093	458	46586
黑龙江	Heilongjiang	983	42736	514	61027	110	63502	173	33977
上 海	Shanghai	12582	75359	946	134090	3610	82751	5323	67272
江 苏	Jiangsu	20170	57388	8944	109613	11286	72940	7770	107604
浙 江	Zhejiang	6421	78179	1396	102312	1234	57810	2012	59331
安 徽	Anhui	3028	56957	1253	69506	526	107530	1098	95482
福 建	Fujian	4155	44582	1197	127010	512	51728	586	68701
江 西	Jiangxi	1721	49527	947	86777	431	32989	138	31390
山 东	Shandong	5246	56335	2773	74502	1634	57328	1056	51426
河 南	Henan	4214	48676	4282	61100	1467	67521	2945	60732
湖 北	Hubei	4072	65967	1936	72113	2310	52328	898	54631
湖 南	Hunan	2201	52230	1169	76338	1038	72236	313	58170
广 东	Guangdong	53118	57533	3388	89513	4884	63273	1722	49929
广 西	Guangxi	2306	46796	1124	73201	21	53143	644	52722
海 南	Hainan	190	39639	461	76644	25	27960	33	43903
重 庆	Chongqing	457	77106	876	157758	48	73688	388	38819
四 川	Sichuan	6095	52872	1066	79442	1543	49069	576	55157
贵 州	Guizhou	2944	46279	332	64405	281	138442	451	52368
云 南	Yunnan	1045	52830	1177	81909	322	65698	319	48296
西 藏	Tibet	25	6000	34	166235	7	66000		
陕 西	Shaanxi	6392	46539	1911	65801	269	48615	941	42815
甘 肃	Gansu	1407	50195	548	64876	298	14573	66	37318
青 海	Qinghai	250	25154	71	117239	34	53788	69	56866
宁 夏	Ningxia	155	35176	44	80023	8	24000	4	24000
新 疆	Xinjiang	2825	36232	351	93453	17	96053	48	90462

5-3 续表 4 continued

地区	Region	教育 Education 年末人数(人) Year-end Figures (person)	教育 Education 平均工资(元) Average Wage (yuan)	卫生和社会工作 Health and Social Service 年末人数(人) Year-end Figures (person)	卫生和社会工作 Health and Social Service 平均工资(元) Average Wage (yuan)	文化、体育和娱乐业 Culture, Sports and Entertainment 年末人数(人) Year-end Figures (person)	文化、体育和娱乐业 Culture, Sports and Entertainment 平均工资(元) Average Wage (yuan)	公共管理、社会保障和社会组织 Public Management, Social Security and Social Organization 年末人数(人) Year-end Figures (person)	公共管理、社会保障和社会组织 Public Management, Social Security and Social Organization 平均工资(元) Average Wage (yuan)
全　国	**National**	**445469**	**95326**	**327872**	**98697**	**15798**	**77983**	**51544**	**96463**
北　京	Beijing	5410	79200	7488	89688	1129	91945	459	135819
天　津	Tianjin	1477	92624	1191	70275	154	66673	30	119600
河　北	Hebei	18659	90371	28338	66721	781	60746	4706	62002
山　西	Shanxi	1785	30454	986	40366	947	23452	106	48111
内蒙古	Inner Mongolia	4687	79935	2546	62456	352	99319	615	77468
辽　宁	Liaoning	7621	60046	6788	53876	449	42208	435	72634
吉　林	Jilin	1038	73132	734	50453	124	42790	73	57753
黑龙江	Heilongjiang	1064	76039	2760	57170	17	76118	340	58259
上　海	Shanghai	9195	166405	14776	172942	660	142875	4371	150310
江　苏	Jiangsu	103975	116976	65365	123040	3697	93871	13312	115456
浙　江	Zhejiang	11515	84989	2905	83887	467	94074	268	131618
安　徽	Anhui	10167	95009	20065	101135	379	56859	1057	97066
福　建	Fujian	23531	93105	13786	90319	342	99870	797	112039
江　西	Jiangxi	6708	75030	4110	72539	370	61762	668	75938
山　东	Shandong	36381	89041	24212	76586	738	75777	4142	90211
河　南	Henan	54555	76551	24751	62901	902	45104	5443	66268
湖　北	Hubei	15390	73897	7468	72293	874	110774	1897	76888
湖　南	Hunan	11684	79078	18564	75279	446	54518	2657	75493
广　东	Guangdong	53920	109278	33867	152160	807	90181	4541	101228
广　西	Guangxi	1816	41544	924	57018	45	81867	199	84397
海　南	Hainan	1007	110474	1834	73676	216	58160	33	111076
重　庆	Chongqing	5290	97462	6251	99359	158	118633	1728	98668
四　川	Sichuan	15943	90177	15641	82944	716	63711	1236	82070
贵　州	Guizhou	4566	48236	2073	88775	53	36981	344	53753
云　南	Yunnan	8260	95106	4825	112526	209	75830	772	117909
西　藏	Tibet	230	149489	157	110299	57	46737		
陕　西	Shaanxi	18512	67769	8601	68108	244	35828	725	60319
甘　肃	Gansu	8735	88262	4303	76082	400	60147	404	68992
青　海	Qinghai	573	90173	680	78286	44	34045	58	113502
宁　夏	Ningxia	880	112911	458	92338			59	121646
新　疆	Xinjiang	895	85357	1427	107957	21	25429	71	88899

5-4 各地区分行业城镇集体单位其他就业人员和平均工资(2020年)
OTHER EMPLOYMENT AND AVERAGE WAGE IN URBAN COLLECTIVE-OWNED UNITS BY SECTOR AND REGION(2020)

地区	Region	总计 Total		农、林、牧、渔业 Agriculture, Forestry, Animal Husbandry and Fishery		采矿业 Mining		制造业 Manufacturing	
		年末人数(人) Year-end Figures (person)	平均工资(元) Average Wage (yuan)	年末人数(人) Year-end Figures (person)	平均工资(元) Average Wage (yuan)	年末人数(人) Year-end Figures (person)	平均工资(元) Average Wage (yuan)	年末人数(人) Year-end Figures (person)	平均工资(元) Average Wage (yuan)
全国	**National**	**210439**	**46731**	**1411**	**24052**	**631**	**90323**	**9908**	**42245**
北京	Beijing	5334	74603	92	64811			515	112314
天津	Tianjin	1261	44156	8	24800			271	54309
河北	Hebei	4667	37009	6	23806			765	30564
山西	Shanxi	4797	29951	8	18000			1106	27238
内蒙古	Inner Mongolia	441	41739					49	47577
辽宁	Liaoning	7323	28100	105	21318			1388	30539
吉林	Jilin	846	32373	76	23426			57	20048
黑龙江	Heilongjiang	1450	63233			379	114898	331	64772
上海	Shanghai	4320	57803	34	43911			400	53604
江苏	Jiangsu	27767	52811	96	45213			313	42640
浙江	Zhejiang	3499	46366	16	18944	1	150000	170	43292
安徽	Anhui	2674	36717	80	34314	6	112500	136	49220
福建	Fujian	8957	50768			9	51889	1582	28037
江西	Jiangxi	13784	49546	30	32495			60	30922
山东	Shandong	9424	45813	8	52375	68	47448	181	55280
河南	Henan	9691	42643					267	50375
湖北	Hubei	4277	37694	20	33001	5	58900	24	22507
湖南	Hunan	18066	39505	305	5557	22	32864	211	66846
广东	Guangdong	23664	46829	9	17667			258	48585
广西	Guangxi	20946	51318	8	9750			274	33327
海南	Hainan	523	40514	1	19000			5	36000
重庆	Chongqing	1633	41134	20	25640			232	35415
四川	Sichuan	14642	62724	33	70728			229	34472
贵州	Guizhou	3031	39369	89	29250	2	45000	64	36932
云南	Yunnan	4555	33547	291	6164	108	51587	448	25849
西藏	Tibet	341	64362			10	52852	8	19222
陕西	Shaanxi	6586	36475			20	44300	286	37857
甘肃	Gansu	3766	41318	14	79270	1	26000	146	38923
青海	Qinghai	1349	33887	10	26000				
宁夏	Ningxia	276	40512					10	46100
新疆	Xinjiang	551	39739	51	32333			121	17171

5-4 续表 1 continued

地 区	Region	电力、热力、燃气及水生产和供应业 Production and Supply of Electricity, Heat, Gas and Water		建筑业 Construction		批发和零售业 Wholesale and Retail Trades		交通运输、仓储和邮政业 Transport, Storage and Post	
		年末人数（人）Year-end Figures (person)	平均工资（元）Average Wage (yuan)	年末人数（人）Year-end Figures (person)	平均工资（元）Average Wage (yuan)	年末人数（人）Year-end Figures (person)	平均工资（元）Average Wage (yuan)	年末人数（人）Year-end Figures (person)	平均工资（元）Average Wage (yuan)
全 国	**National**	**1370**	**32050**	**103805**	**49379**	**4637**	**36523**	**6240**	**36198**
北 京	Beijing	23	44667	117	58561	439	77607	167	108427
天 津	Tianjin	37	33381	325	41245	48	23694	20	30427
河 北	Hebei	26	19560	1196	39983	147	19919	577	20318
山 西	Shanxi	48	22385	1279	34012	596	17799	393	41439
内蒙古	Inner Mongolia			4	30750	7	31767	5	22200
辽 宁	Liaoning	26	25221	1487	29686	100	19435	218	19594
吉 林	Jilin	1	10000	113	56158	54	40889	1	50000
黑龙江	Heilongjiang	3	4000	151	36101	33	37653	53	51000
上 海	Shanghai			115	31761	351	46785	235	46881
江 苏	Jiangsu	71	34884	3499	46841	364	50506	739	57253
浙 江	Zhejiang	211	37294	562	79005	160	41153	229	33480
安 徽	Anhui	42	25642	937	27211	37	16845	36	25972
福 建	Fujian	93	20068	2479	81117	367	24006	328	32822
江 西	Jiangxi	12	5917	12236	51844	35	27230	100	25175
山 东	Shandong	12	50000	4266	58121	306	32796	524	22852
河 南	Henan	45	32022	4465	49705	218	29469	351	29505
湖 北	Hubei	56	40896	918	49669	166	27046	109	22011
湖 南	Hunan	151	42524	14884	38804	62	40619	174	36619
广 东	Guangdong	254	27708	12255	47550	229	50714	882	27768
广 西	Guangxi	20	23811	19925	52426	73	22061	47	39158
海 南	Hainan	1	36000	234	51266	3	17000	177	29226
重 庆	Chongqing	40	26552	240	48643	50	41776	24	67618
四 川	Sichuan	75	30244	11065	70082	101	21435	224	53025
贵 州	Guizhou	5	18167	2281	43288	46	24886	37	35459
云 南	Yunnan	22	21782	1339	38948	59	39825	478	8542
西 藏	Tibet			304	65675				
陕 西	Shaanxi	1	19000	3881	38987	377	31518	66	42127
甘 肃	Gansu	79	37305	2050	37172	61	27949	18	28500
青 海	Qinghai			1195	33299	1	47000	14	68000
宁 夏	Ningxia	15	31316	3	52115	3	29500		
新 疆	Xinjiang					143	38992	15	50733

5-4 续表 2 continued

地 区	Region	住宿和餐饮业 Hotels and Catering Services		信息传输、软件和信息技术服务业 Information Transmission, Software and Information Technology		金融业 Financial Intermediation		房地产业 Real Estate	
		年末人数（人） Year-end Figures (person)	平均工资（元） Average Wage (yuan)	年末人数（人） Year-end Figures (person)	平均工资（元） Average Wage (yuan)	年末人数（人） Year-end Figures (person)	平均工资（元） Average Wage (yuan)	年末人数（人） Year-end Figures (person)	平均工资（元） Average Wage (yuan)
全 国	**National**	**1161**	**36128**	**145**	**106209**	**1994**	**50379**	**6571**	**37472**
北 京	Beijing	221	35209	24	52125			856	51263
天 津	Tianjin	10	16385	3	79500			76	35076
河 北	Hebei	9	26500					49	40641
山 西	Shanxi	1	27955	11	15000	243	38083	88	20700
内蒙古	Inner Mongolia					141	56015	4	16750
辽 宁	Liaoning	34	29559			104	68358	184	20654
吉 林	Jilin	15	21000	4	10500	131	27924	6	19167
黑龙江	Heilongjiang	16	28500			82	25429	6	16333
上 海	Shanghai	161	46820					671	47382
江 苏	Jiangsu	40	40265		36000			105	37444
浙 江	Zhejiang	48	45549	5	54800	3	20333	122	48952
安 徽	Anhui	18	16842	19	36545			93	20227
福 建	Fujian	36	36389	12	15500			153	28596
江 西	Jiangxi	40	31973			5	36600	31	9860
山 东	Shandong	42	27809					574	32902
河 南	Henan	19	37855	1	32000	65	35029	242	33613
湖 北	Hubei	66	30785	1	25000			127	21094
湖 南	Hunan	1	25000			12	52750	45	49144
广 东	Guangdong	40	29677	45	169420			2360	39883
广 西	Guangxi	11	20654	20	240091			194	17512
海 南	Hainan		35000					14	25988
重 庆	Chongqing	182	39455					20	42249
四 川	Sichuan	90	33249					112	29095
贵 州	Guizhou	1	25000			26	71462	167	19335
云 南	Yunnan	2	32500			421	50300	72	23780
西 藏	Tibet								
陕 西	Shaanxi	58	43020			243	63999	129	23540
甘 肃	Gansu		21222			257	61409	50	16589
青 海	Qinghai					99	32260		
宁 夏	Ningxia							4	20750
新 疆	Xinjiang				18000	162	56657	15	27545

5-4 续表 3 continued

地 区	Region	租赁和商务服务业 Leasing and Business Services		科学研究和技术服务业 Scientific Research and Technical Services		水利、环境和公共设施管理业 Management of Water Conservancy,Environment and Public Facilities		居民服务、修理和其他服务业 Service to Households, Repair and Other Services	
		年末人数(人) Year-end Figures (person)	平均工资(元) Average Wage (yuan)	年末人数(人) Year-end Figures (person)	平均工资(元) Average Wage (yuan)	年末人数(人) Year-end Figures (person)	平均工资(元) Average Wage (yuan)	年末人数(人) Year-end Figures (person)	平均工资(元) Average Wage (yuan)
全 国	**National**	**11412**	**38917**	**1832**	**53823**	**8514**	**34646**	**3015**	**36612**
北 京	Beijing	490	40906	315	82024	292	50671	170	51214
天 津	Tianjin	64	39393	45	64766			129	30750
河 北	Hebei	137	40339	17	32280	32	31376	39	19949
山 西	Shanxi	432	29356	20	36550	45	13887	51	12341
内蒙古	Inner Mongolia	37	41531	5	76784	2	28000	32	27525
辽 宁	Liaoning	1639	18320	60	22279	307	24715	224	16293
吉 林	Jilin	6	8166			134	11215	138	34254
黑龙江	Heilongjiang	5	15558	32	32469	7	20000		
上 海	Shanghai	269	84007	76	59394	50	50143	34	37014
江 苏	Jiangsu	1453	52726	115	58659	4459	40335	715	62098
浙 江	Zhejiang	408	37017	105	43254	214	25083	107	44713
安 徽	Anhui	24	47467	1	22000	70	21838	82	48070
福 建	Fujian	135	29259	80	37224	145	34307	47	21500
江 西	Jiangxi	92	62322	19	64455	18	20500	4	20000
山 东	Shandong	70	18058	110	58998	613	13390	88	31347
河 南	Henan	154	23364	48	30242	31	21806	683	37111
湖 北	Hubei	569	50807	163	24316	554	35074	59	13644
湖 南	Hunan	90	41538	151	40923	364	15668		
广 东	Guangdong	4821	39645	136	79826	198	64049	97	26798
广 西	Guangxi	40	34476	22	43359	4	19750	87	39404
海 南	Hainan	9	36889	1	26333	3	34333	20	38500
重 庆	Chongqing	54	39751	16	43713	2	8000	13	14950
四 川	Sichuan	101	74268	79	36557	738	28488	54	26340
贵 州	Guizhou	133	11544	13	29952			26	14647
云 南	Yunnan	47	38160	37	31919	39	29125	107	45612
西 藏	Tibet			3	24000				
陕 西	Shaanxi	71	30104	141	63309	194	20772	7	26415
甘 肃	Gansu	29	32404	20	73000	1	18000		
青 海	Qinghai	5	19800					1	69000
宁 夏	Ningxia	14	27583						
新 疆	Xinjiang	14	78046	3	25000			4	29000

5-4 续表 4 continued

地区	Region	教育 Education		卫生和社会工作 Health and Social Service		文化、体育和娱乐业 Culture, Sports and Entertainment		公共管理、社会保障和社会组织 Public Management, Social Security and Social Organization	
		年末人数(人) Year-end Figures (person)	平均工资(元) Average Wage (yuan)	年末人数(人) Year-end Figures (person)	平均工资(元) Average Wage (yuan)	年末人数(人) Year-end Figures (person)	平均工资(元) Average Wage (yuan)	年末人数(人) Year-end Figures (person)	平均工资(元) Average Wage (yuan)
全国	**National**	**21077**	**42798**	**23690**	**57051**	**1031**	**43377**	**1993**	**43029**
北京	Beijing	507	177417	925	59801	161	73298	20	59818
天津	Tianjin	81	31023	142	68725			2	17000
河北	Hebei	332	36515	1232	32790	48	23075	55	42076
山西	Shanxi	346	38126	103	31321	24	17296	3	18000
内蒙古	Inner Mongolia	27	16956	110	36595	5	31200	13	47837
辽宁	Liaoning	358	36514	1041	38592			47	23568
吉林	Jilin	38	37472	72	59454				
黑龙江	Heilongjiang	58	15621	292	33419			3	19667
上海	Shanghai	515	69848	1148	66906	108	32856	154	61606
江苏	Jiangsu	6458	43444	8675	69028	109	42028	556	48076
浙江	Zhejiang	709	36752	384	57023	45	31721		
安徽	Anhui	565	40667	485	48402	3	60333	39	52020
福建	Fujian	2064	49957	1235	42145	56	22375	135	46112
江西	Jiangxi	473	21894	385	36889	30	34787	213	27047
山东	Shandong	1338	30234	1085	50978	49	37579	90	45117
河南	Henan	1567	27308	1344	49056	114	32077	78	60119
湖北	Hubei	926	31242	331	40647	43	27911	138	36126
湖南	Hunan	319	25563	1195	59030	24	50625	57	59061
广东	Guangdong	1354	61231	534	106252	68	52593	124	41508
广西	Guangxi	115	35198	47	42020	41	21098	18	15657
海南	Hainan	29	33967	21	37286	5	76200		
重庆	Chongqing	378	30833	334	54408	12	41222	15	33605
四川	Sichuan	798	36500	846	43792	74	79093	23	29356
贵州	Guizhou	15	23615	75	56104			52	25881
云南	Yunnan	653	22610	354	37211	9	43715	68	42079
西藏	Tibet	7	25714	9	116333				
陕西	Shaanxi	745	21940	351	29036	1	20000	15	23200
甘肃	Gansu	188	30224	786	53279			66	27460
青海	Qinghai			23	50522	1	38000		
宁夏	Ningxia	106	23061	115	51188			6	27000
新疆	Xinjiang	8	50250	13	53182			2	52000

六、其他单位就业人员和工资总额

EMPLOYMENT AND TOTAL WAGES IN OTHER OWNERSHIP UNITS

6−1 分行业其他单位就业人员和工资总额(2020年)
EMPLOYMENT AND TOTAL WAGES IN OTHER OWNERSHIP UNITS BY SECTOR (2020)

项　目	Item	年末人数(千人) Year-end Figures (1000 persons)	#女 性 Female	工资总额(亿元) Total Wages (100 million yuan)	平均工资(元) Average Wage (yuan)
全 国 总 计	**National Total**	**112049**	**40206**	**102657.0**	**92721**
按登记注册类型分组	**Grouped by Registration Status**				
内资	Domestic Funded	88304	29581	77405.9	89017
股份合作	Cooperative Units	688	264	556.8	83655
联营	Joint-owned Units	255	100	190.5	88584
有限责任公司	Limited Liability Corporations	65423	19539	54256.0	84439
股份有限公司	Share-holding Corporations Ltd	18366	7268	19886.0	108583
其他	Others	3572	2410	2516.7	71772
港、澳、台商投资	Funded by Entrepreneurs from Hong Kong, Macao and Taiwan	11586	5347	11594.3	100155
外商投资	Foreign Funded	12159	5278	13656.7	112089
按国民经济行业分组	**Grouped by Sector**				
农、林、牧、渔业	**Agriculture, Forestry, Animal Husbandry and Fishery**	**258**	**81**	**137.7**	**54682**
农业	**Farming**	64	27	27.5	43312
林业	Forestry	56	12	33.3	59506
畜牧业	Animal Husbandry	57	19	34.5	63054
渔业	Fishery	12	2	8.0	66538
农、林、牧、渔专业及辅助性活动	Professional and Support Activities for Agriculture, Forestry, Animal Husbandry and Fishery	69	22	34.4	52406
采矿业	**Mining**	**3314**	**565**	**3235.9**	**96927**
煤炭开采和洗选业	Mining and Washing of Coal	2199	290	1951.9	88431
石油和天然气开采业	Extraction of Petroleum and Natural Gas	519	163	722.8	136697
黑色金属矿采选业	Mining and Processing of Ferrous Metal Ores	139	21	116.5	83127
有色金属矿采选业	Mining and Processing of Non-Ferrous Metal Ores	132	25	106.7	80080
非金属矿采选业	Mining and Processing of Non-metal Ores	98	20	68.9	70195
开采专业及辅助性活动	Professional and Support Activities for Mining	225	46	268.6	116744
其他采矿业	Mining of Other Ores	1		0.6	62235
制造业	**Manufacturing**	**37372**	**14012**	**30801.8**	**82811**
农副食品加工业	Processing of Food from Agricultural Products	1152	497	705.3	62396
食品制造业	Manufacture of Foods	963	480	695.6	73268
酒、饮料和精制茶制造业	Manufacture of Liquor, Beverages and Refined Tea	730	262	591.9	80900
烟草制品业	Manufacture of Tobacco	134	40	264.8	205215
纺织业	Manufacture of Textile	1097	627	656.9	59531
纺织服装、服饰业	Manufacture of Textile, Wearing Apparel and Accessories	1249	881	731.6	57420
皮革、毛皮、羽毛及其制品和制鞋业	Manufacture of Leather, Fur, Feather and Related Products and Footwear	771	474	425.6	53837

6-1 续表 1 continued

项　目	Item	年末人数（千人）Year-end Figures (1000 persons)	#女 性 Female	工资总额（亿元）Total Wages (100 million yuan)	平均工资（元）Average Wage (yuan)
木材加工和木、竹、藤、棕、草制品业	Processing of Timber, Manufacture of Wood, Bamboo, Rattan, Palm and Straw Products	188	69	105.6	56908
家具制造业	Manufacture of Furniture	422	154	282.8	69546
造纸及纸制品业	Manufacture of Paper and Paper Products	450	159	324.5	72885
印刷和记录媒介复制业	Printing and Reproduction of Recording Media	412	175	304.6	73656
文教、工美、体育和娱乐用品制造业	Manufacture of Articles for Culture, Education, Arts and Crafts, Sport and Entertainment Activities	834	476	483.2	57107
石油、煤炭及其他燃料加工业	Processing of Petroleum, Coal and Other Fuels	547	127	614.1	111977
化学原料和化学制品制造业	Manufacture of Raw Chemical Materials and Chemical Products	1846	524	1666.5	90549
医药制造业	Manufacture of Medicines	1436	685	1352.8	94698
化学纤维制造业	Manufacture of Chemical Fibres	229	79	171.3	74410
橡胶和塑料制品业	Manufacture of Rubber and Plastics Products	1404	574	1006.3	72184
非金属矿物制品业	Manufacture of Non-metallic Mineral Products	1656	464	1174.2	71108
黑色金属冶炼和压延加工业	Smelting and Pressing of Ferrous Metals	1268	211	1153.2	90185
有色金属冶炼和压延加工业	Smelting and Pressing of Non-ferrous Metals	921	190	697.9	76041
金属制品业	Manufacture of Metal Products	1473	454	1064.3	72708
通用设备制造业	Manufacture of General Purpose Machinery	2120	589	1888.6	90060
专用设备制造业	Manufacture of Special Purpose Machinery	1782	518	1640.3	92939
汽车制造业	Manufacture of Automobiles	2831	757	2825.9	100847
铁路、船舶、航空航天和其他运输设备制造业	Manufacture of Railway, Ship, Aerospace and Other Transport Equipments	634	155	618.8	98405
电气机械和器材制造业	Manufacture of Electrical Machinery and Apparatus	3120	1252	2497.7	81188
计算机、通信和其他电子设备制造业	Manufacture of Computers, Communication and Other Electronic Equipment	6791	2812	6015.4	89010
仪器仪表制造业	Manufacture of Measuring Instruments and Machinery	537	207	529.6	98553
其他制造业	Other Manufacture	145	73	92.8	64528
废弃资源综合利用业	Utilization of Waste Resources	82	22	58.3	72877
金属制品、机械和设备修理业	Repair Service of Metal Products, Machinery and Equipment	148	26	161.3	109333
电力、热力、燃气及水生产和供应业	**Production and Supply of Electricity, Heat, Gas and Water**	**2739**	**727**	**3276.0**	**120005**
电力、热力生产和供应业	Production and Supply of Electric Power and Heat Power	1963	466	2579.2	131742
燃气生产和供应业	Production and Supply of Gas	301	97	282.0	94148
水的生产和供应业	Production and Supply of Water	476	164	414.8	87771

6-1 续表 2 continued

项 目	Item	年末人数 (千人) Year-end Figures (1000 persons)	#女 性 Female	工资总额 (亿元) Total Wages (100 million yuan)	平均工资 (元) Average Wage (yuan)
建筑业	**Construction**	**19809**	**2512**	**13392.0**	**70965**
房屋建筑业	Construction of Buildings	13406	1509	8427.4	66409
土木工程建筑业	Civil Engineering	4256	670	3447.0	83150
建筑安装业	Building Installation	1064	151	833.7	80254
建筑装饰、装修和其他建筑业	Building Decoration and Other Constructions	1083	182	684.0	68607
批发和零售业	**Wholesale and Retail Trades**	**7300**	**3901**	**7001.5**	**95533**
批发业	Wholesale Trade	3501	1588	4461.9	126991
零售业	Retail Trade	3798	2314	2539.6	66562
交通运输、仓储和邮政业	**Transport, Storage and Post**	**6959**	**1719**	**7185.7**	**103331**
铁路运输业	Railway Transport	1879	277	2448.2	129627
道路运输业	Road Transport	2955	754	2239.2	75703
水上运输业	Water Transport	247	45	335.5	135583
航空运输业	Air Transport	558	212	879.5	157191
管道运输业	Transport Via Pipelines	24	5	39.6	167143
多式联运和运输代理业	Intermodality and Forwarding Agency	309	136	362.1	116786
装卸搬运和仓储业	Loading, Unloading and Storage	390	97	331.6	86180
邮政业	Post	599	193	550.0	94492
住宿和餐饮业	**Hotels and Catering Services**	**2334**	**1345**	**1103.8**	**48400**
住宿业	Hotels	892	498	486.9	54533
餐饮业	Catering Services	1442	846	616.9	44454
信息传输、软件和信息技术服务业	**Information Transmission, Software and Information Technology**	**4609**	**1784**	**8134.8**	**180950**
电信、广播电视和卫星传输服务	Telecommunication, Radio and Television and Satellite Transmission Service	1392	579	1837.0	131245
互联网和相关服务	Internet and Related Service	645	269	1519.5	247686
软件和信息技术服务业	Software and Information Technology	2572	936	4778.3	192484
金融业	**Financial Intermediation**	**7834**	**4638**	**10429.3**	**131035**
货币金融服务	Monetary and Financial Service	2882	1487	5750.4	200847
资本市场服务	Capital Market Service	293	133	1046.3	365183
保险业	Insurance	4562	2975	3269.7	69383
其他金融业	Other Financial Activities	98	43	362.9	374020
房地产业	**Real Estate**	**4940**	**2026**	**4166.6**	**84286**
租赁和商务服务业	**Leasing and Business Services**	**5279**	**1919**	**5054.1**	**97408**
租赁业	Leasing	127	29	115.2	87858
商务服务业	Business Services	5152	1889	4938.9	97656

6-1 续表 3 continued

项 目	Item	年末人数 (千人) Year-end Figures (1000 persons)		工资总额 (亿元) Total Wages (100 million yuan)	平均工资 (元) Average Wage (yuan)
			#女 性 Female		
科学研究和技术服务业	**Scientific Research and Technical Services**	**2743**	**886**	**3954.6**	**146478**
研究和试验发展	Research and Experimental Development	328	139	570.5	179235
专业技术服务业	Professional Technical Services	2063	615	2884.8	141882
科技推广和应用服务业	Science and Technology Popularization and Application Services	352	132	499.2	143374
水利、环境和公共设施管理业	**Management of Water Conservancy, Environment and Public Facilities**	**1185**	**518**	**681.1**	**57123**
水利管理业	Management of Water Conservancy	36	11	35.2	97140
生态保护和环境治理业	Ecological Protection and Environmental Treatment	84	25	81.5	98710
公共设施管理业	Management of Public Facilities	1016	466	507.3	49384
土地管理业	Management of Land	49	16	57.1	123305
居民服务、修理和其他服务业	**Service to Households, Repair and Other Services**	**672**	**350**	**377.8**	**56716**
居民服务业	Service to Households	250	141	156.5	63249
机动车、电子产品和日用产品修理业	Repair of Motor Vehicle, Electronics and Household Products	102	27	76.1	74008
其他服务业	Other Services	320	182	145.2	45972
教育	**Education**	**2752**	**1999**	**1953.5**	**72375**
卫生和社会工作	**Health and Social Service**	**1222**	**861**	**997.0**	**82897**
卫生	Health	1003	704	879.4	89162
社会工作	Social Service	220	157	117.6	54342
文化、体育和娱乐业	**Culture, Sports and Entertainment**	**624**	**315**	**671.2**	**108792**
新闻和出版业	Journalism and Publishing Activities	120	66	183.4	153498
广播、电视、电影和录音制作业	Radio, Television, Motion Picture and Audio-visual Programme Production Services	148	75	150.0	105936
文化艺术业	Cultural and Art Activities	117	59	81.8	69392
体育	Sports Activities	83	38	136.4	167848
娱乐业	Entertainment	156	77	119.6	76312
公共管理、社会保障和社会组织	**Public Management, Social Security and Social Organization**	**102**	**48**	**102.5**	**100549**
#中国共产党机关	Organs of Communist Party of China				
国家机构	Government Agencies				
人民政协、民主党派	People's Political Consultative Conference and Democratic Parties				
社会保障	Social Security				
群众团体、社会团体和其他成员组织	Non-Governmental Organizations, Social Organizations and Membership Organizations	29	17	32.8	112102

6–2 各地区分行业其他单位就业人员和工资总额(2020年)
EMPLOYMENT AND TOTAL WAGES IN OTHER OWNERSHIP UNITS BY SECTOR AND REGION (2020)

地 区	Region	总计 Total				内资 Domestic Funded			
		年末人数(人) Year-end Figures (person)	#女 性 Female	工资总额(千元) Total Wages (1000 yuan)	平均工资(元) Average wage (yuan)	年末人数(人) Year-end Figures (person)	#女 性 Female	工资总额(千元) Total Wages (1000 yuan)	平均工资(元) Average wage (yuan)
全 国	**National**	**112048999**	**40205680**	**10265695489**	**92721**	**88304126**	**29580877**	**7740593250**	**89017**
北 京	Beijing	5746643	2319143	1002827637	174267	4295933	1657905	692482952	160344
天 津	Tianjin	1922076	722549	205033354	106361	1300444	442573	137979518	105903
河 北	Hebei	2943038	985002	226897527	76652	2616011	868876	201927645	76773
山 西	Shanxi	2633084	782008	198565811	75531	2450145	713206	183956925	75527
内蒙古	Inner Mongolia	1335367	444439	116852625	86938	1276275	419284	112406234	87517
辽 宁	Liaoning	2880855	1016078	228097279	78176	2343303	784272	182093297	76962
吉 林	Jilin	1392552	496333	104645395	75307	1235053	449486	88269556	71656
黑龙江	Heilongjiang	1571545	548529	120494858	75583	1463433	497987	113829722	76707
上 海	Shanghai	5493674	2300715	929935229	168224	2901256	1096339	434376384	149481
江 苏	Jiangsu	10302132	3300558	921363948	92447	6826107	1829538	589722411	90361
浙 江	Zhejiang	7848000	2630905	718115363	93581	6118099	1891368	538369067	90263
安 徽	Anhui	3820500	1253314	279807190	75613	3495976	1107250	255084221	75358
福 建	Fujian	4447771	1624254	344520486	79627	3131214	977599	245779043	81181
江 西	Jiangxi	2740559	1007069	187810563	69087	2389098	816069	166444486	70521
山 东	Shandong	7069019	2484755	553276028	78429	5995736	2041925	468136178	78263
河 南	Henan	5955108	1993690	376372766	64765	5410979	1747656	339995965	64682
湖 北	Hubei	3958023	1368013	301321863	77979	3453104	1153650	260029827	77255
湖 南	Hunan	3387463	1183166	236432754	71490	3002818	994525	210217546	71924
广 东	Guangdong	16251627	6723371	1587257880	98028	9877925	3800406	1026559457	105084
广 西	Guangxi	2119361	699773	158901744	77016	1864173	574737	141625479	78205
海 南	Hainan	663293	277849	50753346	77791	606940	254653	45717812	76449
重 庆	Chongqing	2552801	873625	206537165	82434	2197900	721515	176376458	81837
四 川	Sichuan	5434943	1923676	422990266	79905	4910120	1683426	379347817	79379
贵 州	Guizhou	1589607	505936	131177214	84438	1533306	482657	126535190	84739
云 南	Yunnan	1689147	608776	130486895	78592	1590061	560463	123294478	79044
西 藏	Tibet	162406	56622	14798762	92926	158202	55221	14283916	92135
陕 西	Shaanxi	2924219	1029872	241980341	83661	2737376	944532	225276696	83386
甘 肃	Gansu	1187045	388596	83635365	71012	1160255	376954	81148381	70526
青 海	Qinghai	301311	97516	27201086	91174	292460	94566	26508945	91565
宁 夏	Ningxia	341548	110864	31377354	89449	318925	106922	29273966	89230
新 疆	Xinjiang	1384279	448682	126227394	87101	1351499	435319	123543680	87232

6-2 续表 1 continued

地 区	Region	股份合作 Cooperative Units 年末人数(人) Year-end Figures (person)	#女 性 Female	工资总额(千元) Total Wages (1000 yuan)	平均工资(元) Average wage (yuan)	联 营 Joint-owned Units 年末人数(人) Year-end Figures (person)	#女 性 Female	工资总额(千元) Total Wages (1000 yuan)	平均工资(元) Average wage (yuan)
全 国	**National**	**687842**	**264009**	**55678593**	**83655**	**254666**	**100041**	**19047890**	**88584**
北 京	Beijing	44060	17613	3012478	67476	2860	1304	313144	106043
天 津	Tianjin	7874	3083	586512	64011	2765	991	218717	78478
河 北	Hebei	30347	14622	2416664	81645	11056	8047	681729	63736
山 西	Shanxi	2282	1001	228650	98902	153	51	3570	23490
内蒙古	Inner Mongolia	10312	4918	1413257	134098	2795	1806	186288	67873
辽 宁	Liaoning	22613	9491	1635766	71330	3818	1123	229405	60052
吉 林	Jilin	10516	5612	935502	91492	6374	2490	342696	53929
黑龙江	Heilongjiang	13977	4991	1063546	74605	2767	686	137156	50130
上 海	Shanghai	13685	5485	1035531	75042	5001	2239	519084	103196
江 苏	Jiangsu	32774	10014	1983965	67915	72421	13609	2554849	69869
浙 江	Zhejiang	93564	37178	5906707	64203	5606	2540	616241	110058
安 徽	Anhui	19852	7576	1121682	53948	7542	3764	446625	60991
福 建	Fujian	75057	13743	5401587	87712	3976	1361	199038	63379
江 西	Jiangxi	16629	6987	1110721	68630	4041	1802	333317	83675
山 东	Shandong	24656	8383	1757029	73707	7858	3569	528373	69275
河 南	Henan	32167	15006	2691552	84376	9953	6101	623328	64253
湖 北	Hubei	10115	4374	526578	58039	42778	19836	5206349	123528
湖 南	Hunan	14237	7900	932820	67136	6628	3208	396029	59967
广 东	Guangdong	88874	34436	9493243	106877	27394	10688	3208116	120531
广 西	Guangxi	26699	11241	3418289	129517	1209	530	69122	58372
海 南	Hainan	4746	2529	720564	157519	3141	1592	270791	85898
重 庆	Chongqing	8584	2118	411936	52185	1177	586	103576	89060
四 川	Sichuan	29021	12019	2479744	86961	6353	3054	641748	104175
贵 州	Guizhou	10380	4534	1652880	160863	2775	1801	153836	57951
云 南	Yunnan	10524	3985	854109	90862	3783	1684	192866	51557
西 藏	Tibet	39	12	2385	61154	1292	714	99810	69336
陕 西	Shaanxi	17927	7646	1246370	70816	6521	3776	509511	80517
甘 肃	Gansu	8973	4072	837569	94360	1201	669	57552	48624
青 海	Qinghai	1825	821	91024	49981	174	69	7286	43112
宁 夏	Ningxia	1529	652	163978	110946	112	70	9509	84150
新 疆	Xinjiang	4008	1965	545955	138720	1143	282	188229	162828

6-2 续表 2 continued

地 区	Region	有限责任公司 Limited Liability Corporations 年末人数（人）Year-end Figures (person)	#女 性 Female	工资总额（千元）Total Wages (1000 yuan)	平均工资（元）Average wage (yuan)	股份有限公司 Share-holding Corporations Ltd 年末人数（人）Year-end Figures (person)	#女 性 Female	工资总额（千元）Total Wages (1000 yuan)	平均工资（元）Average wage (yuan)
全 国	**National**	**65423020**	**19538524**	**5425596256**	**84439**	**18366447**	**7268333**	**1988603062**	**108583**
北 京	Beijing	3197563	1142583	476451621	148599	931795	412831	200129261	211673
天 津	Tianjin	983518	296146	99620170	101143	274195	121284	35292409	128919
河 北	Hebei	1942795	570114	141535430	72818	617080	265794	56526127	89423
山 西	Shanxi	1947056	474593	145237535	75261	418705	176224	35275035	82750
内蒙古	Inner Mongolia	977633	273346	86901090	88257	276453	132876	23406628	84291
辽 宁	Liaoning	1633668	469152	120267997	73230	582250	235414	53606140	89794
吉 林	Jilin	801158	254365	53870611	67012	334190	140713	27343797	82997
黑龙江	Heilongjiang	1082436	302901	86784459	78929	302555	151105	22178696	72375
上 海	Shanghai	2120304	733031	303791871	143138	519048	208708	106427286	204788
江 苏	Jiangsu	4940423	1232669	404701708	85406	1606703	472549	167196581	108180
浙 江	Zhejiang	4156025	1088437	341427665	85334	1668619	621985	175768158	104897
安 徽	Anhui	2659655	806587	182725485	70752	725536	234274	65180196	94154
福 建	Fujian	2452764	694242	181429388	76858	526485	213277	54122321	101853
江 西	Jiangxi	1906075	590657	128139270	68253	371053	157413	31455828	84142
山 东	Shandong	4209461	1285890	309874325	73741	1535997	596367	141506745	92074
河 南	Henan	4318532	1280297	257263813	61636	843736	298636	68546387	81492
湖 北	Hubei	2657283	793204	196489649	76062	607336	245223	50149249	83807
湖 南	Hunan	2142363	583028	146200950	70024	652467	273227	53237685	84376
广 东	Guangdong	6948267	2412431	664650108	97513	2119225	860923	286634098	133124
广 西	Guangxi	1524382	397481	113846083	76968	239406	108451	21441357	91969
海 南	Hainan	416003	161069	29915597	72633	146597	64437	12659474	88383
重 庆	Chongqing	1662217	466297	120746356	74430	491173	239460	52389089	106785
四 川	Sichuan	3852662	1180868	284282424	76019	799792	333571	77597094	98562
贵 州	Guizhou	1251053	369019	98004910	80688	252669	97358	25443608	101849
云 南	Yunnan	1207184	384189	91197800	76900	257253	95365	24142541	95301
西 藏	Tibet	126634	41884	10306193	83047	25797	10344	3365195	134389
陕 西	Shaanxi	2087970	612985	173752550	84727	458468	202498	40743702	87505
甘 肃	Gansu	793982	234556	51915488	66279	311354	109839	25845208	82598
青 海	Qinghai	217033	64328	17859071	83853	72273	28853	8508644	115848
宁 夏	Ningxia	230974	64690	21520571	91649	79589	36924	7196934	84402
新 疆	Xinjiang	975945	277484	84886067	80502	318647	122410	35287590	114780

6-2 续表 3 continued

地 区	Region	其 他 Others				港、澳、台商投资 Funded from Hong Kong, Macao and Taiwan			
		年末人数（人）Year-end Figures (person)	#女性 Female	工资总额（千元）Total Wages (1000 yuan)	平均工资（元）Average wage (yuan)	年末人数（人）Year-end Figures (person)	#女性 Female	工资总额（千元）Total Wages (1000 yuan)	平均工资（元）Average wage (yuan)
全 国	**National**	**3572152**	**2409969**	**251667449**	**71772**	**11586266**	**5346649**	**1159429920**	**100155**
北 京	Beijing	119655	83575	12576448	105353	732647	347974	151076105	212643
天 津	Tianjin	32093	21069	2261711	70167	256383	128651	25591624	99530
河 北	Hebei	14734	10299	767694	54447	129358	45590	9833095	75448
山 西	Shanxi	81949	61336	3212134	41646	81591	30313	7161369	78236
内蒙古	Inner Mongolia	9082	6338	498971	56822	24176	9026	2155702	87827
辽 宁	Liaoning	100955	69092	6353989	63574	143078	58380	10280619	70022
吉 林	Jilin	82816	46306	5776950	70525	21955	8269	1509619	68296
黑龙江	Heilongjiang	61697	38304	3665865	60102	42834	18211	2766625	64247
上 海	Shanghai	243218	146876	22602612	92256	1066251	520809	192244904	179842
江 苏	Jiangsu	173785	100697	13285309	75296	1338951	575473	117042218	88378
浙 江	Zhejiang	194285	141229	14650295	77038	818129	350247	91437711	113245
安 徽	Anhui	83391	55048	5610234	68458	134208	63432	9555800	75210
福 建	Fujian	72932	54975	4626708	65303	778155	382960	55938486	72426
江 西	Jiangxi	91301	59210	5405349	60881	208004	112302	12660840	59264
山 东	Shandong	217764	147716	14469706	68562	334400	129595	27641122	81833
河 南	Henan	206591	147616	10870884	54409	319269	144612	20646193	62046
湖 北	Hubei	135591	91014	7658002	57587	204129	102665	13771642	69020
湖 南	Hunan	187122	127162	9450062	51516	246975	125153	16638697	66541
广 东	Guangdong	694164	481928	62573892	91429	4037280	1894606	339268064	83713
广 西	Guangxi	72477	57033	2850628	40088	82357	44676	4848302	57622
海 南	Hainan	36453	25026	2151387	61151	25289	10191	2339288	95436
重 庆	Chongqing	34749	13054	2725501	81871	155030	69612	12651853	83584
四 川	Sichuan	222292	153914	14346807	65998	212990	94866	17511738	84417
贵 州	Guizhou	16429	9945	1279956	80664	31995	12976	2618110	82834
云 南	Yunnan	111317	75240	6907162	64298	42620	18700	3061883	70522
西 藏	Tibet	4441	2267	510333	115663	1605	582	192187	117330
陕 西	Shaanxi	166491	117627	9024563	55930	74971	35384	5375158	69395
甘 肃	Gansu	44746	27818	2492563	56180	8399	3300	675054	76772
青 海	Qinghai	1155	494	42920	39272	3940	1053	365455	92520
宁 夏	Ningxia	6721	4587	382974	59844	16541	2491	1498660	90636
新 疆	Xinjiang	51756	33178	2635839	53489	12758	4552	1071797	83175

6-2 续表 4 continued

地 区	Region	外商投资 Foreign Funded				农、林、牧、渔业 Agriculture, Forestry, Animal Husbandry and Fishery			
		年末人数 (人) Year-end Figures (person)	#女 性 Female	工资总额 (千元) Total Wages (1000 yuan)	平均工资 (元) Average wage (yuan)	年末人数 (人) Year-end Figures (person)	#女 性 Female	工资总额 (千元) Total Wages (1000 yuan)	平均工资 (元) Average wage (yuan)
全 国	**National**	**12158607**	**5278154**	**1365672318**	**112089**	**258239**	**81412**	**13769369**	**54682**
北 京	Beijing	718064	313264	159268580	219578	8609	3307	691850	78581
天 津	Tianjin	365249	151325	41462211	112761	1522	528	101825	62554
河 北	Hebei	197669	70535	15136787	75852	8190	2828	428475	52246
山 西	Shanxi	101349	38489	7447517	73205	5972	1730	288346	47629
内蒙古	Inner Mongolia	34916	16129	2290689	65167	33470	6391	2216456	67988
辽 宁	Liaoning	394475	173426	35723364	88228	8438	2652	343616	41430
吉 林	Jilin	135544	38579	14866220	109608	16019	3216	890525	54224
黑龙江	Heilongjiang	65279	32331	3898511	58019	10952	2667	534902	49260
上 海	Shanghai	1526168	683568	303313941	195298	7898	2471	645432	82767
江 苏	Jiangsu	2137074	895547	214599318	101427	7248	2732	428466	58384
浙 江	Zhejiang	911772	389291	88308585	97919	3575	1068	197372	53023
安 徽	Anhui	190316	82633	15167169	80457	6200	1868	339607	57152
福 建	Fujian	538402	263696	42802958	81250	2436	862	112976	47132
江 西	Jiangxi	143457	78698	8705237	60193	4288	1044	190757	48136
山 东	Shandong	738882	313235	57498728	78215	7419	2376	442480	59521
河 南	Henan	224859	101422	15730609	70804	4638	1556	216916	49122
湖 北	Hubei	300791	111697	27520394	92120	3573	1110	161704	47202
湖 南	Hunan	137671	63487	9576511	71248	6727	2287	294045	45351
广 东	Guangdong	2336422	1028359	221430358	93426	8232	2864	513290	64424
广 西	Guangxi	172832	80361	12427963	73916	9153	3207	525572	58775
海 南	Hainan	31064	13005	2696246	90161	37274	12300	1874209	54450
重 庆	Chongqing	199871	82498	17508854	88030	2265	1034	100585	45128
四 川	Sichuan	311834	145385	26130712	85042	10197	4101	407658	41683
贵 州	Guizhou	24306	10303	2023914	70503	7224	3104	298226	46305
云 南	Yunnan	56466	29613	4130534	72370	11010	5321	380351	35957
西 藏	Tibet	2599	819	322659	124916	2340	848	109439	45898
陕 西	Shaanxi	111872	49956	11328487	99977	4849	1469	198141	41983
甘 肃	Gansu	18391	8342	1811930	98744	7936	3126	352409	44208
青 海	Qinghai	4911	1897	326687	66903	2782	1027	82934	27504
宁 夏	Ningxia	6083	1451	604728	97932	2014	506	100680	46901
新 疆	Xinjiang	20022	8812	1611918	80412	5789	1812	300123	55270

6-2 续表 5 continued

地 区	Region	采矿业 Mining				制造业 Manufacturing			
		年末人数（人）Year-end Figures (person)	#女 性 Female	工资总额（千元）Total Wages (1000 yuan)	平均工资（元）Average wage (yuan)	年末人数（人）Year-end Figures (person)	#女 性 Female	工资总额（千元）Total Wages (1000 yuan)	平均工资（元）Average wage (yuan)
全 国	**National**	**3313869**	**564742**	**323589420**	**96927**	**37372430**	**14011635**	**3080179962**	**82811**
北 京	Beijing	30524	5004	4262277	137157	585060	200595	88548130	149597
天 津	Tianjin	56734	12716	8328177	143184	643746	210831	63939391	99393
河 北	Hebei	157345	24992	13913311	87785	948353	279855	69553201	72733
山 西	Shanxi	789876	111184	68137872	86507	553279	162353	37013756	66398
内蒙古	Inner Mongolia	107510	16952	14772518	133066	308215	76769	24846595	81516
辽 宁	Liaoning	184622	38247	16079925	83753	989366	278049	77379042	77621
吉 林	Jilin	72891	15848	5288992	71655	428091	123474	36237922	84418
黑龙江	Heilongjiang	216762	48162	20034090	91987	270436	79788	20596935	75364
上 海	Shanghai	1200	245	370032	306826	1292443	451575	181364182	137742
江 苏	Jiangsu	51702	7938	5618958	104572	4485447	1756858	408314734	91996
浙 江	Zhejiang	3873	634	321073	85684	3077393	1190707	257831210	84809
安 徽	Anhui	128101	11893	13847053	106592	1245643	458560	90774202	74804
福 建	Fujian	11937	2003	696813	56513	1605292	731958	120683110	76136
江 西	Jiangxi	24934	4922	1678843	66069	1059206	473188	69900352	65704
山 东	Shandong	263289	54627	28540473	106247	2689595	948968	200276800	74937
河 南	Henan	271420	46058	20828879	76481	2109583	809851	123841319	59043
湖 北	Hubei	25139	5494	2469583	97317	1264517	462668	93148728	74607
湖 南	Hunan	42543	5153	2650097	61808	935218	344469	68147433	73617
广 东	Guangdong	13045	2176	2390797	183772	8128908	3366369	678116465	83315
广 西	Guangxi	7673	1637	466545	68319	489060	183255	35030100	72915
海 南	Hainan	4520	840	368689	80959	69934	25383	5454919	77421
重 庆	Chongqing	28271	2933	2155155	72960	659326	236402	52027369	80742
四 川	Sichuan	130354	23631	13497304	104067	1371519	495243	105808936	78387
贵 州	Guizhou	117068	11515	8683468	75263	281606	92461	24066280	85545
云 南	Yunnan	44225	7905	3513073	78897	386907	124757	30704880	80434
西 藏	Tibet	6327	1347	734157	118041	16096	5338	1377537	86440
陕 西	Shaanxi	265232	48201	28791746	108794	710494	218289	55642897	78403
甘 肃	Gansu	47230	7662	4509036	96787	269991	75229	20683990	76389
青 海	Qinghai	30233	8008	4214753	137244	85046	23224	6545500	76654
宁 夏	Ningxia	47106	7518	6636502	139443	92120	22499	7120439	77983
新 疆	Xinjiang	132184	29297	19789232	148079	320540	102670	25203610	78831

6-2 续表 6 continued

地 区	Region	电力、热力、燃气及水生产和供应业 Production and Supply of Electricity, Heat, Gas and Water				建筑业 Construction			
		年末人数（人）Year-end Figures (person)	#女 性 Female	工资总额（千元）Total Wages (1000 yuan)	平均工资（元）Average wage (yuan)	年末人数（人）Year-end Figures (person)	#女 性 Female	工资总额（千元）Total Wages (1000 yuan)	平均工资（元）Average wage (yuan)
全 国	**National**	**2739289**	**726996**	**327603738**	**120005**	**19809452**	**2512318**	**1339203007**	**70965**
北 京	Beijing	85027	24836	15227371	181946	436521	85392	59095544	135332
天 津	Tianjin	38551	10752	6572917	170695	221891	35835	22041375	100005
河 北	Hebei	124619	33480	15301776	123553	368949	57311	22771890	63782
山 西	Shanxi	107281	29726	9144788	85115	248727	47011	16877273	69186
内蒙古	Inner Mongolia	150726	40324	17343977	116277	95818	16107	5972722	55320
辽 宁	Liaoning	135509	33328	12025596	89197	236384	43780	16151574	66048
吉 林	Jilin	77974	15745	7315411	93606	125277	21474	7454589	57666
黑龙江	Heilongjiang	100643	22749	9214842	91395	130708	27258	7675506	52252
上 海	Shanghai	33079	8675	7811520	236017	276247	44509	34336517	129623
江 苏	Jiangsu	128654	31426	20223693	157298	2698098	169241	177518600	72634
浙 江	Zhejiang	119537	27936	18881705	158514	1940972	171409	120191145	66136
安 徽	Anhui	88314	20263	11201312	126857	1007115	127986	63180873	68219
福 建	Fujian	102959	26650	13008728	126759	1318663	212700	83721282	68616
江 西	Jiangxi	84514	24276	7709217	91359	689296	92914	42829145	64175
山 东	Shandong	153505	40917	15566719	102074	1257535	145970	91561566	73934
河 南	Henan	97504	33633	7738712	80312	1393442	180399	77603091	59090
湖 北	Hubei	56943	18114	6652172	116592	980546	124237	66398285	71623
湖 南	Hunan	57484	16914	5563919	96873	910172	105047	51810710	60456
广 东	Guangdong	221562	48973	35663831	161298	1015653	157135	79231118	81285
广 西	Guangxi	104023	27601	11438028	109979	601090	57848	37733733	67413
海 南	Hainan	11942	3026	1307106	111213	48081	6343	2474429	53870
重 庆	Chongqing	58198	18791	5835979	99787	681967	97082	42042126	64727
四 川	Sichuan	205948	60519	23998495	116189	1365560	214113	84423555	64752
贵 州	Guizhou	43377	11081	5345014	123357	416282	68029	30002191	77851
云 南	Yunnan	106401	29943	12026122	113300	297680	51115	18192609	64603
西 藏	Tibet	10099	3142	1002186	101227	32558	5621	2185373	71789
陕 西	Shaanxi	83174	25044	8973298	108125	480395	69877	33943928	74462
甘 肃	Gansu	39988	10555	3569135	91622	260784	33642	15222773	59195
青 海	Qinghai	12602	3176	1625920	130790	33733	7111	2778163	87159
宁 夏	Ningxia	27842	7798	3153211	113126	29880	4677	2253963	67450
新 疆	Xinjiang	71309	17603	7161037	101559	209428	31145	21527359	71867

6-2 续表 7 continued

地区 Region	批发和零售业 Wholesale and Retail Trades 年末人数(人) Year-end Figures (person)	#女性 Female	工资总额(千元) Total Wages (1000 yuan)	平均工资(元) Average wage (yuan)	交通运输、仓储和邮政业 Transport, Storage and Post 年末人数(人) Year-end Figures (person)	#女性 Female	工资总额(千元) Total Wages (1000 yuan)	平均工资(元) Average wage (yuan)
全 国 National	**7299549**	**3901373**	**700151978**	**95533**	**6959009**	**1719002**	**718567888**	**103331**
北 京 Beijing	511203	237913	89233139	168495	554468	145706	69576888	123540
天 津 Tianjin	175377	107820	16306110	92118	123931	30088	13668785	110160
河 北 Hebei	184871	108944	10348782	56082	200649	42497	19294483	96515
山 西 Shanxi	113714	52223	7329732	64157	206938	51290	20830375	100559
内蒙古 Inner Mongolia	68107	36051	4331220	64445	168407	35479	16939241	100937
辽 宁 Liaoning	159615	93726	9903134	61109	268498	58143	24891121	92479
吉 林 Jilin	82586	43979	4967526	59838	137029	27232	11496177	84233
黑龙江 Heilongjiang	92473	45920	5274778	56806	180535	26355	17442177	95340
上 海 Shanghai	880229	484858	162238038	182567	464159	139603	67203485	143635
江 苏 Jiangsu	545201	291854	52458591	97064	381363	90528	38421017	102210
浙 江 Zhejiang	393144	203642	39826937	100454	322346	81627	34883436	109635
安 徽 Anhui	215384	123859	13828438	64998	168379	40438	14909613	88346
福 建 Fujian	220339	117858	18066211	84126	206745	50455	20232982	98917
江 西 Jiangxi	141350	73334	8789465	61961	151473	34586	13966899	91536
山 东 Shandong	418902	231540	28914424	67228	406993	101377	38547157	94360
河 南 Henan	305252	160932	16288272	54474	325889	81266	26759229	82816
湖 北 Hubei	280985	160414	17537295	62276	232354	53653	21911345	94227
湖 南 Hunan	203589	115957	11581418	57699	214973	54537	19704461	91335
广 东 Guangdong	1020131	519460	96264887	92988	734141	188106	81888589	111409
广 西 Guangxi	113488	64012	7321677	65270	168531	40443	16132553	95260
海 南 Hainan	60768	30836	4381658	72982	66731	15852	5883152	90214
重 庆 Chongqing	180474	105814	13126006	73442	184286	45439	15811356	86337
四 川 Sichuan	296430	163156	21174343	72338	294518	84220	28698381	98036
贵 州 Guizhou	101431	49457	6722860	66980	118169	31805	11366815	96228
云 南 Yunnan	120137	62691	7911777	65675	125958	36622	12456240	99189
西 藏 Tibet	21996	9448	1892100	83949	9852	3088	1112182	117142
陕 西 Shaanxi	191352	104355	11593624	60113	210183	53364	20858045	99005
甘 肃 Gansu	76209	43183	4121841	54944	110677	23781	10319091	93583
青 海 Qinghai	17380	8898	1121910	64237	42842	11186	4539307	108006
宁 夏 Ningxia	20380	12777	1105162	53715	31098	7686	2908201	93729
新 疆 Xinjiang	87053	36463	6190624	73818	146896	32550	15915108	111358

6-2 续表 8 continued

地　区	Region	住宿和餐饮业 Hotels and Catering Services 年末人数（人） Year-end Figures (person)	#女 性 Female	工资总额（千元） Total Wages (1000 yuan)	平均工资（元） Average wage (yuan)	信息传输、软件和信息技术服务业 Information Transmission, Software and Information Technology 年末人数（人） Year-end Figures (person)	#女 性 Female	工资总额（千元） Total Wages (1000 yuan)	平均工资（元） Average wage (yuan)
全　国	**National**	**2333559**	**1344626**	**110381073**	**48400**	**4609244**	**1784497**	**813483705**	**180950**
北　京	Beijing	243111	135406	13755693	56670	909239	345814	227885030	260436
天　津	Tianjin	53010	30992	2072984	37059	67543	28711	10093940	147522
河　北	Hebei	31507	18675	1309491	44879	93996	40021	9612689	100856
山　西	Shanxi	26842	16514	899813	34381	43271	18580	3965500	91220
内蒙古	Inner Mongolia	21359	12338	933052	44122	35777	17157	3868971	107997
辽　宁	Liaoning	43410	25489	1672714	37910	127077	62239	14307263	112632
吉　林	Jilin	13207	7193	526065	39626	37896	14627	3202534	83591
黑龙江	Heilongjiang	8788	4858	324994	38311	78236	31977	6334332	80300
上　海	Shanghai	254927	139112	15071358	58789	441905	161473	117063099	271627
江　苏	Jiangsu	182087	104718	8847840	50302	308195	115749	49201791	164896
浙　江	Zhejiang	138055	77023	7285133	53989	273227	100734	64151807	238630
安　徽	Anhui	55159	33273	2314265	44895	91049	36615	8920811	100983
福　建	Fujian	83501	47263	3698108	44957	99336	37428	13133983	132163
江　西	Jiangxi	31130	20054	1260222	41249	50130	20020	4690952	94431
山　东	Shandong	89688	52284	4106569	46176	180108	78251	18475707	103295
河　南	Henan	64417	39002	2755219	44082	166804	59028	12690907	84441
湖　北	Hubei	84751	53713	3231294	39954	153168	58394	16226903	114762
湖　南	Hunan	57498	36234	2243729	39400	76809	29455	8425891	109572
广　东	Guangdong	372997	202866	17880425	48588	721574	271849	137855447	195641
广　西	Guangxi	34544	21628	1332383	37754	54908	21690	5514214	102018
海　南	Hainan	50506	23718	2742273	55369	22294	7336	3402208	152791
重　庆	Chongqing	39299	25706	1743818	45025	49771	21393	6344806	132380
四　川	Sichuan	156710	95992	6059690	45978	218704	82720	28065214	129847
贵　州	Guizhou	23893	14892	1058740	45139	41733	16319	4604474	110115
云　南	Yunnan	41145	24842	1733925	42564	46691	18432	4981990	105684
西　藏	Tibet	6513	3762	384964	58286	7394	2670	924622	130196
陕　西	Shaanxi	78808	48799	3141830	40405	135078	52350	21649942	162790
甘　肃	Gansu	24659	15385	978227	39475	28870	13069	2530468	87494
青　海	Qinghai	3361	2048	159913	48530	8261	3609	1032234	124314
宁　夏	Ningxia	2872	1806	116317	41365	6802	3153	852625	124422
新　疆	Xinjiang	15804	9043	740026	46457	33397	13635	3473350	107949

6-2 续表 9 continued

地 区	Region	金融业 Financial Infermediation 年末人数（人）Year-end Figures (person)	#女 性 Female	工资总额（千元）Total Wages (1000 yuan)	平均工资（元）Average wage (yuan)	房地产业 Real Estate 年末人数（人）Year-end Figures (person)	#女 性 Female	工资总额（千元）Total Wages (1000 yuan)	平均工资（元）Average wage (yuan)
全 国	**National**	**7833875**	**4637738**	**1042928224**	**131035**	**4940257**	**2025740**	**416658777**	**84286**
北 京	Beijing	616227	354621	161969873	258490	415021	161912	49673143	118375
天 津	Tianjin	153201	96099	22015717	144320	84295	36054	8250974	95702
河 北	Hebei	354636	202155	32424271	87135	110355	45555	7368950	67286
山 西	Shanxi	244122	154202	17980971	72149	47407	19811	3286232	69114
内蒙古	Inner Mongolia	180539	116647	15079433	82876	51369	24798	2775858	54302
辽 宁	Liaoning	282009	176005	25669549	88113	108571	47185	7233933	66433
吉 林	Jilin	183482	115716	14457911	81971	50655	21370	2720120	54550
黑龙江	Heilongjiang	222040	140134	14392349	63684	50368	21383	2626332	51475
上 海	Shanghai	252559	130631	85609761	328620	270891	110806	32427622	118321
江 苏	Jiangsu	356075	205130	56246359	156964	280401	119355	24353065	87265
浙 江	Zhejiang	477379	292567	73608393	145129	278211	118520	25057523	91947
安 徽	Anhui	248329	144813	21649652	85752	150739	62673	11430738	75070
福 建	Fujian	260098	151728	30274885	112977	159481	62478	13721603	85387
江 西	Jiangxi	157935	94782	14748874	91046	94330	37761	6857541	73131
山 东	Shandong	601219	363678	55040073	89757	254924	103763	19177299	75508
河 南	Henan	258541	142171	31350978	122647	283429	113431	17992454	64276
湖 北	Hubei	226960	130378	22645057	100895	176952	75682	12648650	72206
湖 南	Hunan	281372	171698	24661726	90619	154867	64548	11081250	71367
广 东	Guangdong	844984	478924	149756259	170119	828025	319541	78750202	94735
广 西	Guangxi	190491	113494	19608356	106093	88401	39165	7374738	81732
海 南	Hainan	73468	41954	8090160	111193	80709	33330	6157119	75699
重 庆	Chongqing	274270	162500	35041931	125004	145892	61373	12075830	82658
四 川	Sichuan	353322	220174	34029744	97813	291630	122041	21406025	73851
贵 州	Guizhou	142453	73326	17764200	129525	102313	41421	7679269	71276
云 南	Yunnan	90558	53279	11594237	127102	98068	39911	6808559	70236
西 藏	Tibet	8441	4225	1793802	216216	5460	2362	440457	80164
陕 西	Shaanxi	214261	133465	19191935	87731	127471	52447	8900745	70645
甘 肃	Gansu	120294	69654	9058810	75115	60457	26318	3045837	52085
青 海	Qinghai	21523	12328	2386259	114159	14770	6522	786268	53960
宁 夏	Ningxia	35640	21863	4018511	96572	14758	6981	1022670	68473
新 疆	Xinjiang	107447	69396	10768187	103066	60038	27243	3527770	58908

6-2 续表 10 continued

地 区	Region	租赁和商务服务业 Leasing and Business Services 年末人数(人) Year-end Figures (person)	#女 性 Female	工资总额(千元) Total Wages (1000 yuan)	平均工资(元) Average wage (yuan)	科学研究和技术服务业 Scientific Research and Technical Services 年末人数(人) Year-end Figures (person)	#女 性 Female	工资总额(千元) Total Wages (1000 yuan)	平均工资(元) Average wage (yuan)
全 国	**National**	**5279287**	**1918578**	**505410978**	**97408**	**2742951**	**885744**	**395455800**	**146478**
北 京	Beijing	475936	202412	85059702	177623	436989	155846	83472703	193657
天 津	Tianjin	106474	34194	9637203	91583	82015	23447	13607537	167394
河 北	Hebei	116861	27978	6344469	54960	111175	29365	11219912	103659
山 西	Shanxi	86756	23924	4741206	54695	32910	10451	2809769	86927
内蒙古	Inner Mongolia	38192	10680	2433289	63544	29805	8760	2561410	86302
辽 宁	Liaoning	109556	32686	5968663	53707	51893	17795	5378483	104564
吉 林	Jilin	37828	12452	2113492	56078	32470	10839	3116446	95794
黑龙江	Heilongjiang	102810	36017	9090426	91921	17664	5826	1801062	100960
上 海	Shanghai	625153	286466	120738520	191710	283500	109449	60510181	218610
江 苏	Jiangsu	359934	141717	27387122	77262	181296	58745	24217264	135692
浙 江	Zhejiang	316078	94638	25157444	82816	139954	44025	21448936	159447
安 徽	Anhui	162719	61864	9806293	60766	62204	17168	6215910	102718
福 建	Fujian	149391	52794	9921198	65219	45063	12629	5316325	120542
江 西	Jiangxi	52902	18645	3032909	61228	28011	7558	2776176	99432
山 东	Shandong	187488	59787	13882949	74007	132960	40699	13743774	105898
河 南	Henan	192301	53965	9662132	51883	99463	32163	9126337	89298
湖 北	Hubei	147278	51899	10405619	71648	104185	28796	14254012	136940
湖 南	Hunan	99947	37294	6180634	62115	71184	21223	7140642	102776
广 东	Guangdong	984601	380082	88872228	94230	362299	124371	53269402	149865
广 西	Guangxi	112273	35099	7424743	64385	31023	9559	3586735	119929
海 南	Hainan	26678	10438	2048337	75446	13340	4997	1189589	90975
重 庆	Chongqing	118751	36065	7070913	59784	48966	13947	6854774	142274
四 川	Sichuan	250841	83172	14387947	59800	129943	38774	17368934	136524
贵 州	Guizhou	58460	21270	3862160	65559	29820	8311	3183160	107283
云 南	Yunnan	103018	28498	5207078	52008	37302	11073	4336610	116968
西 藏	Tibet	15541	5330	1212788	80006	3760	1008	386812	102353
陕 西	Shaanxi	91780	33855	5493253	60542	74090	19910	9275657	125744
甘 肃	Gansu	28840	10127	1706650	58843	27834	7642	3110073	110570
青 海	Qinghai	10457	2829	593678	58450	8287	2291	747709	90628
宁 夏	Ningxia	7330	2292	432608	58007	7561	1641	726211	100353
新 疆	Xinjiang	103116	30110	5535328	61033	25984	7436	2703258	104933

6-2 续表 11 continued

地 区	Region	水利、环境和公共设施管理业 Management of Water Conservancy, Environment and Public Facilities 年末人数(人) Year-end Figures (person)	#女 性 Female	工资总额(千元) Total Wages (1000 yuan)	平均工资(元) Average wage (yuan)	居民服务、修理和其他服务业 Service to Households, Repair and Other Services 年末人数(人) Year-end Figures (person)	#女 性 Female	工资总额(千元) Total Wages (1000 yuan)	平均工资(元) Average wage (yuan)
全 国	**National**	**1185134**	**517863**	**68112936**	**57123**	**672173**	**350339**	**37776946**	**56716**
北 京	Beijing	52094	16723	5399172	102156	45476	23846	3354611	72777
天 津	Tianjin	11249	3896	1011529	89347	58509	30464	3157753	52660
河 北	Hebei	43632	18982	1736906	31188	18544	5137	801031	41341
山 西	Shanxi	19142	7682	711291	37174	6591	2890	329399	56504
内蒙古	Inner Mongolia	16980	7158	773888	44851	4499	2435	162530	37493
辽 宁	Liaoning	38416	14447	1766157	44517	10720	4388	556227	51834
吉 林	Jilin	10961	4408	432047	38594	14056	9512	450043	32873
黑龙江	Heilongjiang	7835	2564	313209	39631	5914	2708	194583	35450
上 海	Shanghai	86028	28175	8451890	96859	98391	48143	7291876	73441
江 苏	Jiangsu	57283	25428	3971075	70014	37157	18846	2302131	62786
浙 江	Zhejiang	70443	25543	5714164	83422	35408	18312	2093933	62984
安 徽	Anhui	42159	16836	1404442	33446	14854	6257	678136	47124
福 建	Fujian	44757	19971	2755519	62491	33044	22660	2032959	62675
江 西	Jiangxi	41309	20261	1297220	33206	8452	5098	372549	45789
山 东	Shandong	121460	59287	4064729	31973	23234	11123	1118248	49256
河 南	Henan	82078	35875	2916067	37509	19574	9907	816169	44232
湖 北	Hubei	26514	10897	1961393	74173	12805	7294	582166	45327
湖 南	Hunan	24521	9185	1644522	67041	20049	7835	1396117	72715
广 东	Guangdong	116154	54104	7165468	62161	100576	55923	5485351	54996
广 西	Guangxi	16773	8403	878918	54430	5854	3141	262002	43970
海 南	Hainan	31642	19014	1495825	47796	8603	5480	333438	38971
重 庆	Chongqing	26607	11798	2030259	75982	6634	3864	330257	51405
四 川	Sichuan	48098	23786	2791168	57730	28047	15437	1341026	48101
贵 州	Guizhou	37293	20206	1886899	51047	15848	9835	616420	40436
云 南	Yunnan	28645	14103	1565010	54023	12791	7015	490573	38638
西 藏	Tibet	5453	3075	314968	56502	2257	883	159023	71374
陕 西	Shaanxi	36981	16635	1891014	52097	11144	5740	453892	40868
甘 肃	Gansu	15834	8216	593062	43192	7859	3483	335331	42287
青 海	Qinghai	3059	1460	181855	58460	1053	505	42877	41878
宁 夏	Ningxia	3852	1960	213633	55294	213	101	11561	52790
新 疆	Xinjiang	17882	7786	779638	44294	4017	2077	224733	53654

6-2 续表 12 continued

地 区	Region	教育 Education 年末人数（人）Year-end Figures (person)	#女性 Female	工资总额（千元）Total Wages (1000 yuan)	平均工资（元）Average wage (yuan)	卫生和社会工作 Health and Social Service 年末人数（人）Year-end Figures (person)	#女性 Female	工资总额（千元）Total Wages (1000 yuan)	平均工资（元）Average wage (yuan)
全 国	**National**	**2752394**	**1999362**	**195348151**	**72375**	**1222367**	**861237**	**99696833**	**82897**
北 京	Beijing	179795	120793	20881613	116434	68002	47877	7393847	111795
天 津	Tianjin	21525	16155	1795010	83233	13888	9624	969121	71417
河 北	Hebei	25517	18130	1234635	51569	30834	22732	2201309	72775
山 西	Shanxi	69668	53117	2743147	41927	19306	13631	855052	46910
内蒙古	Inner Mongolia	8715	6294	478125	57429	7708	5657	478439	63261
辽 宁	Liaoning	63444	46902	3909063	62941	41481	30676	2492461	60506
吉 林	Jilin	35391	26181	1845615	54388	26105	18509	1469752	56466
黑龙江	Heilongjiang	36644	25948	2232909	62482	29088	19874	1843957	63818
上 海	Shanghai	92130	67131	12649205	125888	84997	61835	7994524	95390
江 苏	Jiangsu	110981	78644	9240917	84371	85119	59284	7673930	91299
浙 江	Zhejiang	151641	116049	11694152	78845	68426	46317	6124668	91294
安 徽	Anhui	66786	45551	4092205	62103	52374	36200	4147051	80446
福 建	Fujian	66661	51234	4026604	62401	23770	16527	2144520	92055
江 西	Jiangxi	72151	48939	4343158	62462	33350	22189	2286519	68907
山 东	Shandong	162087	114722	10180180	64977	85740	59795	6761509	80064
河 南	Henan	181435	131487	9063819	51842	72546	49658	4596268	64589
湖 北	Hubei	114800	83014	6302249	56201	40639	28986	2809887	69990
湖 南	Hunan	150236	112205	7569630	51352	44811	31455	3253145	73262
广 东	Guangdong	534154	400304	45961818	87268	144171	101359	16031612	112921
广 西	Guangxi	60992	49766	2176545	36400	19639	14224	1282877	67286
海 南	Hainan	34582	24154	2029434	61063	10831	7562	808086	75780
重 庆	Chongqing	17968	11117	1599805	92396	16000	11528	1407529	89233
四 川	Sichuan	180369	130232	11739786	66084	71408	50842	5440306	77397
贵 州	Guizhou	23346	14177	1603263	71069	19151	13811	1638653	87588
云 南	Yunnan	86705	59570	4842177	58047	34732	25230	2451447	71902
西 藏	Tibet	3513	1973	399655	115524	2401	1441	200686	87751
陕 西	Shaanxi	135924	100068	7285402	55365	45797	32900	3074807	68647
甘 肃	Gansu	30905	20555	1682938	55384	14950	10461	940045	63327
青 海	Qinghai	810	390	31689	41688	1941	1404	144620	74904
宁 夏	Ningxia	5243	3582	296315	59789	3129	2287	175357	56993
新 疆	Xinjiang	28274	20980	1417086	51321	10035	7363	604850	59537

6-2 续表 13 continued

地 区	Region	文化、体育和娱乐业 Culture, Sports and Entertainment				公共管理、社会保障和社会组织 Public Management, Social Security and Social Organization			
		年末人数（人）Year-end Figures (person)	#女 性 Female	工资总额（千元）Total Wages (1000 yuan)	平均工资（元）Average wage (yuan)	年末人数（人）Year-end Figures (person)	#女 性 Female	工资总额（千元）Total Wages (1000 yuan)	平均工资（元）Average wage (yuan)
全 国	**National**	**623779**	**314812**	**67122303**	**108792**	**102142**	**47665**	**10254398**	**100549**
北 京	Beijing	88541	48010	16708773	193166	4800	3130	638277	133154
天 津	Tianjin	8166	4146	1413578	174653	451	197	49428	107887
河 北	Hebei	12910	6329	1024515	81084	96	36	7432	74320
山 西	Shanxi	11106	5578	613175	56885	176	112	8116	47290
内蒙古	Inner Mongolia	3098	1425	203453	63066	5075	3016	681448	142384
辽 宁	Liaoning	14159	6851	1619807	111342	7687	3491	748951	95863
吉 林	Jilin	8011	3691	496261	65181	2625	870	163967	61949
黑龙江	Heilongjiang	6288	2917	339527	54919	3364	1423	227948	66798
上 海	Shanghai	43152	22689	7533503	173101	4788	2872	624486	128148
江 苏	Jiangsu	43437	21347	4670703	106144	2454	1017	267689	109513
浙 江	Zhejiang	38090	20024	3618907	100947	246	134	27423	108981
安 徽	Anhui	13452	6674	933900	70018	1539	523	132689	86436
福 建	Fujian	13777	6808	937143	69912	520	249	35537	68553
江 西	Jiangxi	11418	5792	752298	66871	4381	1706	327468	74304
山 东	Shandong	26864	12852	2275161	84094	6010	2737	600211	101121
河 南	Henan	25716	12887	2056157	81052	1076	423	69840	67779
湖 北	Hubei	23639	12367	1793997	76217	2273	902	181523	80096
湖 南	Hunan	29068	15058	2589351	88993	6395	2612	494033	77372
广 东	Guangdong	74219	36364	9040025	123888	26201	12602	3120666	119102
广 西	Guangxi	11352	5543	806832	72788	95	58	5196	56480
海 南	Hainan	9851	4612	607055	70045	1538	674	105661	69044
重 庆	Chongqing	13808	6821	936254	68510	46	18	2414	52488
四 川	Sichuan	26827	13588	1904372	72200	4518	1936	447384	99287
贵 州	Guizhou	10060	4867	789677	72508	82	49	5443	66387
云 南	Yunnan	13559	6651	922074	67463	3614	1817	368163	102602
西 藏	Tibet	2040	883	125571	63293	366	179	42442	114708
陕 西	Shaanxi	22701	11528	1315202	58086	4505	1576	304983	67643
甘 肃	Gansu	8974	4147	512861	54245	4755	2359	362790	76116
青 海	Qinghai	3170	1499	185428	59419	2	1	70	35000
宁 夏	Ningxia	3482	1596	214105	59674	228	143	19283	82173
新 疆	Xinjiang	2847	1270	182639	63780	2238	804	183436	82332

6—3 各地区分行业其他单位在岗职工人数和平均工资(2020年)
ON-POST STAFF AND WORKERS AND AVERAGE WAGE IN OTHER OWNERSHIP UNITS BY SECTOR AND REGION (2020)

地区	Region	总计 Total		农、林、牧、渔业 Agriculture, Forestry, Animal Husbandry and Fishery		采矿业 Mining		制造业 Manufacturing	
		年末人数(人) Year-end Figures (person)	平均工资(元) Average Wage (yuan)	年末人数(人) Year-end Figures (person)	平均工资(元) Average Wage (yuan)	年末人数(人) Year-end Figures (person)	平均工资(元) Average Wage (yuan)	年末人数(人) Year-end Figures (person)	平均工资(元) Average Wage (yuan)
全　国	**National**	**103553738**	**95568**	**235570**	**57062**	**3244142**	**98110**	**36776273**	**82783**
北　京	Beijing	5287351	181636	8272	79571	30398	137485	574030	148617
天　津	Tianjin	1765737	109903	1358	65539	55965	144748	634357	98064
河　北	Hebei	2687384	79998	7337	54930	155879	88010	935168	73035
山　西	Shanxi	2444000	78717	5681	47604	780130	87091	546464	66794
内蒙古	Inner Mongolia	1238361	90834	33173	68370	106452	133841	305218	81869
辽　宁	Liaoning	2679953	80889	7091	40973	183450	84046	973483	77688
吉　林	Jilin	1268283	78239	13954	58257	68263	73799	411482	84373
黑龙江	Heilongjiang	1383162	80998	9153	55113	215479	92327	263443	75383
上　海	Shanghai	5122874	170602	6247	90849	1197	307710	1260713	136034
江　苏	Jiangsu	9685969	94133	5881	60307	46603	113285	4398391	91653
浙　江	Zhejiang	7371911	95825	3213	56486	3813	85741	3029116	85073
安　徽	Anhui	3346611	78470	5833	58798	126308	107599	1220845	75060
福　建	Fujian	3990639	81536	2406	47230	11398	57468	1579537	75970
江　西	Jiangxi	2457971	70233	4208	48568	24313	66854	1047628	65834
山　东	Shandong	6492844	81268	7381	59662	254759	108426	2659360	75019
河　南	Henan	5649298	65636	4380	49566	267467	77060	2084419	59135
湖　北	Hubei	3651692	80277	3480	47506	22015	106299	1242780	75040
湖　南	Hunan	3019600	74625	6324	46548	40904	62549	917441	74150
广　东	Guangdong	15463836	99916	7721	65849	12680	187826	8045908	83251
广　西	Guangxi	1932490	80177	8555	60769	7142	70290	476075	73649
海　南	Hainan	606593	80509	36519	54920	4415	81980	68690	77388
重　庆	Chongqing	2260529	86724	1917	47694	27583	73298	641829	80902
四　川	Sichuan	4979448	83081	7944	48654	127770	105048	1357000	78511
贵　州	Guizhou	1459341	87572	5834	50449	114775	75461	276213	86465
云　南	Yunnan	1541722	81977	8259	42008	43300	79841	366115	82763
西　藏	Tibet	151548	95435	1736	50584	5941	122443	15704	87388
陕　西	Shaanxi	2657374	87554	4560	43809	255489	111242	693875	78987
甘　肃	Gansu	1032658	74370	7302	45483	45968	98803	257692	77713
青　海	Qinghai	290704	92890	2709	28044	26509	150709	84422	76929
宁　夏	Ningxia	323239	93000	1866	47884	47080	139496	91566	78220
新　疆	Xinjiang	1310616	89181	5278	57055	130699	149475	317306	79204

6-3 续表 1 continued

地 区	Region	电力、热力、燃气及水生产和供应业 Production and Supply of Electricity, Heat, Gas and Water		建筑业 Construction		批发和零售业 Wholesale and Retail Trades		交通运输、仓储和邮政业 Transport, Storage and Post	
		年末人数（人）Year-end Figures (person)	平均工资（元）Average Wage (yuan)	年末人数（人）Year-end Figures (person)	平均工资（元）Average Wage (yuan)	年末人数（人）Year-end Figures (person)	平均工资（元）Average Wage (yuan)	年末人数（人）Year-end Figures (person)	平均工资（元）Average Wage (yuan)
全 国	**National**	**2672199**	**121615**	**17282709**	**72342**	**7048978**	**95724**	**6797789**	**104275**
北 京	Beijing	83855	183611	426565	136363	490813	168484	543481	124054
天 津	Tianjin	38349	171231	201349	103743	171181	91784	122059	110142
河 北	Hebei	116756	128106	319115	66318	181994	56445	195914	98140
山 西	Shanxi	104016	86811	234426	70013	110466	64805	202442	101863
内蒙古	Inner Mongolia	149889	116755	92223	56096	66948	64844	165164	102013
辽 宁	Liaoning	133187	89780	214310	67413	154810	61791	265577	93017
吉 林	Jilin	77129	94293	111998	59776	80494	60366	136196	84537
黑龙江	Heilongjiang	96586	93429	116548	53465	88930	57784	178540	96181
上 海	Shanghai	32834	236608	255067	133033	822146	181984	450486	144265
江 苏	Jiangsu	127738	157950	2476241	73963	532709	97586	370198	103571
浙 江	Zhejiang	117707	159773	1807606	66505	376444	103168	314760	111208
安 徽	Anhui	87909	127365	729538	68567	209569	65606	162064	89994
福 建	Fujian	94317	133314	1070265	68477	208729	84016	203587	99679
江 西	Jiangxi	71595	96333	533642	61720	135764	63078	147815	92647
山 东	Shandong	151173	102995	1127942	75155	410224	67500	398925	95388
河 南	Henan	95602	80781	1237510	59764	300170	54777	319128	83404
湖 北	Hubei	55829	117987	844695	72674	268875	63577	223689	95486
湖 南	Hunan	56595	97651	743372	61361	198024	58408	210473	92025
广 东	Guangdong	220835	161568	927281	82994	991394	94677	715179	112554
广 西	Guangxi	102347	111342	545978	69282	110706	66178	157845	96565
海 南	Hainan	11522	113967	39539	54111	59886	73670	63057	91662
重 庆	Chongqing	57538	100142	560313	65007	177252	74015	178449	87974
四 川	Sichuan	202217	117458	1163086	66966	288781	73403	290647	98544
贵 州	Guizhou	42467	124963	365468	79394	99431	67545	115587	97224
云 南	Yunnan	105233	114264	233517	68729	113045	67881	123944	100151
西 藏	Tibet	10019	101572	26957	73880	21070	85119	9795	117390
陕 西	Shaanxi	81131	107516	418104	76011	184827	60562	204729	100396
甘 肃	Gansu	38099	93531	195940	58132	72886	55993	108820	94068
青 海	Qinghai	12415	131985	32260	88773	16848	64269	42437	108534
宁 夏	Ningxia	27478	113878	27273	70261	19955	54323	30783	94261
新 疆	Xinjiang	69832	102578	204580	71754	84609	74479	146020	111971

6-3 续表 2 continued

地　区	Region	住宿和餐饮业 Hotels and Catering Services		信息传输、软件和信息技术服务业 Information Transmission, Software and Information Technology		金融业 Financial Intermediation		房地产业 Real Estate	
		年末人数（人） Year-end Figures (person)	平均工资（元） Average Wage (yuan)	年末人数（人） Year-end Figures (person)	平均工资（元） Average Wage (yuan)	年末人数（人） Year-end Figures (person)	平均工资（元） Average Wage (yuan)	年末人数（人） Year-end Figures (person)	平均工资（元） Average Wage (yuan)
全　国	**National**	**2013704**	**52987**	**4474817**	**183551**	**4561916**	**193261**	**4729716**	**85815**
北　京	Beijing	169121	71865	890255	262402	401287	363857	394131	120973
天　津	Tianjin	33232	55501	66178	147600	77208	223115	77505	100420
河　北	Hebei	30584	44921	93281	101253	208194	123580	104900	69196
山　西	Shanxi	22873	37776	42030	93062	113764	117989	46185	70285
内蒙古	Inner Mongolia	20568	44913	35224	109002	101734	118411	50539	54607
辽　宁	Liaoning	33532	46623	123098	113762	166060	123528	103914	67532
吉　林	Jilin	12876	39689	37567	83896	112116	109852	48475	55777
黑龙江	Heilongjiang	8337	38994	76462	81018	86530	109751	42041	55942
上　海	Shanghai	181183	72333	435127	271429	214033	370474	241703	123665
江　苏	Jiangsu	156164	54857	295639	167826	233635	205411	264006	90048
浙　江	Zhejiang	122472	58084	269483	240948	293248	205871	259856	94347
安　徽	Anhui	54013	45247	83090	105216	127280	137758	145569	76304
福　建	Fujian	78242	46689	98183	132557	129732	178711	154727	86311
江　西	Jiangxi	28892	42822	45941	96930	88816	134766	91043	73881
山　东	Shandong	84950	47679	178991	103631	291780	139082	246753	76873
河　南	Henan	62839	44248	128958	96704	235072	131586	273584	65263
湖　北	Hubei	67284	47925	151068	115737	149423	135022	172336	73045
湖　南	Hunan	54594	40483	74153	111197	137800	147770	148966	72357
广　东	Guangdong	333686	52683	709134	197239	469520	265717	811446	95829
广　西	Guangxi	34004	37948	50631	106731	118963	146830	86172	82985
海　南	Hainan	49152	55825	21232	158541	42133	160112	77937	76581
重　庆	Chongqing	36825	46401	49469	132571	151163	200690	142068	83386
四　川	Sichuan	151113	46284	216458	130470	186268	153952	282999	74803
贵　州	Guizhou	23085	45490	40809	111558	90801	181057	98801	72262
云　南	Yunnan	40037	42660	45352	106655	67845	159337	92326	71365
西　藏	Tibet	6464	58206	7284	131480	7871	225691	5312	81031
陕　西	Shaanxi	73664	41837	133827	163099	94583	157418	123520	71648
甘　肃	Gansu	22786	41036	27855	89354	66834	104164	55529	54394
青　海	Qinghai	3330	48330	8222	124704	19296	121786	14044	55198
宁　夏	Ningxia	2856	41493	6661	124950	23315	137162	14468	69060
新　疆	Xinjiang	14948	47629	33156	108295	55613	153633	58860	59251

6-3 续表 3 continued

地 区	Region	租赁和商务服务业 Leasing and Business Services 年末人数(人) Year-end Figures (person)	平均工资(元) Average Wage (yuan)	科学研究和技术服务业 Scientific Research and Technical Services 年末人数(人) Year-end Figures (person)	平均工资(元) Average Wage (yuan)	水利、环境和公共设施管理业 Management of Water Conservancy,Environment and Public Facilities 年末人数(人) Year-end Figures (person)	平均工资(元) Average Wage (yuan)	居民服务、修理和其他服务业 Service to Households, Repair and Other Services 年末人数(人) Year-end Figures (person)	平均工资(元) Average Wage (yuan)
全 国	**National**	**4925527**	**98560**	**2625765**	**148255**	**1067437**	**60599**	**634763**	**57557**
北 京	Beijing	457610	173941	416118	196507	50674	103072	43385	73171
天 津	Tianjin	102260	92347	77276	171695	9655	95516	58176	52665
河 北	Hebei	115944	55093	99233	106211	38190	32125	17936	41637
山 西	Shanxi	84500	55192	31117	88816	18968	37314	5812	60032
内蒙古	Inner Mongolia	37471	63629	28944	87381	16600	45345	4439	37465
辽 宁	Liaoning	106404	54234	50574	105638	31736	48313	10391	52553
吉 林	Jilin	36463	56511	30234	98231	10474	38882	11496	34345
黑龙江	Heilongjiang	99507	93965	17252	102580	6317	42021	5855	35518
上 海	Shanghai	590618	187204	270839	218291	81220	97522	85219	77536
江 苏	Jiangsu	291435	83967	175086	137257	53753	72111	34759	64673
浙 江	Zhejiang	295638	83736	135031	162309	64612	88252	34422	63611
安 徽	Anhui	159293	61031	57667	105190	33425	37422	14389	47272
福 建	Fujian	139252	68436	43734	122069	43246	63292	32062	62548
江 西	Jiangxi	49214	61507	27067	100827	37282	34187	8135	46566
山 东	Shandong	178532	76475	128459	106850	81599	42036	22246	49737
河 南	Henan	184782	52293	96539	89540	67881	39160	18819	44746
湖 北	Hubei	138743	71643	99400	139280	25318	75778	11764	46975
湖 南	Hunan	97627	62596	66657	106499	23567	68181	19777	73288
广 东	Guangdong	900337	98552	355619	150483	114906	62265	95698	55595
广 西	Guangxi	94760	67068	29630	122411	16140	55468	5333	45949
海 南	Hainan	26146	76134	13054	91954	30521	48244	8456	38984
重 庆	Chongqing	111904	60930	46774	145184	25779	76932	6134	52463
四 川	Sichuan	237856	60474	124813	139209	44224	59256	25952	48933
贵 州	Guizhou	55072	67898	28283	110032	36271	51500	15511	40477
云 南	Yunnan	100860	52295	34568	120260	26059	56978	12603	38628
西 藏	Tibet	14841	80652	3507	103505	5363	56903	2193	72243
陕 西	Shaanxi	71910	65203	71248	128120	34919	53068	11019	41035
甘 肃	Gansu	27150	59672	26595	112748	14707	44565	7651	42510
青 海	Qinghai	10344	58624	7960	92160	3014	58968	1028	42692
宁 夏	Ningxia	7228	58604	7413	101563	3781	55864	176	50741
新 疆	Xinjiang	101825	61513	25073	106283	17236	44907	3926	54204

6-3 续表 4 continued

地 区	Region	教 育 Education		卫生和社会工作 Health and Social Service		文化、体育和娱乐业 Culture, Sports and Entertainment		公共管理、社会保障和社会组织 Public Management, Social Security and Social Organization	
		年末人数(人) Year-end Figures (person)	平均工资(元) Average Wage (yuan)	年末人数(人) Year-end Figures (person)	平均工资(元) Average Wage (yuan)	年末人数(人) Year-end Figures (person)	平均工资(元) Average Wage (yuan)	年末人数(人) Year-end Figures (person)	平均工资(元) Average Wage (yuan)
全 国	**National**	**2617582**	**72383**	**1162715**	**83607**	**586240**	**106204**	**95896**	**104550**
北 京	Beijing	160264	115379	59298	113571	83590	191949	4203	143659
天 津	Tianjin	19399	82895	12225	73057	7597	157341	410	115965
河 北	Hebei	24558	52461	29654	73697	12652	82272	95	74818
山 西	Shanxi	66118	42626	18294	47310	10548	58893	166	48453
内蒙古	Inner Mongolia	8323	58236	7406	63105	2975	67027	5071	142493
辽 宁	Liaoning	61292	63752	39826	61114	13638	114035	7581	96783
吉 林	Jilin	33862	54033	25061	56934	7525	67021	2620	62029
黑龙江	Heilongjiang	35215	63582	28204	64549	5671	56835	3090	71354
上 海	Shanghai	79325	124007	71534	98207	38993	152162	4390	134917
江 苏	Jiangsu	99217	86071	81142	92458	40978	109831	2392	111507
浙 江	Zhejiang	146193	79638	64344	92501	33713	102663	242	110325
安 徽	Anhui	64171	63300	51169	81109	13018	71177	1462	89685
福 建	Fujian	64790	62418	22623	93023	13360	70758	448	76418
江 西	Jiangxi	69484	63258	32731	69538	10639	69838	3762	79024
山 东	Shandong	155428	65671	82876	81004	25673	84703	5792	103759
河 南	Henan	175337	52072	71242	64771	24573	82947	998	71229
湖 北	Hubei	110313	56855	39694	70134	22793	77802	2194	81866
湖 南	Hunan	146387	51836	43778	73817	26981	92910	6178	79321
广 东	Guangdong	516811	87510	140682	114256	69567	106896	25434	120765
广 西	Guangxi	58800	36602	19055	68013	10273	76063	81	64897
海 南	Hainan	33445	61348	10304	74669	9639	71091	947	84119
重 庆	Chongqing	16664	94668	15723	89671	13117	70228	27	67990
四 川	Sichuan	173316	66976	69221	78086	25648	74048	4134	105935
贵 州	Guizhou	22540	71741	18812	88063	9502	75435	79	68971
云 南	Yunnan	79855	59882	32616	73269	12776	69897	3414	106673
西 藏	Tibet	3271	121681	2363	86910	1523	75777	334	122698
陕 西	Shaanxi	130444	55706	44019	68693	21518	59753	3988	72442
甘 肃	Gansu	29896	56217	14293	64341	8449	55415	4208	82950
青 海	Qinghai	788	41792	1931	75035	3144	59859	2	35000
宁 夏	Ningxia	4734	63837	2974	56865	3424	61380	207	85076
新 疆	Xinjiang	27342	51643	9621	59672	2744	63392	1948	89752

6–4 各地区分行业其他单位其他就业人员和平均工资(2020年)
OTHER EMPLOYMENT AND AVERAGE WAGE IN OTHER OWNERSHIP UNITS BY SECTOR AND REGION (2020)

地 区	Region	总 计 Total		农、林、牧、渔业 Agriculture, Forestry, Animal Husbandry and Fishery		采矿业 Mining		制造业 Manufacturing	
		年末人数(人) Year-end Figures (person)	平均工资(元) Average Wage (yuan)	年末人数(人) Year-end Figures (person)	平均工资(元) Average Wage (yuan)	年末人数(人) Year-end Figures (person)	平均工资(元) Average Wage (yuan)	年末人数(人) Year-end Figures (person)	平均工资(元) Average Wage (yuan)
全 国	**National**	**8495262**	**58197**	**22669**	**30261**	**69727**	**42519**	**596157**	**84578**
北 京	Beijing	459293	92753	338	54304	126	53877	11030	199588
天 津	Tianjin	156339	67144	164	38795	769	37858	9389	183710
河 北	Hebei	255654	42694	853	25789	1466	66337	13185	52462
山 西	Shanxi	189084	35396	291	48206	9746	41466	6815	35366
内蒙古	Inner Mongolia	97006	40059	297	25099	1058	63339	2996	47390
辽 宁	Liaoning	200902	43601	1348	43656	1172	40743	15883	73555
吉 林	Jilin	124269	44012	2065	30733	4628	25472	16609	85621
黑龙江	Heilongjiang	188383	36119	1799	20216	1283	38363	6993	74657
上 海	Shanghai	370800	135937	1652	45634	3	41250	31730	206578
江 苏	Jiangsu	616163	65104	1367	49743	5099	33224	87056	110286
浙 江	Zhejiang	476089	61051	361	28460	60	81259	48277	68771
安 徽	Anhui	473889	53708	367	36000	1793	33341	24798	61567
福 建	Fujian	457132	62433	30	37848	539	36483	25754	86523
江 西	Jiangxi	282588	59208	80	26204	620	36795	11577	52888
山 东	Shandong	576175	47870	38	40337	8530	44282	30235	67708
河 南	Henan	305810	48105	258	41912	3953	35208	25165	50890
湖 北	Hubei	306331	49763	92	34155	3124	32047	21737	49808
湖 南	Hunan	367863	44732	403	25446	1639	42587	17777	47527
广 东	Guangdong	787790	62720	511	41507	365	44519	83000	89673
广 西	Guangxi	186871	41706	598	31057	531	37047	12985	41583
海 南	Hainan	56700	48183	755	28122	105	29775	1244	78761
重 庆	Chongqing	292271	49712	348	30972	688	56823	17496	73878
四 川	Sichuan	455496	44362	2252	17826	2585	52745	14519	66604
贵 州	Guizhou	130266	48919	1390	22427	2293	65818	5392	40435
云 南	Yunnan	147426	42743	2752	18341	925	38127	20792	38353
西 藏	Tibet	10858	58165	604	30476	386	52144	392	45781
陕 西	Shaanxi	266845	45922	289	20276	9744	44795	16618	53926
甘 肃	Gansu	154387	49320	634	32253	1262	27800	12299	50572
青 海	Qinghai	10607	47392	73	20253	3723	45929	624	47190
宁 夏	Ningxia	18309	44585	148	32127	26	51483	554	45477
新 疆	Xinjiang	73664	49306	511	38218	1486	57322	3234	44678

6-4 续表 1 continued

地 区	Region	电力、热力、燃气及水生产和供应业 Production and Supply of Electricity, Heat, Gas and Water		建筑业 Construction		批发和零售业 Wholesale and Retail Trades		交通运输、仓储和邮政业 Transport, Storage and Post	
		年末人数（人） Year-end Figures (person)	平均工资（元） Average Wage (yuan)	年末人数（人） Year-end Figures (person)	平均工资（元） Average Wage (yuan)	年末人数（人） Year-end Figures (person)	平均工资（元） Average Wage (yuan)	年末人数（人） Year-end Figures (person)	平均工资（元） Average Wage (yuan)
全 国	**National**	**67090**	**55708**	**2526742**	**61319**	**250571**	**90444**	**161220**	**63183**
北 京	Beijing	1172	59941	9956	98121	20390	168733	10986	99680
天 津	Tianjin	201	77669	20542	67321	4196	104866	1872	111521
河 北	Hebei	7862	55053	49834	46960	2877	34975	4735	31881
山 西	Shanxi	3265	28734	14301	55674	3248	42427	4496	41794
内蒙古	Inner Mongolia	837	35595	3595	43402	1160	42705	3243	45194
辽 宁	Liaoning	2322	53392	22075	53014	4805	42758	2922	40207
吉 林	Jilin	845	30313	13279	40536	2092	40094	833	34552
黑龙江	Heilongjiang	4056	37094	14160	42436	3544	31702	1995	22231
上 海	Shanghai	245	155877	21179	85508	58082	190587	13673	122848
江 苏	Jiangsu	916	68155	221857	57194	12491	76299	11164	55987
浙 江	Zhejiang	1831	78321	133365	61036	16701	47992	7586	48286
安 徽	Anhui	405	36115	277577	67173	5814	34428	6315	47148
福 建	Fujian	8642	54930	248398	69261	11610	85922	3157	49708
江 西	Jiangxi	12919	64411	155655	72572	5585	34924	3657	48213
山 东	Shandong	2332	45097	129593	63909	8677	54281	8068	45509
河 南	Henan	1903	56771	155932	53874	5082	37095	6761	54694
湖 北	Hubei	1115	47709	135851	64811	12110	35018	8665	52897
湖 南	Hunan	889	48495	166800	56355	5565	33682	4500	60587
广 东	Guangdong	727	82274	88372	63797	28737	41439	18963	68541
广 西	Guangxi	1676	29116	55112	46330	2782	33709	10686	72731
海 南	Hainan	420	34054	8542	52649	882	28527	3674	62173
重 庆	Chongqing	660	81573	121654	63453	3221	42599	5838	39298
四 川	Sichuan	3731	49620	202475	51730	7649	33769	3871	58305
贵 州	Guizhou	910	49042	50813	67601	2000	40497	2582	54616
云 南	Yunnan	1168	26347	64163	49988	7092	30679	2014	41394
西 藏	Tibet	81	52495	5601	62426	926	58378	57	69297
陕 西	Shaanxi	2043	132683	62291	64204	6525	48423	5455	48751
甘 肃	Gansu	1890	39808	64844	62164	3323	30604	1857	56813
青 海	Qinghai	188	44277	1472	56419	532	63420	405	56611
宁 夏	Ningxia	364	40836	2607	45029	425	27916	315	37680
新 疆	Xinjiang	1477	54993	4848	75916	2444	50249	875	45341

6-4 续表 2 continued

地区	Region	住宿和餐饮业 Hotels and Catering Services		信息传输、软件和信息技术服务业 Information Transmission, Software and Information Technology		金融业 Financial Intermediation		房地产业 Real Estate	
		年末人数（人） Year-end Figures (person)	平均工资（元） Average Wage (yuan)	年末人数（人） Year-end Figures (person)	平均工资（元） Average Wage (yuan)	年末人数（人） Year-end Figures (person)	平均工资（元） Average Wage (yuan)	年末人数（人） Year-end Figures (person)	平均工资（元） Average Wage (yuan)
全 国	**National**	**319855**	**20066**	**134427**	**89288**	**3271959**	**48024**	**210541**	**50129**
北 京	Beijing	73990	22015	18984	162095	214940	76054	20890	71125
天 津	Tianjin	19778	8552	1364	142269	75993	62902	6790	39831
河 北	Hebei	923	43380	715	48487	146441	40027	5455	30197
山 西	Shanxi	3969	15386	1242	41809	130358	33200	1222	28435
内蒙古	Inner Mongolia	792	22356	553	46168	78805	38920	830	36945
辽 宁	Liaoning	9878	8273	3979	77770	115949	40789	4657	41211
吉 林	Jilin	331	36398	329	49591	71366	37275	2180	27679
黑龙江	Heilongjiang	451	25268	1774	49980	135510	34646	8326	27587
上 海	Shanghai	73744	25003	6778	284420	38526	140337	29188	75611
江 苏	Jiangsu	25923	21321	12556	89355	122439	67516	16395	40738
浙 江	Zhejiang	15584	22326	3744	84071	184131	63155	18356	50386
安 徽	Anhui	1147	30450	7959	57006	121049	31752	5170	39796
福 建	Fujian	5259	19359	1153	100968	130367	50898	4754	54523
江 西	Jiangxi	2239	20645	4189	70632	69119	38750	3287	52738
山 东	Shandong	4738	19123	1117	52722	309439	44952	8171	35821
河 南	Henan	1578	37392	37845	36726	23469	39775	9844	37833
湖 北	Hubei	17468	10544	2101	49372	77537	32906	4616	46101
湖 南	Hunan	2904	15698	2656	65084	143572	31254	5902	46800
广 东	Guangdong	39311	14216	12439	104442	375464	60733	16579	50437
广 西	Guangxi	539	24410	4276	39081	71528	33414	2229	33648
海 南	Hainan	1354	32349	1062	37190	31336	45796	2772	49799
重 庆	Chongqing	2475	22491	303	104020	123107	34938	3825	57274
四 川	Sichuan	5597	37826	2246	72468	167055	32991	8630	41492
贵 州	Guizhou	808	35939	924	58548	51652	32287	3511	42502
云 南	Yunnan	1108	39082	1340	70226	22713	33231	5741	48493
西 藏	Tibet	49	68888	109	55044	570	78185	148	46984
陕 西	Shaanxi	5145	22939	1251	126669	119677	35060	3952	39821
甘 肃	Gansu	1873	21912	1016	40520	53460	39100	4929	25121
青 海	Qinghai	31	70233	39	29441	2226	45635	726	29253
宁 夏	Ningxia	16	20176	141	100698	12324	45625	290	38563
新 疆	Xinjiang	856	21741	241	62749	51835	45888	1178	42381

6-4 续表 3 continued

地　区	Region	租赁和商务服务业 Leasing and Business Services		科学研究和技术服务业 Scientific Research and Technical Services		水利、环境和公共设施管理业 Management of Water Conservancy,Environment and Public Facilities		居民服务、修理和其他服务业 Service to Households, Repair and Other Services	
		年末人数(人) Year-end Figures (person)	平均工资(元) Average Wage (yuan)	年末人数(人) Year-end Figures (person)	平均工资(元) Average Wage (yuan)	年末人数(人) Year-end Figures (person)	平均工资(元) Average Wage (yuan)	年末人数(人) Year-end Figures (person)	平均工资(元) Average Wage (yuan)
全　国	**National**	**353760**	**81217**	**117186**	**106055**	**117697**	**27091**	**37410**	**42718**
北　京	Beijing	18326	269137	20871	138555	1420	71880	2090	64595
天　津	Tianjin	4214	71380	4740	94660	1594	50840	333	51998
河　北	Hebei	917	38442	11942	72492	5442	22542	608	30692
山　西	Shanxi	2256	35727	1794	52612	174	21581	779	16605
内蒙古	Inner Mongolia	720	59525	861	50466	380	24201	59	38992
辽　宁	Liaoning	3152	36241	1318	63227	6680	26377	329	29660
吉　林	Jilin	1365	44371	2236	63005	487	32711	2560	25092
黑龙江	Heilongjiang	3303	21132	411	29126	1518	29673	59	29281
上　海	Shanghai	34535	272431	12661	225187	4808	85561	13172	46979
江　苏	Jiangsu	68499	47977	6210	92791	3531	40411	2398	36874
浙　江	Zhejiang	20440	68916	4923	85369	5832	35327	986	43321
安　徽	Anhui	3426	48882	4536	69504	8734	18256	466	42127
福　建	Fujian	10139	20817	1329	72200	1510	39021	982	65951
江　西	Jiangxi	3688	57710	944	62902	4027	25987	317	26505
山　东	Shandong	8956	27460	4501	77282	39861	13927	987	38931
河　南	Henan	7519	37982	2925	82148	14197	28727	755	32121
湖　北	Hubei	8535	71741	4785	92250	1196	40648	1041	28715
湖　南	Hunan	2320	41619	4527	47572	954	42454	272	36535
广　东	Guangdong	84264	48475	6680	117701	1248	52773	4878	43995
广　西	Guangxi	17513	51022	1393	56760	633	31243	521	22926
海　南	Hainan	532	39184	286	48028	1121	35530	147	38492
重　庆	Chongqing	6846	41778	2192	77806	828	46961	500	38876
四　川	Sichuan	12985	46653	5129	75601	3873	41180	2095	38007
贵　州	Guizhou	3388	29689	1537	51414	1022	32430	337	37983
云　南	Yunnan	2159	40311	2734	74891	2586	26014	188	39258
西　藏	Tibet	699	66976	253	84134	90	32067	64	42242
陕　西	Shaanxi	19869	43734	2842	66206	2062	36486	125	27566
甘　肃	Gansu	1690	45741	1239	64924	1128	28623	208	33934
青　海	Qinghai	113	42965	327	55879	45	26063	25	9360
宁　夏	Ningxia	102	31821	148	44880	71	26679	37	59208
新　疆	Xinjiang	1291	35357	912	70763	646	29516	92	31061

6-4 续表 4 continued

地区	Region	教育 Education 年末人数(人) Year-end Figures (person)	教育 Education 平均工资(元) Average Wage (yuan)	卫生和社会工作 Health and Social Service 年末人数(人) Year-end Figures (person)	卫生和社会工作 Health and Social Service 平均工资(元) Average Wage (yuan)	文化、体育和娱乐业 Culture, Sports and Entertainment 年末人数(人) Year-end Figures (person)	文化、体育和娱乐业 Culture, Sports and Entertainment 平均工资(元) Average Wage (yuan)	公共管理、社会保障和社会组织 Public Management, Social Security and Social Organization 年末人数(人) Year-end Figures (person)	公共管理、社会保障和社会组织 Public Management, Social Security and Social Organization 平均工资(元) Average Wage (yuan)
全　国	**National**	**134812**	**72204**	**59652**	**68872**	**37539**	**152980**	**6246**	**40370**
北　京	Beijing	19530	125225	8704	98915	4951	216374	597	58931
天　津	Tianjin	2126	85944	1663	59127	569	420031	41	26646
河　北	Hebei	959	28920	1180	47173	258	35849	1	25000
山　西	Shanxi	3550	28131	1012	39861	558	26397	10	28500
内蒙古	Inner Mongolia	392	40589	301	67787	123	24754	4	12000
辽　宁	Liaoning	2152	40855	1655	45465	520	37480	106	28337
吉　林	Jilin	1529	61499	1044	45737	487	37474	5	20000
黑龙江	Heilongjiang	1429	34054	884	39790	616	30295	273	26085
上　海	Shanghai	12805	138680	13463	80296	4160	372552	397	50987
江　苏	Jiangsu	11763	67076	3977	67420	2459	43418	62	33018
浙　江	Zhejiang	5449	58692	4082	72776	4377	78800	4	25750
安　徽	Anhui	2615	32716	1205	51188	434	42748	78	31937
福　建	Fujian	1871	61658	1147	72490	416	43062	73	21079
江　西	Jiangxi	2668	35223	619	37566	778	23575	620	45902
山　东	Shandong	6660	48743	2864	51866	1191	71544	218	31934
河　南	Henan	6099	45371	1304	53541	1143	42952	78	25456
湖　北	Hubei	4488	40095	945	64112	846	31526	79	31334
湖　南	Hunan	3849	33134	1033	50488	2086	39524	217	23412
广　东	Guangdong	17343	79790	3489	60451	4652	463951	767	64812
广　西	Guangxi	2192	30555	584	41224	1079	26043	13	12091
海　南	Hainan	1137	52518	527	96503	212	32315	591	45689
重　庆	Chongqing	1304	51962	277	67500	691	35961	19	29786
四　川	Sichuan	7053	43865	2187	55108	1179	30916	384	25955
贵　州	Guizhou	806	50160	339	62104	558	22817	3	5399
云　南	Yunnan	6850	31877	2116	52099	784	27598	201	33363
西　藏	Tibet	242	33672	38	145152	517	26568	32	30313
陕　西	Shaanxi	5479	47272	1778	67509	1183	29596	517	31266
甘　肃	Gansu	1009	31526	657	41573	525	38586	547	23815
青　海	Qinghai	22	38182	10	48316	26	30022		
宁　夏	Ningxia	509	20909	155	59460	58	15694	20	51575
新　疆	Xinjiang	932	41331	414	56477	103	73373	290	33014

七、职业培训与技能鉴定

VOCATIONAL TRAINING AND SKILL APPRAISAL

7-1 技工院校综合情况
GENERAL CONDITION OF VOCATIONAL SCHOOLS

单位：亿元，万人 (100million yuan,10000 persons)

年 份 Year	技工院校个数（个） Number of Vocational Schools (unit)	招生人数 Students Newly Enrolled	在校学生人数 Number of Students in School	毕业生人数 Number of Graduates	在职教职工人数 Total Teachers and Staff	文化技术理论课教师 Teachers of Cultural and Technical Theory	生产实习指导教师 Production Guide Teachers
绝对数 Absolute figure							
1990	4184	50.6	133.2	41.3	30.8	10.4	3.2
1995	4521	74.6	189.0	68.5	33.7	11.5	3.9
2000	3792	50.4	140.1	64.6	24.0	10.5	3.5
2001	3470	55.1	134.7	47.7	22.0	10.0	3.4
2002	3075	73.3	153.0	45.4	20.3	9.5	3.2
2003	2970	91.6	193.1	45.3	20.2	9.6	3.4
2004	2884	109.7	234.4	53.5	20.4	9.6	3.8
2005	2855	118.4	275.3	69.0	20.4	9.7	3.8
2006	2880	134.8	320.8	86.4	21.5	10.4	4.2
2007	2995	158.5	367.1	99.7	24.0	11.2	5.0
2008	3075	161.4	397.5	109	24.7	12.2	5.4
2009	3064	156.4	414.3	115.2	25.8	12.5	6.0
2010	2998	158.6	421.0	121.3	26.5	12.7	6.3
2011	2914	163.5	429.4	118.9	26.5	12.9	6.3
2012	2892	156.8	422.8	120.2	26.7	13.0	6.6
2013	2882	133.5	386.6	116.9	26.9	13.4	6.5
2014	2818	124.4	339.0	106.8	26.5	13.2	6.2
2015	2545	121.4	321.5	94.6	26.0	13.2	6.0
2016	2526	127.2	323.2	93.1	26.5	13.7	6.0
2017	2490	130.9	338.2	90.5	26.9	14.0	5.9
2018	2379	128.5	341.6	90.3	26.7	14.2	5.6
2019	2392	143.0	360.3	98.4	27.2	14.4	5.7
2020	2423	160.1	395.5	101.4	27.9	15.3	5.6
比上年增长(%) Increase over Preceding year(%)							
1995	2.1	4.5	1.0	23.0	-1.0	0.9	1.6
2000	-7.5	-2.3	-10.2	-2.5	-11.0	-6.9	-6.7
2001	-8.5	9.4	-3.8	-26.1	-8.3	-4.9	-3.7
2002	-11.4	33.0	13.6	-4.9	-7.4	-5.0	-6.8
2003	-3.4	24.9	26.2	-0.2	-0.7	1.5	7.3
2004	-2.9	19.8	21.4	18.1	1.0		11.8
2005	-1.0	7.9	17.4	29.0		1.0	
2006	0.9	13.9	16.5	25.2	5.4	7.2	10.5
2007	4.0	17.6	14.4	15.4	11.6	7.7	19.0
2008	2.7	1.8	8.3	9.3	2.9	8.9	8.0
2009	-0.4	-3.1	4.2	5.7	4.6	2.8	11.6
2010	-2.2	1.4	1.6	5.4	2.6	1.2	4.3
2011	-2.8	3.1	2.0	-2.0	0.0	1.8	-0.4
2012	-0.8	-4.1	-1.5	1.1	0.8	0.3	6.1
2013	-0.3	-14.8	-8.6	-2.8	0.9	3.4	-2.1
2014	-2.2	-6.8	-12.3	-8.6	-1.6	-1.3	-4.3
2015	-9.7	-2.4	-5.2	-11.4	-1.8	-0.3	-4.2
2016	-0.7	4.7	0.5	-1.6	1.8	3.5	0.3
2017	-1.4	2.9	4.7	-2.8	1.3	2.6	-1.9
2018	-4.5	-1.8	1.0	-0.2	-0.7	1.2	-4.1
2019	0.5	11.2	5.5	9.0	1.9	1.3	1.5
2020	1.3	12.0	9.8	3.0	2.8	6.6	-2.6

7-1 续表 continued

单位：亿元，万人 (100million yuan,10000 persons)

年 份 Year	兼职教师人数 Part-time Teachers	经费来源合计 Resourses of Funds	#事业经费 Operating Funds	#公司经费 Company Funds	经费支出合计 Expenditure	培训社会人员人次 Person-time of Trainees from the Society	培训社会人员结业人数 Graduates of Trainees Recruited from the Society
绝对数 Absolute figure							
1990	1.7	15.6	6.1	2.3	17.5		
1995	1.9	53.7	13.2	4.4	43.3	89.9	71.3
2000	2.7	56.9	21.9	3.2	59.4	158.5	156.7
2001	2.6	68.1	23.6	3.2	64.6	151.7	163.9
2002	2.6	67.4	28.2	2.8	67.1	208.6	196.9
2003	3.0	81.4	30.5	2.8	80.5	226.9	223.7
2004	2.9	112.5	37.4	5.2	102.8	265.6	257.5
2005	3.2	123.4	37.8	3.8	124.0	273.3	270.1
2006	3.6	143.1	43.9	3.0	148.7	337.7	330.2
2007	3.8	198.2				380.7	369.8
2008	4.1	204.4				400.0	389.8
2009	4.3	237.3				484.1	382.9
2010	4.4	260.4				468.4	371.3
2011	4.3	271.5				527.5	416.1
2012	4.3	306.1				551.3	441.6
2013	4.1	289.7				525.3	397.1
2014	4.2	303.5				508.5	372.3
2015	4.1	332.4				476.6	378.9
2016	4.3	425.0				451.6	349.9
2017	4.4	423.5				456.4	326.1
2018	4.4	511.4				420.6	301.6
2019	4.4	526.3				432.3	308.8
2020	4.5	567.4				485.8	345.8
比上年增长(%) Increase over Preceding year(%)							
1995	8.2	18.6	11.1	14.3	18.0	6.8	3.9
2000	-6.3	-4.6	0.8	-30.1	-0.9	6.3	8.4
2001	-4.1	19.7	7.7	0.6	8.7	-4.3	4.6
2002	-2.4	-1.1	19.4	-13.6	3.8	37.6	20.2
2003	17.4	20.8	8.2	0.1	20.0	37.6	20.2
2004	-3.3	38.2	22.6	85.7	27.7	17.1	15.1
2005	10.3	9.7	1.0	-26.9	20.6	2.9	4.9
2006	12.5	16.0	16.1	-21.1	19.9	23.6	22.3
2007	5.6	38.5				12.7	12.0
2008	7.9	3.1				5.1	5.4
2009	5.2	16.1				21.0	-1.8
2010	1.0	9.7				-3.2	-3.0
2011	-1.7	4.3				12.6	12.1
2012	0.6	12.7				4.5	6.1
2013	-5.7	-5.3				-4.7	-10.1
2014	2.8	4.8				-3.2	-6.2
2015	-2.5	9.5				-6.3	1.8
2016	5.7	27.9				-5.2	-7.6
2017	2.6	-0.4				1.1	-6.8
2018	-0.6	20.7				-7.9	-7.5
2019	-0.02	2.9				2.8	2.4
2020	2.9	7.8				12.4	12.0

7-2 各地区技工院校综合情况(2020年)
GENERAL CONDITION OF VOCATIONAL SCHOOLS BY REGION (2020)

单位：个，人 (unit, person)

地　区	Region	技工院校个数(个) Number of Vocational Schools (unit)	#职业培训定点培训机构数 Number of Labor Pre-partory System Training Agency	在职教职工人数(人) Total Teachers and Staff (person)	#女性 Female	文化技术理论课教师 Teachers of Cultural and Technical Theory	#高级讲师 Senior Lecturers	#讲师 Lecturers	#助理讲师 Assistant Lecturers
全　国	**National**	**2423**	**1170**	**279290**	**135541**	**153120**	**39891**	**52691**	**37844**
北　京	Beijing	26	9	3087	1509	1256	378	376	256
天　津	Tianjin	22	10	2549	1282	1219	400	500	273
河　北	Hebei	195	71	14446	7696	8399	2764	3064	1736
山　西	Shanxi	87	44	9003	4866	4330	1103	1591	1040
内蒙古	Inner Mongolia	61	31	7163	3926	4361	1482	1652	749
辽　宁	Liaoning	102	24	7416	3618	4148	1225	1388	633
吉　林	Jilin	63	21	3542	1857	1943	565	661	461
黑龙江	Heilongjiang	130	56	9081	4530	4912	1636	1556	1026
上　海	Shanghai								
江　苏	Jiangsu	113	65	19519	9730	10347	3102	3592	2140
浙　江	Zhejiang	83	54	13452	6593	8272	2490	2920	1925
安　徽	Anhui	93	40	10615	4879	6697	2059	2138	1609
福　建	Fujian	62	26	5118	2563	2644	707	596	518
江　西	Jiangxi	93	37	12052	5776	6841	1674	2363	1538
山　东	Shandong	181	98	29943	13885	18506	4891	7143	4701
河　南	Henan	95	67	12925	6140	6842	1568	2342	2422
湖　北	Hubei	105	74	8862	4041	5091	1377	1805	1272
湖　南	Hunan	147	44	9942	4650	5505	1245	1753	1431
广　东	Guangdong	146	53	31697	15057	16155	2901	5805	4272
广　西	Guangxi	42	32	6755	3200	3351	635	1225	941
海　南	Hainan	11	8	1673	714	971	302	383	198
重　庆	Chongqing	51	18	4333	2146	2028	501	734	589
四　川	Sichuan	96	47	12144	5956	6207	1531	2101	1608
贵　州	Guizhou	57	40	6078	2740	3440	715	1030	1080
云　南	Yunnan	35	26	5298	2386	3386	1160	1122	993
西　藏	Xizang	4	2	360	81	133	23	39	10
陕　西	Shanxi	136	53	12247	5863	4996	1130	1535	1302
甘　肃	Gansu	38	16	3220	1489	1688	396	525	467
青　海	Qinghai	14	9	1147	462	627	238	167	129
宁　夏	Ningxia	22	13	2274	1265	1354	358	354	264
新　疆	Xinjiang	113	82	13349	6641	7471	1335	2231	2261

7-2 续表 1 continued

单位：人 (person)

地 区	Region	生产实习指导教师 Production Guide Teachers	高级实习指导教师 Senior	一级实习指导教师 Class One	二级实习指导教师 Class Two	三级实习指导教师 Class Three	技师和高级技师 Technician and Senior Technician	一体化教师 Allround Teachers	兼职教师人数 Part-time Teachers
全 国	**National**	**55563**	**7688**	**10300**	**7966**	**4690**	**17315**	**81283**	**45142**
北 京	Beijing	428	90	78	63	4	158	818	1066
天 津	Tianjin	432	123	130	96	10	5	856	226
河 北	Hebei	2681	445	599	449	188	860	3904	2098
山 西	Shanxi	1533	221	304	240	186	488	2140	2377
内蒙古	Inner Mongolia	1099	210	182	137	185	323	1781	976
辽 宁	Liaoning	1036	185	244	156	45	278	1117	1569
吉 林	Jilin	650	78	49	54	44	270	970	1154
黑龙江	Heilongjiang	1393	208	197	147	119	459	2344	1709
上 海	Shanghai								
江 苏	Jiangsu	4632	627	802	646	298	1679	6471	2769
浙 江	Zhejiang	2621	486	614	529	172	694	4996	1944
安 徽	Anhui	2081	287	365	308	270	594	3126	1930
福 建	Fujian	1176	163	249	176	82	242	1591	1040
江 西	Jiangxi	2546	193	361	365	315	912	2771	2036
山 东	Shandong	5067	981	1008	701	341	1524	10560	3851
河 南	Henan	3105	446	640	539	223	940	4342	2271
湖 北	Hubei	1986	405	420	268	143	434	1810	1366
湖 南	Hunan	2351	281	383	310	202	879	2749	1723
广 东	Guangdong	7854	599	1565	1120	564	2624	11538	3162
广 西	Guangxi	1711	168	352	218	114	518	1331	822
海 南	Hainan	341	77	54	52	15	119	833	179
重 庆	Chongqing	799	99	135	135	121	229	1413	1006
四 川	Sichuan	2497	267	329	238	320	873	3172	1828
贵 州	Guizhou	986	70	96	131	103	382	1783	1440
云 南	Yunnan	913	196	199	219	68	162	1814	1430
西 藏	Xizang	36	4	5			14	6	66
陕 西	Shaanxi	2591	371	512	394	359	678	1992	2257
甘 肃	Gansu	721	90	67	88	60	152	738	638
青 海	Qinghai	293	52	92	46	6	81	350	174
宁 夏	Ningxia	346	50	24	26	25	117	727	500
新 疆	Xinjiang	1658	216	245	115	108	627	3240	1535

7-2 续表 2 continued

地　区	Region	经费来源(亿元) Resouses of Funds (100 million yuan)	招生学校数(个) Number of School (unit)	招生人数(人) Students Newly Enrolled (person)	#高级班学生 Senior Class	#农业户口学生 New Students from Rural	在校学生人数(人) Number of Students in School (person)	#女生 Female	#高级班学生 Senior Class
全　国	**National**	**567.4**	**1867**	**1600551**	**442278**	**1259488**	**3955306**	**1274479**	**1251017**
北　京	Beijing	16.8	19	10313	1957	5633	27363	8759	5611
天　津	Tianjin	5.8	17	8626	2229	6873	20252	4523	3762
河　北	Hebei	21.6	109	63247	4469	56696	149675	42879	11341
山　西	Shanxi	10.2	59	35163	7724	27235	89966	28008	24595
内蒙古	Inner Mongolia	6.1	39	6971	1755	5367	17693	4673	3721
辽　宁	Liaoning	7.9	59	26826	2711	20480	66613	20262	8370
吉　林	Jilin	3.2	58	25868	5709	17487	60768	18694	13830
黑龙江	Heilongjiang	15.0	87	56455	8557	34150	96771	39871	17846
上　海	Shanghai								
江　苏	Jiangsu	47.0	98	103898	35736	63765	255949	89999	70530
浙　江	Zhejiang	43.3	76	56389	22924	40613	173716	54556	77043
安　徽	Anhui	28.2	73	84683	27913	71067	184756	68648	59061
福　建	Fujian	13.7	42	48060	7825	34236	102125	36707	15642
江　西	Jiangxi	17.5	79	73299	10985	62832	175313	64584	24353
山　东	Shandong	47.9	168	173803	33980	149950	405418	140766	115550
河　南	Henan	29.9	90	115965	39490	95935	315146	92837	123362
湖　北	Hubei	15.4	74	35798	3690	25890	91552	29532	10524
湖　南	Hunan	19.0	78	55039	15663	49215	139036	39907	47328
广　东	Guangdong	100.5	138	212581	92457	168985	602694	191855	289140
广　西	Guangxi	18.7	40	62358	22219	55135	132625	40816	34702
海　南	Hainan	5.9	10	11427	2696	7297	27946	6773	8108
重　庆	Chongqing	8.9	37	42768	10176	25297	99046	30540	31787
四　川	Sichuan	15.8	71	63194	10166	50865	148400	52095	30647
贵　州	Guizhou	9.1	46	39284	2706	35817	91324	27509	4996
云　南	Yunnan	17.2	33	64506	31498	47033	160145	45150	101031
西　藏	Xizang	4.4	4	3294	855	2562	3318	387	861
陕　西	Shaanxi	18.1	127	62538	27106	51255	179674	55164	91202
甘　肃	Gansu	1.8	37	14587	820	11172	36422	10652	3666
青　海	Qinghai	0.3	6	368	128	226	1354	178	507
宁　夏	Ningxia	9.8	12	6347	565	4235	11403	4316	1846
新　疆	Xinjiang	8.4	81	36896	7569	32185	88843	23839	20055

7-2 续表 3 continued

地 区	Region	#农业户口学生 New Students from Rural	毕业生人数(人) Number of Graduates (person)	#获得中级职业资格 Won Medium Certificates	#获得高级职业资格 Won Senior Certificates	就业人数 Employment	#高级班学生 Students in Senior Class	培训社会人员(人次) Person-time of Trainees from the Society (person-time)	培训社会人员结业人数 Graduates of Trainees Recruited from the Society
全 国	**National**	**3170085**	**1014070**	**405787**	**192239**	**985711**	**313808**	**4857649**	**3457667**
北 京	Beijing	14839	9417	4765	2781	9378	2761	114104	96496
天 津	Tianjin	14101	9036	4955	1240	8960	1565	20164	19583
河 北	Hebei	132430	42713	19458	6113	41971	7585	128414	105366
山 西	Shanxi	72888	27883	15700	5216	27092	6841	225056	222246
内蒙古	Inner Mongolia	11507	4605	2047	233	4238	307	44624	33132
辽 宁	Liaoning	50729	20609	4463	1376	19308	2541	94335	45089
吉 林	Jilin	38342	14500	3629	1519	14028	2755	54324	44836
黑龙江	Heilongjiang	61592	18750	3774	2698	18487	3233	132889	111142
上 海	Shanghai								
江 苏	Jiangsu	166846	80568	46269	21355	79053	22169	414800	273986
浙 江	Zhejiang	137399	35267	20647	11658	34921	11699	389993	289947
安 徽	Anhui	158073	35929	15318	2613	35118	7763	251989	238262
福 建	Fujian	74862	26370	19222	4514	26010	5795	111671	70031
江 西	Jiangxi	147402	44477	18827	1413	43697	6605	81620	41853
山 东	Shandong	353374	95962	23851	23167	94576	38294	412504	227610
河 南	Henan	264855	95568	34702	17017	94153	30320	297137	240467
湖 北	Hubei	65703	21866	8691	987	21581	5315	104770	79941
湖 南	Hunan	123550	34237	10001	4331	33565	13138	176654	63371
广 东	Guangdong	483970	148364	48980	20966	141116	64447	307609	221409
广 西	Guangxi	123523	38524	20707	5201	36480	9572	160068	109959
海 南	Hainan	15856	6039	2628	1037	5847	1810	32722	25970
重 庆	Chongqing	70378	24542	14926	6099	24238	5708	167065	92690
四 川	Sichuan	111839	38653	15899	8671	37988	12316	130122	125603
贵 州	Guizhou	76410	20068	7348	945	19199	1477	83175	51945
云 南	Yunnan	135770	34596	8756	17264	33853	20075	295444	153229
西 藏	Xizang	906	2321	144	19	1401	43	5329	3331
陕 西	Shaanxi	148672	50090	17568	21106	47069	25088	180414	97924
甘 肃	Gansu	26006	9054	4514	973	8830	1167	76070	36508
青 海	Qinghai	854	574			574	371	30363	23573
宁 夏	Ningxia	8384	3084	2337	747	3055	600	10818	7666
新 疆	Xinjiang	79025	20404	5661	980	19925	2448	323402	304502

7-2 续表 4 continued

地 区	Region	按培训对象分组 Grouped by Trainee				按获取证书分组 Grouped by Certification Level			
		失业人员 Unemployment Workers	劳动预备制人员 Pupils of Labour Preparatory System	在职职工 Workers	农村劳动者 Rural Workers	初级职业资格 Primary Certificates	中级职业资格 Medium Certificates	高级职业资格 Senior Certificates	技师和高级技师资格 Technicians and Senior Technicians Certificates
全 国	**National**	**163597**	**148174**	**2915230**	**919829**	**685744**	**420251**	**145297**	**50497**
北 京	Beijing	622		111412	1129	10524	6322	8483	3753
天 津	Tianjin	125	2128	17322	432	1257	2124	888	72
河 北	Hebei	9648	4463	59520	39192	39315	9874	2529	1039
山 西	Shanxi	2740	2324	179760	31764	18916	22374	4590	2577
内蒙古	Inner Mongolia	2963	313	20237	4216	2821	3223	1008	176
辽 宁	Liaoning	1507	1767	78724	3512	5147	3120	1749	151
吉 林	Jilin	5356	412	37824	9608	3039	4210	1417	22
黑龙江	Heilongjiang	11778	424	62400	48840	25599	3156	284	40
上 海	Shanghai								
江 苏	Jiangsu	14118	16973	323624	14898	57996	59110	23052	5219
浙 江	Zhejiang	10359	10051	238339	37048	43343	28151	26422	5685
安 徽	Anhui	19913	21893	151756	49818	55454	75714	3808	1111
福 建	Fujian	5933	3653	54070	30609	10282	11179	4218	583
江 西	Jiangxi	2740	2876	59622	7654	12213	12416	5047	1208
山 东	Shandong	11942	12889	266276	45766	50317	33646	10576	11464
河 南	Henan	7968	4198	190052	43442	38545	15359	6575	3932
湖 北	Hubei	5571	4694	54027	25594	13078	10668	2013	388
湖 南	Hunan	3756	2129	104250	52265	15584	9666	3316	970
广 东	Guangdong	10341	11373	217122	21415	16071	17522	6526	871
广 西	Guangxi	2481	9352	98702	23933	19536	8543	2799	1030
海 南	Hainan	433	411	12288	8375	5138	1622	81	25
重 庆	Chongqing	9827	5319	116727	16702	25981	22340	4587	647
四 川	Sichuan	3913	1683	75034	21362	18276	19072	3613	1842
贵 州	Guizhou	2352	15007	29431	32009	8709	2747	616	188
云 南	Yunnan	2718	1231	107353	49844	35776	7303	5173	3877
西 藏	Xizang	1176		1177	2156	2316	144	19	
陕 西	Shaanxi	1585	3039	133757	29097	10276	7894	7656	1265
甘 肃	Gansu	1594	182	56728	16013	11708	4408	939	289
青 海	Qinghai	160	151	5516	7825	1362	2407	447	107
宁 夏	Ningxia	866		5612	2716	805	1322	745	779
新 疆	Xinjiang	9112	9239	46568	242595	126360	14615	6121	1187

7-3 各地区就业训练中心综合情况(2020年)
EMPLOYMENT TRAINNING CENTERS BY REGION (2020)

地 区	Region	机构个数(个) Number of Employment Trainning Centers (unit)	在职教职工总人数(人) Total Teachers and Staff (person)	#教师 Teachers	兼职教师人数(人) Part-time Teachers (person)	经费来源总计(亿元) Resouses of Funds (100 million yuan)	财政补助费 Financial Allowance	职业培训补贴 Occupational Training Allowance	培训人数(人) Trainees (person)
全 国	**National**	**2622**	**32226**	**18838**	**16793**	**27.5**	**4.4**	**15.5**	**2663211**
北 京	Beijing	5	169	103	112	0.4	0.4	0.01	7896
天 津	Tianjin	8	39	11	7	0.07	0.04	0.02	688
河 北	Hebei	805	10277	5969	4026	2.3	0.3	2.0	419438
山 西	Shanxi	55	631	143	341	0.5	0.07	0.3	50056
内蒙古	Inner Mongolia	50	204	101	160	0.04	0.006	0.03	11272
辽 宁	Liaoning	19	315	225	204	0.1	0.01	0.1	59439
吉 林	Jilin	6	91	58	59	0.06	0.03	0.01	1351
黑龙江	Heilongjiang	43	522	313	123	0.4	0.02	0.3	62547
上 海	Shanghai								
江 苏	Jiangsu	77	884	422	822	0.9	0.4	0.5	152225
浙 江	Zhejiang	12	630	442	363	0.2	0.04	0.2	43512
安 徽	Anhui	16	193	142	60	0.2	0.1	0.1	11503
福 建	Fujian	10	18		15	0.1	0.003	0.06	14643
江 西	Jiangxi	117	919	460	737	0.9	0.10	0.8	118206
山 东	Shandong	711	9406	5987	5019	12.4	1.3	4.6	468756
河 南	Henan	159	2236	1243	1003	2.2	0.1	1.7	319371
湖 北	Hubei	97	1234	616	988	2.1	0.2	1.9	349125
湖 南	Hunan	64	561	238	349	0.8	0.02	0.8	73891
广 东	Guangdong	63	1396	688	445	1.0	0.5	0.2	179703
广 西	Guangxi	11	193	115	86	0.6	0.2	0.4	7036
海 南	Hainan								
重 庆	Chongqing	12	81	41	129	0.13	0.06	0.07	6511
四 川	Sichuan	85	345	164	581	0.5	0.1	0.4	26871
贵 州	Guizhou	3	3		6	0.001	0.0005	0.0005	76
云 南	Yunnan								
陕 西	Shaanxi	117	1431	1099	856	1.0	0.1	0.9	232692
甘 肃	Gansu	44	129	75	4	0.2	0.2	0.02	6954
青 海	Qinghai								
宁 夏	Ningxia								
新 疆	Xinjiang	33	319	183	298	0.3	0.09	0.2	39449

7-3 续表 1 continued

单位：人 (person)

地 区	Region	#女 性 Female	结业人数 Number of Graduates	按培训对象分组 Grouped by Personnel 劳动预备制学员 Pupils of Labour Preparatory System	失业人员 Unemployment Workers	农村劳动者 Rural Workers	在职职工 Workers	其他人员 Others
全 国	**National**	**1434456**	**2233581**	**16490**	**242192**	**1129344**	**734854**	**436736**
北 京	Beijing	3241	3559	37	510	4057	1911	1422
天 津	Tianjin	383	335		353	290	43	2
河 北	Hebei	254199	353484	41	43948	323535	12889	8729
山 西	Shanxi	36489	48283		3399	37459	1425	6860
内蒙古	Inner Mongolia	6630	10786		5631	4434	453	
辽 宁	Liaoning	22997	58831		1619	2796	48855	6169
吉 林	Jilin	970	1290		507	314	181	349
黑龙江	Heilongjiang	25541	60353		10705	32577	8096	11169
上 海	Shanghai							
江 苏	Jiangsu	67794	133220	7255	35270	45116	53739	10845
浙 江	Zhejiang	16468	42524	68	941	5726	22945	13832
安 徽	Anhui	6343	11077	166	379	3036	7380	542
福 建	Fujian	7429	9925		158	2953	11390	142
江 西	Jiangxi	67099	109146		14136	42287	23814	37969
山 东	Shandong	275742	377826	5282	30674	164137	127244	126952
河 南	Henan	172294	271847	357	27868	174578	54363	51768
湖 北	Hubei	190320	325413	254	45707	139108	50163	87971
湖 南	Hunan	38565	72088	1269	4026	47392	7194	6342
广 东	Guangdong	87443	152670	161	4483	9451	119143	34902
广 西	Guangxi	4141	5936		153	3349	2376	1081
海 南	Hainan							
重 庆	Chongqing	3736	6412		830	2408	261	3012
四 川	Sichuan	15192	26422	335	994	16362	2176	7004
贵 州	Guizhou	42	76		6	25		45
云 南	Yunnan							
陕 西	Shaanxi	115098	111601	1159	5349	54495	159109	12580
甘 肃	Gansu	3304	3742		870	1962	960	3162
青 海	Qinghai							
宁 夏	Ningxia							
新 疆	Xinjiang	12996	36735	106	3676	11497	18744	3887

7-3 续表 2 continued

单位：人 (person)

地区	Region	按培训期限分组 Grouped by Duration			按获取证书分组 Grouped by Certification Level				就业人数 Employment
		六个月以下 Less than Half a Year	六个月至一年 Half to One Year	一年以上 More than One Year	初级职业资格 Primary Certificates	中级职业资格 Medium Certificates	高级职业资格 Senior Certificates	技师和高级技师资格 Technicians and Senior Technicians Certificates	
全 国	**National**	**2415708**	**68464**	**13657**	**477660**	**108890**	**17890**	**5224**	**1119525**
北 京	Beijing	6937	16	17	570	20	21	45	1487
天 津	Tianjin	688			135				
河 北	Hebei	331833	36070	729	152366	15168	412	158	59147
山 西	Shanxi	43041			6878				17193
内蒙古	Inner Mongolia	11116			931				6037
辽 宁	Liaoning	58313	1126		1768	341	750	177	55643
吉 林	Jilin	991	181		322	50			430
黑龙江	Heilongjiang	60925	730	892	961	110	34	75	32395
上 海	Shanghai								
江 苏	Jiangsu	146726	4826	673	34246	10936	5854	176	67767
浙 江	Zhejiang	41143	123	2246	3022	3412	3229	200	10653
安 徽	Anhui	11503			344	560	139	11	9920
福 建	Fujian	14479		164	153	1308	178	4	7827
江 西	Jiangxi	118206			31448	104			47254
山 东	Shandong	460392	4218	1932	96710	52022	4064	1104	233028
河 南	Henan	263489	5706	534	41273	12056	411	8	139599
湖 北	Hubei	311132	11637	2906	46410	4528	896	442	172402
湖 南	Hunan	68385	190	1037	17026	2210	41	45	39912
广 东	Guangdong	153682	877	260	8850	1591	332	652	118772
广 西	Guangxi	7036			2498		15		4373
海 南	Hainan								
重 庆	Chongqing	6511			1834	189			1863
四 川	Sichuan	26871			7916	160		788	10686
贵 州	Guizhou	76							76
云 南	Yunnan								
陕 西	Shaanxi	230362	2330		14497	699	1197	1289	52057
甘 肃	Gansu	6954			70	101			3632
青 海	Qinghai								
宁 夏	Ningxia								
新 疆	Xinjiang	34917	434	2267	7432	3325	317	50	27372

7–4 各地区民办职业培训机构综合情况(2020年)
VOCATIONAL TRAINING AGENCIES BY REGION (2020)

地区	Region	机构个数(个) Number of Employment Trainning Centers (unit)	在职教职工总人数(人) Total Teachers and Staff (person)	#教师 Teachers	兼职教师人数(人) Part-time Teachers (person)	经费来源(亿元) Resouses of Funds (100 million yuan)	财政补助费 Financial Allowance	职业培训补贴 Occupational Training Allowance	培训人数(人) Trainees (person)
全　国	**National**	**25851**	**382501**	**219910**	**170788**	**262.9**	**11.9**	**147.0**	**18121122**
北　京	Beijing	363	4441	2412	2191	1.7	0.3	0.3	204131
天　津	Tianjin	586	6045	3541	3753	2.0		1.5	156432
河　北	Hebei	1203	18018	10045	8207	6.7	0.3	5.6	641590
山　西	Shanxi	729	12650	6721	5551	3.6	0.2	2.9	434876
内蒙古	Inner Mongolia	655	7417	4645	4222	6.8	0.2	5.8	239466
辽　宁	Liaoning	908	7351	4289	3756	16.7	1.8	6.0	256375
吉　林	Jilin	683	7307	4270	5540	2.2	0.08	1.3	326563
黑龙江	Heilongjiang	574	6320	4178	2898	1.7	0.06	1.58	218189
上　海	Shanghai	502	47932	19971	2977	7.9	0.2	1.4	1797103
江　苏	Jiangsu	1529	17039	10736	9277	7.7	0.2	0.9	962946
浙　江	Zhejiang	1200	12086	6233	8200	5.5	0.4	2.7	911252
安　徽	Anhui	1144	12413	6980	7041	5.2	0.6	3.8	522449
福　建	Fujian	526	4767	2442	3378	1.9	0.3	0.4	214842
江　西	Jiangxi	1000	11385	6794	5082	5.0	0.4	1.6	490970
山　东	Shandong	2158	22773	13822	10267	8.8	0.3	3.4	930081
河　南	Henan	1633	25563	15325	9525	10.5	0.7	5.6	1428232
湖　北	Hubei	895	13385	8244	4442	6.2	0.2	1.4	502451
湖　南	Hunan	1062	13867	8128	6354	9.2	0.3	5.5	707415
广　东	Guangdong	1469	15659	8808	6738	10.8	0.9	2.4	925611
广　西	Guangxi	509	9461	5619	5687	13.4	0.1	13.1	470093
海　南	Hainan	155	4726	2048	2594	2.4	0.1	2.1	240172
重　庆	Chongqing	681	8944	4476	6407	10.7	0.0	5.6	1338357
四　川	Sichuan	1456	22206	13444	9518	12.1	0.6	6.0	1027397
贵　州	Guizhou	508	9213	5543	5028	4.8	0.2	4.3	502906
云　南	Yunnan	750	17814	12866	11815	13.7	0.2	13.5	1275606
西　藏	Tibet	127	3290	2402	1514	2.8	0.4	2.3	83766
陕　西	Shaanxi	934	14055	8898	4516	7.5	1.6	1.3	369483
甘　肃	Gansu	732	9980	5912	4429	4.4	0.2	4.3	419309
青　海	Qinghai	218	3214	2126	1557	1.0	0.1	0.7	109904
宁　夏	Ningxia	355	5983	4212	2623	11.2	0.5	9.7	176363
新　疆	Xinjiang	607	7197	4780	5701	58.9	0.5	29.8	236792

7-4 续表 1 continued

单位：人 (person)

地区	Region	#女性 Female	结业人数 Number of Graduates	按培训对象分组 Grouped by trainee 劳动预备制学员 Pupils of Labour Preparatory System	失业人员 Unemployment Workers	农村劳动者 Rural Workers	在职职工 Workers	其他人员 Others
全国	**National**	**8636165**	**14857865**	**443045**	**1263697**	**6402612**	**7216537**	**2357339**
北京	Beijing	84313	174418	11832	14831	29298	110789	32640
天津	Tianjin	72996	133100	10701	11688	70462	41854	21727
河北	Hebei	405394	519582	11106	45918	358971	169800	55795
山西	Shanxi	295924	413224	542	39531	310256	50922	25490
内蒙古	Inner Mongolia	107770	208541	2085	32904	87786	55104	50833
辽宁	Liaoning	107339	197636	2418	32489	40506	87261	48188
吉林	Jilin	176500	256458	1254	37648	171383	77281	36603
黑龙江	Heilongjiang	116024	146122	3059	23744	117794	58224	15368
上海	Shanghai	751649	601295		5818	1009	1760313	29963
江苏	Jiangsu	336428	825124	21615	136148	127637	551549	116852
浙江	Zhejiang	418200	762881	17372	47920	146329	586673	112958
安徽	Anhui	299288	486700	3749	64844	169162	223107	61587
福建	Fujian	118821	172503	8698	21865	69460	79689	29503
江西	Jiangxi	253426	425217	29351	58921	168204	138493	83196
山东	Shandong	548692	808213	12968	89925	365458	262759	145040
河南	Henan	702182	1198537	41931	46903	672404	314186	352808
湖北	Hubei	250860	437475	13928	53611	181826	153321	95478
湖南	Hunan	390068	569732	14259	37910	328054	181610	136610
广东	Guangdong	450310	711521	13042	37407	192168	492445	137555
广西	Guangxi	240875	394867	328	12945	241245	140812	49041
海南	Hainan	62679	233915	283	7456	205369	14562	11362
重庆	Chongqing	487492	1300581	15673	81196	265346	758374	217768
四川	Sichuan	517769	932491	30288	68226	432736	306457	172263
贵州	Guizhou	260759	479637	2435	19844	335575	81693	60846
云南	Yunnan	594820	1237417	24747	61025	780937	302254	106643
西藏	Tibet	17753	82842	1728	120	61837	2418	9629
陕西	Shaanxi	178096	308805	103148	106786	31782	18099	3198
甘肃	Gansu	155879	402394	24503	16276	198397	89101	91032
青海	Qinghai	45850	86866	1019	5117	67941	27891	5865
宁夏	Ningxia	76237	142442	14057	35184	51575	42209	23970
新疆	Xinjiang	111772	207329	4926	9497	121705	37287	17528

7-4 续表 2 continued

单位：人 (person)

地 区 Region	按培训期限分组 Grouped by Duration			按获取证书分组 Grouped by Certification Level				就业人数
	六个月以下 Less than Half a Year	六个月至一年 Half to One Year	一年以上 More than One Year	初级职业资格 Primary Certificates	中级职业资格 Medium Certificates	高级职业资格 Senior Certificates	技师和高级技师资格 Technicians and Senior Technicians Certificates	Employment
全 国 National	**16528763**	**545924**	**262594**	**3730716**	**1360822**	**403394**	**99791**	**9245261**
北 京 Beijing	187411	9838	2776	32764	14523	6755	564	77662
天 津 Tianjin	147561	6227	1375	10833	7863	2280	1989	40405
河 北 Hebei	613376	21016	7198	223727	60087	20166	8027	226699
山 西 Shanxi	418378	6442	3006	123892	7502	1457	117	162328
内蒙古 Inner Mongolia	215078	5711	6996	95567	26209	3075	465	157880
辽 宁 Liaoning	229174	8070	4689	33657	15458	6534	3815	121776
吉 林 Jilin	312360	4932	1535	46762	12208	310	220	95026
黑龙江 Heilongjiang	206797	10182	1210	44223	7906	813	795	105844
上 海 Shanghai	1750599	43628	2876	71054	26214	23974	4767	1768436
江 苏 Jiangsu	892611	23742	14726	212003	150907	48172	5342	429958
浙 江 Zhejiang	879702	28276	3274	117902	139128	102214	10245	383009
安 徽 Anhui	476533	20408	25508	196166	72075	14299	463	371705
福 建 Fujian	191482	6897	10697	35606	33083	7281	957	125885
江 西 Jiangxi	399880	56039	16372	108052	41016	9423	16885	317278
山 东 Shandong	808757	20657	6132	297399	128972	15999	1888	434137
河 南 Henan	1390207	23486	14539	153843	82236	25133	1564	654131
湖 北 Hubei	454201	21109	16267	61967	21745	11024	2897	274860
湖 南 Hunan	643421	13823	7181	267696	32097	6445	1612	304967
广 东 Guangdong	825718	50536	17430	104683	46236	8534	1703	433596
广 西 Guangxi	389459	7052	2256	196750	27192	4039	1052	263600
海 南 Hainan	233709	4653	1642	102204	8004	2353		12355
重 庆 Chongqing	1318334	7058	12965	125917	59961	1499		438197
四 川 Sichuan	893001	50660	32972	227751	144768	29560	2229	503885
贵 州 Guizhou	486115	4401	3827	64260	5001	556	2292	324477
云 南 Yunnan	1254839	19202	1565	519362	126186	13638	2228	468839
西 藏 Tibet	67779	4828	111	29992	2259	15		43936
陕 西 Shaanxi	10899	56481	38443	27215	14145	5910	16787	185003
甘 肃 Gansu	419309			86031	16384	26183	9964	183470
青 海 Qinghai	83883	2590	1611	16687	847	252	4	76333
宁 夏 Ningxia	176188	175		30041	22049	3659	692	110120
新 疆 Xinjiang	152002	7805	3415	66710	8561	1842	228	149464

7–5 历年全国职业技能鉴定综合情况

单位：人

年 份	Year	职业技能鉴定机构数(个) Numbe of Testing Agencies (unit)	鉴定所数 Testing Agencies	鉴定站数 Testing Stations	其 他鉴定机构	考评人员人 数 Number of the Assessors	本年鉴定考核人数 Number of the Candidates	初 级 Primary
1996		5682	2369	794	2519	37859	2685695	932642
1997		5752	3012	1030	1710	50779	3141832	1044325
1998		6878	3690	1263	1925	70466	3194218	1185862
1999		7820	4202	2240	1378	97209	3678723	1548193
#行业合计	Subtotal of Industrial Administrations	904		904		24141	300733	87304
地方合计	Subtotal of Local Governments	6916	4202	1336	1378	73068	3377990	1460889
2000		8179	4440	2824	915	128033	4421880	1818534
#行业合计	Subtotal of Industrial Administrations	1445		1443	2	48383	762909	241359
地方合计	Subtotal of Local Governments	6734	4440	1381	913	79650	3658971	1577175
2001		8336	4702	2837	797	143068	5348001	2057575
#行业合计	Subtotal of Industrial Administrations	1501		1464	37	48455	892499	285684
地方合计	Subtotal of Local Governments	6835	4702	1373	760	94613	4455502	1771891
2002		8517	4448	3617	452	175247	6619012	2373190
#行业合计	Subtotal of Industrial Administrations	1776		1770	6	69230	1318097	347894
地方合计	Subtotal of Local Governments	6741	4448	1847	446	106017	5300915	2025296
2003		7252	4780	2293	179	155971	6875444	2461777
#行业合计	Subtotal of Industrial Administrations	1131		1128	3	56821	1105420	249368
地方合计	Subtotal of Local Governments	6121	4780	1165	176	99150	5770024	2212409
2004		9438	4305	5059	74	197821	8796272	3144495
#行业合计	Subtotal of Industrial Administrations	3559	4	3554	1	81539	1700147	482348
地方合计	Subtotal of Local Governments	5879	4301	1505	73	116282	7096125	2662147

STATISTICS OF OCCUPATIONAL SKILL TESTING

(person)

中 级 Medium	高 级 Senior	技 师 Technicians	高级技师 Senior Technicians	本年获取证书人数 Number of the Candidates Got the Certificates	初 级 Primary	中 级 Medium	高 级 Senior	技 师 Technicians	高级技师 Senior Technicians
1318141	360490	69132	5290	2146895	727215	1094809	271346	51262	2263
1625749	427603	39478	4677	2786360	949828	1439046	364024	30506	2956
1670410	278862	51799	7285	2858782	1071270	1491968	244529	44995	6020
1711318	369049	45329	4780	3141392	1341236	1466663	293584	36699	3210
147011	63460	2645	259	217186	60914	110560	44104	1534	74
1564307	305589	42684	4521	2924206	1280322	1356103	249480	35165	3136
2050863	505685	43794	3004	3726619	1553035	1743885	393201	34175	2323
343589	167271	10125	565	521288	157155	239573	118036	6132	392
1707274	338414	33669	2439	3205331	1395880	1504312	275165	28043	1931
2571508	645644	67688	5586	4570081	1756881	2236967	523010	49689	3534
367182	223536	14192	1905	645636	195946	280851	161054	7082	703
2204326	422108	53496	3681	3924445	1560935	1956116	361956	42607	2831
3204580	965404	69379	6459	5562607	2036748	2712382	761195	48852	3430
577791	369192	20071	3149	1019654	269218	453267	286133	9718	1318
2626789	596212	49308	3310	4542953	1767530	2259115	475062	39134	2112
3338421	969477	96653	9116	5839222	2124504	2870097	768890	69501	6230
486792	345449	20515	3296	892494	208524	401194	267989	12867	1920
2851629	624028	76138	5820	4946728	1915980	2468903	500901	56634	4310
4161612	1229130	212037	48998	7360975	2691946	3516786	975155	140816	36272
731856	440143	35862	9938	1346661	390280	583697	345424	20988	6272
3429756	788987	176175	39060	6014314	2301666	2933089	629731	119828	30000

7-5 续表 1

单位：人

年 份	Year	职业技能鉴定机构数（个）Numbe of Testing Agencies (unit)	鉴定所数 Testing Agencies	鉴定站数 Testing Stations	其他鉴定机构	考评人员人数 Number of the Assessors	本年鉴定考核人数 Number of the Candidates	初级 Primary
中央企业试点	The Central Enterprises Pilot	3			3	739	16509	829
2005		7654	4144	3347	163	164442	9577395	3222564
#行业合计	Subtotal of Industrial Administrations	1848	5	1824	19	59974	1595369	362360
地方合计	Subtotal of Local Governments	5719	4139	1436	144	101484	7922895	2842964
中央企业试点	The Central Enterprises Pilot	87		87		2984	59131	17240
2006		7998	3860	4002	136	161596	11821552	4140894
#行业合计	Subtotal of Industrial Administrations	2020	12	2008		65571	2473429	916021
地方合计	Subtotal of Local Governments	5823	3848	1839	136	91729	9279660	3212161
中央企业试点	The Central Enterprises Pilot	155		155		4296	68463	12712
2007		7794	4251	3378	165	158186	12231413	4389064
#行业合计	Subtotal of Industrial Administrations	1938	6	1932		56673	1622348	465248
地方合计	Subtotal of Local Governments	5845	4245	1446	154	98395	10515051	3873553
中央企业试点	The Central Enterprises Pilot	11			11	3118	94014	50263
2008		9933	4096	4662	1175	203883	13374707	5104213
#行业合计	Subtotal of Industrial Administrations	1477	1	1476		72503	1736592	468497
地方合计	Subtotal of Local Governments	8441	4095	3186	1160	124902	11560949	4598473
中央企业试点	The Central Enterprises Pilot	15			15	6478	77166	37243
2009		9538	4825	4486	227	232060	14920761	6029998
#行业合计	Subtotal of Industrial Administrations	2241	9	2188	44	80116	2049033	663297

continued

(person)

中级 Medium	高级 Senior	技师 Technicians	高级技师 Senior Technicians	本年获取证书人数 Number of the Candidates Got the Certificates	初级 Primary	中级 Medium	高级 Senior	技师 Technicians	高级技师 Senior Technicians
3246	7958	3822	654	14615	777	3025	7373	3002	438
4552986	1456750	290637	54458	7857292	2732405	3756905	1133278	195577	39127
686936	489903	48197	7973	1233171	278809	551073	372000	27357	3932
3852384	948018	234071	45458	6575037	2438276	3194681	745632	162062	34386
13666	18829	8369	1027	49084	15320	11151	15646	6158	809
5269104	1909269	432423	65401	9252416	3124130	4390924	1440591	260830	35384
826698	629978	86015	14717	1576857	377737	660904	488129	43178	6909
4422694	1257031	338287	49487	7619774	2734026	3712773	933739	211694	27542
19712	22260	8121	1197	55785	12367	17247	18723	5958	933
5422375	1907654	442715	69605	9956079	3687419	4518674	1429235	274176	46575
619235	461074	65822	10969	1284859	384585	499805	361828	32760	5881
4788802	1424504	370444	57748	8593861	3259275	4007337	1050805	236480	39964
14338	22076	6449	888	77359	43559	11532	16602	4936	730
5758542	2029246	403738	78968	11372105	4492273	4891989	1606473	318047	63323
633514	535833	86649	12099	1448203	393277	514497	440977	86369	13083
5108105	1477855	311085	65431	9863382	4069230	4363967	1152734	227947	49504
16923	15558	6004	1438	60520	29766	13525	12762	3731	736
6110523	2126028	544210	110002	12320051	5251357	5134383	1516357	336623	81331
806706	460363	98550	20117	1636149	562781	673659	335144	55143	9422

7-5 续表 2

单位：人

年 份	Year	职业技能鉴定机构数（个） Numbe of Testing Agencies (unit)	鉴定所数 Testing Agencies	鉴定站数 Testing Stations	其他鉴定机构	考评人员人数 Number of the Assessors	本年鉴定考核人数 Number of the Candidates	初级 Primary
地方合计	Subtotal of Local Governments	7281	4816	2298	167	143719	12674516	5279691
中央企业试点	The Central Enterprises Pilot	16			16	8225	197212	87010
2010		9803	4612	5058	133	210497	16575457	6768836
#行业合计	Subtotal of Industrial Administrations	2137	12	2125		70109	2831683	949906
地方合计	Subtotal of Local Governments	7647	4600	2933	114	130977	13495340	5704143
中央企业试点	The Central Enterprises Pilot	19			19	9411	248434	114787
2011		10677	5533	4977	167	194795	17459327	7254275
#行业合计	Subtotal of Industrial Administrations	2574	12	2562		75206	3129020	1059714
地方合计	Subtotal of Local Governments	8084	5521	2415	148	110545	14101095	6087176
中央企业试点	The Central Enterprises Pilot	19			19	9044	229212	107385
2012		10963	5321	5441	201	213403	18305470	7538797
#行业合计	Subtotal of Industrial Administrations	3246	13	3197	36	91000	3355097	1241887
地方合计	Subtotal of Local Governments	7698	5308	2244	146	111150	14651252	6162855
中央企业试点	The Central Enterprises Pilot	19			19	11253	299121	134055
2013		9865	5067	4664	134	252662	18385729	7752500
#行业合计	Subtotal of Industrial Administrations	2418	16	2402		108333	3375909	1341750
地方合计	Subtotal of Local Governments	7428	5051	2262	115	132737	14735101	6274214
中央企业试点	The Central Enterprises Pilot	19			19	11592	274719	136536
2014		9521	4387	4701	433	215761	18539992	6934618
#行业合计	Subtotal of Industrial Administrations	2670	18	2651	1	105232	3244808	1055738
地方合计	Subtotal of Local Governments	6835	4369	2050	416	102132	15039407	5786871
中央企业试点	The Central Enterprises Pilot	16			16	8397	255777	92009

continued

(person)

中 级 Medium	高 级 Senior	技 师 Technicians	高级技师 Senior Technicians	本年获取证书人数 Number of the Candidates Got the Certificates	初 级 Primary	中 级 Medium	高 级 Senior	技 师 Technicians	高级技师 Senior Technicians
5234031	1634315	438111	88368	10556864	4636816	4414218	1158564	276470	70796
69786	31350	7549	1517	127038	51760	46506	22649	5010	1113
6531792	2722092	453762	98975	13929377	5899097	5544598	2097432	316663	71587
951227	766652	129482	34416	2285392	801645	770516	626959	72822	13450
5495732	1918827	314609	62029	11489343	5028937	4718723	1446776	238171	56736
84833	36613	9671	2530	154642	68515	55359	23697	5670	1401
6579593	3098462	428247	98750	14820504	6533022	5464700	2464290	286769	71723
1094106	816296	132899	26005	2578410	1067480	724459	686101	84163	16207
5408072	2246836	288493	70518	12091861	5396177	4689411	1753472	198785	54016
77415	35330	6855	2227	150233	69365	50830	24717	3821	1500
6611139	3476563	503134	175837	15487834	6655352	5604790	2760639	336187	130866
1056340	880430	147893	28547	2702465	1020025	857542	708589	97529	18780
5443861	2551931	347493	145112	12584198	5546362	4672359	2021009	233932	110536
110938	44202	7748	2178	201171	88965	74889	31041	4726	1550
6355360	3514734	577770	185365	15366664	6766044	5372332	2728517	376144	123627
1086891	763465	151090	32713	2750425	1119433	893839	614511	99406	23236
5184217	2705976	418804	151890	12439250	5560531	4422960	2083789	272164	99806
84252	45293	7876	762	176989	86080	55533	30217	4574	585
6745021	3930805	654415	275133	15542766	6094580	5707155	3117737	429024	194270
1092479	839367	185803	71421	2556541	842679	867772	684070	120486	41534
5568441	3027880	455979	200236	12827206	5196077	4788009	2390955	301746	150419
84101	63558	12633	3476	159019	55824	51374	42712	6792	2317

7-5 续表 3

单位：人

年 份	Year	职业技能鉴定机构数（个）Numbe of Testing Agencies (unit)	鉴定所数 Testing Agencies	鉴定站数 Testing Stations	其他鉴定机构	考评人员人数 Number of the Assessors	本年鉴定考核人数 Number of the Candidates	初级 Primary
2015		12156	5750	5578	828	264237	18941156	7079392
#行业合计	Subtotal of Industrial Administrations	2478	10	2468		102862	4159249	1696306
地方合计	Subtotal of Local Governments	9662	5740	3110	812	154296	14530268	5301111
中央企业试点	The Central Enterprises Pilot	16			16	7079	251639	81975
2016		8224	3460	4438	326	282782	17554798	6410623
#行业合计	Subtotal of Industrial Administrations	2473	10	2463		88341	2307553	746356
地方合计	Subtotal of Local Governments	5733	3450	1975	308	182393	15028489	5597358
中央企业试点	The Central Enterprises Pilot	18			18	12048	218756	66909
2017		8071	3503	4255	313	308612	14729033	4959459
#行业合计	Subtotal of Industrial Administrations	2345	9	2336		89560	2546084	810597
地方合计	Subtotal of Local Governments	5708	3494	1919	295	204847	11937378	4077961
中央企业试点	The Central Enterprises Pilot	18			18	14205	245571	70901
2018		8912	4781	3792	339	251135	11349052	3939496
#行业合计	Subtotal of Industrial Administrations	2443		2442	1	94669	2111498	821018
地方合计	Subtotal of Local Governments	6451	4781	1350	320	140224	9007709	3035725
中央企业试点	The Central Enterprises Pilot	18			18	16242	229845	82753
2019		9152	6256	2567	329	216680	10759349	3865973
#行业合计	Subtotal of Industrial Administrations	1824		1824		41841	2091145	781278
地方合计	Subtotal of Local Governments	7328	6256	743	329	174839	8668204	3084695
2020		8205	5387	2700	118	155935	10704734	3733911
#行业合计	Subtotal of Industrial Administrations	2190		2190		37158	1843272	315020
地方合计	Subtotal of Local Governments	6015	5387	510	118	118777	8861462	3418891

continued

(person)

中 级 Medium	高 级 Senior	技 师 Technicians	高级技师 Senior Technicians	本年获取证书人数 Number of the Candidates Got the Certificates	初 级 Primary	中 级 Medium	高 级 Senior	技 师 Technicians	高级技师 Senior Technicians
6986241	4006089	659634	209800	15392295	5915465	5831396	3092249	416439	136746
1311412	914647	190191	46693	3132628	1175807	1063277	742734	121679	29131
5581461	3031572	457553	158571	12106988	4690481	4712472	2310892	288376	104767
93368	59870	11890	4536	152679	49177	55647	38623	6384	2848
6540058	3855614	577112	171391	14461529	5549708	5481352	2963711	350596	116162
771495	615401	127726	46575	1713407	528629	585940	487299	78846	32693
5683938	3184348	440709	122136	12617203	4981949	4846266	2440744	266587	81657
84625	55865	8677	2680	130919	39130	49146	35668	5163	1812
5465266	3610460	540693	153155	11987218	4207073	4541983	2804674	330333	103155
817338	726816	136056	55277	1857892	533604	616728	580087	85833	41640
4549640	2820102	394098	95577	9999945	3634534	3879908	2185245	239922	60336
98288	63542	10539	2301	129381	38935	45347	39342	4578	1179
4034728	2765047	487978	121803	9031831	3245567	3333132	2099864	277673	75595
561243	597602	101953	29682	1523099	535170	430306	467782	64713	25128
3387425	2112385	380880	91294	7385556	2663222	2861384	1600846	210192	49912
86060	55060	5145	827	123176	47175	41442	31236	2768	555
4081232	2322529	361527	128088	8618572	3184815	3419359	1730493	205600	78305
595058	645117	53942	15750	1398424	490644	468832	398761	28361	11826
3486174	1677412	307585	112338	7220148	2694171	2950527	1331732	177239	66479
4543395	2130435	208112	88881	8659731	3278478	3862870	1323861	134474	60048
515194	988655	17261	7142	972562	205346	375404	377040	9289	5483
4028201	1141780	190851	81739	7687169	3073132	3487466	946821	125185	54565

7–6 各地区职业技能鉴定综合情况(2020年)

单位：人

地 区	Region	职业技能鉴定机构数(个) Numbe of Testing Agencies (unit)	鉴定所数 Testing Agencies	鉴定站数 Testing Stations	其他鉴定机构	考评人员人数 Number of the Assessors	本年鉴定考核人数 Number of the Candidates	初级 Primary
全 国	**National**	**8205**	**5387**	**2700**	**118**	**155935**	**10704734**	**3733911**
行业合计	Subtotal of Industrial Administrations	2190		2190		37158	1843272	315020
地方合计	Subtotal of Local Governments	6015	5387	510	118	118777	8861462	3418891
北 京	Beijing	43	43			1904	21831	10306
天 津	Tianjin	128	93	24	11	1114	73735	6911
河 北	Hebei	99	99			1599	466187	238013
山 西	Shanxi	162	162			3954	203858	125865
内蒙古	Inner Mongolia	147	123	24		1811	120847	30219
辽 宁	Liaoning	154	134	20		911	173135	57157
吉 林	Jilin	42	42			1265	42096	9611
黑龙江	Heilongjiang	49	36	13		1290	104499	38393
上 海	Shanghai	89	89			2669	154494	58010
江 苏	Jiangsu	514	514			3877	832882	217690
浙 江	Zhejiang	252	252			5895	637628	139068
安 徽	Anhui	345	345			10209	605942	145276
福 建	Fujian	420	420			5349	184874	35800
江 西	Jiangxi	368	290		78	7902	118167	17847
山 东	Shandong	201	188	13		1460	1106757	395586
河 南	Henan	404	301	88	15	5973	563922	236346
湖 北	Hubei	222	220	2		1336	178492	42796
湖 南	Hunan	329	314	15		2422	484737	276175
广 东	Guangdong	362	362			11468	484351	161186
广 西	Guangxi	98	83	2	13	3877	395662	259941
海 南	Hainan	52	33	19		321	46435	29786
重 庆	Chongqing	72	72			4046	284156	112069
四 川	Sichuan	554	484	70		12172	455298	166377
贵 州	Guizhou	170	123	47		1928	99253	25607
云 南	Yunnan	191	182	9		4108	525841	298163
西 藏	Tibet	20	6	14		120	21935	19294
陕 西	Shaanxi	195	96	99		3903	49726	7615
甘 肃	Gansu	46	46			2314	176710	95747
青 海	Qinghai	80	34	45	1	126	23454	15218
宁 夏	Ningxia	75	70	5		3325	65802	33512
新 疆	Xinjiang	92	92			8214	131445	97611
新疆兵团	Xinjiang Production and Construction Crops	40	39	1		1915	27311	15696

STATISTICS OF OCCUPATIONAL SKILL TESTING BY REGION (2020)

(person)

中 级 Medium	高 级 Senior	技 师 Technicians	高级技师 Senior Technicians	本年获取证书人数 Number of the Candidates Got the Certificates	初 级 Primary	中 级 Medium	高 级 Senior	技 师 Technicians	高级技师 Senior Technicians
4543395	**2130435**	**208112**	**88881**	**8659731**	**3278478**	**3862870**	**1323861**	**134474**	**60048**
515194	988655	17261	7142	972562	205346	375404	377040	9289	5483
4028201	1141780	190851	81739	7687169	3073132	3487466	946821	125185	54565
6776	1590	2564	595	16673	8904	4634	1415	1361	359
46933	11344	4271	4276	67389	6349	45200	10908	2384	2548
178067	43449	4282	2376	421691	212442	164337	40621	3354	937
63126	10002	3827	1038	187045	117548	57148	8294	3239	816
60587	18332	9616	2093	108942	28361	55246	15604	7966	1765
89550	15266	5957	5205	149323	51241	78419	12456	3769	3438
27222	3471	1368	424	35878	7774	23263	3175	1273	393
57746	6038	2049	273	94221	34680	52508	5200	1621	212
39308	45413	8571	3192	77436	34016	22107	17740	2704	869
431083	165994	14723	3392	731378	199492	379804	138911	10683	2488
299510	165393	22996	10661	516660	116178	242075	136999	15590	5818
328814	120451	10072	1329	526162	126754	288783	103550	6336	739
109713	31189	7134	1038	148464	28890	94036	21550	3418	570
79297	18581	1855	587	103988	16728	68672	16775	1352	461
558649	125733	17387	9402	1001969	356925	512611	111530	13452	7451
218179	99210	8007	2180	508776	219684	191644	89392	6102	1954
74880	28198	15362	17256	163253	41512	71721	25364	11067	13589
190958	13438	2697	1469	435247	256889	164786	10524	1977	1071
248856	54937	14377	4995	317115	118370	153343	37079	6056	2267
112981	19964	2138	638	356222	239800	96799	17671	1439	513
13468	2831	260	90	38433	26416	9664	2191	120	42
154378	12576	4043	1090	262302	106890	143795	9790	1216	611
258651	22552	5817	1901	408104	152499	229831	20080	4308	1386
53554	17320	2301	471	89099	23943	48562	15036	1197	361
166655	52078	7891	1054	487532	281702	151347	46233	7289	961
1028	1603	9	1	19346	17157	814	1365	9	1
23195	12521	4829	1566	33112	6004	16863	8557	1261	427
71708	7386	1550	319	160943	87933	65156	6630	996	228
7824	270	117	25	20730	13647	6786	169	105	23
26393	4943	789	165	56489	30270	22035	3594	462	128
21319	6248	3730	2537	118132	89550	18096	5595	2841	2050
7793	3459	262	101	25115	14584	7381	2823	238	89

八、劳动关系

LABOUR RELATION

8-1 历年劳动人事争议仲裁情况

单位：件

项　目	Item	1996	1997	1998	1999
上期未结案件数	Number of Cases Left from Last Year-end	2634	2864	3475	3840
案件受理情况	Cases Accepted				
当期案件受理数	Cases	48121	71524	93649	120191
#集体劳动争议案件数	Number of Collective Labour Disputes	3150	4109	6767	9043
劳动者申诉案件数	Number of Cases Left from Last Year-end	41697	68773	84829	114152
劳动者当事人数(人)	Number of Laborers Involved(person)	189120	221115	358531	473957
#集体劳动争议劳动者当事人数	Number of Laborers Involved in Collective Labour Disputes	92203	132647	251268	319445
争议原因	Disputes Reasons				
劳动报酬	Labour Remuneration				
社会保险	Social Insurances				
变更劳动合同	Change the Labour Contract		2992	2840	3469
解除、终止劳动合同	Relieve or End the Labour Contract		10337	13069	18108
其　他	Others		8917	9515	8626
案件处理情况	Cases Settled				
结案数	Number of Cases Settled	46543	70792	92288	121289
处理方式	by Manners of Settlement				
仲裁调解	by Mediation	24223	32793	31483	39550
仲裁裁决	by Arbitrition Lawsuit	12789	15060	25389	34712
其他方式	Others	9531	22939	35155	47027
处理结果	by Result of Settlement				
用人单位胜诉	Lawsuit Won by Units	9452	11488	11937	15674
劳动者胜诉	Lawsuit Won by Laborers	23696	40063	48650	63030
双方部分胜诉及其他	Lawsuit Partly Won by Both Parties and Others	13395	19241	27365	37459
案外调解案件数	Cases Mediated				

注：2011年起，解除、终止劳动合同的类型进行合并统计。
a) Since 2011, items of Relieve or End the Labour Contract have been merged during statistics.

LABOUR DISPUTES ACCEPTED AND SETTLED

(piece)

2000	2001	2002	2003	2004	2005	2006	2007
6374	8739	12472	16276	17117	17829	22165	25424
135206	154621	184116	226391	260471	313773	317162	350182
8247	9847	11024	10823	19241	16217	13977	12784
120043	146781	172253	215512	249335	293710	301233	325590
422617	467150	608396	801042	764981	744195	679312	653472
259445	286680	374956	514573	477992	409819	348714	271777
	45172	59144	76774	85132	103183	103887	108953
	31158	56558	76181	88119	97519	100342	97731
3829	4254	3765	5494	4465	7567	3456	4695
21149	29038	30940	40017	57021	68873	67868	80261
12549							
130688	150279	178744	223503	258678	306027	310780	340030
41877	42933	50925	67765	83400	104308	104435	119436
54142	77250	77340	95774	110708	131745	141465	149013
34669	35096	50479	59954	64550	69974	64880	71581
13699	31544	27017	34272	35679	39401	39251	49211
70544	71739	84432	109556	123268	145352	146028	156955
37247	46996	67295	79475	94041	121274	125501	133864
	63939	77342	58451	70840	93561	130321	151902

8-1 续表

单位：件

项　目	Item	2008	2009	2010	2011
上期未结案件数	Number of Cases Left from Last Year-end	33084	83709	77926	42308
案件受理情况	Cases Accepted				
当期案件受理数	Cases	693465	684379	600865	589244
#集体劳动争议案件数	Number of Collective Labour Disputes	21880	13779	9314	6592
劳动者申诉案件数	Number of Cases Left from Last Year-end	650077	627530	558853	568768
劳动者当事人数(人)	Number of Laborers Involved(person)	1214328	1016922	815121	779490
#集体劳动争议劳动者当事人数	Number of Laborers Involved in Collective Labour Disputes	502713	299601	211755	174785
争议原因	Disputes Reasons				
劳动报酬	Labour Remuneration	225061	247330	209968	200550
社会保险	Social Insurances				149944
变更劳动合同	Change the Labour Contract				
解除、终止劳动合同	Relieve or End the Labour Contract	139702	43876	31915	118684
其　他	Others				
案件处理情况	Cases Settled				
结案数	Number of Cases Settled	622719	689714	634041	592823
处理方式	by Manners of Settlement				
仲裁调解	by Mediation	221284	251463	250131	278873
仲裁裁决	by Arbitrition Lawsuit	274543	290971	266506	244942
其他方式	Others	126892	147280	117404	69008
处理结果	by Result of Settlement				
用人单位胜诉	Lawsuit Won by Units	80462	95470	85028	74189
劳动者胜诉	Lawsuit Won by Laborers	276793	255119	229448	195680
双方部分胜诉及其他	Lawsuit Partly Won by Both Parties and Others	265464	339125	319565	322954
案外调解案件数	Cases Mediated	237283	185598	163997	194338

continued

(piece)

2012	2013	2014	2015	2016	2017	2018	2019	2020
36151	34478	31796	39580	37977	38545	35506	48661	49723
641202	665760	715163	813859	828410	785323	894053	1069638	1094788
7252	6783	8041	10466	9745	7513	8699	9235	8321
620849	641932	690418	784229	801190	762572	869421	1021334	1041567
882487	888430	997807	1159687	1112408	979016	1110175	1274124	1283491
231894	218521	267165	341588	289924	203963	234943	220174	200824
225981	223351	258716	321179	345685	331463	380751	446572	462729
159649	165665	160961	158002	145671	135211	144533	149966	136496
129108	147977	155870	182396	188642	169456	195063	259550	280058
643292	669062	711044	812461	827717	790448	884223	1068413	1100681
302552	311806	321598	362814	389109	390278	458353	552584	599797
268530	283341	313175	368409	366742	336073	357666	430309	430863
72210	73915	76271	81238	71866	64097	68204	85520	70021
79187	82519	82541	90785	92405	89928	93823	112747	112053
213453	217551	250284	287544	285824	259898	276642	314097	310819
350652	368992	378219	434132	369429	440622	513758	641569	677809
212937	215595	227447	258114	240101	208491	214288	242479	255328

8-2 各地区劳动争议处理情况(2020年)

单位：件

地区	Region	上期末结案件数 Number of Cases Left from Last Year-end	案件受理情况 Cases Accepted					
			当期案件受理数 Cases	#集体劳动争议案件 Number of Collective Labour Disputes	#劳动者申诉案件 Number of Cases Left from Last Year-end	劳动者当事人数(人) Number of Laborers Involved (person)	#集体劳动争议劳动者当事人数 Number of Laborers Involvedin Collective Labour Disputes	劳动报酬 Labour Remuneration
全国	**National**	**49723**	**1094788**	**8321**	**1041567**	**1283491**	**200824**	**462729**
北京	Beijing	4580	110488	698	109034	110488	12327	60243
天津	Tianjin	2820	27057	104	24769	28337	2348	14417
河北	Hebei	471	23459	76	22549	26093	1462	9617
山西	Shanxi	121	9498	20	8506	10929	1062	3234
内蒙古	Inner Mongolia	315	15367	64	14205	16456	1492	7639
辽宁	Liaoning	835	30162	272	27779	35599	5204	17000
吉林	Jilin	80	9071	37	6737	10780	778	3677
黑龙江	Heilongjiang	1251	19841	39	18906	21696	1134	9133
上海	Shanghai	4094	62754	249	61935	70015	5073	22263
江苏	Jiangsu	1694	93689	701	88010	103377	16982	38352
浙江	Zhejiang	4152	67207	468	66757	81626	11976	26622
安徽	Anhui	633	30183	120	24140	33667	2253	11149
福建	Fujian	2476	30135	451	28748	41100	9851	13154
江西	Jiangxi	469	15447	63	14806	18203	2347	4314
山东	Shandong	2090	88058	207	87631	95955	4066	39331
河南	Henan	583	24294	110	21857	27312	1969	9143
湖北	Hubei	1986	37162	144	35545	40192	4213	12710
湖南	Hunan	483	26214	75	25178	29184	1738	8369
广东	Guangdong	11486	163568	3485	159121	243364	82547	68288
广西	Guangxi	899	24181	36	23760	24247	1162	12546
海南	Hainan	708	7079	37	6338	7206	708	2204
重庆	Chongqing	2374	33097	37	32980	34557	618	13438
四川	Sichuan	1858	51460	331	48630	66674	15930	20709
贵州	Guizhou	301	20374	30	19468	21456	1128	6813
云南	Yunnan	142	18270	142	17689	18270	3710	5564
西藏	Tibet	20	498	18	493	1081	576	192
陕西	Shaanxi	883	27241	97	20894	29092	1925	10645
甘肃	Gansu	247	7401	23	6633	9702	1836	3016
青海	Qinghai	21	1673	4	1651	1988	97	856
宁夏	Ningxia	719	7370	102	7107	9082	1682	2618
新疆	Xinjiang	844	10559	74	8337	13113	1973	4353
新疆兵团	Xinjiang Production and Construction Crops	88	1931	7	1374	2650	657	1120

LABOUR DISPUTES ACCEPTED AND SETTLED BY REGION (2020)

(piece)

争议原因 Causes of the Disputes			案件处理情况 Cases Settled							案外调解案件数 Cases Mediated
社会保险 Social Insurance	#工伤保险 Work Injury Insurance	解除、终止劳动合同 Relieve or End the Labour Contract	结案数 Number of Cases Settled	处理方式 by Manners of Settlement: 仲裁调解 by Mediation	仲裁裁决 by Arbitrition Lawsuit	其他方式 Others	处理结果 by Result of Settlement: 用人单位胜诉 Lawsuit Won by Units	劳动者胜诉 Lawsuit Won by Laborers	双方部分胜诉及其他 Lawsuit Partly Won by Both Parties and Others	
136496	**96973**	**280058**	**1100681**	**599797**	**430863**	**70021**	**112053**	**310819**	**677809**	**255328**
1843	881	26123	111704	58589	45208	7907	18358	17227	76119	15541
1044	993	4401	27058	16100	10958		2730	4620	19708	1970
3825	1753	4741	21409	12481	8142	786	1911	9753	9745	4182
2156	1723	1742	9496	5923	3342	231	1095	5185	3216	3063
2449	1007	2830	15316	7726	6546	1044	1117	6751	7448	3618
2813	1693	5272	29872	14902	14234	736	2780	14175	12917	6207
936	430	1355	8847	3975	4214	658	431	5410	3006	4212
3011	1757	364	20529	10919	9016	594	1886	6105	12538	3595
2490	2164	27667	62783	34307	25946	2530	12962	5911	43910	9913
13814	12772	32331	93220	59428	26083	7709	8740	33042	51438	32344
15033	12122	13730	68749	40558	13837	14354	3494	17549	47706	752
7393	4592	5619	30392	18834	10492	1066	3281	11841	15270	5996
4639	4172	6216	30349	18144	10484	1721	2333	7648	20368	4214
3104	2545	4839	15324	8403	6033	888	1480	5877	7967	3195
6602	5821	24133	88591	53261	33400	1930	7439	24931	56221	15722
4775	1953	4559	24200	13034	9387	1779	1611	9922	12667	7984
4989	2387	12173	36062	20423	14891	748	2044	10690	23328	6456
6820	4866	5236	26065	14142	10406	1517	1194	15619	9252	15646
12618	11870	54231	168845	80443	80487	7915	15810	31171	121864	57329
1360	825	5032	24416	10138	13048	1230	2341	6980	15095	10936
120	95	1282	7213	2333	3973	907	928	1616	4669	1489
5619	5113	7058	33242	17276	11769	4197	3223	3917	26102	211
6730	5185	12019	50764	27370	19647	3747	5393	17867	27504	15987
5338	4397	3759	20336	10710	9109	517	2039	7298	10999	5671
5298	1601	2661	18215	10895	6366	954	1440	7532	9243	5329
62	60	98	514	253	192	69	22	224	268	721
6222	1401	6725	27607	14625	11123	1859	2653	8562	16392	6194
1121	610	1020	7496	3984	3200	312	798	3717	2981	2379
273	231	431	1675	980	524	171	166	780	729	69
1841	839	1516	7340	3529	3052	759	610	3629	3101	2106
1944	973	780	11088	5294	4802	992	1551	4581	4956	1221
214	142	115	1964	818	952	194	193	689	1082	1076

8-3 劳动保障监察案件结案情况(2020年)
CASES SETTLED BY LABOUR AND SOCIAL SECURITY INSPECTION ORGANIZATION(2020)

单位：件 (piece)

项　目	Item	2020
结案数	**Cases Settled**	**105816**
案件分类	**Cases by Caused Reasons**	
内部劳动保障规章制度	Inner Institutions on Labour and Social Security	1112
订立和解除劳动合同	Signing or Relieve Labour Contract	6622
女职工特殊劳动保护	Special Protection for Female Workers and employees	15
未成年工特殊劳动保护	Special Protection for minor Workers and employees	85
工作时间和休息休假	Working Hours and Vocation	4883
支付工资和最低工资标准	Wage Payment and Minimum Wage Standard	54799
参加社会保险和缴纳社会保险费	Social Insurances	16531
职业介绍	Job Referral	353
职业技能培训和职业技能考核	Vocational Training and Vocational Qualification	74
其　他	Others	24672
案件处理情况	**Settlement of Cases**	
责令限期改正	Orders to Make Corrections	41521
行政处理决定	Decisions of Administrative Settlement	4346
行政处罚决定	Decisions of Administrative Penalty	4581
警　告	Disciplinary Warning	1010
罚　款	Fine	3933
其他行政处罚	Others	58

8-4 劳动保障监察工作情况(2020年)
LABOUR AND SOCIAL SECURITY INSPECTION (2020)

项　目	Item	2020
主动监察	Inspection on Initiative	
检查单位数(万户)	Employing Units Inspected (10 000 households)	112.2
涉及劳动者人数(万人)	Labourers Involved (10 000 persons)	4383.6
投诉结案数(万件)	Complaint Cases Settled (10 000 pieces)	8.5
举报结案数(万件)	Cases Settled through Inspection upon Reporting (10 000 pieces)	2.1
审查用人单位报送的书面材料涉及用人单位数(万户)	Employing Units inspected through Examining Documents reported (10 000 households)	133.5
补签劳动合同(万人)	Number of Labour Contracts Signed for Inspection (10 000 persons)	58.5
追发劳动者工资等待遇	Repay Wages and other Benefits	
涉及劳动者人数(万人)	Labourers Involved (10 000 persons)	64.8
金额(亿元)	Amount of Money (100 million yuan)	65.2
督促缴纳社会保险费	Levy of Social Insurance Fees for Inspection	
单位数(万户)	Employing Units Involved (10 000 households)	1.3
金额(亿元)	Amount of Money (100 million yuan)	4.1
督促社会保险登记单位数(万户)	Registeration of Social Insurance for Inspection Employing Units Involved (10 000 households)	0.4
取缔非法职业中介机构(户)	Number of Illegal Occupational Intermediary Agencies(household)	1290
清退风险抵押金金额(万元)	Amount of Money in Pledge Repaid to Employees (10 000 Yuan)	220.8
审查用人单位规章数(万件)	Number of Regulations of Employing Units Inspected (10 000 pieces)	37.6
纠正用人单位违法规章数(万件)	Number of Regulations of Employing Units Corrected (10 000 pieces)	2.2
向社会公布重大违法行为数(件)	Discolsed Serious Violations of Laws or Rules (piece)	2456

九、社会保障

SOCIAL SECURITY

9-1 历年全国社会保险基金收入
REVENUE OF SOCIAL INSURANCE FUNDS

年 份 Year	合 计 Total	基本养老保险 Basic Pension Insurance	失业保险 Unemployment Insurance	基本医疗保险 Basic Medical Insurance	工伤保险 Work Injury Insurance	生育保险 Maternity Insurance
绝对数(亿元) Revenue (100 million yuan)						
1989	153.6	146.7	6.8			
1990	186.8	178.8	7.2			
1991	225.0	215.7	9.3			
1992	377.4	365.8	11.7			
1993	526.1	503.5	17.9	1.4	2.4	0.8
1994	742.0	707.4	25.4	3.2	4.6	1.5
1995	1006.0	950.1	35.3	9.7	8.1	2.9
1996	1252.4	1171.8	45.2	19.0	10.9	5.5
1997	1458.2	1337.9	46.9	52.3	13.6	7.4
1998	1623.1	1459.0	68.4	60.6	21.2	9.8
1999	2211.8	1965.1	125.2	89.9	20.9	10.7
2000	2644.9	2278.5	160.4	170.0	24.8	11.2
2001	3101.9	2489.0	187.3	383.6	28.3	13.7
2002	4048.7	3171.5	215.6	607.8	32.0	21.8
2003	4882.9	3680.0	249.5	890.0	37.6	25.8
2004	5780.3	4258.4	290.8	1140.5	58.3	32.1
2005	6975.2	5093.3	340.3	1405.3	92.5	43.8
2006	8643.2	6309.8	402.4	1747.1	121.8	62.1
2007	10812.3	7834.2	471.7	2257.2	165.6	83.6
2008	13696.1	9740.2	585.1	3040.4	216.7	113.7
2009	16115.6	11490.8	580.4	3671.9	240.1	132.4
2010	19276.1	13872.9	649.8	4308.9	284.9	159.6
2011	25153.3	18004.8	923.1	5539.2	466.4	219.8
2012	30738.8	21830.2	1138.9	6938.7	526.7	304.2
2013	35252.9	24732.6	1288.9	8248.3	614.8	368.4
2014	39827.7	27619.9	1379.8	9687.2	694.8	446.1
2015	46012.1	32195.5	1367.8	11192.9	754.2	501.7
2016	53562.7	37990.8	1228.9	13084.3	736.9	521.9
2017	67154.2	46613.8	1112.6	17931.6	853.8	642.5
2018	79254.8	55005.3	1171.1	21384.4	913.0	781.0
2019	83550.4	57025.9	1284.2	24420.9	819.4	
2020	75512.5	49228.6	951.5	24846.1	486.3	
比上年增长(%) Increase rate						
1990	21.6	21.9	5.9			
1991	20.5	20.6	29.2			
1992	67.7	69.6	25.8			
1993	39.4	37.7	53.0			
1994	41.0	40.5	41.9	119.9	90.4	73.8
1995	35.6	34.3	38.9	206.3	77.5	99.4
1996	24.5	23.3	28.2	96.6	34.7	87.8
1997	16.4	14.2	3.7	175.1	24.6	34.9
1998	11.3	9.0	45.7	15.9	55.9	31.1
1999	36.3	34.7	83.1	48.3	-1.3	10.1
2000	19.6	15.9	28.1	89.2	18.7	3.8
2001	17.3	9.2	16.8	125.7	14.2	23.1
2002	30.5	27.4	15.1	58.4	13.2	58.9
2003	20.6	16.0	15.7	46.4	17.4	18.3
2004	18.4	15.7	16.6	28.1	55.1	24.4
2005	20.7	19.6	17.0	23.2	58.7	36.4
2006	23.9	23.9	18.2	24.3	31.7	41.8
2007	25.1	24.2	17.2	29.2	36.0	34.6
2008	26.7	24.3	24.0	34.7	30.9	36.0
2009	17.7	18.0	-0.8	20.8	10.8	16.4
2010	19.6	20.7	12.0	17.3	18.7	20.5
2011	30.5	29.8	42.1	28.6	63.7	37.8
2012	22.2	21.2	23.4	25.3	12.9	38.4
2013	14.7	13.3	13.2	18.9	16.7	21.1
2014	13.0	11.7	7.1	17.4	13.0	21.1
2015	15.5	16.6	-0.9	15.5	8.6	12.5
2016	16.4	18.0	-10.2	16.9	-2.3	4.0
2017	25.4	22.7	-9.5	37.0	15.9	23.1
2018	18.0	18.0	5.3	19.3	6.9	21.6
2019	5.4	3.7	9.7	14.2	-10.2	
2020	-9.6	-13.7	-25.9	1.7	-40.7	

注：2010年及以后基本养老保险基金中包括城镇职工基本养老保险和城乡居民基本养老保险。

a) Data of the basic pension insurance for 2010 and following years include the basic pension insurances for urban workers and for urban and rural residents.

9-2 历年全国社会保险基金支出
EXPENSES OF SOCIAL INSURANCE FUNDS

年 份 Year	合 计 Total	基本养老保险 Basic Pension Insurance	失业保险 Unemployment Insurance	基本医疗保险 Basic Medical Insurance	工伤保险 Work Injury Insurance	生育保险 Maternity Insurance
绝对数(亿元) Expenses (100 million yuan)						
1989	120.9	118.8	2.0			
1990	151.9	149.3	2.5			
1991	176.1	173.1	3.0			
1992	327.1	321.9	5.1			
1993	482.2	470.6	9.3	1.3	0.4	0.5
1994	680.0	661.1	14.2	2.9	0.9	0.8
1995	877.1	847.6	18.9	7.3	1.8	1.6
1996	1082.4	1031.9	27.3	16.2	3.7	3.3
1997	1339.2	1251.3	36.3	40.5	6.1	4.9
1998	1636.9	1511.6	51.9	53.3	9.0	6.8
1999	2108.1	1924.9	91.6	69.1	15.4	7.1
2000	2385.6	2115.5	123.4	124.5	13.8	8.3
2001	2748.0	2321.3	156.6	244.1	16.5	9.6
2002	3471.5	2842.9	186.6	409.4	19.9	12.8
2003	4016.4	3122.1	199.8	653.9	27.1	13.5
2004	4627.4	3502.1	211.3	862.2	33.3	18.8
2005	5400.8	4040.3	206.9	1078.7	47.5	27.4
2006	6477.4	4896.7	198.0	1276.7	68.5	37.5
2007	7887.9	5964.9	217.7	1561.8	87.9	55.6
2008	9925.1	7389.6	253.5	2083.6	126.9	71.5
2009	12302.6	8894.4	366.8	2797.4	155.7	88.3
2010	15018.9	10755.3	423.3	3538.1	192.4	109.9
2011	18652.9	13363.2	432.8	4431.4	286.4	139.2
2012	23331.3	16711.5	450.6	5543.6	406.3	219.3
2013	27916.3	19818.7	531.6	6801.0	482.1	282.8
2014	33002.7	23325.8	614.7	8133.6	560.5	368.1
2015	38988.1	27929.4	736.4	9312.1	598.7	411.5
2016	46888.4	34004.3	976.1	10767.1	610.3	530.6
2017	57145.0	40423.8	893.8	14421.7	662.3	743.5
2018	67792.7	47550.4	915.3	17823.0	742.0	762.0
2019	75346.6	52342.3	1333.2	20854.2	816.9	11.1
2020	78611.8	54656.5	2103.0	21032.1	820.3	4.3
比上年增长(%) Increase rate						
1990	25.6	25.7	27.0			
1991	15.9	15.9	18.1			
1992	85.7	86.0	70.0			
1993	47.4	46.2	82.4			
1994	41.0	40.5	52.7	118.3	127.4	60.5
1995	29.0	28.2	32.9	150.2	92.4	95.3
1996	23.4	21.7	44.7	122.9	104.1	108.2
1997	23.7	21.3	33.1	149.5	64.5	49.4
1998	22.2	20.8	42.9	31.6	48.6	39.5
1999	28.8	27.3	76.6	29.6	70.5	4.1
2000	13.2	9.9	34.7	80.3	-10.5	17.1
2001	15.2	9.7	26.8	96.0	19.5	14.9
2002	26.3	22.5	19.2	67.7	20.6	33.3
2003	15.7	9.8	7.1	59.7	36.2	5.6
2004	15.2	12.2	5.8	31.9	22.9	39.3
2005	16.7	15.4	-2.1	25.1	42.6	45.7
2006	19.9	21.2	-4.3	18.4	44.2	36.9
2007	21.8	21.8	9.9	22.3	28.3	48.3
2008	25.8	23.9	16.4	33.4	44.4	28.6
2009	24.0	20.4	44.7	34.3	22.7	23.5
2010	22.1	20.9	15.4	26.5	23.6	24.4
2011	24.2	24.2	2.2	25.2	48.8	26.7
2012	25.1	25.1	4.1	25.1	41.9	57.6
2013	19.7	18.6	18.0	22.7	18.7	28.9
2014	18.2	17.7	15.6	19.6	16.3	30.2
2015	18.1	19.7	19.8	14.5	6.8	11.8
2016	20.3	21.8	32.6	15.6	1.9	29.0
2017	21.9	18.9	-8.4	33.9	8.5	40.1
2018	18.6	17.6	2.4	23.6	12.0	2.5
2019	11.1	10.1	45.7	17.0	10.1	
2020	4.3	4.4	57.7	0.9	0.4	

9-3 历年全国社会保险基金累计结余
BALANCE OF SOCIAL INSURANCE FUNDS

年 份 Year	合 计 Total	基本养老保险 Basic Pension Insurance	失业保险 Unemployment Insurance	基本医疗保险 Basic Medical Insurance	工伤保险 Work Injury Insurance	生育保险 Maternity Insurance
绝对数(亿元) Balance at the Year-end (100 million yuan)						
1989	81.6	68.0	13.6			
1990	117.3	97.9	19.5			
1991	169.7	144.1	25.7			
1992	252.8	220.6	32.1			
1993	303.7	258.6	40.8	0.4	3.1	0.8
1994	365.7	304.8	52.0	0.7	6.8	1.4
1995	516.8	429.8	68.4	3.1	12.7	2.7
1996	696.1	578.6	86.4	6.4	19.7	5.0
1997	831.6	682.8	97.0	16.6	27.7	7.5
1998	791.1	587.8	133.4	20.0	39.5	10.3
1999	1009.8	733.5	159.9	57.6	44.9	13.9
2000	1327.5	947.1	195.9	109.8	57.9	16.8
2001	1622.8	1054.1	226.2	253.0	68.9	20.6
2002	2423.4	1608.0	253.8	450.7	81.1	29.7
2003	3313.8	2206.5	303.5	670.6	91.2	42.0
2004	4493.4	2975.0	385.8	957.9	118.6	55.9
2005	6073.7	4041.0	519.0	1278.1	163.5	72.1
2006	8255.9	5488.9	724.8	1752.4	192.9	96.9
2007	11236.6	7391.4	979.1	2476.9	262.6	126.6
2008	15225.6	9931.0	1310.1	3431.7	384.6	168.2
2009	19006.5	12526.1	1523.6	4275.9	468.8	212.1
2010	23407.5	15787.8	1749.8	5047.1	561.4	261.4
2011	30233.1	20727.8	2240.2	6180.0	742.6	342.5
2012	38106.6	26243.5	2929.0	7644.5	861.9	427.6
2013	45588.1	31274.8	3685.9	9116.5	996.2	514.7
2014	52462.3	35644.5	4451.5	10644.8	1128.8	592.7
2015	59532.5	39937.1	5083.0	12542.8	1285.3	684.4
2016	66349.7	43965.2	5333.3	14964.3	1410.9	675.9
2017	77311.6	50202.2	5552.4	19385.6	1606.9	564.5
2018	89775.5	58151.6	5817.0	23440.0	1784.9	582.0
2019	96977.8	62872.6	4625.4	27696.7	1783.2	
2020	94378.7	58075.2	3354.1	31500.0	1449.3	
比上年增长(%) Increase rate						
1990	43.8	44.0	43.1			
1991	44.6	47.2	32.0			
1992	49.0	53.1	24.9			
1993	20.1	17.2	27.1			
1994	20.4	17.9	27.5	63.8	118.1	87.6
1995	41.3	41.0	31.6	335.4	87.3	91.7
1996	34.7	34.6	26.2	107.9	55.8	81.6
1997	19.5	18.0	12.3	157.8	40.1	51.2
1998	-4.9	-13.9	37.6	20.5	42.9	37.1
1999	27.6	24.8	19.8	187.8	13.6	34.9
2000	31.5	29.1	22.6	90.8	28.8	20.6
2001	22.2	11.3	15.5	130.4	19.1	22.7
2002	49.3	52.6	12.2	78.1	17.7	44.5
2003	36.7	37.2	19.6	48.8	12.5	41.3
2004	35.6	34.8	27.1	42.8	30.0	33.1
2005	35.2	35.8	34.5	33.4	37.9	29.0
2006	35.9	35.8	39.7	37.1	18.0	34.4
2007	36.1	34.7	35.1	41.3	36.1	30.7
2008	35.5	34.4	33.8	38.5	46.5	32.9
2009	24.8	26.1	16.3	24.6	21.9	26.1
2010	23.2	26.0	14.8	18.0	19.8	23.2
2011	29.2	31.3	28.0	22.4	32.3	31.0
2012	26.0	26.6	30.7	23.7	16.1	24.8
2013	19.6	19.2	25.8	19.3	15.6	20.4
2014	15.1	14.0	20.8	16.8	13.3	15.1
2015	13.5	12.0	14.2	17.8	13.9	15.5
2016	11.5	10.1	4.9	19.3	9.8	-1.2
2017	16.5	14.2	4.1	29.5	13.9	-16.5
2018	16.1	15.8	4.8	20.9	11.1	3.1
2019	8.0	8.1	-20.5	18.2	-0.1	
2020	-2.7	-7.6	-27.5	13.7	-18.7	

注：工伤保险累计结余中含储备金。

a) The grand total of work injury insurance at year-end include reserve fund.

9-4 历年全国基本养老保险参保人数情况
PERSONS COVERED BY THE BASIC PENSION INSURANCE AT THE YEAR-END

年 份 Year	合计 Total	城镇职工基本养老保险参保人数 Persons Covered by the Urban Employees Basic Pension Insurance	职工人数 Workers	离退休人员人数 Retirees	城乡居民基本养老保险参保人数 Persons Covered by the Basic Pension Insurance for Urban and Rural Residents
绝对数(万人) Absolute figure (10 000 persons)					
1989	5710.3	5710.3	4816.9	893.4	
1990	6166.0	6166.0	5200.7	965.3	
1991	6740.3	6740.3	5653.7	1086.6	
1992	9456.2	9456.2	7774.7	1681.5	
1993	9847.6	9847.6	8008.2	1839.4	
1994	10573.5	10573.5	8494.1	2079.4	
1995	10979.0	10979.0	8737.8	2241.2	
1996	11116.7	11116.7	8758.4	2358.3	
1997	11203.9	11203.9	8670.9	2533.0	
1998	11203.1	11203.1	8475.8	2727.3	
1999	12485.4	12485.4	9501.8	2983.6	
2000	13617.4	13617.4	10447.5	3169.9	
2001	14182.5	14182.5	10801.9	3380.6	
2002	14736.6	14736.6	11128.8	3607.8	
2003	15506.7	15506.7	11646.5	3860.2	
2004	16352.9	16352.9	12250.3	4102.6	
2005	17487.9	17487.9	13120.4	4367.5	
2006	18766.3	18766.3	14130.9	4635.4	
2007	20136.9	20136.9	15183.2	4953.7	
2008	21891.1	21891.1	16587.5	5303.6	
2009	23549.9	23549.9	17743.0	5806.9	
2010	35984.1	25707.3	19402.3	6305.0	10276.8
2011	61573.3	28391.3	21565.0	6826.2	33182.0
2012	78796.3	30426.8	22981.1	7445.7	48369.5
2013	81968.4	32218.4	24177.3	8041.0	49750.1
2014	84231.9	34124.4	25531.0	8593.4	50107.5
2015	85833.4	35361.2	26219.2	9141.9	50472.2
2016	88776.8	37929.7	27826.3	10103.4	50847.1
2017	91548.3	40293.3	29267.6	11025.7	51255.0
2018	94293.3	41901.6	30104.0	11797.7	52391.7
2019	96753.9	43487.9	31177.5	12310.4	53266.0
2020	99864.9	45621.1	32858.7	12762.3	54243.8
比上年增长(%) Increase over Preceding Year %					
1990	8.0	8.0	8.0	8.0	
1991	9.3	9.3	8.7	12.6	
1992	40.3	40.3	37.5	54.8	
1993	4.1	4.1	3.0	9.4	
1994	7.4	7.4	6.1	13.0	
1995	3.8	3.8	2.9	7.8	
1996	1.3	1.3	0.2	5.2	
1997	0.8	0.8	-1.0	7.4	
1998	0.0	0.0	-2.3	7.7	
1999	11.4	11.4	12.1	9.4	
2000	9.1	9.1	10.0	6.2	
2001	4.2	4.2	3.4	6.6	
2002	3.9	3.9	3.0	6.7	
2003	5.2	5.2	4.7	7.0	
2004	5.5	5.5	5.2	6.3	
2005	6.9	6.9	7.1	6.5	
2006	7.3	7.3	7.7	6.1	
2007	7.3	7.3	7.4	6.9	
2008	8.7	8.7	9.2	7.1	
2009	7.6	7.6	7.0	9.5	
2010	52.8	9.2	9.4	8.6	
2011	71.1	10.4	11.1	8.3	222.9
2012	28.0	7.2	6.6	9.1	45.8
2013	4.0	5.9	5.2	8.0	2.9
2014	2.8	5.9	5.6	6.9	0.7
2015	1.9	3.6	2.7	6.4	0.7
2016	3.4	7.3	6.1	10.5	0.7
2017	3.1	6.2	5.2	9.1	0.8
2018	3.0	4.0	2.9	7.0	2.2
2019	2.6	3.8	3.6	4.3	1.7
2020	3.2	4.9	5.4	3.7	1.8

9–5 历年全国基本养老保险基金情况
URBAN BASIC PENSION INSURANCE

单位：亿元 (100 million yuan)

年 份 Year	基本养老保险 Basic Pension Insurance			城镇职工基本养老保险 Urban Employees Basic Pension Insurance			城乡居民基本养老保险 Basic Pension Insurance for Urban and Rural Residents		
	基金收入 Revenue	基金支出 Expenses	累计结余 Balance at the Year-end	基金收入 Revenue	基金支出 Expenses	累计结余 Balance at the Year-end	基金收入 Revenue	基金支出 Expenses	累计结余 Balance at the Year-end
1989	146.7	118.8	68.0	146.7	118.8	68.0			
1990	178.8	149.3	97.9	178.8	149.3	97.9			
1991	215.7	173.1	144.1	215.7	173.1	144.1			
1992	365.8	321.9	220.6	365.8	321.9	220.6			
1993	503.5	470.6	258.6	503.5	470.6	258.6			
1994	707.4	661.1	304.8	707.4	661.1	304.8			
1995	950.1	847.6	429.8	950.1	847.6	429.8			
1996	1171.8	1031.9	578.6	1171.8	1031.9	578.6			
1997	1337.9	1251.3	682.8	1337.9	1251.3	682.8			
1998	1459.0	1511.6	587.8	1459.0	1511.6	587.8			
1999	1965.1	1924.9	733.5	1965.1	1924.9	733.5			
2000	2278.5	2115.5	947.1	2278.5	2115.5	947.1			
2001	2489.0	2321.3	1054.1	2489.0	2321.3	1054.1			
2002	3171.5	2842.9	1608.0	3171.5	2842.9	1608.0			
2003	3680.0	3122.1	2206.5	3680.0	3122.1	2206.5			
2004	4258.4	3502.1	2975.0	4258.4	3502.1	2975.0			
2005	5093.3	4040.3	4041.0	5093.3	4040.3	4041.0			
2006	6309.8	4896.7	5488.9	6309.8	4896.7	5488.9			
2007	7834.2	5964.9	7391.4	7834.2	5964.9	7391.4			
2008	9740.2	7389.6	9931.0	9740.2	7389.6	9931.0			
2009	11490.8	8894.4	12526.1	11490.8	8894.4	12526.1			
2010	13872.9	10755.3	15787.8	13419.5	10554.9	15365.3	453.4	200.4	422.5
2011	18004.8	13363.2	20727.8	16894.7	12764.9	19496.6	1110.1	598.3	1231.2
2012	21830.2	16711.5	26243.5	20001.0	15561.8	23941.3	1829.2	1149.7	2302.2
2013	24732.6	19818.7	31274.8	22680.4	18470.4	28269.2	2052.3	1348.3	3005.7
2014	27619.9	23325.8	35644.5	25309.7	21754.7	31800.0	2310.2	1571.2	3844.6
2015	32195.5	27929.4	39937.1	29340.9	25812.7	35344.8	2854.6	2116.7	4592.3
2016	37990.8	34004.3	43965.2	35057.5	31853.8	38580.0	2933.3	2150.5	5385.2
2017	46613.8	40423.8	50202.2	43309.6	38051.5	43884.6	3304.2	2372.2	6317.6
2018	55005.3	47550.4	58151.6	51167.6	44644.9	50901.3	3837.7	2905.5	7250.3
2019	57025.9	52342.3	62872.6	52918.8	49228.0	54623.3	4107.0	3114.3	8249.2
2020	49228.6	54656.5	58075.2	44375.7	51301.4	48316.6	4852.9	3355.1	9758.6

9–6 历年全国机关事业单位城镇职工基本养老保险情况
URBAN BASIC PENSION INSURANCE (INSTITUTION AGENCIES AND ORGANIZATIONS)

年　份 Year	年末参保人数(万人) Persons Covered at the Year-end (10 000 persons)			基金收支情况(亿元) Revenue and Expenses(100 million yuan)		
	合　计 Total	职工 Workers	离退休人员 Retirees	基金收入 Revenue	基金支出 Expenses	累计结余 Balance at the Year-end
1999	762.5	642.6	119.9	93.2	61.8	89.3
2000	1131.0	977.6	153.4	189.8	145.4	186.1
2001	1278.2	1068.9	209.3	253.0	204.4	233.2
2002	1458.0	1199.4	258.6	387.8	340.1	364.5
2003	1625.3	1322.0	303.3	470.6	405.9	441.7
2004	1674.0	1346.4	327.6	529.9	470.9	475.7
2005	1772.1	1409.8	362.3	601.6	545.0	534.3
2006	1909.7	1512.9	396.8	677.2	609.4	619.8
2007	1902.3	1492.6	409.7	823.6	811.3	633.2
2008	1939.7	1504.1	435.6	940.1	882.0	690.0
2009	1983.0	1524.0	459.0	1070.3	1007.8	751.8
2010	2072.9	1579.6	493.3	1201.1	1145.0	818.1
2011	2108.0	1595.0	513.0	1409.9	1339.3	888.5
2012	2154.9	1620.2	534.7	1638.0	1553.3	973.3
2013	2168.9	1612.6	556.2	1831.7	1729.0	1076.9
2014	2178.5	1598.7	579.8	2004.2	1907.4	1173.7
2015	2237.9	1632.5	605.5	2727.7	2671.8	1229.6
2016	3666.2	2586.7	1079.5	6364.9	5988.7	1609.8
2017	4976.6	3411.3	1565.3	10379.7	9510.4	2499.3
2018	5418.6	3601.4	1817.2	13775.5	13144.3	3140.0
2019	5582.9	3668.8	1914.2	14816.9	14572.8	3402.2
2020	5713.2	3735.1	1978.1	14195.3	13689.1	3914.9

9-7 历年全国企业及其他城镇职工基本养老保险情况
URBAN BASIC PENSION INSURANCE(ENTERPRISES AND OTHERS)

年 份 Year	年末参保人数(万人) Persons Covered at the Year-end (10 000 persons)			基金收支情况(亿元) Revenue and Expenses(100 million yuan)		
	合 计 Total	职工 Workers	离退休人员 Retirees	基金收入 Revenue	基金支出 Expenses	累计结余 Balance at the Year-end
1989	5710.3	4816.9	893.4	146.7	118.8	68.0
1990	6166.0	5200.7	965.3	178.8	149.3	97.9
1991	6740.3	5653.7	1086.6	215.7	173.1	144.1
1992	9456.2	7774.7	1681.5	365.8	321.9	220.6
1993	9847.6	8008.2	1839.4	503.5	470.6	258.6
1994	10573.5	8494.1	2079.4	707.4	661.1	304.8
1995	10979.0	8737.8	2241.2	950.1	847.6	429.8
1996	11116.7	8758.4	2358.3	1171.8	1031.9	578.6
1997	11203.9	8670.9	2533.0	1337.9	1251.3	682.8
1998	11203.1	8475.8	2727.3	1459.0	1511.6	587.8
1999	11722.9	8859.2	2863.7	1871.9	1863.1	644.2
2000	12486.4	9469.9	3016.5	2088.3	1970.0	761.0
2001	12904.3	9733.0	3171.3	2235.1	2116.5	818.6
2002	13278.6	9929.4	3349.2	2783.6	2502.8	1243.5
2003	13881.4	10324.5	3556.9	3209.4	2716.2	1764.8
2004	14678.9	10903.9	3775.0	3728.5	3031.2	2499.3
2005	15715.8	11710.6	4005.2	4491.7	3495.3	3506.7
2006	16856.6	12618.0	4238.6	5632.5	4287.3	4869.1
2007	18234.6	13690.6	4544.0	7010.6	5153.6	6758.2
2008	19951.4	15083.4	4868.0	8800.1	6507.6	9241.0
2009	21567.0	16219.0	5348.0	10420.6	7886.6	11774.3
2010	23634.4	17822.7	5811.6	12218.4	9409.9	14547.2
2011	26284.0	19970.0	6314.0	15484.8	11425.7	18608.1
2012	28271.9	21360.9	6910.9	18363.0	14008.5	22968.0
2013	30049.5	22564.7	7484.8	20848.7	16741.5	27192.3
2014	31945.9	23932.3	8013.6	23305.4	19847.2	30626.3
2015	33123.2	24586.8	8536.5	26613.2	23140.9	34115.2
2016	34263.5	25239.6	9023.9	28692.6	25865.1	36970.3
2017	35316.7	25856.3	9460.4	32929.8	28541.1	41385.2
2018	36483.0	26502.6	9980.5	37392.1	31500.6	47761.2
2019	37905.0	27508.7	10396.3	38101.9	34655.3	51221.2
2020	39907.9	29123.6	10784.2	30180.4	37612.3	44401.7

9-8 历年各地区基本养老保险参保人数
CONTRIBUTORS OF BASIC PENSION INSURANCE BY REGION

单位：万人 (10 000 persons)

地区	Region	2001 城镇职工基本养老保险 Staff	2001 #离退休人员 Retirees	2002 城镇职工基本养老保险 Staff	2002 #离退休人员 Retirees	2003 城镇职工基本养老保险 Staff	2003 #离退休人员 Retirees	2004 城镇职工基本养老保险 Staff	2004 #离退休人员 Retirees	2005 城镇职工基本养老保险 Staff	2005 #离退休人员 Retirees
全国	**National**	**14182.5**	**3380.6**	**14736.6**	**3607.8**	**15506.7**	**3860.2**	**16352.9**	**4102.6**	**17487.9**	**4367.5**
北京	Beijing	425.9	124.3	436.2	133.2	448.5	141.5	459.7	148.6	520.0	155.2
天津	Tianjin	281.4	85.2	296.0	91.4	283.3	97.6	298.1	102.9	308.3	107.7
河北	Hebei	641.4	145.3	643.5	154.0	665.5	163.6	683.4	172.0	707.9	184.2
山西	Shanxi	365.6	81.8	361.8	85.4	364.4	88.1	376.7	93.3	383.4	98.2
内蒙古	Inner Mongolia	290.6	65.3	292.9	70.8	300.9	72.6	318.8	82.0	338.9	86.1
辽宁	Liaoning	1022.7	288.9	1039.2	302.2	1070.4	315.5	1101.0	333.8	1193.6	360.8
吉林	Jilin	389.1	99.6	397.7	104.9	427.0	115.5	439.0	123.1	455.9	131.0
黑龙江	Heilongjiang	692.5	178.5	689.8	187.4	714.3	196.0	738.1	207.3	768.9	223.2
上海	Shanghai	683.5	239.9	699.8	246.9	715.6	254.6	770.9	265.3	830.0	290.7
江苏	Jiangsu	888.1	212.7	1063.5	252.9	1135.2	271.4	1214.1	288.8	1345.6	307.9
浙江	Zhejiang	610.4	125.1	701.1	132.6	801.2	144.2	888.0	152.4	962.3	160.9
安徽	Anhui	432.7	98.5	432.3	102.8	456.6	113.6	463.9	118.8	471.7	124.8
福建	Fujian	242.0	58.4	285.1	61.6	364.2	79.4	377.5	83.7	409.6	88.9
江西	Jiangxi	328.8	78.2	339.8	82.6	355.9	93.4	371.8	99.9	387.4	105.5
山东	Shandong	1022.6	191.3	1043.0	205.3	1135.9	219.3	1218.7	232.2	1302.4	248.6
河南	Henan	736.6	141.9	757.8	161.5	751.1	171.0	781.1	181.1	814.0	194.2
湖北	Hubei	612.1	137.7	628.8	147.2	732.4	177.9	780.5	195.4	804.0	206.4
湖南	Hunan	603.4	148.0	616.5	157.7	636.2	167.5	691.7	185.4	718.6	195.2
广东	Guangdong	1370.3	187.0	1405.4	193.5	1482.2	203.8	1588.8	220.4	1796.1	231.2
广西	Guangxi	248.9	58.7	257.2	63.5	264.8	66.3	279.3	70.2	288.6	73.3
海南	Hainan	108.2	30.5	111.2	31.9	116.7	33.6	120.0	35.2	120.9	36.5
重庆	Chongqing	270.3	82.3	280.3	87.8	280.0	92.4	283.9	96.8	290.2	100.5
四川	Sichuan	578.9	169.4	589.2	178.1	605.5	187.5	668.0	202.7	793.4	230.7
贵州	Guizhou	159.0	42.4	168.9	44.9	168.0	48.0	174.9	50.0	183.7	51.7
云南	Yunnan	243.1	69.6	252.1	74.1	257.3	77.8	255.3	79.4	258.7	81.9
西藏	Tibet	7.1	2.6	7.0	2.6	7.3	2.8	7.6	3.0	7.7	3.1
陕西	Shaanxi	345.4	83.4	352.0	90.8	362.4	97.4	369.3	102.5	376.1	107.8
甘肃	Gansu	188.4	45.3	188.0	48.1	192.0	51.2	194.5	53.5	197.3	55.1
青海	Qinghai	51.9	14.9	54.2	15.0	56.4	15.9	58.5	16.5	60.0	16.9
宁夏	Ningxia	57.9	13.2	59.0	13.7	60.7	14.3	62.5	15.2	67.5	16.1
新疆	Xinjiang	258.4	77.6	262.1	79.6	269.3	83.0	294.8	87.3	302.1	89.0
中国人民银行	The People's Bank of China	19.8	3.1	19.8	3.3	19.8	3.4	17.1	3.5	17.1	3.7
中国农业发展银行	Agricutural Development Bank of China	5.4	0.2	5.5	0.3	5.6	0.4	5.8	0.4	5.7	0.5

9-8 续表 1 continued

单位：万人 (10 000 persons)

地区	Region	2006 城镇职工基本养老保险 Staff	2006 #离退休人员 Retirees	2007 城镇职工基本养老保险 Staff	2007 #离退休人员 Retirees	2008 城镇职工基本养老保险 Staff	2008 #离退休人员 Retirees	2009 城镇职工基本养老保险 Staff	2009 #离退休人员 Retirees
全国	**National**	**18766.3**	**4635.4**	**20136.9**	**4953.7**	**21891.1**	**5303.6**	**23549.9**	**5806.9**
北京	Beijing	603.6	160.9	671.0	171.2	757.2	180.1	826.7	188.2
天津	Tianjin	328.2	112.7	344.8	119.2	376.5	129.3	401.5	136.5
河北	Hebei	747.5	196.0	795.6	210.2	862.5	222.7	919.5	238.0
山西	Shanxi	486.9	112.7	506.7	120.2	539.4	128.0	563.8	136.6
内蒙古	Inner Mongolia	356.6	91.1	370.9	96.6	389.5	102.9	410.8	112.8
辽宁	Liaoning	1248.8	383.0	1299.7	408.1	1406.2	429.9	1457.4	449.4
吉林	Jilin	480.2	138.9	501.7	147.8	525.3	155.4	554.3	171.1
黑龙江	Heilongjiang	801.0	236.5	826.8	253.0	857.8	276.0	920.3	333.7
上海	Shanghai	891.7	314.4	932.4	340.5	967.7	357.8	1001.1	376.0
江苏	Jiangsu	1469.8	328.1	1602.3	353.3	1751.6	378.6	1883.1	415.4
浙江	Zhejiang	1052.6	170.9	1167.1	182.3	1386.9	194.8	1527.4	209.6
安徽	Anhui	495.2	133.8	530.3	144.8	578.4	158.1	628.2	169.5
福建	Fujian	456.1	93.6	512.8	98.1	557.2	102.6	585.9	108.1
江西	Jiangxi	415.0	111.6	475.0	118.5	550.3	128.5	581.9	135.9
山东	Shandong	1368.0	261.7	1457.1	282.2	1565.9	305.0	1661.0	326.0
河南	Henan	863.8	208.2	912.9	224.7	972.0	239.1	1019.1	254.5
湖北	Hubei	850.8	220.5	886.8	235.3	932.3	252.0	982.0	273.6
湖南	Hunan	751.6	209.9	784.0	227.3	829.1	235.3	879.1	246.1
广东	Guangdong	1972.3	243.5	2226.8	257.2	2444.3	273.0	2716.4	294.2
广西	Guangxi	302.7	77.1	325.5	82.2	368.1	95.0	411.3	118.0
海南	Hainan	132.0	38.0	141.7	39.7	156.2	42.0	168.1	43.2
重庆	Chongqing	317.3	107.9	344.8	112.7	406.1	130.7	492.8	176.5
四川	Sichuan	842.7	244.9	917.4	269.4	1017.9	306.7	1176.2	393.5
贵州	Guizhou	193.2	54.1	205.9	56.5	215.9	59.3	235.6	63.5
云南	Yunnan	267.4	83.8	279.4	87.6	293.7	89.3	306.5	90.2
西藏	Tibet	7.6	3.1	8.1	3.0	8.5	3.1	9.2	3.1
陕西	Shaanxi	391.5	111.4	408.1	117.4	433.4	124.4	458.8	131.0
甘肃	Gansu	201.2	57.7	208.4	60.6	221.0	64.0	230.9	67.5
青海	Qinghai	62.5	17.4	65.2	18.0	68.3	18.6	71.3	19.3
宁夏	Ningxia	72.3	16.7	77.0	17.7	82.6	18.8	89.4	20.0
新疆	Xinjiang	313.3	90.9	327.7	93.7	346.3	97.6	356.9	100.6
中国人民银行	The People's Bank of China	17.2	3.9	17.3	4.1	17.5	4.2	17.5	4.4
中国农业发展银行	Agricutural Development Bank of China	5.6	0.5	5.6	0.6	5.6	0.7	5.6	0.7

9-8 续表 2 continued

单位：万人 (10 000 persons)

地区	Region	2010 合计 Total	2010 #城镇职工基本养老保险 Staff	2010 #离退休人员 Retirees	2010 #城乡居民基本养老保险 Urban and Rural Staff	2011 合计 Total	2011 #城镇职工基本养老保险 Staff	2011 #离退休人员 Retirees	2011 #城乡居民基本养老保险 Urban and Rural Staff
全国	**National**	**35984.1**	**25707.3**	**6305.0**	**10276.8**	**61573.3**	**28391.3**	**6826.2**	**33182.0**
北京	Beijing	1149.8	981.3	195.5	168.5	1262.8	1089.4	201.2	173.4
天津	Tianjin	510.8	431.5	143.6	79.4	543.7	458.7	148.8	85.0
河北	Hebei	1828.7	988.4	259.5	840.3	3417.5	1059.8	285.3	2357.7
山西	Shanxi	840.8	591.0	147.3	249.8	1611.7	623.8	158.9	987.9
内蒙古	Inner Mongolia	599.4	430.7	119.2	168.8	756.0	452.4	136.6	303.6
辽宁	Liaoning	1643.7	1496.9	472.7	146.8	2329.1	1556.6	486.5	772.5
吉林	Jilin	686.2	599.5	206.6	86.7	1027.6	617.5	221.1	410.1
黑龙江	Heilongjiang	1083.5	952.2	363.0	131.2	1261.2	981.0	380.0	280.2
上海	Shanghai	1078.4	1049.5	392.2	28.9	1463.7	1382.7	406.5	81.0
江苏	Jiangsu	2366.5	2033.0	449.1	333.5	4284.6	2223.9	483.1	2060.6
浙江	Zhejiang	1993.0	1702.2	223.6	290.8	2732.3	1919.2	253.4	813.1
安徽	Anhui	1018.9	669.5	177.5	349.3	2907.2	729.3	191.5	2178.0
福建	Fujian	909.4	635.5	113.5	273.9	1484.6	695.1	118.2	789.5
江西	Jiangxi	879.9	607.6	145.5	272.3	2025.9	653.0	168.7	1372.8
山东	Shandong	2692.2	1773.0	345.1	919.2	5514.7	1907.1	373.1	3607.6
河南	Henan	2291.1	1079.3	270.3	1211.8	4474.3	1168.4	287.9	3305.9
湖北	Hubei	1419.8	1039.8	301.6	380.0	2851.1	1113.4	341.7	1737.7
湖南	Hunan	1520.7	938.9	265.4	581.8	3174.7	988.2	277.9	2186.5
广东	Guangdong	3372.8	3215.2	339.6	157.6	4608.1	3800.7	372.6	807.4
广西	Guangxi	669.7	449.3	138.1	220.4	1279.9	483.8	151.5	796.1
海南	Hainan	243.2	180.8	45.4	62.4	409.0	199.9	47.8	209.1
重庆	Chongqing	1391.7	584.4	192.5	807.4	1772.7	647.6	220.1	1125.1
四川	Sichuan	1970.5	1300.9	439.0	669.6	3055.0	1494.2	495.4	1560.7
贵州	Guizhou	481.2	257.3	67.0	223.9	1131.8	282.1	71.3	849.7
云南	Yunnan	786.9	317.4	92.3	469.4	1619.3	342.8	104.2	1276.5
西藏	Tibet	90.4	9.9	3.2	80.5	131.3	11.2	3.2	120.1
陕西	Shaanxi	990.0	550.4	150.3	439.7	1866.1	588.6	155.5	1277.5
甘肃	Gansu	428.0	242.5	71.3	185.5	1044.6	263.0	85.1	781.6
青海	Qinghai	139.5	74.4	20.0	65.1	261.9	81.5	25.2	180.4
宁夏	Ningxia	132.5	107.8	30.5	24.7	296.5	121.4	36.4	175.1
新疆	Xinjiang	751.7	393.8	119.2	357.9	951.1	431.5	131.9	519.6
中国人民银行	The People's Bank of China	17.7	17.7	4.6		17.8	17.8	4.8	
中国农业发展银行	Agricutural Development Bank of China	5.7	5.7	0.8		5.8	5.8	1.0	

9-8 续表 3 continued

单位：万人 (10 000 persons)

地区	Region	2012 合计 Total	2012 #城镇职工基本养老保险 Staff	2012 #离退休人员 Retirees	2012 #城乡居民基本养老保险 Urban and Rural Staff	2013 合计 Total	2013 #城镇职工基本养老保险 Staff	2013 #离退休人员 Retirees	2013 #城乡居民基本养老保险 Urban and Rural Staff
全　国	**National**	**78796.3**	**30426.8**	**7445.7**	**48369.5**	**81968.4**	**32218.4**	**8041.0**	**49750.1**
中央机关									
北　京	Beijing	1383.2	1206.4	210.7	176.8	1491.4	1311.3	220.0	180.1
天　津	Tianjin	579.6	490.3	156.9	89.3	616.2	520.7	168.4	95.5
河　北	Hebei	4460.2	1125.6	312.3	3334.6	4548.8	1194.7	335.1	3354.2
山　西	Shanxi	2130.8	648.7	168.9	1482.1	2206.2	672.4	180.5	1533.7
内蒙古	Inner Mongolia	1228.1	471.9	153.0	756.1	1276.8	496.5	172.7	780.3
辽　宁	Liaoning	2655.4	1609.2	510.4	1046.1	2776.3	1729.5	557.8	1046.9
吉　林	Jilin	1193.5	632.2	234.6	561.3	1298.3	655.2	248.4	643.1
黑龙江	Heilongjiang	1770.9	1013.0	401.6	758.0	1877.9	1062.1	422.2	815.8
上　海	Shanghai	1497.7	1416.9	423.8	80.8	1509.9	1429.9	437.5	80.0
江　苏	Jiangsu	4774.7	2427.5	547.0	2347.2	4966.1	2582.1	594.3	2384.0
浙　江	Zhejiang	3515.6	2183.3	347.8	1332.3	3731.2	2375.4	398.9	1355.8
安　徽	Anhui	4134.3	783.8	205.4	3350.6	4120.0	811.3	219.1	3308.7
福　建	Fujian	2202.5	756.5	125.5	1446.1	2280.0	812.8	133.2	1467.2
江　西	Jiangxi	2444.9	707.4	189.1	1737.5	2526.6	754.2	207.0	1772.5
山　东	Shandong	6464.4	2063.2	416.3	4401.2	6772.4	2259.6	459.2	4512.8
河　南	Henan	5990.3	1270.6	306.0	4719.7	6147.0	1350.0	325.6	4797.0
湖　北	Hubei	3437.6	1171.4	367.3	2266.2	3455.6	1219.4	395.9	2236.3
湖　南	Hunan	4168.3	1048.0	300.4	3120.3	4407.8	1091.7	329.5	3316.0
广　东	Guangdong	6289.3	4034.1	390.2	2255.2	6529.9	4183.0	421.3	2346.8
广　西	Guangxi	2085.0	512.7	163.6	1572.3	2202.4	538.4	172.6	1664.0
海　南	Hainan	483.7	214.2	52.5	269.5	503.6	231.5	57.1	272.1
重　庆	Chongqing	1847.8	716.9	247.0	1130.9	1896.0	773.1	275.4	1122.9
四　川	Sichuan	4443.8	1615.4	541.7	2828.4	4721.8	1720.3	596.2	3001.6
贵　州	Guizhou	1570.1	309.4	77.7	1260.7	1824.5	337.3	82.6	1487.2
云　南	Yunnan	2467.6	364.5	110.7	2103.2	2537.0	384.3	115.7	2152.7
西　藏	Tibet	147.4	13.3	3.5	134.0	154.5	14.0	3.5	140.4
陕　西	Shaanxi	2349.0	643.5	177.1	1705.5	2389.9	685.0	191.9	1704.9
甘　肃	Gansu	1454.0	277.4	93.7	1176.6	1526.9	288.4	99.9	1238.5
青　海	Qinghai	292.1	86.0	26.2	206.1	306.4	90.3	27.6	216.1
宁　夏	Ningxia	311.5	131.2	39.9	180.3	323.3	143.8	41.9	179.5
新　疆	Xinjiang	999.4	458.8	139.0	540.6	1019.9	476.3	143.8	543.6
中国人民银行	The People's Bank of China	17.9	17.9	5.0		18.0	18.0	5.2	
中国农业发展银行	Agricutural Development Bank of China	5.9	5.9	1.0		6.0	6.0	1.1	

9-8 续表 4 continued

单位：万人 (10 000 persons)

地区	Region	2014 合计 Total	2014 #城镇职工基本养老保险 Staff	2014 #离退休人员 Retirees	2014 #城乡居民基本养老保险 Urban and Rural Staff	2015 合计 Total	2015 #城镇职工基本养老保险 Staff	2015 #离退休人员 Retirees	2015 #城乡居民基本养老保险 Urban and Rural Staff
全　国	**National**	**84231.9**	**34124.4**	**8593.4**	**50107.5**	**85833.4**	**35361.2**	**9141.9**	**50472.2**
中央机关									
北　京	Beijing	1578.9	1392.6	228.9	186.3	1611.9	1424.2	236.7	187.6
天　津	Tianjin	651.5	545.4	175.3	106.1	686.3	565.2	180.9	121.1
河　北	Hebei	4666.3	1262.0	353.6	3404.4	4760.8	1320.5	368.5	3440.3
山　西	Shanxi	2229.4	692.0	190.9	1537.4	2254.5	714.3	201.4	1540.3
内蒙古	Inner Mongolia	1286.9	524.9	192.7	761.9	1313.0	579.0	208.1	734.1
辽　宁	Liaoning	2801.2	1769.2	601.9	1032.0	2814.8	1780.2	640.5	1034.7
吉　林	Jilin	1331.5	676.7	261.1	654.8	1356.3	693.6	273.7	662.7
黑龙江	Heilongjiang	1911.9	1090.1	443.4	821.8	1945.8	1118.0	471.1	827.8
上　海	Shanghai	1535.7	1457.4	452.4	78.3	1573.3	1493.8	465.4	79.5
江　苏	Jiangsu	5039.8	2691.9	637.6	2347.9	5118.9	2779.9	681.1	2339.0
浙　江	Zhejiang	3890.1	2548.0	468.8	1342.1	3790.2	2504.3	570.3	1285.9
安　徽	Anhui	4166.4	829.2	232.3	3337.2	4254.1	857.5	246.7	3396.6
福　建	Fujian	2321.3	848.3	140.2	1473.0	2364.1	883.7	147.1	1480.4
江　西	Jiangxi	2582.0	783.9	221.1	1798.1	2653.0	823.1	235.2	1829.9
山　东	Shandong	6910.1	2370.2	511.5	4539.9	7011.8	2477.5	554.4	4534.3
河　南	Henan	6275.4	1431.6	342.3	4843.8	6363.9	1508.7	359.8	4855.2
湖　北	Hubei	3496.8	1266.2	419.2	2230.5	3530.5	1315.5	440.6	2215.0
湖　南	Hunan	4417.2	1118.9	349.0	3298.3	4440.2	1160.1	369.0	3280.1
广　东	Guangdong	7217.1	4809.5	445.9	2407.7	7586.2	5086.5	473.3	2499.7
广　西	Guangxi	2271.5	557.6	180.3	1713.9	2318.1	576.6	186.9	1741.5
海　南	Hainan	517.1	242.3	59.9	274.8	530.9	249.8	62.0	281.1
重　庆	Chongqing	1938.0	825.5	293.3	1112.5	1960.4	849.3	304.9	1111.1
四　川	Sichuan	4853.6	1839.7	648.1	3013.9	4959.4	1939.0	688.9	3020.4
贵　州	Guizhou	1948.1	361.5	87.1	1586.6	2041.1	392.1	94.8	1649.0
云　南	Yunnan	2558.4	397.9	118.7	2160.5	2666.2	412.9	121.8	2253.3
西　藏	Tibet	156.1	15.2	3.7	140.9	173.9	16.2	3.8	157.7
陕　西	Shaanxi	2427.3	716.5	200.3	1710.8	2466.2	751.7	207.5	1714.5
甘　肃	Gansu	1539.0	298.8	105.0	1240.1	1542.9	306.2	109.2	1236.7
青　海	Qinghai	319.2	94.6	28.8	224.6	333.5	100.1	30.1	233.5
宁　夏	Ningxia	333.6	151.4	44.2	182.1	340.6	157.5	46.4	183.1
新　疆	Xinjiang	1036.0	490.8	149.1	545.2	1045.6	499.4	154.8	546.1
中国人民银行	The People's Bank of China	18.0	18.0	5.5		18.1	18.1	5.8	
中国农业发展银行	Agricultural Development Bank of China	6.5	6.5	1.3		6.7	6.7	1.4	

9-8 续表 5 continued

单位：万人 (10 000 persons)

地区	Region	2016 合计 Total	2016 #城镇职工基本养老保险 Staff	2016 #离退休人员 Retirees	2016 #城乡居民基本养老保险 Urban and Rural Staff	2017 合计 Total	2017 #城镇职工基本养老保险 Staff	2017 #离退休人员 Retirees	2017 #城乡居民基本养老保险 Urban and Rural Staff
全国	**National**	**88776.8**	**37929.7**	**10103.4**	**50847.1**	**91548.3**	**40293.3**	**11025.7**	**51255.0**
中央机关									
北京	Beijing	1762.4	1546.6	275.4	215.7	1817.6	1604.5	283.1	213.1
天津	Tianjin	773.5	639.0	208.6	134.5	811.5	655.0	213.8	156.5
河北	Hebei	4849.1	1403.1	391.3	3446.0	5009.9	1535.8	433.8	3474.1
山西	Shanxi	2309.8	760.2	216.6	1549.6	2352.9	798.7	243.0	1554.2
内蒙古	Inner Mongolia	1391.2	655.0	236.5	736.1	1437.7	694.3	257.1	743.4
辽宁	Liaoning	2839.9	1800.3	679.7	1039.6	2986.0	1949.8	754.4	1036.2
吉林	Jilin	1374.0	706.8	286.7	667.2	1482.9	814.5	332.2	668.4
黑龙江	Heilongjiang	1981.7	1144.1	488.5	837.6	2045.4	1206.1	523.9	839.3
上海	Shanghai	1606.7	1527.1	476.3	79.5	1627.1	1548.2	489.2	78.8
江苏	Jiangsu	5196.9	2861.5	724.2	2335.3	5372.7	3034.5	796.1	2338.2
浙江	Zhejiang	3740.1	2506.9	663.9	1233.1	3913.1	2712.4	747.5	1200.7
安徽	Anhui	4324.1	892.2	257.9	3431.9	4506.4	1077.0	322.9	3429.5
福建	Fujian	2468.9	979.8	174.0	1489.1	2515.8	1022.1	182.0	1493.7
江西	Jiangxi	2801.4	957.3	284.6	1844.1	2875.3	1005.2	307.7	1870.0
山东	Shandong	7115.0	2576.4	607.4	4538.6	7191.6	2660.9	638.8	4530.6
河南	Henan	6742.2	1848.4	450.3	4893.7	6907.8	1897.6	460.0	5010.2
湖北	Hubei	3574.8	1355.0	458.0	2219.7	3761.3	1546.6	526.1	2214.6
湖南	Hunan	4507.1	1186.7	362.9	3320.5	4601.3	1279.3	422.7	3322.0
广东	Guangdong	7935.7	5392.4	524.6	2543.2	7873.8	5287.1	569.0	2586.8
广西	Guangxi	2522.8	751.9	240.7	1770.9	2583.7	777.8	251.9	1805.9
海南	Hainan	508.9	224.9	66.5	284.0	526.8	240.9	68.9	285.9
重庆	Chongqing	2068.1	952.2	346.3	1115.8	2098.2	989.2	360.8	1109.0
四川	Sichuan	5210.0	2157.6	777.8	3052.4	5409.9	2335.1	816.0	3074.9
贵州	Guizhou	2125.8	423.6	99.6	1702.2	2336.7	588.2	141.3	1748.5
云南	Yunnan	2839.3	581.8	168.0	2257.5	2850.4	591.5	171.3	2258.9
西藏	Tibet	179.5	21.1	6.0	158.5	226.0	42.9	9.2	183.1
陕西	Shaanxi	2511.3	790.8	213.6	1720.5	2687.1	953.3	246.4	1733.8
甘肃	Gansu	1568.7	315.0	114.1	1253.7	1692.2	429.8	141.6	1262.4
青海	Qinghai	367.5	132.3	41.4	235.2	377.4	138.3	42.8	239.1
宁夏	Ningxia	375.5	189.3	57.8	186.2	390.7	205.2	60.2	185.5
新疆	Xinjiang	1179.9	625.0	196.5	554.9	1253.8	646.4	204.3	607.4
中国人民银行	The People's Bank of China	18.2	18.2	6.1		18.2	18.2	6.1	
中国农业发展银行	Agricutural Development Bank of China	6.9	6.9	1.6		6.9	6.9	1.6	

9-8 续表 6 continued

单位：万人 (10 000 persons)

地 区	Region	2018 合计 Total	2018 #城镇职工基本养老保险 Staff	2018 #离退休人员 Retirees	2018 #城乡居民基本养老保险 Urban and Rural Staff	2019 合计 Total	2019 #城镇职工基本养老保险 Staff	2019 #离退休人员 Retirees	2019 #城乡居民基本养老保险 Urban and Rural Staff
全 国	**National**	**94293.3**	**41901.6**	**11797.7**	**52391.7**	**96753.9**	**43487.9**	**12310.4**	**53266.0**
中央机关		55.6	55.6	24.4		59.2	59.2	26.1	
北 京	Beijing	1894.8	1685.8	293.5	209.0	1953.0	1748.2	302.6	204.7
天 津	Tianjin	844.3	683.2	221.0	161.2	860.1	695.6	226.3	164.5
河 北	Hebei	5097.7	1586.1	455.4	3511.6	5178.6	1654.5	466.7	3524.1
山 西	Shanxi	2416.9	837.6	262.2	1579.3	2499.3	871.5	273.6	1627.8
内蒙古	Inner Mongolia	1483.4	733.5	284.6	749.9	1531.6	763.4	298.8	768.2
辽 宁	Liaoning	3035.6	1994.8	789.6	1040.8	3083.9	2026.2	816.0	1057.7
吉 林	Jilin	1546.7	862.4	356.6	684.3	1584.2	882.1	375.9	702.1
黑龙江	Heilongjiang	2205.3	1308.5	576.7	896.8	2281.6	1364.9	599.8	916.7
上 海	Shanghai	1652.1	1573.4	502.0	78.7	1666.7	1589.6	511.9	77.1
江 苏	Jiangsu	5551.0	3225.6	871.2	2325.4	5754.3	3417.4	918.1	2336.9
浙 江	Zhejiang	4081.2	2883.4	806.8	1197.8	4231.2	3031.7	856.9	1199.4
安 徽	Anhui	4629.5	1141.7	342.9	3487.8	4718.7	1217.0	356.7	3501.7
福 建	Fujian	2599.9	1074.3	190.6	1525.6	2691.5	1137.3	199.1	1554.1
江 西	Jiangxi	2936.9	1052.8	333.1	1884.1	2985.8	1096.9	348.4	1888.9
山 东	Shandong	7314.6	2762.7	677.1	4551.9	7428.3	2868.0	711.2	4560.3
河 南	Henan	7089.0	2006.5	486.4	5082.5	7330.4	2133.8	505.6	5196.6
湖 北	Hubei	3884.4	1601.6	554.1	2282.8	4030.2	1684.8	584.3	2345.4
湖 南	Hunan	4807.4	1402.4	454.5	3405.0	4971.4	1557.8	486.0	3413.6
广 东	Guangdong	7580.7	4919.7	636.6	2661.1	7279.6	4633.4	671.2	2646.2
广 西	Guangxi	2715.5	825.9	260.3	1889.6	2853.2	869.5	268.4	1983.7
海 南	Hainan	556.2	258.0	70.5	298.2	585.9	281.0	72.7	305.0
重 庆	Chongqing	2170.8	1051.2	388.7	1119.6	2290.4	1127.7	406.6	1162.7
四 川	Sichuan	5766.1	2543.7	881.6	3222.4	6069.1	2700.3	915.7	3368.7
贵 州	Guizhou	2442.5	639.8	149.7	1802.7	2533.3	677.5	155.8	1855.8
云 南	Yunnan	2977.2	616.2	176.0	2361.0	3059.9	649.9	181.5	2410.0
西 藏	Tibet	212.1	46.2	9.6	165.9	214.2	48.2	10.0	166.0
陕 西	Shaanxi	2733.7	992.0	258.2	1741.7	2846.4	1080.7	264.1	1765.6
甘 肃	Gansu	1771.7	454.7	155.4	1317.0	1841.9	469.4	159.6	1372.6
青 海	Qinghai	390.7	145.1	44.7	245.6	413.9	152.8	46.7	261.1
宁 夏	Ningxia	397.5	216.1	63.6	181.4	421.3	226.6	66.0	194.7
新 疆	Xinjiang	1426.4	695.3	211.0	731.1	1478.4	744.2	219.0	734.1
中国人民银行	The People's Bank of China	18.6	18.6	6.8		19.0	19.0	7.1	
中国农业发展银行	Agricutural Development Bank of China	7.4	7.4	2.1		7.6	7.6	2.3	

9-8 续表 7 continued

单位：万人 (10 000 persons)

地 区	Region	2020 合 计 Total	#城镇职工基本养老保险 Staff	#离退休人员 Retirees	#城乡居民基本养老保险 Urban and Rural Staff
全 国	**National**	**99864.9**	**45621.1**	**12762.3**	**54243.8**
中央机关		61.7	61.7	25.5	
北 京	Beijing	1978.6	1777.8	311.4	200.8
天 津	Tianjin	900.6	730.8	234.4	169.7
河 北	Hebei	5284.0	1737.9	480.1	3546.1
山 西	Shanxi	2570.9	932.9	278.2	1638.0
内蒙古	Inner Mongolia	1570.6	785.9	311.3	784.7
辽 宁	Liaoning	3107.3	2049.0	839.7	1058.4
吉 林	Jilin	1622.0	898.2	385.8	723.8
黑龙江	Heilongjiang	2320.1	1411.4	621.0	908.7
上 海	Shanghai	1692.9	1616.7	521.8	76.2
江 苏	Jiangsu	5958.3	3557.9	964.5	2400.4
浙 江	Zhejiang	4355.1	3211.1	897.2	1143.9
安 徽	Anhui	4773.6	1283.5	369.1	3490.1
福 建	Fujian	2788.7	1200.6	209.0	1588.2
江 西	Jiangxi	3245.4	1167.4	360.7	2078.0
山 东	Shandong	7636.7	3046.3	754.1	4590.4
河 南	Henan	7504.4	2248.5	524.4	5255.9
湖 北	Hubei	4113.3	1744.7	596.8	2368.6
湖 南	Hunan	5195.9	1724.8	502.7	3471.1
广 东	Guangdong	7528.3	4873.1	711.1	2655.3
广 西	Guangxi	3357.3	919.5	274.6	2437.7
海 南	Hainan	630.2	305.3	74.3	324.8
重 庆	Chongqing	2370.2	1203.4	421.9	1166.8
四 川	Sichuan	6054.2	2830.1	947.5	3224.2
贵 州	Guizhou	2618.5	714.0	160.5	1904.5
云 南	Yunnan	3151.5	701.3	185.6	2450.2
西 藏	Tibet	221.0	52.6	10.4	168.4
陕 西	Shaanxi	2942.8	1157.6	272.9	1785.2
甘 肃	Gansu	1872.7	484.5	164.7	1388.2
青 海	Qinghai	420.5	158.2	48.5	262.3
宁 夏	Ningxia	478.8	240.1	68.6	238.6
新 疆	Xinjiang	1511.8	767.1	224.3	744.7
中国人民银行	The People's Bank of China	19.2	19.2	7.4	
中国农业发展银行	Agricutural Development Bank of China	8.1	8.1	2.4	

9-9 各地区城镇职工基本养老保险情况(2020年)
URBAN BASIC PENSION INSURANCE BY REGION(2020)

单位：万人，亿元 (10 000 persons，100 million yuan)

地区	Region	参保职工年末人数 Active Contributors at the Year-end	#执行企业制度 Enterprises (others)	参保离退休人员年末人数 Retirees at the Year-end	基金收支情况 Revenue and Expenses 基金收入 Revenue	基金支出 Expenses	累计结余 Balance at the Year-end
全国	**National**	**32858.7**	**29123.6**	**12762.3**	**44375.7**	**51301.4**	**48316.6**
中央机关		36.1		25.5	268.2	254.5	95.5
北京	Beijing	1466.4	1405.0	311.4	2160.6	1953.3	5763.3
天津	Tianjin	496.5	451.2	234.4	854.5	1061.2	358.6
河北	Hebei	1257.8	1038.7	480.1	1683.6	1981.6	641.6
山西	Shanxi	654.7	539.3	278.2	1111.9	1290.6	1505.4
内蒙古	Inner Mongolia	474.6	383.3	311.3	997.4	1271.2	407.8
辽宁	Liaoning	1209.3	1085.6	839.7	2149.9	3072.9	226.3
吉林	Jilin	512.4	430.6	385.8	957.3	1263.2	341.2
黑龙江	Heilongjiang	790.3	683.9	621.0	1629.3	2240.1	-368.9
上海	Shanghai	1094.9	1028.5	521.8	2036.7	2982.4	1214.1
江苏	Jiangsu	2593.4	2411.9	964.5	3018.2	3566.4	4231.8
浙江	Zhejiang	2313.9	2161.0	897.2	2397.4	3415.6	2457.8
安徽	Anhui	914.4	794.7	369.1	1313.6	1364.2	1863.3
福建	Fujian	991.6	894.4	209.0	790.8	888.3	710.2
江西	Jiangxi	806.7	696.9	360.7	1032.5	1172.8	724.0
山东	Shandong	2292.1	2031.0	754.1	2491.2	3162.1	1475.7
河南	Henan	1724.1	1460.8	524.4	1689.5	1950.0	1078.7
湖北	Hubei	1147.9	1015.3	596.8	2024.7	2265.5	963.2
湖南	Hunan	1222.1	1039.0	502.7	1733.8	1731.3	1864.9
广东	Guangdong	4161.9	3931.8	711.1	3858.1	3313.6	12338.3
广西	Guangxi	644.9	526.5	274.6	982.5	1117.9	631.3
海南	Hainan	231.1	207.1	74.3	266.3	300.3	248.8
重庆	Chongqing	781.5	708.8	421.9	1212.5	1295.1	1025.9
四川	Sichuan	1882.6	1685.1	947.5	2662.3	3105.0	3367.4
贵州	Guizhou	553.5	446.3	160.5	668.0	683.7	878.4
云南	Yunnan	515.8	388.2	185.6	819.9	804.6	1340.5
西藏	Tibet	42.2	21.3	10.4	132.1	118.2	185.1
陕西	Shaanxi	884.7	754.3	272.9	1221.5	1281.8	747.7
甘肃	Gansu	319.8	229.6	164.7	558.6	671.3	376.6
青海	Qinghai	109.7	89.0	48.5	237.6	279.5	23.3
宁夏	Ningxia	171.6	151.2	68.6	264.7	289.0	241.9
新疆	Xinjiang	542.8	433.4	224.3	1087.9	1083.7	1330.3
中国人民银行	The People's Bank of China	11.8		7.4	41.4	53.6	-2.6
中国农业发展银行	Agricutural Development Bank of China	5.7		2.4	19.8	16.9	28.0
中央调剂金账户					1.1		1.1

9–10 各地区城乡居民基本养老保险情况（2020年）
STATISTICS ON BASIC PENSION INSURANCE FOR URBAN AND RURAL RESIDENTS BY REGION (2020)

地 区	Region	参保人数（万人）		基金收支情况(亿元) Revenue and Expenses(100 million yuan)		
		Contributors at Year-end (10 000 persons)	#实际领取待遇人数 Number of Participants Who Have Reached the Prescribed Age of Benifit Entilement	基金收入 Revenue	基金支出 Expenses	累计结余 Balance at Year-end
全 国	**National Total**	**54243.8**	**16068.2**	**4852.9**	**3355.1**	**9758.6**
北 京	Beijing	200.8	92.4	68.9	64.3	170.0
天 津	Tianjin	169.7	84.1	66.2	49.1	296.4
河 北	Hebei	3546.1	1078.0	238.5	162.2	485.0
山 西	Shanxi	1638.0	422.3	103.7	67.8	269.8
内蒙古	Inner Mongolia	784.7	245.2	82.5	59.6	124.2
辽 宁	Liaoning	1058.4	428.3	84.8	76.5	88.2
吉 林	Jilin	723.8	261.9	51.8	38.6	85.7
黑龙江	Heilongjiang	908.7	256.1	63.2	46.6	116.3
上 海	Shanghai	76.2	52.3	92.9	84.0	89.4
江 苏	Jiangsu	2400.4	1095.4	452.6	354.2	788.3
浙 江	Zhejiang	1143.9	529.5	296.3	200.3	250.5
安 徽	Anhui	3490.1	914.8	254.0	147.1	588.6
福 建	Fujian	1588.2	488.6	130.8	95.3	231.0
江 西	Jiangxi	2078.0	499.0	130.6	78.5	305.4
山 东	Shandong	4590.4	1555.3	505.5	340.3	1290.7
河 南	Henan	5255.9	1410.7	300.3	214.8	641.1
湖 北	Hubei	2368.6	719.3	205.9	134.5	445.2
湖 南	Hunan	3471.1	843.4	190.1	142.9	411.0
广 东	Guangdong	2655.3	900.6	283.1	265.3	475.1
广 西	Guangxi	2437.7	581.3	138.6	94.8	234.1
海 南	Hainan	324.8	77.1	32.2	20.3	113.5
重 庆	Chongqing	1166.8	347.7	79.6	61.7	171.7
四 川	Sichuan	3224.2	1111.5	313.9	212.5	632.5
贵 州	Guizhou	1904.5	463.7	80.4	62.1	154.0
云 南	Yunnan	2450.2	538.5	276.1	82.6	487.3
西 藏	Tibet	168.4	25.7	11.7	6.7	33.9
陕 西	Shaanxi	1785.2	535.2	137.4	94.4	300.1
甘 肃	Gansu	1388.2	312.7	94.1	49.4	250.0
青 海	Qinghai	262.3	38.3	24.5	11.7	59.7
宁 夏	Ningxia	238.6	41.5	17.2	11.3	43.0
新 疆	Xinjiang	744.7	117.7	45.7	25.5	127.1

注：2009年启动新型农村社会养老保险试点，2011年启动城镇居民社会养老保险试点，2012年底实现两项制度的全覆盖，2014年两项制度合并实施，建立统一的城乡居民基本养老保险制度。

a) Since August 2012, basic pension insurance for unban and rural residents consist of new rural old-age insurance and urban residents basic pension insurance.

9-11 历年各地区养老金社会化发放人数
NUMBER OF PENSIONERS PAID BY THE SOCIALIZED AGENCIES BY REGION

单位：万人 (10 000 persons)

地　区	Region	2012	2013	2014	2015	2016	2017	2018	2019	2020
全　国	**National**	**6865.5**	**7201.0**	**8093.2**	**8383.9**	**8620.5**	**9142.9**	**9693.2**	**10759.4**	**11325.9**
北　京	Beijing	210.7	212.6	228.9	236.7	242.8	249.5	258.8	267.0	274.9
天　津	Tianjin	152.6	15.8	171.2	176.2	180.7	185.2	191.1	195.4	202.3
河　北	Hebei	268.8	286.8	313.7	317.3	312.5	266.8	289.5	352.1	359.5
山　西	Shanxi	167.5	159.5	174.2	171.8	180.0	193.3	198.2	198.6	212.6
内蒙古	Inner Mongolia	148.9	168.7	188.9	200.0	213.7	226.5	242.6	293.1	309.6
辽　宁	Liaoning	478.4	524.6	572.1	604.6	642.4	665.8	699.0	723.6	839.7
吉　林	Jilin	234.6	242.9	260.5	273.7	286.7	301.9	315.5	325.8	333.2
黑龙江	Heilongjiang	378.1	397.7	423.5	445.5	459.2	481.6	501.4	521.4	538.1
上　海	Shanghai	376.6	388.1	407.7	415.4	421.9	433.1	445.1	455.3	468.3
江　苏	Jiangsu	512.0	557.0	607.0	610.0	648.7	718.3	739.0	782.1	824.0
浙　江	Zhejiang	321.5	328.9	444.1	541.0	612.5	684.2	740.3	788.2	828.3
安　徽	Anhui	201.2	204.8	228.8	238.0	248.0	260.1	276.2	325.6	361.1
福　建	Fujian	97.1	102.7	119.9	105.0	103.4	111.7	128.9	151.1	159.3
江　西	Jiangxi	184.6	202.4	216.9	228.5	241.5	261.8	285.3	348.4	360.5
山　东	Shandong	332.7	363.9	435.7	457.0	501.9	528.1	560.7	589.0	624.3
河　南	Henan	277.3	295.8	316.3	294.9	243.0	282.5	297.8	351.7	400.8
湖　北	Hubei	351.4	373.7	404.2	420.5	439.5	471.1	477.3	495.1	513.0
湖　南	Hunan	243.6	259.9	296.0	304.9	182.1	293.0	363.1	368.4	391.2
广　东	Guangdong	333.5	383.4	430.4	457.5	504.1	537.3	542.6	611.9	618.2
广　西	Guangxi	162.4	170.2	180.2	186.5	192.2	196.3	201.1	268.4	274.6
海　南	Hainan	44.2	47.7	52.8	50.7	60.3	58.1	59.0	72.7	74.3
重　庆	Chongqing	244.1	270.3	290.0	302.3	316.3	325.3	351.3	366.0	380.0
四　川	Sichuan	500.3	561.8	614.9	614.6	649.0	623.6	710.2	909.6	943.0
贵　州	Guizhou	77.0	81.3	86.4	94.1	98.8	103.2	109.8	155.8	160.5
云　南	Yunnan	106.7	112.6	114.1	113.8	95.1	123.1	126.3	169.6	182.0
西　藏	Tibet	3.4	3.4	3.6	3.8	3.9	3.7	3.8	10.2	10.4
陕　西	Shaanxi	160.6	174.7	185.3	189.0	193.4	198.3	203.9	208.6	212.6
甘　肃	Gansu	92.5	100.0	104.9	109.2	113.5	119.1	125.0	128.5	131.5
青　海	Qinghai	26.2	27.6	28.8	30.1	31.1	32.1	33.7	46.7	48.5
宁　夏	Ningxia	40.3	40.7	43.8	46.4	48.7	50.5	53.4	66.0	68.6
新　疆	Xinjiang	81.3	84.9	88.9	85.3	95.9	98.5	101.9	147.3	151.6
新疆兵团	Xinjiang Production and Construction Crops	55.7	56.4	58.5	59.6	57.7	59.4	61.3	66.3	69.5

注：2019年以前是指社会化发放人数是指企业、企业化管理的事业单位及其他参保人员中的离退休人员。2019年指由社会保险经办机构委托社会服务机构发放、直接发放基本养老金的离退休(职)人数。

9–12 历年全国基本医疗保险基本情况
PERSONS COVERED BY THE BASIC MEDICAL INSURANCE AT THE YEAR-END

年 份 Year	合计 Total	职工基本医疗保险参保人数 Persons Covered by the Basic Medical Insurance Care	职工人数 Workers	退休人员人数 Retirees	城乡居民基本医疗保险参保人数 Persons Covered by the Basic Medical Care Insurance for Urban and Rural Residents
绝对数(万人) Absolute figure (10 000 persons)					
1993	290.1	290.1	267.6	22.5	
1994	400.3	400.3	374.6	25.7	
1995	745.9	745.9	702.6	43.3	
1996	855.7	855.7	791.2	64.5	
1997	1762.0	1762.0	1588.9	173.1	
1998	1878.7	1878.7	1509.7	369.0	
1999	2065.3	2065.3	1509.4	555.9	
2000	3786.9	3786.9	2862.8	924.2	
2001	7285.9	7285.9	5470.7	1815.2	
2002	9401.2	9401.2	6925.8	2475.4	
2003	10901.7	10901.7	7974.9	2926.8	
2004	12403.6	12403.6	9044.4	3359.2	
2005	13782.9	13782.9	10021.7	3761.2	
2006	15731.8	15731.8	11580.3	4151.5	
2007	22311.4	18020.3	13420.3	4600.0	4291.1
2008	31821.6	19995.6	14987.7	5007.9	11826.0
2009	40147.0	21937.4	16410.5	5526.9	18209.6
2010	43262.9	23734.7	17791.2	5943.5	19528.3
2011	47343.2	25227.1	18948.5	6278.6	22116.1
2012	53641.3	26485.6	19861.3	6624.2	27155.7
2013	57072.6	27443.1	20501.3	6941.8	29629.4
2014	59746.9	28296.0	21041.3	7254.8	31450.9
2015	66581.6	28893.1	21362.0	7531.2	37688.5
2016	74391.6	29531.5	21720.0	7811.6	44860.0
2017	117681.4	30322.7	22288.4	8034.3	87358.7
2018	134458.6	31680.8	23307.5	8373.3	102777.8
2019	135407.4	32924.7	24224.4	8700.4	102482.7
2020	136131.1	34455.1	25428.8	9026.3	101676.0
比上年增长(%) Increase over Preceding Year %					
1994	38.0	38.0	40.0	14.3	
1995	86.3	86.3	87.6	68.0	
1996	14.7	14.7	12.6	49.0	
1997	105.9	105.9	100.8	168.5	
1998	6.6	6.6	-5.0	113.2	
1999	9.9	9.9	0.0	50.7	
2000	83.4	83.4	89.7	66.2	
2001	92.4	92.4	91.1	96.4	
2002	29.0	29.0	26.6	36.4	
2003	16.0	16.0	15.1	18.2	
2004	13.8	13.8	13.4	14.8	
2005	11.1	11.1	10.8	12.0	
2006	14.1	14.1	15.6	10.4	
2007	41.8	14.5	15.9	10.8	
2008	42.6	11.0	11.7	8.9	175.6
2009	26.2	9.7	9.5	10.4	54.0
2010	7.8	8.2	8.4	7.5	7.2
2011	9.4	6.3	6.5	5.6	13.3
2012	13.3	5.0	4.8	5.5	22.8
2013	6.4	3.6	3.2	4.8	9.1
2014	4.7	3.1	2.6	4.5	6.1
2015	11.4	2.1	1.5	3.8	19.8
2016	11.7	2.2	1.7	3.7	19.0
2017	58.2	2.7	2.6	2.9	94.7
2018	14.3	4.5	4.6	4.2	17.7
2019	0.7	3.9	3.9	3.9	-0.3
2020	0.5	4.6	5.0	3.7	-0.8

9-13 历年各地区城镇基本医疗保险参保人数
BASIC MEDICAL INSURANCE BY REGION

单位：万人 (10 000 persons)

地区	Region	2001		2002		2003		2004	
		职工基本医疗保险 Staff	#退休人员 Retirees	职工基本医疗保险 Staff	#退休人员 Retirees	职工基本医疗保险 Staff	#退休人员 Retirees	职工基本医疗保险 Staff	#退休人员 Retirees
全国	**National**	**7285.9**	**1815.2**	**9401.2**	**2475.4**	**10901.7**	**2926.8**	**12403.6**	**3359.2**
北京	Beijing	240.7	89.4	321.1	113.2	436.1	134.7	483.9	141.7
天津	Tianjin	139.6	46.8	250.2	103.8	254.7	108.5	263.0	104.8
河北	Hebei	282.5	61.5	330.4	73.0	383.2	84.7	472.5	108.9
山西	Shanxi	157.3	34.4	216.7	49.5	245.5	51.3	295.5	63.9
内蒙古	Inner Mongolia	196.9	45.5	221.7	54.2	252.3	66.1	274.2	78.1
辽宁	Liaoning	313.6	90.4	619.0	188.7	697.7	217.2	783.7	247.3
吉林	Jilin	124.2	27.8	176.9	39.8	230.8	55.3	270.0	67.5
黑龙江	Heilongjiang	308.3	89.2	392.8	108.2	435.2	122.1	544.1	151.7
上海	Shanghai	680.5	238.9	694.8	245.9	709.6	250.6	714.1	260.9
江苏	Jiangsu	456.0	113.5	690.9	183.2	815.0	227.6	976.7	261.6
浙江	Zhejiang	352.7	100.0	423.4	117.0	510.3	139.5	569.2	150.3
安徽	Anhui	232.8	53.6	273.4	65.6	318.2	79.8	362.2	97.7
福建	Fujian	171.0	38.3	230.0	54.7	247.8	61.8	285.9	69.5
江西	Jiangxi	71.6	12.2	106.6	22.7	188.2	45.7	250.4	65.8
山东	Shandong	490.2	86.0	625.6	119.5	691.1	138.0	771.9	153.5
河南	Henan	460.3	94.8	537.4	115.2	567.9	126.9	590.0	136.8
湖北	Hubei	255.4	54.5	338.1	80.6	416.6	110.1	466.8	132.5
湖南	Hunan	351.6	83.7	398.1	108.3	423.5	116.1	477.0	133.9
广东	Guangdong	544.8	84.4	717.7	118.8	877.0	146.4	1034.2	168.9
广西	Guangxi	150.1	33.4	201.8	54.1	235.0	66.1	272.2	77.8
海南	Hainan	40.9	8.5	52.6	11.5	63.1	15.4	78.6	22.3
重庆	Chongqing	36.8	9.7	58.7	18.0	121.8	41.7	206.3	76.2
四川	Sichuan	437.6	128.3	480.6	150.1	531.2	173.8	587.6	196.5
贵州	Guizhou	31.1	6.9	94.6	26.6	134.1	38.2	152.6	44.0
云南	Yunnan	185.7	45.6	238.4	65.0	281.5	81.4	302.3	89.6
西藏	Tibet					6.0	1.8	7.1	2.8
陕西	Shaanxi	231.4	49.4	261.8	65.1	301.0	77.4	325.6	86.8
甘肃	Gansu	109.9	23.6	124.1	26.0	146.0	32.8	165.8	40.6
青海	Qinghai	38.3	12.6	51.1	16.3	56.4	17.8	60.2	19.5
宁夏	Ningxia	17.2	4.0	36.8	10.1	48.1	12.7	55.6	14.6
新疆	Xinjiang	177.0	48.1	235.7	70.6	276.7	85.3	304.4	93.2

9-13 续表 1 continued

单位：万人 (10 000 persons)

地区	Region	2005 职工基本医疗保险 Staff	2005 #退休人员 Retirees	2006 职工基本医疗保险 Staff	2006 #退休人员 Retirees	2007 合计 Total	2007 #职工基本医疗保险 Staff	2007 #退休人员 Retirees	2007 #城镇居民基本医疗保险 Urban Staff
全国	**National**	**13782.9**	**3761.2**	**15731.9**	**4151.5**	**22311.4**	**18020.3**	**4600.0**	**4291.1**
北京	Beijing	574.8	155.1	679.5	163.9	929.4	783.0	172.9	146.4
天津	Tianjin	299.1	118.3	344.2	126.0	403.8	382.5	133.2	21.3
河北	Hebei	562.1	139.6	615.9	158.6	746.3	686.3	183.9	60.0
山西	Shanxi	324.9	73.0	353.8	82.2	460.6	405.7	98.3	54.9
内蒙古	Inner Mongolia	292.0	86.0	316.2	93.1	451.6	352.7	103.8	98.9
辽宁	Liaoning	864.2	280.0	959.3	307.4	1200.2	1087.8	346.5	112.4
吉林	Jilin	283.0	73.9	376.3	101.2	767.2	427.8	118.2	339.4
黑龙江	Heilongjiang	602.9	170.4	708.2	192.9	826.7	752.2	202.3	74.5
上海	Shanghai	728.6	275.9	1023.3	291.0	1096.8	1096.8	306.4	
江苏	Jiangsu	1124.1	303.0	1274.3	338.5	2136.6	1435.8	365.4	700.8
浙江	Zhejiang	639.6	163.1	730.6	172.9	946.2	855.0	185.5	91.2
安徽	Anhui	387.1	112.7	441.2	124.7	953.3	486.2	137.1	467.1
福建	Fujian	333.0	77.2	370.1	85.2	477.4	406.1	91.0	71.3
江西	Jiangxi	276.7	75.0	313.3	86.5	784.7	403.4	121.6	381.3
山东	Shandong	861.5	176.7	996.1	199.9	1292.3	1115.9	227.8	176.4
河南	Henan	641.5	154.1	704.1	173.3	897.7	781.0	197.4	116.8
湖北	Hubei	502.0	147.2	565.3	166.6	870.5	644.5	196.3	226.0
湖南	Hunan	503.4	146.6	560.5	162.4	724.5	620.6	181.9	103.9
广东	Guangdong	1235.3	180.3	1421.1	197.9	2281.6	2022.2	218.0	259.4
广西	Guangxi	285.9	82.3	302.0	88.7	361.4	339.3	99.2	22.1
海南	Hainan	87.2	24.5	91.0	25.6	155.3	107.5	29.9	47.9
重庆	Chongqing	237.7	91.9	257.5	97.4	327.5	284.7	104.7	42.8
四川	Sichuan	647.0	220.2	734.5	247.8	1020.0	815.0	270.6	205.0
贵州	Guizhou	180.5	51.5	199.2	57.8	293.8	228.2	66.1	65.6
云南	Yunnan	320.7	95.5	331.5	98.8	400.3	345.8	101.8	54.5
西藏	Tibet	15.2	4.8	16.5	5.0	19.2	19.2	5.8	
陕西	Shaanxi	348.8	101.3	377.1	111.4	459.3	410.1	123.2	49.3
甘肃	Gansu	176.6	46.2	195.8	51.7	449.5	221.5	61.6	228.0
青海	Qinghai	62.0	20.4	64.5	22.0	95.8	70.1	23.0	25.7
宁夏	Ningxia	64.5	17.2	73.1	19.9	114.0	78.3	21.4	35.7
新疆	Xinjiang	321.1	97.5	335.8	101.2	367.9	355.1	105.1	12.7

9-13 续表 2 continued

单位：万人 (10 000 persons)

地区 Region	2008 合计 Total	2008 #职工基本医疗保险 Staff	2008 #退休人员 Retirees	2008 #城镇居民基本医疗保险 Urban Staff	2009 合计 Total	2009 #职工基本医疗保险 Staff	2009 #退休人员 Retirees	2009 #城镇居民基本医疗保险 Urban Staff
全国 National	**31821.7**	**19995.6**	**5007.9**	**11826.1**	**40147.0**	**21937.4**	**5526.9**	**18209.6**
北京 Beijing	1017.1	871.0	182.4	146.1	1083.9	938.4	191.8	145.5
天津 Tianjin	484.5	399.1	141.8	85.4	605.3	444.1	150.6	161.2
河北 Hebei	1083.1	738.5	199.5	344.5	1421.1	802.1	219.7	619.0
山西 Shanxi	593.9	441.8	108.8	152.1	879.0	534.6	128.5	344.5
内蒙古 Inner Mongolia	612.5	373.7	108.6	238.8	805.3	410.4	117.8	394.9
辽宁 Liaoning	1507.5	1209.3	386.5	298.1	1895.6	1347.0	444.5	548.6
吉林 Jilin	937.4	450.9	131.8	486.5	1242.8	486.4	147.4	756.4
黑龙江 Heilongjiang	1056.3	788.3	216.0	268.1	1544.3	851.3	256.5	693.0
上海 Shanghai	1355.2	1171.7	320.9	183.5	1583.8	1329.6	372.5	254.2
江苏 Jiangsu	2837.6	1604.3	390.3	1233.3	3031.0	1701.1	418.6	1329.9
浙江 Zhejiang	1322.6	1053.9	198.3	268.7	1784.4	1173.7	211.8	610.7
安徽 Anhui	1323.8	528.8	148.1	795.0	1435.8	570.2	160.4	865.6
福建 Fujian	796.5	435.7	101.4	360.7	1137.2	503.7	114.7	633.5
江西 Jiangxi	1207.1	503.2	149.4	704.0	1300.4	515.1	151.6	785.3
山东 Shandong	1847.0	1266.2	256.2	580.8	2540.2	1428.6	287.8	1111.6
河南 Henan	1549.4	840.9	220.8	708.6	1970.1	920.1	243.7	1050.0
湖北 Hubei	1435.7	714.9	210.9	720.8	1811.7	820.4	236.2	991.3
湖南 Hunan	1321.6	682.0	206.5	639.6	1831.9	746.4	225.6	1085.5
广东 Guangdong	3551.8	2370.7	240.3	1181.1	4568.5	2556.4	259.4	2012.1
广西 Guangxi	568.2	361.4	103.8	206.8	850.0	388.8	110.6	461.2
海南 Hainan	249.7	121.8	34.0	127.9	283.8	152.7	41.5	131.0
重庆 Chongqing	550.6	326.2	115.1	224.4	769.5	362.5	120.8	407.0
四川 Sichuan	1413.8	893.5	296.7	520.4	1912.7	958.5	317.3	954.2
贵州 Guizhou	404.3	257.4	73.0	146.9	567.0	279.5	85.1	287.5
云南 Yunnan	618.2	356.8	103.6	261.4	762.5	397.4	118.3	365.0
西藏 Tibet	32.4	20.1	5.3	12.3	36.0	22.6	6.4	13.5
陕西 Shaanxi	717.3	432.7	132.8	284.6	890.0	463.3	145.2	426.8
甘肃 Gansu	522.2	248.9	68.8	273.2	557.4	272.2	77.7	285.2
青海 Qinghai	93.6	72.1	24.5	21.5	104.8	75.7	24.6	29.1
宁夏 Ningxia	158.7	83.2	22.7	75.4	186.0	87.0	23.8	99.0
新疆 Xinjiang	652.1	376.6	109.0	275.5	755.0	397.5	114.7	357.4

9-13 续表 3 continued

单位：万人 (10 000 persons)

地 区	Region	2010 合 计 Total	2010 #职工基本医疗保险 Staff	2010 #退休人员 Retirees	2010 #城镇居民基本医疗保险 Urban Staff	2011 合 计 Total	2011 #职工基本医疗保险 Staff	2011 #退休人员 Retirees	2011 #城镇居民基本医疗保险 Urban Staff
全 国	**National**	**43262.9**	**23734.7**	**5943.5**	**19528.3**	**47343.2**	**25227.1**	**6278.6**	**22116.1**
北 京	Beijing	1207.3	1063.7	215.1	143.7	1347.8	1188.0	232.8	159.8
天 津	Tianjin	960.9	470.0	157.5	490.9	972.8	474.5	162.5	498.3
河 北	Hebei	1518.1	848.0	238.0	670.0	1562.2	875.5	248.2	686.6
山 西	Shanxi	923.5	562.0	140.0	361.5	1005.1	595.8	150.8	409.3
内蒙古	Inner Mongolia	886.4	433.5	124.7	452.8	907.3	438.0	124.3	469.3
辽 宁	Liaoning	2056.2	1408.7	464.1	647.5	2120.1	1499.4	494.1	620.7
吉 林	Jilin	1333.8	550.1	179.9	783.7	1350.6	557.2	188.2	793.4
黑龙江	Heilongjiang	1560.8	873.7	278.4	687.1	1578.0	881.0	293.6	697.0
上 海	Shanghai	1665.2	1405.9	388.8	259.2	1591.8	1342.1	404.1	249.7
江 苏	Jiangsu	3249.4	1848.3	443.2	1401.2	3500.5	2012.4	470.9	1488.1
浙 江	Zhejiang	1963.8	1344.4	226.8	619.4	2244.1	1514.4	243.3	729.7
安 徽	Anhui	1529.3	598.5	169.3	930.9	1612.9	659.3	181.9	953.6
福 建	Fujian	1200.6	546.6	120.7	654.0	1217.2	579.3	126.2	637.8
江 西	Jiangxi	1326.4	532.1	166.5	794.3	1329.7	535.9	170.9	793.8
山 东	Shandong	2770.6	1541.3	316.7	1229.3	2947.8	1637.1	337.5	1310.7
河 南	Henan	2043.7	957.4	258.7	1086.4	2122.3	1016.4	272.2	1105.8
湖 北	Hubei	1860.0	847.8	239.8	1012.3	1932.5	902.8	254.6	1029.7
湖 南	Hunan	1894.5	777.4	236.9	1117.2	1941.2	789.5	242.9	1151.7
广 东	Guangdong	5043.2	3000.0	314.5	2043.2	6767.1	3234.3	340.5	3532.8
广 西	Guangxi	935.2	413.5	123.0	521.7	981.3	437.2	128.8	544.1
海 南	Hainan	323.3	166.9	43.2	156.4	352.4	186.2	45.3	166.1
重 庆	Chongqing	830.8	406.2	125.6	424.6	1324.8	458.5	133.1	866.3
四 川	Sichuan	2063.1	1051.9	348.3	1011.2	2248.4	1169.1	366.0	1079.3
贵 州	Guizhou	602.5	293.5	88.2	309.0	629.0	314.1	93.3	314.9
云 南	Yunnan	820.5	414.8	121.4	405.7	865.8	443.4	126.6	422.4
西 藏	Tibet	38.6	23.5	6.6	15.1	43.7	24.9	6.6	18.7
陕 西	Shaanxi	947.2	474.2	151.2	473.1	1090.4	540.3	172.8	550.2
甘 肃	Gansu	588.8	290.2	85.9	298.6	590.8	291.1	88.2	299.8
青 海	Qinghai	140.3	78.7	25.2	61.6	151.6	82.4	25.9	69.2
宁 夏	Ningxia	188.3	94.1	26.4	94.2	188.8	100.2	27.1	88.5
新 疆	Xinjiang	790.5	417.7	119.0	372.7	825.2	446.6	125.2	378.5

9-13 续表 4 continued

单位：万人 (10 000 persons)

地 区	Region	2012 合 计 Total	2012 #职工基本医疗保险 Staff	2012 #退休人员 Retirees	2012 #城镇居民基本医疗保险 Urban Staff	2013 合 计 Total	2013 #职工基本医疗保险 Staff	2013 #退休人员 Retirees	2013 #城镇居民基本医疗保险 Urban Staff
全 国	**National**	**53641.3**	**26485.6**	**6624.2**	**27155.7**	**57072.6**	**27443.1**	**6941.8**	**29629.4**
北 京	Beijing	1431.6	1279.7	239.1	151.9	1514.9	1354.8	249.8	160.1
天 津	Tianjin	981.3	479.1	168.9	502.2	1001.5	493.1	177.3	508.4
河 北	Hebei	1644.4	906.8	261.5	737.6	1674.5	926.3	275.6	748.2
山 西	Shanxi	1055.9	621.1	157.2	434.9	1086.3	646.5	166.9	439.7
内蒙古	Inner Mongolia	967.7	455.1	132.4	512.6	986.2	464.5	134.5	521.7
辽 宁	Liaoning	2251.9	1587.0	524.8	664.9	2333.3	1624.8	546.9	708.5
吉 林	Jilin	1370.0	569.5	194.0	800.5	1378.6	574.9	197.5	803.7
黑龙江	Heilongjiang	1580.3	867.8	309.6	712.5	1580.4	868.1	311.6	712.3
上 海	Shanghai	1638.6	1376.0	421.5	262.6	1650.5	1394.1	438.4	256.4
江 苏	Jiangsu	3608.8	2155.5	508.9	1453.4	3427.6	2274.7	543.6	1152.9
浙 江	Zhejiang	2806.8	1671.0	277.1	1135.8	4121.1	1791.1	299.5	2330.0
安 徽	Anhui	1660.0	685.2	191.5	974.8	1660.8	716.0	203.3	944.9
福 建	Fujian	1262.9	666.3	130.2	596.6	1283.8	703.0	136.4	580.8
江 西	Jiangxi	1438.6	546.8	180.4	891.8	1476.6	569.9	189.8	906.7
山 东	Shandong	3101.2	1734.1	365.6	1367.1	3647.9	1809.7	391.7	1838.2
河 南	Henan	2222.2	1082.2	293.2	1140.0	2297.2	1140.2	313.4	1157.0
湖 北	Hubei	1960.3	921.2	264.7	1039.1	1960.6	922.8	280.7	1037.8
湖 南	Hunan	2341.9	797.6	248.8	1544.3	2316.2	799.3	257.5	1516.9
广 东	Guangdong	8421.8	3373.4	362.8	5048.4	9179.8	3473.0	383.8	5706.8
广 西	Guangxi	1011.5	456.3	133.6	555.3	1031.0	466.6	137.8	564.4
海 南	Hainan	378.5	205.2	47.5	173.2	406.5	220.0	50.6	186.6
重 庆	Chongqing	3219.1	496.5	147.9	2722.6	3234.8	539.5	158.9	2695.3
四 川	Sichuan	2383.8	1240.9	381.8	1142.9	2486.0	1282.0	394.5	1204.0
贵 州	Guizhou	648.3	329.3	96.3	319.0	672.1	344.7	98.1	327.4
云 南	Yunnan	882.4	452.2	129.5	430.2	1118.8	458.0	133.3	660.8
西 藏	Tibet	50.1	27.6	7.1	22.6	54.8	30.6	7.2	24.3
陕 西	Shaanxi	1118.8	547.5	175.8	571.3	1244.3	571.7	181.7	672.5
甘 肃	Gansu	616.5	293.0	87.7	323.6	622.8	297.1	90.2	325.7
青 海	Qinghai	172.3	86.1	26.7	86.2	181.3	89.7	27.6	91.6
宁 夏	Ningxia	561.8	106.6	28.5	455.2	565.5	108.6	29.5	456.9
新 疆	Xinjiang	851.9	469.1	129.6	382.9	877.1	488.0	134.3	389.1

9-13 续表 5 continued

单位：万人 (10 000 persons)

地区	Region	2014 合计 Total	2014 #职工基本医疗保险 Staff	2014 #退休人员 Retirees	2014 #城镇居民基本医疗保险 Urban Staff	2015 合计 Total	2015 #职工基本医疗保险 Staff	2015 #退休人员 Retirees	2015 #城镇居民基本医疗保险 Urban Staff
全国	**National**	**59746.9**	**28296.0**	**7254.8**	**31450.9**	**66581.6**	**28893.1**	**7531.2**	**37688.5**
北京	Beijing	1604.3	1431.3	260.1	173.0	1656.6	1475.7	269.5	181.0
天津	Tianjin	1023.6	509.6	183.6	514.0	1054.1	522.0	190.4	532.1
河北	Hebei	1697.5	944.5	286.3	753.1	1663.7	957.0	300.3	706.7
山西	Shanxi	1101.2	657.3	175.5	443.9	1113.8	650.5	179.4	463.3
内蒙古	Inner Mongolia	998.1	470.7	138.6	527.4	1008.1	477.4	141.4	530.6
辽宁	Liaoning	2387.2	1649.2	576.7	738.0	2396.2	1651.4	597.7	744.8
吉林	Jilin	1380.0	575.6	197.5	804.4	1380.6	575.9	199.7	804.7
黑龙江	Heilongjiang	1586.4	873.9	324.3	712.5	1594.8	873.7	330.1	721.1
上海	Shanghai	1678.5	1420.8	453.2	257.7	1719.2	1446.4	465.8	272.9
江苏	Jiangsu	3797.5	2361.8	577.0	1435.7	4014.3	2429.0	610.8	1585.3
浙江	Zhejiang	4847.6	1900.0	324.1	2947.5	4964.1	1992.7	353.7	2971.4
安徽	Anhui	1756.4	739.9	211.9	1016.5	1737.6	763.3	221.1	974.3
福建	Fujian	1293.0	737.3	143.0	555.7	1301.2	759.4	146.8	541.9
江西	Jiangxi	1494.2	579.2	197.7	915.0	1530.4	585.0	201.3	945.5
山东	Shandong	3988.0	1860.2	411.4	2127.8	9235.8	1904.4	439.9	7331.4
河南	Henan	2340.0	1182.4	327.2	1157.6	2344.9	1200.7	336.6	1144.2
湖北	Hubei	1968.0	933.3	286.9	1034.7	1972.1	949.4	296.3	1022.7
湖南	Hunan	2300.7	807.9	261.8	1492.8	2662.3	818.8	267.1	1843.6
广东	Guangdong	9804.2	3647.1	420.9	6157.1	10136.0	3711.8	439.7	6424.2
广西	Guangxi	1067.3	482.6	143.8	584.7	1077.6	505.5	148.8	572.1
海南	Hainan	386.8	191.7	53.7	195.2	389.8	196.3	55.6	193.4
重庆	Chongqing	3256.8	575.8	167.0	2681.1	3266.3	588.5	174.0	2677.8
四川	Sichuan	2576.5	1329.4	407.5	1247.1	2650.7	1378.6	418.8	1272.1
贵州	Guizhou	687.1	354.8	99.9	332.4	955.5	372.7	105.2	582.7
云南	Yunnan	1135.9	462.6	138.6	673.3	1140.8	468.3	140.7	672.5
西藏	Tibet	58.9	33.0	7.8	25.9	61.8	34.3	8.1	27.5
陕西	Shaanxi	1246.2	574.2	184.4	671.9	1247.3	580.3	187.4	667.0
甘肃	Gansu	630.6	302.6	96.2	328.1	635.0	307.9	99.8	327.0
青海	Qinghai	190.4	93.3	29.1	97.1	195.2	95.6	30.4	99.6
宁夏	Ningxia	578.6	116.1	31.0	462.5	584.8	114.8	32.2	470.0
新疆	Xinjiang	885.1	498.0	138.2	387.1	891.0	505.9	142.6	385.2

9-13 续表 6 continued

单位：万人 (10 000 persons)

地区	Region	2016 合计 Total	2016 #职工基本医疗保险 Staff	2016 #退休人员 Retirees	2016 #城镇居民基本医疗保险 Urban Staff	2017 合计 Total	2017 #职工基本医疗保险 Staff	2017 #退休人员 Retirees	2017 #城乡居民基本医疗保险 Urban Staff
全　国	**National**	**74391.6**	**29531.5**	**7811.6**	**44860.0**	**117681.4**	**30322.7**	**8034.3**	**87358.7**
北　京	Beijing	1708.8	1517.6	277.8	191.2	1771.4	1569.2	286.2	202.2
天　津	Tianjin	1066.8	535.7	195.4	531.1	1088.5	554.1	201.0	534.3
河　北	Hebei	6672.1	973.7	306.2	5698.4	6883.1	986.9	312.4	5896.2
山　西	Shanxi	1121.2	660.2	185.4	461.0	3215.3	664.1	189.2	2551.3
内蒙古	Inner Mongolia	1019.8	488.8	146.1	531.0	2161.5	495.1	148.4	1666.4
辽　宁	Liaoning	2376.0	1635.6	612.9	740.4	2277.5	1575.9	608.4	701.6
吉　林	Jilin	1380.9	576.0	204.8	804.9	1380.9	576.0	207.6	804.9
黑龙江	Heilongjiang	1599.9	879.5	354.0	720.3	2892.6	843.8	350.6	2048.9
上　海	Shanghai	1806.7	1468.6	477.0	338.0	1839.8	1495.1	489.7	344.6
江　苏	Jiangsu	3984.4	2490.5	641.2	1493.9	7619.1	2601.1	679.8	5018.0
浙　江	Zhejiang	4993.3	2017.5	383.2	2975.8	5251.6	2117.4	414.5	3134.2
安　徽	Anhui	1621.5	782.0	231.1	839.6	2108.1	809.2	237.7	1298.9
福　建	Fujian	1297.9	792.1	150.2	505.8	3768.6	819.3	155.1	2949.3
江　西	Jiangxi	1807.0	591.6	202.8	1215.4	4762.4	558.7	191.8	4203.7
山　东	Shandong	9188.8	1960.0	465.6	7228.8	9295.7	2013.1	486.3	7282.6
河　南	Henan	2360.7	1227.3	344.6	1133.4	10410.7	1228.2	344.4	9182.5
湖　北	Hubei	1981.8	961.0	300.5	1020.8	5622.2	1018.9	316.2	4603.3
湖　南	Hunan	2646.1	829.6	272.5	1816.6	6906.3	867.1	285.4	6039.1
广　东	Guangdong	10150.2	3814.1	460.6	6336.1	10365.1	3962.6	479.1	6402.4
广　西	Guangxi	1096.4	530.7	155.0	565.7	5173.3	556.7	160.2	4616.5
海　南	Hainan	387.2	201.0	57.1	186.2	419.5	209.6	60.4	209.9
重　庆	Chongqing	3259.3	604.8	179.5	2654.5	3248.5	640.3	184.9	2608.2
四　川	Sichuan	5056.8	1440.6	439.4	3616.2	7714.8	1526.4	458.4	6188.4
贵　州	Guizhou	973.6	389.8	108.3	583.8	1001.3	410.4	111.5	590.9
云　南	Yunnan	1163.6	479.1	144.5	684.5	4463.8	491.3	147.3	3972.5
西　藏	Tibet	65.4	36.8	8.6	28.5	69.9	40.0	9.1	29.9
陕　西	Shaanxi	1248.0	599.6	188.5	648.4	1251.0	619.8	190.5	631.2
甘　肃	Gansu	643.3	314.4	106.0	328.9	2512.2	320.2	108.0	2192.0
青　海	Qinghai	196.7	97.9	31.8	98.8	549.0	94.0	32.8	455.0
宁　夏	Ningxia	594.0	117.5	33.0	476.6	618.2	123.5	34.6	494.8
新　疆	Xinjiang	923.2	517.7	148.0	405.5	1039.6	534.6	152.7	505.0

9-13 续表 7 continued

单位：万人 (10 000 persons)

地 区	Region	2018 合 计 Total	#职工基本医疗保险 Staff	#退休人员 Retirees	#城乡居民基本医疗保险 Urban Staff	2019 合 计 Total	#职工基本医疗保险 Staff	#退休人员 Retirees	#城乡居民基本医疗保险 Urban Staff
全 国	**National**	**134458.6**	**31680.8**	**8373.3**	**102777.8**	**135407.4**	**32924.7**	**8700.4**	**102482.7**
北 京	Beijing	2018.1	1628.9	296.9	389.2	2082.7	1682.5	306.1	400.1
天 津	Tianjin	1116.7	575.3	207.5	541.5	1137.0	595.0	212.1	541.9
河 北	Hebei	6914.3	1030.2	324.7	5884.1	6937.7	1079.2	337.3	5858.5
山 西	Shanxi	3266.9	686.6	207.2	2580.3	3266.4	702.0	219.7	2564.3
内蒙古	Inner Mongolia	2164.4	505.3	153.6	1659.0	2178.4	530.7	170.5	1647.7
辽 宁	Liaoning	3968.8	1567.9	622.8	2400.9	3894.7	1552.1	641.0	2342.6
吉 林	Jilin	2607.3	576.0	209.9	2031.4	2548.1	525.9	192.3	2022.2
黑龙江	Heilongjiang	2908.6	856.2	358.2	2052.3	2837.1	873.6	377.1	1963.5
上 海	Shanghai	1866.1	1523.3	502.7	342.8	1889.2	1539.3	512.4	349.8
江 苏	Jiangsu	7721.7	2752.6	723.1	4969.1	7848.8	2954.1	764.5	4894.8
浙 江	Zhejiang	5368.7	2277.0	446.4	3091.7	5461.5	2426.6	476.5	3034.9
安 徽	Anhui	6105.1	854.6	247.3	5250.5	6731.5	888.1	255.3	5843.3
福 建	Fujian	3804.7	853.1	161.0	2951.7	3788.1	841.4	162.6	2946.7
江 西	Jiangxi	4797.5	573.7	197.3	4223.7	4782.4	579.0	207.0	4203.4
山 东	Shandong	9437.1	2072.1	512.0	7364.9	9569.6	2173.8	549.5	7395.8
河 南	Henan	10435.7	1265.1	361.3	9170.6	10289.8	1281.7	375.1	9008.1
湖 北	Hubei	5586.2	1054.0	321.9	4532.2	5562.6	1093.2	331.4	4469.4
湖 南	Hunan	6838.0	898.5	292.6	5939.5	6716.1	930.6	299.0	5785.4
广 东	Guangdong	10615.8	4170.7	505.3	6445.1	10783.5	4375.7	525.6	6407.7
广 西	Guangxi	5136.7	588.5	167.5	4548.2	5207.2	620.5	176.0	4586.6
海 南	Hainan	915.4	225.7	62.9	689.7	920.7	236.1	64.7	684.5
重 庆	Chongqing	3265.3	678.3	192.4	2587.0	3272.1	720.6	200.3	2551.4
四 川	Sichuan	8637.1	1667.7	481.4	6969.5	8616.9	1778.1	498.7	6838.8
贵 州	Guizhou	4233.6	432.0	115.7	3801.6	4186.8	462.0	119.7	3724.7
云 南	Yunnan	4520.9	506.9	150.3	4014.0	4533.4	528.0	154.6	4005.5
西 藏	Tibet	342.7	43.9	9.8	298.8	347.1	47.7	11.2	299.4
陕 西	Shaanxi	3885.9	674.4	197.6	3211.5	3960.9	712.9	204.4	3248.0
甘 肃	Gansu	2546.7	331.6	110.8	2215.1	2572.9	344.3	114.1	2228.6
青 海	Qinghai	555.3	99.4	34.2	455.9	557.9	103.8	35.7	454.2
宁 夏	Ningxia	626.2	131.9	36.3	494.3	633.7	141.1	38.0	492.6
新 疆	Xinjiang	2251.0	579.5	162.8	1671.5	2293.1	605.1	168.1	1688.1

9-13 续表 8 continued

单位：万人 (10 000 persons)

地 区	Region	2020 合 计 Total	#职工基本医疗保险 Staff	#退休人员 Retirees	#城乡居民基本医疗保险 Urban Staff
全 国	**National**	**136131.1**	**34455.1**	**9026.3**	**101676.0**
北 京	Beijing	2139.9	1741.6	315.0	398.3
天 津	Tianjin	1164.1	618.4	217.9	545.7
河 北	Hebei	6938.8	1135.5	348.3	5803.3
山 西	Shanxi	3245.1	716.4	228.1	2528.7
内蒙古	Inner Mongolia	2183.9	553.0	184.3	1630.9
辽 宁	Liaoning	3867.5	1588.4	651.1	2279.1
吉 林	Jilin	2461.9	529.8	200.3	1932.1
黑龙江	Heilongjiang	2827.0	876.4	391.8	1950.6
上 海	Shanghai	1943.2	1587.2	522.3	356.0
江 苏	Jiangsu	7967.7	3102.3	805.6	4865.5
浙 江	Zhejiang	5556.5	2579.5	507.3	2977.0
安 徽	Anhui	6704.6	951.6	267.3	5753.0
福 建	Fujian	3840.5	893.1	171.1	2947.3
江 西	Jiangxi	4780.0	599.0	213.1	4180.9
山 东	Shandong	9697.8	2323.3	588.0	7374.5
河 南	Henan	10349.5	1336.5	389.2	9013.0
湖 北	Hubei	5583.0	1136.9	339.2	4446.0
湖 南	Hunan	6731.8	989.8	308.2	5742.0
广 东	Guangdong	10991.4	4578.1	547.7	6413.3
广 西	Guangxi	5217.2	656.2	177.6	4561.0
海 南	Hainan	934.0	250.1	66.5	683.9
重 庆	Chongqing	3266.7	767.0	205.8	2499.8
四 川	Sichuan	8591.7	1875.9	511.7	6715.7
贵 州	Guizhou	4194.4	475.5	123.2	3718.9
云 南	Yunnan	4581.3	548.4	157.7	4032.8
西 藏	Tibet	342.8	50.4	11.1	292.3
陕 西	Shaanxi	3899.7	742.2	209.6	3157.5
甘 肃	Gansu	2590.4	361.9	119.9	2228.5
青 海	Qinghai	563.3	108.5	37.2	454.7
宁 夏	Ningxia	658.8	153.0	39.5	505.8
新 疆	Xinjiang	2316.8	629.1	170.7	1687.6

9-14 分地区基本医疗保险基金收支情况（2020年）
RENVENUE AND EXPENSES OF BASIC MEDICAL INSURANCE BY REGION(2020)

单位：亿元 (100 million yuan)

地 区	Region	基金收入 Revenue			基金支出 Expenses			累计结余 Balance at the Year-end		
		合 计 Total	职 工 Workers	居 民 Residents	合 计 Total	职 工 Workers	居 民 Residents	合 计 Total	职 工 Workers	居 民 Residents
全 国	**National**	**24846.1**	**15731.6**	**9114.5**	**21032.1**	**12867.0**	**8165.1**	**31500.0**	**25423.5**	**6076.5**
北 京	Beijing	1491.3	1380.5	110.8	1246.3	1167.0	79.3	1353.7	1299.4	54.3
天 津	Tianjin	370.4	324.3	46.1	340.4	294.7	45.7	413.1	311.7	101.4
河 北	Hebei	998.4	511.8	486.5	868.9	410.6	458.3	1183.4	922.1	261.3
山 西	Shanxi	497.9	278.4	219.4	438.2	233.6	204.6	567.6	432.0	135.6
内蒙古	Inner Mongolia	396.8	257.0	139.8	310.1	197.0	113.0	506.6	408.7	97.8
辽 宁	Liaoning	757.7	544.1	213.6	626.9	474.6	152.3	769.7	569.8	199.9
吉 林	Jilin	353.1	193.2	159.9	273.8	156.2	117.6	480.6	363.4	117.1
黑龙江	Heilongjiang	545.5	370.0	175.6	414.7	284.1	130.6	708.2	517.9	190.3
上 海	Shanghai	1318.0	1223.1	95.0	1041.8	959.9	81.9	3207.5	3183.6	23.9
江 苏	Jiangsu	1798.5	1297.8	500.8	1584.9	1106.2	478.7	2303.5	2049.3	254.2
浙 江	Zhejiang	1697.8	1221.1	476.7	1343.0	938.5	404.5	2462.7	2223.7	239.0
安 徽	Anhui	803.1	326.8	476.3	735.4	286.6	448.8	778.6	542.6	236.0
福 建	Fujian	624.8	377.7	247.1	554.5	314.6	239.9	866.9	764.0	102.9
江 西	Jiangxi	623.8	248.3	375.5	555.8	202.5	353.3	675.6	389.2	286.4
山 东	Shandong	1585.1	939.8	645.3	1457.1	868.4	588.7	1665.7	1229.8	435.9
河 南	Henan	1224.4	520.5	703.8	1106.6	426.7	679.9	1053.5	758.9	294.5
湖 北	Hubei	943.9	579.7	364.1	780.2	433.3	346.8	933.7	656.5	277.2
湖 南	Hunan	894.9	416.2	478.7	800.1	339.9	460.2	910.7	662.1	248.6
广 东	Guangdong	2205.6	1647.2	558.4	1870.0	1380.0	490.0	3664.6	3180.9	483.7
广 西	Guangxi	680.9	282.3	398.7	607.4	233.6	373.8	860.2	449.9	410.3
海 南	Hainan	152.5	95.4	57.1	130.3	77.4	52.9	222.1	177.7	44.4
重 庆	Chongqing	539.9	327.3	212.6	469.7	273.8	196.0	515.0	334.4	180.5
四 川	Sichuan	1356.5	779.4	577.2	1107.5	584.9	522.6	1943.1	1461.6	481.5
贵 州	Guizhou	534.3	220.5	313.7	431.1	174.4	256.6	548.3	305.6	242.7
云 南	Yunnan	685.2	341.0	344.2	571.1	259.9	311.2	733.7	524.3	209.4
西 藏	Tibet	66.4	44.8	21.6	32.9	22.0	10.9	147.7	137.0	10.7
陕 西	Shaanxi	630.7	343.8	286.9	469.6	264.2	205.4	704.8	541.6	163.2
甘 肃	Gansu	343.3	159.5	183.9	283.9	125.0	159.0	292.5	202.8	89.7
青 海	Qinghai	126.1	83.3	42.8	96.8	64.6	32.2	186.3	140.7	45.6
宁 夏	Ningxia	121.3	75.1	46.3	99.5	60.3	39.2	152.0	117.4	34.6
新 疆	Xinjiang	477.9	321.8	156.1	383.7	252.8	130.9	688.6	564.6	123.9

9–15 历年全国失业保险基本情况
UNEMPLOYMENT INSURANCE

年 份 Year	年末参保人数 (万人) Contributors at the Year-end (10 000 persons)	年末领取失业保险金人数 (万人) Beneficiaries of Unemplo-ment Insurance Funds(10 000 persons)	全年发放失业保险金 (万元) Unemployed Relief (10 000 yuan)
绝对数 Absolute figure			
1992	7443		8959
1993	7924		27847
1994	7968		50755
1995	8238		79199
1996	8333		133394
1997	7961		179319
1998	7928		203907
1999	9852	109	318722
2000	10408	190	561984
2001	10355	312	832563
2002	10182	440	1167736
2003	10373	415	1334448
2004	10584	419	1374983
2005	10648	362	1366801
2006	11187	327	1253873
2007	11645	286	1294405
2008	12400	261	1395349
2009	12715	235	1457592
2010	13376	209	1404485
2011	14317	197	1598544
2012	15225	204	1812934
2013	16417	197	2032389
2014	17043	207	2332794
2015	17326	227	2698012
2016	18089	230	3093670
2017	18784	220	3182181
2018	19643	223	3576225
2019	20543	228	3967704
2020	21689	270	4138932
比上年增长(%) Increase over Preceding Year %			
1993	6.5		210.8
1994	0.6		82.3
1995	3.4		56.0
1996	1.2		68.4
1997	-4.5		34.4
1998	-0.4		13.7
1999	24.3		56.3
2000	5.6	74.3	76.3
2001	-0.6	64.2	48.1
2002	-1.7	41.0	40.3
2003	1.9	-5.7	14.3
2004	2.0	1.0	3.0
2005	0.6	-13.5	-0.6
2006	5.0	-9.9	-8.3
2007	4.1	-12.4	3.2
2008	6.5	-8.7	7.8
2009	2.5	-10.0	4.5
2010	5.2	-11.0	-3.6
2011	7.0	-5.8	13.8
2012	6.3	3.6	13.4
2013	7.8	-3.4	12.1
2014	3.8	5.1	14.8
2015	1.7	9.5	15.7
2016	4.4	1.6	14.7
2017	3.8	-4.4	2.9
2018	4.6	1.3	12.4
2019	4.6	2.3	10.9
2020	5.6	18.3	4.3

9–16 历年各地区失业保险参保人数
UNEMPLOYMENT INSURANCE BY REGION

单位：万人 (10 000 persons)

地 区	Region	2001 年末参保人数 Contributors at the Year-end	2001 年末领取失业保险金人数 Beneficiaries at the Year-end	2002 年末参保人数 Contributors at the Year-end	2002 年末领取失业保险金人数 Beneficiaries at the Year-end	2003 年末参保人数 Contributors at the Year-end	2003 年末领取失业保险金人数 Beneficiaries at the Year-end	2004 年末参保人数 Contributors at the Year-end	2004 年末领取失业保险金人数 Beneficiaries at the Year-end
全 国	**National**	**10355**	**312**	**10182**	**440**	**10373**	**415**	**10584**	**419**
北 京	Beijing	287.2	5.5	299.6	4.8	306.6	5.2	308.2	3.8
天 津	Tianjin	214.3	10.8	196.3	12.4	193.5	9.4	195.1	5.1
河 北	Hebei	513.2	7.3	488.6	7.2	484.2	8.3	479.0	11.0
山 西	Shanxi	286.0	5.9	278.9	4.5	284.1	5.7	286.5	5.4
内蒙古	Inner Mongolia	217.7	5.4	219.7	7.1	221.6	5.7	222.3	5.8
辽 宁	Liaoning	656.7	20.3	591.2	82.2	622.2	67.0	616.2	81.7
吉 林	Jilin	283.8	13.2	284.0	15.6	292.9	16.2	282.2	12.2
黑龙江	Heilongjiang	532.6	12.5	466.0	19.6	479.0	12.6	475.8	9.7
上 海	Shanghai	430.7	13.1	436.0	14.4	441.1	14.0	487.8	15.9
江 苏	Jiangsu	766.5	39.5	735.6	49.7	761.6	48.9	797.1	43.6
浙 江	Zhejiang	391.1	33.0	390.0	27.5	396.8	17.4	428.4	11.3
安 徽	Anhui	375.2	11.5	378.8	17.5	380.8	23.4	371.1	26.4
福 建	Fujian	239.6	9.6	249.5	11.1	266.4	10.0	266.4	9.5
江 西	Jiangxi	235.9	2.1	226.7	3.9	215.5	5.9	226.6	7.2
山 东	Shandong	700.2	20.5	701.2	30.1	719.1	30.1	747.5	30.6
河 南	Henan	676.1	10.0	670.4	16.8	680.0	18.7	681.6	22.3
湖 北	Hubei	420.8	26.1	416.1	25.1	390.1	18.7	391.3	17.0
湖 南	Hunan	352.0	4.4	326.6	7.9	347.5	10.5	380.5	9.8
广 东	Guangdong	819.5	21.2	890.2	26.2	954.1	25.9	1005.8	23.4
广 西	Guangxi	217.7	5.0	215.5	7.6	219.1	8.9	226.4	9.8
海 南	Hainan	56.1	0.7	60.2	1.7	57.7	1.8	57.9	2.1
重 庆	Chongqing	210.0	7.7	205.3	9.1	199.5	8.1	193.4	9.2
四 川	Sichuan	412.2	11.9	402.9	14.0	400.0	12.6	398.6	12.6
贵 州	Guizhou	136.4	1.2	132.2	1.6	128.0	1.3	129.9	1.2
云 南	Yunnan	190.7	3.6	183.2	4.6	183.0	6.6	173.2	10.5
西 藏	Tibet	6.3		7.1		7.1		6.7	
陕 西	Shaanxi	304.9	3.5	315.7	7.3	323.3	8.2	325.5	7.2
甘 肃	Gansu	162.7	1.1	161.0	2.7	162.1	3.8	161.0	4.3
青 海	Qinghai	35.7	1.4	32.2	1.0	33.2	1.3	33.1	1.2
宁 夏	Ningxia	34.7	0.7	35.7	0.8	36.3	1.0	36.4	1.2
新 疆	Xinjiang	188.2	3.9	185.2	5.7	186.5	7.4	192.4	7.7

9-16 续表 1 continued

单位：万人　　(10 000 persons)

地 区	Region	2005 年末参保人数 Contributors at the Year-end	2005 年末领取失业保险金人数 Beneficiaries at the Year-end	2006 年末参保人数 Contributors at the Year-end	2006 年末领取失业保险金人数 Beneficiaries at the Year-end	2007 年末参保人数 Contributors at the Year-end	2007 年末领取失业保险金人数 Beneficiaries at the Year-end
全 国	**National**	**10648**	**362**	**11187**	**327**	**11645**	**286**
北 京	Beijing	357.5	3.5	482.2	3.1	535.3	3.0
天 津	Tianjin	197.5	3.8	216.7	3.6	221.5	3.3
河 北	Hebei	461.2	13.3	470.8	13.4	473.3	11.6
山 西	Shanxi	288.5	4.8	296.0	5.2	299.0	6.0
内蒙古	Inner Mongolia	222.2	4.9	223.5	5.0	223.7	4.7
辽 宁	Liaoning	607.7	46.5	614.1	25.9	622.1	19.6
吉 林	Jilin	199.4	7.5	224.4	10.2	228.7	13.9
黑龙江	Heilongjiang	459.6	10.3	457.5	17.8	464.1	15.3
上 海	Shanghai	466.1	17.8	476.4	18.5	491.5	14.9
江 苏	Jiangsu	838.3	30.2	901.1	22.7	968.5	21.2
浙 江	Zhejiang	444.7	7.2	504.4	6.5	584.7	6.3
安 徽	Anhui	360.3	24.3	362.6	17.9	364.5	14.1
福 建	Fujian	266.6	8.6	293.1	6.8	318.2	5.7
江 西	Jiangxi	230.7	6.0	241.0	4.9	251.5	5.3
山 东	Shandong	771.1	32.2	789.7	30.3	814.9	27.8
河 南	Henan	681.9	29.2	682.8	28.0	682.9	21.6
湖 北	Hubei	391.5	14.8	395.5	12.0	405.7	8.9
湖 南	Hunan	382.7	11.3	386.3	10.2	389.0	8.6
广 东	Guangdong	1099.1	20.4	1208.2	16.7	1295.5	14.3
广 西	Guangxi	219.9	9.4	222.3	8.1	223.8	7.2
海 南	Hainan	56.7	2.0	59.1	2.3	66.2	2.5
重 庆	Chongqing	188.2	6.4	193.0	4.8	196.7	4.1
四 川	Sichuan	380.5	15.6	400.0	16.3	418.2	11.3
贵 州	Guizhou	129.3	1.3	131.1	1.5	134.5	1.4
云 南	Yunnan	180.3	9.1	183.0	6.4	185.8	4.3
西 藏	Tibet	6.7		7.5		7.2	0.0
陕 西	Shaanxi	326.7	8.6	326.5	14.1	327.2	13.6
甘 肃	Gansu	160.0	5.4	160.5	7.5	161.8	7.1
青 海	Qinghai	33.2	1.1	34.0	1.0	34.7	2.1
宁 夏	Ningxia	37.2	1.2	38.3	1.2	40.1	1.5
新 疆	Xinjiang	202.4	5.6	205.4	4.8	213.6	4.7

9-16 续表 2 continued

单位：万人 (10 000 persons)

地 区	Region	2008 年末参保人数 Contributors at the Year-end	2008 年末领取失业保险金人数 Beneficiaries at the Year-end	2009 年末参保人数 Contributors at the Year-end	2009 年末领取失业保险金人数 Beneficiaries at the Year-end	2010 年末参保人数 Contributors at the Year-end	2010 年末领取失业保险金人数 Beneficiaries at the Year-end
全 国	**National**	**12400**	**261**	**12715**	**235**	**13376**	**209**
北 京	Beijing	614.3	2.6	675.7	1.8	774.2	1.6
天 津	Tianjin	232.5	3.2	239.2	3.1	246.1	3.5
河 北	Hebei	481.7	9.8	484.4	10.4	493.4	9.0
山 西	Shanxi	312.2	7.3	293.3	6.1	305.7	4.6
内蒙古	Inner Mongolia	225.5	3.1	229.7	2.5	230.9	2.1
辽 宁	Liaoning	622.7	15.7	625.3	13.4	626.9	11.4
吉 林	Jilin	233.7	16.5	241.4	14.3	245.1	7.8
黑龙江	Heilongjiang	467.6	10.3	471.3	9.3	472.9	8.8
上 海	Shanghai	511.8	14.0	523.5	14.6	556.2	11.6
江 苏	Jiangsu	1052.2	21.5	1079.1	19.7	1153.8	19.7
浙 江	Zhejiang	731.1	6.3	784.5	5.5	875.0	5.8
安 徽	Anhui	373.1	12.8	377.8	10.5	384.0	7.8
福 建	Fujian	338.7	4.6	348.1	3.6	374.2	3.2
江 西	Jiangxi	266.3	3.4	275.5	3.4	265.3	8.2
山 东	Shandong	864.1	24.9	899.5	23.0	931.2	20.7
河 南	Henan	683.4	18.4	690.2	16.7	696.7	14.7
湖 北	Hubei	422.9	7.4	440.3	7.0	469.7	6.4
湖 南	Hunan	390.1	8.3	392.0	8.3	399.5	6.9
广 东	Guangdong	1471.9	13.7	1470.7	12.8	1627.3	10.6
广 西	Guangxi	234.6	8.0	237.0	7.6	238.4	6.2
海 南	Hainan	84.7	3.3	97.5	2.8	112.5	1.6
重 庆	Chongqing	210.1	4.4	215.9	4.7	237.4	3.7
四 川	Sichuan	436.9	12.2	463.5	10.0	464.7	9.1
贵 州	Guizhou	141.4	1.3	144.6	1.1	152.5	1.2
云 南	Yunnan	191.9	3.7	198.7	3.5	209.6	3.2
西 藏	Tibet	7.8	0.0	8.8	0.0	9.3	0.0
陕 西	Shaanxi	329.3	9.1	331.0	9.3	331.6	7.5
甘 肃	Gansu	162.6	5.6	164.1	3.7	164.2	2.4
青 海	Qinghai	35.4	2.3	36.0	1.0	36.6	0.4
宁 夏	Ningxia	44.4	1.4	44.9	1.1	47.6	1.0
新 疆	Xinjiang	224.8	6.1	231.8	4.9	242.9	8.3

9-16 续表 3 continued

单位：万人 (10 000 persons)

地 区	Region	2011		2012		2013	
		年末参保人数 Contributors at the Year-end	年末领取失业保险金人数 Beneficiaries at the Year-end	年末参保人数 Contributors at the Year-end	年末领取失业保险金人数 Beneficiaries at the Year-end	年末参保人数 Contributors at the Year-end	年末领取失业保险金人数 Beneficiaries at the Year-end
全 国	**National**	**14317**	**197**	**15225**	**204**	**16417**	**197**
北 京	Beijing	881.0	2.0	1006.7	2.3	1025.1	2.4
天 津	Tianjin	258.8	2.8	268.7	2.0	278.7	2.0
河 北	Hebei	498.7	8.4	501.7	7.9	505.0	7.1
山 西	Shanxi	309.4	4.3	391.0	3.8	400.7	3.1
内蒙古	Inner Mongolia	232.5	2.5	232.8	2.5	233.4	2.3
辽 宁	Liaoning	632.3	9.7	660.7	7.4	663.2	7.6
吉 林	Jilin	247.2	5.1	251.5	4.6	258.8	6.0
黑龙江	Heilongjiang	474.5	7.1	476.2	7.7	477.4	7.1
上 海	Shanghai	604.2	11.2	617.4	10.9	625.7	9.9
江 苏	Jiangsu	1238.2	29.9	1332.2	32.7	1389.3	29.9
浙 江	Zhejiang	980.6	7.4	1065.6	7.0	1144.3	7.8
安 徽	Anhui	397.7	6.7	402.2	6.1	409.0	6.1
福 建	Fujian	430.9	3.6	459.1	4.6	496.7	4.2
江 西	Jiangxi	263.5	5.4	272.2	3.3	271.1	1.5
山 东	Shandong	964.9	19.8	1009.8	19.1	1089.6	17.8
河 南	Henan	701.2	13.3	724.2	11.4	741.3	10.5
湖 北	Hubei	498.2	5.1	508.6	4.8	511.3	5.2
湖 南	Hunan	415.6	7.0	449.9	6.0	461.7	6.1
广 东	Guangdong	1875.4	10.5	2008.7	9.8	2702.2	8.8
广 西	Guangxi	240.8	5.2	243.4	5.5	253.4	5.6
海 南	Hainan	126.0	1.8	139.5	1.8	150.8	2.1
重 庆	Chongqing	268.6	2.9	323.5	2.8	389.7	3.4
四 川	Sichuan	536.8	8.1	585.5	24.5	613.5	24.1
贵 州	Guizhou	160.5	1.1	173.5	1.0	185.2	1.3
云 南	Yunnan	216.8	3.3	224.7	3.8	232.5	4.5
西 藏	Tibet	9.6	0.0001	10.6		11.0	0.002
陕 西	Shaanxi	332.2	4.5	339.1	3.5	339.7	3.2
甘 肃	Gansu	163.8	1.5	163.6	1.2	163.1	1.0
青 海	Qinghai	37.3	0.6	37.9	0.7	38.5	0.5
宁 夏	Ningxia	60.0	1.2	70.5	1.1	71.3	1.1
新 疆	Xinjiang	260.2	5.0	273.7	4.2	283.9	4.8

9-16 续表 4 continued

单位：万人 (10 000 persons)

地 区	Region	2014 年末参保人数 Contributors at the Year-end	2014 年末领取失业保险金人数 Beneficiaries at the Year-end	2015 年末参保人数 Contributors at the Year-end	2015 年末领取失业保险金人数 Beneficiaries at the Year-end	2016 年末参保人数 Contributors at the Year-end	2016 年末领取失业保险金人数 Beneficiaries at the Year-end
全 国	**National**	**17043**	**207**	**17326**	**227**	**18089**	**230**
北 京	Beijing	1057.1	3.0	1082.3	3.4	1115.0	3.7
天 津	Tianjin	287.6	2.6	295.3	7.1	302.5	7.4
河 北	Hebei	508.7	7.1	511.0	8.0	515.9	7.9
山 西	Shanxi	407.7	3.0	411.3	3.1	415.2	3.0
内蒙古	Inner Mongolia	236.3	2.4	242.1	2.9	241.1	3.0
辽 宁	Liaoning	664.3	8.5	665.3	9.7	665.4	10.7
吉 林	Jilin	258.7	2.2	261.2	2.2	262.0	2.7
黑龙江	Heilongjiang	478.4	4.8	312.8	3.7	313.2	3.9
上 海	Shanghai	634.1	9.8	641.8	9.5	947.3	10.5
江 苏	Jiangsu	1442.7	32.1	1490.9	34.2	1538.1	34.0
浙 江	Zhejiang	1210.3	8.2	1260.2	9.0	1317.0	9.0
安 徽	Anhui	422.0	6.5	436.6	7.7	448.5	8.8
福 建	Fujian	524.1	4.5	546.3	5.0	575.5	5.2
江 西	Jiangxi	271.8	1.3	281.5	1.4	282.6	1.6
山 东	Shandong	1154.3	19.9	1203.8	21.6	1222.9	22.0
河 南	Henan	773.3	10.2	783.3	8.3	788.1	7.6
湖 北	Hubei	519.0	5.6	528.4	6.0	541.9	6.9
湖 南	Hunan	509.5	6.9	521.2	6.7	537.5	7.0
广 东	Guangdong	2840.2	10.9	2930.1	13.9	3020.1	15.4
广 西	Guangxi	259.0	6.1	273.2	6.2	283.7	5.9
海 南	Hainan	157.5	2.0	164.8	2.0	170.2	2.2
重 庆	Chongqing	439.1	2.8	439.5	3.5	447.1	4.2
四 川	Sichuan	635.8	29.8	661.0	33.2	702.0	29.8
贵 州	Guizhou	191.9	1.5	205.3	1.7	218.1	2.4
云 南	Yunnan	236.9	5.3	243.3	5.9	251.2	5.6
西 藏	Tibet	12.5	0.004	11.4	0.009	15.2	0.003
陕 西	Shaanxi	344.3	2.9	347.7	3.0	352.2	2.8
甘 肃	Gansu	162.4	1.0	162.8	1.0	164.3	1.1
青 海	Qinghai	39.3	0.4	40.1	0.4	40.8	0.4
宁 夏	Ningxia	73.5	1.3	76.6	1.3	95.6	1.3
新 疆	Xinjiang	290.2	4.7	294.9	4.9	298.7	4.5

9-16 续表 5 continued

单位：万人 (10 000 persons)

地区	Region	2017		2018	
		年末参保人数 Contributors at the Year-end	年末领取失业保险金人数 Beneficiaries at the Year-end	年末参保人数 Contributors at the Year-end	年末领取失业保险金人数 Beneficiaries at the Year-end
全国	**National**	**18784**	**220**	**19643**	**223**
北京	Beijing	1170.9	3.9	1240.7	3.8
天津	Tianjin	311.3	8.4	323.4	6.9
河北	Hebei	529.7	7.2	546.0	6.8
山西	Shanxi	420.6	3.0	431.1	2.9
内蒙古	Inner Mongolia	247.1	2.5	255.5	2.5
辽宁	Liaoning	679.9	10.5	679.6	11.2
吉林	Jilin	263.7	2.8	269.5	2.4
黑龙江	Heilongjiang	315.1	4.1	318.0	3.5
上海	Shanghai	961.8	11.1	977.2	10.8
江苏	Jiangsu	1583.0	32.1	1671.3	30.4
浙江	Zhejiang	1380.9	8.9	1478.4	13.0
安徽	Anhui	472.4	8.1	505.5	7.5
福建	Fujian	612.3	4.9	570.3	5.0
江西	Jiangxi	286.3	1.7	288.0	1.7
山东	Shandong	1268.3	20.1	1318.5	18.7
河南	Henan	805.6	7.5	819.9	7.2
湖北	Hubei	561.3	6.4	590.8	6.1
湖南	Hunan	563.7	6.8	584.2	5.9
广东	Guangdong	3163.7	14.6	3361.7	16.2
广西	Guangxi	302.1	5.4	323.5	5.5
海南	Hainan	168.1	2.2	173.4	2.3
重庆	Chongqing	466.3	3.9	489.8	3.4
四川	Sichuan	776.7	27.4	875.1	33.2
贵州	Guizhou	235.7	2.2	257.3	2.3
云南	Yunnan	259.8	5.1	273.1	4.9
西藏	Tibet	15.2	0.002	17.7	0.004
陕西	Shaanxi	356.5	2.9	372.4	2.9
甘肃	Gansu	165.4	0.9	168.3	1.0
青海	Qinghai	41.5	0.3	42.3	0.3
宁夏	Ningxia	88.5	1.2	92.0	1.2
新疆	Xinjiang	310.8	4.0	328.8	3.4

9-16 续表 6 continued

单位：万人 (10 000 persons)

地 区	Region	2019 年末参保人数 Contributors at the Year-end	2019 年末领取失业保险金人数 Beneficiaries at the Year-end	2020 年末参保人数 Contributors at the Year-end	2020 年末领取失业保险金人数 Beneficiaries at the Year-end
全 国	**National**	**20543**	**228**	**21689**	**270**
北 京	Beijing	1294.8	4.0	1318.4	9.6
天 津	Tianjin	335.5	6.6	349.1	6.6
河 北	Hebei	554.1	6.7	691.5	6.8
山 西	Shanxi	443.9	3.1	469.4	3.2
内蒙古	Inner Mongolia	267.4	2.3	276.5	2.7
辽 宁	Liaoning	668.2	12.6	677.0	18.4
吉 林	Jilin	273.6	2.5	270.7	2.4
黑龙江	Heilongjiang	324.0	3.3	326.1	3.5
上 海	Shanghai	984.9	10.6	987.6	31.5
江 苏	Jiangsu	1794.2	30.6	1887.0	33.2
浙 江	Zhejiang	1561.7	13.6	1687.8	16.9
安 徽	Anhui	518.8	7.2	564.2	7.5
福 建	Fujian	610.6	5.9	664.4	6.3
江 西	Jiangxi	289.7	1.6	291.9	1.8
山 东	Shandong	1366.0	17.7	1466.1	19.3
河 南	Henan	837.3	6.8	885.9	9.4
湖 北	Hubei	619.5	6.2	651.3	7.5
湖 南	Hunan	606.6	6.3	640.9	7.8
广 东	Guangdong	3498.8	17.5	3603.4	26.4
广 西	Guangxi	363.0	5.5	410.6	6.7
海 南	Hainan	178.6	2.6	194.6	3.1
重 庆	Chongqing	515.0	5.6	548.5	6.4
四 川	Sichuan	953.5	32.7	1045.7	11.8
贵 州	Guizhou	276.1	2.7	297.9	4.2
云 南	Yunnan	289.2	5.1	307.4	6.6
西 藏	Tibet	25.3	0.006	26.7	0.06
陕 西	Shaanxi	426.4	3.2	439.9	3.9
甘 肃	Gansu	173.0	0.8	187.4	0.8
青 海	Qinghai	43.8	0.3	46.5	0.4
宁 夏	Ningxia	97.4	1.6	102.7	1.5
新 疆	Xinjiang	352.1	3.1	372.4	3.9

9-17 各地区失业保险基金基本情况(2020年)
UNEMPLOYMENT INSURANCE BY REGION(2020)

地区	Region	参保人数 (万人) Employees Insured (10 000 persons)	基金收入 (亿元) Revenue (100 million yuan)	基金支出 (亿元) Expenses (100 million yuan)	累计结余 (亿元) Balance at the Year-end (100 million yuan)
全国	**National**	**21689.5**	**951.5**	**2103.0**	**3354.1**
北京	Beijing	1318.4	75.3	159.1	141.7
天津	Tianjin	349.1	25.0	33.4	48.5
河北	Hebei	691.5	26.9	41.1	132.0
山西	Shanxi	469.4	23.2	34.9	152.3
内蒙古	Inner Mongolia	276.5	17.7	23.0	113.9
辽宁	Liaoning	677.0	36.6	110.1	160.2
吉林	Jilin	270.7	12.8	39.7	83.1
黑龙江	Heilongjiang	326.1	17.2	37.4	108.3
上海	Shanghai	987.6	77.5	141.8	28.3
江苏	Jiangsu	1887.0	88.9	189.0	249.6
浙江	Zhejiang	1687.8	72.8	154.3	166.9
安徽	Anhui	564.2	28.8	39.8	73.7
福建	Fujian	664.4	18.7	66.9	98.9
江西	Jiangxi	291.9	13.9	21.1	68.6
山东	Shandong	1466.1	58.3	134.0	176.5
河南	Henan	885.9	32.6	90.6	99.0
湖北	Hubei	651.3	23.5	53.4	132.6
湖南	Hunan	640.9	20.7	36.1	108.0
广东	Guangdong	3603.4	80.6	238.6	473.0
广西	Guangxi	410.6	20.4	47.8	89.0
海南	Hainan	194.6	6.6	14.2	22.5
重庆	Chongqing	548.5	17.6	46.5	32.7
四川	Sichuan	1045.7	53.9	134.4	174.1
贵州	Guizhou	297.9	15.0	24.5	63.9
云南	Yunnan	307.4	17.9	40.6	97.0
西藏	Tibet	26.7	3.9	0.5	22.0
陕西	Shaanxi	439.9	23.8	90.7	51.1
甘肃	Gansu	187.4	11.7	17.6	69.5
青海	Qinghai	46.5	3.8	9.3	17.5
宁夏	Ningxia	102.7	5.2	10.3	27.5
新疆	Xinjiang	372.4	20.5	22.3	72.2

9–18 历年全国工伤保险基本情况 WORK INJURY INSURANCE

年 份 Year	年末参保人数(万人) Contributors at the Year-end (10 000 persons)	全年享受工伤保险待遇人数(万人) Beneficiaries at the Year-end (10 000 persons)	基金收支情况(亿元) Revenue and Expenses(100 million yuan) 基金收入 Revenue	 基金支出 Expenses	 累计结余 Balance at the Year-end
绝对数 Absolute figure					
1993	1103.5		2.4	0.4	3.1
1994	1822.1		4.6	0.9	6.8
1995	2614.8		8.1	1.8	12.7
1996	3102.6		10.9	3.7	19.7
1997	3507.8		13.6	6.1	27.7
1998	3781.3		21.2	9.0	39.5
1999	3912.3		20.9	15.4	44.9
2000	4350.3		24.8	13.8	57.9
2001	4345.3	18.7	28.3	16.5	68.9
2002	4405.6	26.5	32.0	19.9	81.1
2003	4574.8	32.9	37.6	27.1	91.2
2004	6845.2	51.9	58.3	33.3	118.6
2005	8477.8	65.1	92.5	47.5	163.5
2006	10268.5	77.8	121.8	68.5	192.9
2007	12173.4	96.0	165.6	87.9	262.6
2008	13787.2	117.8	216.7	126.9	384.6
2009	14895.5	129.6	240.1	155.7	468.8
2010	16160.7	147.5	284.9	192.4	561.4
2011	17695.9	163.0	466.4	286.4	742.6
2012	19010.1	190.5	526.7	406.3	861.9
2013	19917.2	195.2	614.8	482.1	996.2
2014	20639.2	198.2	694.8	560.5	1128.8
2015	21432.5	201.9	754.2	598.7	1285.3
2016	21889.3	196.0	736.9	610.3	1410.9
2017	22723.7	192.8	853.8	662.3	1606.9
2018	23874.4	198.5	913.0	742.0	1784.9
2019	25478.1	194.2	819.4	816.9	1783.2
2020	26763.4	187.6	486.3	820.3	1449.3
比上年增长(%) Increase over Preceding Year %					
1994	65.1		90.4	127.4	118.1
1995	43.5		77.5	92.4	87.3
1996	18.7		34.7	104.1	55.8
1997	13.1		24.6	64.5	40.1
1998	7.8		55.9	48.6	42.9
1999	3.5		-1.3	70.5	13.6
2000	11.2		18.7	-10.5	28.8
2001	-0.1	-0.6	14.2	19.5	19.1
2002	1.4	41.7	13.2	20.6	17.7
2003	3.8	24.2	17.4	36.2	12.5
2004	49.6	57.8	55.1	22.9	30.0
2005	23.9	25.4	58.7	42.6	37.9
2006	21.1	19.5	31.7	44.2	18.0
2007	18.6	23.4	36.0	28.3	36.1
2008	13.3	22.7	30.9	44.4	27.6
2009	8.0	10.0	10.8	22.7	21.9
2010	8.5	13.8	18.7	23.6	19.8
2011	9.5	10.6	63.7	48.8	32.3
2012	7.4	16.9	12.9	41.9	16.1
2013	4.8	2.4	16.7	18.7	15.6
2014	3.6	1.5	13.0	16.3	13.3
2015	3.8	1.9	8.6	6.8	13.9
2016	2.1	-2.9	-2.3	1.9	9.8
2017	3.8	-1.6	15.9	8.5	13.9
2018	5.1	2.9	6.9	12.0	11.1
2019	6.7	-2.2	-10.2	10.1	-0.1
2020	5.0	-3.4	-40.7	0.4	-18.7

9-19 历年各地区工伤保险基本情况
WORK INJURY INSURANCE BY REGION

单位：万人 (10 000 persons)

地 区	Region	2001		2002		2003		2004	
		年末参保人数 Contributors at the Year-end	享受工伤保险待遇人数 Beneficiaries of Work Injury Insurance	年末参保人数 Contributors at the Year-end	享受工伤保险待遇人数 Beneficiaries of Work Injury Insurance	年末参保人数 Contributors at the Year-end	享受工伤保险待遇人数 Beneficiaries of Work Injury Insurance	年末参保人数 Contributors at the Year-end	享受工伤保险待遇人数 Beneficiaries of Work Injury Insurance
全 国	**National**	**4345**	**19**	**4406**	**27**	**4575**	**33**	**6845**	**52**
北 京	Beijing	204.7	0.1	221.1	**0.7**	242.9	1.2	258.9	2.5
天 津	Tianjin							147.2	0.1
河 北	Hebei	163.1	0.8	146.7	0.4	145.7	0.4	273.9	0.9
山 西	Shanxi	71.8		46.3	0.1	48.4		104.0	0.1
内蒙古	Inner Mongolia	26.7	0.5	23.8	0.2	31.8	0.3	85.0	0.5
辽 宁	Liaoning	390.6	5.0	390.5	6.0	345.8	7.3	404.2	8.2
吉 林	Jilin	30.7	1.1	36.6	1.5	37.1	1.2	114.3	3.1
黑龙江	Heilongjiang	104.4	0.1	119.0	0.9	130.9	1.1	202.7	4.3
上 海	Shanghai							488.3	0.1
江 苏	Jiangsu	473.9	0.7	480.0	1.3	503.0	1.7	577.2	2.7
浙 江	Zhejiang	219.7	0.6	226.0	1.0	287.7	1.4	360.4	2.7
安 徽	Anhui	73.4	0.2	69.8	0.3	68.0	0.4	102.0	0.5
福 建	Fujian	159.0	0.2	170.7	0.3	172.3	0.6	205.4	0.8
江 西	Jiangxi	137.8	0.2	129.3	0.2	129.7	0.3	134.7	0.4
山 东	Shandong	285.5	0.6	277.7	1.1	281.8	1.5	476.7	4.7
河 南	Henan	196.0	0.5	218.8	0.7	210.6	0.5	324.7	1.1
湖 北	Hubei	182.3	1.3	183.2	1.7	189.2	1.4	187.2	1.8
湖 南	Hunan					8.6		203.3	0.3
广 东	Guangdong	990.1	5.2	1049.9	8.0	1120.0	9.7	1215.1	11.3
广 西	Guangxi	124.1	0.1	117.3	0.2	120.3	0.3	133.5	0.7
海 南	Hainan	69.5		68.9	0.1	68.2	0.1	64.5	0.1
重 庆	Chongqing	25.0	0.1	29.7	0.1	26.5	0.2	122.6	0.4
四 川	Sichuan	179.3	0.5	167.4	0.6	161.4	1.2	195.6	1.6
贵 州	Guizhou	1.7		1.3		1.3		1.2	
云 南	Yunnan	97.3	0.6	89.0	0.9	84.1	1.2	150.9	1.1
西 藏	Tibet								
陕 西	Shaanxi	24.5	0.1	25.6		35.1	0.1	115.1	0.7
甘 肃	Gansu	9.5		8.7		8.0		42.0	0.1
青 海	Qinghai	7.1		6.6		6.6		15.7	0.1
宁 夏	Ningxia	11.4		16.0		15.2	0.1	19.1	0.3
新 疆	Xinjiang	86.3	0.1	86.0	0.1	94.6	0.5	119.5	0.7

9-19 续表 continued 1

单位：万人 (10 000 persons)

地区 Region	2005		2006		2007	
	年末参保人数 Contributors at the Year-end	享受工伤保险待遇人数 Beneficiaries of Work Injury Insurance	年末参保人数 Contributors at the Year-end	享受工伤保险待遇人数 Beneficiaries of Work Injury Insurance	年末参保人数 Contributors at the Year-end	享受工伤保险待遇人数 Beneficiaries of Work Injury Insurance
全 国 National	**8478**	**65**	**10268**	**78**	**12173**	**96**
北 京 Beijing	303.9	3.0	465.3	1.5	609.2	1.6
天 津 Tianjin	162.9	0.9	209.7	1.7	257.2	2.3
河 北 Hebei	361.4	1.3	402.4	2.4	481.3	6.0
山 西 Shanxi	151.4	0.5	201.4	3.3	229.1	3.9
内蒙古 Inner Mongolia	110.2	0.7	131.6	0.8	163.6	1.3
辽 宁 Liaoning	474.6	9.1	510.0	8.5	572.3	9.1
吉 林 Jilin	136.7	2.2	174.7	3.0	206.8	2.6
黑龙江 Heilongjiang	257.5	3.8	303.0	3.9	351.7	4.9
上 海 Shanghai	523.7	0.5	817.7	0.7	884.4	0.9
江 苏 Jiangsu	680.2	3.7	812.7	5.6	921.0	6.6
浙 江 Zhejiang	453.1	4.8	603.9	7.4	1002.9	11.2
安 徽 Anhui	148.2	1.7	200.2	2.0	248.7	2.2
福 建 Fujian	239.1	1.3	261.0	1.5	294.8	1.9
江 西 Jiangxi	153.6	0.8	207.9	1.5	251.3	1.7
山 东 Shandong	578.7	5.7	647.3	5.8	745.0	7.0
河 南 Henan	404.0	1.5	421.0	1.7	448.3	2.6
湖 北 Hubei	230.3	1.1	275.5	1.5	327.5	2.0
湖 南 Hunan	228.2	0.7	280.1	2.0	342.4	2.6
广 东 Guangdong	1605.1	12.9	1868.2	13.5	2113.9	13.8
广 西 Guangxi	144.4	0.8	161.1	0.8	182.4	0.9
海 南 Hainan	68.9	0.1	71.5	0.2	78.4	0.2
重 庆 Chongqing	154.1	1.2	165.4	1.8	181.1	1.6
四 川 Sichuan	270.5	2.0	304.9	2.3	397.3	3.2
贵 州 Guizhou	65.8	0.1	90.5	0.6	110.5	0.9
云 南 Yunnan	166.9	1.2	173.8	1.1	188.5	1.6
西 藏 Tibet	1.9		2.3		3.7	
陕 西 Shaanxi	149.2	1.8	210.3	0.7	232.0	1.0
甘 肃 Gansu	70.1	0.4	86.3	0.3	98.2	0.4
青 海 Qinghai	20.5	0.3	23.1	0.4	25.3	0.4
宁 夏 Ningxia	23.5	0.3	24.2	0.3	30.5	0.1
新 疆 Xinjiang	139.1	0.9	161.3	1.2	194.1	1.4

9-19 续表 continued 2

单位：万人 (10 000 persons)

地区 Region	2008		2009		2010	
	年末参保人数 Contributors at the Year-end	享受工伤保险待遇人数 Beneficiaries of Work Injury Insurance	年末参保人数 Contributors at the Year-end	享受工伤保险待遇人数 Beneficiaries of Work Injury Insurance	年末参保人数 Contributors at the Year-end	享受工伤保险待遇人数 Beneficiaries of Work Injury Insurance
全 国 National	**13787**	**118**	**14896**	**130**	**16161**	**147**
北 京 Beijing	666.5	1.8	747.1	4.1	823.8	4.4
天 津 Tianjin	274.9	2.7	292.2	3.1	304.5	4.1
河 北 Hebei	520.8	5.3	559.3	6.0	594.4	7.5
山 西 Shanxi	261.0	4.6	280.7	4.3	292.4	4.9
内蒙古 Inner Mongolia	185.4	1.4	199.1	1.6	207.5	1.8
辽 宁 Liaoning	659.6	8.5	695.8	9.0	730.0	10.0
吉 林 Jilin	234.9	4.1	272.2	3.0	300.5	3.7
黑龙江 Heilongjiang	390.9	4.5	401.8	5.6	415.1	6.2
上 海 Shanghai	950.4	1.2	934.0	1.3	961.0	1.7
江 苏 Jiangsu	1056.6	8.4	1118.1	9.3	1205.5	9.8
浙 江 Zhejiang	1261.8	16.9	1331.1	18.0	1475.1	20.2
安 徽 Anhui	292.9	2.9	320.6	3.9	351.1	4.4
福 建 Fujian	346.1	2.2	379.3	2.3	417.7	2.4
江 西 Jiangxi	313.6	2.0	340.2	1.9	371.7	2.7
山 东 Shandong	865.0	8.8	1064.6	9.2	1211.2	10.2
河 南 Henan	500.2	3.1	521.0	3.2	551.7	3.0
湖 北 Hubei	360.9	2.4	410.7	2.7	444.0	3.1
湖 南 Hunan	403.5	3.9	472.1	5.3	516.0	7.4
广 东 Guangdong	2302.3	15.2	2435.5	15.0	2657.8	14.7
广 西 Guangxi	204.9	1.1	221.7	1.2	235.7	1.4
海 南 Hainan	86.1	0.2	90.1	0.3	95.8	0.3
重 庆 Chongqing	208.2	4.2	226.5	4.7	266.0	5.6
四 川 Sichuan	464.6	4.6	515.8	6.1	583.8	6.0
贵 州 Guizhou	129.0	1.1	143.3	1.4	162.2	1.9
云 南 Yunnan	202.5	2.3	215.1	2.4	227.4	4.6
西 藏 Tibet	5.9		8.3		8.8	
陕 西 Shaanxi	247.6	1.4	264.9	1.4	278.6	1.6
甘 肃 Gansu	108.9	0.8	119.7	0.8	130.1	1.1
青 海 Qinghai	29.9	0.5	40.1	0.5	43.2	0.5
宁 夏 Ningxia	37.5	0.2	42.4	0.2	48.9	0.3
新 疆 Xinjiang	214.5	1.6	232.3	1.9	249.3	2.0

9-19 续表 3 continued

单位：万人 (10 000 persons)

地区	Region	2011 年末参保人数 Contributors at the Year-end	2011 享受工伤保险待遇人数 Beneficiaries of Work Injury Insurance	2012 年末参保人数 Contributors at the Year-end	2012 享受工伤保险待遇人数 Beneficiaries of Work Injury Insurance	2013 年末参保人数 Contributors at the Year-end	2013 享受工伤保险待遇人数 Beneficiaries of Work Injury Insurance
全国	**National**	**17696**	**163**	**19010**	**191**	**19917**	**195**
北京	Beijing	862.4	4.7	897.2	4.8	920.3	4.8
天津	Tianjin	320.4	3.8	330.1	3.4	335.1	3.3
河北	Hebei	640.4	8.6	694.8	9.1	737.0	10.5
山西	Shanxi	337.6	5.5	529.6	8.4	550.0	9.7
内蒙古	Inner Mongolia	225.3	3.2	248.9	2.5	277.4	2.2
辽宁	Liaoning	779.1	11.3	819.1	14.0	856.7	13.2
吉林	Jilin	331.6	3.3	359.4	4.2	392.1	5.3
黑龙江	Heilongjiang	450.0	8.2	470.6	6.8	493.1	7.2
上海	Shanghai	939.5	2.5	898.9	6.1	904.1	6.6
江苏	Jiangsu	1327.0	10.7	1420.7	12.3	1487.3	13.6
浙江	Zhejiang	1610.8	22.2	1731.7	23.8	1826.1	22.6
安徽	Anhui	422.0	5.6	457.9	8.8	473.2	8.1
福建	Fujian	496.9	2.8	540.9	3.4	607.5	3.5
江西	Jiangxi	387.9	3.0	410.9	5.5	431.5	4.5
山东	Shandong	1276.1	10.8	1339.6	11.9	1371.9	11.2
河南	Henan	655.5	3.5	720.6	4.8	773.1	4.6
湖北	Hubei	481.0	4.5	522.6	4.0	556.9	5.7
湖南	Hunan	635.5	7.0	693.8	7.8	731.2	8.3
广东	Guangdong	2847.8	15.4	2962.8	16.7	3057.3	16.7
广西	Guangxi	272.5	1.5	312.4	1.8	325.6	1.9
海南	Hainan	104.0	0.3	119.5	0.4	123.4	0.3
重庆	Chongqing	337.1	6.2	374.9	8.0	406.8	8.0
四川	Sichuan	650.8	6.5	689.4	8.0	690.1	8.3
贵州	Guizhou	194.0	2.2	238.2	2.7	260.4	2.3
云南	Yunnan	243.4	3.6	295.3	4.0	334.3	4.4
西藏	Tibet	11.8		14.2	0.1	14.8	
陕西	Shaanxi	326.8	1.9	350.4	2.2	378.1	3.0
甘肃	Gansu	150.2	1.4	158.5	1.8	167.7	1.8
青海	Qinghai	45.6	0.5	49.2	0.6	52.3	0.6
宁夏	Ningxia	58.3	0.3	63.9	0.4	72.7	0.5
新疆	Xinjiang	274.6	2.0	294.1	2.4	309.5	2.5

9-19 续表 4 continued

单位：万人 (10 000 persons)

地 区	Region	2014 年末参保人数 Contributors at the Year-end	2014 享受工伤保险待遇人数 Beneficiaries of Work Injury Insurance	2015 年末参保人数 Contributors at the Year-end	2015 享受工伤保险待遇人数 Beneficiaries of Work Injury Insurance	2016 年末参保人数 Contributors at the Year-end	2016 享受工伤保险待遇人数 Beneficiaries of Work Injury Insurance
全 国	**National**	**20639**	**198**	**21432**	**202**	**21889**	**196**
北 京	Beijing	961.0	5.0	1020.1	4.7	1060.2	4.6
天 津	Tianjin	345.2	3.3	385.6	3.4	388.1	3.4
河 北	Hebei	778.7	10.4	809.7	9.6	840.0	9.8
山 西	Shanxi	563.1	11.1	573.1	10.1	576.0	11.4
内蒙古	Inner Mongolia	289.9	2.3	297.1	2.4	303.2	2.7
辽 宁	Liaoning	903.1	13.2	918.6	13.8	886.6	13.8
吉 林	Jilin	415.6	4.6	435.6	11.3	440.7	4.9
黑龙江	Heilongjiang	505.5	6.3	512.0	6.5	522.2	6.5
上 海	Shanghai	920.5	6.9	932.9	7.0	943.5	6.5
江 苏	Jiangsu	1540.1	14.3	1594.1	14.7	1633.9	15.1
浙 江	Zhejiang	1899.4	22.6	1930.1	20.4	1880.7	18.7
安 徽	Anhui	508.3	8.3	528.9	8.3	544.6	8.7
福 建	Fujian	627.3	3.9	691.0	3.9	733.8	4.2
江 西	Jiangxi	461.2	4.7	500.6	4.6	502.1	4.5
山 东	Shandong	1421.5	11.8	1473.5	11.1	1510.9	11.1
河 南	Henan	805.7	4.6	856.7	5.0	877.0	4.8
湖 北	Hubei	576.7	4.9	640.1	4.9	651.1	7.9
湖 南	Hunan	747.9	8.7	778.0	9.3	773.3	11.1
广 东	Guangdong	3092.6	17.1	3122.7	16.8	3246.2	14.5
广 西	Guangxi	338.2	1.8	360.5	1.9	374.1	1.8
海 南	Hainan	126.1	0.3	131.5	0.3	137.4	0.3
重 庆	Chongqing	426.1	8.1	428.5	7.5	454.9	7.0
四 川	Sichuan	709.7	8.6	753.2	7.9	799.1	7.6
贵 州	Guizhou	275.4	2.3	290.2	2.8	305.0	2.5
云 南	Yunnan	341.7	4.0	368.1	4.3	372.8	3.7
西 藏	Tibet	24.3	0.1	26.9	0.1	26.9	0.1
陕 西	Shaanxi	404.0	2.9	427.3	3.0	441.6	3.0
甘 肃	Gansu	175.1	2.2	182.6	2.3	188.4	2.5
青 海	Qinghai	54.7	0.6	58.0	0.5	59.8	0.5
宁 夏	Ningxia	82.2	0.5	80.8	0.6	83.5	0.5
新 疆	Xinjiang	318.2	2.8	324.4	2.9	331.9	2.4

9-19 续表 5 continued

单位：万人 (10 000 persons)

地 区	Region	2017 年末参保人数 Contributors at the Year-end	2017 享受工伤保险待遇人数 Beneficiaries of Work Injury Insurance	2018 年末参保人数 Contributors at the Year-end	2018 享受工伤保险待遇人数 Beneficiaries of Work Injury Insurance
全 国	**National**	**22724**	**193**	**23874**	**199**
北 京	Beijing	1117.9	4.4	1187.0	4.4
天 津	Tianjin	395.3	3.6	398.5	3.7
河 北	Hebei	860.7	10.0	880.3	10.3
山 西	Shanxi	582.6	6.3	596.6	6.8
内蒙古	Inner Mongolia	307.8	2.4	325.5	2.4
辽 宁	Liaoning	862.1	13.8	841.1	13.7
吉 林	Jilin	441.4	5.1	441.4	3.9
黑龙江	Heilongjiang	519.1	6.2	520.1	6.9
上 海	Shanghai	958.1	6.4	972.9	6.5
江 苏	Jiangsu	1690.2	14.3	1777.5	14.8
浙 江	Zhejiang	1977.2	19.4	2087.8	21.6
安 徽	Anhui	565.5	10.5	603.5	11.3
福 建	Fujian	798.7	4.3	853.9	4.7
江 西	Jiangxi	517.1	5.1	534.6	5.2
山 东	Shandong	1569.1	11.1	1633.0	11.4
河 南	Henan	900.9	5.4	926.3	5.6
湖 北	Hubei	656.6	6.5	675.6	5.3
湖 南	Hunan	782.8	11.9	793.8	13.2
广 东	Guangdong	3402.0	14.5	3592.5	14.5
广 西	Guangxi	388.8	1.6	412.6	1.7
海 南	Hainan	141.4	0.4	152.9	0.4
重 庆	Chongqing	504.6	6.7	577.1	6.4
四 川	Sichuan	876.0	7.6	1012.6	8.2
贵 州	Guizhou	332.5	2.4	355.8	2.4
云 南	Yunnan	383.7	4.4	403.3	4.3
西 藏	Tibet	33.4	0.1	35.7	0.1
陕 西	Shaanxi	459.3	2.8	528.0	3.1
甘 肃	Gansu	198.6	1.9	219.4	2.0
青 海	Qinghai	64.9	0.5	69.2	0.5
宁 夏	Ningxia	90.3	0.5	93.3	0.6
新 疆	Xinjiang	345.1	2.5	372.4	2.4

9-19 续表 6 continued

单位：万人 (10 000 persons)

地 区	Region	2019 年末参保人数 Contributors at the Year-end	2019 享受工伤保险待遇人数 Beneficiaries of Work Injury Insurance	2020 年末参保人数 Contributors at the Year-end	2020 享受工伤保险待遇人数 Beneficiaries of Work Injury Insurance
全 国	**National**	**25478**	**194**	**26763**	**188**
北 京	Beijing	1242.2	4.4	1267.2	3.9
天 津	Tianjin	400.2	4.0	405.6	3.8
河 北	Hebei	951.4	10.0	1069.4	9.7
山 西	Shanxi	624.2	7.4	629.5	7.6
内蒙古	Inner Mongolia	338.2	2.4	336.0	3.3
辽 宁	Liaoning	816.8	13.1	807.1	12.9
吉 林	Jilin	445.9	3.9	384.5	6.4
黑龙江	Heilongjiang	464.1	5.9	442.6	4.6
上 海	Shanghai	1084.1	6.4	1082.2	5.7
江 苏	Jiangsu	2016.3	15.1	2130.8	14.7
浙 江	Zhejiang	2257.4	22.2	2546.1	17.2
安 徽	Anhui	639.1	7.0	683.9	6.8
福 建	Fujian	891.1	4.8	936.8	4.8
江 西	Jiangxi	539.4	4.2	558.0	4.7
山 东	Shandong	1710.7	11.9	1822.1	12.4
河 南	Henan	966.2	4.6	1000.0	4.7
湖 北	Hubei	717.3	5.0	745.8	4.5
湖 南	Hunan	807.6	13.4	820.5	12.3
广 东	Guangdong	3815.8	15.6	3866.7	14.7
广 西	Guangxi	442.2	1.8	485.6	2.0
海 南	Hainan	159.6	0.4	170.1	0.4
重 庆	Chongqing	661.7	6.2	729.9	6.0
四 川	Sichuan	1177.1	8.6	1320.1	7.9
贵 州	Guizhou	408.5	2.6	463.8	3.4
云 南	Yunnan	438.5	4.9	498.8	4.9
西 藏	Tibet	36.8	0.1	40.2	0.1
陕 西	Shaanxi	577.4	3.0	604.2	3.2
甘 肃	Gansu	244.1	1.5	264.6	1.5
青 海	Qinghai	74.0	0.5	85.9	0.7
宁 夏	Ningxia	119.6	0.6	132.6	0.6
新 疆	Xinjiang	410.2	2.6	432.8	2.1

9-20 各地区工伤保险基本情况(2020年)

单位：人、亿元

地区	Region	参保人数(万人) Contributors at the Year-end (10 000 persons)	享受伤残待遇人数 Beneficiaries of Work Injury Insurance	#享受职业病待遇人数 Beneficiaries of Occupational Diseases	一至四级 Level 1 to Level 4 Disability	#职业病 Occupational Diseases
全国	**National**	**26763**	**1537506**	**99955**	**225081**	**60615**
北京	Beijing	1267	31832	7267	7879	4328
天津	Tianjin	406	34975	8039	7028	3410
河北	Hebei	1069	72497	3607	10203	2336
山西	Shanxi	630	50991	4050	20402	3204
内蒙古	Inner Mongolia	336	30294	1393	7203	549
辽宁	Liaoning	807	113638	6119	17953	3693
吉林	Jilin	385	60292	2252	10050	1241
黑龙江	Heilongjiang	443	39110	4063	11470	2541
上海	Shanghai	1082	50361	919	4296	658
江苏	Jiangsu	2131	126294	2218	12729	1011
浙江	Zhejiang	2546	158558	160	4079	43
安徽	Anhui	684	53455	1662	4110	605
福建	Fujian	937	40729	6033	4348	2405
江西	Jiangxi	558	35789	5056	8242	4244
山东	Shandong	1822	92242	9219	16618	5015
河南	Henan	1000	32335	3810	7767	1936
湖北	Hubei	746	40258	837	4677	695
湖南	Hunan	820	106414	5600	6575	2048
广东	Guangdong	3867	116994	1667	5457	542
广西	Guangxi	486	15000	601	1802	294
海南	Hainan	170	2880	21	293	12
重庆	Chongqing	730	48695	9156	10138	7222
四川	Sichuan	1320	63199	8373	14965	6104
贵州	Guizhou	464	27872	1843	4040	1455
云南	Yunnan	499	37601	4126	10804	3711
西藏	Tibet	40	766	1	49	1
陕西	Shaanxi	604	20823	192	3283	135
甘肃	Gansu	265	9090	534	3113	415
青海	Qinghai	86	4687	201	764	98
宁夏	Ningxia	133	5090	552	1043	316
新疆	Xinjiang	433	14745	384	3701	348

注：工伤保险累计结余中含储备金。

a) Balance of work injury insurance includes reserves.

WORK INJURY INSURANCE BY REGION (2020)

(person, 100 million yuan)

五至六级		七至十级		其 他		基金收入 Revenue	基金支出 Expenses	累计结余 Balance at the Year-end
Level 5 to Level 6 Disability	#职业病 Occupational Diseases	Level 7 to Level 10 Disability	#职业病 Occupational Diseases	Others	#职业病 Occupational Diseases			
67057	**12257**	**681467**	**18218**	**563901**	**8660**	**486.3**	**820.3**	**1449.3**
1706	1263	15713	1631	6534	41	21.3	37.9	41.4
3645	2329	13794	2266	10508	34	5.9	12.1	11.4
3131	423	32358	611	26805	230	31.3	48.2	35.6
4009	156	19471	598	7109	89	23.0	39.3	41.2
4610	446	9408	166	9073	232	7.9	13.2	40.4
11732	1251	53088	961	30865	206	23.8	32.6	42.8
8699	872	36784	136	4759	3	7.2	9.6	35.2
5263	597	15719	627	6658	298	20.4	23.0	28.7
545	93	39153	168	6367		19.4	37.4	43.8
1718	364	74601	579	37246	264	36.0	76.2	121.2
996	7	79254	35	74229	73	38.8	62.3	77.1
841	71	21834	373	26670	560	15.1	24.6	37.5
653	207	17414	1495	18314	1922	10.4	24.2	49.0
1837	291	9424	381	16286	135	15.2	16.8	53.2
4303	1119	34588	1955	36733	1088	29.9	55.8	93.8
1403	530	8679	1323	14486	17	16.1	25.7	60.6
1621	23	11130	78	22830	41	9.1	18.6	39.8
2929	541	28353	877	68557	2108	31.1	39.6	87.3
988	163	60090	405	50459	541	29.3	72.0	232.1
304	69	4840	82	8054	156	6.8	9.9	48.0
42		612	5	1933	3	1.7	2.0	18.2
872	391	22672	1317	15013	225	12.3	20.2	4.5
2576	687	29091	1448	16567	110	23.4	34.3	73.0
353	29	14770	342	8709	15	9.3	17.9	12.3
710	190	7332	220	18755	5	9.1	16.0	21.1
25		473		219		1.5	1.3	6.8
463	14	6268	37	10809	6	10.9	16.8	35.5
502	88	2807	27	2668	2	6.5	9.3	15.6
55	20	1396	31	2472	51	2.3	3.7	10.4
156	14	3576	27	315	195	2.6	5.1	9.2
370	9	6775	17	3899	10	8.8	14.7	22.4

9-21 各地区工伤认定情况(2020年)

单位：人

地区 Region	当期认定(视同)工伤人数 合计 Total	认定工伤件数 小计 Sub-total	在工作时间和工作场所内因工作原因受到事故伤害 Injured by the Work Accident at the Workplace During the Work Time	工作时间前后在工作场所内从事与工作有关的预备性或者收尾性工作受到事故伤害 Injured by the Accident Related to the Preparation or Ending of Work at the Workplace During the Work Time	在工作时间和工作场所内因履行工作职责受到暴力等意外伤害 Injured by Non-work Accident such as Violence in Fulfilling Work-related Responsibilities at the Workplace During the Work Time	患职业病 Suffering from the Occupational Disease
全国 National	**1119673**	**1107576**	**929136**	**12189**	**7200**	**10736**
北京 Beijing	19094	18622	12666	377	181	722
天津 Tianjin	19831	19652	16243	297	307	132
河北 Hebei	50022	49324	41321	611	454	519
山西 Shanxi	29271	28766	25491	237	88	1261
内蒙古 Inner Mongolia	11000	10732	7875	271	170	410
辽宁 Liaoning	33881	33367	29216	344	306	212
吉林 Jilin	8920	8668	7615	79	73	78
黑龙江 Heilongjiang	12232	11863	10021	201	181	446
上海 Shanghai	39860	39485	29369	838	244	104
江苏 Jiangsu	126231	125494	100683	981	431	396
浙江 Zhejiang	161567	161114	146058	925	262	248
安徽 Anhui	38849	38565	30990	430	167	281
福建 Fujian	37599	37339	32084	450	151	597
江西 Jiangxi	27294	27063	22855	216	147	185
山东 Shandong	69502	68576	54995	911	339	646
河南 Henan	26250	25607	19904	412	166	304
湖北 Hubei	29211	28725	24157	446	272	267
湖南 Hunan	52313	51929	45604	321	469	423
广东 Guangdong	130799	129519	111263	1480	702	707
广西 Guangxi	15104	14820	12035	132	321	83
海南 Hainan	2810	2750	2250	17	25	30
重庆 Chongqing	38282	38098	33944	364	378	446
四川 Sichuan	46196	45810	36726	435	541	931
贵州 Guizhou	23716	23485	20430	306	145	535
云南 Yunnan	18150	17808	13992	178	259	263
西藏 Tibet	814	784	645	8	2	1
陕西 Shaanxi	20680	20338	16217	477	204	229
甘肃 Gansu	8092	7901	6538	69	69	85
青海 Qinghai	3175	3116	2817	14	21	34
宁夏 Ningxia	6798	6715	5498	103	50	62
新疆 Xinjiang	12130	11541	9634	259	75	99

WORK INJURY CERTIFICATION BY REGION (2020)

(person)

Cases Certified(Cases Considered) as Suffering Work Injury							不予认定工伤人数	当期不予受理申请人数
Cases Certified as Suffering Work Injury			视同工伤件数 Cases Considered as Suffering Work Injury					
因工外出期间由于工作原因受到伤害或者发生事故下落不明 Injured by Work-related Accident or Missing Due to Accident When Outside the Workplace Due to Work-related Reasons	在上下班途中受到机动车事故伤害 Injured by Automobile Accident on the Road to Work from Home and Back Home from Work	其他应当认定为工伤的情形 Other Circumstances That Shall be Certified as Suffering Work Injury as Stipulated by Laws and Regulations	小计 Sub-total	在工作时间和工作岗位突发疾病死亡或者在48小时之内经抢救无效死亡 Died Immediately or Within 48 Hours after Unsuccessful Salvage Due to Illness Outburst at the Workplace During the	在抢险救灾等维护国家利益、公共利益活动中受到伤害 Injured in Rescue Activities for Protecting the Common Good of the State and the Public in Case of Emergencies or Natural	因战、因公负伤致残到用人单位后旧伤复发 Recrudescing of Previous Injury as a Result of War or Public Activities on the Employee Who Hold an Honorable Disabled Veteran Certificate	Cases Not be Certified or Considered as Suffering Work Injury	Work Injury Certification Applications Not Accepted
57555	**89942**	**818**	**12097**	**11718**	**251**	**128**	**20102**	**6690**
1809	2858	9	472	462	6	4	255	57
1156	1516	1	179	173	1	5	264	38
2649	3761	9	698	688	3	7	1028	110
611	1078		505	503	1	1	300	97
1092	911	3	268	258	6	4	371	92
1469	1763	57	514	510		4	501	106
343	431	49	252	250		2	88	28
507	506	1	369	361	3	5	106	84
2933	5997		375	372	1	2	625	99
4662	18337	4	737	721	9	7	1950	707
4887	8627	107	453	447	3	3	512	589
1801	4884	12	284	272	7	5	559	115
1513	2539	5	260	257	2	1	490	171
1154	2505	1	231	212	7	12	603	260
4452	7181	52	926	879	20	27	847	234
1943	2860	18	643	637	3	3	557	133
1364	2211	8	486	388	91	7	795	92
2381	2645	86	384	377	5	2	1087	100
8180	7181	6	1280	1247	32	1	3636	651
1137	1108	4	284	271	10	3	562	69
234	192	2	60	59	1		162	52
1149	1817		184	177	3	4	780	1961
3165	3969	43	386	367	11	8	1385	198
1203	849	17	231	226	5		475	193
1990	942	184	342	337	4	1	555	93
112	16		30	29		1	16	10
1671	1404	136	342	334	5	3	341	136
615	524	1	191	188	1	2	196	53
137	93		59	58	1		111	11
367	635		83	80	3		385	35
869	602	3	589	578	7	4	560	116

9–22 分地区因工死亡人员工伤认定情况(2020年)

单位：人

地 区	Region	当期认定(视同)工伤人数					
		合 计	认定工伤件数				
		Total	小 计 Sub-total	在工作时间和工作场所内因工作原因受到事故伤害 Injured by the Work Accident at the Workplace During the Work Time;	工作时间前后在工作场所内从事与工作有关的预备性或者收尾性工作受到事故伤害 Injured by the Accident Related to the Preparation or Ending of Work at the Workplace During the Work Time	在工作时间和工作场所内因履行工作职责受到暴力等意外伤害 Injured by Non-work Accident such as Violence in Fulfilling Work-related Responsibilities at the Workplace During the Work Time	患职业病 Suffering from the Occupational Disease
全 国	**National**	**26250**	**14455**	**8280**	**97**	**169**	**53**
北 京	Beijing	731	269	108	2	5	
天 津	Tianjin	337	164	83		1	
河 北	Hebei	1736	1048	537	2	7	1
山 西	Shanxi	1018	515	300	9	2	3
内 蒙 古	Inner Mongolia	466	206	104	3	3	
辽 宁	Liaoning	1016	506	335	3	8	3
吉 林	Jilin	368	118	71	3	3	
黑 龙 江	Heilongjiang	538	177	95	2	10	
上 海	Shanghai	712	340	200	1	3	1
江 苏	Jiangsu	2224	1497	765	4	7	1
浙 江	Zhejiang	1354	906	577	5	6	4
安 徽	Anhui	684	412	204	3	2	1
福 建	Fujian	785	527	353	7	6	2
江 西	Jiangxi	653	437	249	5	1	
山 东	Shandong	2284	1394	682	6	17	12
河 南	Henan	1137	500	259	1	2	
湖 北	Hubei	825	422	253	4	6	2
湖 南	Hunan	1086	706	490	2	1	1
广 东	Guangdong	2488	1232	688	8	17	10
广 西	Guangxi	539	264	144	3	9	
海 南	Hainan	108	49	28		1	
重 庆	Chongqing	530	353	247	4	4	
四 川	Sichuan	1060	684	392	2	15	
贵 州	Guizhou	534	306	186	4	8	
云 南	Yunnan	632	293	190		12	
西 藏	Tibet	74	45	31	1	3	
陕 西	Shaanxi	741	405	260	7	6	12
甘 肃	Gansu	413	224	159	2	2	
青 海	Qinghai	168	110	74	1	1	
宁 夏	Ningxia	185	104	63	1	1	
新 疆	Xinjiang	684	198	126	2		
新疆兵团	Xinjiang Pyoduction and Construction Crops	140	44	27			

WORK INJURY CERTIFICATION INVOLVING DEATHS BY REGION(2020)

(person)

Cases Certified(Cases Considered) as Suffering Work Injury							不予认定工伤人数	当期不予受理申请人　数
Cases Certified as Suffering Work Injury			视同工伤件数　Cases Considered as Suffering Work Injury					
因工外出期间由于工作原因受到伤害或者发生事故下落不明 Injured by Work-related Accident or Missing Due to Accident When Outside the Workplace Due to Work-related Reasons	在上下班途中受到机动车事故伤害 Injured by Automobile Accident on the Road to Work from Home and Back Home from Work	其他应当认定为工伤的情形 Other Circumstances That Shall be Certified as Suffering Work Injury as Stipulated by Laws and Regulations	小　计 Sub-total	在工作时间和工作岗位突发疾病死亡或者在48小时之内经抢救无效死亡 Died Immediately or Within 48 Hours after Unsuccessful Salvage Due to Illness Outburst at the Workplace During the	在抢险救灾等维护国家利益、公共利益活动中受到伤害 Injured in Rescue Activities for Protecting the Common Good of the State and the Public in Case of Emergencies or Natural	因战、因公负伤致残到用人单位后旧伤复发 Recrudescing of Previous Injury as a Result of War or Public Activities on the Employee Who Hold an Honorable Disabled Veteran Certificate	Cases Not be Certified or Considered as Suffering Work Injury	Work Injury Certification Applications Not Accepted
1490	**4343**	**23**	**11795**	**11718**	**71**	**6**	**3755**	**303**
72	82		462	462			75	7
21	59		173	173			5	1
10	489	2	688	688			298	9
37	164		503	503			84	10
31	64	1	260	258	2		66	6
44	112	1	510	510			111	9
20	21		250	250			30	4
30	40		361	361			42	4
53	82		372	372			70	
140	577	3	727	721	6		197	10
100	214		448	447	1		65	21
28	174		272	272			92	3
37	118	4	258	257	1		147	9
30	152		216	212	2	2	97	8
161	514	2	890	879	11		199	13
57	178	3	637	637			235	21
33	124		403	388	12	3	181	3
67	144	1	380	377	3		242	5
164	345		1256	1247	9		502	34
37	68	3	275	271	4		133	10
17	3		59	59			38	1
15	83		177	177			133	85
76	199		376	367	8	1	125	8
37	70	1	228	226	2		95	7
43	47	1	339	337	2		177	1
8	2		29	29				
35	84	1	336	334	2		57	3
22	39		189	188	1		69	5
13	21		58	58			15	
7	32		81	80	1		46	
39	31		486	482	4		102	6
6	11		96	96			27	

9–23 各地区劳动能力鉴定情况(2020年)
WORK CAPACITY ASSESSMENT BY REGION(2020)

单位：人 (person)

地区 Region	申请鉴定人数 Work Capacity Assessment Applicants						评定伤残等级人数 Persons Assessed as Certain Level of Work-related Disable				存在生活自理障碍人数 Persons Assessed as Living-related Disable
	小计 Sub-total	初次申请 First Applications	再次申请 Second Applications	#改变结论 Concusions Changed	复查申请 Reassessment Applications	#改变结论 Concusions Changed	小计 Sub-total	一至四级 Level 1 to Level 4	五至六级 Level 5 to Level 6	七至十级 Level 7 to Level 10	
全　国 National	**719541**	**699299**	**15302**	**2835**	**4940**	**1646**	**604159**	**10714**	**10629**	**582816**	**5786**
北　京 Beijing	13686	13295	88	2	303	261	11501	413	237	10851	128
天　津 Tianjin	9998	9763	157	34	78	22	9372	105	156	9111	70
河　北 Hebei	46828	46155	366	69	307	51	22091	347	389	21355	170
山　西 Shanxi	20307	19786	329	90	192	124	17670	1086	633	15951	487
内蒙古 Inner Mongolia	7460	7035	334	91	91	49	6686	634	234	5818	142
辽　宁 Liaoning	17504	16657	278	25	569	108	15006	319	301	14386	178
吉　林 Jilin	5537	5354	132	32	51	15	4885	82	157	4646	46
黑龙江 Heilongjiang	8746	8222	336	47	188	100	7102	375	269	6458	95
上　海 Shanghai	33491	32865	551	60	75	33	30345	184	234	29927	133
江　苏 Jiangsu	89498	88176	941	38	381	41	81708	611	870	80227	363
浙　江 Zhejiang	105108	102389	2690	526	29	11	96716	507	1094	95115	375
安　徽 Anhui	24847	23842	888	186	117	38	21918	328	396	21194	176
福　建 Fujian	21285	20238	842	223	205	190	16611	699	471	15441	152
江　西 Jiangxi	13717	12968	628	81	121	86	11936	274	185	11477	176
山　东 Shandong	38895	37459	1127	109	309	89	30986	697	760	29529	353
河　南 Henan	17862	17327	417	156	118	37	12098	384	434	11280	211
湖　北 Hubei	13123	12459	531	109	133	22	11412	203	239	10970	116
湖　南 Hunan	37044	36342	527	174	175	79	27080	486	279	26315	703
广　东 Guangdong	73897	72511	1231	117	155	56	64339	536	892	62911	320
广　西 Guangxi	6778	6608	160	32	10	6	5549	117	128	5304	84
海　南 Hainan	637	622	13	6	2	1	606	22	33	551	17
重　庆 Chongqing	23948	22813	780	143	355		21424	341	231	20852	215
四　川 Sichuan	33044	31465	1000	260	579	78	25913	756	730	24427	500
贵　州 Guizhou	17465	17177	234	68	54	30	16531	254	231	16046	137
云　南 Yunnan	7653	7527	95	15	31	16	7350	207	327	6816	71
西　藏 Tibet	742	727	13	6	2	1	495	9	10	476	19
陕　西 Shaanxi	12429	12215	169	14	45	13	11061	294	309	10458	138
甘　肃 Gansu	4092	3931	83	27	78	50	3769	180	142	3447	55
青　海 Qinghai	1586	1550	27	14	9	9	1522	39	42	1441	19
宁　夏 Ningxia	4368	4208	108	25	52	2	4038	111	87	3840	39
新　疆 Xinjiang	6812	6484	214	48	114	22	5431	89	114	5228	81
新疆兵团 Xinjiang Production and Construction Crops	1154	1129	13	8	12	6	1008	25	15	968	17

十、工会工作

TRADE UNION WORKS

10-1 各地区基层工会组织数(2020年)

单位：个

地 区	Region	总 计 Total	国有企业 State-owned	集体企业 Urban Collective-owned	股份合作企 业 Coopera-tive	联营企业 Joint-owned	有限责任公 司 Limited Liability Corporations
全 国	**National**	**2475560**	**72399**	**50284**	**28021**	**6002**	**202231**
北 京	Beijing	34837	1351	1461	368	31	11841
天 津	Tianjin	16523	756	202	75	1	1428
河 北	Hebei	125168	3441	3031	899	348	5070
山 西	Shanxi	53834	2566	1746	325	51	3128
内蒙古	Inner Mongolia	57177	1999	610	429	91	7375
辽 宁	Liaoning	55558	2084	771	410	86	5285
吉 林	Jilin	28564	1488	202	278	29	2218
黑龙江	Heilongjiang	53395	3732	1335	425	76	3591
上 海	Shanghai	47786	1710	1670	391	35	3959
江 苏	Jiangsu	155112	2822	3119	2507	310	11637
浙 江	Zhejiang	136655	2314	1887	4145	297	18700
安 徽	Anhui	100236	2639	3206	1349	210	9386
福 建	Fujian	108305	3751	1255	947	406	4883
江 西	Jiangxi	87051	3409	1866	1843	378	3878
山 东	Shandong	115382	3919	2652	1171	109	10528
河 南	Henan	168789	4348	4509	1876	451	7777
湖 北	Hubei	116848	2782	3290	1468	534	7996
湖 南	Hunan	148715	4126	4942	2619	582	6879
广 东	Guangdong	215344	4662	3464	1358	222	14893
广 西	Guangxi	73040	2723	1325	371	660	3992
海 南	Hainan	15749	689	381	133	26	4966
重 庆	Chongqing	50041	998	584	664	133	4674
四 川	Sichuan	148262	3075	1316	1174	198	13057
贵 州	Guizhou	63764	2307	941	415	245	5068
云 南	Yunnan	86080	1513	679	427	74	6689
西 藏	Tibet	8150	309	77	29	4	180
陕 西	Shaanxi	108302	3098	3000	1265	288	15096
甘 肃	Gansu	38301	1173	355	263	41	2503
青 海	Qinghai	14787	493	84	93	21	511
宁 夏	Ningxia	11324	321	32	37	3	1448
新 疆	Xinjiang	32481	1801	292	267	62	3595

NUMBER OF GRASSROOTS TRADE UNION BY REGION (2020)

(unit)

股份有限公司 Share-holding Corporations Ltd.	私营企业 Private	其他内资企业 Other Enterprises of	个体经营户 Individuals	港澳台商投资企业 Funded by Entrepreneurs from HongKong, Macao & Taiwan	外商投资企业 Foreign Funded	事业单位 Institutions	机关 Agencies and Organizations	其他 Others
64356	**1182292**	**8841**	**84164**	**23021**	**33582**	**326709**	**198755**	**193595**
1283	5153	50	796	357	787	5063	1749	3239
592	7401	18	27	210	763	2759	1214	1077
2289	59679	2328	3815	201	569	14059	10353	19086
1364	17541	27	1634	27	57	11028	6574	7766
1075	28618	31	856	34	91	8613	6157	1198
1380	20161	144	1053	304	1271	8984	5272	8353
923	9725	22	747	37	158	7469	3278	1990
1234	22097	26	2696	100	277	8726	5129	3951
1625	22504	463	300	1343	3479	5848	1350	3109
4425	88368	627	2327	3649	7113	14323	6296	7589
5561	73273	500	1456	1761	2474	13781	7008	3498
2581	44649	175	3743	168	322	12797	7808	11203
2451	68270	1007	1243	2276	2415	9250	5901	4250
1686	46460	202	2774	295	980	13071	7991	2218
3988	50101	246	3565	463	2345	17902	10335	8058
3319	87134	258	11050	132	200	23455	12112	12168
2705	59405	289	2916	377	807	16197	7139	10943
3851	77468	590	9268	161	288	17363	12253	8325
3713	125618	1056	9776	10119	6752	18754	9779	5178
2923	34991	102	2266	230	420	11661	7357	4019
695	2314	8	252	83	84	2716	1567	1835
1573	23653	82	4559	86	226	6920	3530	2359
3334	56114	253	6785	305	637	22417	16280	23317
2964	22311	117	936	31	56	9891	7027	11455
2095	50402	54	1646	101	197	9066	9203	3934
101	694	2	277			626	3215	2636
2440	43716	125	4152	84	670	15125	7793	11450
650	14954	14	844	34	52	7827	5937	3654
197	4900	5	1395	11	9	2276	2371	2421
344	3755	1	150	17	23	1864	1376	1953
995	10863	19	860	25	60	6878	5401	1363

10–2 各地区工会会员人数(2020年)

单位：人

地 区	Region	总 计 Total	内资企业 Enterprises of Domestic Funded 国有企业 State-owned	集体企业 Urban Collective-owned	股份合作企业 Coopera-tive	联营企业 Joint-owned	国有独资公司 State Funded Corporations	其他有限责任公司 Other Limited Liability Corporations
全 国	**National**	**271897986**	**20272781**	**5798311**	**4539128**	**904681**	**5311396**	**17764410**
北 京	Beijing	5357145	576143	136796	33804	5147	191078	954770
天 津	Tianjin	2608462	268296	49250	9578	44	135936	170065
河 北	Hebei	14216246	1018142	309815	159197	55727	143451	626381
山 西	Shanxi	7102168	875058	182083	90090	12785	314527	487805
内蒙古	Inner Mongolia	5417726	882216	83023	79893	27782	184033	435823
辽 宁	Liaoning	8233448	1018076	129997	67177	8834	222895	416748
吉 林	Jilin	3429863	493344	28688	68549	5212	78827	177084
黑龙江	Heilongjiang	6140963	1165944	128786	50950	12308	307603	248951
上 海	Shanghai	6903331	407407	277045	58730	3425	494506	410994
江 苏	Jiangsu	21562148	854599	487873	578495	62131	280528	1384396
浙 江	Zhejiang	18817677	450244	293630	637100	39273	249956	2329868
安 徽	Anhui	8924446	647068	347810	155430	19382	113180	769533
福 建	Fujian	8819573	550672	77530	121381	31611	109958	369387
江 西	Jiangxi	8596419	727822	170398	336417	81787	48267	262496
山 东	Shandong	15137042	1285445	374843	378723	18042	375857	1283467
河 南	Henan	15621744	1297717	594622	331820	52498	147261	605171
湖 北	Hubei	11907655	730854	492885	204288	89350	266753	835316
湖 南	Hunan	11689208	820556	446867	249049	85971	126936	449590
广 东	Guangdong	25435745	1036437	392306	268695	90051	243296	1549595
广 西	Guangxi	6214584	606759	117454	78513	43934	144441	296796
海 南	Hainan	1622979	89989	16538	19043	7560	31581	246563
重 庆	Chongqing	5637165	296969	30577	68529	12072	111442	499910
四 川	Sichuan	19338444	871905	133266	180966	18951	204994	1019161
贵 州	Guizhou	7706568	546333	121140	43024	29898	115388	236403
云 南	Yunnan	5151728	446903	43377	38386	5395	161355	321394
西 藏	Tibet	596196	40053	4371	5724	158	4228	11197
陕 西	Shaanxi	8747475	971338	222663	113098	40741	293079	778425
甘 肃	Gansu	4206414	446004	45968	57177	37487	78351	183085
青 海	Qinghai	1220304	167571	3850	10754	661	13332	30561
宁 夏	Ningxia	1168380	143609	1938	12248	694	30326	95267
新 疆	Xinjiang	4366740	539308	52922	32300	5770	88031	278208

TRADE UNION MEMBERS IN GRASSROOTS TRADE UNION BY REGION (2020)

(person)

内资企业 Enterprises of Domestic Funded				个体经营户 Individuals	港澳台商投资企业 Funded by Entrepreneurs from HongKong Macao&Taiwan	外商投资企业 Foreign Funded	事业单位 Institutions	机关 Agencies and Organization	其他 Others
国有控股公司 State-holding	其他股份有限公司 Other Share-holding Corporations Ltd.	私营企业 Private	其他企业 Others						
7837078	**7479379**	**88782550**	**1124935**	**8151322**	**5886335**	**7496319**	**36283692**	**18972229**	**34459233**
245551	163284	326959	3750	61349	72040	224492	841554	397980	288241
225800	50635	843621	3038	4711	48954	182132	352651	186633	77118
278072	235207	5192377	214419	356587	94512	138032	1751802	954624	2687901
696572	144681	1731446	10913	228176	110329	10898	1023334	524395	659076
132285	160820	1821213	2001	37204	6596	17958	790053	524263	232563
271905	150576	1374663	9072	98351	55329	279704	1397319	720772	2012030
134709	111576	811821	3022	78085	9645	35760	720895	301818	370828
231399	94856	1492326	4064	291220	18208	65925	1019394	453450	555579
612818	177144	1939530	203140	30485	268695	799310	661908	189964	368230
413389	732916	8839402	102593	322735	855149	1572211	2019901	853011	2202819
363488	971660	8833934	68692	194418	434569	600877	1853065	576455	920448
248667	299733	2681577	26384	253237	48009	92668	1213357	613788	1394623
210050	220909	4205732	66970	136665	518059	385731	770077	430434	614407
94351	157992	4305736	14374	152773	104768	191662	1143577	638359	165640
461881	663002	4258395	29119	377686	127883	450168	2413417	1017613	1621501
243645	359458	5146578	40461	898963	149920	47984	2631085	1423403	1651158
512223	286400	4062181	32481	303090	126973	188456	1552575	518634	1705196
297576	278927	4606311	60383	588627	41288	58354	1557510	1158103	863160
536782	936199	10512027	143642	480514	2505875	1743254	2564170	1043954	1388948
154149	165261	1890829	9261	167410	57583	56806	1197148	567017	661223
53959	44214	139056	1879	4848	9030	19042	262468	356040	321169
144723	125580	1871828	12826	1055111	33332	56422	646499	271658	399687
296638	361105	4327154	27864	1148664	130687	125951	2603718	1390766	6496654
171092	85731	1491777	3934	146079	13532	13330	1015012	775689	2898206
224247	113159	1373014	14202	86279	17291	25772	996199	791938	492817
13036	4486	31984	167	15040			100388	195967	169397
238356	200779	2135533	12365	344546	15076	85649	1198566	507306	1589955
130540	42067	1135374	846	108045	4826	9911	789715	608634	528384
25598	10482	198771	191	54117	1684	1734	155891	126645	418462
20205	37613	235088	48	3991	1330	5655	187426	116845	276097
153372	92927	966313	2834	122316	5163	10471	853018	736071	427716

10-3 分地区基层单位建立职工代表大会制度情况(2020年)
EMPLOYEE CONGRESS SYSTEM IN GRASSROOTS TRADE UNION BY REGION (2020)

地区	Region	建立职工(代表)大会制度的企事业单位(个) Number of Establishments with Employee Congress (unit)	本年度召开过职工(代表)大会的企事业单位(个) Number of Establishments with Congress Held (unit)	职工代表大会的职工代表(人) Congress Members (person)	#女职工代表 Female	实行厂务公开的企事业单位(个) Number of Establishments with Publishing Management Affairs (unit)
全国	**National**	**3672534**	**2965687**	**16855533**	**5433912**	**3609234**
北京	Beijing	54991	48377	298160	123426	49912
天津	Tianjin	70837	70259	262026	108166	75062
河北	Hebei	150595	108441	606183	145515	140224
山西	Shanxi	97841	86847	487312	122830	94077
内蒙古	Inner Mongolia	63326	43198	329365	88928	64080
辽宁	Liaoning	74096	58258	408775	139394	68623
吉林	Jilin	45940	32968	225631	77048	40100
黑龙江	Heilongjiang	79439	63566	409375	109918	75745
上海	Shanghai	115676	104685	504077	196032	119005
江苏	Jiangsu	307308	252395	2063025	679161	258919
浙江	Zhejiang	396410	304570	1871337	728897	395276
安徽	Anhui	72617	42009	356781	91812	73245
福建	Fujian	190324	161586	593306	218102	184297
江西	Jiangxi	105688	74273	477803	129264	110045
山东	Shandong	137055	116843	1130518	350975	133834
河南	Henan	152652	92361	764006	222698	151200
湖北	Hubei	177913	163849	851986	274381	176258
湖南	Hunan	138372	104837	654400	148207	135656
广东	Guangdong	285812	233663	1305912	458372	329317
广西	Guangxi	107231	100084	402548	113906	108241
海南	Hainan	14593	8372	73453	25486	14511
重庆	Chongqing	141726	129812	334394	115289	139829
四川	Sichuan	262396	239741	944533	305246	253596
贵州	Guizhou	71155	47308	219937	61503	69791
云南	Yunnan	85556	66438	296168	103960	83945
西藏	Tibet	915	609	6897	1744	1974
陕西	Shaanxi	142239	110654	393230	106521	139776
甘肃	Gansu	60225	52456	267674	71399	58720
青海	Qinghai	14636	10721	56687	14921	13858
宁夏	Ningxia	9725	9312	66710	23128	10429
新疆	Xinjiang	44349	26530	173003	69330	38837
中央和国家机关	CCCPC and Government Agencies	896	665	20321	8353	852

10-4 各地区基层以上工会职业培训机构情况(2020年)
VOCATIONAL TRAINING ORGANIZATIONS ABOVE GRASSROOTS TRADE UNION BY REGION (2020)

地区	Region	工会开办的职业培训机构(个) Number of Vocational Training (Organizations)	本年度工会职业培训机构培训人次(人次) Trained Persons (person-time)	#农民工人次数 Migrant Workers	#下岗和失业人员人次数 Laid-off and Unemployment Persons	#经培训实现再就业人次数 Reemployees
全国	**National**	**1080**	**584837**	**260250**	**149907**	**75934**
北京	Beijing					
天津	Tianjin	2	2368	1200	220	160
河北	Hebei	91	31557	19526	6553	3097
山西	Shanxi	40	10957	4361	2207	1152
内蒙古	Inner Mongolia	20	6102	1623	1476	877
辽宁	Liaoning	53	16549	6754	8703	3830
吉林	Jilin	34	5015	1488	2444	1439
黑龙江	Heilongjiang	29	7003	1387	3601	978
上海	Shanghai	4	135			
江苏	Jiangsu	53	86744	13720	13255	4866
浙江	Zhejiang	47	97229	40650	20955	7343
安徽	Anhui	25	7473	2549	4172	3188
福建	Fujian	26	22008	5732	1863	471
江西	Jiangxi	28	10000	7309	2062	914
山东	Shandong	73	39140	20727	11552	8260
河南	Henan	86	49084	29197	14285	7389
湖北	Hubei	55	11881	6232	4696	2945
湖南	Hunan	70	20707	11036	9228	5715
广东	Guangdong	12	17129	7190	6354	3445
广西	Guangxi	56	10810	5853	2986	2013
海南	Hainan	5	1200	554	489	439
重庆	Chongqing	36	37152	23868	10180	5460
四川	Sichuan	96	31300	19599	9973	6090
贵州	Guizhou	29	8216	5774	2618	781
云南	Yunnan	20	9002	6109	1453	835
西藏	Tibet	2	4261			
陕西	Shaanxi	32	14512	8458	5227	1862
甘肃	Gansu	40	5911	3484	1477	839
青海	Qinghai	4	1600	440	260	45
宁夏	Ningxia	3	17155	3735	1378	1352
新疆	Xinjiang	9	2637	1695	240	149

10–5 各地区基层工会开展合理化建议和劳动竞赛活动情况(2020年)
CONDITION OF CARRYING OUT RATIONALIZED PROPOSALS AND LABOR EMULATION IN GRASSROOTS TRADE UNION BY REGION (2020)

地区	Region	本年度职工提出合理化建议件数(件) Rationalized Proposals Put Forward by the Staff and Workers This Year (case)	本年度已实施的合理化建议件数(件) Rationalized Proposals Practiced This Year (case)	本年度开展了劳动和技能竞赛的基层工会(个) Grassroots Trade union Participating in Labor Emulation This Year (unit)	本年度参加劳动和技能竞赛的职工(人次) Person/Time of Staff and Workers Participating in Labor Emulation (person-time)
全国	**National**	**7850501**	**5642039**	**563566**	**54133558**
北京	Beijing	310915	239544	4462	1182052
天津	Tianjin	306823	207459	11997	1917684
河北	Hebei	321394	182784	33096	2699514
山西	Shanxi	261499	78869	7775	1500660
内蒙古	Inner Mongolia	597976	486883	32565	3031993
辽宁	Liaoning	244166	182305	5345	1086352
吉林	Jilin	510347	461102	4143	418105
黑龙江	Heilongjiang	64082	42333	12112	1145509
上海	Shanghai	1121234	953940	8487	1839849
江苏	Jiangsu	524473	295852	44021	3929481
浙江	Zhejiang	225517	147313	51332	4491154
安徽	Anhui	177540	124443	12112	1314143
福建	Fujian	77916	36595	15137	983840
江西	Jiangxi	65283	25874	19919	1656416
山东	Shandong	709906	476735	33166	3845554
河南	Henan	105244	74272	13450	1302389
湖北	Hubei	324557	230354	23626	2385387
湖南	Hunan	254765	173383	47420	3338509
广东	Guangdong	579417	482989	43317	2649827
广西	Guangxi	149417	130272	7923	1086586
海南	Hainan	17934	16057	1212	134266
重庆	Chongqing	227420	128948	14273	1572339
四川	Sichuan	230662	139319	62415	5540909
贵州	Guizhou	46496	38254	8401	863457
云南	Yunnan	62086	47481	13568	1067761
西藏	Tibet	847	48	141	22083
陕西	Shaanxi	103853	68332	15367	1192169
甘肃	Gansu	99549	77586	7668	684742
青海	Qinghai	10270	7201	1740	140561
宁夏	Ningxia	41937	21507	3760	319279
新疆	Xinjiang	75010	62815	3461	755158
中央和国家机关	CCCPC and Government Agencies	1966	1190	155	35830

10–6 各地区基层工会参与调解劳动争议工作情况(2020年)
CONDITION OF GRASSROOTS TRADE UNION PATICIPATING IN MEDIATION LABOR DISPUTE BY REGION (2020)

地区	Region	建立劳动争议调解委员会的基层工会(个) Units with Labor Dispute Mediation Committee (unit)	劳动争议调解委员会中工会成员(人) Union Member of Labor Dispute Mediation Committee (person)	本年度劳动争议调解委员会受理劳动争议件数(件) Cases Accepted by Labor Dispute Mediation Committee This Year (case)	本年度劳动争议调解委员会调解成功劳动争议件数(件) Cases Successfully Madiated by Labor Dispute Mediation Committee This Year (case)
全　国	**National**	**773234**	**1631459**	**106034**	**67525**
北　京	Beijing	7728	20764	787	620
天　津	Tianjin	8341	20795	3351	3164
河　北	Hebei	62150	118267	3839	3298
山　西	Shanxi	14360	34238	972	746
内蒙古	Inner Mongolia	10099	21834	585	272
辽　宁	Liaoning	12186	27992	841	676
吉　林	Jilin	5482	11037	338	236
黑龙江	Heilongjiang	13779	24233	931	739
上　海	Shanghai	13529	38412	1269	567
江　苏	Jiangsu	82013	181518	10030	6674
浙　江	Zhejiang	75197	164888	10728	9133
安　徽	Anhui	8170	20769	636	544
福　建	Fujian	27512	54465	2908	1150
江　西	Jiangxi	56184	87159	7324	2572
山　东	Shandong	36644	94394	9628	4842
河　南	Henan	11153	26101	1580	1378
湖　北	Hubei	17865	44139	6941	3145
湖　南	Hunan	17009	38894	4407	1690
广　东	Guangdong	71092	132646	18765	12045
广　西	Guangxi	17162	41379	1325	440
海　南	Hainan	800	2696	118	94
重　庆	Chongqing	9476	29353	2095	1817
四　川	Sichuan	93729	199587	11393	8737
贵　州	Guizhou	7374	19094	671	282
云　南	Yunnan	32967	54538	632	491
西　藏	Tibet	46	183	6	6
陕　西	Shaanxi	39761	73609	1454	747
甘　肃	Gansu	9004	18432	1224	366
青　海	Qinghai	1509	3085	74	60
宁　夏	Ningxia	5086	11151	351	314
新　疆	Xinjiang	5727	15269	827	678
中央和国家机关	CCCPC and Government Agencies	100	538	4	2

10-7 各地区基层以上工会职业介绍机构情况(2020年)
JOB EXCHANGES ABOVE GRASSROOTS TRADE UNION BY REGION (2020)

地 区	Region	工会开办职业介绍机构(个) Number of job Exchanges (unit)	本年度工会职业介绍机构成功介绍人次数(人次) Placed Jobseekers (person-time)	#农民工人次数 Migrant Workers	#下岗和失业人员人次数 Laid-off and Unemployed Persons
全 国	**National**	**1117**	**391123**	**245561**	**96844**
北 京	Beijing	7	165	63	
天 津	Tianjin	20	7501	580	1875
河 北	Hebei	95	24486	17461	6092
山 西	Shanxi	43	7205	3006	1948
内蒙古	Inner Mongolia	28	2824	1285	1041
辽 宁	Liaoning	29	7788	2694	4195
吉 林	Jilin	36	2743	1078	1115
黑龙江	Heilongjiang	39	4890	669	3283
上 海	Shanghai	4	3131	353	2601
江 苏	Jiangsu	52	19851	9922	5896
浙 江	Zhejiang	34	16081	11002	3285
安 徽	Anhui	23	2838	624	532
福 建	Fujian	27	17756	12573	2361
江 西	Jiangxi	21	2061	1109	604
山 东	Shandong	45	13076	6162	4032
河 南	Henan	78	45018	24732	13816
湖 北	Hubei	68	21679	9715	8142
湖 南	Hunan	81	22819	9990	3496
广 东	Guangdong	41	6752	2443	4249
广 西	Guangxi	60	5350	3922	1140
海 南	Hainan				
重 庆	Chongqing	42	110076	98550	11406
四 川	Sichuan	79	18204	9277	6784
贵 州	Guizhou	33	4892	3341	1087
云 南	Yunnan	25	6393	4042	1286
西 藏	Tibet	7	93	18	
陕 西	Shaanxi	36	5757	2764	2469
甘 肃	Gansu	22	9222	6506	3707
青 海	Qinghai	10	203	112	79
宁 夏	Ningxia	5	330	229	90
新 疆	Xinjiang	27	1939	1339	233

十一、香港资料

MAIN INDICATORS OF HONG KONG

11－1 劳动人口及失业状况
LABOUR FORCE AND UNEMPLOYMENT

项　　目	Item	2016	2017	2018	2019	2020
劳动人口数目(万人)	Labour Force(10 000 persons)	392.0	394.7	397.9	396.6	388.8
男	Male	199.6	199.4	200.7	198.0	194.0
女	Female	192.4	195.2	197.2	198.7	194.8
劳动人口参与率(%)	Labour Force Participation Rate(%)	61.1	61.1	61.2	60.6	59.6
就业人口(万人)	Employed Persons(10 000 persons)	378.7	382.3	386.7	385.0	366.2
失业人口(万人)	Unemployed Persons(10 000 persons)	13.3	12.3	11.2	11.6	22.7
失业率(%)	Unemployment Rate(%)	3.4	3.1	2.8	2.9	5.8

注：数字是根据该年1月至12月进行的“综合住户统计调查”结果，以及年中人口估计数字而编制。
Note: Figures are compiled based on data collected in the General Household Survey from January to December of the year concerned as well as mid-year population estimates.

11－2 按行业划分的就业人数
EMPLOYED PERSONS BY INDUSTRY

单位：万人　　(10 000 persons)

行　　业 (按香港标准行业分类2.0版分类)	Industry (based on HSIC Version 2.0)	2016	2017	2018	2019	2020
制造	Manufacturing	11.8	11.1	10.3	10.4	10.3
建筑	Construction	32.8	34.2	35.2	33.8	31.0
进出口贸易及批发	Import/Export Trade and Wholesale	46.5	45.0	44.3	38.7	32.6
零售、住宿①及膳食服务②	Retail, Accommodation① and Food Services②	62.0	63.8	63.1	60.9	51.7
运输、仓库、邮政及速递服务、资讯及通讯	Transportation, Storage, Postal and Courier Services, Information and Communications	45.0	45.3	45.1	44.8	43.3
金融、保险、地产、专业及商用服务	Financing, Insurance, Real Estate, Professional and Business Services	76.2	77.9	79.4	83.5	84.5
公共行政、社会及个人服务	Public Administration, Social and Personal Services	101.8	102.9	107.0	110.4	110.3
其它	Others	2.6	2.1	2.4	2.6	2.3
总计	**Total**	**378.7**	**382.3**	**386.7**	**385.0**	**366.2**

注：数字是根据该年1月至12月进行的“综合住户统计调查”结果，以及年中人口估计数字而编制。
① 住宿服务包括酒店、宾馆、旅舍及其他提供短期住宿服务的机构单位。
② 零售、住宿及膳食服务业合计通常被称为「与消费及旅游相关行业」。
Note: Figures are compiled based on data collected in the General Household Survey from January to December of the year concerned as well as mid-year population estimates.
① Accommodation services cover hotels, guesthouses, boarding houses and other establishments providing short term accommodation.
② The retail, accommodation and food services industries as a whole is generally referred to as the consumption- and tourism-related segment.

11−3 按每月就业收入划分的就业人数
EMPLOYED PERSONS BY MONTHLY EMPLOYMENT EARNINGS

单位：万人，另有注明除外 (10 000 persons, unless otherwise specified)

每月就业收入 (港元)	Monthly Employment Earnings (HKD)	2016	2017	2018	2019	2020
< 3000	< 3000	10.2	9.7	9.4	9.4	9.7
3000 － 3999	3000 - 3999	4.6	4.3	4.3	3.9	3.3
4000 － 4999	4000 - 4999	32.7	32.7	33.4	33.0	31.4
5000 － 5999	5000 - 5999	6.3	6.6	6.8	7.4	8.7
6000 － 6999	6000 - 6999	6.0	5.5	5.3	5.2	5.6
7000 － 7999	7000 - 7999	6.9	5.9	5.5	4.9	5.6
8000 － 8999	8000 - 8999	12.5	9.9	8.5	7.5	6.6
9000 － 9999	9000 - 9999	15.2	12.5	10.9	9.6	8.1
10000 － 11999	10000 - 11999	34.0	29.2	25.8	23.9	22.0
12000 － 13999	12000 - 13999	39.5	39.1	36.6	33.6	28.7
14000 － 15999	14000 - 15999	35.8	37.5	34.6	34.6	33.1
16000 － 17999	16000 - 17999	19.0	21.0	23.7	24.1	21.0
18000 － 19999	18000 - 19999	15.5	17.5	19.5	19.7	18.7
20000 － 24999	20000 - 24999	38.5	40.8	45.3	46.8	44.1
25000 － 29999	25000 - 29999	21.1	23.0	23.8	23.9	21.9
30000 － 34999	30000 - 34999	20.4	21.4	22.6	23.3	22.7
35000 － 39999	35000 - 39999	11.0	12.1	12.7	12.2	12.2
40000 － 44999	40000 - 44999	9.7	10.1	11.0	12.1	12.1
45000 － 49999	45000 - 49999	6.9	7.0	8.0	7.2	6.6
50000 － 59999	50000 - 59999	11.1	12.2	12.7	13.5	13.5
60000 － 79999	60000 - 79999	10.0	11.4	11.7	12.8	13.5
80000 － 99999	80000 - 99999	4.5	4.7	5.3	5.9	6.1
≧ 100000	≧ 100000	7.4	8.4	9.5	10.5	10.7
总　计	Total	378.7	382.3	386.7	385.0	366.2
每月就业收入中位数	**Monthly Employment Earning**	**15000**	**15500**	**16500**	**17100**	**17700**

注：数字是根据该年1月至12月进行的“综合住户统计调查”结果，以及年中人口估计数字而编制。
Note: Figures are compiled based on data collected in the General Household Survey from January to December of the year concerned as well as mid-year population estimates.

11-4 按行业划分督导级(不包括经理级与专业雇员)及以下雇员的工资指数 WAGE INDICES FOR EMPLOYEES UP TO SUPERVISORY LEVEL (MANAGERIAL AND PROFESSIONAL EMPLOYEES ARE NOT INCLUDED) BY INDUSTRY

(1992年9月=100) (September 1992=100)

行业主类	Industry Section	2016	2017	2018	2019	2020
名义工资指数	**Nominal Wage Index**					
制造	Manufacturing	206.8	214.8	223.4	229.7	233.5
进出口贸易、批发及零售	Import/Export, Wholesale and Retail Trades	216.3	222.8	229.5	233.1	234.7
运输	Transportation	195.3	200.8	212.7	220.0	216.8
住宿及餐饮服务活动①	Accommodation and Food Service Activities①	195.1	204.2	214.0	221.0	223.1
金融及保险活动	Financial and Insurance Activities	230.0	238.2	247.3	254.7	260.6
地产租赁及保养管理	Real Estate Leasing and Maintenance Management	239.9	250.8	261.4	270.6	278.0
专业及商业服务	Professional and Business Services	247.5	258.8	269.8	277.9	282.2
个人服务	Personal Services	301.9	313.9	326.1	335.5	336.7
所有选定行业②	All Selected Industries②	219.6	227.9	237.3	243.9	246.5
实际工资指数③	**Real Wage Index③**					
制造	Manufacturing	113.6	116.1	117.2	116.4	119.8
进出口贸易、批发及零售	Import/Export, Wholesale and Retail Trades	118.8	120.4	120.4	118.1	120.4
运输	Transportation	107.3	108.5	111.6	111.4	111.2
住宿及餐饮服务活动①	Accommodation and Food Service Activities①	107.2	110.4	112.3	111.9	114.4
金融及保险活动	Financial and Insurance Activities	126.3	128.7	129.7	129.0	133.7
地产租赁及保养管理	Real Estate Leasing and Maintenance Management	131.8	135.6	137.1	137.1	142.6
专业及商业服务	Professional and Business Services	135.9	139.9	141.5	140.8	144.7
个人服务	Personal Services	165.8	169.6	171.1	169.9	172.7
所有选定行业②	All Selected Industries②	120.7	123.2	124.5	123.6	126.4

注：指有关年度12月份的数字。

①住宿服务包括酒店、宾馆、旅舍及其他提供短期住宿服务的机构单位。

②指“劳工收入统计调查”内工资统计调查所涵盖的所有行业，包括并没有列出其统计数字的电力及燃气供应业、污水处理及废弃物管理业与出版活动业。

③实际工资指数是以名义工资指数扣除以2014/15年为基期的甲类消费价格指数而计算出来。

Note: Figures refer to December of the year.

①Accommodation services cover hotels, guesthouses, boarding houses and other establishments providing short term accommodation.

②Figures refer to all industries covered by the wage enquiry of the Labour Earnings Survey, including the electricity and gas supply industry, sewerage and waste management activities industry and publishing activities industry, the statistics of which are not separately shown.

③The Real Wage Indices are derived by deflating the Nominal Wage Indices by the 2014/15-based Consumer Price Index (A).

11-5 消费价格指数(2019年10月-2020年9月=100)
CONSUMER PRICE INDICES (Oct. 2019 - Sep. 2020=100)

项目	Item	权数 Weight	2016	2017	2018	2019	2020
综合消费价格指数	**Composite Consumer Price Index**						
总指数	**All Items**	**100.00**	**93.2**	**94.6**	**96.8**	**99.6**	**99.9**
食品	Food	27.41	87.7	89.6	92.7	97.1	100.4
外出用膳	Meals Bought away from Home	17.05	92.0	94.5	97.2	99.4	100.1
食品(不包括外出用膳)	Food(Excluding Meals Bought away from Home)	10.36	80.8	81.7	85.2	93.5	100.8
住屋①	Housing①	40.25	92.7	94.5	96.9	100.2	100.1
私人房屋租金	Private Housing Rent	35.46	92.1	93.8	95.9	98.9	99.9
公营房屋租金	Public Housing Rent	1.87	113.2	116.6	121.4	130.1	102.7
电力、燃气及水	Electricity, Gas and Water	2.82	118.5	116.5	122.2	116.4	91.6
烟酒	Alcoholic Drinks and Tobacco	0.49	96.7	97.2	98.5	99.7	100.2
衣履	Clothing and Footwear	2.42	104.6	104.2	105.9	103.9	98.6
耐用物品	Durable Goods	4.00	110.0	106.5	104.3	102.1	99.6
杂项物品	Miscellaneous Goods	3.32	93.0	94.2	95.5	96.9	100.8
交通	Transport	6.17	94.7	96.8	98.4	100.4	99.3
杂项服务②	Miscellaneous Services②	13.12	94.5	95.4	97.3	99.3	100.1
教育服务	Educational Services	4.21	96.6	97.1	95.5	97.9	100.4
资讯及通讯服务	Information and Communications Services	2.14	114.4	113.1	108.8	101.0	99.7
医疗服务	Medical Services	2.38	87.7	91.4	94.9	98.4	100.5

注：2019年10月起的消费价格指数是根据2019/20年住户开支统计调查所得的开支权数编制。较早的指数则是根据旧的开支权数而经过按比例换算与新基期的指数拼接。
①除“私人房屋租金”及“公营房屋租金”外，“住屋”类别还包括“管理费及其他住屋杂费”和“保养住所材料”。
②“杂项服务”类别包括“教育服务”、“资讯及通讯服务”、“医疗服务”及其他杂项服务。

Note: The CPIs from October 2019 onwards are compiled based on expenditure weights obtained from the 2019/20 Household Expenditure Survey. The CPIs for earlier periods are compiled based on old weights and have been re-scaled to the new base period for linking with the new index series.
①Apart from "Private Housing Rent" and "Public Housing Rent", the "Housing" section also includes "Management Fees and Other Housing Charges" and "Materials for House Maintenance".
②"Miscellaneous Services" section includes "Educational Services", "Information and Communications Services", "Medical Services" and other miscellaneous services.

十二、澳门资料

MAIN INDICATORS OF MACAO

12−1 经济活动人口及失业状况
LABOUR FORCE AND UNEMPLOYMENT

项　　目	Item	2016	2017	2018	2019	2020
劳动人口（万人）	Labour Force (10 000 persons)	39.7	38.7	39.2	39.5	40.5
男	Male	20.6	19.3	19.2	19.3	19.9
女	Female	19.1	19.4	20.1	20.2	20.7
就业人口（万人）	Employed Population (10 000 persons)	39.0	38.0	38.5	38.8	39.5
失业人口（万人）	Unemployed Population (10 000 persons)	0.8	0.8	0.7	0.7	1.0
失业率（%）	Unemployment Rate (%)	1.9	2.0	1.8	1.7	2.5

12−2 按行业划分的就业人口
EMPLOYED POPULATION BY INDUSTRY

单位：万人　　(10 000 persons)

行　　业	Industry	2016	2017	2018	2019	2020
总数	**Total**	**38.97**	**37.98**	**38.54**	**38.78**	**39.51**
制造业	Manufacturing	0.79	0.65	0.64	0.63	0.64
水电及气体生产供应业	Electricity, Gas & Water Supply	0.12	0.11	0.11	0.09	0.12
建筑业	Construction	4.44	3.27	3.11	3.05	3.76
批发及零售业	Wholesale & Retail Trades	4.41	4.58	4.37	4.16	4.62
酒店及饮食业	Hotels, Restaurants & Similar Activities	5.72	5.46	5.61	5.61	5.44
运输、仓储及通信业	Transport, Storage & Communications	1.93	1.91	1.92	1.98	1.80
金融业	Financial Intermediation	1.04	1.13	1.08	1.21	1.28
不动产及工商服务业	Real Estate & Business Activities	3.04	3.02	3.19	3.48	3.56
公共行政及社保事务	Public Administration & Social Security	2.83	2.87	2.98	2.79	2.74
教育	Education	1.59	1.70	1.75	1.73	1.82
医疗卫生及社会福利	Health & Social Welfare	1.21	1.29	1.24	1.26	1.35
文娱博彩及其他服务业	Recreational, Cultural, Gaming & Other Services	9.27	9.23	9.64	9.70	9.13
家务工作	Domestic Work	2.53	2.68	2.85	3.03	3.15
其他及不详	Others and Unknown	0.05	0.06	0.06	0.08	0.10

12-3 按行业划分的月工作收入中位数
MEDIAN MONTHLY EMPLOYMENT EARNINGS BY INDUSTRY

单位：澳门元 (MOP)

行业	Occupation	2016	2017	2018	2019	2020
总数	**Total**	**15000**	**15000**	**16000**	**17000**	**15000**
制造业	Manufacturing	11300	12000	11500	10800	11000
水电及气体生产供应业	Electricity, Gas & Water Supply	23000	29000	30000	20500	22000
建筑业	Construction	15000	15000	15000	17000	15000
批发及零售业	Wholesale & Retail Trade	12000	13000	13000	14000	12000
酒店及饮食业	Hotels, Restaurants & Similar Activities	10000	10000	11000	12000	11000
运输、仓储及通信业	Transport, Storage & Communications	14000	15300	16000	16000	15000
金融业	Financial Intermediation	20000	20000	20000	21000	22000
不动产及工商服务业	Real Estate & Business Activities	10000	10000	10000	11000	10000
公共行政及社保事务	Public Administration & Social Security	35000	37400	39500	40300	43000
教育	Education	22000	25000	25000	28000	25500
医疗卫生及社会福利	Health & Social Welfare	20500	21000	24000	22100	23300
文娱博彩及其他服务业	Recreational, Cultural, Gaming & Other Services	19000	19000	20000	20000	19300
家务工作	Domestic Work	4000	4000	4000	4200	4400

12-4 消费物价指数
CONSUMER PRICE INDEX

2018年4月至2019年3月=100 (04/2018-03/2019=100)

项目	Items	权数 Weight	2016	2017	2018	2019	2020
综合消费价格指数	**Composite Consumer Price Index**						
总指数	**Global Index**	**100.00**	**95.00**	**96.16**	**99.05**	**101.78**	**102.60**
食品及非酒精饮料	Food and Non-alcoholic Beverages	27.94	94.82	96.28	98.94	102.71	106.17
烟酒	Alcoholic Beverages and Tobacco	0.60	97.15	100.06	99.97	99.53	99.23
服装、鞋	Clothing and Footwear	2.95	93.56	94.51	100.72	100.66	94.01
住房及燃料	Housing and Fuels	33.75	98.59	97.82	99.92	101.68	102.40
家居设备及用品	Household Goods and Furnishings	4.16	94.34	96.35	99.03	101.27	102.55
医疗	Health	2.82	90.53	94.53	99.08	102.55	106.67
交通	Transport	7.84	88.89	92.23	97.14	101.86	100.73
通讯	Communications	3.10	113.64	108.32	99.14	97.50	87.15
康乐及文化	Recreation and Culture	5.18	97.67	98.88	101.40	102.35	97.36
教育	Education	2.24	85.43	90.83	95.15	100.53	104.09
其他商品及服务	Miscellaneous Goods and Services	9.42	94.43	95.85	99.11	101.72	103.63

十三、台湾资料

MAIN INDICATORS OF TAIWAN

13−1 劳动力和就业状况
LABOUR FORCE AND EMPLOYMENT

项目	Item	2016	2017	2018	2019	2020
劳动力人口（万人）	Labour Force (10 000 persons)	1172.7	1179.5	1187.4	1194.6	1196.4
男	Male	654.1	656.8	660.2	663.1	663.8
女	Female	518.6	522.7	527.2	531.5	532.6
就业人数（万人）	Employment (10 000 persons)	1126.7	1135.2	1143.4	1150.0	1150.4
男	Male	626.7	630.5	634.6	637.6	637.8
女	Female	500.0	504.7	508.9	512.4	512.6
就业者行业构成（%）	Distribution of Employment by Industry (%)	100.0	100.0	100.0	100.0	100.0
农、林、渔、牧业	Agriculture, Forestry, Fishery and Animal Husbandry	4.9	4.9	4.9	4.9	4.8
工业	Industry	35.9	35.8	35.7	35.6	35.4
矿业及土石采取业	Mining and Quarrying	0.04	0.04	0.03	0.03	0.03
制造业	Manufacturing	26.9	26.8	26.8	26.7	26.4
电力及燃气供应业	Electricity, Gas	0.3	0.3	0.3	0.3	0.3
用水供应及污染整治业	Water Supply and Pollution Management	0.7	0.7	0.7	0.7	0.7
建筑业	Construction	8.0	7.9	7.9	7.9	8.0
服务业	Services	59.2	59.3	59.4	59.6	59.8
批发及零售业	Wholesale and Retail Trades	16.4	16.5	16.6	16.7	16.5
运输及仓储业	Transport, Storage, Communications	3.9	3.9	3.9	3.9	4.0
金融及保险业	Finance, Insurance	3.8	3.8	3.8	3.8	3.8
咨讯及通讯传播	Information and Communication	2.2	2.2	2.3	2.3	2.3
住宿及餐饮业	Hotels and Restaurants	7.3	7.3	7.3	7.4	7.4
教育服务业	Education	5.8	5.7	5.7	5.7	5.7
公共行政	Public Administration	3.3	3.3	3.2	3.2	3.3
失业人数（万人）	Unemployment (10 000 persons)	46.0	44.3	44.0	44.6	46.0
失业率（%）	Unemployment Rate (%)	3.9	3.8	3.7	3.7	3.9

13−2 居民消费价格分类指数
CONSUMER PRICE INDICES

2016年=100 (2016=100)

年 份 Year	总指数 General Index	食品 Food	服装 Clothing	居住 Housing	交通&通讯 Transportation & Communications	医药保健 Medicines and Medical Care	教育娱乐 Education and Entertainment	杂项 Miscellaneous
2011	95.2	84.2	96.8	98.5	107.7	96.5	99.0	94.5
2012	97.0	87.7	99.3	99.6	108.2	97.2	99.7	96.6
2013	97.8	88.8	99.1	100.5	108.7	98.2	100.0	97.1
2014	98.9	92.2	100.4	101.4	107.4	98.9	99.9	98.4
2015	98.6	95.0	99.8	100.2	101.1	99.1	99.9	98.6
2016	100.0	100.0	100.0	100.0	100.0	100.0	100.0	100.0
2017	100.6	99.6	99.8	100.9	101.8	101.7	100.3	101.9
2018	102.0	100.6	100.1	101.8	104.1	102.8	100.5	106.7
2019	102.6	102.5	99.3	102.4	102.6	103.7	101.3	107.4
2020	102.3	103.2	100.5	102.7	98.6	104.5	100.3	108.4

附录一、国外有关资料

MAIN INDICATORS OF OTHER COUNTRIES

附录1-1　全部就业人数
A1-1 EMPLOYMENT

单位：千人　　(1000 persons)

国　家	Country	2011	2012	2013	2014	2015	2016	2017	2018	2019	2020
阿根廷	Argentina	10766	10844	10943	11047			11568	11745	12041	10937
澳大利亚	Australia	11214	11351	11457	11540	11766	11973	12252	12584	12874	12678
巴西	Brazil		88735	90035	91377	91271	89100	89443	90764	92603	84747
加拿大	Canada	17221	17438	17691	17802	17947	18080	18416	18658	19056	18060
埃及	Egypt	23346	23564	23975	24331	24779	25371	26051	26060		
法国	France	25759	25805	25785	26377	26442	26597	26833	27063	27176	26995
德国	Germany	38787	39127	39531	39871	40211	41267	41664	41915	42396	41717
匈牙利	Hungary	3759	3827	3893	4101	4211	4352	4421	4470	4512	4461
印度尼西亚	Indonesia	109724	113537	114345	116399	117833	119530	122781	125536	129590	130045
意大利	Italy	22598	22566	22191	22279	22465	22758	23023	23215	23360	22904
日本	Japan	59760	62700	63110	63510	63760	64400	65300	66640	67240	66760
韩国	Korea, Republic of	24527	24955	25299	25897	26348	26551	26868	26925	27231	27024
马来西亚	Malaysia	12352	12821	13545	13853	14068	14164	14477	14776		
墨西哥	Mexico	47139	48707	49227	49415	50611	51595	52341	53721	54994	51127
荷兰	Netherlands	8291	8345	8285	8236	8319	8427	8605	8798	8982	8981
新西兰	New Zealand	2188	2184	2226	2302	2351	2454	2544	2598	2635	2733
挪威	Norway	2536	2585	2602	2627	2641	2638	2644	2686	2716	2702
菲律宾	Philippines	37192	37600	38118	38093	39143	30761	40334	41157	42428	
葡萄牙	Portugal	4740	4547	4429	4500	4549	4605	4757	4867	4913	4814
罗马尼亚	Romania	8528	8605	8549	8614	8535	8449	8671	8689	8680	8521
俄罗斯	Russian Federation	70857	71545	71392	71539	72324	72393	72316	72532		70601
南非	South Africa	14198	14551	15027	15317	15928	15968	16364	16610	16571	15254
西班牙	Spain	18421	17633	17139	17344	17866	18342	18825	19328	19779	19202
瑞典	Sweden	4626	4657	4705	4772	4837	4910	5022	5097	5132	5064
泰国	Thailand	39317	39578	38907	38077	38016	37693	37458	37865	37613	37680
英国	United Kingdom	29282	29596	29954	30671	31197	31648	31965	32354	32695	
美国	United States	139869	142469	143929	146305	148834	151436	153337	155761	157538	147795

资料来源：国际劳工组织劳动统计数据库中劳动力调查数据(附录1—3表同)。
Source: ILO Labour Statistics Database. The same applies in the table 1-3.

附录1-2　按三次产业分就业人员构成
A1-2 EMPLOYMENT BY TYPE OF INDUSTRY

单位：%　　(%)

国　家	Country	第一产业		第二产业		第三产业	
		2018	2019	2018	2019	2018	2019
孟加拉国	Bangladesh	39.5	38.6	20.8	21.3	39.7	40.2
文　莱	Brunei Darussalam	1.4	1.4	16.0	15.9	82.7	82.8
柬 埔 寨	Combodia	33.7	32.3	28.3	29.0	38.1	38.7
印　度	India	43.3	42.4	24.9	25.6	31.7	32.0
印度尼西亚	Indonesia	29.6	28.6	22.3	22.5	48.1	48.9
伊　朗	Iran	17.6	17.9	31.4	30.6	50.9	51.5
以 色 列	Israel	1.0	0.9	17.2	17.0	81.9	82.1
日　本	Japan	3.5	3.4	24.4	24.3	72.1	72.3
哈萨克斯坦	Kazakhstan	16.3	15.8	20.4	20.5	63.3	63.7
韩　国	Korea, Rep.	5.0	4.9	25.2	25.1	69.8	70.0
老　挝	Laos	63.2	62.4	11.6	11.9	25.1	25.7
马来西亚	Malaysia	10.7	10.4	27.2	27.0	62.2	62.6
蒙　古	Mongolia	28.0	27.4	19.2	19.4	52.8	53.2
缅　甸	Burma	49.7	48.9	16.0	16.1	34.3	35.0
巴基斯坦	Pakistan	37.4	36.7	25.0	25.3	37.6	38.0
菲 律 宾	Philippines	24.3	23.4	19.1	19.4	56.6	57.2
新 加 坡	Singapore	0.7	0.7	15.8	15.5	83.5	83.8
斯里兰卡	Sri Lanka	25.2	24.5	29.1	29.7	45.7	45.8
泰　国	Thailand	32.1	31.6	22.8	22.6	45.1	45.8
越　南	Viet Nam	38.6	37.4	26.8	27.6	34.6	35.0
埃　及	Egypt	24.3	23.8	27.2	27.7	48.5	48.5
尼日利亚	Nigeria	35.6	35.1	12.2	12.2	52.2	52.7
南　非	South Africa	5.2	5.1	23.1	22.9	71.7	72.0
加 拿 大	Canada	1.5	1.5	19.6	19.5	78.9	79.1
墨 西 哥	Mexico	12.8	12.6	26.1	26.1	61.1	61.2
美　国	United States	1.4	1.3	19.9	19.8	78.8	78.9
阿 根 廷	Argentina	0.1	0.1	21.9	21.4	78.0	78.5
巴　西	Brazil	9.3	9.2	20.1	19.8	70.6	71.0
委内瑞拉	Venezuela	7.9	8.3	17.7	16.6	74.4	75.1
捷　克	Czech Rep.	2.8	2.7	37.5	37.3	59.7	60.0
法　国	France	2.5	2.4	20.3	20.1	77.2	77.5
德　国	Germany	1.2	1.2	27.3	27.0	71.4	71.7
意 大 利	Italy	3.8	3.7	26.1	25.9	70.1	70.4
荷　兰	Netherlands	2.1	2.0	16.2	16.0	81.7	82.0
波　兰	Poland	9.6	9.2	31.8	31.9	58.6	58.8
俄 罗 斯	Russia	5.9	5.8	26.8	26.7	67.3	67.6
西 班 牙	Spain	4.2	4.1	20.3	20.3	75.5	75.6
土 耳 其	Turkey	18.4	18.4	26.7	26.3	54.9	55.3
乌 克 兰	Ukraine	14.9	14.5	24.4	24.6	60.7	61.0
英　国	United Kingdom	1.1	1.0	18.1	17.9	80.8	81.1
澳大利亚	Australia	2.6	2.6	19.9	19.8	77.5	77.6
新 西 兰	New Zealand	5.8	5.7	19.8	19.6	74.4	74.8

资料来源：世界银行数据库。

附录1-3 失业人数
A1-3 UNEMPLOYMENT

单位：千人 (1000 persons)

国　家	Country	2011	2012	2013	2014	2015	2016	2017	2018	2019	2020
阿根廷	Argentina	832.7	843.4	836.3	865.8			1053.6	1192.9	1314.6	1415.7
澳大利亚	Australia	600.3	625.6	687.6	746.6	758.3	725.1	725.6	704.0	700.8	875.1
巴西	Brazil		6869.9	6752.2	6521.2	8398.9	11691.8	13155.7	12769.7	12547.9	13440.3
加拿大	Canada	1398.5	1371.6	1346.7	1322.3	1331.4	1360.6	1246.6	1155.2	1143.8	1887.8
埃及	Egypt	3138.2	3396.3	3631.3	3669.5	3719.7	3593.6	3464.3	2836.9		
法国	France	2489.0	2677.4	2839.8	3026.2	3054.1	2967.9	2785.6	2682.0	2506.2	2350.5
德国	Germany	2398.8	2224.4	2181.8	2089.9	1949.6	1774.1	1621.2	1467.8	1374.0	1650.1
匈牙利	Hungary	466.0	473.2	441.0	343.3	307.8	234.6	191.7	172.1	159.7	198.0
印度尼西亚	Indonesia	5961.5	5310.3	5182.5	4911.3	5570.4	5371.7	4959.2	5781.9	4868.8	5813.9
意大利	Italy	2061.3	2691.0	3068.7	3236.0	3033.3	3012.0	2906.9	2755.5	2581.5	2310.5
日本	Japan	2830.0	2850.0	2650.0	2360.0	2220.0	2080.0	1900.0	1660.0	1620.0	1910.0
韩国	Korea, Rep.	862.5	826.1	808.2	938.5	968.6	1005.8	1018.6	1070.5	1059.7	1105.8
马来西亚	Malaysia	389.2	401.2	435.1	411.1	450.3	504.1		504.3		710.9
墨西哥	Mexico	2569.8	2502.6	2544.0	2496.7	2281.1	2070.9	1853.2	1823.5	1984.4	2379.9
荷兰	Netherlands	434.3	515.8	647.0	659.7	613.8	538.5	437.5	350.4	314.2	356.6
新西兰	New Zealand	151.9	162.6	148.8	140.7	133.1	132.5	126.7	116.8	111.8	131.6
挪威	Norway	84.2	83.3	92.2	94.8	118.5	129.5	114.8	106.1	104.0	125.0
菲律宾	Philippines	1385.8	1365.4	1381.4	1422.5	1238.9	850.0	1056.2	985.4	971.0	1018.7
葡萄牙	Portugal	688.2	835.7	855.2	726.0	646.5	573.0	462.8	365.9	339.5	350.9
罗马尼亚	Romania	659.4	627.2	653.0	628.7	623.9	529.9	449.3	379.7	353.4	451.8
俄罗斯	Russian Federation	4954.6	4113.0	4121.3	3892.4	4266.8	4261.1	3976.6	3693.8		4179.4
南非	South Africa	4641.8	4779.9	4892.3	5075.7	5351.9	5767.8	6063.2	6114.1	6594.9	6296.4
西班牙	Spain	5012.7	5811.0	6051.1	5610.4	5056.1	4481.3	3916.9	3479.2	3247.8	3530.9
瑞典	Sweden	391.6	403.7	412.0	412.4	388.3	369.0	361.7	346.5	376.3	457.8
泰国	Thailand	262.4	230.8	191.3	220.4	228.2	261.1	313.5	292.1	271.4	418.7
英国	United Kingdom	2559.3	2533.2	2437.1	1995.8	1746.1	1599.1	1446.7	1346.7	1269.3	
美国	United States	13747.5	12505.6	11459.8	9616.5	8296.4	7751.1	6982.3	6313.9	6000.5	12947.5

附录1－4　失业率
A1-4 UNEMPLOYMENT RATE

单位：%

国　家	Country	2000	2010	2016	2017	2018	2019	2020
文　莱	Brunei Darussalam	5.7	6.5	8.5	9.3	8.7	6.9	8.4
以色列	Israel	11.1	8.5	4.8	4.2	4.0	3.8	4.6
日　本	Japan	4.7	5.1	3.1	2.8	2.4	2.4	3.0
哈萨克斯坦	Kazakhstan	12.8	5.8	5.0	4.9	4.9	4.8	6.1
韩　国	Korea, Rep.	4.4	3.7	3.7	3.7	3.8	3.8	4.1
马来西亚	Malaysia	3.0	3.3	3.4	3.4	3.3	3.3	4.6
巴基斯坦	Pakistan	0.6	0.7	3.8	3.9	4.1	4.0	4.7
菲律宾	Philippines	3.7	3.6	2.7	2.6	2.3	2.2	3.4
新加坡	Singapore	3.7	4.1	4.1	4.2	3.7	3.1	5.2
斯里兰卡	Sri Lanka	7.7	4.8	4.2	4.1	4.3	4.3	4.8
泰　国	Thailand	2.4	0.6	0.7	0.8	0.8	0.7	1.0
埃　及	Egypt	9.0	8.8	12.4	11.7	9.8	9.7	10.5
南　非	South Africa	29.9	24.7	26.5	27.0	26.9	28.5	28.7
加拿大	Canada	6.8	8.1	7.0	6.3	5.8	5.7	9.5
墨西哥	Mexico	2.6	5.3	3.9	3.4	3.3	3.5	4.7
美　国	United States	4.0	9.6	4.9	4.4	3.9	3.7	8.3
阿根廷	Argentina	15.0	7.7	8.0	8.4	9.2	9.8	11.7
巴　西	Brazil	9.9	7.7	11.6	12.8	12.3	11.9	13.7
委内瑞拉	Venezuela	14.0	7.1	7.4	7.3	7.2	7.2	9.1
捷　克	Czech Rep.	8.8	7.3	4.0	2.9	2.2	2.0	2.9
法　国	France	10.2	8.9	10.0	9.4	9.0	8.4	8.6
德　国	Germany	7.9	7.0	4.1	3.8	3.4	3.1	4.3
意大利	Italy	10.8	8.4	11.7	11.2	10.6	10.0	9.3
荷　兰	Netherlands	2.7	5.0	6.0	4.8	3.8	3.4	4.1
波　兰	Poland	16.3	9.6	6.2	4.9	3.9	3.3	3.6
俄罗斯	Russia	10.6	7.4	5.6	5.2	4.9	4.6	5.7
西班牙	Spain	13.8	19.9	19.6	17.2	15.3	14.1	15.7
土耳其	Turkey	6.5	10.7	10.8	10.8	10.9	13.7	13.9
乌克兰	Ukraine	11.7	8.1	9.4	9.5	8.8	8.2	9.5
英　国	United Kingdom	5.6	7.8	4.8	4.3	4.0	3.7	4.3
澳大利亚	Australia	6.3	5.2	5.7	5.6	5.3	5.2	6.6
新西兰	New Zealand	6.1	6.6	5.1	4.7	4.3	4.1	4.6

资料来源：联合国ILO数据库。
Sources：ILO Database.

附录1-5 消费价格指数
A1-5 CONSUMER PRICE INDICES

(2010年=100) (2010=100)

国家或地区	Country or Area	2005	2016	2017	2018	2019	2020
中　国	China	86.5	117.2	119.1	121.6	125.1	128.1
孟加拉国	Bangladesh	69.2	152.5	161.2	170.2	179.7	189.9
文　莱	Brunei Darussalam	95.5	99.7	98.4	99.4	99.0	101.0
柬 埔 寨	Cambodia	67.8	121.1	124.6	127.6		
印　度	India	66.0	156.0	159.8	167.6	180.4	
印度尼西亚	Indonesia	68.7	137.0	142.2	146.7	151.2	154.1
伊　朗	Iran	49.4	308.8	333.7	393.8	550.9	
以 色 列	Israel	87.8	106.1	106.4	107.3	108.2	107.5
日　本	Japan	100.4	103.5	104.0	105.0	105.5	105.5
韩　国	Korea, Rep.	86.2	110.9	113.1	114.7	115.2	115.8
老　挝	Laos	78.5	127.8	128.9	131.5	135.9	
马来西亚	Malaysia	87.8	115.2	119.6	120.7	121.5	
蒙　古	Mongolia	57.3	163.7	170.8	182.4	195.8	203.0
缅　甸	Burma	44.5	138.3	144.6	154.5	168.2	
巴基斯坦	Pakistan	55.8	150.8	156.9	164.9	182.3	200.1
菲 律 宾	Philippines	78.7	116.9	120.2	126.5	129.6	133.0
新 加 坡	Singapore	88.0	112.6	113.3	113.8	114.4	114.2
斯里兰卡	Sri Lanka	58.3	136.6	147.1	150.2	155.5	165.1
泰　国	Thailand	86.6	110.6	111.3	112.5	113.3	112.3
越　南	Viet Nam	59.9	148.4	153.6	159.1	163.5	168.8
埃　及	Egypt	57.8	178.4	231.1	264.4		
尼日利亚	Nigeria	61.4	183.9	214.2	240.1	267.5	
南　非	South Africa	74.3	138.9	146.1	152.6	158.9	164.1
加 拿 大	Canada	91.9	110.2	112.0	114.5	116.8	117.6
墨 西 哥	Mexico	80.5	122.8	130.2	136.6	141.5	146.4
美　国	United States	89.6	110.1	112.4	115.2	117.2	118.7
巴　西	Brazil	79.5	150.5	155.7	161.4	167.4	172.8
捷　克	Czech Rep.	87.0	108.2	110.9	113.3	116.5	120.2
法　国	France	92.8	105.8	106.9	108.8	110.1	110.6
德　国	Germany	92.5	107.7	109.4	111.3	112.9	113.4
意 大 利	Italy	91.0	107.4	108.7	110.0	110.6	110.5
荷　兰	Netherlands	92.7	109.5	111.0	112.9	115.9	117.4
波　兰	Poland	86.9	107.4	109.6	111.6	114.1	118.0
俄 罗 斯	Russia	61.5	162.2	168.2	173.0	180.8	186.9
西 班 牙	Spain	89.0	106.3	108.4	110.2	111.0	110.6
土 耳 其	Turkey	65.9	157.4	175.0	203.6	234.4	263.2
乌 克 兰	Ukraine	51.2	205.6	235.3	261.1	281.7	
英　国	United Kingdom	88.1	112.1	114.9	117.6	119.6	120.8
澳大利亚	Australia	86.3	113.5	115.7	117.9	119.8	120.8
新 西 兰	New Zealand	87.0	108.6	110.7	112.4	114.2	116.2

资料来源：国际货币基金组织IFS数据库。
Source:IMF IFS Database.
注：中国数据未包括香港特别行政区、澳门特别行政区和台湾省。
Note:All data of China do not cover Hong Kong SAR，Macao SAR and Taiwan province.

附录二、主要统计指标解释

EXPLANATORY NOTES ON MAIN STATISTICAL INDICATORS

主要统计指标解释

劳动力 指年满 16 周岁，有劳动能力，参加或要求参加社会经济活动的人员。包括就业人员和失业人员。

非劳动力 指年满 16 周岁，既不属于就业人员也不属于失业人员的人员。

就业人员 指年满 16 周岁，为取得报酬或经营利润，在调查周内从事了 1 小时（含 1 小时）以上劳动的人员；或由于在职学习、休假等原因在调查周内暂时未工作的人员；或由于停工、单位不景气等原因临时未工作的人员。

失业人员 指年满 16 周岁，具有劳动能力并同时符合以下各项条件的人员：

（1）在调查周内未从事为取得劳动报酬或经营利润的劳动，也没有处于就业定义中的暂时未工作状态；

（2）在某一特定期间内采取了某种方式寻找工作；

（3）当前如有工作机会可以在一个特定期间内应聘就业或从事自营职业。

城镇调查失业率 指城镇失业人口占城镇就业人口与失业人口之和的百分比，根据全国月度劳动力调查数据计算。

单位就业人员 指报告期末最后一日在本单位工作，并取得工资或其他形式劳动报酬的人员数。该指标为时点指标，不包括最后一日当天及以前已经与单位解除劳动合同关系的人员，是在岗职工、劳务派遣人员及其他就业人员之和。就业人员不包括：

(1)离开本单位仍保留劳动关系，并定期领取生活费的人员；

(2)在本单位实习的各类在校学生；

(3)本单位因劳务外包而使用的人员，如：建筑业整建制使用的人员。

在岗职工 指在本单位工作且与本单位签订劳动合同，并由单位支付各项工资和社会保险、住房公积金的人员，以及上述人员中由于学习、病伤、产假等原因暂未工作仍由单位支付工资的人员。在岗职工还包括：

(1)应订立劳动合同而未订立劳动合同人员；

(2)处于试用期人员；

(3)编制外招用的人员，如临时人员；

(4)派往外单位工作，但工资仍由本单位发放的人员(如挂职锻炼、外派工作等情况)。

本书中“在岗职工”相关数据包含“劳务派遣人员”数据。

劳务派遣人员 根据《中华人民共和国劳动合同法》规定，指与劳务派遣单位签订劳动合同，并被劳务派遣单位派遣到实际用工单位工作，且劳务派遣单位与实际用工单位签订《劳务派遣协议》的人员。

年末人数 指年末最后一天的实有人数。

国有单位 指资产归国家所有的经济组织。包括按《中华人民共和国企业法人登记管理条例》规定登记注册的非公司制的经济组织，以及中央、地方各级国家机关、事业单位和社会团体。

集体单位 指生产资料归集体所有，并按《中华人民共和国企业法人登记管理条例》规定登记注册的经济组织。

其他单位 包括股份合作单位、联营单位、有限责任公司、股份有限公司、港澳台商投资单位以及外商投资单位等其他登记注册类型单位。

第一产业 指农业（包括林、牧、渔业等）。

第二产业 指采矿业、制造业、电力、热力、燃气及水生产和供应业、建筑业。

第三产业 指上述第一、第二产业以外的其他行业。

工资总额 指本单位在报告期内（季度或年度）直接支付给本单位全部从业人员的劳动报酬总额。包括计时工资、计件工资、奖金、津贴和补贴、加班加点工资、特殊情况下支付的工资，是在岗职工工资总额、劳务派遣人员工资总额和其他从业人员工资总额之和。不论是计入成本的还是不计入成本的，不论是以货币形式支付的还是以实物形式支付的，均应列入工资总额的计算范围。

工资总额是税前工资，包括单位从个人工资中直接为其代扣或代缴的个人所得税、社会保险基金和住房公积金等个人缴纳部分，以及房费、水电费等。

平均工资 指单位就业人员在一定时期内平均每人所得的工资额。

计算公式为：

$$平均工资=\frac{报告期实际支付的全部就业人员工资总额}{报告期全部就业人员平均人数}$$

平均实际工资 指扣除物价变动因素后的就业人员平均工资。计算公式为：

$$平均实际工资=\frac{报告期就业人员平均工资}{报告期城市居民消费价格指数}$$

城镇登记失业人员 劳动年龄（年满16周岁（含）至依法享受基本养老保险待遇）内，有劳动能力，有就业要求，处于无业状态，并在公共就业和人才服务机构进行失业登记的城镇常住人员。

城镇登记失业率 城镇登记失业人员与城镇单位就业人员(扣除使用的农村劳动力、聘用的离退休人员、港澳台及外方人员)、城镇单位中的不在岗职工、城镇私营业主、个体户主、城镇私营企业和个体就业人员、城镇登记失业人员之和的比。

城镇职工基本养老保险

1. 参保职工人数 指报告期末按照国家法律、法规和有关政策规定参加城镇职工基本养老保险并在社保经办机构已建立缴费记录档案的职工人数，包括中断缴费但未终止养老保险关系的职工人数，不包括只登记未建立缴费记录档案的人数。

2. 离退休人员人数 指报告期末参加城镇职工基本养老保险的离休、退休和退职人员的人数。

3. 基金收入 指根据国家有关规定，由纳入职工基本养老保险范围的缴费单位和个人按国家规定的缴费基数和缴费比例缴纳的养老保险费，以及通过其他方式取得的形成基金来源的收入。包括单位和职工个人缴纳的基本养老保险费、基本养老保险基金利息收入、委托投资收益、上级补助收入、下级上解收入、转移收入、财政补贴和其他收入。

4. 基金支出 指按照国家政策规定的开支范围和开支标准从职工基本养老保险基金中支付给参加职工基本养老保险的个人养老保险待遇支出，以及由于保险关系转移、上下级之间补助、上解等原因而发生的支出。其他支出包括基本养老金、医疗补助金、丧葬补助金和抚恤金、病残津贴、补助下级支出、上解上级支出、转移支出和其他支出等。

5. 基金累计结余 指职工基本养老保险基金收支相抵后的期末累计余额。

城乡居民基本养老保险

1. 参保人数 指报告期末，参加城乡居民养老保险（在经办机构参保登记并已建立缴费记录以及制度实施当年已经年满60周岁并在经办机构参保登记）的人数（不包括已经办理注销登记手续的人数）。

2. 基金收入 指根据国家有关规定，由参加城乡居民基本养老保险的个人按规定缴费的城乡居民基本养老保险费，以及通过集体补助、财政补助等其他方式取得的形成基金来源的收入。包括个人缴费收入、集体补助收入、财政补贴收入、利息收入、委托投资收益、转移收入、上级补助收入、下级上解收入和其他收入。

3. 基金支出 指按照国家政策规定的开支范围和开支标准从城乡居民基本养老保险基金中支付给参加城乡居民基本养老保险的个人养老保险待遇支出，以及由于参保人员跨统筹地区或跨制度流动而发生的支出等。包括养老保险待遇支出、转移支出、补助下级支出、上解上级支出和其他支出。

4. 基金累计结余 指城乡居民基本养老保险基金收支相抵后的期末累计余额。

基本医疗保险

1. 参保人数 指报告期末按国家有关规定参加职工基本医疗保险和城乡居民基本医疗保险人员的合计。

2. 基金收入（含生育保险） 指由用人单位和个人按照国家规定的缴费基数、缴费比例或缴费标准缴纳的基本医疗保险费（含生育保险），财政补贴资金以及通过其他方式取得的形成基金来源的款项，包括：单位缴纳收入、个人缴纳收入、财政补贴收入、利息收入、上级补助收入、下级上解收入和其他收入。

3. 基金支出（含生育保险） 指按照国家政策规定的开支范围和开支标准，从基本医疗保险基金（含生育保险）中支付给参保人员的医疗保险待遇支出，生育保险待遇支出以及其他支出。包括住院费用支出、门诊费用支出、大病保险支出、生育待遇支出、补助下级支出、上解上级支出和其他支出。

4. 基金累计结余（含生育保险） 指基本医疗保险基金（含生育保险）收支相抵后的期末累计结余金额。

失业保险

1. 参保人数 指报告期末按照国家法律、法规和有关政策规定参加了失业保险的城镇企业、事业单位的职工及地方政府规定参加失业保险的其他人员的人数。

2. 基金收入 指报告期内筹集的失业保险基金的总额，包括失业保险费收入、利息收入、财政补贴收入、其他收入、转移收入。

3. 基金支出 指报告期内为保障失业人员基本生活、预防失业、促进再就业等支出的基金总额，包括失业保险金支出、医疗补助金支出、丧葬补助金和抚恤金支出、职业培训和职业介绍补贴支出、其他费用支出、技能提升补贴支出、稳定岗位补贴支出、其他支出、转移支出。

4. 基金累计结余 指截止报告期末失业保险基金收支相抵后的累计余额。

工伤保险

1. 参保人数 指报告期末依据国家有关规定参加工伤保险的职工人数和有雇工的个体工商户的雇工数。

2. 享受工伤保险待遇人数 指年报告期内因工伤或职业病而享受工伤保险待遇的职工人数。为享受工伤医疗待遇中未评定等级的人数、享受伤残待遇人数以及享受因工死亡待遇人数之和。

3. 基金收入 指根据国家有关规定，由参加工伤保险的单位按国家规定的缴费基数和缴费比例缴纳及难以直接按照工资总额计算缴纳工伤保险费的部分行业企业按规定方式缴纳的工伤保险费，以及依法通过其他形式取得的形成基金来源的款项。包括：工伤保险费收入、利息收入、上级补助收入、下级上解收入、其他收入。

4. 基金支出 指按照国家政策规定的开支范围和开支标准从工伤保险基金中支付给参加工伤保险的人员及供养直系亲属工伤保险待遇支出及其他支出。包括工伤医疗待遇支出、伤残待遇支出、工亡待遇支出、劳动能力鉴定支出、工伤预防费用支出、补助下级支出、上解上级支出和其他支出。

5. 基金累计结余 指工伤保险基金收支相抵后的期末累计结余金额。

Explanatory Notes on Main Statistical Indicators

Labour Force refers to the population aged 16 and over who are capable of working, are participating in or willing to participate in economic activities, including employed persons and unemployed persons.

Outside the Labour Force refers to the population aged 16 and over who are neither employed persons nor unemployed persons.

Employed Persons refer to persons, aged 16 and over, who performed some work for compensation or business gains for one hour or more during the reference period; or persons who do not work for the reasons of study or on holiday; or persons who are temporarily absent from a job for disorganization or suspension of work, recession, etc.

Unemployed Persons refer to persons, aged 16 and over, be able to work who

(1) neither perform some work for compensation or business gains during the reference period, nor are temporarily absent from a job in the employment definition.

(2) have looked for a job within a specific period of time.

(3) are available for work within a specific period of time.

Surveyed Urban Unemployment Rate refers to the ratio of the number of the unemployed persons in urban areas to the sum of the number of the employed persons and the unemployed persons in urban areas, calculated on the basis of the Labour Force Survey.

Persons Employed in Various Units refer to the total number of employees who work at his unit on the last day and obtain wages or other forms of payment at the end of the reporting period. This indicator is a kind of time point index and it equals to the sum of the number of employed staff and workers, labor dispatch personnel and other employed persons, excluding those who have terminated labor contracts with working unit on or before the last day of the reporting period. Employed persons do not include:

1)persons who have left their working units while keeping their labour contract (employment relation) unchanged and receiving regular alimony;

2)all kinds of enrolled students who do internship in various units;

3)persons employed due to labor outsourcing, for example, persons employed in the organizational system of construction industry.

Employed Staff and Workers refer to persons who signed labor contracts with working units and working units would pay wages, social insurance and housing funds for them. Persons who have their work posts but are temporarily absent from work for reasons of study or on sick, injury or maternal leave and still receive wages from their working units are also included. Employed staff and workers also include:

1)Persons who should have signed the labor contracts but not;

2)Employees on probation;

3)Employees beyond the staffing quota, for example, temporary employees;

4)Employees who are sent to other working units but still obtain wages from their original units (situations like on-the-job placement, expatriated assignment, etc.)

Year-end Number refers to those who are employed on the last day of the year.

State-owned Units refers to various enterprises, institutions, and government administrative organizations at various levels, social organizations, etc., with state ownership of production means.

Collective-owned Units refers to various enterprises and institution with collective ownership of production means, including various rural economic organizations engaging in agriculture, forestry, animal husbandry and fishery, enterprises and institutions run by townships and villages; collective enterprises and institutions run by cities, counties, towns, and neighborhood committees.

Other Ownership Units involve joint ownership, share holding stock ownership, limited liability corporations, foreign and Hong Kong, Macao, and Taiwan Chinese fund or other ownership.

Primary Industry refers to farming, forestry, animal husbandry and fishery.

Secondary Industry refers to mining manufacturing, electricity, production and supply of electriciy, heat, gas and water and construction.

Tertiary Industry refers to the sectors except primary industry and secondary industry.

Total Wage Bill refers to total remuneration payment to all employees in various units in urban area (excluded urban private sectors and individuals) during a certain period of time. The calculation of total wage bill is based on the total remuneration payment. Therefore, wages and salaries and other payments to employees should be included at all and regardless of its resource, category, both in kind or cash.

Average Wage of employees refers to the average wage level in money terms per employee during a certain period of time, it is calculated as follows:

$$\text{Average Wage of Employees} = \frac{\text{Total Wage Bill of employees Average Wage of in Reference Period}}{\text{Average Number employees in Reference Period}}$$

Average Real Wage of employees refers to the average wage of employees after deducting consumer price index, which is calculated as follows:

$$\text{Average Real Wage of Employees} = \frac{\text{Average Wage of Employees in Reference Period}}{\text{Urban Consumer Price Index in Reference Period}}$$

Registered Unemployed Persons in Urban Areas refer to the persons residing in urban areas at certain working ages (16 years old to the age of enjoying primary endowment insurance benefits according to the law), who are capable of working, unemployed and willing to work, and have been registered at the Public employment and talent service agencies to apply for a job.

Registered Unemployment Rate in Urban Areas refers to the ratio of the number of the registered unemployed persons to the sum of the number of persons employed in various urban units (minus the employed rural labour force, re-employed retirees, and Hong Kong, Macao, Taiwan or foreign employees), laid-off staff and workers in urban units, owners of private enterprises and self-employed individuals in urban areas, employees of private enterprises and individual businesses in urban areas, and the registered unemployed persons in urban areas.

Basic Endowment Insurance for Urban Workers

1. Number of workers covered refers to staff and workers participating in the basic endowment insurance for urban workers according to national laws, regulations and related policies at the end of the reference period, who have already had payment records in social security management agencies, including those who have interrupt payment without terminating the insurance programme. Those who have registered in the programme but with no payment records are not included.

2. Number of retirees covered refers to the number of retirees participating in the basic endowment insurance for urban workers by the end of the reference period.

3. Revenue refers to payments made by employers and employees participating in the basic endowment insurance for urban workers in accordance with the basis and proportion stipulated in state regulations, and income from other sources that become the source of endowment insurance fund, including the premium paid by employers and staff and workers, interest income, entrusted investment income, subsidies from higher level agencies, income as transfer from subordinate agencies, transferred income, government financial subsidies and other income.

4. Expenses refer to personal endowment insurance payment made to those covered in the basic endowment insurance for urban workers according to related national policies on scope and standard of expenditure, as well as expenditure which arises due to shift of the insurance relationship or adjustment of funds among agencies, transfer to agencies at higher level. Other expenditure includes: basic endowment insurance, medical fees, funeral subsidies, compensation payments, disability allowance, expenses on subsidies to lower subordinates, expenses as transfer to agencies at higher level, transferred expenditure and other expenditure.

5. Balance refers to the balance of the basic endowment insurance funds for urban workers at the end of the reference period after deducting expenses from revenue.

Basic Endowment Insurance for Urban and Rural Residents

1. Participants refers to people participating in the basic endowment insurance for urban and rural residents who registered with the participation and established payment records, and who were 60 years old or above when the system was established and registered with the participation. Those who cancelled their registration are not included.

2. Revenue refers to the revenue from the payments made, in accordance with related regulations of the government, by individuals participating in the basic endowment insurance for urban and rural residents and from the subsidies contributed by collectives, public finance and other sources. It includes the payment by individual participants, collective subsidies, financial subsidies, interest income, entrusted investment income, transferred income, subsidies from higher levels, contributions from lower levels, and income from other sources.

3. Expenses refers to payment made to those covered in the basic endowment insurance for urban and rural residents according to related national policies on scope and standard of expenditure. Also included are expenditures which arise due to movement of participants among different locations or system. It includes the payment to the individual participants, transferred expenditures, expenses on subsidies to lower subordinates, expenses as transfer to agencies at higher level, and other expenditures.

4. Balance refers to the balance of basic endowment insurance funds for urban and rural residents at the end of the reference period after deducting expenses from revenue.

Basic Medical Insurance

1. Participants refers to the total number of people who participate in the basic medical insurance for workers and basic medical insurance for urban and rural residents according to national relevant regulations at the end of the reference period.

2. Revenue (birth insurance included) refers to the basic medical insurance premium (birth insurance included) paid by employing units and individuals according to the payment base, payment proportion or payment standard stipulated by the state, financial subsidy funds and funds obtained by other means, including: revenue from employer payment and individual payment, from financial subsidy, from interest, from subsidies from higher level and payment from lower level and other revenue.

3. Expenses (birth insurance included) refers to the medical insurance benefits, birth insurance benefits and other expenditures paid to contributors from the basic medical insurance fund (birth insurance included) according to the scope and standard of expenditure stipulated by national policies. It includes hospitalization expenses, outpatient expenses, serious illness insurance expenses, childbearing treatment expenses, expenses for subsidizing subordinates, expenses for transfer to superiors and other expenditures.

4. Balance (birth insurance included) refers to the balance of revenue after deducting expenses at the end of the reference period.

Unemployment Insurance

1. Participants refers to staff and workers in urban enterprises or institutions who have participated in the unemployment insurance according to relevant policies and regulations, and other people who have participated according to local government regulations at the end of the reference period.

2. Revenue refers to the total unemployment insurance funds raised in the reference period, including unemployment insurance premium, interest income, financial subsidies, other revenue, and transferred revenue.

3. Expenses refers to total expenses during the reference period to guarantee the basic livelihood of unemployed people, prevention of unemployment, and to encourage their re-employment. Included are unemployment relief, medical fees, funeral subsidies, compensation payments, training expenses, job placement expenses, other expenses, skills upgrading subsidy, job stabilization subsidy, other expenditures, transferred expenditure.

4. Balance refers to the balance of revenue after deducting expenses at the end of the reference period.

Work-related Injury Insurance

1.Participants refers to staff and workers who have participated in the work-related injury insurance and employees who work as self-employed and have participated in the work-related injury insurance according to relevant national regulations at the end of the reference period.

2. Number of beneficiaries refers to number of employee benefited from work-related injury insurance, as a result of work injury or occupational disease. It is the sum of beneficiaries of medical treatment of unrated work injuries, disability benefits for work injuries and compensation for deaths at work places.

3. Revenue refers to payments made by employers participating in the work-related injury insurance programme in accordance with the basis and proportion stipulated in state regulations, and payment by enterprises of some industries where it is difficult to estimate the injury insurance premium directly according to the total wage bill in accordance with stipulated way, and revenue from other sources according to law that become source of work-related injury insurance fund, including revenue of injury insurance, interest income, subsidies from higher level agencies, revenue as transfer from subordinate agencies, and other revenues.

4. Expenses refers to payments made from work-related injury insurance funds to those who participated in the work-related injury insurance and their direct dependents within the scope and standards of expenditure according to related national policies, and other expenditure, including medical fees for work injury, injury and disability subsidies, death subsidies, labour capacity appraisal, injury prevention fees, expenses on subsidies to lower subordinates, expenses as transfer to agencies at higher level, and other expenditure.

5. Balance refers to the balance of the work-related injury funds at the end of the reference period.